無錫文庫

第三輯

梁溪先生年譜
李忠定公年譜
李忠定公年譜
倪高士年譜
邵文莊公年譜
侯給諫公年譜
安我素先生年譜
華鳳超先生年譜
堵忠肅公年譜
堵文襄公年譜
堵文忠公年譜
堵文忠公年譜
堵胤錫年譜
漁父府君家乘紀略稿
自述略
樂泉老人年譜
復齋公自述
響泉年譜
芙蓉山館自訂年譜
梅溪先生年譜
梅溪先生年譜
先文靖公年譜

鳳凰出版傳媒集團
鳳凰出版社

ISBN 978-7-5506-1385-0

9 787550 613850 >

圖書在版編目（CIP）數據

梁溪先生年譜等 / (宋) 鄭昌齡等編. -- 南京 : 鳳凰出版社, 2012.6
(無錫文庫. 第3輯)
ISBN 978-7-5506-1385-0

Ⅰ. ①梁… Ⅱ. ①鄭… Ⅲ. ①名人－年譜－無錫市
Ⅳ. ①K820.853.3

中國版本圖書館CIP數據核字(2012)第112518號

責任編輯 王　劍
裝幀設計 姜　嵩
出版發行 鳳凰出版傳媒集團
鳳凰出版社(原江蘇古籍出版社)
南京市中央路165號　郵編 210009
發行部電話 025－83223462
集團網址 鳳凰出版傳媒網　http://www.ppm.cn
印　　刷 無錫市證券印刷有限公司
無錫市揚名高新技術産業園B區75號　郵編 214024
開　　本 889×1194毫米　1/16
印　　張 46.75
版　　次 2012年6月第1版　2012年6月第1次印刷
標準書號 ISBN 978-7-5506-1385-0
定　　價 610.00圓
(本書凡印裝錯誤可向承印廠調換,電話:0510－85435666)

無錫文庫工作委員會

顧問　黄莉新　朱克江　周和平　譚　躍　陳海燕

主任　王國中　王立人

副主任　華博雅　曹佳中　吴小平　佘江濤

委員　方標軍　尤文科　何承志　蔡文煜
金　政　須　儉　陳堯明　葉建興
施　展　嚴克勤　劉　川　雷群虎
李祖坤　瞿　敬　華瑞興　周興安
姜小青

無錫文庫編輯委員會

無錫文庫學術顧問

（按姓氏筆畫排列）

朱玉麒　朱維錚　江慶柏　李文海

沈衛榮　武秀成　金良年　胡福明

莫礪鋒　徐中玉　陳熙中　許倬雲

張仲禮　張廷銀　彭　林　程章燦

馮　遠　馮其庸　楊天石　趙生群

劉玉才　錢　遜　錢中文　錢文忠

總序

七千年文明史，三千年建城史，江南名城無錫，襟長江依太湖，自古以來就是魚米之鄉，禮儀之邦。無錫文化自泰伯南奔以來，騰蛟起鳳，尚德崇文，在數千年的傳承發展中，教化常持，經世務實，人杰輩出，大家林立，文藻絢麗，錯彩鏤金。舍南舍北皆春水，欲與湖山作主人，數千年的人文傳統，賦予了風光秀美的無錫以獨特的文化魅力，鑄就了城市剛柔相濟、秀逸清麗的的文化品格。

無錫是中國吴文化的發源地。早在商代晚期，周太王古公亶父的長子泰伯三讓王位，携其弟仲雍奔吴，定居無錫梅里，建『勾吴國』，『端委以治周禮』，施以禮儀教化；興修水利，授以農桑，不數年而『民人殷富』。泰伯帶來的中原文化與無錫本地土著文明相結合，吴文化以及作爲其重要組成部分的無錫文化就此發端。晋室南渡，北方人群大量南遷，帶來了中原的文化技術，促進了無錫農業、水利、手工業和商業的發展，中原文明再度與吴文化進行融合互滲。在本土文化與异地文化的碰撞和交融中，不斷推動着無錫這座城市的文明進步。

無錫歷史文化『追歷七千餘載歲月滌蕩，遂經四大轉折而成其廣大深厚：泰伯西來，吴文化成焉；永嘉南渡，江左文脉振焉；宋室波遷，江南文風始焉；歐風東漸，錫邑占風氣之先，民族工商文化始焉。數百代鄉彦賢達智慧與創造累積，文獻足徵，無慮百千』（《錫山先哲叢刊》重版弁言）。無錫文化以兼容并蓄多樣化的形態不斷發展。

崇文尚教，以教促文。北宋嘉祐三年（一〇五八），無錫始設縣學；北宋政和元年（一一一一），理學傳人楊時在無錫創建東林書院，此後無錫出現了喻樗、尤袤、李祥、蔣重珍等一批知名的教育家。至明代，顧憲成、高攀龍等在東林書院講學，此後又有許多書院相繼而起。古代無錫對教育的重視，促進了『崇文』和『尚教』的風氣，也造就了大量的人才。自隋朝開創科舉取士到清末廢除科舉，無錫共出了五名狀元、三名榜眼、六名探花和三名傳臚，并有五百四十名進士，一千二百多名舉人；『一榜九進士』、『六科三解元』，自古傳爲佳話。近代以來，經濟的繁榮進一步帶動了教育的興盛。無錫籍國學大師錢穆曾説：『晚清以下，群呼教育救國，無錫一縣最先起。』此後無錫的實業家紛紛出資興辦文化教育事業。教育的繁興，在極大程度上促進了無錫的文化發展，出現了空前的文化人才崛起的高峰。

文脉綿延，後出轉强。歷來『文化』的概念有廣義和狹義之分，這裏的『文脉』之『文』，用的是狹義的概念，即指經史、文學、藝術等人類所創造的精神財富的總和。在無錫的歷史文化傳統中，自古及今，悠悠文脉，如瓜瓞之綿綿。必須指出的是，從文化發生學的角度來看，早期中華文化的中心是在黄河流域的中原地區，無錫在宋元以前，雖有像顧愷之、李紳、尤袤、蔣捷、倪瓚等一批人文英才，但在整體上，無錫的文氣是自明清以迄近現代達到巔峰。在整個江南地區文教昌明和無錫經濟繁盛、教育勃興的大背景下，無錫地區在經史、文學、繪畫、音樂等諸多領域中，建樹卓越，俊才雲蒸，真正呈現出『人文之盛，冠於南國；碩彦輩出，著述繁富』的局面。

求實務本、重工崇商。無錫自古爲江南富庶之地、魚米之鄉。明代東林講學者將士商并列爲『本行』，講求經世致用；近代早期維新的思想家、實踐家薛福成提出『黜浮靡，崇實學』，大力倡揚『工商爲先，耕戰植其基，工商擴其用』的觀念，這些都成了近代以來無錫人求實務本、重工崇商的重要的思想根源；兼以明清時期，封建自然經濟解體，資本主義開始萌芽，無錫經濟日趨繁盛。鴉片戰争以後，上海開埠，由於商品經濟的發展和商業資本積累的增加，逐步形成了一個以上海爲中心的，北接江陰、靖江，西連蘇州、無錫、常州的經濟區域。有布、米、絲、錢『四大碼頭』的無錫，被譽爲『小上海』。到了十九世紀末、二十世紀初，無錫許多有識之士積極引進西方生産技術，大力興辦工廠，形成了近代六大資本系統，無錫成了近代中國民族工商業的發祥地和蘇南經濟中心。經濟的繁盛，不僅爲無錫文化的不斷發展提供了堅實的物質基礎，而且也形成了無錫文化的主流形態之一的，具有鮮明特色和豐富内涵的『工商文化』。

文化源長，文獻宏大。在歷史上，無錫有過兩次較大規模的文化整理。一八九九年，《常州先哲遺書》是包涵無錫在内的第一次區域性文化整理集成。一九二三年，《錫山先哲叢刊》是無錫真正意義上從城市角度進行的一次文化整理。當時，國家積貧積弱，社會動蕩離亂，身處亂世的有識之士高擎文化的旗幟，以縱覽千古的魄力和毅力致力於城市文化傳統的繼承與弘揚，爲無錫地方人文教育提供了文化楷模，對增强無錫崇文興教氛圍發揮了重要的作用，爲無錫躋身江南名城提供了文化動力，其意義至今爲後人感念。

滄桑巨變，天上人間。經過近一個世紀的奮鬥探索，特别是改革開放三十多年來的迅猛發展，中華民族强勢崛起。國運昌隆，盛世修典。中共無錫市委、市政府高度重視地方傳統文化的整理弘揚工作。自二〇〇七年提出『建設文明無錫，打造文化名城』以來，無錫全面深入開展歷史文化遺産的挖掘、清理、保護和修復工作，傳承弘揚優秀傳統文化，彰顯城市人文歷史底藴，掀起歷史文化名城建設新高潮。此後，市委、市政府在《無錫市文化大發展大繁榮行動綱要》中明確要求全面整理出版地方歷史文獻，市委、市政府在《關於深化文化體制改革加快文化强市建設的决定》中再次明確要求編纂《無錫文庫》，正式啓動迄今爲止無錫地區規模最大、綜合性鄉邦文獻集成的修編工作。爲確保《無錫文庫》的編纂工作順利進行，市委、市政府專門成立了『無錫文庫工作委員會』，由市委宣傳部牽頭，設立了『無錫文庫編輯委員會』，計劃用三年時間完成編纂出版工作。《無錫文庫》的編纂，將以嶄新的學術角度和現代學科框架對城市歷史文化進行全面梳理和弘揚，站在時代的高度，充分展示城市深厚的歷史底藴，彰顯先賢哲人的智慧創造，解讀無錫文化的獨特個性，提煉升華無錫的人文精神，光前裕後，古爲今用，以文化人，由人化文，以史爲鑒，開啓未來。

《無錫文庫》的編纂出版必將發揮重要的文化功能：首先是搶救文獻。無錫自古即有豐富的地方文獻，無論經史子集，都有重要著作流傳於世。然而無錫近代歷經戰亂，一些重要典籍已毁佚，僅有書名存留；還有一些珍貴的明清地方史籍，也以孤本存世，處於若存若亡之間。由於各種原因，一些代表無錫文化的典籍保存於國内外各大圖書館中，在無錫不易見到。從清末到民國期間，在文化上有不少重要成果，而這部分書籍因長期被忽視而處於毁佚的邊緣。《無錫文庫》的編纂就是爲了搶救文獻，保存文脉。其次是古籍整理。無錫先賢留下的載籍很多，但現存書籍，版本雜亂，良莠不齊，整體而言没有經過系統編排梳理，使用不便。《無錫文庫》的編纂，就是從版本目録學的角度加以梳理，每書皆撰提要，鈎玄指要，便於閲讀使用。第三是服務大衆。《無錫文庫》所收皆爲地方古史遺文，是研究無錫歷史沿革和文化傳承的必讀書目。《無錫文庫》的編纂出版，使這些書籍的使用更加便捷和廣泛，對無錫的文化建設、城市規劃、古迹保護、名勝開發都具有很高的學術價值和實用價值。

歷史唯物主義觀是《無錫文庫》編纂出版工作的重要指導思想。《無錫文庫》是一部具有社會主義新時代特點的典籍集成，編纂理念和選編觀念更加科學，注重學術性、實用性和經典性相結合，并且儘量收入古籍版本研究的新成果，廣泛收集流散在國内外的珍貴典籍。編纂工作中，始終堅持『尊重歷史、尊重科學、尊重規律、尊重專家』的原則，堅持『雙百』方針，對傳統文化中重要的不同學派、不同觀點的資料兼收并蓄，力求客觀、完整和全面。當然，《無錫文庫》不可能包羅萬象，而以文史哲爲主要内容，兼顧其他類别著述，整體呈現出無錫歷史文化的發展脉絡。强化編纂工作的學術規範，提倡實事求是的良好學風，對文庫的整體規模、體例框架、所收書目、版式裝幀等進行反復論證，反復比較，多方聽取意見，慎之又慎，力争使《無錫文庫》成爲一部真正代表無錫文化的綜合性鄉邦文獻集成。

編纂出版《無錫文庫》的盛舉，得到了海内外衆多著名的文史專家、學者教授的熱烈響應。許倬雲、馮其庸、楊天石、李文海、徐中玉、馮遠、胡福明等無錫籍文化名人和劉玉才、程章燦、江慶柏、張廷銀、金良年等專家學者應邀擔任《無錫文庫》的學術顧問，他們扎實的學術功底、嚴謹的治學風範、卓越的學術見識，爲《無錫文庫》提供了有力的支撑。

千年吴地文明，百年工商繁華，賦予無錫人聰慧和靈秀，創造了具有獨特品質的城市文化和城市精神。當我們手捧先哲留下的珍貴文化遺産，不僅滿懷感恩、敬畏之心，更涌動着不負前賢、勵志圖新的激情，去努力創造城市文化嶄新的輝煌，讓無錫文化大發展大繁榮的春天更加姹紫嫣紅、繽紛燦爛！

無錫文庫編輯委員會

二〇一一年一月

凡例

一、《文庫》所收爲無錫籍作家的著述和與無錫相關的歷代文獻，分爲《官修舊志》、《地方史料專著》、《年譜家乘》、《無錫文存》和《近現代名家名著存目》五輯。

二、無錫地域範圍以現行行政轄區爲準。《文庫》立足無錫市區，兼顧江陰、宜興，適當選收江陰、宜興具有代表性的著作。

三、《文庫》所收著作，以史料價值高、使用價值大爲原則，適當兼顧其版本價值。

四、《文庫》主要采用影印方式出版，《近現代名家名著存目》收入作家小傳和主要著述目録。

五、《文庫》所收著作，其編纂年代下限爲一九四九年；《近現代名家名著存目》則不受此限。

六、《文庫》所收著作，原書如有蠹損、殘缺、漫漶不清處，原則上以相同版本予以換頁、補頁，使全書清晰、整齊。

七、《文庫》對所收每種圖書，均撰寫提要，置於每種書扉頁之背面；每册均新編頁碼，自爲起訖。

八、《文庫》編制書名索引和著者索引，以方便讀者使用。

第三輯編輯説明

本輯為《無錫文庫》之第三輯《年譜家乘》，收録無錫（含江陰、宜興）歷代名人年譜以及部分著姓望族家譜。

年譜是史籍中一種人物傳記體裁。但和一般的傳記有所不同，一般的傳記主要紀傳主的生平大要，而年譜則是以譜主爲中心，以年月爲經緯，比較全面細緻地叙述譜主一生事迹。所謂『叙一人之道德、學問、事業，纖悉無遺而系以年月者，謂之年譜』（朱士嘉《中國歷代名人年譜序》）。家譜是一種以表譜形式記載一個以血緣關係爲主體的家族世系繁衍及其重要人物事迹的圖書體裁，主要包含譜序、題辭、恩榮、凡例、像贊、世系、傳記、宗規、家訓、祠墓、義田、藝文等内容。

它們都屬於史籍中較爲特殊的體裁，過去由於歷史研究中理論的誤導，不重視或忽視人的主體性，對名人與望族的研究相對來説顯得薄弱。今天我們将此列爲專門研究对象，隨着思想禁錮的打破以及地方史研究的逐步深入，纔慢慢爲學界所重視，並成爲熱點。着眼點是它的社會意義，具體一些説，就是某一望族在它所處的社會制度下，對政治、經濟、文化、社會生活諸方面所發生的正負影響，又從某一望族的興衰過程透視其社會歷史的宏觀背景。同時望族的研究離不開個體研究，離不開對名人和精英在歷史發展中所處的地位和發揮的作用、功過善惡給予合乎歷史真實的評價。無論是群體或個體研究，其結果都對現實生活有借鑒的作用。

無錫，地靈人傑，截至二〇一一年，産生於此的百餘名科學院、工程院、社科院院士（學部委員）已使它成爲名副其實的『院士之鄉』、『人才高地』，無錫的人文之厚，正源自這片熱土千百年來所湧現出的衆多風流人物與著姓望族。本輯首次較全面地彙編了這些名人的年譜和部分著姓望族家譜共約一百三十種，爲學界研究提供參考。需要説明的是，考慮到文獻資料的完整性、實用性、稀見性，個别年譜家乘會突破一九四九年的年代下限；而當代編寫出版的無錫歷代名人年譜，坊間易得，不在此次收録之列；另有十一種年譜因已分别附録在《無錫文庫》第二、三、四輯的相關書内，也就不再重復收入，它們是：《梁溪先生年譜》（譜主李綱，李綸編）收入第四輯之《梁溪先生文集》，《修敬公年譜》（譜主秦旭）、《端敏公年譜》（譜主秦金）、《從川公年譜》（譜主秦瀚）、《海翁公年譜》（譜主秦德藻）收入第三輯之《錫山秦氏宗譜》，《盛顒年譜》（譜主盛顒）收入第三輯之《勾吴盛氏宗譜》，《顧端文公年譜》（譜主顧憲成）收入第四輯之《顧端文公遺書》，《師竹廬自述》（譜主實鎮）收入第二輯之《師竹廬隨筆》，《孝侯公年譜》（譜主周處）、《少宰公年譜》（譜主周葵）、《簡惠公年譜》（譜主周家楣）收入第三輯之《國山周氏世譜》。

本輯排列順序，先年譜後家乘，無錫、江陰、宜興各自分編。年譜依譜主歷史年代爲序，全文收録。家乘依姓氏筆畫爲序，視其文獻價值，全文收録或選擇收録，選擇收録者，在提要中加以説明。

目録

梁溪先生年譜

（宋）鄭昌齡 編

《梁溪先生年譜》一卷，（宋）鄭昌齡編，明萬曆三十九年（一六一一）趙琦美鈔本《梁溪先生文集》附。

譜主李綱（一〇八三—一一四〇），字伯紀，舊字天紀，號梁溪居士，福建邵武人，寓居無錫。政和二年（一一一二）進士，歷任鎮江教授、國子正、監察御史等職。欽宗即位，除兵部侍郎。靖康元年，爲行營參謀官，除尚書右丞，力主抗金，反對遷都避敵。言者彈劾其專主戰議，責授保静軍節度副使，建昌軍安置，再謫甯江。建炎元年（一一二七），除資政殿大學士，率兵勤王。高宗即位，拜尚書右僕射，兼中書侍郎。爲相七十五日，因反對避地東南，復落職。紹興十年（一一四〇）卒，年五十八，贈少師，謚忠定。著有《梁溪集》。

鄭昌齡，字夢錫，福建寧德人。宣和三年（一一二一）進士，爲李綱門人。初爲教官，紹興十年（一一四〇）召爲太常寺主簿，未赴，調福建路機宜文字，終承議郎。

本譜叙事起自元豐六年（一〇八三），止於紹興十年（一一四〇），後附《李忠定公謚議》、《宋丞相隴西郡開國公贈太師謚忠定李公行狀》。此譜罕見前人著録，與譜主季弟李綸所編《梁溪先生年譜》對校，皆同，惟多載李綱生年月日。且本譜作閏六月初十日生，亦異於他譜正月十二日生之説，今人趙效宣《李綱年譜長編》即采閏六月初十日説。

本書據明萬曆三十九年（一六一一）趙琦美鈔本《梁溪先生文集》影印。

（朱　剛）

梁谿先生年譜

門生左奉議郎充福建路安撫司主管機宜文字賜緋魚袋鄭昌齡編

先生姓李諱綱字伯紀邵武軍邵武縣人侍先衛公家于常州之無錫梁谿因自號梁谿病叟

神宗皇帝元豐六年癸亥

公生於是年閏六月初十日子時按抵沙陽之夕民居延火幾爇官局詩有生辰端是窮申未之句自注云生辰巳未火甲申申水則知巳未為月甲申為日時乃甲子

七年甲子

八年乙丑

哲宗皇帝元祐元年丙寅

二年丁卯

三年戊辰

四年己巳

五年庚午

六年辛未

七年壬申

八年癸酉

紹聖元年甲戌

二年乙亥

三年丙子

四年丁丑

元符元年戊寅

二年己卯

三年庚辰

徽宗皇帝建中靖國元年辛巳

公年十九正月七日丁韓國夫人憂按龜山楊公所撰墓誌云夫人姓吳氏括蒼人奉議郎長興府君之女名犯淵聖廟諱　公廬毗陵錫山塋次書釋氏妙法蓮華經七卷

崇寧元年壬午

置柳中手植松栢數拾萬

二年癸未

三年甲申

公年二十二補國學監生第一方　先衛公之入上庠也名在第一而　公繼之每試必上列後　公之叔弟經補入國子監亦以魁選時人榮之是歲夫人張氏來歸夫人鄱陽人秘閣脩撰贈少師根之女

四年乙酉

公年二十三舉進士預貢

五年丙戌
公年二十四八月七日長子儀之生
大觀元年丁亥
公年二十五十月三十日子宗之生閏十月公以父任朝
請大夫守宗正少卿遇　宗祀大禮奏補假將仕郎
二年戊子
公年二十六附試國學貢士優首送屬聞昚親之喪友人
貽書謂道路之傳蓋不的勉試春官以慰親望　公不可
調將仕郎真州司法參軍
三年己丑
公年二十七在真州
四年庚寅
公年二十八在真州
政和元年辛卯
公年二十九在真州二月二十六日子集之生
二年壬辰
公年三十中莫儔榜乙科臚傳之日
上顧問再三特旨升甲改合入官與學官差遣授承務郎
　相州教授以親庭遠易鎮江
三年癸巳
公年三十一在鎮江按謁告迎奉詩云薄宦便甘旨兩載
官南徐山川富佳致足以爲親娛則知　衛公自鄧帥得
請祠宮就養子舍蓋是年也
四年甲午
公年三十二　召赴　闕三省審察院除行國子正十二
月對便殿除尚書考功員外郎
五年乙未
公年三十三謁告迎　衛公于霅川有　旨除　衛公提
舉醴泉觀以便就養九月還　闕道除監察御史兼權殿
中侍御史嘗因職事進對時　衛公亦以是日　見　上
顧　公曰卿父子同日造朝搢紳榮事未幾以論内侍建
節及宰相任用堂後官從官入　朝以笏擊其下凡三事
罷言職授尚書比部員外郎
六年丙申
公年三十四磨勘轉承事郎嘗因奏　對有理財以義等
五劄子
七年丁酉
公年三十五充禮部貢院參詳官
八年戊戌
公年三十六四月再　對五月除太常少卿八月出朝

陵寢未還閤除起居郎十二月兼國史編脩官

宣和元年己亥

公年三十七同知貢舉六月京城之西大水渺漫如江湖漕運不通畿甸之間悉罹其患無敢言其災異者　公上章論列降一官監稅再上章論六事再降一官與遠小監當授承務郎監南劍州沙縣稅按奉迎錄靖康元年春　公知客院奉迎　道君太上皇帝于南京　道君曰相公頃為史官緣何事去、公奏云頃緣論都城外積水以狂妄得罪上荷　陛下保全、道君曰當時宰執中有不喜公者、公因奏曰臣昨論水災偶有所見自古雖亡道之國、水猶不冒其城郭、天地之變各以類應為今日兵革攻圍之兆、　道君以為然淵聖皇帝即位之初召對　淵聖迎謂曰、卿頃論水章疏朕在東宮見之至今猶能誦憶嘗賦詩有秋來一鳳向南飛之句按忠愍李公若水上　公書云宣和初水危京城獨閣下抗章敷奏天下雜然稱曰此鳳鳴朝陽之舉也方　公得罪時故諫議陳公瓘以書賀衛公曰積誨有自可以百拜為壽而遠莫能也按龜山楊公所撰　衛公墓誌云子某自左史論事得罪方遠謫公誨之曰進退出處士夫之常汝勉自愛毋以吾老為念也是年有留別諸弟等詩道江南入閩境遂遊武夷乘小舟泛九曲留山中賦詩幾五十篇又廣其意而為之賦十二月到任

二年庚子

公年三十八六月復承事郎十月復本等差遣按梁谿集有迷樓等九賦求仁堂等八記序五贊十三箴六銘四和歸去來秋風二辭災異等九論方城侯等三傳題跋七雜著如清議說吞賓勞釋疑及書事等皆　公在沙陽時所作也又有到沙陽至崇安朱令送示武夷圖書三百餘篇是年　公叔弟補太學上舍生季弟綸預鄉選　公有詩云吾家世儒業教子惟一經邇來四十載父子三成名季弟亦鄉選來年試春卿之句

三年辛丑

公年三十九磨勘轉宣教郎是年　衛公以方臘之亂自錫山避地海陵公泛大江歸膝下有與宰執等論方寇書江上愁心梅花二賦自分水嶺過江南至自海陵泛江歸梁谿詩百餘篇閏五月　衛公還錫山感疾不起實二十七日也終中大夫右文殿脩撰以　公貴累贈太師追封衛國公八月合葬　衛公於韓國塋次

四年壬寅

公年四十

五年癸卯
公年四十一八月服闋按冬至後三日詩序云自罹艱棘絕不復作今秋既御祥琴適友人胡俊明寄示鍾山酬唱因次韻和之自此漸理筆墨有次韻上元宰等數十篇有中隱堂上梁文
六年甲辰
公年四十二除知秀州八月九日子秀之生
七年乙巳
公年四十三未赴秀州閏三月除太常少卿按梁谿詩集有自乙巳春赴奉常　召如京師等詩六月到　闕是冬金人敗盟分兵兩道入寇　公上封事又有刺血書劄子十二月二十四日　淵聖皇帝受内禪　公上封事二十八日　召對二十九日除通直郎兵部侍郎再　對進禦寇用兵劄子
孝慈淵聖皇帝靖康元年丙午
公年四十四正月三日門下侍郎吳公敏為行營副使公為參謀官　四日　面除中大夫尚書右丞是日宰執有奉　鑾輿出狩之議　公乞　對力争故有是　命既又俾留守東京　公再求對　上乃許留　五日除　親征行營使方治都城四壁守具自五日至八日粗畢而賊馬已抵城下攻西水門　公臨城捍禦自夜達旦　九日攻酸棗封丘門甚急　公登城督戰激勵將士自卯至申殺賊數千人斬獲酋虜首級皆耳有金環賊知城守有備乃退師十日虜遣使請和且乞遣大臣赴軍前議所以和上顧宰執未有對者　公因請行　上曰卿方治兵不可公曰所以和者得策即中國之勢遂安不然禍患未已十一日使人回自軍前道金人之意須犒師金銀絹綵馬駝騾驢之屬各以萬計求尊其國主為伯父乞親王宰相為質及割太原中山河間三鎮之地朝議欲悉從之公力争以為尊稱如其所欲固無害犒師金幣雖竭天下不足以充數當量與之三鎮　國家屏蔽又保塞　僖祖　順宗翼祖　陵寢所在子孫奈何與人至於遣質則宰相當往親王不當往宰執皆不以為然　公自度不能勝衆說因再拜求去　上慰諭曰卿第出治兵恐金人蔻我　公遂出至城北壁復回則誓書已行矣自是金人益肆須索無所忌憚及勤王之師既集西兵將師日至　上始赫然有用兵意二十七日　公與太宰李公邦彥少宰吳公敏宣撫使种公師道都統制姚公平仲宣幹折公彥質同對于福寧殿議以二月六日出師　二月一日夜姚平仲率步騎萬人以劫金人之寨欲生擒斡离不雖种宣撫在城中

弗知也　公時以疾給假臥行營司夜半　上遣中使降
親筆曰姚平仲已舉事決成大功卿可將行營司兵出封
丘門為之應援　公辭以疾且非素約兵不豫備斯須之
間中使五至且取軍令狀以聞　公不得已力疾會三軍
將士　二日旦出封丘門勤兵於班荊館天駟監分命諸
將解范瓊王師古等圍虜騎出沒鏖戰斬獲甚衆是夜宿
于城外姚平仲者一夕刼寨為虜所覺即遁去宰執臺諫
皆謂西兵勤王之師及行營司兵皆為金人所殲無復存
者　三日　詔不得進兵斡離不遣使請再和遂罷　公
右丞行營使以蔡左丞懋代馬种亦罷宣撫　公得止兵
詔即振旅以入城聞罷　命乃退處浴室院待罪蔡左丞
計會行營司兵所失裁百餘人西兵及勤王之師折傷千
餘人外餘並如故　朝廷乃知前所聞之非是　上降
親筆慰勞且令吳少宰　宣諭將復用之意　五日太學
生陳東與諸生千餘人詣　闕上書明　公與种不當罷
軍民聞之不期而集者數十萬人　上遣中使　召公
公固辭不敢行、宣召者絡繹而至既入對即復尚書右
丞都大提舉京城四壁守禦使、十日金人退師
十四日除知樞密院事封開國伯有乞議不可割三鎮劄
子　三月　道君廻鑾　御批吳敏李棁等令一人來
公請行　十七日離國門　十八日次陳留縣秋口遇
道君太上皇后船　公拜謁有　奏知接見　道君太上
皇后劄子具言已許居寧德宫之意　二十日抵南都
二十一日　道君引對　奬諭曰都城守禦　宗社再安
相公之力為多　公因出劄子乞早回鑾輿不須詣亳社
西都　道君詢虜騎攻圍次第及　朝廷更改等事公條
具以對　道君感悟內出玉帶金魚袋古象簡以賜
二十三日　朝辭　道君袖中出書付公宣諭曰公輔助
皇帝扞賊守　宗社有大功若能調和　父　子間使無
疑阻當書青史垂名萬世　公先具劄子以所得　道君
聖語奏知　上批荅有知卿奏對忠義煥然之語　二十
五日還抵　闕　二十七日宰執進呈　車駕出郊迎奉
道君儀注執政議論不同公力爭之言甚激切再對遂有
乞治伏　闕之事者、上及宰相皆愕然　公乞自待罪
上笑曰伏闕士庶以億萬計如何治朕所洞知卿不須如
此、公再拜辭出求去章十餘上皆　批荅封還不允且
降　御筆有廼者虜在近郊士庶伏闕一朝倉卒衆數十
萬忠憤所激不謀同辭此豈人力也哉不悅者造言何所
不可致卿不自安殊不知朕深諒卿之不預知等語既又
召至內殿面加慰諭且曰賊馬方退正賴卿協濟艱難今

遷欲捨朕何之前事不足介懷宜為朕少留 公勉就職
四月有乞用富鄭公守禦策乞益脩邊備措置塘濼水櫃
等劄子有條具備邊禦敵八事及條具調發防秋之兵
二十四日以覃恩轉太中大夫得 旨撰起防秋兵等三
詔及賜夏國與高麗通金國三書
五月十九日除河北河東路宣撫使辭免劄子凡八上
上節出裴度傳以賜 二十三日受命
六月十四日復五具劄子乞罷又有論宣撫職事四劄子
二十五日戒行前期 錫燕紫宸殿特賜玉束帶牙簡等
又賜 御筵於瓊林苑且幸東華門臨遣累降 親筆有
朕之任卿望如金石應一行事 朝廷豈能預定可一切
便宜行事及有李某所至如朕親行之語
七月初抵河陽望拜 陵寢有乞深考 祖宗之法劄子
進次懷州日肄習車戰俟防秋之兵集以謀大舉而 朝
廷降 旨凡詔書所起之兵悉罷之 公兩上疏力爭不
報而宣撫副使制置副使察訪使至幹當公事都統制等
皆承受 御前處分事得專達進退自如宣撫司徒有節
制之名公乃力上章乞罷會奉使王公雲曹公曚自虜中
回有許以租賦代割地之意乃 詔宣撫司不得輕易進
兵 公前後乞罷表劄十餘 上許令赴闕

九月初交宣撫職事與折公彥質 十八日除觀文殿學
士知揚州 公具劄子乞罷實宣撫司見在軍兵財物既
而言者果謂 公專主戰議喪師費財自落職提舉亳州
明道宮責授保靜軍節度副使建昌軍安置再責寧江
按靖康行紀序
公十月抵無錫一宿湛峴而遊惠山與昆弟嘯詠聞有建
昌之責即日命駕過虎丘臨劍池月夜步松江長橋與親
友為別渡錢塘江經嚴陵瀨自三衢入江南歷上饒弋陽
遊龜峯寺道金溪抵建昌時十二月也 是歲有靖康傳
信録二十卷奉迎録一卷
今上皇帝建炎元年丁未
公年四十五按靖康行紀序曰建昌復聞有寧江之命即
泛舟由臨川如豫章邂逅故人長老懷宗同遊翠岩寺觀
洪崖并復遊玉隆萬壽宮觀許旌陽手植檜道龍虎山望
仙巖次鈞陽上高遊九峯寺次宜春遂由萍鄉醴陵以次
長沙遊道林嶽麓寺觀唐人篇翰時仲春之初也幽懷壯
志時發於文詞之間則知秉閑志之類是也又按湖海詩
序云余舊喜賦詩自靖康謫官以避謗輟不復作則知兩
年無詩 公次長沙聞有 淵聖皇帝召命復元官除資
政殿大學士領開封府事即率湖南義旅以進時四月八

日也由岳陽登舟泝江順流而東
五月初次鱉昌傳　元帥府檄方密都城不守　二聖播
遷號慟殺絶次太平州覲
上登寶位赦書即上書論時事次寶應聞降麻告廷除正
議大夫尚書右僕射兼中書侍郎進封開國侯次金杲園
賜燕且令龍圖閣學士兼侍讀董公耘傳　旨云嘗遣從
事郎劉默齎賜　御書及復觀文殿學士劄子　御書有
方今生民之命急於倒掛諒非不世之才何以協濟事功
閤下學窮天人忠貫金石是以盡復公舊官職澤被斯人
功垂竹帛乃公素志之語
六月一日　對于内殿　面辭新　命　上曰朕知卿忠
義智略甚久在靖康間宣力為多時為同列所不容故使
卿以非罪去國而　國家禍故如此朕嘗言於
淵聖欲使夷狄畏服四方安寧非相卿不可今朕眇然一
身托於士民之上賴卿左右扶持以濟艱難此志已定卿
其勿辭　公頓首泣謝　二日再　對力辭　上曰卿素
以忠義自許豈可於　國家艱難之時而自圖安閑朕決
意用卿非在今日社稷生靈賴卿以安卿其勿辭
公因出十議以進皆當時急務度能從乃敢受　命有
旨付三省施行

五日進漢唐三帝紀要錄　六日受　告兼充　御營使
以覃恩轉正奉大夫進封開國公　公既拜　命之後竭
力為　上規畫捍禦金寇奉迎　鑾輿之策且謂河北河
東　國家之屏蔽雖頻為虜所陷没然其兵民戴　宋之
心堅甚　朝廷不議救援使人力屈而附賊為患非細於
是薦張所招撫河北傅亮經制河東又請車駕一至　京
師見　宗廟慰安都人之心度未可居則　廵幸南陽駐
蹕示不棄中原而西通關陝可進兵馬東達江淮可運粮
餉南道巖蜀可取貨財北援三都兩河與賊爭利天下形
勢莫便於此有　旨遣使經畫又勸　上益募兵買馬繕
器仗脩軍政擇將帥置帥府要郡經略天下是時劇賊李
昱擾山東杜用起淮南李孝忠亂襄陽皆遣將討平之其
餘降者十餘萬幾兩月間威令大振無何　詔欲廵幸東
南　公極論其不可　上乃收還所降　詔翌日再具劄
子援楚漢滎陽成皋間曹操袁紹官渡事論天下形勢甚
詳又與執政爭於　上前然　南幸之議已定而　公求
去之意亦决矣
八月五日遷銀青光祿大夫尚書左僕射兼門下侍郎
公未拜適有沮張所而罷傅亮者　公爭之不得乃入表
劄丐去　上曰卿所爭事小何必便為去就　公曰宰相

之職在薦人材方今人材將帥爲急恐不可謂之小事章三上降麻除觀文殿大學士提舉杭州洞霄宫時十八日也　十月抵鎮江府聞有辛道宗下叛兵自秀州作過迤邐由蘇州而來即雇客舟由大江以歸未嘗相過時　公季弟在無錫與知縣都浙商議説誘叛兵不曾焚掠邑室公是時方到鎮江初不與知言者乃謂

公遣弟迎賊俾家貲犒設坐此落職鄂州居住　公在相位纔七十有五日既罷之後招撫經制司皆廢　車駕遂東巡西河郡縣皆陷于賊金人以次年春擾京東西深入關輔殘破尤甚凡募兵買馬團結訓練車戰水軍之類一切廢罷中原盜賊蠭起跨州連邑莫能制禦率如　公之所料云

是年有建炎進退志十卷迂論六卷紹興四年得　旨令編次建炎時政記二卷建炎

制詔表劄集四卷

二年戊申

公年四十六在鄂州十月以謫降官不許同在一州移澧州會有上書訟　公之冤者言者復有論列十一月責授單州團練副使移萬安軍安置　公兩被遷責皆次子宗之從行時著論語詳説十卷易傳内篇十卷外篇十二卷

三年己酉

公年四十七六月二日長子房下長孫震生按寄長子詩序云時在雷州辭易適至震卦因名之曰震孫詩有洊雷名震因觀易之句十一月次瓊州三日而　德音放還任便居住

四年庚戌

公年四十八自嶺表訪家鄱陽未幾挈家邵武七月復銀青光禄大夫復以盜作自邵武避地長樂按湖海集序云建炎改元之秋丐罷機政其冬謫居武昌明年移澧州又明年遷海外未嘗不作詩則知自元年秋有寶劍聯句至四年次韻葉夢得送家園梅花絶句等六百餘篇是也又有乘桴浮于海十二賦記序各五題跋十自崇陽與許崧老及吕元中諸公書

紹興元年辛亥

公年四十九三月除提舉杭州洞霄宫九月復資政殿大學士是年有汀州均慶院轉輪藏記福州天寧寺松風堂記飫粵銘編次唐朝諸將傳兩卷且有序跋及温泉絶句至止戈堂詩二十餘篇

二年壬子

公年五十正月十六日次子房下孫秦生二月八日除觀

文殿學士荊湖廣南路宣撫使兼知潭州湖東路兵馬鈐轄續有　旨荊東西依舊為荊湖南北路湖南依舊潭州置帥以公兼本路安撫使馬步軍都總管　公力且辭有辯謗等奏狀閏四月七日內侍撫問二十四日開司五月六日起行　公始入湖南境即措置招捕群盜彈壓曹成七萬餘人出界降步諒二萬餘衆又降王進破王俊及其餘群盜以次討定凡五萬餘境內遂安流移歸業上章丐祠未報聞以諸路帶宣撫者並罷止帶湖南安撫使

三年癸丑

公年五十一除提舉西京嵩山崇福宮即由醴陵道江南訪武夷如長樂時有宣撫荊廣記二十卷及自茶　恩除宣撫至水口泛舟如長樂等詩四十篇

四年甲寅

公年五十二七月十三日第三子房下孫升生十月虜人窺伺承楚　上親總六師往臨大江　公具捍禦三策以獻十一月六日得旨以　公所陳皆今日急務付三省密院措置施行降　詔獎諭有忠貫神明慮先著蔡料敵於千里之外制勝于三策之間之語又具禀目與時相條具捍禦事宜是年有桂齋上梁文及荔支後賦等

五年乙卯

公年五十三正月　詔詢邊防利害　公條具以聞二月復觀文殿大學士七月降　親筆獎諭詔有首陳三策適投卻敵之機繼上六條大闡經邦之略精忠許國誠節表時雖在燕閑之中不忘開濟之事等語　公立碑具記以誌之於是併以　三朝所賜　宸翰摹勒上石十月六日除江南西路安撫制置大使兼知洪州　公自湖外歸迨今三年有自天寧遷居東報國寺至次韻冊霞本老見示押子詩百餘篇

六年丙辰

公年五十四正月　召赴　行在二月三日兼本路營田大使二十四日到國門凡三　對所進呈劄子幾二十事又有繳進靖康間奉迎錄劄子三月六日送史館　公既陛辭因具劄子極論所以進兵者四月一日至洪州六月乙巳地震　詔求直言　公應　詔奏陳八事七月二十日子申之生十月虜偽入寇有論擊賊及奏陳防秋利害劄子降詔獎諭

七年丁巳

公年五十五正月以　公賑濟饑民招還流亡降　詔獎諭　公以防冬無虞疆場寧謐丐祠未報聞會左司諫陳公公輔乞出以靖康間士庶伏　闕為人誣為鼓唱

至今猶未辨雪為言　公再上章丐祠謂臣當時遭謗尤甚雖嘗蒙　淵聖皇帝降　詔宣示四方而仇怨至今以之藉口　詔不允訓辭有且伏闕之往事皆不根之浮辭排邪議以用御斷由朕志守夙心而自信無恤人言之語

車駕將幸建康有乞益脩戰守之備劄子二月報　道君升遐　寧德上僊有乞推廣孝思益修軍政劄子二十七日　車駕進發有論建中興之功舉直言極諫之士乞不必遠召將帥等劄子

四月十六日以　公典藩踰年民安盜息特轉金紫光祿大夫

五月二十二日長子房下孫晉生

八月聞酈瓊叛逆有論淮西軍變劄子

九月以到任以來賑濟饑民招填軍額建置營房脩築城池繕治器甲增修官府糴置官廩催發錢粮招捕盜賊等事釐為六狀繳申丐祠

十三日有　旨以　公奏陳淮西事宜切中事機降詔獎諭　時張公浚既罷相而言者引漢武誅王恢事以為比　公以為非是遂具劄子奏陳利害又聞　車駕有幸平江之意因併言其不可　明堂恩加食邑　公之子有未官者乃先以恩命奏補姪琳之駐蹕之謀既審有　車駕不宜輕動劄子　十一月除提舉臨安府洞霄宮聞除李端明光為代公貽書具言措置次第　公在江西有制置江右録二十卷有贈羅偉政奏議至次韻徐鶴讀中冬教閱詩及題跋十數篇

八年戊午

公年五十六正月還次長樂是冬王公倫使虜有論使事劄子是歲置義莊于邵武

九年己未

公年五十七二月除荆湖南路安撫大使兼知潭州凡三上章力以疾辭

四月十三日依舊提舉臨安府洞霄宮　公歸自豫章詩文絶少僅有數篇　公之仲弟維自吏部外郎除芸閣持憲浙東以與　公别久有請於

朝乞因巡歷来閩省　公款曲再旬實是年冬　公有送行詩蓋絶筆也

十年庚申

公年五十八正月十一日中使徐珣傳　宣撫問十五日

公薨初　公叔弟校書公博學多識　公所以期待者甚遠入館未幾不幸早世　公悼恨不已適上元具祭撫几

號慟倉卒感疾即薨于㮸巖精舍遷特進致仕特贈少師官其親族十人　奏補一子四孫外其五夫人請于朝授公之姪鼎之從姪昌之　毋舅吳彥舉甥周伯駿外孫黄同寅從　公素志也又命　公弟自浙東憲移閩部以營襄奉十二月十四日葬于福州懷安縣桐口大家山之原　後四年癸亥以長子儀之陞朝遇　郊祀恩贈太保　又三年丙寅再贈太傅

李忠定公謚議

故特進觀文殿大學士致仕隴西郡開國公食邑四千四百戶食實封一千七百戶贈太師謚忠定李公謚議

奉議郎太常博士兼實録院檢討官葉適撰

議曰始公自起居郎極論都城水災斥為監當而抗直之聲震於天下矣及斡離不來寇在廷茫然將從衆輿以出獨公請與執政辨詰遂奪其議力守京師而虜以退却然其留劉三鎮詔書擊女真之歸而募兵以防其再至皆為同列沮之不果用也

高宗中興首命公自輔於是張邦昌以僭逆誅矣先事河北河東録堅守者建遣張所傅亮往援接之乞幸襄鄧以係人心而無走東南使周望傅雱通問　二聖而無踵和約時中原尚未潰也公方除京闕亂政漸復

祖宗舊法奏請施行數十事多中機要使稍得歲年之須則两河不遂陷而虜不敢鼓行入内地矣而讎恥因可報也不幸又七十五日而罷去迄其後常踈外坎壈雖僅免顛沛而曾不少得其意焉自是禍難百出而南北竟以分裂此為國家惜者所以哀公之志而深悲其相之不終也至有未嘗識公面而坐論救公以死彼豈有所顧望附託而然哉盖公之賢自當時市井負販莫不喜為之道說然

而謗公者亦衆矣其尤甚者罪公特以計取顯位而以京師之禍公實使之嗚呼當是之時所謂謀國者豈有他道哉避走而乞和畏賊虜而卑中國爾以避走乞和畏賊虜卑中國之人而議公之得失故其自許為謀詳慮審而謂公為略而疏自以為鎮重能消弭而謂公為輕銳而喜事其恬視君父之仇畏死持祿甘為世所賊侮而以公之能尊君以身徇國為人望所屬者謂為朋黨要結以自營故主和者非致寇而守京師者為失策矣則公之負謗於時固亦其理之所宜得也何足辨哉顧猶有可恨者夫是非毁譽之相蒙亦必至久而後論定是從古以然者也公之殁五十載矣世之論公者卒未有以大異於前日也何歟孔子曰微管仲吾其被髮左衽矣考公之行事而深察其志使要其功烈之所成就則豈有愧於孔子之所稱者哉悲夫謹按謚法慮國忘家曰忠安民大慮曰定請以忠定為公謚謹議

覆謚議

朝請郎秘書丞兼權考功郎官宋之瑞撰

議曰當禍變搶攘之際有能忘身徇國謀定大事慨然以天下之重自任誠可謂不世出之材矣然而功業濟否關乎時毁譽愛憎存乎人要未容以輕議故孟軻論創業垂統至成功則歸之天而揚雄荅或人是非之問亦以謂衆言淆亂折諸聖審乎此則故相李公之行事可不待校而明矣公生平大節載之信史論諫匪躬形于奏議至於釋誣辨謗追訟忠烈則具見於宗工鉅儒之文固無俟易名節惠而公之沉寃滯痛已昭揭乎日月之上矣況奉常舖敘顛末又若此其備而考功尚奚辭焉雖然姑試掇其遺論之嗚呼靖康之變天地傾覆使吾國稍有人焉决不至是一時訏謨廟堂之上者類皆患失鄙夫曾無遠慮寇至則割地以請和師退則弛兵而撤備又其甚則乞幸江南以避狄區區自謀第不過為全軀保妻子計其視　宗社阽危君父蒙辱殆無異秦越之肥瘠惟公剛正慷慨憤氣填膺猶持戰守之說力排群議雖中外翕然莫不恃公為砥柱而同列交忌日思所以去公者矣方虜騎既遁而復來都城始堅而終潰公之謀用與不用此智愚所知也惟是兩河之後議者往往不能無惑嗟乎太原之圍自二种敗衂譬猶膏肓之疾已不可為在庭之臣顧豈不曉特怒公不肯割三鎮以講和故乘危抵巇使之送死此顏真卿使李希烈之意也況是時　朝廷議論不一號令不信節制不專大類唐九節度之師雖以李郭為將莫能成功則公之獲罪蓋亦其勢然也雖然向使公言聽計從旁無娼

忌則國家豈復前日之禍而公之功業為不細矣君子於是乎歸之天

高宗中興首命公為輔相進對之次　玉音嘉奬謂卿忠義勇略靖康之際宣勞為多特為同列所不容使以非罪去國而國家禍故如此然則公雖為朋黨所惡毀短中傷而　聖言炳若固可折衷而無疑矣大抵士大夫之忠在於責人太詳持論太峻故公之公議久而未伸今奉常以忠定二字為公謚庶不沒其實謹議

宋丞相隴西郡開國公贈太師謚忠定李公行狀上

宋丞相故特進觀文殿大學士致仕隴西郡開國公食邑四千四百户食實封一千七百户贈太師謚忠定李公行狀

曾祖僧護故贈少保曾祖母廖氏成國夫人龔氏茂國夫人盧氏昭國夫人

祖虞故贈太保祖母黄氏秦國夫人饒氏魏國夫人

父夔故任中大夫充右文殿修撰贈太師追封衛國公

母吳氏韓國夫人

邵武軍邵武縣八龍鄉慶親里李綱年五十八

公字伯紀其先系出有唐有以宗室為建州刺史者卒官因家焉　皇朝太平興國四年析建州置邵武軍故今為邵武人曾大父大父隱德不仕行義為鄉閭所宗先衛公以進士起家為時名卿妣韓國夫人處州龍泉人賢業懿範中外所仰事具龜山楊先生所撰墓誌銘公形神俱清器識絶人自幼有大志舉動必於規矩法度見者知其必將名世年十有四從先衛公官延安時夏人入寇圍城甚急舊法邊城被圍乘城者以日計功條屬子弟皆登城冀賞公獨不從然時時騎邊城上示無所畏寇退

朝廷以言者謂濫賞報罷衆以是媿公將冠丁韓國夫人

憂、廬毗陵錫山塋次凡三年、哀感閭里、手植松栢數十萬
處畫規摹、他人莫擬、父執見之、謂人曰、吾畏李君、既冠補
國子監生第一、方先衛公之入上庠也、名在第一、而公繼
之、每試必上、列聲稱籍甚、舉進士未第、以先衛公遇　郊
祀恩補假將仕郎、附試貢士、復首送、屬聞碁親之喪、友人
貽書謂道路之傳、蓋不的、勉試春官、以慰親望、公不可、調
將仕郎、眞州司法參軍、政和二年、上舍及第、臚傳之日、
徽廟顧問再三、　特旨升甲、改合入官、授承務郎、充相州
州學教授、以親庭遠易鎭江、四年召除行國子正、十二月
對便殿、除尚書考功員外郎、五年謁告迎先衛公于霅川、
有　旨除先衛公提舉醴泉觀、以便就養、九月還
闕、道除監察御史、兼權殿中侍御史、既入臺、嘗因職事進
對、先衛公亦以是日朝見、
徽廟顧公曰、卿父子同日造　朝、搢紳榮事、未幾以論内
侍建節、及宰相任用堂後官、從官入
朝以笏擊其下、凡三事、忤權貴、罷言職、公之在臺纔一月
耳、十一月除尚書比部員外郎、六年轉承事郎、七年差充
禮部貢院參詳官、八年四月復召對、五月除太常少卿、八
月出朝
陵寢未還　闕、除起居郎、十二月差兼國史編修官、宣和

元年、同知貢舉、六月　京師大水、　徽廟降　詔遣使、所
以憂勞者甚至、而在位者乃救不聞有發憤納忠之人、公
獻畏之懷不自已、奏疏論列、謂變異不虛發、必有感召之
因、災害未易禦、必有消復之策、臣有己見、急切利害事須
面奏、乞許臣因侍立次直前奏事、翌日宰執班退、傳　旨
閤門、令公先退、更不侍立、公因奏便宜六事、且上章待罪、
有　旨、所論不當、送吏部與監當差遣、繼以待罪章上、有
旨、更降一官與遠小處監當、授承務郎、監南劍州沙縣稅
務、先是父友故贈諫議大夫了齋陳公瓘識公之幼、每謂
人曰、李公有子、了齋既以天下之重自任、知無不言、欲求
天下奇士、以此道付之、方是時人皆以公爲鳳鳴朝陽、了
齋聞之、以書至先衛公曰、伯紀所言、天下亦有非之者乎、
天下莫有非之者、則其言也時矣、使不當其可、天下豈有
不非之者乎、積誨有自、可以百拜爲壽、而遠莫能也、公既
來沙陽、目所居僧舍曰寓軒、職事之餘、閲藏教於其間、時
了齋以書至、且爲公引欣果公、李文靖王文正、前言往行
繼之、以言曰、嶷嶷梁公、疇克與對、文靖文正、輔世無悔、誰
者嗣之、頎公繼蹱、乎筌筏之外、羸壯不同、事趣舍不同業、
安敢以同我者爲是而忘盡忠之告、鄉時故右文殿修撰
羅公疇、方家居、嘗以書至了齋道公從遊之適、了齋報書

曰吾儕老矣窩軒之人嘗發妙旨於坐簀擧世傾耳以需
其再鼓今乃欲韜結袖手以適吾儕羸歇之社若許其來
而不拒則是私乎適己而以天下為非我事也其為一時
名德推與愛重如此其後公两在廟堂所為所守天下想
聞風采蓋不負了齋所期矣二年六月復承事郎十月復
本等差遣三年磨勘轉宣教郎公歸膝下五月先衛公感
疾不起公哀慕不自勝八月合塋先衛公於韓國夫人之
塋了齋方謫居山陽以文致奠其末云孟仲叔季咸遵誨
飭論水者誰其動也力不茍不許孰曰不然許其為之嚴
父之賢識者謂了齋所許與父子之間不遺餘力矣喪既
除六年差權發遣秀州未赴閏七年三月除太常少卿六
月到　闕是冬金人敗盟邊報狎至朝廷震懼不復議
戰守惟日謀避狄之計歲暮賊馬逼近始遣李鄴奉使講
和降　詔罪己召天下勤　王之師且命　皇太子為開
封牧宰執日聚都堂茫然無策先是　詔求直言有
旨召侍從之臣聚議各具所見以聞公上封事大略以謂
當今禦戎之急務要須治其本原敵乃可制杜牧所謂上
策莫如自治者誠為知言所謂治其本原者其說有五一
曰正已以收人心二曰聽言以收士用三曰蓄財穀以足
軍儲四曰審號令以尊國勢五曰施惠澤以拜民怨又陳
捍敵之十策時建牧之命既下公素與故相吳公敏厚善
敏時為給事中夜過其家謂敏曰事急矣建牧之議豈非
欲委以留守之任乎東宮恭儉之德聞于天下以守
宗社是也而建以為牧非也巨盗猖獗如此自非傳以位
號使招徠天下豪傑與之共守何以克濟公從官以獻納
論思為職曷不非時請對為　上極言之敏曰監國可乎
公曰不可唐肅宗靈武之事當時不建號不足以復邦而
建號之議不出於明皇後世惜之
上聰明仁慈儻感公言萬有一能行此金人且將悔禍退
師　宗社底寧豈徒都城之人獲安天下之人皆將受賜
非發忘身徇國心孰能任此敏翌日求對具道所以且曰
陛下果能用臣言則　宗社靈長　聖壽無疆
徽廟曰何以言之敏曰神霄萬壽宮所謂長生大君陛下
也必有青華帝君以助之其兆已見於此
徽廟感悟歎息敏因言李某之論蓋與臣同有
旨召公赴都堂稟議訖隨宰執至文字庫祗候別對賞十
二月二十三日公具劄子大略以謂皇太子監國特　國
家閒暇之時典禮如此今大敵入寇天下震動安危存亡
在呼吸閒而用平時典禮可乎名分不正而當大權稟命
則不威事命則不孝何以號召天下率厲豪傑期成功於

萬分之一乎胡不假　皇太子以位號使為
陛下保守　宗祖次將士心以死捍禦如臣之計天下可
保在此一舉仍刺臂血書之其日
徽廟御玉華閣先召宰執吳敏等對至日晡時內禪之議
已決公不復得對二十四日　孝慈淵聖皇帝即位詔有
司討論所以崇奉道君皇帝者公在奉常條具以聞二十
六日上實封言事大略以謂方今夷狄憑陵中國勢弱姦
邪充斥君子道消法度紀綱蕩然無統　陛下履位適當
斯時得不上應天心下順人欲外攘夷狄使中國之勢尊
內誅姦邪使君子之道長以副

道君皇帝所以付託之意二十八日召對　延和殿
淵聖迎謂公曰卿頃論水車跡朕在　東宮見之至今猶
能誦憶嘗為賦詩有秋來一鳳向南飛之句公叙謝訖因
奏曰今金寇先聲雖若可畏然聞有　內禪之事勢必退
縮請和厚有所邀求於　朝廷臣竊料之大槩有五欲稱
尊號一也如契丹故事當法以大事小之義不足惜欲得
歸朝人二也當盡以與之以示大信不足惜欲增歲幣三
也當告以舊約以燕山雲中歸中國故歲幣增於大遼者
兩倍今既背約自取之則歲幣當減
國家先廟嫌諱示和好不校貨財姑如元數可也欲求犒

師之物四也當量力以與之欲求割地五也則
祖宗之地子孫當以死守不可以尺寸與人願　陛下留
神於此數者執之堅無為浮議所搖可無後艱
淵聖嘉納二十九日除兵部侍郎靖康元年正月三日充
行營司參謀官蓋斡離不之兵遂渡河是日聞報故也夜
漏二鼓　道君皇帝東幸　宮闈相繼以行侍從百官往
往潛遁四日公侍對班於　延和殿下聞宰執奏事議欲
奉　鑾輿出狩襄鄧間公思之以為不可適遇知東上閤
門事朱孝莊於　殿庭間語之曰有急切事欲與宰執廷
辨公能奏取　旨乎孝莊曰宰執未退而從官求對前此

無例公曰此何時而用例耶孝莊許諾即具奏得　旨引
對公因啟奏曰聞諸道路宰執欲奉　陛下出狩以避狄
果有之宗社危矣且
道君皇帝以　宗社之故傳位　陛下今捨之而去可乎
淵聖默然太宰白時中曰都城豈可以守公曰天下城池
豈有如都城者且　宗廟社稷百官萬民所在捨此欲將
何之若能率勵將士慰安民心與之固守豈有不可守之
理　淵聖顧宰執曰策將安出宰執默然公進曰今日之
計莫若整飭軍馬揚聲出戰固結民心相與堅守以待勤
王之師

淵聖曰誰可將者公曰朝廷平日以高爵厚祿崇養大臣蓋將用之於有事之日今白時中李邦彥等雖書生未必知兵然藉其位號撫馭將士以抗敵鋒乃其職也時中怒甚厲聲曰李某莫能將兵出戰否公曰 陛下不以臣為庸懦儻使治兵願以死報

淵聖顧宰執曰執政有何闕趙野對曰尚書右丞闕

淵聖曰李某除右丞面賜袍帶并笏公致謝且叙方時艱難不敢辭之意宰執猶以去計勸

淵聖有 旨命公為東京留守公為

淵聖力陳所以不可去者且言唐明皇聞潼關失守即時幸蜀 宗社朝廷碎于賊手累年然後僅能復之范祖禹以謂其失在於不能堅守以待勤 王之師今 陛下初即大位中外欣戴四方之兵不日雲集虜騎必不能久留捨此而去如龍脫於淵 車駕朝發而都城夕亂雖臣等留守何補於事

淵聖意頗回而内侍王孝竭從旁奏曰 中宮國公已行陛下豈可留此

淵聖色變降榻曰卿等毋留朕朕將親往陝西起兵以復都城決不可留此公泣拜俯伏

淵聖前以死邀之會燕越二王至亦以固守為然

淵聖意稍定即取紙 御書可回二字用寶俾中使追還中宮國公因顧公曰卿留朕治兵禦敵專以委卿不管稍有疎虞公皇恐再拜受命是夕宿于尚書省而宰執宿于內東門司中夜

淵聖遣中使令宰執供軍令狀詰旦決行五日公自尚書省趨朝道路紛紛復傳有南狩之事太廟神主已出寓太常寺矣至 祥曦殿則禁衛皆擐甲 乘輿服御皆已陳列 六宮襆被皆將升車矣公遑遽無策因厲聲謂禁衛曰爾等願以死守 宗社乎願扈從以巡幸乎禁衛皆呼曰願以死守 宗社不居此將安之公因拉殿師王宗濋等入見曰 陛下昨夕已許臣留今復戒行何也且六軍父母妻子皆在都城豈肯捨去萬一中道散歸陛下孰與為衛且虜騎已逼彼知 乘輿之去未遠健馬疾追何以禦之

淵聖感悟始命輟行公謂宰執曰敢有異議者斬因出祥曦殿傳 旨宣示禁衛皆拜伏呼萬歲其聲震地復入勸 淵聖御樓以見將士

淵聖可之駕登宣德門宰執百官將士班樓前起居復降步輦勞問將士公與吳敏撰數十語叙金人犯順欲危宗社決策固守各令勉勵之意俾閤門官宣讀每讀一句

將士聳咢須臾六軍皆感泣流涕於是固守之議始決是
日以公為親征行營使一切許以便宜從事自　車駕御
樓之後方治都城四壁守具以百步法分兵備禦每壁用
正兵萬二千餘人、而保甲居民廂軍之屬不預焉、凡防守
之具無不畢備、又團結馬步軍四萬人為前後左右中軍、
軍八千人、日肄習之、以前軍居東水門外護延豐倉、倉有
粟豆四十萬石、其後勁　王之師集城外者賴之以濟以
後軍居宋門外、占樊家岡使賊騎不敢近、而左右中軍居
城中、以備緩急自五日至八日治戰守之具粗畢而賊馬
已抵城下是夕攻西水門公臨城捍禦斬獲百餘人自初
夜防守達旦、始保無虞翌日賊攻酸棗封丘門、公慮城上
兵卒不足用乞禁衛班直善射者千人以從傳
旨如所乞賊渡壕以雲梯攻城公命班直乘城射之皆應
弦而倒公登城督戰激勵將士人皆賈勇近者以手砲檑
木擊之、遠者以神臂弓強弩射之、又遠者以床子弩座砲
及之、而金賊有乘栰渡壕而溺者、有登梯而墜者、有中矢
石而踣者甚衆、又募壯士數百人縋城而下、燒雲梯數十
座、斬獲酋首十餘級皆耳有金環
淵聖遣中使勞問、降
御筆褒諭有公忠略之志、朕記於心、及公悉心捍禦朕皆
知之之語特給內庫酒銀絹等以頒將士、人皆歡呼、自卯
至申未間、殺賊數千人、賊知城守有備、不可以攻、乃退師、
因遣使道李鄴請和、抵城下已昏墨欲入城、公傳令輒開
門者斬、竟俟明乃入實初十日也
淵聖御　崇政殿引入使對出斡离不書進呈道所以舉
師犯中國之意聞　上內禪、願復講和、乞遣大臣赴軍前
議所以和者、公因請行、　淵聖不許曰卿方治兵、不可、命
李棁奉使鄭望之高世則副之宰執退公留身問所以不
遣之旨　淵聖曰、卿性剛不可以往公對曰、今虜氣方銳
吾大兵未集固不可以不和然所以和者得策則中國之
勢遂安不然禍患未已
宗社安危在此一舉臣恐李棁等柔懦而悞國事也因為
淵聖反覆具道所以不可割地及過許金幣之說、
淵聖頗以為然李棁是日至軍中果辱命北面再拜膝行
而前、金人出事目一紙、付棁等達
朝廷棁唯唯不能措一辭、金人笑之曰、此乃一婦人女子
爾自是有輕　朝廷心、十一日棁至自軍前、宰執同對于
崇政殿進呈金人所須事目、須金五百萬兩銀五千萬兩
絹綵一百萬匹馬駝驢騾之屬各以萬計、尊其國王為伯
父、凡燕雲之人、在漢者悉歸之、割太原中山河間三鎮之

地又以親王宰相為質乃退師且道其語宰執震恐欲如
其數悉許之公引前議力爭以謂尊稱及歸朝官如其所
欲固無害犒師金幣所索太多當量與之太原河間中山
國家屏蔽號為三鎮其實十餘郡地塘濼險阻皆在焉割
之何以立國又保塞 翼順僖三祖陵寢所在子孫奈何
與人至於遣質即宰相當往親王不當往為今日計莫若
擇使與之往返熟議道所以可不可者金帛之數令有司
會計所有續與報宿留數日大兵四集彼以孤軍入重地
勢不能久留雖所得不滿意必求速歸然後與之盟以重
兵衛出之彼且不敢輕中國其和可久也宰執皆不以為
然方謂都城破在朝夕肝腦且塗地尚何有三鎮而金幣
之數又不足較也
淵聖為群議所惑凡爭論兩時無一人助公言者公自度
力不能勝衆說因再拜求去 淵聖慰諭曰不須如此卿
第出治兵益固城守恐金人欺我此徐議可也公被
旨不得不出復前進曰金人所須宰執欲一切許之不過
欲脫一時之禍不知他日付之何人能為 陛下了此願
更審處後悔恐無所及因出至城北壁復迴尚冀可以力
爭而誓書已行矣所求悉皆與之令上皇帝方在康邸俾
同少宰張邦昌爲質於金人軍中公無如之何則為之留

三鎮 詔書戒中書吏以輒發者斬庶幾僥四方勤
王之師集以為後圖而宰執裒聚金銀自 乘輿服御宗
廟供具六宮官府器皿皆竭取復索之於臣庶之家金僅
及三十萬兩銀僅及八百萬兩宰執以金銀之數少惶恐
再拜謝罪公獨不謝於是王孝迪建議欲盡括在京官吏
軍民金銀揭長榜於通衢立限輸官限滿不輸者斬之許
奴婢親屬及諸色人告都城大擾限既滿得金二十餘萬
兩銀四百餘萬兩而民間藏蓄為之一空公奏
淵聖曰收簇金銀限滿民力已竭復許告訐恐生內變外
有大敵而民心又變不可不慮
淵聖曰卿可往收榜歸行營司移牒王孝迪照會人情乃
安自十五日四方勤 王之師漸有至者日數萬人公為
於四壁置統制官招集之至十七八間統制官馬忠以京
西募兵至遇金人於鄭州南門外乘勢擊之殺獲甚衆金
人始懼遊騎不敢旁出而自京城以南民始獲奠居矣二
十日种師道姚平仲以涇原秦鳳兵至公奏
淵聖曰勤 王之師集者漸衆兵家忌分節制歸一乃克
有濟願令師道平仲等聽臣節制而宰執間有密建白以
為不可者於是別置宣撫司以師道簽書樞密院事充河
北河東京畿宣撫使以平仲為宣撫司都統制應西兵及

四方勤　王之師，並隸宣撫司，又撥前後軍之在城外者
屬之，而行營司所統者獨左右中軍而已。
淵聖屢申敕兩司不得侵紊節制，既分不相統一，宣撫司
所欲行者，託以機密，往往不復關報，公私憂之。自議和誓
書既行之後，金人益肆須索，無所忌憚。及勤　王之師既
集，西兵將師日至，　淵聖意方壯，又聞金人虜掠城北，屠
戮如故，而城外墳墓殯殯發掘殆盡，始赫然有用兵之意。
公贊　淵聖曰：易於謙之上六稱利用行師征邑國，師之
上六稱開國承家，小人勿用。蓋謙之極，非利用行師，不足
以濟功；師之成，非戒用小人，不足以保治。令
陛下之於金人屈己講好，其謙極矣，而金人貪婪無厭，兇
悖已甚，其勢非用師不可。然功成之後，願
陛下以用小人為戒，使金人有所懲創，不敢有窺中國之
心，當數十年無夷狄之禍；不然，一日縱敵，數世之患，是未
艾也。二十七日，公與李邦彥、吳敏、种師道、姚平仲、折彥質
同對于　福寧殿，議所以用兵者。公奏
淵聖曰：金人之兵得其實數不過六萬人，又太半皆奚契
丹、渤海雜種，其精兵不過三萬人。吾勤　王之師集城下
者二十餘萬，固已數倍之。彼以孤軍入重地，正猶虎豹自
投於檻穽中，當以計取之，不可以角一旦之力。為今之策，
莫若扼河津、絕糧道、禁抄掠、分兵以復畿北諸邑，俟彼遊
騎出則擊之，以重兵臨賊營，堅壁勿戰，如周亞夫所以困
七國者。俟其芻糧乏、人馬疲，然後以將師檄取誓書，復三
鎮，縱其歸，半渡而後擊之，此必勝之計也。
淵聖意深以為然，衆議亦允，期即分遣兵，以二月六日舉
事。約已定，而姚平仲者，古之子，屢立戰功，在　道君朝為
童貫所抑，未嘗朝見。至是，　淵聖以其驍勇，屢召對
內殿，賜予甚厚。平仲武人，志得氣滿，勇而寡謀，謂大功可
自有之，先期於二月一日夜親率步騎萬人以劫金人之
寨，欲生擒所謂斡离不者，取　今上皇帝以歸。雖种師道
宿城中，弗知也。公時以疾給假，卧行營司，夜半　淵聖遣
中使降　親筆曰：平仲已舉事，决成大功，卿可即行營司
兵出封丘門為之應援。公具劄子辭以疾，且非素約，兵不
豫備，斯須之間，中使三至，責以軍令，不得已力疾分命諸
將，解范瓊、王師古等圍，斬獲甚衆，復犯中軍，公親率將士
以神臂弓射却之。是夜宿於城外，而平仲者一夕劫寨，為
虜所覺，殺傷相當，所折者不過千餘人，既不得所欲，即恐
懼遁去。宰執臺諫閧然謂西兵、勤　王之師及親征行營
司兵皆為金人所殲，無復存者。　淵聖震恐，有詔不得進
兵，而斡离不遣使以謂用兵特將師所為，不出　上意，請

冉和宰相李邦彥於　淵聖前語使人曰、用兵乃大臣李
某與姚平仲結約、非　朝廷意僉議欲縛公以予之、使人
反以爲不可、遂罷公尚書右丞親征行營使、以蔡懋代揔
兵、蔡懋計會行營司兵、所失纔百餘人、西兵及勤　王之
師、折傷千餘人外、餘並無故、乃知　朝廷前所聞之非、是
夕　淵聖賜　親筆慰勞、且令吳敏宣諭將復用之意、公
感泣謝恩、方欲丐歸田廬、而太學生陳東與諸生千餘人、
詣　闕上書、明公及師道之無罪、不當罷、軍民聞之、不期
而集者數十萬人、填塞馳道、街巷呼聲震地、舁登聞鼓於
東華門擊破之、軍民必欲見公及師道乃去、於是

淵聖遣中使召公及師道入對、公聞命惶懼、固辭不敢行、
而宣召絡繹、不得已入見　淵聖於　福寧殿閤子中、公
泣拜請死、　淵聖亦泣、有旨復公尚書右丞、充京城四壁
守禦使、公固辭、　淵聖不允、俾出東華門至右掖門一帶
安撫軍民、公稟　聖旨宣諭、乃稍散去、再對于　福寧殿、
淵聖命公復節制勤　王之師、先放遣民兵、蓋不復有用
兵意也、所留三鎮　詔書、公既罷、乃遣宇文虛中齎詣金
人軍中、是夕公宿于咸豐門、以金人進兵門外治攻具、故
也、先是蔡懋號令將士、金人近城、不得輒施放、有引砲及
發牀子弩者、皆杖之、將士憤怒、公既登城、令施放自便、能

中賊者厚賞之、夜發霹靂砲以擊賊、軍皆驚呼、翌日薄城
射却之、乃退、金人自平仲劫寨及封丘門接戰之後、頗有
懼意、既得三鎮之詔及肅王爲質、即不俟金幣數足、遣使
告辭、初十日遂退師、十三日宰執對　延和殿、公奏
淵聖曰、澶淵之役、雖與大遼盟約而退、猶更遣重兵護送
之、蓋恐其無所忌憚、肆行虜掠故也、金人退師今三日矣、
盍遣大兵用澶淵故事、護送之、宰執皆以爲太早、公固請
之、　淵聖以公言爲然、可其議、是日分遣將士以兵十餘
萬數道並進、且戒諸將度便利可擊則擊之、金人厚載而
歸、輜重既衆、驅虜婦女不可勝計、氣驕甚、擊之決有可勝

之理、將士踴躍以行、十四日除知樞密院事、封開國伯、食
邑八百戶、食實封一百戶、十七日澤州奏黏罕既破忻代、
圍太原、陷威勝軍、入南北關、陷隆德府、遂次高平、
朝廷震懼、恐其復渡河而南、宰執咎公盡遣城下兵以追
斡离不之師、將無以支吾、公曰、斡离不之師既退、自當遣
兵護送、黏罕之師雖來、聞既和、亦當自退、決無他虞、而執
政中有密啓　淵聖者、悉追還諸將之兵、諸將之兵及斡
离不之師於邢趙間、相去二十里、金人聞大兵且至、莫測
多寡、懼甚、其行甚速、而諸將得追　詔即還、公聞之、於
淵聖前力爭、得　旨復遣、而諸將之還已五程矣、雖復再

進、猶與金人相及於滹沲河、然將士知　朝廷之議論二
三悉解體、不復有邀擊之意、第遥護之而已、於是金人復
旁出抄掠、及涉祁恩冀間、其去殊緩、而黏罕之兵聞已和、
果退、如公言、乃命种師道爲河東河北宣撫使、駐滑州、而
以姚古爲制置使、總兵以援太原、种師中爲制置使、總兵
以援中山河間諸郡、先是、公乞力守三鎮不可割之議、
朝廷僉議以租賦歸之、求保　祖宗之地故也、三月
詔以　道君廻鑾、命門下侍郎趙野爲奉迎使、初、恭謝行
宮、所以都城圍閉、止絶東南遞角、又止東南勤　王之師、
又令綱運於所在卸納、泗州官吏以聞、　朝廷不以爲然、
道路藉藉、且言有他故、　道君還次南都、欲詣亳州上清
宮燒香、及取便道如西都、　淵聖憂之、每有　御書至、必
及　朝廷改革政事、又批　道君太上皇后當居禁中、出
入正門、又批吳敏、李棁令一人來、莫曉　聖意、公奏
淵聖曰、所以欲臣及吳敏來無他、欲知　朝廷事耳、吳敏
不可去　陛下左右、臣願前奉迎、如蒙　道君賜對、臣且
條陳自圍城以來事宜、以釋兩宮之疑、決無他虞、
淵聖初不許、公力請之、乃聽、卽令齎　御書達
道君行宮、既次陳留縣秋口遇　道君太上皇后船、公幄
前奏事、　太上皇后曰、　朝廷欲令於何處居止、公對曰、

朝廷見以擷景園爲　龍德宮奉　道君太上皇后、蓋遵稟　道君十
二月二十三日　聖旨指揮、　道君太上皇后曰、已得　旨、令居禁中、
公對曰、天下大義、惟禮與情、情欲其通、而禮所以節文之、
以　皇帝聖孝、　殿下聖慈、母子之情、豈復有間、但稽之
三從之義、　道君居龍德宮、而　殿下居禁中、於典禮有
所未安、　朝廷討論、但欲合於典禮、以慰天下之望、
兩宮安、則天下安矣、　道君太上皇后曰、　朝廷須是措
置令是、則得、公拜辭登岸、復傳　教旨曰、相公所論甚有
理、公以前語具劄子奏知、且云　道君太上皇后、已有許
居　龍德宮意、願一切不示疑阻、以昭　聖孝、抵南都、
道君御幄殿、公升殿奏事、具道　皇帝聖孝思慕、欲以天
下養之意、　道君泣數行下曰、　皇帝仁孝、天下所知、且
奬諭曰、都城守禦、　宗社再安、相公之力爲多、公因出劄
子乞　道君早回　鑾輿、不須詣亳社西都、以慰天下之
望、　道君慰勞再四、因曰、相公須爲史官、緣何事去、公對
曰、臣昨任左史、得侍　清光者幾一年、以狂妄論列都城
水災、伏蒙　聖恩寬斧鉞之誅、迄今感戴、　道君曰、當時
宰執中有不喜公者、公愧謝、因奏曰、臣昨論水災、實偶有
所見、天地之變、各以類應、正爲今日兵革攻圍之兆、災異
變故、譬猶一人之身、病在五臟、則發於氣色、形於脉息、善

醫者能知之、所以聖人觀變於天地、而修其在我者、故能
制治保邦、而無危亂之憂也　道君以爲然、因詢虜騎攻
圍都城守禦次第、公具以實對、
道君復曰、賊既退師、方渡河時、何不邀擊、公曰、　朝廷以
肅邸在金人軍中、故不許、　道君曰、爲　宗社計、豈復論
此、公於是竊歎　道君天度之不可及也、語既浹洽、
道君因宣諭行宮止遞角等三事、只緣都城已受圍、恐爲
金人所得、知行宮所在、非有他也、公奏曰、方艱危時
兩宮隔絶、彼此不相知、雖　朝廷應副　行宮事、亦不容
無不至者、在　聖度照之而已、　道君因詢朝廷近事、如
追贈司馬光及毀折夾城等凡二十餘事、公逐一解釋、從
奏曰、　皇帝小心仁孝、惟恐一有不當　道君太上皇帝
意者、每得　御批詰問、輒憂懼不進膳、臣竊譬之人家尊
長出而以家事付之子弟、偶遇強盜刼掠、須當隨宜措置
爲尊長者、正當以能保田園大計慰勞之、不當問其細故
今　皇帝傳位之初、　陛下巡幸、適當大敵入寇、爲
宗社計、政事不得不小有變革、今　宗社無虞、四方以寧
陛下回鑾、臣以謂宜有以大慰安　皇帝之心、者其他細
故、一切勿問可也、　道君感悟曰、公言極是、朕只緣性快、
問後即便無事、因内出玉帶金魚袋古象簡賜公曰、

行宮人得公來、皆喜、以此慰其意、便可佩服、公固辭不允
因服之、以謝宣諭曰、本欲往亳州太清宮、以道路阻水不
果、又欲居西洛、以　皇帝懇請之勤、已降旨揮、更不戒行
公先歸達此意、慰安　皇帝、因袖中出書付公、仍宣諭曰、
公輔助　皇帝扞賊守　宗社、有大功、若能調和　父子
間、使無疑阻、當書青史、垂名萬世、公感泣再拜、受命辭訖
即行、先具劄子、以所得　道君聖語奏知
淵聖、批答曰、覽卿來奏、知奏對之語、忠義煥然、朕甚嘉之、
二十五日、還抵　闕下、進呈　道君御書、具道所以問答
之語、　淵聖嘉勞久之、二十七日、宰執進呈　車駕出郊
迎奉　道君儀注、耿南仲建議欲盡屏　道君左右内侍
出榜　行宮門、敢留者斬、先遣人搜索、然後　車駕進見
公以謂不必如此、示之以疑、南仲曰、慼之者、疑之也、古人
於疑、有所不免、公曰、古人雖不免於疑、然貴於有所決斷
故書有稽疑、易曰、以斷天下之疑、儻疑情不解、如所謂竊
鈇者、則爲患不細、南仲紛紛不已、公奏曰、天下之理、誠與
疑、明與闇而已、誠則明、明則愈誠、自誠與明推之、可至於
堯舜、疑則闇、闇則愈疑、自疑與闇推之、其患至於有不可
勝言、耿南仲當以堯舜之道輔　陛下、而其人闇而多疑
所言不足深採、　上笑之、南仲怫然怒甚、既退、再召對于

睿思殿、南仲忽起奏白、臣適遇左司諫陳公輔於對班中
公輔乃二月五日爲李某結士、民伏　闕者豈可處諫職、
乞送御史臺根治　上及宰相皆愕然、公奏曰、臣適與南
仲辨論于　延和殿、實爲國事、非有私意、而南仲御臣之
言故有此奏、伏　闕之事、　陛下素所鑒察、臣不敢復有
所辨、今南仲之言如此、臣豈敢留、願以公輔事送有司、臣
得乞身待罪、上笑曰、伏　闕士庶以億萬計、如何結約、朕
所洞知、卿不須如此、南仲猶不已、公因再拜辭
上而出、不復歸府、入劄子求去、章凡十餘　上皆批荅封
還不允　道君皇帝以三日入國門、公扈從朝于
龍德宫、訖復上章懇請求罷、知樞密院事并繳進劄子、以
謂今日　朝廷方禍亂救寧之初、正當以別白是非爲先、
廟堂之上、是非不明、何況天下、若以南仲之言爲是、
朝廷自當付之有司、根治黨與、誠果有之、臣首當在誅夷
之列、若以南仲之言爲非、則當明告中外、洞然曉知、使臣
不受黨閽之謗、臣之於此、豈得不辨、必若　朝廷重惜大
體、欲兩全之、莫若與臣一宫祠、使歸田里、上降手詔數百
言不允、有曰、迺者虜在近郊、士庶伏　闕、一朝倉猝衆數
十萬、忠憤所激、不謀同辭、此豈人力也哉、不悦者造言、何
所不可、故卿不自安、殊不知朕深諒卿之不預知也、復令
徐處仁、吳敏諭　旨、又召至　内殿、面加慰諭、且曰、賊馬
方退、正賴卿協濟艱難、前事不足介懷、宜爲朕少留、辭意
懇惻、公不得已就職、虜騎出境、公具奏乞用富弼守禦二
策、分兵控扼要害之地、又乞修邊備防秋、仍用李邈措置
塘濼水櫃等事、批荅依奏、又具劄子乞措置三鎮及詔在
廷之臣集議、擇其所長而施行之、於是條具所以備邊禦
敵者凡八事、其一謂以太原真定中山河間建爲藩鎮、又
分濱棣德博建横海軍一道、如諸鎮之制、其二謂河北河
東保甲宜專遣使團結訓練、令各置器甲、官爲收掌、用印
給之、蠲免租賦、以償其直、其三謂復　祖宗監牧之制、其
四謂河北塘濼、不復開濬、又自安肅廣信以抵西山、可益
增廣、宜專遣使以督治之、其五謂河北河東州縣城池、皆
當築城、民有所恃而安、其六謂河北河東州縣經賊馬殘
破蹂踐去處、宜優免租賦以振卹之、其七謂宜復
祖宗加抬糧草鈔法、一切以見緡走商賈而實塞下、其八
願復　祖宗解鹽舊制、　淵聖俾宰執同議、而其間所論
異同、公力争之、不能得、大抵自賊馬既退、
道君還宫之後　朝廷恬然、遂以爲無事、防邊禦寇之策
置而不問、公切憂之、惟兵事樞密院可以專行、乃與同知
樞密院事許翰議　淵聖前、以謂今秋敵必再至、宜預

詔天下起兵防秋為捍禦之計條具將上淂　旨頒行然
後聞三省與閣猶有以為不須如此者公又乞降
旨在京許監察御史以上在外監司郡守帥臣各薦材武
智略大小使臣樞密院籍記姓名量材錄用
淵聖從之二十四日以覃恩轉太中大夫吳敏建議欲置
詳議司檢詳　祖宗法制及近年弊政當改革者次第施
行之　詔以公為提舉官命既行為南仲沮止公奏
淵聖曰陛下即大位於　國家艱危之時宜一新政事
朝廷玩愒未聞有所變革近欲置司討論尋復罷之今邊
事方棘調度不給前日爵祿冒濫耗蠹邦財者宜稍裁抑
以足國用　淵聖以為然委公條具以聞公條上三十餘
事謂如節度使至遙郡刺史　祖宗本以待勳臣今皆以
戚里恩澤得之除邊功外宜悉換授環衛官以抑其濫又
三省堂吏　祖宗時轉官止於正郎崇觀間始許轉至中
奉大夫今宜復　祖宗之制餘皆類此
淵聖深然之降付三省已而揭榜通衢曰知樞密院事李
某陳請裁減下項又榜東華門曰守禦使司給諸軍卸甲
錢多寡不均　御前特再行等第支給而守禦使司初未
嘗給卸甲錢也公聞之驚駭徐詢所以乃執政間有密白
淵聖以公淂都城軍民之心欲以此離散之公始憂懼不
知死所矣方欲丐罷五月初會守禦使司補進武副尉二
人具狀奏知　淵聖批出有惟辟作福惟辟作威大臣專
權浸不可畏之語公惶懼於　淵聖前辨明曰始親征行
營及守禦使司淂　旨一切以便宜行事給空名文武告
勑宣帖等三千餘道自置司以來用過三十一道而已此
二人乃齋　御前蠟書至太原當時約以淂回報即與補
授故今以空名帖補訖奏聞乃遵　上旨非專權也且羈
旅危之蹤為人所中傷者非一願罷職任乞骸骨以歸田
里　淵聖温顏慰諭以謂偶批及此非有他意公待罪丐
去章十餘上皆　批荅不允遣使宣押歸府公翌日見
淵聖曰人主之用人疑則當勿任任則當勿疑而大臣以
道事君不可則止今　陛下惑於人言於臣不能無疑又
不令臣淂去不知　聖意何在
淵聖安慰久之公自此多在告日欲去而未能會种師中
歿於軍前師道以病告歸執政有密建議以公為宣撫使
代師道者初黏罕之師至太原城下太原堅壁固守黏罕
屯兵圍之悉破諸縣為鏁城法以困太原姚古進師復隆
德府威勝軍阨南北關累出兵互有勝負然不能解太原
之圍於是　詔种師中由井陘道與姚古犄角應援太原
師中進次平定軍乘勝復壽陽榆次諸縣不設備有輕全

人之意又輜重犒賞之物悉留真定金人乘間衝突諸軍以神臂弓射却之歛當射者吏告不足而罷士皆憤怨相與散去師中為流矢所中死之師道駐滑州復以老病丐罷 淵聖納議者之説決意用公宣撫兩路督將士解圍一日召對諭所以欲遣行者公再拜力辭自陳書生不知兵在圍城中不得已為 陛下料理兵事實非所長今使為大帥恐不勝任且誤國死不足以塞責

淵聖不許即命尚書省出 勑令面受公奏曰藉使臣不量力為 陛下行亦須擇日受 勑令拜大將如召小兒可乎 淵聖乃許別日受公退即移疾乞致仕力陳不可為大帥且云此必有建議不容臣於朝者章十餘上並批荅不允且督令受命於是臺諫相繼上言公不當去朝廷 淵聖皆以為大臣游説斥去之乃無敢言者或謂公曰公知 上所以遣行之意乎此非為邊事乃欲緣此以去公則都人無辭耳公堅臥不起讒者益得以行其説上且怒將有杜郵之賜奈何公感其言起受命

淵聖録裴度傳以賜公入劄子具道吳元濟以區區環蔡之地抗唐室與金人強弱固不相侔而臣曾不足以望裴度萬分之一且言寇攘外患有可掃除之理而小人在朝蠧害本根浸長難去其患有不可勝言者謂宜留神照察在於攘逐戎狄之先 朝廷既正君子道長則所以扞禦外患者有不難也今取裴度論元稹魏洪簡章疏節其要語瀆塵 天聽 淵聖優詔寵荅宣撫司得兵二萬人分為五軍時勝捷兵叛於河北遣左軍往招撫之又遣右軍屬宣撫副使劉韐又以解潛為制置副使代姚古以折彥質為河東幹當公事與潛治兵於隆德府宣撫司見兵實有萬二千人所得銀絹纔二十萬期以六月二十二日啓行而庶事未辦集乞量展行期

淵聖批曰遷延不行豈非拒命公惶懼入劄子辨所以未可行者且曰 陛下前以臣為專權今以臣為拒命方遣大師解重圍而以專權拒命之人為之無乃不可乎願併罷樞筦之任乞骸骨 淵聖趣召數四公入見具道所以為人中傷致上聽不能無惑者秖以二月五日士庶伏闕事今奉命出使無緣復望 清光

淵聖驚曰卿只為朕巡邊便可還闕公曰臣之行無有復還之理昔范仲淹自參知政事出安撫西邊過鄭州見呂夷簡語甚之出之意夷簡曰參政豈復可還其後果然今臣以愚直不容於朝使臣既行之後無沮難無謗讒無錢糧不足之患則進而死敵臣之願也萬有一 朝廷執議不堅臣自度不能有所為即須告 陛下求代罷去

陛下亦宜察臣孤忠以全君臣之義上頗感動乃以二十
五日戒行前期錫燕於紫宸殿又賜御筵於瓊林苑所以
賜勞甚渥公犒軍訖號令將士斬裨將焦安節以狥初安
節隸姚古帳下在威勝軍虛傳賊馬且至安節鼓扇衆情
勸姚古退師至隆德又勸遁去於是兩郡之人皆驚擾潰
散而初無賊馬至是從姚古還闕公召斬之人皆以爲當
翌日進師以七月初抵河陽入劄子以鞏邑氾水関西都
河陽皆形勝之地城壁頹圮當塹修治今雖晚然併力爲
之尚可及也又因望拜 諸陵具奏曰臣總師道出鞏洛
望拜 陵寢潸然流涕恭惟 祖宗創業守成垂二百年
聖聖傳授以至 陛下適丁艱難之秋戎狄内侵中國勢
弱此誠 陛下嘗膽思報勵精求治之日願深考
祖宗之法一一推行之進君子退小人無以利口善諞言
爲足信無以小有才未聞君子之大道爲足使益固邦本
以圖中興上以慰安 九廟之靈下以爲億兆蒼生之所
依賴天下幸甚初公陛辭日爲 上道唐恪聶山之爲人
陛下信任之篤且誤國故於此申言之
上批荅有銘記于懷之語留河陽十餘日訓練士卒修整
器甲之屬進收懷州自出師後禁士卒不得擾民有趧奪
婦人釵子者立斬以狥拾遺棄物決脊黥配逃亡捕獲皆

斬以故軍律嚴肅無敢犯者公嘗以謂步不勝騎騎不勝
車於是造車千餘兩日肄習之俟防秋之兵集以謀大舉
而 朝廷降旨凡 詔書所起之兵悉罷減之公上疏力
爭大略以謂今河北賊馬出沒並邊諸郡寨柵相連兵不
少休太原之圍未解而河東之勢甚危秋高馬肥决須深
入 宗社安危殆未可知故臣輒不自揆措畫 降詔團
結防秋之兵不過十萬人使一一皆到果能足用而無賊
馬渡河之警今臣被 旨出使 淸光之日未幾
朝廷已盡改前日 詔書所團結之兵罷去太半若以謂
太原之圍賊馬不多不攻自解則自春徂秋攻守半年曾
不能得其實數姚种二帥以十萬之師一日皆潰彼未嘗
有所傷衄不知何以必其兵之不多今河北河東州郡日
告危急乞兵皆以三五萬爲言而半年以來未有一人一
騎可以副其求者防秋之兵甫集又皆遣罷若必以謂不
須動天下之兵而自可無事則臣誠不足以任此責
陛下胡不遣建議之人代臣坐致康平而爲此擾擾也未
報聞再具奏曰近降旨揮減罷防秋之兵臣所以深惜此
事者一則河北防秋闕人恐有疏虞二則一歲之間再令
起兵又再止之恐無以示四方大信夫以軍法勒諸路起
兵而以寸紙罷之臣恐後時有所號召無復應者矣竟不

報　淵聖曰以　御批促解太原之圍，而宣撫副使制置
副使察訪使幹當公事都統制皆承受
御前處分，事得專達，進退自如，宣撫司雖有節制之名，特
文具耳。公奏　淵聖以節制不專，恐誤
國事。雖降旨揮約束，而承受專達自若也。公極爲
淵聖論節制不專之弊，又分路進兵，賊以全力制吾孤軍，
不若合大兵由一路進。會范世雄以湖南兵至，即薦爲宣
撫判官，方欲會合親率師以討賊，而
朝廷之議變矣。初，賊騎既出境，即遣王雲、曹曚使金人軍
中，議以三鎮兵民不肯割地，願以租賦代割地之約。至是
遣回，有許意，其實以款我師，非誠言也。　朝廷信之，耿南
仲、唐恪尤主其議，意謂非歸租賦，則割地以賂之，和議可
以決成，乃　詔宣撫司不得輕易進兵，而和議之使紛然
於路矣。既而徐處仁、吳敏罷相，而相唐恪，許翰罷同知樞
密院事，而進用聶山、陳過庭、李回等。吳敏復以
內禪事責授散官，安置涪州。公竊歎曰：事亡可爲者矣。因
入表劄奏狀乞罷。初，唐恪議出公於外，則處仁、敏、翰可以
計去之，數人者去，則公亦不能留也。至是皆如其策。章數
上，猶降　詔批荅不允。公具奏力道所以材能不勝任者，
且得昏憒之疾，不能決，誤國事，并叙曩日榻前之語。於是

淵聖命种師道以同知樞密院事巡邊，交割宣撫司職事，
召公赴　闕，且俾沿河巡視防守之具。公連上章乞罷知
樞密院事，守本官致仕。九月初，交割宣撫司職事與折彥
質。公行至封丘縣，十八日除觀文殿學士、知揚州。具奏辭
免不敢當，且上疏言所以力乞罷者，非愛身怯敵之故，特
事有不可爲者，難以虛受其責。始宣撫司得兵若干，并防
秋兵若干，今屯駐某處，皆不曾用。始
朝廷應副銀絹錢若干，又
御前降到若干，除支官兵食錢并犒賞外，今皆椿留懷州
及在京降賜庫，具有籍可考按也。臣既罷去，恐不知者謂
臣喪師費財，惟
陛下遣使覈實。雖臣自以不材乞罷，願益擇將師撫馭士
卒，與之捍敵。金人狡獪，謀慮不淺，和議未可專恃，一失士
卒心，無與禦侮，則天下之勢去矣。臣自此不復與國論，敢
冒死以聞。既而言者果謂公專主戰議，喪師費財，於是自
落職，提舉亳州明道宮，責授保靜軍節度副使、建昌軍安
置。又以公上疏辨論，謂退有後言，再謫寧江
宋丞相隴西郡開國公贈太師謚忠定李公行狀上

宋丞相隴西郡開國公贈太師謚忠定李公行狀中建炎
元年春行次長沙被閏十一月三日　旨揮復元官除資
政殿大學士領開封事時金寇再犯　闕前日以和議爲
然者舉皆誤國　淵聖感悟故復召公然都城圍閉道路
阻絶公之方聞命即率湖南勤　王之師入援　王室傳
元帥府檄方審都城不守　二聖播遷號慟幾絶次太平
州覩　上登寶位赦書悲喜交集是時金陵爲叛卒周德
所據因帥臣殺吏民焚舟船刼官府公即遣使臣賫文檄
諭之令聽稟節制勤　王乃肯釋甲然桀驁不以時登舟
擅驅不當行士卒欲乘間遁去既次金陵因與權安撫使
李彌遜謀誅其首惡四十六人而以其徒千餘人令提舉
常平官王枋統之以行因奏表詣　行在賀　登極且辭
領開封之命上書論時事次寶應聞降麻告廷除正議大
夫尚書右僕射兼中書侍郎隴西郡開國侯加食邑七百
户食實封三百户公荷　上特達之知感極而繼之以泣
行次虹縣始被受尚書省劄子有　旨趣召蓋　行在前
此不知公由江淮以來也次會亭　上遣中使王嗣昌傳
宣撫問賜銀合茶藥次穀熟御史中丞顔岐遣人投文字
封以御史臺印乃論公不當爲相章疏大意謂張邦昌爲
金人所喜雖已爲三公郡王宜更加同平章事增重其禮
公爲金人所惡雖已命相宜及其未到罷之置之閑地前
後凡五章皆不降出故岐封以示公欲公之留外而不進
也公乃知命相蓋出於　淵衷獨斷而外庭所以沮之者
無所不至益以感懼會復遣使趣召遂行有　旨賜御筵
於金果園龍圖閣學士兼侍讀董耘來傳　上旨云嘗遣
從事郎劉默賫　御書由湖北迓卿書中有學窮天人忠
貫金石方今生民之命急於倒掛諒非不世之才何以協
濟事功之語公感泣流涕遂如　行在上遣使趣見進
對于内殿見上敘致不覺涕泗之横流　上亦感動因奏
曰金人不道專以詐謀取勝中國而　朝廷不悟一切墮
其計中自古夷狄之禍中國未有若此之甚賴天佑我
宋大命未改故使　陛下總師于外爲天下臣民之所推
戴興衰撥亂持危扶顛内修政事外攘夷狄以還
二聖以撫萬邦皆責在　陛下與宰相而考謹之際首及
微臣自視闕然不足以仰副　陛下知遇之意伏望追寢
成命　上曰朕知卿忠義智略甚久在　靖康時宣力爲
多特爲同列所不容故使卿以非罪去國而　國家有禍
故如此朕嘗欲言於　淵聖欲使夷狄畏服四方安寧非
相卿不可今朕此志已定卿其勿辭公頓首泣謝且道董
耘所傳　聖語苟知如此雖糜捐不足以報德然臣未到

行在数十里間御史中丞顔岐封示論臣章疏謂臣為金人所惡不當為相如臣愚惷但知有　趙氏不知有金人固宜為其所惡然岐之論臣謂林不足以任宰相則可謂為金人之所惡不當為相則不可臣愚不知其所喜者為趙氏耶其所惡者為　趙氏耶今　陛下用臣斷自淵衷而岐之論如此如臣迂疎自知不足以當重任但願一望　清光乞身以歸田里至於　陛下命相於金人所喜所惡之間更望　聖慮有以審處於此　上笑曰岐嘗有此言朕告之以如朕之立恐亦非金人之所喜者岐無辭而退此不足卹公奏曰　陛下天縱聖明固不難察此

然臣材力綿薄實不足以勝任因出劄再拜力辭　上慰諭久之遣御藥邵成章宣押赴都堂治事時六月一日也翌日有　旨立新班奏事對于　内殿同執政奏事訖力陳不敢當一相之任　上曰卿素以忠義自許豈可於國家艱危之時而自圖安閑朕決意用卿非在今日社稷生靈頼卿以安卿其無辭公感泣再拜曰臣愚陋無取不意　陛下知臣之深也然今日之事持危扶顛以創業為法而圖中興之功在　陛下而不在臣昔管仲語齊公曰不能知人害霸也能信而又使小人參之害霸也夫知人能信任之而參以小人猶足以害霸況於為天下而

欲建中興之業乎方靖康之初　淵聖皇帝慨然有圖治之意而金人退師之後漸謂無事是非雜揉且和且戰初無定議如臣者徒以愚直好論事為衆人不容於　朝使總兵于外而又不使之得節制諸將自度不足以任責乞身以退而讒譖竄逐必欲殺之而後已頼　淵聖察臣孤忠特保全之卒復召用然已無及矣不謂今日遭遇　陛下龍飛初無左右先容之助徒採虛聲首加識擢付以宰柄顧臣區區何足以仰副圖任責成之意然靡不有初鮮克有終如臣孤立寡與更望　聖慈察管仲害霸之言留神於君子小人之間使臣得以盡志畢慮圖報涓埃雖

死無憾昔唐明皇欲相姚崇崇以十事要說皆中一時之病頼多施行後世美之臣嘗慕其為人今臣亦敢以十事仰干　天聽　陛下度其可行者願賜施行臣乃敢受命其未合　聖意者願賜詰難臣得以盡其説

上可之公因出劄子奏陳一曰議國是大略謂中國之御夷狄能守而後可戰能戰而後可和而靖康之末皆失之今欲戰則不足欲和則不可莫若自治専以守為策俟吾政事修士氣振然後可議大舉其二曰議巡幸大略謂車駕不可不一到　京師見　宗廟以慰都人之心度未可居則為巡幸之計以天下形勢觀之長安為上襄陽次

之建康又次之皆當詔有司預為之備其三曰議赦令大
略謂　祖宗登極赦令皆有常式前日赦書一切以張邦
昌偽赦為法如赦惡逆選人循資責降罪廢官盡復官職
皆汎濫不可行謂當改正以法　祖宗其四曰議僭逆大
略謂張邦昌為　國大臣不能臨難死節而挾金人之勢
易姓建號其後不得已乃始奉迎　朝廷尊崇之為三公
郡王參與大政非是宜正典刑垂戒萬世其五曰議偽命
大略謂　國家更大變故鮮伏節死義之士而奉賊旨受
偽官以屈膝於其庭者不可勝數昔肅平賊而汙偽命者
以六等定罪今宜倣之以勵士風其六曰議戰大略謂軍
政久廢士氣怯惰宜一新紀律信賞必罰以作其氣其七
曰議守大略謂賊情狡獪須復來宜於沿河江淮措置控
禦以扼其衝其八曰議本政大略謂崇觀以來政出多門
綱紀紊亂宜一歸之於中書則　朝廷尊其九曰議久任
大略謂靖康閒進退大臣太速功効蔑著宜（孝宗嫌諱）擇而久
任之以責成功其十曰議修德大略謂　上初膺天命宜
益脩孝悌恭儉之德以副四海之望而致中興翌日降出
議國是巡幸赦令戰守五劄子餘皆留中次日與執政同
奏事于　內殿進呈議國是劄子
上曰今日之策正當如此以次進呈四劄子奏事訖公留
身奏　上曰臣愚瞽輒以管見十事冒瀆　天聰已蒙施
行五事如議本政久任修德三事無可施行自應留中所
有議張邦昌僭逆及受偽命臣寮二事皆今日刑政之大
者乞早降處分　上曰執政中有與卿議論不同者更俟
款曲商量公曰邦昌僭逆之罪顯然明白無可疑者當
道君朝邦昌在政府者幾十年　淵聖即位首擢為相奉
使虜中方　國家禍難之時如能以死守節推明天下所
以戴宋之義以感動其心虜人未必不悔禍而存　趙氏
邦昌方自以為得計儼然當之正位號處宮禁者月有餘
日虜騎既退四方勤　王之師集邦昌擅降偽詔以止之
又遣郎官分使趙野翁彥國等皆齎空名告數百道以行
追彥國等因其使而四方勤　王之師日進邦昌知天下
之不與也不得已乃請元祐太后垂簾聽政而議奉迎邦
昌僭逆本末如此而議者不同臣請備論而以春秋之法
斷之若都城之人則謂因邦昌立而得生且免取再科金
銀而德之若元師府則謂邦昌不待征討遣使奉迎而恕
之若天下則謂邦昌建號易姓其奉迎特出於不得已而
憤嫉之都城德之元帥府恕之者私也天下憤嫉之者公
也春秋之法人臣無將將而必誅趙盾不討賊則書以弒
君今邦昌已僭位號賊退而止勤　王之師非持將與不

討賊而已其罪為如何昔劉盆子以宗室當漢室中衰為
赤眉所立其後以十萬衆降光武而光武祗待之以不死
今邦昌以臣易君其罪大於盆子不得已以身自歸
朝廷既不正其罪而又尊崇之以為三公郡王參　國政
此何理也議者又謂邦昌能全都城之人與宗廟宮室不
為無功而　陛下登極緣邦昌之奉迎臣皆以為不然譬
之匹之室家偶遭寇盜主人之戚屬悉為驅虜而其僕欲
奄家室妾婢而有之幸主人者有子自外歸迫於衆議不
得而有乃欲遂以為功其可乎　陛下之立乃天下臣民
之所推戴邦昌何力之有臣於劉子中論之詳矣方
國家艱危　陛下欲建中興之業當先正　朝廷而尊崇
僭逆之臣以示四方其誰不解體又偽命臣僚一切置而
不問何以勵天下士大夫之節執政中有議論不同者乞
降　旨宣召臣得與之廷辨如臣理屈豈復敢言
上許之乃令小黃門宣召黃潛善呂好問汪伯彥再對
上語之故而潛善主之甚力詰難數四乃屈服然猶持在
遠不若在近之說公曰邦昌當正典刑何遠近之有借使
在近當幽縶而反尊崇之如此何也潛善不能對
上顧呂好問曰卿在城中知其詳謂當如何好問曰邦昌
僭竊位號人所共知既已自歸惟　陛下裁處又引德宗
幸奉天不挾朱泚行後以為悔以附會潛善不若在近之
說公曰呂好問援朱泚以為例非是方德宗之狩奉天朱
泚蓋未反也姜公輔以其得涇軍心恐資以為變請挾以
行德宗不聽而其後果然今邦昌已僭逆豈可使之在
朝廷使道路指目曰此亦一天子哉因而泣拜曰臣不可
與邦昌同列正當以笏擊之　陛下必欲用邦昌第罷臣
勿以為相無不可者　上頗感動而汪伯彥亦曰李其氣
直臣等不及　上乃曰卿欲如何措置公曰邦昌之罪理
當誅夷　陛下以其嘗自歸待其死而遠竄之受偽命者
等第謫降可也　上曰俟降出卿劄子來日將上取
旨翌日同執政進呈潛善猶左右之乃以散官安置潭州
次進呈議偽命劄子　上曰　國家顛覆士大夫不聞死
節往往因以為利如王及之坐蓄衍宅門（嫌名廟諱）詈諸王余
大均誘取宮嬪以為妾卿知之否公奏曰自崇觀以來
朝廷不復（上嫌名廟諱）尚名節故士大夫鮮廉寡恥不知君臣之
義靖康之禍視　兩宮播遷如路人然罕有能伏節死義
者在內惟李若水在外惟霍安國死節顯著餘未有聞顧
詔京畿諸路詢訪優加贈卹如王及之余大均
朝廷見付御史臺推鞫必得其實臣聞方金人欲廢　趙
氏立張邦昌令吳幵莫儔傳道意旨往返數四王時雍徐

秉哲奉金人旨追捕宗室戚里、令居民結保不得容隱、以
袂聯屬以往、若因繫然其後迫　道君東君后妃親王出
郊、皆臣子之所不忍言又受偽命皆為執政、此四人者、宜
為罪首、　上以詢呂好問、而好問以為有之、得
旨、皆散官廣南遠悪州軍安置、餘以次謫降、內王及之余
大均胡偲陳中等以贓濫繫御史臺、候結案日取
旨、李若水已贈官、外霍安國贈延康殿學士、有死節者、令
諸路詢訪以聞、　上曰、卿昨日內殿爭張邦昌事、內侍輩
皆泣涕、卿今可以受命矣、公拜謝曰、自非
陛下英睿天縱、豈能決斷如此、天下不勝幸甚、臣雖愚陋
敢不黽勉自力、以圖報稱、因為　上言今日國勢。比之創
業為尤難。正賴　陛下剛健不息。以至誠惻怛之意加之。
不為群議所動搖。先其大者急者。而小者緩者徐圖之。信
任而責成功。臣乃得以竭盡愚慮。以裨補萬一。復奏曰人
主莫大於兼聽廣視使下情得以上通、
陛下即大位已踰月、而檢鼓院猶未置、恐非所以通下情
而急先務者、　上曰、屢語執政猶未措置、卿可即施行、公
因請置看詳官兩員於侍從、職事官中選、兼應士民上封
事俟降出僉擬可施行者將上取　旨、有旨兼充御營使
以覃恩吉廷轉正奉大夫進封開國公加食邑一千戶食

實封四百戶時六月六日也、是日同執政對于　內殿、公
奏　上曰、以今日國勢而視靖康間、其不逮遠甚、然而有
可為者、　陛下英斷於上、而群臣輯睦於下、庶幾革靖康
之風、而中興可圖、然今日之事。須有、規模而知有先後緩
急之序。所謂規模者。外禦強敵。內消盜賊。修軍政。變士風。
裕邦財。寬民力。改弊法。省冗官。誠號令以感人心。信賞罰
以作士氣。擇帥臣以任方面。選監司郡守以奉行新政。俟
吾所以自治者。政事已修。然後可以議興舉。而問罪金人。
迎還　二聖。此規模之大略也。至於所當急而先者。莫先
於料理河北河東兩路。夫河北河東者。國之屏蔽也。料理
稍就。然後中原可保。而東南可安。今河東所失者、忻代太
原澤潞汾晉其餘猶存也。河北所失者不過真定懷衛濬
四州而已、其餘中山河間慶源保塞雄霸深祁恩冀邢洺
磁相信安廣信二十餘郡皆為　朝廷守、兩路士民兵將、
所以戴　宋者、其心甚堅、皆推豪傑以為頭領、多者數萬、
少者亦不下萬人、如此知名字者、已十數處、　朝廷不因
此時置司遣使、有以大慰撫之、分兵以援其危急、臣恐為
金人所宋、糧盡力困、坐受其弊兩路軍民雖懷忠義之心
使救援之兵。久而不至。危急無告。必且憤怨。　朝廷金人
因得撫而用之。皆精兵也。莫若於河北置招撫司河東置

經制司擇有材略者為之使宣諭 陛下德意所以不忍
棄兩河於夷狄之意 朝廷應副錢糧告敕有功者即命
以官其能保全一州收復一郡隨其高下以為節度防禦
團練使如唐方鎮之制使自為守非特絕其從賊之心又
可資其力以禦敵 朝廷久遠無北顧之憂此最今日之
先務也、僉議亦頗以為然、 上曰、誰可任此者、公奏曰
陛下尚採用臣策臣當論訪其人續具奏既退、詢於士大
夫閒多謂張所可以招撫河北、傅亮可以經制河東、公亦
頗聞其為人、張所者山東人、嘗請康間為監察御史、 朝
廷以金人再犯 闕欲割棄河北既遣使矣、虜騎薄城京
師圍閉所在圍城中獨上言乞以蠟書募河北兵 淵聖
許之蠟書至河北士民皆喜曰 朝廷欲棄我於夷狄猶
有一張察院欲救我而用之兵應募者凡十七萬人故所
之聲滿河北部勒既定會都城破、謀弗果用 上即位於
南都所首至行在見 上論列且條具應募首領姓名人
數合措置事件以聞 朝廷欲以為郎官奉使河北以董
其事會所以察官上章論黃潛善及兄潛厚姦邪不可用
恐害新政潛善引去、 上留之、乃謫所鳳州團練副使江
州安置是時公未至 行在也故衆謂招撫河北、非所不
可然公以所嘗論潛善之故頗難之不得已一日過潛善
閤子中、相與款語曰前日議置河北招撫司搜訪殊無人
可以承當獨一張所可用又以狂妄有言得罪儻能先國
事後私怨為古人之所難不亦美乎、潛善欣然許諾乃薦
之於上且道潛善意 上悅有 旨、借所通直郎直龍圖
閣充河北招撫使遣使臣齎劄子召對、摹畫稱 旨、錫五
品服內府賜緡錢百萬、以備募兵半年錢粮、給空名告千
餘道以京畿兵千人為衛將佐官屬聽自辟置、一切許以
便宜從事有朝請郎王圭者、真定府人、真定府既破、率衆
數萬保西山、屢勝金賊、聞 上登極自山寨間道來、其所
謀正興 朝廷同能道河北事尤詳、有 旨、除直秘閣招
撫司參謀官使佐所傅亮者陝西人、以邊功得官、詣練兵
事靖康初至京師、上封事請以親王為元帥治兵於河朔
其冬復有薦者、再召之、亮至而都城已破、率陝右京西勤
王兵三萬人首至城下、屢立功、統御將佐、卒如古人、斬斷
整一、無敢犯令者 上即位、亮請 行在、召對、除通直郎、
直秘閣、而亮之為人、氣勁言直、議論不能屈折、執政不喜
之、除知滑州滑兩經殘破、無城壁亮上疏自陳曰、 陛下
復歸東都、則臣能守滑、 陛下未歸則臣亦不能守也執
政摘其語以為悖傲不遜降通判河陽府公至 行在、亮
已行、使人召之乃來、與語連日、觀其智略氣節真可以為

大將者欲且試之乃薦於　上以為河東經制副使而以
觀察使王㻑為使㻑亦陝西人累立邊功僉謂在武臣中
可用者　上宣諭亮前疏中語公廣　上意而奏曰人臣
論事言不激切不足以感動人主激切則近謗訕故昔之
聽言者必察其所以如果出於謗訕何所逃罪至於有所
激而云則必恕之以來讜言如周昌之對高祖劉毅之答
武帝皆人之所難堪者而　二主恕之以其有所激故也
亮言如此但欲激　陛下以歸京師耳非有他故願　聖
恕有以含容之且人材難得而將帥之材為尤難如亮者
令未見其比異日必能為　朝廷立大功氣勁言直乃關
陝氣俗之常不足深責　上乃許如所請並召對賜亮五
品服與兵萬人告勅銀絹與川綱之在陝西者　詔京西
陝西漕臣應付糧草餘如張所已得　旨而遣之初公建
議以料理河北河東為所當先者適後宮降誕皇子宰執
政入賀公奏　上曰皇子降誕考　祖宗故事當肆赦
陛下登寶位赦已曠蕩獨遺河北河東而不及勤　王之
師天下尚觖望夫兩路為　朝廷堅守而赦令不及人皆
謂已棄之何以慰忠臣義士之心而勤王之師雖不曾用
在道路半年擐甲荷戈冒犯霜雪亦已勞矣疾病死亡者
不可勝數恩卹不及後日復有急難何以使人願因令赦

詠載德意　上嘉納故皇子赦於二者尤詳又請降　詔
褒慰兩路守臣將佐軍民諭以　朝廷措置救援不棄之
意又　詔自今有能收復兩路已陷州軍及救解危急保
全一方功效顯著者並除本處節度觀察防禦團練依方
鎮法命使臣齎藥備賜兩河守臣將佐命榷貨務印造見
錢鈔遣使齎送兩路州郡命降見錢鈔三百萬貫付河北
東路陝西路漕司廣糴應付兩路命起京東路夏稅絹於
大名府樁管川綱河東衣絹於永興軍樁管以待兩路支
俵於是兩路知　天子德意人情翕然蠟書日至間有破
賊捷報虜人圍守諸郡者往往抽退且山寨應招撫經制
司募者甚衆而潛善建議令馬忠將所部兵會雄州弓箭
手李成所募兵凡五萬人擣虜入界虜必釋諸郡之圍以
自救公曰今日士怯兵弱恐未可深入莫若使之與張所
協力先後濟衛懷三州而真定可復潛善堅執其議　上
可之公不欲力爭乃以忠為河北經制使而以張換副之
換者陝西人質朴有謀而善戰其材遠勝於忠既使副忠
又令與張所相應援而換亦以公之策為然公嘗論京西
湖北為金人盜賊侵犯有能以死固守而保全一方者有
賊未至而先遁遂失守者謂宜褒黜有　旨各增降兩官
或與職名或落職有許高許亢者防河而逃遁會言者論

列編管嶺南至南康軍旦欲為變守倅以便宜誅之而待
罪衆謂擅殺為非是公曰　淵聖委高充防河付以兵將
甚衆賊將至而先走以鐵騎五百自潁昌趨江南沿路刼
掠甚於盜賊　朝廷不能正軍法而下軍壘守倅敢誅之
以儆吏也使後日受命捍賊者知退走而郡縣之吏有敢
誅之者其亦必知所戒乎是當賞上以為然乃命各轉一
官時開封與留守闕官公以為留守非宗澤不可力薦之
澤至京師果能彈壓撫循軍民畏愛修治城池樓櫓不勞
而辦屢出師以挫賊鋒雖嫉之者深竟不能易其任也是
時除侍從卿監郎官館職以補班列之　闕及召赴　行

在者多未至而　行在官出自圍城中者多求東南差遣
上命公草　詔以戒諭之其後許翰至公薦之於　上謂
翰外柔内剛學行純美謀議明决宜在左右參决大政
上亦喜其論事乃以為尚書右丞初汴河上流為盜所决
者數處閉塞久不合綱運不通命都水使者陳求道等措
置凡二十餘日而水復舊綱運皆來聞撥入　京師米價
始平又於兩京城外及沿汴至泗增巡檢商賈始通人情
漸復舊命進奏院邸吏分番赴　行在朝廷差除鏤板傳
報外路增置馬遞鋪命令始通綱運入京者還載諸部公
案圖籍赴　行在官府始有稽考蓋　行在草創凡百皆

逐一旋行措置悉此類也又進呈三劄子一曰募兵二曰
買馬三曰募民出財以助兵費　上皆以為然又議措置
控禦修舉軍政謂宜於沿河沿淮沿江諸路置帥府要郡
次要郡使帶總管鈐轄都監以寓方鎮之法許其便宜行
事辟置僚屬將佐以治兵又命招置新軍及御營司兵並
依新法團結五人為伍伍長以牌書同伍四人姓名二十
五人為甲甲正以牌書伍長五人姓名百人為隊隊將以
牌書甲正四人姓名五百人為部部將以牌書隊將正副
十人姓名二千五百人為軍統制官以牌書部將正副十
人姓名有所呼召使令按牌以遣而逃亡死傷皆可周知

三省樞密院同置賞功司置籍以受功狀三日不檢舉施
行者必罰受賄乞取者行軍法許人告遇敵逃潰者斬因
而為盜賊者誅其家屬凡軍政申明約束及更改法制者
數十條皆勅牓通衢將士觀者皆奮厲公又奏宜　詔諸
路州縣以漸脩葺城池繕治器械有　旨依奏又奏步不
足以勝騎而騎不足以勝車請以車制頒於京東西使製
造而教閱之因繪圖進呈有　旨令御營司製造閱習諸
將皆以為可用乃頒降兩路委提刑司總領之又奏於沿
江沿淮州郡置造戰船因其俗之所宜招募水軍平居許
其自便有故則糾集而用之遂時教閱量行激賞得

旨如所請又詢訪陝西山東及諸路武臣材略可用者以
備將佐偏裨之用有 旨皆召赴 行在自六月初至是
凡四十餘日措置邊防軍政之類始漸就緒是時 朝廷
議遣使金國公奏 上曰堯舜之道孝悌而已孝悌之至
可以通於神明今 陛下以 上皇 淵聖遠狩沙漠食
不甘味寢不安席思迎還 西宮致天下養此孝悌之至
而堯舜之用心也今日之事正當枕戈嘗膽内修政事外
攘夷狄使刑政修中國強則 二聖不俟迎請而自歸不
然使冠蓋相望卑辭厚禮朝迎暮請恐亦無益今所遣使
但當奉表通問 西宮致思慕之意可也 上以為然命
公草表并致書二廣酋乃以周望傅雱皆借官為 二聖
通問使齎表及書以往又奏曰 陛下當艱難時為臣民
之所欣戴纂成大統宜降哀痛之詔以感動天下具言金
賊不道賴天下士民同心協力相與扶持保守以致中興
者按其所言次第行之無為虛文務施實惠 上乃命公
撰擬 詔文進呈頒降又具劄子乞省冗員以節浮費
上命中書條具乃 詔省臺寺監官以繁簡相兼復開封
府官舊制減學官員額罷提舉常平司併歸提刑司罷兩
浙福建市舶司併歸轉運司復幕職曹官舊制非萬户縣
不置丞罷吏員三分之一又請以三省堂吏依 祖宗法
轉官不得過朝請大夫初陳乞出官止為通判一應宰
執子弟以恩數帶貼職及待制以上並罷宰執及見任官
觀待闕未有差遣京朝官以上俸錢並減三分之一有
旨從之是時劇賊李昱擾山東杜用起淮南李孝忠亂襄
陽皆遣將討平之其餘降者十餘萬一日論及靖康間事
上曰 淵聖勤于政事省覽章奏有至於終夜不寐而卒
有播遷之禍何也公奏曰 淵聖在東宮令德聞于天下
及即大位適當國步艱難之時勤儉有餘而為小人之所
惑故卒誤大事人主之職但能知人雖不親細務大功可
成 上以為然公因論靖康之初金人犯 闕中國所以
應之者凡策二 道君内禪一也 淵聖固守二也使
其後更得一策中國可以無事而和戰兩者皆失之遂致
大故而夷狄之患至今為梗方金人初犯 闕提兵不過
六萬人既薄城下累日攻擊知都城堅固士卒奮勵不可
攻則遣使厚有所邀求而請和臣獻策 淵聖以謂金人
之所邀求有可許者有不可許者宜遣使者往來款曲與
之商議俟吾勤 王之師既集然後與之約其可與者許
之其不可與者堅執而勿許則約易成而和可久當時不
以為然一切許之其後果不能如約遂再入寇此失其所
以和也勤 王之師集于都城四面者一二十餘萬臣獻

策　淵聖以謂兵家忌分宜使節制歸一用周亞夫困七
國之策以重兵與之相臨而分兵收復畿邑使無所得糧
俟其困而擊之一舉可破當時不以為然置宣撫司盡以
勤王之兵屬之故姚平仲得先期舉事而　朝廷懲刦寨
小衄不復議兵賊退又不肯邀擊遂使金人有輕中國之
心而中國之勢日弱此失其所以戰也一失機會悔不可
追今日機會尤不可失願　陛下以靖康為鑑審處而決
斷以應之庶可以成功　上曰靖康之初能守而金人再
來遂不能守何也公奏曰靖康之初與靖康之末其勢不
同條目甚多臣請論其大者金人初入寇未知中國虛實

亦無必犯　京闕之意特中國失備無兵以禦之故使得
渡河以至城下而粘罕之兵亦失期不至及其再來兩路
並進遂有吞噬中原之心此其不同者一也靖康之初賊
至城下不數日間勤　王之兵已集及其再來賊已圍城
始以蠟書募天下兵遂不及事此其不同者二也靖康初
賊寨于西北隅而行營司出兵屯于城外要害之地四方
音問絡繹不絕勤　王之兵既集賊遂斂兵不敢復出其
後再來　朝廷自決水以滲浸京城西北瀰漫數十里而
東南不屯一兵使賊反得以據之故城中音問不傳於外
而外兵亦不得以進此其不同者三也　淵聖即位之初

將士奮力用命其後賞刑失當人心稍解體此其不同者
四也金人圍城之初城中措置有叙號令嚴肅晝夜循撫
未嘗少休閒其後無任責者賊至造橋渡壕恬不加恤以
十數人登城將士遂潰此其不同者五也臣在樞密院時
措置起天下防秋之兵降　詔書已累月及臣宣撫河北
即　詔減罷太半蓋　朝廷專恃和議以謂金人必不再
來一切不為之備故靖康之末不能守者勢不同而患禍
生於所忽也翌日奏事因裒聚靖康初建議措置與金人
約和用兵次第劄子又　朝廷分置宣撫司指揮後在宣
撫司論不當減罷防秋之兵章疏進呈　上皆命留中公

因奏　上曰靖康間雖號通言路然臺諫官議論齟齬者
皆遠貶其實塞之也乃納劄子勸　上以明恕盡人言以
恭儉足國用以英果斷大事　上皆嘉納與執政同奏事
因納劄子乞減上供之數以寬州縣修茶鹽之法以通商
賈劄東南官田募民給地依弓箭手法養兵于農籍
陝西保甲京東西弓箭社免支移折變而官教閱之又請
於陝西河北東路京東西置制置使以遠近相應援有
旨皆付中書省條具進呈取　旨其後遂置諸路制置使
而餘事以公罷政皆不果行初公嘗從容奏　上曰　朝
廷外則經營措置河北河東以為藩籬葺治軍馬討平賊

盜內則修政事明賞刑皆漸就緒獨車駕巡幸所詣未有定所中外人心未安夫中原者天下形勢根本一去中原則人心搖而形勢傾矣臣嘗建巡幸之策以關中為上襄陽次之建康為下今縱未能行上策猶當適襄鄧示不去中原以係天下之心近日外議紛紜皆謂 陛下且幸東南果如所言臣恐中原非復我有 車駕還闕無期而天下之勢遂傾難復振矣 上曰但欲迎奉 元祐太后及津遣六宮往東南耳朕當與卿等獨留中原訓練將士益聚兵馬雖都城可守雖金賊可戰 公再拜贊 上曰陛下英斷如此乞降 詔以告諭之乃命公擬撰 詔文

頒降榜之兩京讀者皆感泣後半月 上忽降出手詔欲巡幸東南以避狄令三省樞密院條具合行事件以聞公極論其不可且言自古中興之主起於西北則足以據中原而有東南起於東南則不足以復中原而有西北蓋天下之精兵健馬皆出於西北一委中原而棄之豈惟金人將乘間以擾關輔盜賊且將蜂起躋州連邑 陛下雖欲還闕不可得況治兵勝敵以歸 二聖哉惟南陽光武之所以興有高山峻嶺可事控扼有寬城平野可屯重兵西通關中可召將士南通荊湖巴蜀可取財貨東達江淮可運糧餉北距三都可遣救援暫議 駐蹕自冬徂春兩

河措置就緒即還汴都策無出於此者 上乃收還巡幸東南手詔令與宰執商議翌日再具劄子援楚漢滎陽成皋間曹操袁紹官渡事論天下形勢於 上前且曰今乘舟順流而適東南固甚安便但中原安則東南安失中原則東南豈能必其無事一失機會雖欲保一隅恐亦未易臣誠不敢任此責且 陛下既已降 詔獨留中原人心悅服柰何 詔墨未乾失大信於天下願斷自 淵衷以定大計 上乃許幸南陽將以秋末冬初擇日啟行而潛善伯彥陰以巡幸東南之計動 上意其議頗傳于外客或謂公曰士論洶洶咸謂密有建議者東幸已決南陽聊

復爾耳盍止從其議乎不然事將變公曰天下大計在此一舉國之安危存亡於是乎分成命已行倘或改易吾當以去就爭之且 上英睿必不為異議所惑不然吾可貪祿保身虛受天下之責哉然自是雖未嘗有改議巡幸之命而初公每因留身奏事從容論治體及有所規諫雖苦言逆耳 上皆嘉納至是奏陳當世急務擬進指揮多不降出及每批出改易已行指揮頗多公知譖愬之言其入已深一日留身奏 上曰臣近日屢煩 宸翰改正已行事件臣逐一按據辨明幸蒙 聖察又所進擬措置機務多未蒙降出顧臣孤拙寡與獨荷 陛下特達之知忌娟

者多，悉懷有譖愬，而離間臣者。夫君子小人勢不兩立，治亂安危，係其進退，在人主有以察之而已。因出劄子，極論君子小人之理，以謂臣昨日奏事論及人主之職在知人，雖堯舜猶以為難，試能別白邪正，使君子小人不至於混殽，然後天下可為。伏蒙宣諭知人亦非難事，但考其素行則知之。竊仰　聖訓，試得知人之要。且言疑則當勿任，任則當勿疑，持狐疑之心者，來讒賊之口。願致察於此。　上慰諭曰：無此，但朕思慮偶及之耳。其餘章疏見者甚非，晚降出。公拜謝而退。至八月五日，告廷遷公銀青光祿大夫、尚書左僕射兼門下侍郎，加食邑七百戶、食實封三百戶，而除潛善右僕射兼中書侍郎。既命兩相，則潛善顯沮張所而詆傳亮。公以去就爭之，遂定進退。雖知墮潛善策中，蓋勢不得不然也。初，張所既受招撫使之命，建言乞置司北京，候措置就緒，即渡河移司，思冀以圖收復，而權北京留守張益謙奏招撫司擾攘，不當置司北京，故附潛善伯彥相與謀為此奏，以沮張所而惑　上意也。公奏曰：張所畫一，乞置司北京，候措置就緒日渡河。今所尚留　京師，以招集將佐，故未行。不知益謙何以知其擾攘而言不當置司。方時艱危，朝廷欲有所經畧，益謙小臣，乃敢非理公然沮抑，此必有以使之者。　上乃令降旨，招撫司依畫一置司北京，就緒日疾速渡河。張益謙令分析以聞。既劄下矣，樞密院復以益謙申狀將上取　旨。比千餘言，痛詆招撫司，後數日乃關過尚書省。公始見之，乃以樞密院畫一　旨并尚書省元降　旨揮同將上進呈，與伯彥懋爭於　上前。公奏曰：張益謙所奏，尚書省已得　旨行下，而樞密院又別取　旨。痛詆害之，不過欲與益謙相表裏，以細故而害大計。沮抑張所耳，沮抑張所有何所難？致誤國家之大計，將誰任其責？伯彥懋無所對，第云初不知尚書省已降指揮。　上乃令樞密院改正，依前降指揮施行。既不得已，即又為傳亮之事。初，王䞭傳亮既受命為經制使副，即畫一申　朝廷，以謂河東州縣多為金人所陷沒，至於陝西接連，如河中府、解州亦為所據，與陝府相對，以河東為界。今經制司所得兵纔及萬人，皆烏合之衆，其間多招安盜賊潰散之兵，未經訓練拊循，難以取勝。乞於陝府置司訓練，措置召募陝西正兵及將家子弟，結連河東山寨豪傑，慶州縣可復即復之，可以渡河，即乘機進討收復。有　旨從之。纔十餘日，樞密院取　旨，令留守宗澤節制，即日過河。亮申：今欲即令過河，無不可者。但河外皆金人界分，本司措置全未就緒，既過河後，何地可為家計？何處可以得糧？烏合之衆，使復為金人之所潰散，何自可以

浮兵亮等不足惜第恐有悞國事公將　上進呈奏曰經
制司軍旅未集遽遣前議不惜其措置未辦集而敺之使
渡河正所以為賊餌不見其利也且亮等受命而行纔十
餘日豈可便以為逗遛不若只依前降　旨揮為便潛善
伯彥執議　聖意頗惑依違不決者累日公留身極論其
理共言潛善伯彥始極力以沮張所賴　聖鑒察之不得
行其志又極力以沮傳亮蓋招撫河北經制河東皆臣所
建明而張所傳亮又臣所薦用力沮二人乃所以沮臣使
不安其職臣每鑒靖康大臣不和之失凡事未嘗不與潛
善伯彥商議而後行不期二人乃設用心如此如傳亮事

理明白願　陛下虛心以觀之則情狀自見　上曰候批
出只令依元降　旨揮於陝府置司至翌日批出乃云傳
亮兵少不可渡河可罷經制司赴　行在公留　御批將
上奏曰臣昨日論傳亮事已蒙宣諭候批出依元降旨揮
經奏　御批乃罷亮經制使不知　聖意所謂　上曰亮
既兵少不可渡河不如且已公奏曰臣論傳亮乞依元降
旨揮非謂不使之渡河緣軍旅未集驅烏合之衆渡河即
成孤軍必為金人所潰此必潛善等以私害公陰有以熒
惑　聖聽欲以沮臣使去耳　聖意必欲罷亮乞以
御批降付潛善施行臣得乞骸骨歸田里非敢輕為去就

更望　陛下留神熟思之使亮不罷則臣何敢決去因再
拜榻前　上猶慰諭謂不須如此公退聞亮竟罷乃入表
劄求去　上遣御藥宣押赴都堂治事復入第二表劄皆
批答不允翌日遣御藥宣押赴後宮起居隨宰執奏事訖
公留身　上曰卿所奏事小何須便為去就公奏曰人主
之職在論一相宰相之職在薦人林方今人材以將帥為
急恐不可謂之小事倘以為小臣以去就爭之而天意必
不可回臣亦安敢不必去因再拜榻前復奏曰臣以愚惷
仰蒙睠知初無左右先容之助　龍飛之初首命為相潛
善伯彥自以謂有攀附之功方虛位以召臣蓋已切齒及

臣至而議論偽楚遽請料理河北河東兩路　車駕巡幸
宜留中原皆與之不同而獨　陛下嘉納聽從固宜為其
媢嫉無所不至臣獨立羣枉之中獨賴　陛下察之得以
盡其區區之愚如傳亮之事曉然無可疑者又不蒙　聖
察是臣薦進人材不足用議論　國事不足採其失職大
矣豈敢復為宰相哉方　朝廷承平無事之時宰相猶可
尸祿今艱難多故之秋當惜分陰臣自度終無當　陛下
之委任而副天下之責望敢久居此以妨賢路哉且臣嘗
建議　車駕巡幸不可以去中原潛善等必以此動搖
聖意故力沮張所傳亮而去臣臣東南人豈不願奉

陛下順流東下為安便哉。願車駕巡幸，實天下人心之所繫，中國形勢之所在，一去中原，則後患有不可勝言者。故不敢雷同其説，以誤大事。願 陛下以 宗社為心，以生靈為意，以 二聖未還為念，留神於此，勿以臣去而其議遂改也。臣仰荷天地之德，雖去左右，豈敢一日忘 陛下。不勝犬馬依戀激切之至。因泣辭而退，遂上第三表。劉、容或謂公曰：公決於進退，於義得矣，顧讒者不止，將有患禍，不測，奈何？公曰：大臣以道事君，不可則止。吾知盡事君之道，不可則全吾進退之節而已，患禍非所恤也。畏患禍而不去，彼獨不能諷言者詆訾而逐之哉？天下自有公議，此不足慮。翌日降麻，告廷除觀文殿大學士、提舉杭州洞霄宮，加食邑七百户，食實封三百户。時八月十八日也。以九月半抵鎮江府，聞辛道宗之兵變於秀州，宿留不行者半月。聞其掠毗陵，焚丹陽，遂以客舟由外江以歸梁谿。而言者又言公遣第綸與賊通，且傾家貲以犒賊，為緋巾數千項與之。 朝廷不復究問其實，有 旨落職，令鄂州居住。附會時宰者，畫形於制詞，讒謗如此，自非上恩保全，有以照見其無他，雖欲處江湖之善地，豈可得，而綸亦且死於非辜矣。公荷 上知遇，付以國事，當軸秉鈞，纔七十有五日而罷，既罷之後，張所亦以罪去，傅亮辭母病，不赴 行在，而歸陝西招撫經制司，皆廢。車駕遂東幸，而兩河郡縣皆陷于賊。金人以次年春，援京東而深入關輔，殘破尤甚。凡募兵買馬，團結訓練，車戰水軍之類，一切廢罷，中原盜賊蠭起，跨州連邑， 朝廷不能制，率如公之所料也。二年十月，有 旨謫降官不許同在一州，移公澧州居住。會有上書訟公之寃者，復有論列，十一月責授單州團練副使，移萬安軍安置。三年，行次瓊州，三日而 德音放還，任便居住。四年，自嶺表訪家鄱陽，未幾挈家還邵武。七月，復銀青光祿大夫。紹興元年三月，提舉杭州洞霄宮。九月，復資政殿大學士。

宋丞相隴西郡開國公贈太師謚忠定李公行狀中 終

宋丞相隴西郡開國公贈太師諡忠定李公行狀下

紹興二年二月八日、除觀文殿學士、充荊湖廣南路宣撫使、兼知潭州、公以憂患之餘、衰病日加、不敢祗受、具奏辭免、且致書宰執、力陳所以不敢當之意、四月七日、内侍于蓋傳宣撫問、續遣令視上道乃還、公迫不得已、祗受告命、密院差任仕安兵三千人、以二十四日假福州貢院開司、五月六日啟行、有 旨就孟庾韓世忠下、撥統制辛企宗韓最兩軍及令見在湖南岳飛韓京吳錫吳全等軍聽受節制、初荊湖自庚戌春為金人蹂踐、土賊如鍾相雷進楊華鄧裝李冬至等、各擁數萬之衆殘破州縣保據巢穴、東北流離之人、相率渡江、州縣不能制御、孔彥舟據潭州、後為馬友所逐、李宏據岳州、劉忠寨於江湖兩界、出沒數路、而曹成兵犯郴衡永道、以及二廣、湖南安撫使向子諲為曹成虜置軍中、民不聊生、韓世忠原留統制官董旼招曹成、成雖受招而焚掠如故、公是時總師由廬陵入本路界、聞曹成将自邵入衡、以趨江西、而董旼所帶親兵纔數百人、勢不足以彈壓、即駐泊衡陽、先遣使臣齎榜約束、令放散驅虜老幼及嚴戢其徒不得作過、曹成至邵、以公狀申稱放散三萬餘人、尚有四萬、至衡率頭首百餘赴本司公參、公召與語、且以善言慰撫之、戒以所至不得擾攘、俟出境寧肅、當為保奏、成感泣聽命、一路遂以無事、曹成既出境、長沙報馬友之黨頭首步諒等其衆二萬餘人、自筠袁還犯本路、焚掠醴陵攸縣衡山、屯泊於魚集市、放兵四出、人情震動、公乃留統制官韓京屯茶陵、統領陳照屯安仁、統領湯尚之及将官向德屯衡州以備賊衝、乃親率大軍趨衡山、有獻策者謂自衡山至魚集市三十餘里、隔湘江及茶陵江、凡兩涉水、不若自白沙濟師、即一涉水、白沙在衡州來路、去衡山三十里、去賊壘亦三十餘里、賊無斥堠、必不虞官軍之渡、可以得志、公從其言、乃約衡州備舟檝於白沙岸下、駐衡山之次、只遣統制官任仕安、吳錫王俊率将佐軍馬還自白沙、連夜渡江、凌晨叩賊壘、賊衆初不之覺、倉卒出拒、見官軍徧滿山谷、戈甲旗幟鮮明、知勢不敵、乃降、盡得其輜重兵仗、老小等並釋器甲、押赴本司公參、先是賊遣四千餘人出掠、欲犯衡郴諸郡、為陳照湯尚之等所遏、公遣使臣齎榜、諭以步諒等已降、老小盡在本司存恤、宜早自歸、亦令步諒遣人同往招之、出掠之衆悉還聽命、凡得首領統制統領官十餘人、将佐五十餘人、使臣五百餘人、其衆萬有九千餘人、應江湖間驅虜人并疾病老弱者並給公據放散、擇疆壯精銳得七千餘人、分隸諸将、既揀汰放散訖、即令精疆者每五百人為一部、

擺拽於湘江灘磧中公御中軍帳具軍容乘高以臨之諭
以禍福皆　朝廷赤子失業至此良可矜憫令既歸降並
令與舊軍相雜團結秪刺手背應新軍所得財物輜重預
行約束並不得毫髮侵動本司自以三萬緡及所獲牛畜
等犒賞以故人情安帖自衡山趨長沙道中無散逸者其
後措置招降並皆倣此入長沙交割潭州職事時湖南瀕
年為盜賊所據州縣官類多權攝乘時為姦公於視事日
枷項巨猾付獄得入已贓凡三萬六千緡具案上之其餘
州縣權攝官以漸易置為民所訴訟者乃按治之於是望
風引退者甚衆贓吏稍戢矣方入境之初召見長老問民
所疾苦皆謂所苦者無甚於盜賊與科須公既措置招捕
羣盜而科須之弊一縣至有十萬緡者公即移檄州縣盡
罷科率非奉使司旨揮而擅科率者以軍法從事應日前
科須之物並以正賦准折又荊湘間民戶輸納稅米率四
碩始了納一碩百姓貧困仍檄漕司行下州縣除官耗外
不許轉增加升合以故流移歸業民皆樂輸是冬長沙頓
捻淨稅米四十餘萬碩軍儲遂以足用方李宏之殺馬友
也王進王俊以五千餘人適去據七星寨在湘鄉寧鄉安
化三縣之間日肆焚掠一方為之騷然公抵長沙之次日
命郝晟出師次七星寨進以衆三千約降俊以二千餘人
犯安化攻破邵州新化以逼邵陽公遣吳錫以其麾下由
徑路趨邵陽以討王俊錫率所部倍道兼程自潭五日而
至邵王俊之衆去邵纔數十里而錫兵至適雪作錫乘其
不備縱兵掩擊殺千餘人生擒俊餘衆悉降自是湖南境
內潰兵為盜者悉平民漸安居唯江西接境間有出沒如
劉超張成等多者數千人少者亦不下千數遂檄江西會
合夾擊且招且捕節次悉降揀汰放散外得精壯又數千
人郴州土賊鄧裝彭鐵大攸縣土賊王順等分遣韓京等
討賊以故境內悉平獨湖北楊么者鍾相餘黨以左道惑
民據洞庭重湖之險北達荊南公安西及鼎澧東至岳陽
南抵長沙之湘陰益陽周還千里出沒作過有衆數萬於
是旋剏戰艦命統領官李進屯湘陰為準屯益陽以備之
吳錫屯橋口破其數寨么不敢犯先是長沙遭兵火官府
之屬尺椽無有市井蕭然公留衡陽日先遣官造州宅便
廳門廡堂屋之類即入城始及甲仗庫州官廨舍而獄倉
庫等又造營房六千餘間民稍歸業易草舍以瓦屋城市
始就緒帥府制度日以備具時有統制官張忠彥者緣討
捕駐軍廣州脅制州縣供億以萬計一路為之震擾屢欲
為變撥隸孟庾韓世忠岳飛並不稟命至是撥隸公麾下
遣使臣召之不報忠彥意樂為郡公因檄令權知岳陽忠

彥采來即械送所司取旨諸路帥臣帶宣撫者並罷公止帶湖南路安撫使公嘗建議以謂荆湖之地縣數千里南通二廣北控襄漢東接江淮自昔號爲上流諸葛亮謂之用武之國今　朝廷保有東南制御西北荆湖諸郡如鼎澧岳鄂連荆南一帶皆當屯宿重兵倚爲形勢使西川之號令可通襄漢之聲援可接乃有恢復中原之漸蓋公之志氣其素所蓄積也丐祠得請乃以節次招降到潰兵盜賊人數及見管軍馬數目打造戰船教習水戰次第并見在金銀錢物與江西廣南未支撥到錢米之數逐一具奏即行四年四月得　旨令尚記編類建炎元年五月以後時政記公乃以昨任宰相日得　聖語及所行政事賞刑黜陟之大略著建炎時政記以進有　旨宣付史館是冬虜偽入寇侵犯淮甸邸報既傳中外憂憤公具奏以今日捍禦賊馬事勢識爲三策以獻其大略曰今僞齊悉兵南下其境內必虛儻命信臣乘此機會擣潁昌以臨畿甸電發霆擊出其不意則僞齊必大震懼呼還醜類以自營救王師追躡必有可勝之理非惟牽制南牧之兵亦有恢復中原之兆此上策也　朝廷或以茲事體大則　鑾輿駐蹕江上勢須號召上流之兵順流而下旌旗金鼓千里相望以助聲勢則敵人雖衆豈敢南渡仍詔大將帥其全師進屯淮南要害之地設奇邀擊絕其糧道賊必退遁保全東南徐議攻討此中策也萬一有借親征之名爲順動之計委一二大將捍敵于後則臣恐　車駕既遠號令不行賊得乘間深入州縣望風奔潰其爲吾患有不可勝言者矣此最下策也往歲金人南渡利在侵掠既得子女玉帛而時方暑則勢必還師今僞齊使之渡江而南必謀割據將何以爲善後之計哉故今日爲退避之計則不可　朝廷措置得宜將士用命則安知此賊非送死於我願一時機會所以應之者如何耳望降臣章與二三大臣熟議之有　旨以公所陳皆今日急務已付三省樞密院施行降詔獎諭有卿忠貫神明慮先著察料敵于千里之外制勝於三策之語公既以三策奏陳時又報韓世忠統全軍於淮楚間迎擊賊兵連獲勝捷有　旨分遣臺臣督劉光世張俊統兵渡河應援　車駕已發進臨江上撫勞諸軍公又條應宜備者有四曰生兵曰海道曰上流曰四川至於保據淮南調和諸將增置禁衛廣備糧食措置戰艦水軍及措置楊幺凡十事以獻廟堂五年春　詔問凡今攻戰之利守備之宜措置之方綏懷之略可悉條具來上公乃條對以獻其略曰議者或謂賊馬既退當遂用兵爲大舉之計臣切以爲不然今　朝廷以東南爲根本儻不先爲

自固之計將何以能萬全勝敵又况將士暴露之久財用調度之煩民力科取之困謂宜大爲守備痛自料理使之蘇息乃謂得計議者又謂賊馬既退當且保據一隅以苟目前之安臣又以爲不然宜於防守既固軍政既修之後即議攻討乃爲得此二者守備攻戰之序也至於守備之宜則當料理荆襄以爲藩籬葺理淮南以爲家計異時可省經費爲無窮之利守備之宜莫大於是有守備矣然後可以議攻戰之利亦當分責於諸路大帥謂如淮東之帥則當責以收復京東東路淮西之帥則當責以收復京東西路荆襄之帥則當責以收復京西南北路川陝之帥則當責以收復陝西五路諸路剋捷因利乘便收京畿復故都至於臨事制變不可預圖願勿失機會而已若夫措置之方則臣願　駐蹕建康綏懷之略則臣願先爲自強之計大槩近年所操之說有二閑暇則以和議爲得計而以治兵爲失策倉猝則以退避爲愛君而以進禦爲誤國衆口和之牢不可破今天啓宸衷親臨大敵逆臣悍虜數十萬衆潛師宵遁則和議之與治兵退避之與進禦其效槩可覩矣臣願自今以往不復爲退避之計可乎古者敵國善鄰則有和親仇讎之邦鮮復遣使今使軺往來邀我以必不敢爲之謀於吾自治自彊之計動輒相妨金人二十餘年以此策破契丹困中國曾不知其害臣願自今以往勿復遣和議之使可乎二說既定藩方協力將士用命雖強虜不足畏雖逆臣不足憂特在　陛下方寸間耳臣昧死條上六事一曰信任輔弼二曰公選人才三曰變革士風四曰愛惜日力五曰務盡人事六曰寅畏天戒反覆論議幾萬言皆切中時病内變革士風尤爲著明其略曰夫用兵之際似與士風初不相及然士風淳厚則論議正而是非明　朝廷賞罰功罪當而人心服士風澆薄則議論不正而是非不明　朝廷賞罰功罪不當而人心不服晉之士風尚虚浮而不事事當時措置乖謬盜賊並起而有五戎亂華之禍　本朝嘉祐治平以前士風何其淳厚也自數十年来非特不事事而已奔競爭進議論狥私邪説利口足以惑人主之聽元祐大臣如司馬光之流皆持正論而群枉嫉之指爲姦黨士風遽相倣傚顛倒是非變亂白黑政事大壞以馴致靖康之變逮今數十年愛憎之情銷盡然後　朝廷始知元祐群臣之忠褒贈官秩録用子孫然已何補於事曷若早變此風則忠臣無誅謫之寃國家有治安之實而業其利豈不美哉臣觀近年士風尤薄不顧　國體惟欲進身不覈事實惟欲傷人大畧則大進小畧則小遷諭訛成風此非　朝廷之福也　陛下浮

一張浚付以重權使禦強敵於關陝雖以忠許國事失機會不為無過言者痛繩醜詆誣以大惡豈不太甚歟浚有浴日之功足以結 陛下之知有大臣之辯足以回 陛下之聽故得自洗濯復侍清光於帷幄之中然其所傷已多矣藉使遭謗困讒之臣無浚之功又無大臣之辯白而有下石以擠之者則何以自雪於 君父冀察其不然哉夫 朝廷設耳目及獻納論思之官以廣視聽固許之以風聞至於大故亦須覈實使果如其言則誅責所加豈宜止從輕典使言而無實則誣人之罪伏讒蒐慝得以中害善良皆非所以修政也臣願 陛下降 明詔以戒諭士大夫使體 德意從忠厚變近年澆薄之風將見士風淳厚而中興之業不難致矣末曰 陛下視建炎以來其所措置是耶非耶以為是則何以不見其效以為非則安可復蹈其轍臣前所陳皆改轍之道非循舊踪所能為也擇善而從斟酌而行則在 陛下所謂善後之策何以加之閏二月復觀文殿大學士再任提舉西京嵩山崇福宮七月十七日蒙降 親筆手詔以公條具賊退事宜已施行外特賜褒諭有卿首陳三策適投却敵之機繼上六條大闡興邦之略意拳拳而曲折言凜凜而高明有發予衷如對卿語此乃卿精忠許國誠節表時雖在燕閒之中不忘開濟之事之語十月十六日除江南西路安撫制置大使兼知洪州公再具辭免復賜 親筆勉公使行公辭尤力亦不允且得 旨許赴 行在奏事畢之官六年二月三日准告兼營田大使二十四日到國門翌日 內殿引對上慰勞再四以已見利害并本路職事再對于 內殿三月一日 朝辭得 旨引見之上殿三對之間所進呈劄子凡十有六而論中興及金人失信襄陽形勝與夫和戰朋黨五事皆利害之大者其詳具奏疏有 旨令中世景一軍前去洪州駐劄聽江西安撫制置大使司節制使喚先是公以靖康間 道君 淵聖所賜御書刻石因呂祉以示張浚浚以上聞至是因蒙宣諭欲見 道君御書真蹟具奏以進外又以劄子繳進靖康間奉迎録曰臣靖康初任知樞密院事被 淵聖皇帝旨迎奉 道君太上皇帝于南京蒙 道君賜對聽納其說罷亳社西洛旋歸京師二聖重歡四海胥慶 道君察臣之忠賜以 御筆禮貌優異 淵聖察臣之忠賜以 親筆褒諭再三而靖康之末臣既去位羣枉當國與臣為仇顛倒是非變亂黑白孫覿因召試中書舍人作戒勵詔顯詆臣為指天畫地睥睨 兩宮唐恪因令榜於朝堂士大夫信以為然罕有知其實者銜冤抱憤順受顯闇不敢自明伏遇 皇帝陛下

盛德日躋大明旁燭凡臣子之忠於所事而為回邪之所
誣蔽有跡可考者悉蒙昭雪君人之道孰先於此臣近嘗
以　二聖所賜　御筆刻之琬琰蓋欲侈大其賜因自辯
白以裝成碑本託給事中臣祉以示右僕射臣浚遂獲
上聞伏蒙宣諭欲見　道君御筆真蹟臣已恭依　聖訓
具奏繳納外有臣請康閣編修到奉迎録并臣進呈劄子
二首徐處仁等表一道　道君御製青詞一首　淵聖御
筆宣諭一首繕寫合成一軸謹具劄子繳進仰塵　天聽
伏望　聖慈特加　睿察三月六日得　旨送史館是時
朝廷鋭意大舉既遣相臣張浚視師川陝荊襄又降制命

以韓世忠岳飛為京東京西路宣撫使　上嘗面諭公以
十數年來訓練士卒今方可用公既　陛辭以行因極論
所以進兵者具劄子以奏大略謂今日主兵者之失大略
有四兵貴精不貴多多而不精反以為累陣貴分合合而
不能分分而不能合皆非善置陣者是四者今日諸將之
失願　陛下明詔之使知古人用兵之深意非小補也
朝廷近來措置恢復有未盡善者五有宜預備者三有當
善後者二何謂有未盡善者五善制國用者有生財之道
有節用之法有救弊之說有覈實之政有懋遷之術有闔
闢之權審此六者則雖養兵之多何患乎財用之不足而

朝廷初不留意於此唯務降官告給度牒賣戸帖理積欠
折帛博糴預借和買名雖不同其取於民一也此未盡善
者一也議者謂當因糧於敵臣以為敵人聚糧或有敗北
焚蕩而去必不使為我有若欲取於偽地之民則官軍抄
掠甚於寇盜有違弔伐之義失民望而堅從賊之心非計
之得此未盡善者二也金人專以鐵騎中國而吾平時不
務有可以制鐵騎之術此未盡者三也今　朝廷興諸路
之兵悉付諸將外重内輕緩急何以使之捍患而却敵哉
此未盡善者四也臣於　陛辭日竊聞　麻制以韓世忠
岳飛為京東京西路宣撫使　聖意可謂斷矣然兵家之

事行詭道今吾軍初未嘗有其實而遽以先聲臨之其可
乎此未盡善者五也何謂宜預備者三中軍既行宿衛單
弱肘腋之變不可不虞此　行在不可不預備者一也江
東東西荊湖南北兵將盡行也戍鮮少敵人或有乘間擣
虚之謀則將何以待之此上流不可不預備者二也海道
去京東不遠乘風而來一日千里蘇秀明越全無水軍則
下流不可不預備者三也何謂當善後者二使　王師克
捷能復京東西地則當已以何兵守以何將金人來援當
何以持之兩路之民懷戴宋之心堅甚萬有一得其地而
不能守得其民而不能保兩路生靈盡就屠戮而使兩河

之民絕望於　本朝則恢復之功難為力矣勝猶如此則所以圖為善敗之計者宜如何哉此當善後者二也二十三日至撫州金谿界交割本路安撫制置大使職事是時朝廷以本路旱災飢民闕食　御筆詔書令帥守監司多方勸誘積米之家以其食用之餘盡數出糶濟此流殍數月之苦公即條具畫一措置事件具奏又延見父老詢問疾苦乞將災傷路分第三等以下人户四年積欠特與蠲免又奏乞旋賜本錢十萬貫以為營田之本有　旨並依洪州月支官兵米五千餘碩料錢六千餘貫諸縣又泛支在外而見在米止四碩餘錢只五百餘貫公具奏急闕淂旨令都轉運司應副一月　朝廷以財用闕乏建議欲推行交子之法公因致書時宰以謂交子之法初若可行其後官司皆受其弊而卒至於不可行　朝廷遂改為關子先是降詔以六月乙巳地震求直言公應奏陳八事時虔吉盜賊為患數路有　旨令公與連南夫張致遠相度申樞密院公以為虔寇巢穴多在江西福建廣東三路界首置立寨柵為三寨之計一處有兵則散往他處官軍既退則又復團聚中間遣發軍馬不能窮討正以節制不一之故若節制歸一使其不能散逸且捕且招威令既行則窮寇別無他策必須自歸然後結以恩信使之改過自新將為賊首徒黨桀黠之人盡赴軍前使用以除後患此最策之上者乞於江西路置都統制一員節制三路軍馬以招捕虔賊至於盜賊衰息之後又須縣令淂人勞心撫字使作過桀黠之人既去良民淂以復業安於田畝乃可以化盜區復為樂土然虔之諸縣多是煙瘴之地盜賊出沒不常　朝廷初無賞格士大夫之有材者多不願就又難強之使行欲望　朝廷優立賞格將來辟置知縣到任半年盜賊消除良民復業選人特與改官京朝官與轉行一官候任滿日各再轉一官其賊平定之後量與蠲免租稅已前欠負並免催科庶幾官吏盡心民庶安業復有承平之家淂　旨並依初洪州城池遭金人殘破之後城壁摧毀壕塹堙塞兼地步闊遠緩急難以防守嘗有　旨令逐路帥司督責州郡點檢城壁若城大難以因舊仰隨宜減蹙公恭依指揮相度裁減畫圖貼說繳申尚書省并乞脩城用度既省處畫有序不擾而辦城高池深民有所依是年王師與虜偽相持於淮泗幾半年公具奏以謂自古用兵相持既久則非出奇不足以取勝願速遣淂力兵將自淮南前來斬黄間約岳飛兵以為犄角以夾擊之大功可成繼而王師屢捷劉光世張俊楊沂中大破偽齊賊馬於淮淝之上斬馘擒捕甚衆殘黨遁歸淮北公又奏陳利害大

略以謂切見間探所報僞齊乞兵於虜人頭項頗多未聞有渡淮而南者其侵犯淮淝及光山六安等處作過只有李成孔彦舟叛將簽軍深慮賊情狡獪匿重兵於後而以簽軍來嘗我師若一勝之後兵驕惰則為患有不可勝言者伏望 詔諸將益務淬勵以待大敵仍命 朝廷按圖以視諸路某路固實當設疑以欺賊兵某路空虛當增兵以禦侵掠使江淮之間表裏相資首尾相應有 旨以公奏陳防秋利害切中事機降 詔奬諭公再陳乞見劉子顒降 哀痛之詔憫將士罹兵革之苦凡死於戰陣先加封爵厚給賻贈收邺其家死者褒則生者勸矣然後明

詔統帥審定功狀俟防冬解嚴慶賜併行其誰曰不然七年正月以公賑濟飢民招還流去降 詔奬諭會左司諫陳公輔以靖康間士庶伏闕為人誣其鼓唱至今猶未辨白以此求去具奏乞宫觀謂臣當時遭謗尤甚雖嘗蒙淵聖皇帝特降 詔書宣示四方而仇怨至今以之藉口臣以積年往事不敢復自辨明至使諫臣援以求去在臣愚分其何敢安降 詔不允訓辭有云且伏闕之往事皆不根之浮辭排邪議以用卿斷由朕志守夙心而自信無恤人言及 車駕將幸建康公具劄子乞益脩戰守之具沿淮漢修築城壘二月報 徽宗皇帝升遐寧德皇后上

僊公既奉慰表又具劄子乞推廣孝思益修軍政二十七日 車駕進發廵幸建康三月公遣本司幹辦公事韓嵒奉表起居又具劄子論建中興之功大槩曰願 陛下益廣 聖志勵精而充之與神為謀日新其德勿以去冬驟勝而自怠勿以目前粗定而自安凡可以致中興之治者無不為凡可以害中興之功者無不去有所規畫措置必以天下為度必以施於長久可傳於後世為法則中興不難致矣夫中興之於用兵止是一事要以脩政事信賞罰明是非别邪正招徠人材鼓作士氣愛惜民力順導衆心為先数者既備則士奮於朝農安於野穀粟充盈財用不

匱將帥輯睦士卒樂戰用兵其有不勝者哉繼進論舉直言極諫之士乞不必遠召將帥二劄子四月十六日有旨以公典藩踰年民安盜息寬朕憂顧宜有褒嘉可特轉左金紫光禄大夫六月 上遣中使傳宣撫問賜夏藥兼銀合茶藥先是虔寇以守臣失於撫御致乞受招安人蠡起為盜雖官軍屢捷賊黨甚衆公致書宰相以張嘗材術正可任此所以薦之者甚力其後 朝廷果命嘗自鼎移守虔州招安説諭並令放散徒黨赴州公參與免罪犯八月諸路大旱江湖淮浙被害甚廣公具劄子乞益修政事以救今日之弊大畧以謂前年江湖閩浙嘗苦大旱殍路相

望　陛下軫慮之深親灑宸翰勸誘賑濟其所存活不知其幾十萬人至誠動天報以休應曰雨而雨曰暘而暘歲大豐穰民以安樂自經一稔之後上下恬嬉不復動恤民隱　朝廷百色誅求上供不以實數而以虛額和糴不以本錢而以關子絲麩未生已督供輸禾穀未秀已催裝發州縣困於轉輸文移急於星火官吏愁歎閭里怨咨感動天心旱災復作然則　陛下欲銷弭災異道迎吉祥不必他求但如前日之用心自然感召和氣休應立臻繼旱暵復為豐年矣夫今日之患欲民力寬則軍食闕矣欲軍儲裕則民財匱矣二者如鐵炭之低昂此首重則彼尾輕非有術以權之使斂不及民而軍食足不可得而均也惟陛下留神邦本天下幸甚又探報酈瓊叛逆擁淮西全軍并都督行府廬州官吏兵民等盡歸偽齊公具奏指陳朝廷措置失當者五深可痛惜者五又鑒前失以圖將來者五凡十有五事且言天地之變不足為災人不盡言之大患侍從者獻納論思之官也臺諫者耳目心腹之寄也今侍從臺諫以言為職類皆毛擧細故以塞責所論不過簿書資格守倅令丞除授之失當至於　國家大計係社稷之安危生靈之休戚者初未嘗聞有一言及之陛下試察如淮西之變侍從臺諫之臣亦有見危納忠為陛下言之者乎大臣懷祿而不敢諫小臣畏罪而不敢言此最今日之可憂者仍具奏以論列淮西叛將事宜其言指陳　朝廷措置失當但欲納忠於國情迫言切必有抵忤難以復當帥守之寄乞降　旨黜責或除一外任宮觀九月又具奏乞外祠且以到任以來賑濟饑民招塡軍額建置營房修築城池繕治器甲增修官府刱蓋倉庫催發錢糧招捕盜賊並逐一躬親措置處畫事件釐為六狀繳奏有　旨以公奏陳淮西事宜切中事機降　詔獎諭時張浚既罷相外議皆謂　車駕將幸平江公以謂平江去建康不遠徒有退避之名而言者引漢武誅王恢事以為比非是乃復奏陳利害大略曰臣切見張浚罷相言者引漢武誅王恢事以為比臣恐智謀之士卷舌而不談兵忠義之士扼腕而無所發憤將士解體而不用命州郡望風而無堅城　陛下將誰與立國哉伏望　陛下堅聖心而勿動修軍政以自強無為趣時獻言者之所搖古語曰臨大難而不懼聖人之勇也夫張浚措置失當誠有罪矣然其區區徇國之心有可矜者願少寬假以責來效又具奏乞宮祠十月被　詔書不允准　告以　明堂赦恩加食邑五百戶食實封三百戶時建康移蹕之謀既審公具奏陳　車駕不宜輕動利害大略曰臣聞自昔用兵以成

大業必先固人心作士氣據地利而不肯先退盡人事而不肯先屈是以楚漢相距於滎陽成皋間高祖雖屢敗不退尺寸之地既割鴻溝羽引而東遂有垓下之亡曹操袁紹戰於官渡操雖兵弱糧乏荀彧止其退師既焚紹輜重紹引而歸遂喪河北由是觀之今日之事豈可因一叛將之故望風怯敵遽自退屈果出此謀六飛回馭之後人情動搖莫有固志士氣銷縮莫有鬬心我退彼進使賊馬南渡得一邑則守一邑得一州則守一州得一路則守一路亂臣賊子黠吏姦氓從而附之虎踞鴟張雖欲如前日返駕還轅復立　朝廷於荊棘瓦礫之中不可得也借使虜騎衝突不得已權宜避之猶為有説今幸疆埸未有警急之報兵將無不利之失　朝廷止可懲往事修軍政審號令明賞刑益務固守而遽為此擾擾棄前功蹈後患以自趨於禍敗豈不重可惜哉臣故曰　車駕不宜輕動靜以鎮之者也又具防冬畫一事件奏請方欲俟報措置間而以論列淮西言及臺諫遂犯臺諫之怒竟以言者之故檢會累乞宮觀奏章提舉臨安府洞霄宮時未有代者懇請康之故且以本司積蓄財穀之數申奏既而除端明殿學士李光為代公貽書與言所以措置之意八年正月還次長樂是冬以王倫使事與劄子奏陳大略曰臣竊見　朝廷遣王倫使金國奉迎　梓宮往返屢矣今倫之歸與虜使偕乃以江南詔諭為名不置國號而曰江南不云通問而曰詔諭此何禮也臣請試為　陛下言之金人毀　宗社逼　二聖而　陛下應天順人光復舊業自我視彼則仇讎也自彼視我則腹心之疾也豈復有可和之理然而朝廷遣使通問冠蓋相望於道卑詞厚幣無所愛惜者正以　二聖在其域中為親屈己不得已而然猶有説也至去年春　兩宮凶問既至遣使以迎　梓宮亟往遄返初不得其要約今倫使事初以奉迎　梓宮為指而虜使之來乃以江南詔諭為名循名責實已自乖戾則其所以罔　朝廷而生後患者不待諸而可知臣在遠方不足以知其曲折然以愚意料之虜此名以遣使其邀求大略有五必降詔書欲　陛下屈體降禮以聽受一也必有赦文欲　朝廷宣布頒示郡縣二也必立約束欲　陛下奉藩稱臣稟其號令三也必求歲賂廣其數目使我坐困四也必求割地以江為界淮南荊襄四川盡欲得之五也此五者　朝廷從其一則大事去矣金人變詐不測貪婪無厭縱使聽其詔令奉藩稱臣其志猶未已也必繼有號召或使親迎梓宮或使單車入覲或使移易將相或改革政事或竭取賦稅或朘削土宇從之則無有紀極一不從則前功盡廢

反為兵端以為權時之宜聽其邀求可以無後悔者非愚則誣也使 國家之勢卑弱果不足以自振不得已而為此固亦無可奈何今土宇之廣猶半天下臣民之心戴宋不忘與有識者謀之尚足以有為豈可忘 祖宗之大業生靈之屬望弗慮弗圖遽自屈服祈哀乞憐冀延旦暮之命哉臣願 陛下特留聖意且勿輕許深 詔群臣講明利害可以久長之策擇其善者而從之疏奏雖與衆論不合 上不以為忤實 降玉音謂宰執曰大臣當如此矣九年二月除潭州荊湖南路安撫大使公累具辭免悉降 詔不允又具奏力辭曰臣迂疎無周身之術動致煩

言令者罷自江西為日未久又蒙湔洗畀以帥權昔漢文帝聞季布賢召之既而罷歸布曰 陛下以一人譽召臣一人毀去臣臣恐天下有識者有以窺 陛下也顧臣區區進退如雙鳧衆鴈之去來何足少多然數年之間亟奮亟踣上累 陛下知人任使之明實有繫于國體有 旨以公累具奏陳可依所請依舊提舉臨安府洞霄宮仍降詔示不欲重違之意十年正月十一日中使徐珣傳宣撫問初公之叔弟經博學多識公所以期之者甚遠不幸早世公悼恨不能自已適上元日具家饌致祭公撫几號慟不勝手足之痛倉卒感疾是日薨于叔弟之居除特進致

仕特贈少師官其親族十人命公之仲弟維自浙東提點刑獄移閩部以營葬事公命相日合得支賜銀絹方時艱難國用匱闕力辭不受至是給還及依條給賜賻贈以為葬事之費三省樞密院遣官致祭所以存恤者甚厚是年十二月十四日葬于福州懷安縣桐口大家山之原十三年以長子儀之升朝遇郊祀恩贈太保十六年再贈太傅公娶鄱陽張氏故直龍圖閣贈左金紫光禄大夫根之女故資政殿大學士會稽郡公黃公履之外孫累封越國夫人以長子進封曾國太夫人後公十二年薨子男八人儀之右奉議郎主管南外（光廟嫌諱）宗院後公九年卒次曰宗之右

宣教郎主管台州崇道觀後公十一年卒次曰集之右通直郎新差充福建提點刑獄司幹辦公事次曰潤之早卒次曰望之早卒次曰茂之後公百餘日卒次曰秀之右宣義郎新差充福建路轉運司幹辦公事次曰申之女七人長發卒次適右宣教郎前福建路轉運司主管文字黃詔次曰任早卒次曰惠早卒次適右從政郎福建路安撫司准備差遣張垣次適進士范端贄次許嫁右承務郎監潭州南嶽廟常珍孫男九人長曰震右承務郎監潭州南嶽廟次曰泰右承務郎後公七年卒次曰升右承務郎次曰震右承務郎次曰蒙次曰同次曰謙次曰需次曰願孫女

六人長適進士鄒煋早卒次適右宣義郎通判温州軍州事呂廬已次適進士張蒙次適右迪功郎新德安府司戶參軍余永弼次許嫁將仕郎傅伯高餘尚幼公資父事君移孝為忠心心不忘所以為天下　國家者誠意所至是非利害煥然明白直道而行無毫髮自為心所為所言合於往古驗於方來天下之人信之如蓍龜仰之如太山北斗名動夷貊況於華夏受知　三朝以身之用舍為社稷生民安危其所論列無非天下大計勤勤懇懇古人所謂慟哭流涕長太息者其事未足道也自為御史一對而罷既為識者之所推與至於左史論暴水遠謫閩嶠故老

前輩莫不為之咨嗟歎服固以任天下之重期之去國七年賜環未幾虜騎果至宛若疇昔巨浸之環都城爰從庶僚建大策畫長筭外捍賊虜內釋羣疑雖小人共朝所以摧沮敗壞者無所不至然而卒全都城安　宗社使黠虜引而北歸惟　淵聖能用公於倉卒之際故也道直則身危功高則謗多羣姦方以公去位為得計而　國家之事有不可勝諱者矣嗚呼此天耶其人耶　聖主嗣興公膺爰立之拜　制書遐布懽喜一辭公所以為　上慶畫者規模宏遠矣同列害成少日竟罷讒言巧詆人為寒心惟聖主察其精忠每蹟輒起忠言嘉謨遇事憤發中心精微

固不展盡感激深切不復顧身其挺挺之節如此然且時被襃嘉之寵蓋非公莫之能言非　聖主莫之能用也與公深交閒有見其奏議者必且為之涕下沾襟閒居無事一話一言未嘗不在　國家也迨將薨謝為綸論天下事且以比者奏疏為言悵然久之言猶在耳起奠叔兄一慟而絕嗚呼痛心之極豈特為吾家也哉昔韓魏公稱司馬温公大忠大義充塞天地橫絕古今但當與有志之士同有執鞭之願使魏公尚在覩公之所為所守則其所稱道將如何耶公於諸弟友愛既篤相知尤深嘗有國士之稱然而未始效世俗相推挽也紹興七年郊祀恩當奏子公

之子未官者三人乃以仲兄之子琳之名聞至叔兄不幸悼其無子欲以茂之為之嗣事有齟齬抱恨遂終嗚呼痛哉可以興百世之下矣而綸之不肖無狀蒙公之所以愛憐者蓋茂以加未莫半月抱送幼子殆預識去期聞者驚歎方先衛公無恙時每欲於邵武置義莊以賙宗族有志未就公晚年乃決意成之遠邇懽欣非獨被惠者懷感也公平生交游皆一時名士其所薦進不可勝言故有聞其名稱初未識面而既蒙引拔者矣然而與其進不保其往既而以怨報德負公蓋多而公未始以此怠於待士也陳少陽平生未始識面其慕用之誠至為公死而公每以謂

幽冥之間扁些良友若少陽興公直不愧古人矣若乃放意山林昆弟朋友把酒賦詩談笑酬唱動盈卷軸每有奏議下筆數千言俄頃而就蓋公平日以愛君憂國為心籌畫計策胸中素定故遇事成章如是之易也晚於易尤有所得著易傳内篇十卷外篇十二卷其言微妙有深長之味頗取卦變互體為說動有所稽異於今世君子之所辯釋又著論語詳說十卷所以發明。聖賢之意甚備而文章歌詩奏議凡百有餘卷其在政府時閣紀一時之事則有靖康傳信録奉迎録建炎時政記建炎進退志建炎制詔表劄集宣撫荊廣記制置江右録惟公勳在 王室德在生民至忠大節孝誠友愛固不具備雖身或不用用有不久其光明傑出故已如此而亹謝有年未克銘諸幽宮是敢輒狀公之行事有求于大君子惟其文辭鄙拙無敘次之能不足以發揚公之盛德不勝媿懼謹狀

紹興二十六年六月 日第右奉議郎通判洪州軍州主管學事賜緋魚袋綸狀

宋丞相隴西郡開國公贈太師謚忠定李公行狀下

公以紹興二十八年戊寅歲第三子集之遇郊祀
恩贈太師
淳熙十六年己酉歲第五子申之有請于
上蒙 恩賜謚忠定
魯國太夫人張氏後以第四子秀之遇郊祀
恩贈秦國夫人

曩予官　留臺日常與
弱庵焦先生談靖炎間事輒恨欽高不能終用李忠定公
以至北狩南轅一人定國正忠定也常見公奏議六十九
卷及靖康傳信録建炎進退志建炎時政記等而不得睹
先生全集遍訪士大夫家未遇也辛亥予官奉常得交中
翰　范居可悛因假
内閣藏本梁谿集三十六冊輙録一部中闕五十六卷之六
十一卷一百四卷之一百八卷一百三十三卷之一百三十
七卷一百四十九卷之一百五十四卷凡闕二十二卷後假
閣中散亂之帙二十冊檢之凡得十六卷以補其不足尚
缺一百四卷之一百八卷及一百三十七卷凡缺六卷而
一百三十七卷復于亂帙又檢出首五葉止缺五卷半矣
後又借得李忠定公奏議檢之為補一百四卷之一百七
卷今所少惟一卷半耳共一百八卷書札也一百三十七
卷序文也又三十三卷中亡七八二張一百五十三卷中
亡第七葉之後半幾為全書矣儻天作之合予不遽死尚
當物色之耳皆
萬曆三十九年季秋三之日二皷書于奉常公署
清常道人趙琦美志

李忠定公年譜

（清）王景賢 謝宗本 編

《李忠定公年譜》一卷，（清）王景賢、謝宗本編，清道光十五年（一八三五）黄宅中刻本。

譜主李綱（一〇八三—一一四〇），字伯紀，舊字天紀，號梁溪居士，福建邵武人，寓居無錫。政和二年（一一一二）進士，歷任鎮江教授、國子正、監察御史等職。欽宗即位，除兵部侍郎。靖康元年，爲行營參謀官，除尚書右丞，力主抗金，反對遷都避敵。言者彈劾其專主戰議，責授保静軍節度副使，建昌軍安置，再謫甯江。建炎元年（一一二七），除資政殿大學士，率兵勤王。高宗即位，拜尚書右僕射，兼中書侍郎。爲相七十五日，因反對避地東南，復落職。紹興十年（一一四〇）卒，年五十八，贈少師，謚忠定。著有《梁溪集》。

王景賢（一七九八—一八七三），字子希，號希齋，福建閩縣人。道光十九年（一八三九）舉人，善書，工文章，授徒數十年。間治章奏，爲諸侯上客，莫不深相推挹。著有《義停山館集》。

謝宗本，字碩甫，號果堂，福建侯官人。著有《謝碩甫日記》、《果堂詩文雜存》。

本譜爲時任福州海防同知、署邵武府知府黄宅中屬謝宗本將王景賢所編年譜重加校訂，並檢《李氏宗譜》所載建祠修墓諸記旁及他集中有記載譜主之文章經濟者附録於後而刻成。前有譜主繪像，叙事起自元豐六年（一〇八三），止於紹興十年（一一四〇），後附《上欽宗乞復李綱舊職疏》、《忠定公祠堂記》、《重建忠定公祠堂記》、《改建忠定公祠記》、《忠定公祠序》等。

本書據清道光十五年（一八三五）黄宅中刻本影印。

（朱　剛）

吾家世儒業教子惟一經再來二十
父子三成名
清夢先曾到武夷玉峯積雪信幽
小舟遊罷尋歸路恰似脩然梦覺時
萬事糾紛何日了一生襟抱有誰知落
帆已到釣臺側恰似南柯夢覺時

宋李忠定公年譜

序

曩讀宋李忠定公奏議十五卷詩文集二十九卷以不得公年譜參論其世爲憾及閲邵武府志載有林侗所作忠定公新舊年譜合刻序述其編輯年譜始末甚詳惜版久散失無從覓其原本也道光甲午秋權守邵郡謁五曲精廬拜公遺像嘆其祠宇蹟敝與郡人士謀新之而屬任訒犇廣文董其役又知公遺集於乾隆二十九年刻於建甯縣徐氏而李氏裔孫家無藏板已而公之十九世孫文翼二十一世孫成德兩秀才來謁出示李氏宗譜十二帙內載世系墳墓祠規祭田甚詳而年譜輯要亦附見焉方擬讐校付梓比復得閩縣王君景賢所編年譜一卷因屬候官謝君宗本重加校訂并檢宗譜所載建祠修墓諸記旁及他集中有記載公之文章經濟者附錄于後刻成將與徐氏所藏合爲一集嗚乎公之精忠大節照耀史册不待文章而顯亦不藉年譜而傳然百世下聞風興起讀其書想見其生平未有不以獲覩其全爲幸者余生七百載後讀公之書官公之里葺公祠宇而見公裔孫獲覩公之家乘遂刊公之年譜當非獨權守斯土者之幸也以是景仰先型砥礪名節

爲桑梓榮爲邦家光所望於郡人士者盍有在矣

道光乙未仲春權邵武府事福州府海防同知河曲後學黃宅中謹序

宋李忠定公新舊年譜合刻序　林　侗

每讀宋史有二大憾事亦天下人心所同然抑余特致私憾于其間者何哉盍景德澶淵之役眞宗不專任寇萊公而惑於王欽若之小人不恥城下之盟契丹得飽颺以去更爲孤注之謗萊公卒死放地此天下之同憾也順治庚子歲余侍親令於秦嘗過下邽萊公故里拜公祠後家大人擢守開州爲澶淵舊地州署爲眞宗駐蹕處前麗樵額曰披雲樓亦當日所命名謂契丹旣退如披雲霧覩青天也又前爲迴鑾碑勒石記功誇張盛事此欽若諸小人所爲不足深論州署東有萊公祠蕪没已久僅存北門鎖鑰石坊家大人欲待期年後鳩工庀材勒畫像而新俎豆艱歸不果悠悠數十年每念及未嘗不喟然與嘆也靖康建炎之際巖欽二帝于圍城危急時稍知用李忠定公敵退事平即貶竄以去至于宗社不守父子俘囚高宗始悟召之爲相僅七十五日又不能與黃潛善汪伯彥諸小人同立于朝及秦檜主和議三經譴逐忠定終而宋遂至于亡此又天下之同憾也公閩邵武人葬于候官桐口大家山距會城五十里康熙乙丑春聞有毁公墓而盜其石者隨與陳叟發曾家

忠定公年譜序　三

弟佶走謁墓下墓甎砌幸無傷爲荆棘故掩而墓外之石已盡發聞舊有享堂公手勒二帝賜詔勅列堂中明季燬翁仲石獸立水田間心傷者久之里中諸李氏多自託忠定公後予詰其何以不能守先塋因訟盜于官得全餘石翦荆榛復祀典由是都人士始知公墓去會城不遠也因出公文集讀之集固不全竊怪其無年譜乃以公弟奉議郎綸所作行狀三卷參之宋史訂之詩章編爲年譜上下兩卷與門諸君謀宜梓行戊寅夏嘉興朱彝尊先生至閩云于內府錄得忠定公全集有年譜然無若君之詳核有據盍併梓以傳遂以內府舊本遺予已落其首頁次頁首行所載始于哲宗元祐七年壬申公年一十歲則亦以宋史卒于庚申五十八歲爲斷也與予所編事有詳略惟年差一歲其薨于叔弟之居與楞嚴精舍爲不同耳因併錄之其梓行與否則視吾力若何耳若夫公之忠勳大節抱伊吕之略而不能建中興非公之不幸宋之不幸也而于潛善伯彥輩何尤焉

忠定公年譜序　四

李忠定公年譜

河曲黄宅中輯

閩縣王景賢 仝編校
侯官謝宗本

神宗元豐六年癸亥公年一歲

公諱綱字伯紀先世自光州固始徙居無錫五世祖再遷福建邵武軍居邵武縣八龍鄉慶親里曾祖偕護贈少保祖賡贈太保父夔任中大夫充右文殿修撰贈太師追封衛國公母吳氏封韓國夫人衛公尉華亭正月十二日生公于官舍按龜山先生撰公墓誌云公形神俱清氣識絶人自幼有大志舉動必手規矩法度見者知其必將名世

七年甲子公年二歲

祖母盧氏夫人葬于上陂茱坑取名洽水浸枯螻郎今一都李家灣地土名楊梅頭

哲宗元祐七年壬申公年十歲

按公行狀云諫議大夫了齋陳公瓘識公於幼時每謂人曰李公有子

紹聖三年丙子公年十四歲

從先衛公官延安時夏人入寇圍城甚急舊法邊城被圍乘城者以日計功僚屬子弟皆登城冀賞

公獨不從然時時騎遶城上示無所畏寇退朝廷以言者謂濫賞報罷衆以是愧公

四年丁丑公年十五歲

祖母饒氏夫人故葬于三都許源

徽宗建中靖國元年辛巳公年十九歲

丁吳氏韓國夫人憂按龜山先生所撰墓誌云夫人處州龍泉人賢業懿範中外所仰公廬毗陵錫山塋次凡三年哀感閭里手植松柏數萬株

崇寧三年甲申公年二十二歲

補國子監生第一及肄業開創丹霞寺書院公一夕夢空中神語曰石崩宜扶勿驚丞相翌日公出石果墜是歲秦國張氏夫人來歸鄱陽人秘閣修撰贈少師根公之女也

五年丙戌公年二十四歲

八月七日長子儀之生

大觀元年丁亥公年二十五歲

十月三十日次子宗之生又十月以先衛公官遇郊祀恩補將仕郎

二年戊子公年二十六歲

附試國學貢士復首選調將仕郎眞州司法參軍

已丑至政和辛卯俱任眞州
政和元年辛卯公年二十九歲
二月十六日三子集之生
二年壬辰公年三十歲
登進士及第臚傳之日徽宗顧問再三特旨改授
承務郎相州州學教授以親庭遠易鎮江
四年甲午公年三十二歲
赴闕除行國子正
十二月對便殿除尚書考功員外郎
五年乙未公年三十三歲
謁告迎先衞公于雲川有旨除先衞公提舉醴泉
觀以便就養
九月還闕道除監察御史兼權殿中侍御史
旣入臺嘗因職事進對時衞公亦以是日造朝見
上上顧公曰卿父子同日造朝縉紳榮事未幾因
論內侍建節及宰相任用堂後官從官入朝以笏
擊其下凡三事忤權貴罷職公之在臺纔一月耳
十一月除尙書比部員外郎
上用人材以激士風劄子
六年丙申公年三十四歲

轉承事郎
七年丁酉公年三十五歲
差充禮部貢院叅詳官
八年戊戌公年三十六歲
四月再召對
五月除太常少卿
八月出朝陵寢未還闕除起居郎有辭免奏狀
十一月差兼國史編修官
宣和元年已亥公年三十七歲
同知貢舉
六月京師大水公上言都汴百十餘年未嘗見有
此異夫變異不虛發必有感召之因災害未易禦
必有銷復之策上惡其直有旨所論不當謫監南
劍州沙縣稅務
按龜山先生撰衞公墓誌云子綱自左史論事得
罪方遠謫公誨之日進退出處士大夫之常汝勉
自愛毋以吾老爲念是年有留別諸弟等詩道江
南入閩境遊武夷乘小舟泛九曲賦詩凡五十篇
又按詩集公紀舊夢詩序云余今夏夢乘舟行亂
石間四顧峯巒奇秀有如玉色者覺頗異之及謫

官劍浦道武夷山小舟泝流水落石出遍覽勝槩
至晞眞館雪作岩石皆白恍如舊遊然後信出處
之分定而斯遊清絶已先兆於夢寐雖欲不到不
可得也作小詩以記其事清夢先曾到武夷玉峯
積雪信幽奇小舟遊罷尋歸路恰似儵然夢覺時
二年庚子公年三十八歲
六月復承事郎有謝復表是年公叔弟經補太學
舍生季弟綸預鄉選公有詩云吾家世儒業教子
惟一經再來二十載父子三成名
三年辛丑公年三十九歲
轉宣教郎是年公歸錫山省親與馮侍郎書論江
浙郡縣被賊攻陷以召募鬪兵擣賊巢穴爲上策
五月衞公感疾不起實癸未日也終右文殿修撰
以公貴累贈太師追封衞國公八月合葬衞公于
韓國夫人塋次
六月甲辰公年四十二歲
除知秀州八月初九日子秀之生
七年乙巳公年四十三歲
未赴秀州三月除太常少卿六月到闕是冬金人
敗盟分兵兩道入寇詔命皇太子爲開封牧留守

李忠定公年譜　　五

公語給事中吳敏曰巨敵猖獗如此皇太子恭儉
聞天下非假以位號使招徠天下豪傑與之共守
何以克濟敏遂入告且言李某論與臣同有旨召
公公刺臂血上疏內禪之議乃決
十二月詔求直言上道君皇帝封事二十四日淵
聖皇帝受內禪上實封言事奏狀論童貫王黼蔡
攸朱勔李彥高俅諸姦宜正典刑二十八日召對
有論禦寇用兵劄子略曰臣料金寇所邀求者有
五欲稱尊號一也如契丹故事當法以大事小之
義不足惜欲得歸人二也當盡以與之以示大信
不足惜欲增歲幣三也當告以舊約以燕山雲中
歸中國故歲幣增於大遼者兩倍今既背約當減
國家敦示和好不惜貨財可也欲求犒師當量力
以與之欲求割地祖宗之地子孫當以死守不可
以尺寸與人二十九日除通直郎兵部侍郎再有
辭免奏狀
欽宗靖康元年丙午公年四十四歲
正月三日充行營司叅謀官四日除中大夫尙書
右丞留守賜袍帶并笏
幹離不渡河道君東幸宰執議奉鑾輿出狩襄鄧

李忠定公年譜　　六

間公曰今日之事莫若整飭軍馬固結民心堅守以待勤王之至上曰誰可將者公曰朝廷以高爵厚祿養大臣葢將用之有事之日白時中李邦彦乃其職也時中怒甚厲聲曰李某莫能出戰否公曰陛下不以臣庸懦使治兵願以死報

五日充親征行營使公自尚書省趨朝道路紛紛復傳有南狩事太廟神主已出寓太常寺六宮皆將升車公遑遽無策因厲聲謂禁衛曰爾等願死宗社願扈從乎皆曰願死守宗社公乃入見上頓首泣請曰陛下昨已許臣留守今復戒行何也且

六軍之情已變彼有父母妻子皆在都城豈肯舍去萬一中道散歸陛下孰與爲衛且虜騎已迫彼知乘輿之去未遠以健馬疾追何以禦之於是留守之謀始決　金人攻水西門以火船數十隻順汴流相繼而下公以計擊之就水中斬獲百餘人賊攻酸棗封邱門公登城背戰燒其雲梯數十座殺賊數千人賊知有備乃退而遣人請和抵城下已昏黑矣公傳令輒敢開門者斬竟俟明日乃入上命李棁奉使公曰棁柔懦懼悞國事因爲上反復具道所以不可割地及過許金幣之説宰執以爲不可

二月罷尚書右丞親征行營使先是姚平仲師師勤王兵至城下暮夜掩襲賊寨爲所覺殺戮相當幹離不使再至請和宰相李邦彦譖公與姚平仲結搆遂罷職公方欲丐歸太學生陳東與書生千餘人詣闕上書明公無罪軍民不期而集者數十萬人乃復公尚書右丞充京營守禦使公下令悉兵出戰衆皆踴躍金人懼乃退師

除樞密院事封開國伯食邑八百戶食實封一百戶

詔迎道君太上皇帝

三月二十一日道君引對諭曰都城守禦宗社再安皆卿之力公因出劄子乞回鑾輿不須詣亳社西都以慰天下之望道君詢敵騎攻圍次第及朝廷更改等事公條具以對道君感悟內出玉帶魚袋古象簡以賜二十三日朝辭道君袖出書付公宣諭曰卿輔助皇帝捍賊守宗社有大功又能調和父子間使無疑阻當書青史名垂萬世公先具劄子以所得道君聖語奏知上批答有忠義煥然之語二十七日宰執進呈車駕出郊迎道君儀注

不合求去上不允慰諭懇切公勉就職
四月乞用富弼守禦二策又乞修邊備防秋仍用
李邈措置溏濼水匱等劄又條具備邊禦敵八事
二十四日以覃恩轉中大夫
五月十九日除河北河東路宣撫使
六月二十三日受命帝出手書裴度傳以賜之有
詔賜劄子公以庶事未辦集乞量展行期二十五
日上戒行曰卿爲朕巡邊便可還朝公曰臣之行
無復還理臣以愚直不容于朝旣行之後進而死
敵臣之願也萬一朝廷執議不堅臣當求去陛下

宜察臣孤忠以全君臣之義上頗感動降親筆有
朕之任卿堅如金石及有李某所至如朕親臨之
語賜燕于瓊林殿
七月初抵河陽入劄子以畿邑氾水關西都河陽
皆形勝之地當亟脩治又因拜諸陵上劄乞深考
祖宗之法以進君子退小人爲諄諄出師次懷州
日肄習車戰候防秋之兵集以謀大舉時唐恪聶
山諸姦在内搆公公雖被命督師而諸帥多不受
節制旣而朝廷降旨凡詔書所起之兵悉皆罷之
公兩上疏力爭不報因乞罷章連上召赴闕議事

九月還次封邱除觀文殿學士知揚州旣而言者
果謂公專主戰議喪師廢財落職提舉亳州明道
宫責授保靜軍節度副使建昌軍安置又以公上
疏辯論再謫寗江
是月丐官祠卽歸梁谿
靖康行紀序公十月抵無錫一宿湛峴兩遊惠山
與昆弟嘯咏聞有建昌軍之責卽日命駕過虎邱
臨劍池月夜步在與親友爲別渡錢塘江嚴陵瀨
由衢入江西歷上饒弋陽遊龜峯寺道金溪抵建
昌時十一月也

二年丁未公年四十五歲
居長沙作靖康傳信錄四月聞有淵聖皇帝召命
復原官除資政殿大學士領開封府事卽率湖南
義旅以進
五月初次繁昌得元帥府檄方審都城不守二聖
播遷號痛幾絶
高宗建炎元年丁未五月行次寶應覩赦書卽上書
論時事除正議大夫尚書右僕射兼中書侍郎進
封開國侯金菓園賜燕御書中有云方今生民之
命急于倒懸諒非不世之才何以協濟事功

六月朔日對于內殿面辭所命上曰朕知卿忠義智略甚久在靖康時宣力爲多特爲同列所不容故使卿以非罪去國而國家有禍故如此朕嘗欲言于淵聖欲使夷狄畏服四方安寧非相卿不可今朕此志已定卿其勿辭公頓首泣謝三日再召對又力辭上曰卿素以忠義自許豈可于國家艱難之時而自圖安閑朕決意用卿非在今日社稷生靈賴卿以安卿其勿辭公因出十議以進一曰議國是二曰議巡幸三曰議赦令四曰議僭逆五曰議僞命六曰議戰七曰議守八曰議本政九曰

議久任十日議修德惟僭逆僞命二事留中不出公言邦昌僭逆豈可使之在朝廷使道路指目曰此亦一天子哉臣不可與同列當以笏擊之乃謫邦昌

五日進漢唐三帝紀要錄

六日兼充御營使以覃恩轉正奉大夫進封開國公

公既拜命竭力爲上規畫捍禦金寇迎鑾輿之策且謂河北民戴宋之心甚堅朝廷不議救援使力屈而附賊爲患非細故于是薦張所招撫河北傅亮經制河東以宗澤爲東京留守具言中原西通關陝可進兵馬東達江淮可運糧餉南通湖蜀可通貨財北援兩河與賊爭利天下形勢莫便于此上募兵買馬劄子又乞於沿河江淮置帥府乞修軍政乞令諸路郡縣增修城壁器械乞教車戰乞造戰船募水軍凡七劄是時劇賊李昱擾山東杜用起淮南李孝忠亂襄陽皆遣將討平之其餘降者十萬餘纔兩月威令大振

詔欲巡幸東南公兩上劄極論不可喻以楚漢滎陽成皋間曹操袁紹官渡事論天下形勢甚詳然

南幸之議已定而公求去之意亦決矣

上乞減上供之數留州縣養兵禁加耗以寬民力劄子又乞修茶鹽之法以三分之一與州縣乞刬刷官田倣弓箭手法給地養兵乞籍陝西保甲京東弓箭社免支移折變團結教閱凡四劄子

八月五日遷公銀青光祿大夫尚書左僕射兼門下侍郎與黃潛善並相潛善阻張所罷傅亮公力爭之不得乃上表乞去上曰卿所爭小事何必便爲去就公曰方今人材以將帥爲急恐不可謂之小事臣昨議論僞楚建請料理河北河東兩路車

駕巡幸與潛善伯彦異宜有所嫉然臣東南人豈
不願陛下順流東下爲安便哉顧一去中原後患
有不可勝言者願陛下以宗社爲心生靈爲意二
聖未還爲念勿以臣去而改其議泣辭而退
公爲相纔七十五日或曰公決于進退之義得矣
如譏者何公曰吾知盡事君之道不可則全其進
退之節禍患非所恤也
初金人議立異姓宋齊愈自敵來吏部尚書王時
雍入問之齊愈取片紙書張邦昌三字至是公論
僭逆附僞罪遂逮齊愈于是張俊劾公以私意殺

侍從且論其買馬招軍之罪黄潛善汪伯彦復力
排公遂罷公提舉洞霄宫鄂州居住會陳東復以
諫留公坐誅公既罷凡公所規畫軍民之政一切
皆廢革車駕遂東幸兩河郡皆蹈于金中原盜賊
蠭起跨州連邑莫克制禦而國不可爲矣
二年戊申公年四十六歲
在鄂州十月謫降移居澧州作建炎進退志
十一月謫授單州團練副使移萬安軍安置
三年己酉公年四十七歲
春至萬安五月次鬱林作易内篇
六月二日長孫震生
八月居海上行次雷陽作易外篇
十一月行次瓊州三日而德音放還任便居住復
渡海而北歲盡抵容南
四年庚戌公年四十八歲
二月易外傳成三月易内傳成自嶺表訪家鄱陽
未幾挈家還邵武七月復銀青光祿大夫
紹興元年辛亥公年四十九歲
鄰寇起徙居長樂三月除提舉杭州洞霄宫
按公詩集是歲季夏之初自安國遷南臺天寧寺

有避暑紀事詩又有遊鼓山靈源洞次周元仲韻
九月復資政殿大學士
二年壬子公年五十歲
次子孫泰生二月八日除觀文殿大學士充荆州
湖廣南路宣撫使兼知潭州公力具辭有辨謗等
奏狀建炎三年大赦惟公不赦至是盜擾鼎澧潭
三州故除是職五月起行公至盜平
按公有蒙恩除荆湖廣南宣撫兼知潭州具奏辭
免詩云昔年宣撫兩河間行次亶懷已召還壯志
久捹身似葉巧言終使罪如山士風欺蔽猶前日

君命堅辭祗厚顔回首追思七年事孤危易感涕空潸又有五月六日率師離長樂乘舟如水口次昭武省祖塋焚黄諸作

公上言荆南一帶皆當屯宿重兵倚爲形勢使四川之號令可通襄漢之聲援可接議未及行吕頤浩言公縱暴諫官劾公遂罷公既罷旋歸有自水口泛舟如長樂詩云行盡青山泛碧溪潮平波穩畫船移春鴻秋燕非人力明月清風長我隨萬事糾紛何日了一生襟抱有誰知落帆已到釣臺側恰似南柯夢覺時

附記公有草倉祠碑刻題一絶云不愁芒屩長南謫滿願靈旗助北征酹徹一盃揩淚眼煙雲何處是三京跋云舊歲新皇光嗣寶歷予被命拜相獻恢復中原之策上不采用兩閲月余以觀文殿學士出知潭州今春改洪州夏又改福州自洪州抵吉贛來福道寓化行倦憩草倉祠下因拜神座間思憶二帝有感作一絶寫懷兼寓行蹤云時大宋紹興二年夏五月吉金紫光祿大夫平章事樵川李某書是詩公集所不載所紀行蹤亦與年譜小異攷公罷自湖南無改福州之命抵湖以五月而此云今春改洪州非其時也詩或爲集中所失載然跋之所紀則不能無疑姑錄之以俟攷

三年癸丑公年五十一歲

提舉西京嵩山崇福宫四月令省記編類建炎元年五月以後時政記因著建炎時政記以進

四年甲寅公年五十二歲

十月敵僞入寇侵犯淮甸即報既傳中外憂憤公具捍禦三策以進降詔奬諭有忠貫神明能料敵于千里之外制勝于三策之間之語時金師渡淮北歸川陝都督趙鼎奏曰金人雖逃尤當博采羣

言爲善後之計于是詔議攻戰備禦措置綏懷之方公上疏曰議者謂敵馬既退當遂用兵爲大舉之計臣竊以生理未固而欲浪戰以僥倖非制勝之術也議者又謂敵人既退自當保據一隅以苟目前之安臣謂祖宗境土豈可坐視淪陷不務恢復唯宜于防守既固軍政既修之後即議攻討斯爲得計其守備之宜則當料理淮甸荆襄以爲東南屏蔽夫六朝之所以能保有江左者以強兵巨鎮盡在淮南荆襄間也今以淮南東西及荆襄置三大帥屯重兵以臨之分遣偏將進守支郡加以

戰艦水軍上連下接自爲防守敵馬雖多不敢輕犯東路以揚州爲帥府而以江東財用給之西路以盧州爲帥府而以江西財用給之荆襄以襄陽爲帥府而以湖北財用給之徐議營田使之贍養假以歲月則藩籬成守備之宜莫大于是然攻戰之利亦當分責于諸路如淮南東西之帥責以收復京東西路荆襄之帥責以收復京西南北路川陝之帥則當責以收復陝西此事雖若落落難合然在聖意決斷行之蓋無不可成之理至于擇將之方治兵之政車馬器械之制號令賞罰之權兵

家皆有成法無待於言若夫措置之方則臣願先定駐蹕之所今鑾輿未復舊都莫若權宜且于建康駐蹕然必淮南有藩籬之固然後建康可都也至綏懷之略則臣願先爲自治自彊之計使中原陷溺之民知所依怙益堅戴宋之心又曰臣竊觀陛下臨御迨今九年國不闢而日蹙事不立而日敗將驕而難御卒惰而未練國用匱而無贏餘之蓄民力困而無休息之期斯羣臣誤陛下之故也陛下觀近年之臣慨然以天下之重自任者幾人平居無事小廉曲謹似可無過忽有擾攘則束手無策不過奉身以退天下憂危之事委之陛下而已有臣如此不知何補于國而陛下亦安取此近年閒暇則以和議爲得計而以治兵爲先策上下偷安不爲長久之計且退避之策可暫而不可久可一而不可再退一步則失一步往時自南都退而至維揚則河北河東關陝失矣自維揚退而至于江浙則京東京西失矣萬一有敵騎南牧將復退避不知何所適而可航海之策萬乘冒風濤不測之險此尤不可者願陛下自今以往勿復爲退避之計勿復遣議和之使二者既定所當爲者一

切以至誠爲之修吾之政事修倉廩實府庫充器用備士氣振方可有爲乃議大舉則兵雖未交而勝負之勢決矣惟陛下正心以正朝廷百官使君子小人各得其分則是非明賞罰當自然藩方協力將士用命雖強敵不足畏逆臣不必憂此特在陛下方寸間耳帝賜詔褒之而不能行

五年乙卯公年五十三歲

正月詔詢防邊利害公條具以聞二月復觀文殿大學士七月特賜褒諭十月除江西安撫制置大使兼知洪州有辭免二疏高宗以手詔起之

六年丙辰公年五十四歲
二月三日兼本路營田大使二十四日到闕凡三
對所陳劄子幾二十餘事皆利害之大者
三月至洪州
六月巳巳地震詔求直言公應詔奏陳七事
車駕巡幸江上上起居表又上乞降詔諸帥持重
用兵劄子又上乞罷江西帥劄又有論擊賊再乞
罷帥乞差發軍馬奏陳防秋利害再陳已見奏陳
生擒僞齊賊衆凡六劄子
七月二十日子申之生十月敵僞入寇有論擊賊

及防秋利害劄子降詔奬諭
七年丁巳公年五十五歲
正月以賑濟饑民招還流士降詔奬諭
二月二十七日車駕巡幸建康有論建中興之功
臯直言極諫之士乞不必遠召將帥劄子
四月十六日以公典藩逾年民安盜息特轉銀青
光祿大夫
五月二十三日長子次孫晉生
九月到任賑濟饑民招塡軍額建置營房修築城
池繕治器甲增修官府催發錢糧招捕盜賊鼇爲

六狀繳申降詔奬諭
聞車駕有幸平江之意有奏陳車駕不宜輕動劄
子又有條具防冬利害事件狀
郊祀以恩補姪官琳之駐之驥之
十一月除提舉臨安府洞霄宮
八年戊午公年五十六歲
正月退居長樂
二月五日誥贈秦國張氏夫人卒葬于邵邑慶親
里八龍鄉是冬以王倫使事具劄子
九年己未公年五十七歲

是歲置義庄二月除判州湖南路安撫大使兼知
潭州公三上章力辭略曰昔季布謂漢文帝曰陛
下以一人譽召臣以一人毀去臣臣恐天下有以
窺陛下之淺深也臣區區進退何足少多然數年
之間亟奮亟躓上累陛下知人任使之明實有係
於國體上允其請
四月十三日依舊提舉臨安府洞霄宮是年公之
叔弟維自吏部員外郎除芸閣提舉憲浙東
十年庚申公年五十八歲
正月十五日公甍初公之叔弟經校書博學多識

公所期者甚遠入館未幾不幸四十六公悼嘆不已適上元具祭撫几號痛倉卒感疾卽薨子弟經之宭特贈少師葬于福州懷安桐口大家山之原十三年癸亥以長子儀之升朝遇郊祀恩贈太保又三年丙寅再贈太傅又十三年戊寅三子集之遇郊祀恩贈太師淳熙己酉以五子申之請于上賜謚忠定所著有易傳內篇十卷外篇十二卷論語詳說十卷詩文奏議制誥表劄雜著百餘卷

黄司馬心齋先生將梓是集懼有遺漏出繕本屬爲校訂本受而卒業蹶然興曰忠定公之生平在是矣顧維公一生公忠亮節如泉達火然不可遏止雖片楮單詞猶流露其惓惓君國之意今宗譜所輯第撮其大略先生欲補所闕而更詳之俾後之讀是編者了然於公出處去就之間其用心可不謂勤哉本友人王君景賢曩嘗輯公年譜紬於力未梓因持質王君請出所藏本互訂詳略且廣爲蒐討以集其成於是覗宗譜所輯爲詳雖然不敢謂遂無遺漏也他日博雅之君子更益其不及俾愈臻完備則是編其先河而先生勤勤於公行事以足其嚮慕而啓迪後人者且相得而彌彰也

道光乙未仲春候官後學謝宗本校畢并跋

上欽宗乞復李綱舊職疏　宋　陳　東

臣等聞任賢勿貳去邪勿疑者社稷之主也奮不顧身死生以之者社稷之臣也妬賢嫉善妨功害能者社稷之賊也陛下聰明英睿獨智旁燭賢邪判然天下戴以爲社稷之主而在廷之臣奮勇不顧以身任天下之重者李綱是也所謂社稷之臣也其庸謬不才忌嫉賢能動爲身謀不恤國計者李邦彦白時中張邦昌趙野王孝迪蔡懋李棁之徒是也所謂社稷之賊也陛下斷然不疑拔綱於九卿之中不一二日任爲執政中外相慶知陛下之能任賢矣斥時中不

用知陛下之能去邪矣綱任而未專時中斥而未去復相邦彦邦昌之餘又皆擢用何陛下之任賢猶未能勿貳去邪猶未能勿疑乎今又聞復罷綱職事臣等驚疑莫知所以綱起自庶官獨任大事邦彦等疾如仇讐恐其成功因綱用兵小不利遂得乘間投隙歸罪於綱然一勝一負兵家常勢小勝因未足爲喜而小挫亦未足爲辱况示怯示強奇謀秘計豈可遽以此傾動任事之臣臣等竊聞邦彦時中等盡勸陛下他幸見事有急各陳乞親黨外任遣家屬隨之遠去豈身爲大臣不能以一家死社稷之難其意止欲倉卒之際各保妻孥耳諸大臣一鼓而倡之百官有司羣起而和之遂令京城之人鬨然騷動弗安其居若非綱爲陛下建言則乘輿播越在外廟社已爲邱墟生靈已遭魚肉陛下將有棄宗廟社稷之名賴聰明不惑特從綱請中外聞之雖愚夫愚婦莫不舉手加額仰嘆聖德之盛綱之力豈曰小補之哉是宜邦彦等譖謗忌嫉無所不至臣等伏見邦彦等享高爵厚祿爲日最久視天下之弊未嘗肯發一言以圖補報至如王黼童貫蔡攸共興北師唯鄭居中力爭以爲不可輕舉而王安中等力贊其役邦彦等略不可

否於其間實陰輔黼以貽今日之禍陛下新即寶位遽有變亂之虞邦彦等不引咎歸己自求貶放而尚偃蹇固位忌賢嫉能陛下若聽其言斥綱不用則宗社存亡亦未可知且敵旣和之後尚敢縱兵肆掠屠我畿內其性急則搖尾緩則跳梁聞陛下任綱自知滅亡無日請和必更激烈而邦彦等乃得藉口以阻成謀綱罷命一時士大夫失色兵民騷動至流涕相弔咸謂不日爲敵擒矣則是陛下罷綱非特墮邦彦等計中又墮敵計中也聞邦彦等尚執前議必欲割地與之曾不知祖宗土地得之甚難况河北實朝廷

之根本而三關四鎮實河北之根本若棄三關四鎮是棄河北若棄河北則朝廷復可都大梁乎自眞仁兩朝以來北敵益有割地之請矣朝廷甯屈已增幣以塞其欲至於土地一寸不肯與之今陛下卽政之初邦彥等便欲棄祖宗境土不知割與太原中山河間以北十有餘郡之後邦彥等能使敵人不復叛盟乎綱孤立無助天下共知其可大用臣等請爲陛下言其一二頃歲京師大水自宰相大臣下及百官爭占舟船或結筏爲避水計獨綱慷慨爲上言之至爲奸臣譖逐數年不用前日邊報初至宰相骨肉盡皆

出京獨綱奏孥未嘗遷徙陛下方深北顧之憂而左右無一人爲陛下請行者綱獨奮然而以身任之綱之用心可見矣陛下何忍信朋邪之計而斥正人端士乎若以綱用兵少挫遂當廢罷則童貫創開邊隙以貽今日之禍近又引兵數十萬以事雲中之役幾於隻輪無返者朝廷曾不議罷何綱少挫而加罪乎一進一退在綱爲輕在朝廷爲甚重今日宗社安危在此一舉幸陛下卽反前命復綱舊職以安中外之心付种師道以閫外之事陛下若以臣等言未足信試御樓呼軍民一問之行道商旅一問之試咨百官

君子使言之必皆曰綱可用而邦彥等可斥也用舍之際陛下不可不審

忠定公祠堂記　　朱　熹

建炎丞相隴西李公邵武人也少有大志自爲起居郎切切然以天下事爲已任宣和初一日大水猝至幾月都城人莫能究其所自來相與震懼而無有敢以爲言者公時適爲左史以爲此夷狄兵戎之象也不可以不戒亟上疏言之遂以謫去數歲乃得召還則敵騎已入塞而長驅向闕矣公復慨然圖上內禪之策誠意感通言未及發而大計已決敵圍旣迫羣小方謀挾至尊犯不測爲幸免計公又獨叩殿陛力陳大義得復城守以退敵兵然自是以來割地講和

之議遂起公又再謫而大事去矣光堯太上皇帝受命中興疇咨人望首召公爲宰相公亦痛念國家非常之變日夜圖維所以修政事攘夷狄者本末甚備益方誅僭逆以正人心而遣張所撫河北傅亮收河東宗澤守京城遂將益據形便大明紀律以示必守中原必還兩宫之勢而小人有害公者遂三譖以去而不復還矣淳熙丙午距公去相適六十年而永嘉徐君元德命教此邦謂公之忠義籌畧海內有志之士莫不誦而傳之顧其鄉人子弟乃無有能道其萬一而興起焉者於是闢講堂之東肖公之象而立祠焉四月吉日合郡吏率諸生進拜跪奠妥侑如法已事而以書來屬熹記之熹惟天下之義莫大於君臣其所以纏綿固結而不可解者是皆生於人心之本然而非有所待於外也然而世衰俗薄學廢不講則雖其中心之所固有亦且淪胥陷溺而爲全軀保妻子之計以後其君者往往接迹於當時有能奮然拔起於其間如李公之爲人知有君父而不知有其身知天下之有安危而不知其身之有禍福雖以讒閒竄斥屢瀕九死而其愛君憂國之志終有不可得而奪者是亦可謂一代之偉人矣徐君之祠之也非其

志之所好學之所講有在於是則亦孰能及之哉故熹喜聞其事而樂推其說以告郡之學者雖病且衰而不自知其感慨發憤猶復悟有平日之壯志也十二月癸巳宣教郎直徽猷閣主管華州雲臺觀朱熹記

重建忠定公祠堂記

王直

宋自紹聖以來君子日否小人相繼用事至宣和時極矣上之人既無道揆一聽其所爲天乃出災異以譴告之而猶不悟君臣上下肆然自以爲得志於是交夷狄開邊釁及疆埸既隳虜騎向闕而小人猶排忠直誤國家靖康之禍有不忍言者當是時獨事於未然奮力於已然志雖不就忠則有餘者丞相李公也公諱綱字伯紀邵武人宣和初爲佐史京師大水公請有夷狄兵戎之變即上章乞戒備朝廷謫監沙縣稅務迨虜寇至上欲避而東且割地以求和公時

復用言祖宗地尺寸不可棄力贊城守而以身任焉屢出兵敗虜小人間之遂罷衆相與力爭得復留虜既退上下恬然不復理邊事公獨憂之數陳備邊禦戎之策不聽又爲小人所沮出巡邊未幾罷不用建炎初起公爲相即上十議誅僭逆以正人心務治內攘外經理兩河圖復京師還二帝事方就緒復爲小人所讒輒罷敵自是益横而中原失守偏安之勢成矣公雖去朝廷然惟知納忠不以禍福易意事有益於國者無不言而言輒不用且卒於不返嗚呼公之用舍生民之利害國家之安危繫焉此宜爲君者所倚任而乃使小人之間得行何其厚於小人而薄於君子也方其罷而復留太學諸生都城之細民皆知公之忠其後凡使至虜虜人必問公安否公之所存見信於下人與夷狄而不見信於時君豈非其蔽之甚哉或以宋之不振歸諸天直則以謂人謀之不臧於天何尤焉淳熙丙午教授永嘉徐元德立公祠於郡學講堂之左復燬於兵景定中郡守方澄孫創樵溪書院以祠公元至正辛巳邵武同知萬不花移創於郡治東南樵溪五曲之上洪武初以書院爲府學祠堂遂廢正統己未郡人上官佑爲弋陽令歸以公

祠事請於郡守嚴陵徐侯逑侯欣然從之乃復建於故址而與縣僚屬及諸士大夫修祀焉行在戶部侍郎吳公璽亦郡人俾直記其事直謂公之忠誠載之國史傳天下後世爲君子者必當起敬起慕而取以爲則焉郷郡人士邇公之居而思公之迹其於感發宜尤易況拜公之祠瞻公之像爲親炙之乎徐侯之爲此上官令贊于初而吳公欲有示于遠是三賢者皆尙德之至且有風勵之意焉詩曰高山仰止景行行止邵武之士誠能如其意將不皆爲君子矣乎故爲之記俾刻之廡下以俟正統六年歲在辛酉正月

望日

改建忠定公祠記　柯潛

邵武郡學東故有宋建炎丞相李忠定公祠淳熙中教授徐元德建晦菴朱夫子爲之記其後遷改不常以至於廢迨我明正統巳未郡守徐述復建於舊址吏部尚書王文端公爲之記成化戊子詔有司歲奉春秋享祀盍因教授張君濟之請而郡守盛君顒同知王君琳通判劉君貫遵承惟謹又訪其後之秀穎者進爲學生且盡復其家族之人以稱德意既而盛君又欲新公祠致仕都憲郡人陳公泊郡學師生請以學旁佛舍曰化城寺者改爲之提學僉憲游公亦

慫恿其成方謀始事而盛君以朝覲去及歸莅任延平遂不果庚寅之秋巡撫都憲滕公莅茲都謁拜公祠舉公忠義風厲諸生諭郡守馮君孜封塓李氏墳墓且進其後於學者數人諸生因白向者改祠之事滕公卽詣化城寺見屋宇猶完整不假修治遂撤去佛像奉遷公之神主於其上祼奠豖侑如法郡之人士來觀咸欣躍以爲宜馮君謂茲盛舉不可無傳乃走書致滕公之意屬潛記其事潛惟公學行純正負天下之重望以一身去就爲國家之安危其忠義誠切見於奏議而措諸行事者巳震耀一時傳至于今

雖庸人孺子猶能頌其勳名欲跂見之而不可得又有朱王之文實在于壁其出處始終載之詳矣潛復何言顧惟古今人物如公者蓋不多見當時小人側目讒言蠭起使公屢遭竄斥不得盡用其才於世而宋業卒至偏安於一隅重可慨已夫讒邪之能壞人國也如此有天下者所宜深戒覆轍之虞信任忠賢以爲長治久安之計不使讒言得以間之而委質事人者當勵公所爲不以讒間之言變易其節以至於失身而忘君此潛之所欲見於言也兄茲改祠非特表崇忠良爲可紀而廬佛舍不惑于異端因舊貫不

費乎民力皆世之爲政者所不能及也遂具書之俾刻于石以示來者且以寓潛景慕先哲之心云成化七年歲次辛卯二月十七日

忠定公祠序

張夔魁

鄉先生有功德於民者歿後皆得以享祀況以一身係天下之安危豐功偉烈彪炳宇内照耀千秋如忠定李公者其宜特祀又非他鄉先生可比也淳熙間教授徐公始建祠於郡學講堂之東自是以後廢興遷徙不一而止至前明嘉靖郡侯吳公又移建南門水塗之白蓮堂

仁皇帝十九年予奉命來守茲土甫下車即謁公祠拜瞻之餘見屋宇荒蕪頹爲風雨所侵因思起而新之而公務倥傯未遑即及適泉郡李公日煋亦忠定

公之裔其先世自邵遷泉今來鎮樵陽過廟思敬重建之思更迫謀及於予予幸同志有人急爲慫恿訪忠定後裔得李生友杜積學士也取其宗譜驗之知爲忠定公十六代孫因與李公各出已貲鳩工庀材仍移建於五曲之上而屬友杜董其事焉中爲堂設像於上左右各建屋數椽致書囑李生等作寓看守以奉香火閲數月而功告竣都人士莫不歡欣鼓舞以慶落成夫修廢舉墜雖守土之責實公之忠義深入人心有不容已者焉至公之功德詳於青史歲時祀典具載誌書故不贅

讀宋李忠定公文集　魏禧

余嘗推宋李忠定公爲漢以來第一人如宋之韓范上矣然使忠定當西邊之任其事業豈止此哉忠定敢于擔當而措置闊大能得要領其細碎處不必一一周到然已無不舉矣國朝王文成公思慮周密能通權達變以合于道亦三代後第一流人物也其奏劄與忠定相上下然就二公較量文成當大事鎭定精詳發無不當但微覺心力有竭盡處忠定則安閒揮灑神力沛然有餘其才具似較大也忠定安撫江西區畫虔寇之方仁至義盡文成撫贑全以此爲模

本便成三百年第一功業推爲漢後一人何疑哉

文成奏議剛健精明昭昭然若日月之經天忠定奏議雄深朗曉浩浩乎如江河之行地

古今駢儷之文能使事情剴切者惟陸宣公耳讀公乞罷僕射諸表但有過之無不及也

或問子言忠定當西邊之任其功業必不止於韓范又嘗言忠定爲岳忠武必不聽金牌召還何以明之曰忠定才具揮霍又能度外用人韓公最有膽畧然如張吳二生遂不敢用而以資敵忠定當此必不爾也但觀其用張所傅亮便見一班且仁宗之主何如欽高慶歷皇祐之時何如靖康建炎西夏之強何如金人加以童蔡汪黄之奸譖毁歧毒无所不至而稍一柄用立見功效都城危困倉卒受命四日而戰守之具備朝廷草創虜寇交侵七十日而中原之大勢舉吾故以爲公在西邊必能滅夏臣夏而有餘也議和之時奸相昏主陰許割地公聞而力爭且留三鎭詔書戒中書吏以輒發者斬又欲候勤王之師大集因以將帥意檄軍前以改誓書此皆敢于犯難爲反經合道之事吾故以爲公爲忠武必不聽金牌之召還也然則公任行營使任樞密使任安撫使矣皆總

兵之任顧不能矯制清君側而一升一黜如提小兒之易安在其不爲岳忠武乎曰公以文臣統制非素握兵柄者且行營使倉卒受命職在守城樞密使有兵權而無兵安撫使任既非久輒罷又皆新兵又多削其兵數是皆不可以有爲者使公久于安撫之任得兵心固而離京師遠張所傅亮未罷河北河思之勢已成則罷兵之詔雖百反吾知公不直搗黄龍府必不止矣

李忠定公宋史本傳宋齊愈獄事辯

長樂 陳庚煥 惕園

金人之既執宋二帝也令宋廷臣議所宜立衆莫測其意宋齊愈歸自金營即會議處取筆書張邦昌三字於几王時雍輩據以定議邦昌遂僭號李忠定公初相高宗請誅僭逆邦昌既竄殛齊愈亦伏誅張魏公所爲劾公修怨專殺也王明清玉照清志載南軒先生述其父之言謂退翁齊愈字憤李相招兵買馬括財三議之病民毅然力爭魏公沮之不聽遂及於禍此自魏公欲實其修怨專殺之言耳南軒不疑父言

而其時忠定奏議尚未行世其爲是說容或有之朱子謂罪如齊愈豈小小刑杖可斷則固不惑於南軒之說矣乃宋史猶采其說於忠定之傳何無識也夫邦昌身爲宰相乘危媚敵于竊君位而齊愈首發其議親北面之向使邦昌事成齊愈不居然定策首功乎邦昌既伏其罪齊愈復何所逭其誅而謂死於賢相臣之修怨乎當板蕩之餘西北之兵散亡既盡公私之馬全入於金東南召募烏合之兵糜費不貲而步不敵騎且脆怯不足恃敵騎一來列城魚爛矣東南之民雖有馬有財將誰與保公議取財於東南募兵於西北省往來之勞費收捍禦之實用信良策也募有力之民出財佐軍酬以官告度牒括買上戶僧道之馬給以善價未爲厲民也且朝廷草創帑藏空竭而欲因潰敗之餘抗方張之敵與之爭兩河固京邑乃欲以招兵買馬暫開事例罪相臣充齊愈輩之見必束手送欵以全生靈而可乎譬則大厦既災爲之家督者欲爲父兄全其旁屋勢必率私錢以招壯士濡幄帟以蒙鬱攸乃尤其耗私財擾子舍也可乎哉齊愈當亡國易君漠然無動奮筆首議靦不爲恥乃能憤相臣謀國之不臧義形於色期以死爭如魏

公所見何其逆於前而忠於後怯於始而勇於終也是必嗾於汪黃欲借是以沮忠定耳魏公黨汪黃而力攻忠定則固以汪黃爲賢於忠定矣其後忌武穆戕曲端朱子謂其爲人極不好善則其佑齊愈而尤忠定也言果足據耶玉照新志又載姚平仲劫寨之夕忠定謂奇功可立成夜趣幕僚豫撰露布文成而兵敗具錄其文若實有其事者平仲隸种師道劫寨之謀乃平仲私請於欽宗公疏所謂种師道亦不之知在微臣實無所與者也其後小人反指以爲公罪僞撰露布以實之小人誣善何所不至明清好採無稽其所掌錄又何足據昔竇參貶死宮婢之讒至謂宣公使客行刺說

具稗官不聞唐書闌入陸傳也今忠定三議具在其
得失有目者能辨之乃修史者不察忠定之議而惑
齊愈之言豈以南軒所聞信有徵耶則甚矣史家之
不可以無識也

李忠定公塋上靈光記　陳庚煥

嘉慶庚午秋七月閩人士修李忠定公塋將啓土前期三日十八夜人定後山下諸村落遥望公塋煜煜有光初疑村民明火耀竈者而訝其光久不移既而光焰轉盛羣起聚觀謂是野燒則塋草新薙且其時陰雨未歇燒無從生徐察其光從繚垣中起閃爍騰上絶無烟氛蒙雜洞明如畫塋内層級歷歷盡見而他山昏黑如故城中謝氏別業在前村者樓正與塋對羣佃納涼宿其上頻起眺望至雞鳴時靈光塋煌轉更燭天達旦方漸隱越再宿城中工匠抵山泉方

知塋工果興而光怪先兆咸共嗟異夫公之人物名德實吾閩一諸葛武侯其光景不磨固無足怪近諸公方議徙建宋賜護墳靈光廢寺於塋前故祠址今靈光之發適當其地豈精藍香火當興固有其兆歟抑是役之興自兩大府而下莫不同心好德之誠天人之感固自不虛歟所聞既審謹記其實以為桑梓他日佳話

按公過泗洲則塔現異彩光怪無方遊靈隱則晝發祥光鐘磬自響忠誠所感具詳自述况遺蛻所藏浩氣所藴其發為昭明固宜矣又按公塋下地

今猶稱塔前盎塋本五代時鼓山晏禪師塔也周顯德四年湧泉大衆咸夢晏公言欲歸鼓山乃啓其蛻徙塔鼓山之喝水巖及公薨遂賜葬其故地是晏公實前百餘年豫虛塔地以待公也乃南宋宗室趙蔗境與滂詩云如何神晏塔今作李綱塋聞說山中水不平空自鳴則直疑李氏豪奪晏公塔矣不知晏公徙蛻年月具詳遷塔誌非緣公葬而始遷也然蔗境詩倘傳人口不可無辯

陳忠肅公言行錄

張敬夫 栻 跋公帖

李忠定公跋臨江蕭君所藏了翁帖謂其不循古人格轍自有一種風味今觀此帖信然其曰山陽盜歎之餘衰索殊甚隨緣安處盎所謂素患難行乎患難者故雖嶺陬海隅蠻烟瘴雨之地未嘗不安也況山陽乎高風凛然可畏而仰

張敬夫 栻 跋公與丞相隴西公書

丞相隴西公宣和元年六月論都城水事自左相譎官沙縣此諫議陳公所寄書也丞相精忠大節森然如星斗之在天而事業實權輿於此諫議於丞相爲丈人行今觀書辭所與盎甚篤前輩憂時之念深故於人才拳拳如此歛衽三復敬嘆何窮惟是栻嘗竊怪諫議平生於君父大義跬步不舍其與異教淪棄三綱者不翅霄壤之異矣顧乃區區樂講於其說獨何與恨生晚不及親見公質所疑也

李忠定公年譜

（清）楊希閔 編

《李忠定公年譜》一卷，（清）楊希閔編，清同治五年（一八六六）福州刻本。

譜主李綱（一〇八三—一一四〇），字伯紀，舊字天紀，號梁溪居士，福建邵武人，寓居無錫。政和二年（一一一二）進士，歷任鎮江教授、國子正、監察御史等職。欽宗即位，除兵部侍郎。靖康元年，爲行營參謀官，除尚書右丞，力主抗金，反對遷都避敵。言者彈劾其專主戰議，責授保静軍節度副使，建昌軍安置，再謫甯江。建炎元年（一一二七），除資政殿大學士，率兵勤王。高宗即位，拜尚書右僕射，兼中書侍郎。爲相七十五日，因反對避地東南，復落職。紹興十年（一一四〇）卒，年五十八，贈少師，謚忠定。著有《梁溪集》。

楊希閔（一八〇六—一八八二），字鐵傭，號卧雲，江西新城人。道光十七年（一八三七）拔貢，候選内閣中書。認爲仕途非己之願，乃專心攻經，尤好講《易》，崇奉宋代儒家樸學篤行之説，飽讀經史百家，並加以披閲考證，與龔自珍、梅曾亮等切磋學問。太平天國事起，舉家流落到福建邵武，後遷福州。後又東渡臺灣，主講海東書院，啓迪臺灣士子，學風爲之一新。畢生埋頭書卷，筆耕不懈。考訂精詳，論事平允，非淺學者所能及。撰有《遐憩山房詩》、《鄉詩摭譚》、《榕陰日課》、《讀書舉要》等。

本譜爲編者就本集、正史及各家傳説而輯成。以譜主本集自撰書爲主，次譜主之弟綸所作行狀，次正史，次《續通鑒》及各家傳説可據依者，擇取極慎，並加注釋、校正。叙事起自元豐六年（一〇八三），止於紹興十年（一一四〇）。譜前有采用各書目録，譜後記載譜主著述，摘録《宋史》傳論略、吕本中《大事記》、《通鑒輯覽》、林佶爲兄林侗《李忠定公年譜》所作序。

本書據清同治五年（一八六六）福州刻本影印。

（朱　剛）

沅陵吳桐雲先生鑒定

李忠定公年譜

邈㸒山房藏板

同治丙寅長至福州開雕

吳玉田鐫

李忠定公年譜序

余既脩福州西湖李忠定公祠堂復屬新城楊卧雲舍人編輯年譜再閱月譜成屬余序之余嘉其採擇詳慎不蔓不遺洵足括公生平詔示來許矣顧余獨因公有感天地生才之難成功之不易而命世之英往往遭際艱虞其精誠偉畧或反足以揭日月而光九幽益三綱之賴以不淪九法之賴以不斁者此耳方宣和末年國家方强盛位九列者未嘗乏人自金人敗盟敵騎日迫獨公決策內禪身親捍禦能使强敵懾服宗社危而復安而外此無一人焉天之生才信若是之難也然使公始終柄政不爲宵小所移恐金人將自謀之不暇而於南渡乎何有即不幸播遷南服亦可徐圖進取恢復

中原乃屢起屢黜卒致宋室局於偏安而公之深謀至計迄不得施豈成功者天人固有不能强致者耶雖然公之功雖未成而忠愛之至誠脩攘之大略不獨當時人惜之百世後亦無不咨嗟太息怪當時人君以不能盡公用爲恨然則斯譜之成後之人有能究其始終而三復焉知必有以興起其忠義之心而使薄夫敦鄙夫寬雖謂三綱九法賴是以存焉可也

誥授資政大夫

欽加二品頂戴按察使司銜臺澎兵備道兼提督學政前福建鹽法道沅陵吳大廷撰

李忠定公年譜自序

當世運艱屯以天下之重自任而未竟其志者三代下三人焉漢諸葛武侯唐陸宣公宋李忠定公顧武侯得昭烈爲君可以无憾宣公雖斥於後親佐君恢復有成功亦无憾也惟忠定公亟奮亟躓並不及宣公之於德宗天下皆知用公則轉危爲安宋无北轅南渡之患不用則否而朝廷獨若安其危而利其菑者嗟乎此諸葛公表後主所以誡親賢臣遠小人也宋史論欽高二君闇弱不足有爲蓋闇則昏惑而无遠慮弱則苟且而事偷安所用又皆邪佞小人持祿尸位頑鈍无耻忠定欲久於其位得乎忠定爲相止七十餘日宣撫兩河荆湖制置江西不過閱月踰年又多方以掣其肘然而却敵靖寇保境息民旋至立效其宅陳論利害驗若蓍蔡豈非與武侯宣公伯仲之閒哉集无年譜聞閩林侗同人曾爲之未見也因就本集正史及各家傳說緝爲此編夫正史似足信矣而本紀與列傳有不合者行狀爲公弟綸作彌足信矣而與公自撰書有不合者（並詳書內）推之各家傳說詎能無誤甚矣記述之難也今以本集公自撰書爲主次行狀次正史次續通鑑及各家傳說可據依者擇取極慎有關治亂出處之大者正書之資攷鏡當埘見者節要注之有校正者案語別之牴牾疏漏殆均不免惟世之君子董而正之同治丙寅九月九日江右新城楊希閔鋏傭書於福州旅寓

采用各書

宋丞相李忠定公奏議六十九卷（明刻本）

此公子秀之編者陳少保俊卿爲之序序言淳熙丙申子帥三山公子秀之裒集表章奏劄至六十九卷而詩文猶不與焉（六十九四庫提要作八十蓋誤）

李忠定公集選四十四卷（康熙中刻本）

此明萬歷中閩人李嗣元所選康熙中建甯李欒芳重刻者

案公全集爲梁溪集凡一百八十卷附錄六卷四庫著錄外間罕有曩故友何願船刑部（秋濤）得一鈔本譌脫特甚願船細爲校正隨校隨刻已於邵武刻至四十五卷閔爾時客邵武每從假觀歎校本精善促其竣功俄冠亂各分散願船由福州航海北上攜稿本并板以去後聞願船歿于保定此書不知流落何所思之惘悵今欲一取此書采緝何可得也　又案提要公梁溪集末已附有年譜今未見不知同異如何

建炎時政記三卷（鈔本）

靖康傳信錄三卷（集本　案直齋書錄解題作一卷當是寫誤）

建炎進退志三卷（集本）

此三書皆公自撰

孤臣泣血錄三卷拾遺一卷

宋武陵丁特起撰　案范氏天一閣書目有丁特起靖

康記聞一卷疑即此書之異名然未見其書當再攷之
建炎以來繫年要錄二百卷鈔本
此宋工部侍郎井研李心傳撰　案此書以國史日歷爲主而當時稗官野記家乘誌狀采取極博又有別擇不蕪雜南宋雜史部最佳之本
皇朝中興傳信錄十卷鈔本
此宋鮮于綽大受撰自序謂集雜史傳記近三十種
案此書四庫館未著錄其目見馬氏經籍攷今鈔本云從永樂大典鈔出起紹興元年一卷至六卷皆元年事訖紹興二年七卷至十卷皆二年事歲月甚短於吾此書無甚采獲
中興小記四十卷鈔本

宋熊克子復撰起建炎丁未訖紹興壬子陳氏書錄解題謂其疏略抵捂岳氏桯史亦摘其疵蓋在李心傳書之下也
中興兩朝編年綱目十八卷鈔本不著撰人名氏
宋　　撰起高宗建炎元年訖孝宗淳熙十七年　案莆田陸均平甫有中興編年舉要十四卷備要十四卷直齋書錄解題云依仿朱子通鑑綱目舉要者綱也備要者目也云云頗與此書相似惟卷數名目不同當再攷
名臣言行錄別集十三卷
宋李幼武士英撰

宋史所采止靖康建炎紹興間故不必著卷數下同
元托克托撰　案舊作脱脱撰今從四庫提要
宋元通鑑
明薛應旂撰陳仁錫刻本
御批資治通鑑輯覽
乾隆三十二年奉　敕撰
續資治通鑑
乾隆中鎮洋畢制府沅撰嘉慶六年桐鄉馮集梧刻行
宋元學案
國初黃宗羲原本乾隆中全祖望修補

外零星雜部書古如戴氏㝢璞近如邵氏南江集之類不悉載

李忠定公年譜

江西新城楊希閔鐵傭編

宋神宗元豐六年癸亥公年一歲

公諱綱字伯紀先世系出有唐有以宗室爲建州刺史卒官因家焉太平興國四年析建州置邵武軍故爲邵武人居八龍鄉慶親里　曾祖僧護祖虔隱居不仕父夔字師和少穎敏舅黃履器之與龜山友善登元豐進士第嘗爲華亭縣尉有政聲遷縣令累官右文殿修撰終龍圖閣待制以子貴贈太師衛國公母吴氏處州龍泉人封韓國夫人賢業懿範見龜山所撰墓誌銘正月十二日生公於華亭官舍

元豐七年甲子二歲

元豐八年乙丑三歲

哲宗元祐元年丙寅四歲

元祐二年丁卯五歲

元祐三年戊辰六歲

元祐四年己巳七歲

元祐五年庚午八歲

元祐六年辛未九歲

元祐七年壬申十歲

元祐八年癸酉十一歲

紹聖元年甲戌十二歲

紹聖二年乙亥十三歲

紹聖三年丙子十四歲

公自幼有大志舉動必於矩度見者知爲名世年十四從父官延安時夏人入寇圍城甚急舊法邊城被圍乘城者以日計功僚屬子弟皆登城冀賞公獨不從然時時騎繞城上示無所畏朝廷以言者謂賞濫報罷衆以是愧公

紹聖四年丁丑十五歲

元符元年戊寅十六歲

元符二年己卯十七歲

元符三年庚辰十八歲

徽宗建中靖國元年辛巳十九歲

丁母韓國夫人憂廬於錫山塋次三年哀感閭里

崇甯元年壬午二十歲

居憂

崇甯二年癸未二十一歲

居憂

崇甯三年甲申二十二歲

補國子監第一　夫人張氏來歸夫人番陽人故直龍圖閣贈左紫金光禄大夫根之女故資政殿大學士會稽郡公蕢公履之外孫後公十二年薨　案行狀末又云累封越國夫人追封魯國夫人

崇甯四年乙酉二十三歲

崇甯五年丙戌二十四歲

長子儀之生

大觀元年丁亥二十五歲
次子宗之生　以父衞公遇郊祀恩補假將仕郎　時附
試貢士復首送屬聞期親之喪友人貽書道路之傳不實
勉試春官以慰親望公不可
大觀二年戊子二十六歲
調將仕郎真州司法參軍
大觀三年己丑二十七歲
在真州任
大觀四年庚寅二十八歲
在真州任
政和元年辛卯二十九歲
李忠定公年譜　三
在真州任　三子集之生
政和二年壬辰三十歲
中進士乙科臚傳之日上顧問再三特旨升甲改合入官
授承務郎充相州州學教授以親庭遠易鎮江
政和三年癸巳三十一歲
在鎮江任
政和四年甲午三十二歲
召除行國子正　十二月對便殿除尚書考功員外郎
政和五年乙未三十三歲
謁告迎父衞公於霅川有旨除衞公提舉醴泉觀以便就
養　九月還闕道除監察御史兼權殿中侍御史　既入

臺嘗因職事進對衞公亦以是日朝見上顧公曰卿父子
同日造朝縉紳榮事　未幾以論內侍建節及宰相任用
堂後官從官入朝以笏擊其下凡三事忤權貴罷言職公在臺甫一月　十一月除尚書比部員外郎
政和六年丙申三十四歲
轉承事郎
政和七年丁酉三十五歲
差充禮部貢院參詳官
重和元年戊戌三十六歲
四月復召對　五月除太常寺少卿　八月除起居郎
十二月差兼國史編修官
李忠定公年譜　四
宣和元年己亥三十七歲
同知貢舉　六月京師大水公奏言災異不虛發必有感
召之因災害未易禦當有消復之策臣有急切利害事須
面奏乞許臣因侍立次直前奏事翊日宰執班退傳旨閤
門下令公先退更不侍立公因奏便宜六事且上章待罪
六事者一曰治其原相視陂塘疏導京索也二曰折其勢距城數里繚以長隄也三曰固河防相地形回清汴使與大河遠也四曰卹民隱宜賑濟蠲免也五曰省煩費營繕工役花石綱運皆宜罷也六曰廣儲蓄當廣行收糴以備災歉也　有旨所論不當送吏部與監當差遣繼以待罪章上
有旨更降一官與遠小處監當授承務郎監南劍州沙縣
稅務　先是父友了齋陳公瓘識公於幼時每謂人曰李
公有子了齋以天下之重自任欲求天下奇士付以此道

方是時人皆以公爲鳳鳴朝陽了齋聞之與衛公書曰積誨有自可以百拜爲壽　既來沙陽目所居曰寓軒（文集有寓軒記蓋在興國佛寺）時修撰維公疇方家居與了齋書道公從游之適了齋答曰吾儕老矣寓軒之人嘗發妙音於塋後舉世傾耳以需其再鼓今乃韜絃袖手以適吾儕羸歇之社若許其來而不拒則是私乎適已而以天下爲非己事也其爲一時名德推與愛重如此

宣和二年庚子三十八歲

六月復承事郎　十月復本等差遣　公謝復官表有云豈期謫宦之鄉忽拜復官之命省循既往銘刻何言又云念臣親年踰於七十喜懼之懷交深庭闈遠者三千甘旨

之奉久闕顧瞻日月无私之照獲申烏鳥欲養之心則臣失東隅而收桑榆捐軀未晩先朝露而填溝壑結艸爲期蓋公先有乞養之奏故下歲節歸省而五月遭丁大故得侍湯藥親含殮孝思爲无歉也

宣和三年辛丑三十九歲

轉宣教郎　告歸省親　時睦州清溪人（今淳安縣）方臘作亂陷睦歙杭等州縣朝廷以童貫討之公有與中書馮侍郎論破賊及募閩兵書（公論破賊之策在擇良帥遣重兵以臨要害之地　又謂要害之地兩浙在杭江東在宣杭得則跨浙東西皆有所恃可以進而取睦宣得則瀕江諸郡皆有所恃可以進而取歙歙睦復賊當退保巢穴然後兩路協力進討絶其本根此策之得者也　又云入巢穴冒險阻與賊爭利於崎嶇山谷之間恐非西北兵所便當起福建路兵及募福建槍杖手自衢入睦自信入歙以攻賊於巢穴則必勝矣閩人趫勁耐辛苦而習步戰履峻險如坦途尚氣而好鬬以誅賞激之用其所長必可以得其死力）　又有與梅和勝侍郎論破方臘書（大半與前書同而後一段云士大夫所養以氣爲主平時如虎猶恐臨事如鼠況復沁沁涀涀惟知柔佞以媒富貴餘何足觀和勝剛介自喜胸中之氣常勃勃然不知在掖垣瑣闥所論何事以平日料之必有可觀然方今居可言之地者論事當以天下大利害生民大休戚爲本至於掊擊一二士夫此未足道願公勉之）　五月父衛公感疾不起公哀慕不自勝八月合葬衛公於韓國夫人之塋

宣和四年壬寅四十歲

居憂

宣和五年癸卯四十一歲

居憂

宣和六年甲辰四十二歲

除知秀州　子秀之生

宣和六年乙巳四十三歲

三月除太常寺少卿　六月到闕　是冬金人敗盟邊報狎至朝廷震懾不復講戰守惟謀避狄之計先是詔求直言公上封事論禦戎急務當治其本原杜牧云上策莫如自治誠爲至言（治本原有五一正己以收人心二聽言以收士用三蓄財穀以足軍儲四審號令以尊國勢五施惠澤以弭民怨）　又陳捍敵十策（一擇良帥二據要地三募民兵四旁近州縣屯宿重兵五餉饋就中都應付勿使闕乏六並河州郡選守臣有風力可委任者七募文武小官有膽智辭辯者奉使兵間復約和好以緩師期八河北諸郡令堅壁清野使敵無所獲難以久九命並塞諸道控制要衝扼其歸路擾其餉道十宜令陝西河東諸路兼虞夏人擧而動）　金師日迫上決意東幸以皇太子爲開封牧　語所知給事中吳敏（字元中真州人）曰建牧之

議豈非欲委皇太子以留守之任乎今敵勢猖獗非傳太子以位不足招徠天下豪傑敏曰監國可乎公曰肅宗靈武之事不建號不足以復邦而建號之議不出於明皇後世惜之上聰明仁恕曷不爲上言之翊日敏入對具以公言白上上卽召公入議公刺臂血上疏曰皇太子監國禮之常也今大敵入攻安危存亡在呼吸間猶守常禮可乎名分不正而當大權稟命則不威專命則不孝何以號召天下若假皇太子以位號使爲陛下守宗社收將士心以死捍敵天下可保於是內禪之議遂決時十二月二十三日也　二十四日皇太子卽位（尊帝爲道君太上皇帝皇后爲太上皇后）詔有司討論所以崇奉太上者公在奉常條具以聞　二十

六日上實封言事大略謂方今中國勢弱君子道消法度紀綱蕩然无統陛下履位之初當上應天心下順人欲攘除外患誅鋤內奸以副太上付託之意又謂童貫王黼蔡攸朱勔李彦高俅罪實比於四凶誅宜行於兩觀陛下以久在太上左右之故未欲誅殛亦宜流竄遠方以正典刑　二十八日召對延和殿上迎謂公曰卿頃論水災疏朕在東宮見之至今猶能誦憶嘗爲賦詩有秋來一鳳向南飛之句公叙謝訖因奏曰金人閧內禪必請和厚有所邀求臣料之大概有五欲稱尊號一也如契丹故事當法以大事小之義不足惜欲得歸朝人二也當盡以與之以示大信欲增歲幣三也當告以舊約以燕山雲中歸中國故歲幣增於大遼者兩倍今旣背約自取之則歲幣宜減國家敦示和好不校貨財姑如原數可也欲求犒師之物四也當量力以與之欲求割地五也祖宗之地子孫當以死守不可以尺寸與人願陛下留神此數者執之堅毋爲浮議所搖可无後艱上嘉納　是日又上論禦寇用兵二十事劄子　二十九日除兵部侍郎（有辭免恩命奏狀）

欽宗靖康元年丙午四十四歲

正月三日差充行營參謀官（時以吳敏爲行營副使）　時斡離不兵渡河（宗斡離不通鑑輯覽作斡喇布蓋舊史臣譯之誤今循原文錄之而注明於此下同）太上東幸宰執請上出幸襄鄧以避敵鋒公曰太上挈宗社以授陛下委而去之可乎上嘿然太宰白時中曰京城不可守

公曰天下城池豈有如都城者且宗廟社稷百官萬民所在舍此欲何之今日之計當整飭軍馬固結人心相與堅守以待勤王之師上問誰可將者公曰白時中李邦彦雖不知兵藉其位號撫將士以抗敵鋒乃其職也時中忿然曰李綱莫能將兵出戰否公曰陛下不以臣庸懦倘使治兵願以死報乃以公爲尚書右丞面賜袍帶并笏公致謝且言方時艱難不敢辭免之意　宰執猶守避狄之議有旨以公爲東京留守公爲上力陳所以不可去且言明皇幸蜀宮廟朝廷毁於賊手范祖禹以爲其失在於不能堅守以待援師陛下奈何輕舉以蹈覆轍乎上意頗悟會內侍奏中官已行上色變倉卒降御榻曰朕不能留矣公泣

拜以死邀之上顧公曰朕今爲卿留治兵禦敵之事專責之卿勿致疏虞公惶恐受命　未幾復決意南狩公趨朝則禁衛擐甲乘輿已駕矣公急呼禁衛曰爾等願守宗社乎願從幸乎皆曰願死守公入見曰六軍父母妻子皆在都城願以死守萬一中道散歸陛下孰與爲衛且敵兵已迫知乘輿未遠以健馬疾追何以禦之上感悟遂輟行遣中使追還中宫公傳旨語左右曰敢復有言去者斬禁衛皆拜伏呼萬歲公復勸上御門樓以見將士上登宣德門宰執百官將士班樓前起居復降步輦勞問將士於是固守之議乃決　自車駕御樓之後方治都城四壁守具以百步法分兵備禦每壁用正兵萬二千人保甲居民廂軍之屬不與凡防守之具无不備又團結馬步軍四萬人爲前後左右中軍軍八千人以前軍居東水門外護延豐倉倉有粟豆四十萬石其後勤王之師集城外賴之以濟　以後軍居宋門外占樊家岡使賊騎不敢近　以左右中軍居城中備緩急　自五日至八日戰守之具粗畢而敵馬已抵城下據牟駝岡在開封府祥符縣西北宋時有天駟監爲養馬之所　是夕攻水西門案續通鑑作宣澤門今依行狀下有異同仿此以火船數十順汴流而下公臨城捍禦募敢死士二千人列布拐子弩城下火船至以長鉤摘就岸投石碎之斬獲百餘人至旦乃退　翊日敵攻酸棗封邱門公慮城上兵不足用乞禁衛班直善射者千人以從敵渡壕以雲梯攻城公命班直軍乘城射之應弦而倒公登城督戰激厲將士人皆賈勇近者以手砲檑木擊之遠者以神臂强弩射之又遠

李忠定公年譜　九

者以牀子弩座砲及之敵死甚衆又募壯士縋下城燒雲梯數十座斬酋首十餘級皆耳有金環是日敵攻陳橋封邱衛州等門而酸棗門尤急箭集城上如蝟士卒亦有中傷者皆厚賞之　上遣中使勞問御筆褒諭中有公忠略之志朕記於心及公悉心捍禦朕皆知之之語自卯至酉殺敵數千人敵知有備乃退師遣使請和抵城下已昏欲入城公傳令輒開門者斬竟俟明乃入此初十日也　上命李梲奉使梲時同知樞密院鄭望之高世則爲副赴軍前議和公奏曰虜氣方銳吾大兵未集固不可以不和然和而得策則中國安不然未也臣恐李梲等柔懦誤國事因具道所以不可割地及過許金幣之故上頗以爲然李梲至軍中果辱命北面再拜膝行而前恐怖失所敵人

李忠定公年譜　十

出事目一紙付梲等達朝廷唯唯不能措一辭　十一日梲至自軍前呈事目乃金五百萬兩銀五千萬兩絹一百萬匹緞一百萬匹馬駞之屬各以萬計尊其國主爲伯父凡燕雲之人在漢者悉歸之割太原中山河閒三鎮之地又以親王宰相爲質乃退師且述其語甚狂厲宰執恐欲盡與之公引前議力爭且曰三鎮國家屏蔽割之何以立國又保塞三祖翼順僖陵寢所在子孫奈何與人爲今日計莫若擇使與之往反熟議宿留數日大兵四集彼孤軍深入雖不得所欲亦將速歸此時與之和以重兵衛出之則不敢輕中國而和可久也宰執謂都城破在旦夕何有於三鎮金幣之數又不足校上感羣議爭論兩時無一人助

公言者自度不勝衆說再拜求去上慰諭曰卿第出治兵益固守城恐敵欵我此徐議可也不得已乃出復前進曰敵所須宰執一切許不過欲免一時之禍他日付之何人能爲陛下了此願後悔恐無及出至城北壁復回尚冀可力爭而誓書已行矣所求悉皆與之詔括金帛遣康王構少宰張邦昌爲質於金軍公無如何則爲留三鎮詔書戒中書吏輒發者斬庶幾俟四方勤王之師集以爲後圖後公罷乃遣宇文虛中齎送於敵又差滅禹秦檜爲割地使事在下月上旬　自十五日後四方勤王之師漸有至者乃於四壁置統制官招集之給芻糧授器甲踏塞地團隊伍皆行營司主之晝夜竭力無可休息　十七八日統制官馬忠以京西募兵至遇敵於鄭州南門外案續通鑑作順天門外今從行

狀乘勢擊之殺獲甚衆於是敵始收歛游騎不敢肆出西路稍通援兵得達　二十日种師道姚平仲以涇原秦鳳兵至公言敵貪婪无猒兇悖已甚勢非用師不可且彼以孤軍入重地猶虎豹投檻穽中當以計取之如周亞夫所以困七國者俟其食盡力疲然後以一檄取誓書復三鎮縱其北歸半渡而擊之此必勝之計也上以爲然約二月六日舉事姚平仲急於要功先期二月一日夜斫敵營欲生擒斡离不及取康王以歸夜半中使傳旨諭公曰姚平仲已舉事卿速援之公率諸將旦出封邱門與敵戰於幕天坡在祥符縣西以神臂弓射却之平仲竟以襲敵營不克懼誅亡去敵遣使責問宰執曰用兵乃李綱姚平仲非朝廷意也

戴氏埴鼠璞云孫覿論東誘衆爲亂黃潛善輩貢東極刑此二人固不足道張魏公亦奏胡珵筆削東書欲使布衣挾進退大臣之權幾至召亂將珵遺勒編置或謂魏公乃潛善客珵則李綱客也因借此去之魏公爲一代人物亦有此失所言六賊及薦李綱去潛善黃乃天下之公言珵東筆削之其心皆止於愛君乃不論所言之是非以章疏之士擬權爲罪贊論王諫何所逃罪使建炎果思公言必無渡淮航海之事然高宗特以靖康之鬨爲懼不欲伏闕却不以言罪人他日贈東官祭東墓廳其家而官其後以生前布衣爲身後法從於東亦無憾子深爲魏公惜之

遂罷公廢親征行營使以蔡懋代之是夕上親筆慰勞賚白金繒錢五百貫兩且令吳敏宣諭將復用之意公感泣方欲丐歸而初五日太學生陳東與諸生千餘人上書宣德門明公无罪書略言李綱奮勇不顧以身任天下之重所謂社稷之臣也李邦彥白時中張邦昌等庸謬不才忌嫉賢能動爲身謀不恤國計所謂社稷之賊也陛下拔綱中外相慶而邦彥等嫉如仇讐恐其成功因緣沮敗且邦彥等必欲割地曾不知無三關四鎮是弃河北也弃河北朝廷能復都大梁乎又不知邦彥等能保金人不復敗盟否也竊恐虜兵南向大梁不可都必將遷而之金陵則自江以北非朝廷有邦彥等不爲國家長久之計又欲沮李綱成謀罷命一傳兵民騷動至於流涕咸謂不日爲虜擒矣罷綱非特墮邦彥計中又墮虜計中也乞復用綱而斥邦彥等且以閫外付种師道宗社存亡在此一舉不可不謹　軍民不期而集者數十萬呼聲動地擊破登聞鼓及不得報則殺傷內侍二十餘人又欲毆宰執等上亟召公復爲尚書右丞充京城四壁守

禦使民乃定　敵既得割三鎮詔及親王爲質初十日退師　十三日公奏請如澶淵故事遣兵護送恐其無所忌憚肆行擄掠且戒諸將可擊則擊之乃以兵十萬分道並進諸將受命踴躍而行已追及於邢趙間遽得還師之命無不扼腕時澤州奏粘罕破忻代等州已次高平朝廷震懼宰執咎公遣兵追敵公曰斡离不之師既退自當遣兵護送粘罕之師雖來聞既和亦當自退決无它慮而宰執中有密啓上追還諸將之兵者故有是命後粘罕果退如公言　案粘罕續通鑑作粘沒喝通鑑輯覽作尼瑪哈蓋譯語无定今從行狀比公力爭復追而將士解體矣　十四日除知樞密院事封隴西郡開國伯食邑八百戶實食封一百戶公有辭免知樞密院劄子　上乞議不可割三鎮劄子　三月詔以道君太上皇帝回鑾議所以奉迎者以門下侍郎趙野爲奉迎使而太學生陳東上書乞誅六賊

謂蔡京蔡攸童貫朱勔高俅盧宗原也王黼李彥先誅故不及於是議遣聶昌案昌初名山故行狀作山今從續通鑑爲發運使密圖之案續通鑑作道路籍籍言童貫爲變朝議以聶昌爲發運使往圖之今依靖康傳信錄公啓上曰此數人罪固不可赦然聶昌
之行不可如此措置昔肅宗欲發李林甫墓李泌諫曰其
如明皇何肅宗抱泌頸泣曰思不及此使昌所圖成震驚
太上此憂在陛下所圖不成是數人者挾太上於東西求
斂南一道何以處之上感悟曰奈何公曰不若罷昌行請
於太上去此數人自可不勞而事定上然之童貫等果相
繼去　太上還次南都有批吳敏李綱令一人來莫喻其
意案史稱太上還次南都吳敏耿南仲朝夕撼於上前謂童貫等將邀太上復辟於鎮江或陳唐明皇與我斂南一道上憂且疑遣宋晙賚書至行宮具言思奉晨昏之意太上喜即還又批令吳敏李綱二人一人前來公奏
曰此无它欲知朝廷事耳吳敏不可去臣請行如蒙太上
賜對條陳圍城以來事宜以釋兩宮之疑上初不許力請
乃可即令賚御書達行宮十七日啓行二十日抵南都二
十二日引對具道皇帝聖孝思慕欲以天下養之意太上
泣數行下曰皇帝仁孝天下所知且獎諭曰都城守禦宗
社再安相公之力爲多公再拜謝訖因出劄子乞早回鑾
輿太上慰勞再三因詢虜騎攻圍都城守禦次第公以實
對太上復曰虜既退師方渡河何不邀擊公曰朝廷以肅
邸在軍中故不許太上曰爲宗社計豈論此語既浹因詢
問行宮止遞角等事公一一解釋因奏曰皇帝仁孝小心
每得御批詰問輒憂懼不進膳臣竊譬之家長出而强盜

李忠定公年譜　十三

至子弟之任事者不得不隨宜處置爲家長者正當以其
能保田園大計慰勞之不當問其細故陛下回鑾臣謂宜
有以大慰皇帝之心者其它細故一切勿問可也太上感
悟曰卿言極是朕只緣性快問後即便無事出玉帶金魚
袋象簡賜公且曰卿捍守宗社有大功若能調和父子間
使无疑沮當垂名青史二十五日還闕具道所以答問語
上嘉勞久之　二十七日議奉迎太上儀注耿南仲欲盡
屛左右車駕乃進公奏曰如此是示之以疑也爲患不細
天下之理誠與疑明與闇而已誠則明明則愈誠自誠明
推之可至於堯舜疑則闇闇則愈疑自疑闇推之其患有
不可勝言者耿南仲不以堯舜之道輔陛下其人闇而多
疑所言不必深采上笑之南仲忿甚既退再召對睿思殿
賜茶訖南仲忽奏曰臣適遇左司陳公輔於對班中此人
乃二月五日爲李綱結構士民伏闕者豈可處諫職乞送
御史臺根治上及宰相皆愕然公奏曰臣適與南仲辯論
於延和殿實爲國事非有私意南仲銜臣故有此奏臣不
敢復有所辯請得乞身待罪求去章凡十餘上上皆批答
封還不允　四月三日道君太上皇帝入國門公以守禦
職事迎拜於新東門太上於輦上顧揖翊日扈從朝於龍
德宮訖復上章懇求罷知樞密院事上降手詔數百言不
允又召至內殿面加慰諭不得已再拜受命就職　尋又
上乞罷劄子四五月守禦司補進武副尉二人以賚御前蠟書至太原賞之補訖奏知上批有大臣專

李忠定公年譜　十四

案宋史本傳云上手書裴度傳以賜張太史晉涵云公集謝表不言手書劄子下筠徑止云上今五筆錄裴度傳賜而已又公所進手劄集御筆止言論一首則此云手書誤今從御筆止云無不云手書

權淺不可長之語因乞罷　京師自金兵退後上下恬熙置邊事於不
問公獨以爲憂數上備邊禦敵之策輒爲南仲所沮公先陳守
禦二策又條上備禦八事一請於太原真定中山河間建藩鎮又滄州宜分濱棣德博建橫海一軍如諸鎮之制則
帝都有藩衛之固矣二謂宜倣照熙豐團結河北河東保甲可無養兵之費調發之勞三謂宜復祖宗監牧之制與
諸軍不至闕馬四謂修理河北塘濼五謂修理兩河州縣城池六謂優免兩河租賦七謂宜使沿邊諸郡儲蓄豐衍
八謂宜復陝西解鹽无費海之勞而邊費民食足　及姚古种師中敗种師道以
病乞歸乃以公爲河北河東宣撫使劉韐副之公力辭章十餘
上皆不允督令受命且錄裴度傳以賜臺諫謂公不可去朝廷上以其爲大
臣游說所之　或謂公此行非爲邊事緣此以去公則都人無辭耳不起　上怒且不測許翰復書杜郵二字遺公公
不得已受命　上錄賜裴度傳後公上劄子云諸葛出師表謂親賢臣遠小人此先漢所以興隆也親小人遠賢臣
此後漢所以傾頹也夫小人在朝蠹害本根浸長難去患有不可勝言者裴度相唐以東討必去奸邪之元稹用能

李忠定公年譜　十五

成功君子小人不兩立自昔已然今取裴度論元稹魏洪簡章疏節其要語輒塵天聽上優詔答之　將以
六月二十五日啓行而庶事未集宣撫使兵僅萬二千人請銀絹錢各百萬僅得
二十萬之類　乞展行期上批曰遷延不行豈非拒命公又上劄子曰陛下
前以臣爲專擅今以臣爲拒命方遣大帥解重圍而專擅拒命之人爲之可乎願併罷樞密之任上不允趣召
數四公入對上曰卿爲朕巡邊便可還朝公曰臣行無復
還理臣以愚直不容於朝使既行之後無有沮難則進而
死敵臣之願也萬一朝廷執議不堅臣自度不能有爲則
當求罷陛下宜察臣孤忠以全君臣之義上爲感動陛辭
又爲上道唐恪聶昌之奸任之必誤國言甚激切竟以二
十五日戒行前期賜宴紫宸殿臨行又賜御筵於瓊林苑
上論宣撫職事劄子略云今日之事莫大於防秋莫急於解太原之圍獻說者不過和戰

二策而已敵人留吾親王宰相爲質屯重兵於太原已半年矣使者匆午欲得三鎮之意愈堅和果可恃乎种師中
姚古以十萬之師相繼潰敗戰果可恃乎和不可恃則秋高馬肥賊騎侵軼必以臣今日出師爲致寇之端戰不可
恃則萬一將士或復有挫衄又必以臣爲輕舉誤國不知廟算所以授臣使防秋而解太原之圍者當決以何策而
可也　七月總師道出鞏洛望拜陵寢上乞深考祖宗之法
劄子以進君子退小人爲言　行次懷州有詔罷遣防秋兵公上言
秋高馬肥敵必深入宗社安危殆未可知防秋兵盡起尚
恐不足今河北河東日告危急未有一人一騎以副其求
奈何甫集之兵又皆散遣且以軍法勒諸路起兵而以寸
紙罷之恐後時有所號召無復應者矣疏上不報趣赴太
原　時諸將皆承受御畫事皆專達進退自如宣撫司徒
有節制之名多不遵命公嘗具疏論之而承受專達自若

李忠定公年譜　十六

至是又詔宣撫司不得輕易進兵而和議之使紛然道路
公遂上乞罷宣撫司劄子　八月以种師道爲兩河宣撫
使召公還　九月還次封邱除觀文殿大學士言者又論
公專主戰議喪師費財罷知揚州公具奏辭免　尋又有論公
十罪者落職提舉杭州洞霄宮舍人劉珏當制謂公勇於報國侍郎馮澥斥爲公游
說坐貶提舉亳州明道宮　案行狀謂公提舉亳州明道宮是誤劉於公也今據公所撰建炎進退志敘　十
月責授保靜軍節度副使建昌軍安置再謫寧江以公上疏辨論
退有後言爲惑衆聽　案寧江乃今四川夔州府宋時爲寧江軍

靖康二年丁未四十五歲

赴謫所假道長沙適寇據荊南道梗莫進留長沙　二月
作靖康傳信錄案本書二月二十五日作於長沙漕廳翠靄堂　四月復舊官除

吕本中大事記曰李公者天所生以弭宣和靖康之禍而開建炎紹興之業也當上即位之初誤國之臣不可用僞命之臣不可用張趙之德望未孚天下人望所歸者李公一人而已上不內用汪黃而自外召公則高宗之志主于恢復可見矣觀上未即位時與公書云王室多故乘輿蒙塵方今生民之命急于倒垂諒非有不世之才何以成協濟之功則高宗屬意于公久矣

遺爲汪黃所擠纔七十五日而去位豈天意果願恢復耶

李心傳繫年要錄云汪黃自謂有攀附之勞慮相位以自擬上聞其不厭人望乃外用綱二人不平由此與綱忤案此特一端耳汪黃一主議和一意南渡忠定與同事如何得協耶忠佞邪正不兩立也

陛下與宰相宜得大過人之材相與圖治以扶中興臣材薄不足仰副知遇因出劄子懇辭新命上慰諭久之公又具道顏岐封示章疏之事且言岐之論臣不足以任宰相則可謂爲金人所惡不當爲相則不可且爲趙氏臣而金人喜之反可爲相則自古賣國與人者皆忠臣矣陛下於金人所喜所惡之間更望審處上笑曰岐嘗有此言朕告之如朕之立恐亦非金人所喜岐語塞而退朕知卿忠義智略甚久在靖康時嘗欲言於淵聖使遠人畏服四方安甯非相卿不可今朕此志已定卿其勿辭尋詔幹辦御藥院邵成章宣押赴都堂視事時日已夕上命黃潛善等留省中俟之公復固辭猶未受命也案此段奏對語參用繫年要錄

李忠定公年譜　六

六月二日庚申有旨立新班奏事公感泣再曰昔唐明皇欲相姚崇崇以十事要說類多施行臣嘗慕其爲人今亦敢以十事仰干天聽願賜施行乃敢受命設有未合願賜折難臣得盡其說上可之公出劄子奏陳一曰議國是大略謂今日之事欲戰則不足欲和則不可竊恐國論猶以和議爲然蓋以二聖播遷非和則速二聖之禍臣謂不然項羽獲漢太公高祖不顧其戰彌厲羽卒不敢害而還太公然則高祖亟戰乃所以還太公之術也昔金人與契丹二十餘戰戰必割地厚賂以講和既和則又求釁以戰卒滅契丹今又以和惑中國至於破都城隳宗社易姓改號而朝廷猶以和議爲然是將以天下畀敵而後已爲今之計莫

資政殿大學士領開封府事此召命上年閏十一月所降蓋都城圍急時也至是始聞命

時敵再犯闕都城圍閉道路阻絕公聞命即率湖南勤王之師入援以四月初啓行五月次繁昌聞都城破二聖播遷號慟幾絕次太平州睹新皇登極詔赦書改元建炎悲喜交集　行次江甯定叛卒周德之亂案李心傳繫年要錄宇文粹中知江甯驕倨殘酷軍校周德因之作亂囚粹中害官屬焚舟船掠財物嬰城自守公私爲一空公至平之

建炎元年丁未四十五歲案此丁未一年五月以前爲靖康二年五月以後爲建炎元年

五月在江甯奉表詣行在賀登極且辭領開封府事之命

又上書論時事大略謂金陵形勢之地新罹兵火宜擇帥以鎮撫之　又上皇帝封事大略謂自古處夷狄之患不過三策吾城池堅而人心固則可守吾士卒勇而形勢利則可戰吾詞理直而威力強則可和能守而後可戰能戰而後可和三者雖殊其致一也　又曰興衰撥亂之主非英哲不足以當之英故剛足以斷大事而不爲小故所搖哲故明足以任君子而不爲小人所間願以漢之高光唐之太宗國朝之藝祖太宗爲法

李忠定公年譜　七

次寶應除正議大夫尚書右僕射兼中書侍郎隴西郡開國侯加食邑七百戶實食封三百戶公奉表劄以辭恩命　次虹縣有旨趣召蓋行在前此不知公由江淮以來也　次穀熟御史中丞顏岐遣人投文字乃論公不當爲相疏前後凡五上未降出故封示公欲公留外不進也論章謂張邦昌金人所喜雖爲三公郡王宜更加同平章事以重其禮李綱爲金人所惡雖已命相及其未到罷之乃知命相出於上意外廷沮之者無不至益感懼　上聞公且至命徽猷閣學士提舉萬壽觀兼侍讀董耘往勞又命執政燕公於金果園趣召入見六月己未朔進對於內殿公涕泣上亦感動公具言內修政事外攘夷狄以還二聖以撫萬方皆責在

朱子曰南渡建國時全無紀綱自李忠定入來整頓一番方略成朝廷模樣如僭竊及受僞命之臣方行誅竄死節之臣方行褒卹然公亦以此去位矣

若一罷和議專務自守建藩鎮於要害之地置帥府於兩河及江淮之南修城壁治器械教水軍習車戰三數年間俟吾政事修士氣振然後議大舉（六月丁卯下詔守兩河己卯置帥府要郡及水軍丙戌教車戰招軍買馬乙亥遣傅雱奉表兩宮）二曰議巡幸大略謂天下形勢關中爲上襄鄧次之建康又次之今四方多故除兩京外宜以長安爲西都襄陽爲南都建康爲東都各命守臣豫備巡幸三都成而天下之勢安矣夫汴梁宗廟社稷之所在天下之根本陛下即位之始豈可不一見宗廟以安都人之心也（六月壬戌施行）三曰議赦令大略謂惡逆不當赦選人不當盡循資罪廢之人不當盡復今登寶位赦書一切比附張邦昌僞赦謂非是宜改正以法祖宗（六月壬戌施行）四曰議僭逆大略謂張邦昌久預機政擢冠宰司國破而資之以爲利君辱而攘之以爲榮易姓建邦四十餘日逮金人之既退方降赦以收恩考其四日之手書猶援周朝之故事今方冒處王爵極其褒崇秋高馬肥敵騎猖獗陛下將何以制之願肆諸市朝以爲亂臣賊子之戒（六月癸亥施行）五曰議僞命大略謂受僞官污僞命者宜依唐肅宗平賊後以六等定罪近年以來士知利而不知義平居無事惟以保家謀身爲得策一經變故坐視君父如行路之人自非一振國威大變其風天下未易理也（六月癸亥七月辛丑施行）六曰議戰大略謂軍政久廢宜一新紀綱信賞必罰（六月乙亥施行）七曰議守大略謂宜於沿河及江淮措置控禦以扼敵衝（六月己卯施行）八曰

議本政大略謂朝廷天下之本也政事法度於是乎出故中書進擬門下審駁尚書奉行奄宦恩倖女謁不得干預李德裕初相武宗即上言曰宰相非其人當亟廢罷至天下之政則不可不歸中書武宗聽之故能削平僭僞號爲中興九曰議責成大略謂靖康間進退大臣太速宜擇人而久任之以要成功十曰議修德大略謂初膺天命宜益修孝悌恭儉之德以副天下之望奏上上與黃潛善等謀之翊日出其章付中書惟僭逆僞命二章不下（繫年要錄云公建炎進退志載上語有云執政中有與卿論不同者俟欵曲商量蓋指潛善等也）六月四日壬戌公同執政進呈議國是劄子上曰今日之事正當如此可付中書省遵守次進呈議巡幸劄子上命促留守司修治京城祇備車駕還闕欵謁宗廟詔永興軍襄陽江甯府增葺城池重修宫室官府以備巡幸次進呈議赦令劄子僉謂藝祖登極之初嘗赦惡逆今已行難追改乃命選人惟在職者循資左降官等第敘復執政退公留身奏僭逆僞命二事皆今日政刑之大者乞賜施行上曰執政中有與卿論不同者少遲議之公曰執政中論不同臣請與之廷辨上乃遣小黃門召黃潛善呂好問汪伯彥再對上語之故潛善猶力主之公詰難再三乃言在遠不若在近好問亦曰唐德宗幸奉天不挾朱泚行後以爲悔公曰邦昌僭逆明白當正典刑何遠近之有借使在近當幽縶而反尊崇之如此何也此豈可留在朝廷使道路指目曰此亦一

案呂本中雜記謂前日諸臣在圍城中力攻李綱者至是李綱復以圍城中事中傷之凡有怨者次第定罪由是觀之耿南仲李綱更相加誣于國事所皆甚大皆不能無罪也而李心傳繫年要錄斥之云李綱斥逐僞黨乃國法所當然本中以綱與其及異論而排之今不取

天子哉因泣拜曰臣不可與邦昌同列正當以笏擊之陛下欲用邦昌第罷臣無不[illegible]彥曰李綱氣直臣等不及上曰卿欲如何措置公曰邦昌罪當誅夷陛下以其嘗自歸貸其死而遠竄之受僞命者等第謫降可也上乃出公奏　翊日又得旨受僞命者皆散官安置案是日奉御筆邦昌僭逆理合誅夷原其初心出於迫脅可特與免貸潭州安置于是竄王時雍于高州吳幵永州莫儔全州而李擢孫覿王紹顏博文馮澥李回等落職奉祠　是日六月五日癸亥執政退公留身奏事上曰卿昨日內殿爭邦昌事內侍皆涕泣卿今可受命矣公言自古創業中興之主如漢高光唐太宗皆有英明之資寬誠之德仁厚而有容果斷而不惑故能戡定禍難身致太平因請以所編三君行事綱要錄以進上可之　公又言靖康間雖號開言路然議論鯁峭者皆遠貶其實塞之也上以爲然詔靖康間敢言之士或致竄逐者宜悉召還　公又言今日急務在通下情宜置院以達四方章奏詔置檢鼓院于行宮便門之外　公又請置看詳官二員臣民封事條擬可行者將上取旨從之　公又言崇觀以來朝廷不尚名節故士大夫寡廉鮮耻不知君臣之義靖康之禍兩宮播遷如路人然罕有杖節死義者在內惟李若水在外惟霍安國死節顯著餘未有聞願詔諸路詢訪優加贈卹從之除若水先褒贈外自安國及劉韐等次第褒錄　六月六日甲子有旨兼充御營使以覃恩轉正奉大夫加食邑實封　上乞於河北路置招撫司河東路置經制司劄子其略曰今國

李忠定公年譜　廿一

呂本中大事記曰嗚呼建炎之初肩背初失之時也河北惟失真定等四郡河東惟失太原等六郡其他固存也天下之勢不進則退進則當主李綱經理兩河之議宗澤留守之計則不惟故疆可全而讎耻亦可復也退則不惟河北河東不可保而河南亦不保不惟淮甸不可保退而渡江退而航海矣

愚按人有此言公所薦非任者故從建炎進退志繫年要錄略詳張傳行事以見公用人不苟也

勢不逮靖康甚非有規模而知先後之序不能以成功夫外禦强敵內銷盜賊修軍政變士風裕邦財寬民力改弊法省冗官自治既周然後問罪金人迎還二聖此所謂規模也至於所當急而先者則在於料理河北河東蓋兩路國之屏蔽謂宜於河北置招撫司河東置經制司擇有材略者爲之使宣諭天子恩德所以不忍棄兩河於敵國之意有能全一州復一郡者以爲節度防禦團練使即唐方鎮之制使自爲守非惟絕其從敵之心又可資其禦敵之力使朝廷無北顧之憂最今日之急務也上曰誰可任此者公請詢訪其人以奏上許之既而公薦張所傅亮六月二十九日丁亥上以責授鳳州團練副使張所借通直郎直龍圖閣充河北西路招撫使七月己丑朔以溫州觀察使樞密院都承旨王𤩽爲河東經制使通直郎直秘閣傅亮爲副使所山東人先爲監察御史五月二十七日丙辰按視陵寢還上疏言行在留南京失計兩河天下之根本不可失若棄京師而不居則兩河之民無所係望陛下事去矣今急還京城有五利奉宗廟保陵寢一也慰安人心二也繫四海之望三也釋河北割地之疑四也早有定處壹意于邊防五也一擧五利而陛下不爲不知誰爲此謀者臣知其必無長策不過緩急之際意在南渡殊不知國家安危在兵之强弱將相之賢不肖不在都之遷與不遷誠使兵弱而將相不肖雖云渡江而南安能自保徒使人心先離中原先亂耳大河不足恃則大江不足恃亦明矣誠使兵强而將相賢正須坐撫中原以制强敵尚何遷都之有詩又條上兩河利害上欲以其事付所會所復言黃潛善兄弟奸邪恐害新政潛善引去上諭旨留之乃罷所言職潛善意未已責爲鳳州團練副使江州安置　亮陝西房州文學大年六月以所募兵數千人入援道陳蔡間羣盜紛然皆爲亮所破因以便宜假亮通直郎爲統制官率之以行亮自朱仙鎭直抵青城左副元帥宗維後軍大驚狼狽而去邦昌遣使召亮亮曰二聖北

李忠定公年譜　廿二

案此後日言者攄爲罪戾張本故詳載之使天下後世知眞是非也

何氏俌龜鑑曰自綱之入爲右僕射也以英哲全德勉人主以内修外攘爲己任和守之議決而國是明僭逆之罪正而士氣作幸都之謀定而人心安他如修軍政變士風定經制改弊法置檢鼓院以通下情置賞功司以伸國法減上供之弊以寬州縣修茶鹽之法以通商賈劄東南官田而募民給佃倣保甲弓箭手而官爲教閱招兵買馬分布要害遣張所招撫河北王瓊經制河東宗澤留守京城西顧關陝南葺樊鄧凡將益攄形便以爲必守中原之計此朱文公所以謂李綱入來方成朝廷也

狩大元帥康王未還城中遣使爲誰欲斬之僞使遁歸是
年五月五日甲午除直秘閣通判滑州亮爲人勁直議論
不能屈折執政不喜之滑兩經殘破無城壁會趙子崧薦
其才得召見亮上疏自陳曰陛下能歸東都則臣能守滑
陛下未歸則臣亦不能守也執政責其語悖傲不遜降通
判河陽公後見之與語謂可爲大將卽奏用之上猶以亮
前疏爲言公曰亮所言但欲激陛下歸京師耳況言勁氣
直關陝人氣習之常不足深責上乃召見而遣之所亮
之措置兩河也公白上賜所内府錢百萬緡爲半年之費
給空名告千餘道又以京畿卒三千人爲衞將佐官爵許
自辟置一切以便宜從事所入見條上利害上喜賜五品
服遣行亮入辭亦賜五品服且予兵萬人及蜀綱之在陝
西者亮請置司陝府許之亮又言今經制司所得兵才萬
人皆盜賊及潰散之兵未經訓練難以取勝陝西正兵及
弓箭手皆精鋭舊以童貫賞罰不當隱於民間每應點集
者皆其家人也今厚資給以募之并將家子弟不旬日可
得二萬人與正兵相表裏其勝可必度州縣可復卽復之
公以爲然遂命亮募兵令陝西京西漕臣悉力應付所
亮既行兩河響應而門
下侍郎黃潛善深嫉之　時開封闕尹公言綏復舊邦非
宗澤不可上以爲東京留守初澤至南都公與相見語國事慷慨流涕公契之故薦澤

上日澤在磁每下令一聽于崔府君公曰古人亦有用權
術假于神以行其令者如田單火牛之類是也京師根本
之地新經擾攘人心未固不得人以
撫之非獨外憂且有内患上乃許之　是月十三日皇子
生大赦公言宜加恩兩河及勤王之師廣示德意上從之
公又薦許翰字崧老襄邑人外柔内剛謀議明決宜參決大政
上以爲尚書右丞　又上三劄子一募兵二買馬三募民
出財以助兵費　又上乞於沿河沿江淮置帥府要郡次
要郡劄子上從其請凡十有九府要郡三十九次要郡三十八帥府兼都總管守臣兼鈐轄都監此寓方
鎮之法許辟置僚屬將佐以治兵　又上乞修軍政劄子立軍法五人爲伍伍長以牌書
同伍四人姓名二十五人爲甲甲長以牌書伍長五人姓名百人爲隊隊長以牌書甲長四人姓名五百人爲部部
長以牌書隊將正副十人姓名二千五百人爲軍統制官以牌書部長正副十人姓名招置新軍及御營司兵以此
法團結又詔諸路並依此法有所呼召使令按牌以遣　又上宜詔諸路州縣以漸

修葺城池繕治器械劄子　又上乞教車戰劄子公言步不勝騎
騎不勝車請以車戰之制頒京東西路使教習之車製
兩竿雙輪上設皮籬以捍矢石下施鐵裙以衞人足旁施
鐵索可聯爲營四人推竿以運車一人登車以發矢二十
人執牌弩槍刀列兩旁每車用二十五人行則爲行陣止
則爲營壘平原可以馳逐險阻可以控扼士卒有所依而
鐵騎不得奔衝　李心傳繫年要錄云此車制每四軍萬
人爲車三百二十乘止有射士三百二十人恐太少當考
閔案宗忠簡尹開封亦造戰車千二萬乘每乘用五十
有五人運車者十有一人執器械輔車者四十有四人回
旋曲折可以應用此與忠定之法微不同記之以備參考
又上乞造戰船募水軍劄子議製造戰船招募水軍帥府置水軍二軍要郡一軍
立軍號曰樓船軍淩波軍　自六月初至是六月十九二十措置邊防軍政之
類始漸就緒是時六月十九丁丑遣使赴金或爲祈請或爲通問
使皆未行公言堯舜之道孝弟而已矣今日正當枕戈嘗
膽内修外攘使刑政修而中國強則二聖不俟迎請而自

歸不然雖冠蓋相望卑詞厚幣亦無益也今所遣使但當
奉表通問致思慕之忱可也上從之　又上議巡幸劄子
七月十一日乙丑上手詔京師不可往當巡幸東南爲避敵之計來春還闕云云時汪黃皆欲上幸東南公獨抗議
其一劄云天下形勢關中爲上襄鄧次之建康爲下縱未
能行上策猶當且適襄鄧示不忘故都以繫天下之心不
然中原非復我有車駕還闕無期矣況欲迎歸二聖哉南
陽光武所興西鄰關陝可以召兵北近京畿可以遣援南
通巴蜀可取貨材東達江淮可運穀粟有高山峻嶺可以
控扼有廣土寬城可屯重兵民風號爲樸古盜賊未嘗侵
犯此天設以待陛下巡幸事機不可失也暫議駐蹕乃還
汴都策無出于此者上許之以范致虛知鄧州預備巡幸

其二劄云勝天下者以勢而據地利毋先退者勢也蓋天下者以氣而盡人事毋先屈者氣也漢高祖與項羽戰滎陽成皋間相持累年高祖雖累敗不退尺寸之地既割鴻溝羽引而東遂有垓下之亡曹操與袁紹戰于官渡操雖兵弱糧乏終不解去既焚紹輜重紹引而歸遂喪河北由此觀之與勁敵爭勝負豈可不據勢厲氣而先自退屈哉　又上乞減上供數留州縣養兵劄子畧曰今日國勢人心比靖康之初又不相侔自非無名之斂一切罷去與民更始則失業不聊生之民皆將聚而爲盜賊而天下之勢離矣宜於原額以十分之三留本路養兵及官吏祿廩愛納常賦依法加耗外不得輒取犯者眞法夫民猶魚也

財猶水也魚恃水以生民恃財以養水日汲而涸則魚亡財日取而匱則民散故善養魚者畜之陂池深渺之間善養民者臨以寬大簡易之政　又上乞修茶鹽之法以三分之一與州縣劄子大略謂近來茶鹽之利悉歸御府爲玩好宴游錫予之物今州縣匱乏兵草未息官吏廩祿裁減亦微宜損益其法以三分之一與州縣既足紓州縣又足給朝廷之用內外相權天下之政事可舉矣夫王室根本也州縣枝葉也王室腹心也州縣四支也橋澤肥瘠通爲一體州縣不足重困吾民此法不可不變通也　又上乞剗刷官田倣弓箭手之法給地養兵劄子略曰今東南官田最多如所謂戶絕田逃亡田天荒田屯田之類皆是莫若一切令剗刷用弓箭刀弩手之法參酌中制募民爲義勇軍給地與之州縣籍其名數依新軍團結以時教閱則數十萬之眾可以不勞而具　又上乞籍陝西保甲京東弓箭社免支移折變團結教閱劄子　又上論君子小人劄子其略曰范祖禹有言避

案此一段言語將汪黃以詐實似道一切羣奸燭照毛髮

呂本中大事記曰始也獨相綱已爲汪黃所不悅繼且與潛善同相則必爲潛善所排綱于此時懲宣和大臣不和之咎且欲與潛善共事豈知君子小人決無共事之理高宗猶冀其同心只合同協相濟耳

害就利者小人之常也利于已而不利于人則爲之害于國而不害于家則爲之自以爲得計矣然而害於國則亦害於家不利于人則亦不利于已是以自古小人之必至家國俱亡而後已爲人主者曷嘗不欲用君子退小人哉卒之君子多不能安於朝廷小人嘗得志者君子行道直不阿諛以取容信道篤不過防以遠害去就輕不爲爵祿所累好惡正不爲奸邪所喜自非人主明足以察誠足以任君子雖欲有爲於當世不可得也　時都統制王淵討江淮羣盜祝靖之徒皆招安赴行在公言今日正當因其力而用之如銅馬綠林黃巾之比然不移其部曲則易叛而徙之則致疑宜以術制之使由而不知乃命御營司分

揀凡潰兵願歸營與良農願歸業者皆聽所發至數萬其宅以新法團結分隸諸將由是無叛去者獨李昱杜用丁順等不可招安公以爲專事招安則彼無所憚勢難遽平乃白遣王淵等分討之　八月五日除銀青光祿大夫尚書左僕射兼門下侍郎與黃潛善並相　公有乞罷尚書左僕射劄子不允續又有乞罷三表初劄云使中國之威立則二聖之還可期　表有云譬呼醫而吐藥石敢言瞑眩之期猶敦匠而止斧斤難任斲削之巧與徒尸素曷若退休　第二表云惟天下危而注意將則四面立而國勢安　第三表云顧難得者可乘之機會而所惜者已定之規模豈惟係宗社之安危蓋亦本生靈之休戚如臣用舍曷足少多雖一夫無不獲自盡之功而大臣有不可則止之戒末云犬馬之戀無窮徒深跼蹐天地之恩難報終誓糜捐　公嘗侍上論及靖康時事上曰淵聖勤於政事省覽章奏終夜不寐卒至播遷何也對曰人主之職在

案史云傅亮於建炎二年春金人破永興時爲經制副使以精銳數百奪門出降果爾大爲忠定知人之累然攷史及行狀皆于元年八月云黃潛善以亮軍逗留罷去行狀又云亮以母病歸然則亮於二年無從經制副使事安有出降事也

案魏公此疏可謂有是非之心乎今詳載之千載下謂魏公何如也

知人進君子退小人則大功可成否則衡石程書無益也
因勉上以明恕盡人言恭儉足國用英果斷大事上皆嘉
納公論諫切直上初無不容至是惑於黃潛善汪伯彥之
言常留中不報　八月十八日乙亥罷相除觀文殿大學
士提舉杭州洞霄宮任便居住時傅亮軍行十餘日黃潛
善以爲逗留欲罷之公爲之請不能得因乞去公退而亮
竟罷乃再求去上曰卿所争細事胡乃爾公言方今人材
將帥爲急恐非細事臣昨議巡幸與潛善伯彥異宜爲所
疾顧一去中原後患有不可勝言者願以宗社爲心生民
爲意二聖未還爲念勿以臣去而改其議臣雖去左右不
敢一日忘陛下泣辭而退或曰公決於進退得矣如譏者

李忠定公年譜　三十七

何公曰吾知盡事君之道不可則全進退之節禍患非所
恤也會侍御史張浚劾公以私意殺侍從宋齊愈右諫議大夫宋齊愈當邦昌僭逆時實書其姓名以示衆先爲李擢所劾上命侍御史王賓根勘齊愈引伏黃潛善頗營救之上曰使邦昌之事成置朕何地齊愈探金人之情親書姓名謀立異姓以危宗社造端在先其罪非受僞命臣僚之比可特不原赦七月十五日癸卯腰斬於都市或曰齊愈附汪黃論公不已公以危法中之　且論其招軍
買馬之罪潛善伯彥等復加力排遂罷公爲觀文殿大學
士提舉杭州洞霄宮公以六月己未朔入朝八月十六日癸酉免去在相位凡七十五日　浚
論公不已乃落職浚疏略曰綱杜塞言路獨擅朝政所陳敷奏之語無非殺戮之事蓋欲陰爲慘毒外弄威權當時臺諫如顏岐孫覿李擢李會范宗尹重者陷之以罪輕則置之閒散若非察見之早而養成其惡則宗廟之寄幾敗于國賊之手可不爲之寒心邪向使綱之輔相止于任職不堪當此危難尚應借綱行法以示懲戒矧其得罪于宗廟百姓與夫不道之蹟顯著如此願早賜竄殛以厭士論章凡再上　公罷後張

案張所議授岳飛則公之薦所良不謬矣

案當日誣罔公者甚多不勝辨亦不必辨也惟張魏公頗有時望故詳載之略爲辨析

案遷都金陵作爲公之首議誣罔至此公言買馬非括馬也公言團結訓練非徒招兵而已也公言勸納

所以罪去先是權北京留守張益謙附黃潛善意奏所騷擾又言自置招撫司盜賊愈熾不若罷之專以其事付帥司公言所留京師招集將佐故尚未行不知益謙何以知其騷擾朝廷以河北民無所歸聚而爲盜故置司招撫因其力而用之豈由置司乃有盜賊今京東西羣盜公行攻掠郡縣亦豈招撫司過邪方時危難朝廷欲有所經略益謙小臣乃敢非理阻抑此必有使之者上乃令益謙分析　所方招徠豪傑以忠翊郎王彥爲都統制效用人岳飛爲準備將彥河內人豪縱不事生產明韜畧習騎射所奇其才故擢爲都統制飛安陽人嘗爲人庸耕去爲市游徼使酒不檢上之在相州也飛以效用從軍至北京論事罪廢因投招撫使所一見與言異之升充至統制
傅亮以母病歸此據公行狀而招撫經制司皆廢車駕遂東幸
兩河郡縣皆陷于賊以次年春擾京東西關輔殘破尤甚
凡募兵買馬團結訓練車戰水軍之類一切皆罷中原盜
賊蜂起跨州連邑朝廷不能制卒如公所料也　二十五
日辛巳太學生陳東上書留公而罷黃潛善汪伯彥且請

李忠定公年譜　三十八

上還汴治兵親征迎還二帝其言切直章凡三上汪黃等
憾之二十六日壬午東棄市東未識公特以國故至爲之
死行路之人有爲之哭者上甚悔之東死年四十二　九
月行抵鎮江府聞辛道宗兵變于秀州宿留不行者半月
又聞其掠毘陵焚丹陽遂以客舟由外江以歸梁溪言者
謂公遣弟綸與賊通傾家貲以犒賊爲緋巾數十頂與之
朝廷不究其實遂責鄂州居住言者不一他不足論張浚可恨也今略節浚疏于此十一月二日戊子浚言綱邪險不正崇設浮言足以鼓動流俗非竄之遐之上無以謝宗廟下無以謝生民次無以嚴君臣之分而國是紛紛陛下黜陟之典終不能明于天下況誣罔不根事有可恨者惟綱不學無術始肆疆忿首議遷都于金陵陛下固嘗寢其請矣而乃狠戾輕狂施設大謬故爲反覆以惑衆心如前所謂括馬招兵勸納民財之政此最大者三者果如其言民必大怨國本先困矣逮其易詔令以庇翁彥國之親黨捐金帛以資張所傅亮之

民財事非得已亦非橫斂苛派也三者困國本日後罷之矣何以反致南渡航海也經制使翁彥國暴賦橫斂兩浙轉運判官吳昉助之爲虐上批彥國昉並落職予祠命未下而江寧奏彥國卒上以彥國已亡因貼改所書旨而獨罷昉此魏公指爲易詔令以庇親黨者也彥國爲公第維妻父

通鑑輯覽云李綱既罷未聞金人因而罷兵則罷綱謝金之說謬妄已可概見況前此兩歧論奏高宗直斥其非乃遂從潛善之議何自相矛盾耶謹案汪黃不久即罷而公於十一月放還明年即復官則赦令云云不關事實矣

案公此書言靖康前後事勢洞若觀火使公執政在靖康必無北狩之辱在建炎紹興必無南渡航海之患今故詳錄之備知人論世者攷焉

安費奸迹謬狀不逃聖鑒臣嘗歷考綱之所爲當靖康初力請淵聖皇帝留京師雖無制敵之策遠慮之明亦可爲奮身以徇國矣而乃小器易盈不知涵養貪名自用競氣好私忠義日虧浸失所守謂蔡京之罪可略蔡攸之才可用交通私書深計密約凡蔡氏之門人雖敗事誤政力加薦引綱之負宗廟與夫存心險惡抑亦有素若不早加竄殛臣恐非所以靖天下 中書舍人汪藻草制曰朋奸罔上有虞必去于驩兜欺世盜名孔子首誅于正卯當時無是非至如此

建炎二年戊申四十六歲

十月有旨謫降官不許同住一州移公澧州時責授析州團練副使范宗尹在鄂州 是月作建炎進退志 十一月責授單州團練副使萬安軍安置謫者謂公賓士人上書詆訐朝政以圖復用故有是貶 案繫年要錄云至是有上書訟公之冤者御史中丞王綯因劾公經年不赴貶所又論公靖康中要功刼寨結眾伏闕覆師太原凡三大罪請投之嶺海疏上遂有是命案此與行狀不同今兩載備考 又案今瓊州府萬州宋爲萬安軍也

建炎三年己酉四十七歲

二月上至杭州十六日乙丑大赦惟李綱不赦用黃潛善計罪公以謝金也案胡安國論曰元惡大憝皆得洗滌而李綱獨不與此雖假借朝廷詔令行之安能掩天下之公論乎 四月行次桂林答吳元中名敏書云承錄示靖康舊語讀之感慨其秋出師固知墮唐恪計中亦嘗面道其詳初某既有總師指揮旋命劉韐爲副後乃知恪所薦也解潛與韐會議于隆德韐志甚銳及潛出兵韐得恪書緩師遂中變失期會而潛有南北關之潰又諸將各受御前處分節制不歸一太原之圍必無可解之理願丐罷去遂得請夫恪之意不過欲作相耳而妨功害國如此范祖禹謂用小人者必至家國俱亡而後已信哉又云或者以靖康之末失守而以靖康之初堅守爲非可謂不知變矣賊初犯闕時失於隄防使渡河而至城下其所以急欲去者初不爲久留計及再舉南牧則有必取之心此不同者一也賊初抵城下不數日間援師已集中外音問絡繹不絕及再至則虜抵城下圍城之中始以蠟書起兵中外阻隔不通此不同者二也淵聖登極初士氣人心賈勇百倍其後稍稍解體此不同者三也其他細故不可勝言故在靖康之初有備則當守靖康之末無備則當避豈可膠柱而鼓瑟耶 又一書云睹三月六日內禪詔旨王室變故至此痛憤何言案此指苗傅劉正彥之變自古不能自强專以退避爲事威靈盡去必有此變曩議巡幸亦嘗陳此蓋以理料之耳又云宣和王蔡童梁所以謀身者至矣然卒不免靖康間唐聶之徒所以謀身者亦至矣然又不免至汪黃則又巧于數子然又有今日之事案汪黃是年二月以罪免吾二人者以其拙故反得視聽食息于其閒此豈可人力至耶 五月行次鬱林作易傳內篇 八月行次雷陽作易傳外篇 冬十月杪行次瓊州有旨十一月二日丁未放還任便居住 又聞詔贈陳東官是年二月詔贈東承事郎與一子恩澤賜緡錢五十萬詔又云官有服一人令所居州縣存卹其家感泣作詩詩有云忠血他年應化碧英魂今日已生光又云幽冥我已慚良友忠憤君應念本朝

建炎四年庚戌四十八歲

自嶺表訪家鄱陽未幾挈家還邵武 二月易傳外篇成

三月易傳內篇成　三月二十五日乙丑復銀青光祿大夫

紹興元年辛亥四十九歲

居長樂　三月提舉杭州洞霄宮　時有與周元中一書自述蹤跡甚備今節于此僕前年春間有萬安之徙未受命即行夏秋之交次雷陽適海南黎寇猖獗未敢南渡其冬官軍破賊乃乘桴次瓊管兩日而德音至蒙恩許自便留十日復渡海而北歲盡抵容南傳報虜騎深入江湖間大擾道塞不可行宿留至春暮得寇退報且知家寓鄱陽乃由滕梧康端廣惠循梅以趨臨汀意欲身留建劍間遣子弟挈家來會適有王瓌潰軍之變不果因自盱江訪家于山谷中幸骨肉長少無恙留兩月與姻戚會聚始得歸寓昭武之泰寧案昭武即今邵武府蓋鄉邑也方且安之值鄰境盜起連破數縣案此建州盜范汝爲也勢不可處則又冒險遷徙得達長樂纔數日耳奔走五年間繚絡萬里餘幸頑健又蒙恩忝還舊秩近復竊祿宮祠僥倖多矣以足下眷眷於我故詳布之自溫陵案即今晉江縣至此六驛願即命駕見過在海上了得易傳內外篇頗究聖人立象立意之旨冀足下來一觀有以訂正之案公雖居長樂亦時寓福州南臺天寧寺所謂桉風堂者是也　九月復資政殿大學士

紹興二年壬子五十歲

正月韓世忠討平建州盜范汝爲疑城中人皆附賊欲盡殺之至福州見公公曰建城百姓無辜世忠受教民得全活及師還父老送之請爲建生祠世忠曰活汝曹者李丞相也　二月除觀文殿學士荊湖南路宣撫使兼知潭州時盜擾鼎澧潭三州故除是職公以憂患之餘具疏辭免四月七日內侍敦遣上道不得已受命樞密院差任士安領兵三千至以二十四日假福州貢院開司五月六日啓行有旨就孟庾韓世忠下撥統制章企宗郝晸兩軍及今現在湖南岳飛韓京吳錫吳全等軍聽受節制　上荊湖南北路已見利害奏狀大略謂招撫盜賊須壓以重兵又當分別貝悍爲招討次第及分隸強壯刺充廂軍放散老弱安揷流人

案此傳依繫年要錄修入日後劉槃劾公此其張本也械繫場務官初疑必因玩世太甚後考公文集與政府書果非無故也公故錄公書于注中傳後人有所考見至依奏二字猶遵行之意乃公劄下屬員之辭非增益制書也假如制書言錢糧若干今加入別項則增益矣

七月十二日庚午詔公速往潭州置司時公引兵至吉州須犒軍物而權貨務官不時與公械繫之公之乞錢糧也得旨孟庾韓世忠班師日所餘錢糧留與公公劄下吉州增依奏二字江西轉運判官陳球文集作江西漕使韓球豈二人耶今姑依繫年要錄以他郡所受不同審其故公怒劾球事下安撫大使李回覈實案文集公抵任後有與政府書略云既抵本路粗定一方而橫遭口語如引孟參言受幸企宗米事甚爲可駭更有一事可笑者去秋總師過吉州江西漕使韓球公然移文州縣不使應副錢糧不得已勾決人吏軍始得食亦具奏矣球緣此種種造謗又嘗爲韓世忠下營婦毆擊在某未到吉州數日之先其後言者乃謂激之使然不知有此理否此皆細故不足道如靖康間事描畫何所不至當時不敢自辨又無爲之辨明者一再拈出卽遂以爲實矣聽言莫先于考實不考實則伏讒蒐慝得以顚倒是非變亂黑白害治之大者采芩之詩止讒之道也如企宗輩見在降一指揮責軍令使其實以聞卽便見有無虛實難于降指揮而易與人黷黷此近世循習而不可曉靖康間不幸有伏闕之事建炎初不幸當僞楚之後迨今仇怨滿

前非苟膚明燭照其無它豈復有今日哉年來衰病相仍百念灰冷世故不復置毫髮于胸中俯仰無愧待盡而已又案繫年要錄作江西轉運判官陳球公與政府書作江西漕使韓球今兩存之備考　公行次衡
陽彈壓曹成七萬餘人出湖南境又移師衡山降步諒二
萬衆時馬友將步諒有兵二萬據衡山泊吳集市公留統制官韓京屯茶陵以扼賊而親率大軍自白沙潛涉江諒不虞其至遂出降案事在十一月既入長沙次日即遣師降王進五千
餘人於湘鄉縣七星寨蓋遣統制官郝晸降之　復破王俊三千餘人
於邵陽蓋遣吳錫破擒之　擊盜以次討定凡五萬餘人選擇精銳
約萬二千人分隸諸將境內遂安流移歸業　江南西路
兵馬副鈐轄張中彥行狀作忠彥誤今依繫年要錄先以討捕駐軍廣州
脅制州縣供億以萬計一路不堪其擾朝命撥隸楊惟忠
李回岳飛孟庾韓世忠李綱皆不禀命公檄中彥意欒爲

郡檄令權知岳州中彥果至即械送獄遂併其軍　公到
潭州械右朝奉郎知醴陵縣張覲屬吏權攝官以漸易置
贓吏稍戢又延見長老問民疾苦皆以盜賊科須爲言乃
檄州縣非使司命而擅科率者以軍法從事令日前科須
之物並以正賦准折　湖南諸盜悉平惟湖寇楊太據洞
庭不下公命統領官李建馬準吳錫分屯湘陰益陽橋口
以備之湖南無水軍公乃拘集沿江漁戶得三千人屯潭
州言於朝乞合討蕩詔湖北安撫使劉洪道知鼎州程昌
寓荆南鎮撫使解潛遣兵會之仍權聽公節制　九月詔
諸路帥臣帶宣撫者並罷于是公止帶湖南安撫　十二
月八日甲午罷公提舉西京嵩山崇福宮初公爲宣撫使

請擇人攝所部守貳又乞所差權官到任其吏部先差下
人雖到更不放上內有材能之人別行辟置右司諫劉棐
言此乃藩鎮跋扈之漸若久任之將使軍民獨知有綱不
知有陛下知有宣司不知有朝廷非國之利非綱之福既
入不報棐又言綱靖康中力主戰守之議又令姚平仲夜
刼敵寨還迫之禍皆綱發之不報棐又言綱與吳敏誣上
皇欺淵聖謂宣和傳授出于己意寄居福州招納賄賂移
文江西增益制書方命矯制不恤國事章四上右諫議大
夫徐俯亦奏劾公乃檢會棐奏罷公予祠以吏部尚書沈
與求代公仍詔公候與求至乃罷　先是公上言荆湖自
昔用武之地今朝廷保有東南制御西北當於鼎澧荆鄂

皆宿重兵使四方號令可通襄漢聲援可接乃有恢復中
原之漸未及行而公廢　十二月公與呂安老提刑名祉官至兵部尚書後爲劉豫所害書云自到本路半年矣養兵二萬錢糧之類
皆躬自料理均節民不告病今雖欲去廪有餘粟庫有見
緡亦不至闕乏貽後人患當悉具數以告於朝廷庶謗者
無所容其喙也

紹興三年癸丑五十一歲

是歲本傳及行狀無事實攷詩集有自水口汎舟至長樂
之作則居長樂也

紹興四年甲寅五十二歲

居長樂　四月有旨令省記紀類建炎元年五月以後時

政記因撰建炎時政記以進詔宣付史館　是冬僞齊劉豫侵犯淮甸邸報既傳公憂憤甚具奏防禦三策略曰僞齊悉兵南下宜遣岳飛以全軍間道疾趨襄陽出其不意僞齊必大震懼退而營救王師追躡必有勝理此舉非惟牽制南牧亦有恢復中原之兆此上策也號召上流之兵各摘精鋭進屯要害仍設奇要擊絶其餉道賊必退遁保全東南徐議攻討此中策也借親征之名爲順動之計車駕既逺號令不行諸將無應援之謀卒伍有潰散之勢爲患不可勝言此下策也望降出臣章與二三大臣熟議初張浚之謫福州也公亦寓居焉浚服其忠義除前隙更相親善及浚召入公因以奏疏附之執政進呈上曰綱去國

數年無一字到朝今有此奏豈非以朕總師親臨大江合綱之意乎所陳亦今日急務可降詔奬諭　尋聞上幸平江又條陳宜防備者有四曰生兵曰海道曰上流曰四川至於保據淮南調和諸將增置禁衛廣備糧食措置戰船水軍及經畫楊么凡十事以告輔臣

紹興五年乙卯五十三歲

舊歲十二月金兵自淮引還宰相趙鼎言金人遁歸尤當博采羣謀爲善後計於是詔宰執議攻戰備禦措置綏懷之方閏二月公在里上疏曰陛下勿以敵退爲可喜當以大仇未報爲可憤勿以東南爲可安當以中原未復爲可恥議者或以敵馬既退當遂用兵爲大舉之計臣竊以爲生理未固而欲浪戰以僥倖非制勝之術也今朝廷以東南爲根本不大修戰備先爲自固之計何能萬里而制敵議者又謂敵人既退當且保據一隅以求安目前臣謂祖宗境土豈可坐視淪陷不務恢復若今歲不征明年不戰使敵勢益張而吾之所糾合精鋭士馬日耗損何以圖敵惟宜於防守既固軍政既修之後即議攻討乃爲得計其守備之宜則先料理東南屏蔽當於淮上之東西及荆襄置三大帥屯全兵以臨之分遣偏師進守支郡加以戰船水軍上連下接自爲防守則藩籬勢固然後議攻戰之利分責諸路大帥因利乘便收復京畿以及故都斷以必爲之志而勿失機則逆臣可除强敵可滅若夫萬乘所居必

擇形勢莫若權於建康駐蹕治城池立官府粗成規模以待巡幸近年諸臣閒暇則以和議爲得計而以治兵爲失策倉卒則以退避爲愛君而以進禦爲誤國國勢益弱職此之由今敵兵雖退未大懲創安知秋高馬肥不再來擾且退避之計可暫而不可常可一而不可再退一步則失一步退一尺則失一尺往自南都退至維揚則河北河東關陝失矣自維揚退至江浙則京東西失矣萬一敵騎南牧將復退避不知何道而可航海之策萬乘冒波濤之險此又不可之尤者臣願自今以往勿復爲退避之計古者敵國善隣則有和親仇讎之邦鮮復遣使今金人造釁之深知我必報其措意爲何如而我方且卑辭厚幣屈體以

求之其不推誠以見信決矣器幣禮物所費不貲使軺往來坐索士氣而又邀我以必不可從之事制我以必不敢爲之謀是和卒不成徒爲此擾擾也臣願自今以往勿復遣和議之使二者既定擇所當爲者一切以至誠爲之俟吾之政事修倉廩實府庫充器用備士氣振方可有爲乃議大舉則兵雖未交而勝負之勢決矣惟陛下正心以正朝廷百官君子小人各得其分則是非明賞罰當自然藩方協力將士用命雖强敵不足畏逆臣不足憂此特在陛下方寸間耳疏上賜詔褒諭然卒不能用　又條上六事曰信任輔弼公選人材變革士風愛惜日力務盡人事寅畏天戒　是日復觀文殿學士再提舉西京嵩山崇福宮

四月二十三日謁見楊龜山先生因與論性善之旨案此據楊龜山年譜時龜山年八十三　十月除江南西路安撫制置大使兼知洪州公兩具疏辭免御賜親筆勉行且得旨許赴行在奏事畢之官　先是上賜親筆詔書有云惕若兢躬懼茲多難聿求善後之計敢蹈護前之非博訪舊聞屢形深詔卿首陳三策適投却敵之機繼上六條大關興邦之略有發予衷如對卿語公謝表云竊以人臣之言不激切不足以動人主之聽而激切則有逆鱗之忤人主之聽不廣大不足以盡人臣之言而廣大則有盈庭之咎辭順理直而非訐者言之善博詢精攷而不惑者聽之公自古所難於今乃見又辭免第二奏狀云臣感戴天恩策駑厲鈍惟知竭力以向前不慮煩言之在後凡造不根之論率皆可駭之詞又辭免第三奏狀云臣學術空疏才能迂拙建炎承乏宰司者僅七旬紹興將命荆廣者纔數月訖無善狀仰報明恩豈徒一譽而一非固已再奮而再躓衆毁所集憂患異于他人多病交攻精力憊于往日惟險阻艱難之備嘗宜恐惕驚危之獨至使膺委任必致顛隮初張浚在福州與公郄己見上文至是張相數于上前言其忠趙鼎嘗爲公辟客亦爲上言公才器過人故有是命公具疏辭免上手書諭之曰朕之用卿審矣宜以社稷爲己任勿問中外勉爲朕行不必數有請也公請過闕入覲再赴任許之　案朱勝非秀水閒居錄云李綱富于財交結中外不效張浚謫福州傾心結納贐行百餘奩皆珍異之物自福被召即薦用公云云李心傳繫年要錄云張李初不相咸其後相好當以國事而勝非以勢利之交詆之恐非也

案朱勝非閒居錄詆毀忠定者尚多趙鼎亦不免今略摘此一二條其餘南宋說部書不可信者極多君子宜愼擇也

紹興六年丙辰五十四歲

二月准告兼營田大使二十日到國門翌日内殿引對上慰勞再四復遣中使賜銀藥茶合　三月二日陛辭公上言今日用兵之失者四其略曰兵貴精不貴多多而不精反以爲累將貴謀不貴勇勇而不謀適爲賊擒陣貴分合合而不能分分而不能合皆非善置陣者戰貴設伏而直前使敵無中斷邀擊之虞皆非善戰者願明詔之使知古人用兵之深意非小補也　又言措置未善者五其略曰善制國用者有生財之道有節用之法有救敝之說有覈實之政有懋遷之術有闔闢之權審此六者何患兵餉今惟務降官告度牒賣戸帖理積欠折帛博糴預借和買名雖不同取民則一未盡善一也議者謂當因糧于敵則官

軍抄掠甚於寇盜失民望而堅從賊之心未盡善二也金人專以鐵騎勝而我不求制之之術未盡善三也國家之兵悉付諸將外重內輕未盡善四也聞以岳飛韓世忠爲京東西路宣撫使初未有其實徒以先聲臨之可乎未盡善五也　又言宜預備者三大略謂宿衞單弱一也上流屯戍少二也下流水軍全無三也　又言當善後者二略曰使王師克捷何以守其地何以保其民勝猶如是則所以圖敗者可知　又進呈劄子凡十有六事而論中興金人失信襄陽形勢與夫和戰朋黨五事尤利害之大者

三月二十三日到江西任　時本路旱災上論賑濟劄子

又上乞將災傷路分第三等以下人戶四年積欠特予

蠲免奏　又上乞賜本錢十萬貫爲營田之本劄子其法初年租課盡畀佃戶方耕種時仍以錢糧給之秋成之後官爲糴買次年始收其三分之一三年之後乃收其半罷給錢糧詔都督行府措置其後頗施行之　又上乞差軍馬劄子謂江東荆湖建康有張俊一軍當塗有劉光世一軍武昌有岳飛一軍猶足以爲捍蔽獨江西一路無兵將沿江上下千里之間殊乏控禦使敵騎乘間擣虛則無如江西者矣乞差吳錫等軍一萬人充江西大使司軍馬仍令劉光世岳飛分兵屯戍舒蘄黃三州與江西相爲表裏

六月乙巳臨安地震詔求直言公應詔陳七事謹天戒幸建康重宿衞分敵兵虞儲蓄戒虛費修城池　七月上論虔州盜賊劄子謂虔

冠巢穴多在江西閩廣三路交界爲三窟之計一處有兵則散逃他處退則復然宜設方略江西路置都統制一員節制三路軍馬使號令歸一乃有成功　又上論閩寇劄子謂近來招安海寇多予官爵小民歆效爲患未艾宜措置戰船招集水軍殄滅一兩頭項餘有忌憚海邦可靖

九月車駕巡幸江上公乞扈從優詔不許遂奉表起居

又上乞詔諸帥用兵持重劄子謂大兵弔伐當以招納爲先不在廣行殺戮收復境土當以保守爲上不在亟務攻取願詔諸帥持重勿墮計中　又上乞罷江西帥劄子乞兵疏二十上皆不報始乞罷　十月奏陳防秋利害劄子時劉光世張俊楊沂中等大破僞齊於淮肥之上公請宜戒諸將毋以戰勝而驕益務淬厲以待大敵　再陳已見劄子勸親征及優卹陣亡將士並行慶賜　又上生擒僞齊賊衆劄子欲分散江淮間充營田使喚

紹興七年丁巳五十五歲

正月以公賑濟饑民招集流亡降詔奬諭　車駕將幸建康公上乞益修戰守之具及沿淮漢修築城壘劄子謂淮南有藩籬之固則建康可都宜命諸將移重兵于江北料理營田葺治城壘守戰一道能固守而後能進戰也　二月報徽宗皇帝升遐甯德皇后上仙公上奉慰表又具劄子乞推廣孝思益修軍政　二十七日車駕巡幸建康公奉表起居又具劄子論建中興之功略曰自古建功立事必以立志爲先志定于前功成于後今親總六師以臨江表漸爲北伐之計志慮規模可謂宏遠願擴充聖志勿以

案公文集與秦相公書云鄒柄志完侍郎之子學問節操才識皆過人靖康間淵聖特命以官某嘗置幕下其後遣謫者亦波及之建炎初除衞倅後以言者排罷坐廢六年旅食異方艱窶甚矣近因再行辟置而柄以書力辭陳義高而慮患深不欲强之已從其志瓌奇之實弃擲道傍誠爲可惜云云而朱勝非不分皁白指爲公之腹心可歎可恨

驟勝自怠勿以目前自安夫用兵止是一事要以修政事信賞罰明是非別邪正招徠人材鼓作士氣愛惜民力順導衆心以爲先數者既備用兵有不勝者哉　上乞屯兵江州防秋奏狀謂京口無兵則無以護通泰江州無兵則無以援舒蘄舒蘄不守則江西受敵矣　又上進舉直言極諫劄子　又上不必遠召將帥劄子　四月十六日有旨以公典藩踰年民安盜息寬朕憂顧宜有褒嘉可特轉金紫光祿大夫朱勝非秀水閒居錄云張浚薦李綱帥豫章以報之未至也薦其弟維及其腹心鄒柄等皆立于朝又以所薦陳公輔爲諫官議者謂靖康伏闕之變乃公輔所爲綱闇而懼上章丐罷浚又思所以安之謬言江西民安盜息轉綱爲金紫光祿大夫是時虔吉盜熾旁郡亦擾欺罔如此閱案朱氏所言直是誣白爲黑忠定固非結納求顯之人即張魏公又何至卑汚如是哉虔寇未平公已先有劄子論其事詔旨言民安盜息亦指賑濟饑民大概而言動輒援爲罪案此不可不辨也　六月上遣中使勞問賜夏藥銀合茶果　七月引疾乞罷不允有邊吏戒嚴商秋甫及之諭　八月諸路大旱上乞益修政事劄子謂今日之患欲民力寬則軍食闕欲軍儲裕則民財匱天地之生財有時人力之理財有限而度量不立于其間養兵之費有增無減坐致耗屈謂之有政事乎　又上論淮西軍變狀時酈瓊叛歸劉豫公極言朝廷措置失當者五深可痛惜者五宜鑒前失以圖將來者五凡十有五事　九月初二日與張魏公書云聖上今用閣下委任之專古所未有往年富平之役三十萬衆一戰而潰恕而不問雖秦穆之于孟明光武之于鄧禹馮異何以加此宜益務慎重諮諏良策

李忠定公年譜　四十二

案此奏實恐因此遂議和耳申浚師排議和非專爲浚發也志事皎然明白朱勝非閒居錄乃曲加誣詆所謂以小人之心度君子之腹也

圖不世之功以蓋前愆乃以措置之失亡二十萬人虜僞得增其氣燄此豈小變聖度兼容天下謂何愚謂所以致此者知任而不知所以爲任之道也柳州梓人傳謂斵削在于衆工而成功收于梓匠此最爲知軍將職業者願益自懲創輯睦將帥博詢衆謀則未必不轉禍而爲福　又上奏陳利害劄子略云淮西之變言者論張浚引漢武誅王恢爲比臣竊以爲不然浚志廣才疏措置失當誠有罪矣若咎其始造兵謀則是因噎廢食非策之得也方今强虜憑陵僭逆窺伺不注意治兵以爲自强之計何以安宗社禦外侮願陛下察張浚區區徇國之心有可矜者少寬假以責來效昔漢高祖用兵喪師跳身走者屢矣然卒與成功者皆舊臣也使每敗必逐則張良陳平之流不勝其誅矣臣前所論淮西事宜指陳浚失非黨浚者今此論奏亦非爲浚游說也恐因言者講和之議復出則大事去矣宗社安危自此而分敢冒昧有言朱勝非秀水閒居錄云合肥兵亂呂祉見執綱意浚必敗條十五事奏浚措畫之失又貽書詆其過以副本傳示遠近欲擠浚而釣奇且示于浚不厚也浚既敗永州綱亦坐浮薄及暴橫貪墨而罷趙鼎復相窮治浚事至今未已嗚呼勢利之交古人羞其三相之謂與閱案朱氏所言全是小人不卹國事誣罔君子之私意公與浚書乃是直諒之道而謂爲釣奇趙鼎營救浚不遺餘力而謂窮治未已此種書直當燒燬無益世道人心徒亂是非白黑也　張浚既罷外議謂車駕將幸平江公因上車駕不宜輕動劄子謂今日之事豈可因一叛將之故望風怯敵遽自退屈車駕一動人情動搖莫有鬭心虜僞乘之誰爲堅守苦戰以禦大敵且建康去

李忠定公年譜　四十三

平江無數百里之遥非有高山大川以爲限隔健馬疾馳
數日可到徒有怯敵之名無益退避之實建康有長江天
塹之險不能固守何有吳會哉又云使賊得據合肥則舒
蘄光黄一帶莫保是賊談笑而下淮西也淮西一失與共
長江之利江南得安枕乎一患也鹽貨不通糧餉皆阻二
患也濟渡多端難以控扼三患也又云賊馬南牧亂臣附
之虎踞鴟張雖欲如前日復立朝廷於荆榛瓦礫中不可
得也　又上防冬利害事件奏狀略曰臣所管江西一路
實爲上流咽衛建康驻蹕之所蔽障閩廣接連荆湖自江
以北控引淮西去僞境不遠豫章九江興國三郡皆係要
害而本路空虛軍馬單弱防冬之具闕然無有誠可寒心

累疏乞罷時趙鼎秦檜已協議同蹕臨安公既上疏切
諫與當路意忤而江西大旱公課民修城民不爲便言者
交章論公（石公揆金安節李誼等）乃檢會公累乞宮觀奏章行下罷
爲提舉臨安府洞霄宮（公謝表有云徒有愛君憂國之心曾無周身防患之術積有煩言愧瀆蓋高之聽事無實狀難當溢惡之詞豈敢辨明但祈照察）　公繳靖康之謗將到任
以來各事件如本司積蓄財穀之數釐爲六狀繳奏　代
公者爲尚書李光公有與光措置江西畫一劄子

紹興八年戊午五十六歲

正月還居長樂　是冬上論使事劄子云竊見王倫使金
奉迎梓宮偕虜使歸乃以詔諭江南爲名四方傳聞無
不駭異此何禮也金人毀宗社逼二聖豈有講和之理然
以二聖在其域中爲親屈已不得已而和猶有説也今兩
宮凶問既至遣迎梓宮亟往遊反以愚料之虜之邀求大
略有五欲陛下屈體降禮一也必有赦文欲頒示郡縣二
也必立約束欲陛下奉藩稟其號令三也必增歲賂使我
坐困四也必割地以江爲界淮南荆襄四川盡欲得之五
也此五者朝廷從其一則大事去矣今土宇之廣猶半天
下臣民之心戴宋不忘尚足有爲豈可弗慮弗圖遽自屈
服冀延旦暮之命哉朝廷十數年來議論不一執守不堅
無規模素定之計玩歲愒日苟且過時倡爲和議以致今
日之陵侮臣於建炎元年嘗獻國是之説又於紹興五年
嘗獻乞罷議和之説區區之忠幸蒙睿察臣願陛下出自

宸斷正王倫誤國之罪肆諸市朝虜使未入境則弗納已
入境則拘留降哀痛罪已之詔深咎前日和議之失以激
勵天下盡取賂虜金帛以募敢死之士將見人情翕然回
心易慮强虜不戰而自屈矣疏上上亦不爲忤曰大臣當
如此矣

紹興九年已未五十七歲

二月除知潭州荆湖南路安撫大使公具疏辭免略云昔
漢文帝聞季布賢召之既而罷歸布曰陛下以一人譽召
臣以一人毁去臣恐天下有識者有以窺陛下也臣區區
進退如雙鳧乘雁之去來何足少多然數年間亟奮亟躓
上累知人任使之明實係國體況臣衰病豈當重鎮伏望

聖慈追寢成命疏陳再三得旨依所請仍依舊提擧臨安
府洞霄宮且降詔示不欲重違之意

紹興十年庚申五十八歲

正月十五日辛卯薨於福州　公之弟校書郎綸早卒公悼傷不已會上元節公臨其喪哭之慟暴得疾卽日薨于弟家年五十八上方遣中使徐珣存問訃聞命公弟兩浙東路提點刑獄公事維移閩部以治其喪令所居州量給葬事三省樞密遣官致祭　子男八人儀之右奉議大夫宗之右宣教郎集之右通直郎潤之望之俱早卒茂之後公百餘日卒秀之右宣義郎新差充福建路轉運幹辦公事申之女七人孫男九人曰震泰升晉俱右承務郎曰棠

李忠定公年譜　四五

同謙需頤

十三年以子儀之升朝遇郊祀恩贈太保十六年再贈太傅又以子集之遇郊祀恩三贈太師孝宗淳熙十六年子申之請于朝賜謚忠定　謚議略曰始公自起居郎極論都城水災斥爲監當而抗直之聲震于天下矣及爲卿不來寇在廷茫然將從乘輿以出公獨請與執政辯詰遂奪其議力守京師而虜以退郤然其請留割三鎭詔書擊女眞之歸而嚴兵以防其再至皆爲同列阻之不果用也高宗中興首命公入輔於是張邦昌以僭逆誅矣先事河北河東錄堅守者建言遣張所傅亮往援救之乞幸襄鄧以係人心而毋走東南使周望傅雱通問二聖而毋踵和約時中原尚未潰也公方除京城亂政漸復祖宗舊法奏請施行數十事多中機要使稍得歲年之頃則兩河不遂陷而虜不敢鼓行入內地雖恥因可報矣不幸七十五日而罷去迨其後常疏外坎壈雖僅免顚沛而曾不少得其意焉自是禍亂橫出而南北竟以分裂此爲國家惜者所以哀公之志而深悲其相之不終也又曰以當時避賊乞和與賊虜卑中國之人而議公之得失故其自許爲謀詳慮密而謂公爲粗略而疏自以爲鎭重能消弭而謂公爲輕銳而喜事其活靦君上之仇畏死持祿甘爲世所賤侮而以公之能尊君以身徇國爲人望所屬者謂爲朋黨要結以自營故主和者非致寇而守京師者爲失策矣則公之

李忠定公年譜　四六

負謗于時固亦理之所得也何足辨哉案直齋書錄解題云李忠定行狀後附葉適正則所作謚議今集中行狀後郤無之

公著述有易傳內篇十卷外篇十二卷論語詳說十卷文章歌詩奏議凡百餘卷又有靖康傳信錄三卷建炎時政記三卷建炎進退志三卷此外尚有建炎制詔表劄集宣撫荊廣記制置江右錄奉迎錄皆未見　案四庫全書梁溪集提要云梁溪集一百八十卷附錄六卷宋李綱撰綱有建炎時政記已著錄是集首載宋少保觀文殿大學士陳俊卿序謂綱少子秀之裒集其表章奏劄八十卷而詩文不與焉晁公武讀書志則作一百五十卷陳振孫書錄解題則作一百二十卷蓋後人續以詩文合編互有分併已非復秀之之舊本此本賦四卷

案據此則四庫梁溪集中已附有年譜根閣未見不知同異如何

詩二十八卷雜文一百三十八卷而以靖康傳信錄三卷建炎進退志四卷建炎時政記三卷俱編入集中又以年譜行狀之類六卷附焉與晁陳二家所錄均爲不合又非宋本之舊矣綱人品經濟炳然史册固不待言卽以其詩文而論亦雄深雅健磊落光明非尋常文士所及徒以喜談佛理故南宋諸儒不肎稱之然如顔眞卿精忠勁節與日月爭光固不能以書西京多寶塔碑作撫州麻姑壇記遂減其文章之價也集中有補宋璟梅花賦自序謂璟賦已佚擬而作之其文甚明元劉壎隱居通議所載璟賦二篇皆屬僞本明田藝蘅留青日記乃稱得元鮮于樞手書璟賦急錄之核其文句大抵黥竄綱賦十同七八其爲依

託顯然然亦見綱之賦格置之唐人之中可以亂眞矣

朱子曰綱知有君父而不知有身知天下之安危而不知身之有禍雖以讒間竄斥屢瀕九死而愛君憂國之志終有不可奪者可謂一代之偉人矣

宋史傳論略曰李綱柄用匪久遂使主辱國削甚哉讒人爲害也蓋當時排和議以禦敵復讎爲己任者惟一綱綱去可以悅虜而舒患欽高二君闇弱苟安豈足與有爲哉夫綱之進退布衣之士捐生爲白於朝非忠誠曷能爾顧不信於王上見嫉於同列至如張浚亦不免見忌豈其短

嗚呼毋亦天未悔禍使然耶

呂本中大事記曰公初論水災于宣和之時而爲宣和大臣所斥建守城之策陳邀擊之謀於靖康之時而爲靖康大臣所擠建炎之初公爲首相慨然以修內攘外爲己任而爲潛善伯彥所沮一人之身三定大策而三受重謗然謗之所至名亦隨之使公之言用于宣和之初則都城必無還迫之憂用于靖康則國家必無顚覆之危用于建炎則中原不至于淪沒也以高宗卽位之初召于貶所兩任以台衡待之非不專而公亦以一身位天下之重邊防軍政已略就緒中山之功未成而謗書滿篋矣公之去就甚輕而關于天下之安危者甚重公在位則措置兩河兵民稍集公去則兩河無兵而中原没矣公在位則僞臣叛黨稍正典型公去則叛臣在朝而政事乖矣公在位則必至

幸襄鄧之策必從宗澤還京之疏公去則維揚有警而翠華南幸矣當時猶以靖康京城之禍建炎維揚之禍歸咎于公小人之無忌憚一至于此哉

通鑑輯覽曰綱負天下之望以一身用舍爲社稷生民安危雖身或不用用且不久而其忠誠義氣凜然動乎遠邇每使者至金金人必問李綱趙鼎安否其爲遠人所畏服如此

林吉人序兄同人李忠定公年譜曰宋之南也論者謂其失有三在宣和則謂其不宜先挑釁也在靖康則謂其不宜以城下盟也在建炎則謂其不宜以和議沮也吾獨以爲不然宣和時寇變未形隴西公因大水陳言必有夷狄

兵戎之禍卽遣貶斥猶曰制治未亂昏愚不能省也及靖康之際強敵猝臨舉朝君臣望風思竄公以放逐之餘洪議城守出身肩難國勢藉以少紓敵情賴以少怯能事頗著見矣乃欽宗聽左右媒孽旋用旋斥甚且欲縛以界敵人必使公志不得申而二聖不終于北狩不止此孰貽之慼耶至於高宗亦宜少懲前事矣甫召公而相之僅七十五日而罷卒斥於外以死遂使宋室南渡不能復振嗚呼國家未嘗無緩急也所賴以宏濟者惟賢人耳乃敵未站而讒興功未成而賢退至破國亡身僅以殉一二闒茸巽懦之小人甘心而不悔此自古衰亂之世莫不皆然而吾於隴西公出處進退之始末尤不能不爲宋三宗三嘆息也公昭武人其殁也葬於福州懷安桐口之大家山去會城四十里而遙歲久失祠祀有伐其隧道之石者予兄同人聞而傷之康熙乙丑二月偕予與陳白巖先生徒步往拜墓下暴其事于有司幸不卒毀於是歸展公之集讀之家兄稍輯爲年譜二卷藏於家冀後有覽者知公一人係于宋室之安危如此讀其書尙想見其爲人也

閔案此文刻于樸學齋稿中略節錄于此年譜藏于家云云恐當時未刻後竟佚之也

李忠定公年譜 卌九

倪高士年譜

（清）沈世良 編

《倪高士年譜》一卷，（清）沈世良編，清同治六年（一八六七）南海伍氏粤雅堂刻《嶺南遺書》本。

譜主倪瓚（一三〇一—一三七四），初名珽，字元鎮，號雲林子、幻霞子、荆蠻民等，無錫長大厦人。家富於資，人品高潔。元末賣田散財，浪迹太湖、泖湖一帶。擅畫水墨山水，宗董源，參以荆浩、關仝技法，創折帶皴。山水取材於太湖一帶江南景色，清遠蕭疏。自謂『逸筆草草，不求形似』，『聊寫胸中逸氣』。與黄公望、吴鎮、王蒙，合稱『元四家』。文徵明曾有題跋贊倪瓚：『元季高士，推倪、黄二君，繪事清絶，人亦卓犖不群。』沈周也有題跋：『聞雲林先生中年得荆浩《秋山晚翠圖》大幅，如獲名寶，爲成清閟閣，懸壁間，時對之，卧遊神往，常至忘膳。以是先生下筆風趣，泠然不凡。余生平最喜先生筆法，寓目幾四十幅，靡不心醉焉。』存世畫作有《漁莊秋霽圖》、《容膝齋圖》等，詩文有《清閟閣集》。

沈世良（一八二三—一八六〇），字伯眉，廣東番禺人。諸生，入貲爲教官，選授韶州府學訓導，未赴任。博學工詩詞，著有《小祗陀盦詩鈔》、《楞華室詞鈔》等。

本譜叙事起自大德五年（一三〇一），止於洪武七年（一三七四）。據《清閟閣集》、《容臺集》、《清河書畫舫》、《六研齋筆記》、《鐵網珊瑚》、《寶繪録》等書編纂而成，於譜主山水畫與詩作記録甚詳。

本書據清同治六年（一八六七）南海伍氏粤雅堂刻《嶺南遺書》本影印。

（龔近賢）

倪雲林年譜

同治戊辰秋八月
南海伍氏開雕

倪高士年譜　　嶺南遺書

番禺　沈世良　伯眉編

元成宗大德五年辛丑

高士姓倪氏諱瓚字元鎮以是年正月十七日生周南老雲林墓志銘稱高士爲漢御史寬之後十世祖碩仕西夏宋景祐使中朝留不遣徙居淮甸占籍都梁建炎初五世祖益挈其家渡江而南至常州無錫僑梅里之祇陀愛其地勝俗淳遂定居焉厥後族屬寖盛貲雄於鄉高祖俊曾大父淞皆厚德長者隱而弗耀大父椿父炳勤於治生不墜益隆母蔣氏而高士嚴出也子二長孟羽字騰霄號碧落次季民字國珍號耕逸又號蓬居女三長適徐瑗次適陸頤幼爲母舅蔣氏女孫案李日華六研齋筆記載高士兄珪子洗字孟民云見周南老所撰墓誌銘今誌中無此語周南老詳見戊申年下方輿紀要梅里村在無錫縣東南三十里　錫山志高士先字泰宇伯父煥積學礪行辟桂陽主簿不就案四庫書目清閟閣集下引梁清遠雕邱雜錄曰倪雲林字元鎮而華亭夏正長寅贈陳進之序稱爲太宇不知其何據謹附識於此云云殆偶未見錫山志歟

[redacted]元祐遂昌山人雜錄王文友諱仁輔克苦讀書里人倪文光諱昭奎者延之以敎其兩弟曰子瑛曰元鎮居久之文光歿子瑛縣元鎮出應門戶不勝州郡之朘削也貲力遂減已而子瑛卒家中乾元鎮刓無作有以濟朋友會文友卒元鎮買油杉棺葬之芙蓉峯旁葬之日梁谿士友皆至葬文友後元鎮窘於誅求顧未有能振

之者案本集述懷詩嗟予幼失怙欬養自大兄勵志務為學守義思居貞閉戶讀書史出門求友生大兄忽捐館母氏繼淪傾慟哭肝肺裂練祥寒暑并釣耕奉生母公私日侵凌黽勉二十載人事浩縱橫輸租膏血盡役官憂病嬰磬折拜胥吏戴星候公庭云云與雜錄互證葬仁輔事亦見墓志及錫山志張端雲林墓表王賓雲林旅葬墓誌銘又黃虞稷千頃堂書目有元王仁輔無錫志二十卷殆其人歟蘇州府志鄭元祐字明德本遂昌人寓家平江著有僑吳集少脫骱任左手號尚左生

高士書畫署名曰東海瓚或曰嬾瓚變姓名曰奚元朗或曰元映別號荊蠻民淨名居士朱陽館主蕭閒仙卿雲林子幻霞曲全叟如幻居士滄浪漫士雲林多用以題詩畫故尤著世又稱之為倪迂

六年壬寅二歲

七年癸卯三歲

八年甲辰四歲

九年乙巳五歲

十年丙午六歲

十一年丁未七歲

武宗至大元年戊申八歲

二年己酉九歲

三年庚戌十歲

四年辛亥十一歲

仁宗皇慶元年壬子十二歲

二年癸丑十三歲

仁宗延祐元年甲寅十四歲

二年乙卯十五歲

三年丙辰十六歲

高士從王文友讀書或在此數年

四年丁巳十七歲

五年戊午十八歲

六年己未十九歲

七年庚申二十歲

英宗至治元年辛酉二十一歲

本集江山夕照圖詩序云西堂吾鄉之英村也辛酉仲冬蘚菭於蘭村蘭若為寫江山夕照圖詩以贈案此圖為高士少作始見於本集題識者董文敏容臺集雲林早歲學北苑乃自成一家圖繪寶鑑以為師馮覲覲宣和時閣

閣人雲林負氣節必不師其畫也

二年壬戌二十二歲

三年癸亥二十三歲

本集卜宅青溪上五律題云至正癸亥秋七月三日乘雨至西園因寫此圖以紀勝游案至正無癸亥疑是至治之誤汪珂玉珊瑚網載文嘉跋此圖云玉遮親家得之梁溪談公子用筆遒勁直是荊關再生目中所罕見也庚午春暮衙齋寂寥玉遮過訪余出此見示為之欣賞焚香相對令人俗想多忘真異品也又弇州山人藁雲林此圖乍看不是西園而細求之乃無不合作其用筆似弱而老似淺而深工力最多是得意之筆也■又案嚴氏書畫記高士西園圖及山陰邱墅圖俱為王弇州爾雅樓所藏

泰定帝泰定元年甲子二十四歲

二年乙丑二十五歲

三年丙寅二十六歲

四年丁卯二十七歲

泰定帝致和元年年明宗天歷元年阿速吉八天順元戊辰二十八歲[redacted]

卞永譽式古堂書畫彙攷云倪元鎮設色畫款署天順三年春三月松雲隱林倪珽其再題已作瓚字則在至正四年也案元史泰定帝致和元年七月帝崩於上都八月太子阿速吉八即位於上都改元天順九月文宗入襲帝位遷泰定后於東安州遣使迎其兄周王和世㻋於漠北改元天歷十月文宗兵陷上都阿速吉八不知所終次年和世㻋至自漠北是爲明宗仍用天歷紀元八月文宗并弒明宗而自立越明年庚午[redacted]改元至順是天順並無三年抑至順之誤耶高士初名珽亦僅見於此然前此江山夕照及西園圖何以不聞署名作珽是可疑也

天歷二年己巳二十九歲

文宗至順元年庚午三十歲

是年春高士薄游浙東將歸梅里愛餘不溪風景觴於上清王眞人開元館後十七年丁亥有餘不溪詠追述舊游案浙江通志湖州有四水自廣苕山曰苕溪自銅峴山曰前溪自天目山曰餘不溪自德清縣北流至州興國寺前曰霅溪　本集有庚午忠靖王廟迎享送神辭序

二年辛未三十一歲

三年壬申三十二歲

本集元文館讀書詩序云余友元中眞師在錫之東郭門立靜舍名元文館幽潔敞朗可以閒處至順壬申六月寓是兼旬謝絕人事游心淡泊清晨櫛沐竟終日與古書古人相對形忘道接翛然由得也且西神山下有泉味甚清洌與常水異館去山不五里故得昕夕取泉以瀹茗蒔余讀書研道之暇時飲水自樂焉乃賦詩紀事案李日華六研齋二筆載此跋作西神山圖蓋取跋中西神山語以爲標識非有異同也西神山即惠山一統志惠山屬無錫縣舊名九龍山山之東麓出泉曰惠山泉陸羽品爲天下第二泉錫山惠山東峯也清河書畫舫高士有元文館讀書圖文徵仲有[redacted]又案墓志記高士所建有清閟閣雲林堂逍遙仙亭朱陽賓館雪鶴洞海岳翁書畫軒諸勝此元文館亦行窩也

順帝元統元年癸酉三十三歲

二年甲戌三十四歲

順帝至元元年乙亥三十五歲

二年丙子三十六歲

是年冬高士游蘇州本集有丙子歲十月八日夜泊閶

門將還溪上有懷友仁陸徵君詩案顧嗣立元詩選陸友字友仁平江人著有杞菊軒藁

三年丁丑三十七歲

四年戊寅三十八歲

張丑清河書畫舫東岡草堂圖倪清閟早年手筆也作於戊寅七月時年三十有八耳其題語凡三十字絕不類盛年之筆故楷法尚未成就乃是寫贈希賢高士者草亭中人物有二面部衣紋極細自非秋林野興圖之比本身上有張天雨題詠參箋上有杜瓊吳寬楊循吉三詩原係周原已故物轉入劉廷美齋中樹石高古人物秀雅眞劇跡也近歸溪南吳氏其家有汀樹遐岑小

幅吳淞山色大幅並是元鎮極品（案集有與全希賢詩江南通志全思誠字希賢上海人洪武中以耆儒徵授文華殿大學士）本集有戊寅十二月丹邱柯博士過林下有賦次韻答之詩（案元史柯九思字敬仲台州仙居人仕至奎章閣鑒書博士　又按汪士鋐松泉畫錄載柯九思有清閟閣墨竹圖白紙本中掛幅作墨竹二竿用墨輕有法雖宗文湖州又自成一家甚爲濃古下作一石氣韻渾厚得北苑遺意圖左款書至元後戊寅十二月十三日留清閟閣因作此卷丹邱生題下有柯敬仲朱文印圖右有白文倪瓚之印經鋤齋朱文印前上下角有奎章閣鑒書博士訓忠之家二白文印後上角有朱文敬仲書印下角有項氏等印此圖至元之元字卞氏畫彙考誤刊正字）

五年己卯三十九歲

是年春高士游蘇州本集有己卯正月十八日與申屠彥德游虎邱得客字詩（案元詩選申屠彥德名性會稽人著有彥德集）六研齋筆記是歲爲小山作秋林野興圖甲午重題其後詳見甲午年下

六年庚辰四十歲

順帝至正元年辛巳四十一歲

吳榮光辛丑銷夏記高士鶴林圖紙本圖中近樹八遠樹二坡陀一二層鶴一在下右方翹一足而立題句用畫筆無印章附七古一首自題云三月四日邂逅德方郎官九成椽史於荊溪之上相從及旬而別因九成徵余寫此鶴林圖并賦詩以贈至正辛巳歲（案此跋與本集贈郯九成五律自題正同惟集作徵余畫無鶴林圖及至正辛巳歲等字集又有題畫贈郯九成小引敘至正十二年三月八日與劉德芳訪九成游荊溪作畫事甚詳與贈郯五律自題語正聯屬不應辛巳先有此跋其爲假託無疑吳氏收藏甚富素稱鑒別惜亦未據本集相辨證也元詩選郯韶字九成吳興人自號雲臺散吏亦號若溪漁者至正中嘗辟試漕府椽工詩畫一統志荊溪在今宜興縣南　又案清河書畫舫載高士鶴林圖爲周元眞作舊藏華文伯家今在董元宰處款云鶴林圖爲元初畫後有高士鑒鶴詞并鄭鴻來見心胡若思文徵仲等詩贊而董元宰跋之甚詳前後凡十有八人其畫前作遠山一帶中作疎林七株復有方壇一鶴一雙蕭疏小筆而逸趣無涯眞神品也靈鶴詞後題名書倪作郯小屬創見云云此或吳氏所藏鶴林圖所由脫胎歟）

清河書畫舫載高房山巢雲圖有高士至正改元九月十日題款（案鄧文原巴西集高克恭字彥敬一字房山西域人後占籍大同官至刑部尚書山水初學米氏父子後乃用李成董元巨然法　又案書畫舫載高士題黃大癡爲盧山甫所作雲山圖云雲上溪山也自佳黃翁摹寫慰幽懷若爲賸載烏程酒直到雲林叩野齋此詩本集未收癡翁畫款作至正元年十月四日故類附於此）

二年壬午四十二歲

本集題趙松雪詩藁跋云此卷張得常得之榮祿之子仲穆盧山甫二月廿日見過田舍示僕因題時至正二年壬午歲也（案圖繪寶鑑仲穆名雍松雪長子官至集賢待制同知湖州總管府事山水師董元尤善人馬花石張德常詳見辛丑年下　又案六研齋筆記趙仲穆用龍眠法寫藥王像坐藤竹牀手執葫蘆在芭蕉林中喻是身之非堅也腳下靡靡細草俯觀之翰大地皆藥草也倪迂作精楷贊云普婆大醫王能療諸疾苦觀虛實表裏施補利汗吐設或有心病非鍼砭能愈世尊安心法一彈指病去是畫者贊者俱解入深法者也又高士奇江邨銷夏錄載高士題松雪春游圖云紫陌香塵沒繡鞍青山立馬晚循看少年行樂不知老日月東西似擲丸以上詩贊集俱未收故附於此）清河書畫舫載高士跋趙榮祿小楷過秦論眞蹟云此卷余舊得之石民瞻元度見而愛之輒以相贈其結體姸麗用筆遒勁眞無愧隋唐閒人至正二年壬午歲九月望日元度自錢唐甕還

山中復以自隨因得重觀是日潘子素同在密庸齋展玩久之案此跋集未收石民瞻名巖京口人元度張德常子帖後有云隴西李瓚敬觀於泰宇書房此亦高士初字泰宇之一證　張泰階寶繪錄載王羲之感懷帖共三十二字後附山谷評語高士跋云吾友徐元度之好法書名畫不啻饑渴之於飲食二十年來其所珍蓄幾充箱盈篋矣客歲得右軍感懷帖已自嘉賞不足越數月後得黃山谷跋語正如驪珠之還合浦一何幸歟是日同觀者陳植叔方潘純子素案此跋本集未收跋中雖無年月然考黃子久此帖題語乃在至正建元子月彼時尚未續得浩翁評語故無一字及之然則高士所謂越數月繼得山谷跋者應在次年此跋當屬之至正二年壬午矣元詩選潘純字子素廬州合肥人風度高遠著有子素集圖繪寶鑑陳植字叔方號慎獨癡叟吳郡人工詩畫又郁逢慶書畫題跋記載董元宰跋海岳庵圖云余家藏倪迂遺集有與陳叔方書云海岳庵圖旦晚臨畢既全璧以歸而集中復附載陳書云海岳庵圖謹授山甫盧君以達雲林胸次清曠筆意蕭遠當咄咄逼眞矣暇日能寄小幀如對可人也云云今刻倪集無此書故附於此

粵雅堂校刊

三年癸未四十三歲

本集僦得城中二畝居絕句題云至正三年癸未八月望日進道過余林下爲言僦居蘇州城東有水竹之勝因想像圖此幷賦詩其上案清河書畫舫載此圖下有釋良琦題云好在雲林一老迂畫圖寄到玉山居自來王謝原同調宜向城中共讀書文徵明題云不見倪迂二百年風流文雅至今傳東城水竹知何處撫掌令人思惘然張丑跋云王廷珸攜示雲林僦居城東小幀青綠滿幅全師董元其上小楷詩題極精無能識者丑特定爲天下倪畫第一卽舉世非之不顧也元鎭書法本自遒勁旋就清婉畫品原初詳整漸趨簡淡世人但尚老筆紛披而不知其早歲之精細陋哉至正癸未元鎭時年四十有三爲進道寫青綠山水筆意倣荆關兼有董巨遺意而上方小楷題詠全師歐陽率更自非尋常卷軸可比擬古語云其造愈微其知愈寡信然哉又云越石舟中瞻對着色僦居城東圖是雲林絕品爲之喜而不寐追憶昔年曾於王百谷半偈庵中獲觀李易安一翦梅詞眞跡係清閟閣舊物欣然會心敬步原韻塡成一闋以志之生怕寒蟬碧樹秋還訪雲林天際歸舟城中山色畫無儔坐對心飛故國樓還羨雙溪解北流泛覽山陰消釋牢愁凌雲健筆果清幽二士題頭十倍龍頭自注藝林舊有畫狀元之目故以龍頭爲喻時高進道寓玉山之眞義與顧阿瑛爲鄰寫圖奉贈山陰邱壑圖亦爲雲林生筆　寶繪錄載高士題趙松雪山居圖山齋面絕壁林密徑難尋風落松上雪霧亂幽澗陰皓潔映鶴氅清圓和瑤琴閒詠以自樂聊用忘華簪至正癸亥春仲題案至正無癸亥此圖尚有黃子久跋語爲至正癸未二月小畫日記想是同時之作訛未爲亥耳此詩本集題作雪泉爲王光大賦

四年甲申四十四歲

本集聽袁員外彈琴詩序云至正四年十一月袁員外

來林下爲留兼旬臘月十七日映雪初霽庭無來迹與僕靜坐因取琴鼓之古音蕭寥如茂松之勁風春壑之流水員外時年八十有二顏貌筋骨正如四五十許人爲言甫弱冠遭逢盛明初宰當塗過九華山道逢神人與寶食之後數數見夢寐間若冥感元遇者員外韜耀蘊眞仕祿以自給不爲人所知豈郭恕先之流歟爲賦五言以贈　題夏圭畫云夏圭所作千巖競秀圖巖岫縈迴層見疊出林木樓觀深邃清遠亦非庸工俗史所能造也蓋李唐者其源亦出於荆范之間夏圭馬遠輩又法李唐故其形模若此便如馬和之人物犬馬未嘗不知祖吳生而師龍眠耳錢唐詹仲華以端石一華邦

憲墨半九古玉璣一易此卷至正四年十二月廿四日記　是年又有陸隱者禱雪獲應詩案此詩集無年月近時吾粵南海葉雲谷比部夢龍所刊友石齋古帖內載此詩墨蹟自注云甲申歲故附類於此

五年乙酉四十五歲

本集題畫云至正五年三月八日元素先生來林下瓚乃賦詩云吳淞江水春映空淚波沄沄霞影紅耕田鑿井居其左今我常懷甫里翁夢見維舟江畔柳剝啄敲門散杯酒整冠起接平生歡石逕蘭芳重攜手雨後同行林下正見惠山先生命瓚寫之畫訖因書此詩於上張外史陳先生見之必大笑也案姑蘇志吳淞江卽古之婁江也又自大姚分支過澱山湖東至嘉定青浦東北流亦名吳淞江者曰東江皆太湖之委也方輿紀要吳淞江在蘇州府南從

吳江縣流入境合於龐山湖轉而東入崑山縣界元詩選張雨一名天雨字伯雨號貞居子錢唐人宋崇國公九成之後棄家爲道士往來華陽雲石間作黃篾樓儲古圖史甚富世稱句曲外史著有元品錄及句曲外史等集元素先生陸元素也詳見甲午年下陳先生當指惟寅詳見己亥年下書畫題跋記惠山圖紙墨如新斯世不易得書法最上筆意嚴整畫中最上乘也名下有白文倪瓚之印畫邊有朱文雲林二字印又清河書畫舫載此圖與集同下有陳方和原韻詩云佳樹陰森欲疑空畫成夜落燈花紅絕憐帶經自鋤者未忍竟別天隨翁汾湖春雲散高柳湖水微茫綠於酒翁歸天末見青山臨風莫負揮絃手張丑跋云雲林早年書法精美其在至正初元者妙有大令遺風弟指頂以上大字便不能工是亦尺有所短矣又董文敏跋高士松坡平遠圖有云九難在荊溪倪迂遊蹤在焉爲此圖當是其中年所作以書法最工晚年字不稱畫矣云云此亦足爲爲攷辨畫者之一助

寶繪錄載高士爲黃子久十幅首幅題絕句園林夏雨歇旭日照蒼苔誰見竹亭裏孤坐興悠哉次題湖山清遠三幅題句杳杳碧山岑森森灌木陰幽亭足淸眺臨風聊鼓琴四題疎林絕壁五題句云玉標明霞秀靈氛混合成流光照紫宮雲旆招萬靈六題云息影憩煙霞澄懷卧邱壑久遲蘇仙君莫驚松上鶴七題爲古木幽篁迂懶瓚八題句云雨過瀟湘渚風生渭水波暮窗揮醉墨翠霧濕烟蘿九爲筠石㮇散十題句云厭聽殘春風雨卷簾坐看靑山波上浮鷗天遠林間鶴帶雲還自跋云余於繪事始知之而復好既好而至於樂終未有得也一日子久先生以佳素數幅索畫豈以余爲能事乎但意興所到各自爲宗疏木片石各自成趣至於妍媸工拙予不能知若子久愛我惟一笑而置之高閣則此册幸矣奚暇計其傳不傳哉至正五年

一春三月既望記黃子久跋云元鎭友兄爲余作此册也清美如天仙秀逸如高士閑曠如野鶴蕭散如孤雲可謂衆妙畢舉矣元鎭資稟高朗不奈檢束隨其興趣所至積之期年方就每幅必系題句益見其命筆之不易而用意之不苟也予閱之三復不勝熱中亦欲效顰一二未識可否但老人衰頹日甚神情非昨求如元鎭之精妙恐不可得矣文衡山跋云元季高士推倪黃二君無論繪事清絕卽其人亦卓犖不羣就中元鎭子久所作十幅迴出尋常意超象外豈非意氣相洽業藝相符而能若是乎予憶往歲元鎭眞蹟合有數事若以此册較之皆爲長物矣案各圖題句園林夏雨歇一首本集作題秋亭曉色圖杳杳碧山岑一首

集作題畫玉標明霞秀一首集作和趙魏公張外史詠元洲十景中之玉像庵息景憩烟霞一首集作題畫與溥泉雨過瀟湘諸一首集作雨竹厭聽殘春風雨一首集作爲會高士畫湖山舊隱未知孰爲定本也跋語本集未收圖繪寶鑑黃公望字子久號一峯別號大癡浙江衢州人後居常熟虞山善山水少師董元實出於藍陶九成輟耕錄子久本姓陸繼永嘉黃氏董元宰書禪室隨筆元季四大家以黃公望爲冠而王蒙倪瓚吳仲圭與之對壘

是年春得洪谷子秋山晚翠圖見下題危太僕所藏荊洪谷楚山秋晚圖　案沈石田謂高士中年得荊浩秋山晚翠圖始營清閟閣以貯之今孜是圖得於本年乙酉而朱性甫鐵網珊瑚所載陸友仁隸書世說已有至元戊寅袁頎等同觀於清閟閣之語又松泉畫錄載柯九思清閟閣墨竹圖款亦云至元戊寅十二月十三日留清閟閣因作此卷是俱在得此圖之前七年已有清閟閣之名石田翁云云恐非實錄

孫承澤庚子銷夏記跋高士六君子圖云雲林畫在逸品收藏家以有無論清俗予見其畫最多然僞者十之六七生平妙蹟無如六君子圖自題

云盧山甫每見輒求作畫至正五年四月八日泊舟弓河之上山甫籌燈出此紙苦徵畫時已憊甚只得勉以應之大癡老師見之必大笑也大癡題一詩於上云遠望雲山隔秋水近看古木擁坡陀居然相對六君子正直特立無偏頗李尚寶日華云六君子乃松栢樟柟槐榆六樹行列脩挺疏密掩映位置得宜而皆在平地且氣象蕭索有賢人在下位之象豈或當日運數否塞高流隱遁而爲是歟案李跋亦見六研齋三筆孫跋後附記進貢人經無錫以沈香百斤求見清閟閣事已見本集茲不錄又云薛道祖有清閟閣黃伯思有雲林堂倪皆[redacted]襲之雲林畫有清閟閣圖已像其中圖在孝感程翰林正揆家程善畫爲余臨一紙[redacted]又按都穆寓意編於濂溪坊周氏觀雲林小像坐牀上憑几左一童子捧朱拂右侍姬提盥類之器又何良俊書畫銘心錄華補庵家觀王叔明畫倪雲林像有曆巒古木林下一老趺坐神意殊遠其上有顧謹中書讚四句作鐘鼎文又阮文達公石渠隨筆載　內府藏張雨題元鎭小像卷其左目眇據牀獨坐翛然絕俗然似有癖者

寶繪錄荊洪谷楚山秋晚圖卷首標籤乃宣和御筆元時爲危太樸所藏倪雲林題云五尺生綃綴碧峯楚天搖落樹初紅誰家瓊館斜陽裏何處吟翁古道中水落漁梁微有跡亭迴岸幘淡無風幾回試展晴窗下如入桃源興不窮後跋云予竊慕洪谷子畫亦已有年今年春偶得秋山晚翠圖自謂藝林中絕筆後世縱有作者莫能及矣不勝慶幸今太樸先生亦得楚山秋晚橫卷用筆設色毫無二致豈所謂明月夜光同乎一器未易定其甲乙也至正五年八月既望敬題案詩跋集俱未收明史文苑傳危素字太樸金谿人仕元官翰林學士承

旨入明授翰林侍讀學士兼宏文館學士後謫居和州守余闕廟歲餘卒寶繪錄又載高士爲太樸作長松絕壁圖年月無攷類附於此

又題關仝層巒秋靄圖云暮靄歸林壑江光動野航道人巖下去茆屋樹邊涼絕壁瀉秋澗遠山留夕陽誰能爲此者之子素稱良跋云夫畫中荊關之名不下顧陸士人之定評也洪谷子猶或僅見一二至於關仝在當時所作甚少有則又爲內府收襲殆盡故後人益稱爲麟角鳳毛予向來所爲刻意師法者特影響耳太樸先生近得洪谷子眞筆復得此卷閱之不忍遂去乃爲精心領略者數日太樸毋乃謂竊窺其堂奧乎因書此以紀予之篤好云案詩跋集俱未收跋中雖無年月然以近得洪谷眞筆復得此卷二語考之似與前楚山秋晚圖同爲一時墜題也程孟陽耦耕堂集紀董文敏題雲林霜林

遠岫圖有云倪元鎮畫出於關仝稍加柔雋遂成逸品此圖純用關法云云以跋語刻意師法證之益徵思翁具眼

六年丙戌四十六歲

本集餘不溪詠序云開元館在餘不谿濱距溪無百步上清王眞人所居溪流冬夏盈演玉光澄映與他水特異故爲名焉庚午歲春因市藥過浙江趨便道將歸梅里俯斯水而悅之泝流閒詠盥濯平津顧瞻壇宇近在東麓遂舍舟造其下眞人爲出酒脯燕嘯巖洞竟日乃返悠悠阻歲忽已十有七寒暑矣予已爲農畎畝身依稼穡復爾政繁奔走鄉里欲爲昔日其可得乎云云 案自庚午至丙戌歷十有七年詩序當即本年所作

墓表稱高士所作詩畫自成一家至正間與歐虞范揭諸詩老名埒聯屬姓名板行於世日坐清閟閣於世累泊如也或作溪山小景人得之如拱璧云云當即承平時事後此則伏莽四起奔走江湖恐無此清暇矣 案虞道園題贈雲林高士絕句云鮑謝才情世不多手封詩卷寄江波宅邊東海鯨魚窟好著輕舟一釣蓑是高士曾以詩卷就正道園堪與墓表相發明也管時敏題高士小景云故家池館錫山隅門徑蕭客俗士過清閟閣空詩社散蛛絲窗戶落花多自注閟乃先生藏書畫之所落花蛛網先生詩會中題也今案詩見集中雖詩會年月無考要必承平時事故類附於此 元史歐陽元字原功瀏陽人官翰林學士承旨有圭齋集虞集字伯生號道園崇仁人官翰林直學士有道園學古錄范梈字亨父一字德機清江人官湖南嶺北道廉訪使經歷著有范德機詩揭傒斯字曼碩一字伯方龍興富州人官翰林侍講學士謚文安著有文安集

七年丁亥四十七歲

朱性甫鐵網珊瑚以後續引此書俱以朱氏書目別於都穆鐵網珊瑚載陸友仁隸書世說張伯雨跋云此卷余舊藏嘗雜書紙尾把玩山澤閒後爲元鎮持去至正丁亥與元鎮同游梁鴻山攜在行笈因得重觀感慨歲月余老矣能幾把卷重題而還諸清閟閣 案跋後有袁矩等題云至元四年龍集戊寅正月二日京口袁矩子方曹南史元舉大用金華吳福孫子善同觀於清閟閣 江南通志皇山在無錫縣東五十里矣吳地志云一稱鴻山謂東漢梁鴻嘗居此東嶺有梁鴻井

王賓雲林旅葬墓誌銘至正初兵未動鬻其家田產不事富家事事作詩人竊笑其顚兵動諸富家剽劉廢田產人始賞其有見友張伯雨伯雨至其家嘗鬻田產得錢千百緡念伯雨老不再至推與不留一緡 案伯雨卒於至正戊子年七十實題陸帖之次年則所謂老不再至者似可定爲本年丁亥事矣外史集中次韻謝別元鎮詩有云主意亦云厚未厭此客惡外人那得知孤雲豈無託感知濫於泓穎殆即指此耶 明一統志亦謂高士一旦棄田宅去曰天下多事矣乃往來五湖三泖間二十餘年多居琳宮梵宇人望之若古仙異人 江南通志王賓字仲光長洲人有高行隱於醫著有光庵集

時事十月沿江兵起

八年戊子四十八歲

春崑山顧阿瑛招游玉山草堂高士不果往 案楊維楨玉山雅集圖序玉山主者顧阿瑛氏輕財好客海內文士未嘗不造玉山所者至正戊子二月十又九日之會爲諸集之冠鹿皮衣紫綺坐據案而申卷者鐵笛道人會稽楊維楨也執笛而侍者姬翡翠屏也岸香几而雄辯者野航道人姚文奐也沉吟而癡坐搜句於景象之外者苕溪漁者郯韶也琴書左右捉玉麈而從容談笑者即玉山主人也姬之侍爲天香秀也展卷而作畫者爲吳門李立傍觀而指畫者即張渥也席皋比曲肱而枕石者玉山之仲晉也冠黃冠坐蟠根之上者匡廬山人于立也美衣巾束冠帶而立頤指僕從治酒肴者玉山之子元

臣也奉肴槅者丁香秀也擕觴而聽令者小瑜英也期而不至者句曲外史張伯雨永嘉徵君李孝光東海倪瓚天台陳基也明史文苑傳楊維楨字廉夫山陰人自號鐵崖元泰定四年進士官江西儒學提舉元末徙居松江之上與永嘉李孝光茅山張羽錫山倪瓚爲詩文友顧德輝字仲瑛崑山人築別業於茜涇西曰玉山佳處晨夕與客飲酒賦詩其中嘗舉茂才授會稽教諭辟行省屬官皆不就張士誠據吳欲强以官不受以子元臣爲元水軍副都萬戶封德輝武畧將軍飛騎尉錢唐縣男自號金粟道人及吳平父子並徙濠梁洪武二年卒六研齋三筆玉山雅集圖爲淮海張渥作渥字叔厚畫史會要云號貞期生

二月有題贈盧山甫聽雨樓詩詳見乙巳年下 寶繪錄趙松雪怡樂堂圖爲玉峯顧善夫作高士題云堂名怡樂近清流風月無邊景概幽琴撥静時元鶴舞機忘竟日白鷗游牙籤萬卷書連棟鐵笛一聲天已秋聞道課兒忠與孝佳名準擬繼前脩至正八年九月既望爲善夫先生題

案寶繪錄顧善夫名信以能書稱晚號樂善處士此詩本集未收語意亦非高士手筆然此譜之例凡高士詩畫見於各處刊本者靡不採錄 四庫書目亦謂清閟閣集中如題天香深處等六篇決非雲林之筆以流傳既久姑仍刊本存之而附著其可疑如右今此譜謹 援其例焉

時事十月黃巖方國珍兵起執浙江參政朶兒只班迫其上書請官爵從之國珍益熾

九年己丑四十九歲

本集有至正九年三月一日寫春山嵐靄贈仲章沈君詩後附張附鳳鄭元祐次韻二絕句幷跋 案朱氏鐵網珊瑚所載與集同又清河書畫舫云歷觀雲林畫蹟求其氣韻生動者當以春山嵐靄爲君其相寨滿幅不必言而烘鎖撥染尤異世以清逸見賞何足以盡倪君耶 又有至正九年八月十六日計籌山呂尊師訪予蕭閒館爲言顧徵君仲瑛玉山隱居之勝輒想像賦長句以寄他日尙同袁南宮攜琴嘯詠竹間也 案六研齋三筆載玉山雅集圖後附高士詩跋與此作同惟多南宮同在蕭閒館中就致意焉二語南宮即袁華江南通志袁華字子英崑山人楊廉夫弟子著有耕學齋詩集洪武初爲蘇州府學訓導朱錫鬯靜志居詩話云著有可傳集楊維楨序明史文苑傳呂敏字志學無錫人元時爲道士洪武初官無錫教諭今攷高靑邱集中有送呂志學秀才入道詩高士集中亦多與志學酬答之作呂尊師豈卽其人歟浙江通志計籌山在湖州府武康縣東南三十里越大夫計然嘗籌於此 又案本集有蕭閒館聽袁南宮彈琴詩及八月廿三日留南宮岳山人飲明日岳山人過玉山草堂南宮老矣不知復幾聚首觀花聽琴情不能已因賦幷柬玉山云云以前跋互證疑卽一時所作岳山人當是岳楡字季堅義興人與袁南宮呂志學皆玉山熟客也

十年庚寅五十歲

是年夏高士在常郡冬游宜興 本集題荆溪清遠圖云荆溪吳國良工製墨善吹簫好與賢士大夫游張貞居每館寓其家艤舟離旁興盡便返故國良得貞居翰墨爲多今年予以事至郡中泊舟文忠祠後國良便從溪上具小舟相就語爲援簫作三五弄慰予岑寂幷以新製桐花煙墨爲贈予嘉其思致近古遂寫荆溪清遠圖以遺之至正十年四月廿一日也 案顧德輝玉山遺藁吳國良名善本集有贈墨生吳善詩及贈吳國良侊闕人詞 又有義興吳國良用桐煙製墨將游吳中求售賦詩以速其行之作及因吳國良過玉山草堂賦詩奉寄云玉山樹色隱朝陽更著漁莊近草堂何處唱歌聲欵乃隔雲濯足向滄浪珍羞每送■絲絡佳句多投古錦囊幾問櫂船尋好事辟彊園圃定

非常案玉山遯稾題桐花道人卷云桐花道人吳國良雪中自雲林來持所製桐花烟墨見遺留玉山中數日今日始晴相與同坐雪巢以銅博山焚古龍涎酌雪中水烹藤茶出萬壑雷琴聽清臞生陳惟允彈石泉流水調道人復以碧玉簫作清平樂虛室生白塵影不動淸思不能已已道人出所攜卷索和民瞻石先生所製淸平調予遂以紫玉池試桐花煙書以贈之且邀座客鄭雲臺同和時至正十年臘月廿二日也又炙韻送吳國良詩桐軒隱者來相訪草閣能留十日歸快雪平消春水闊扁舟又逐白鷗飛似聞迂叟耕梅里每過山家款竹扉期予幾時來慰我共披鶴氅坐苔磯俱堪輿高士各詩互證自是國良遂爲玉山客玉山倡和集中常得挂名其間如蘇黃之於潘谷矣元詩選潘純子素集有桐花烟爲吳國良賦詩　孟冬至義興居荊溪之重居寺遂留度歲本集四言詩序云至正十年十月廿三日予以事至荊溪重居寺主邀余寓其寺之東院凡四閱月待遇如一日予將歸乃命大覺懺除舊業使悉清淨乃爲寫寺南山色畫已因畫說偈一案一統志常州府宜興縣秦陽羨晉義興又本集題畫絶句今日披圖感慨深與君對酒若爲斟重居寺裏松杉合劫火兵灰已不禁殆卽亂後追懷舊游之作歟又高靑邱集有題高士義興山水詩

時事十一月方國珍攻溫州

十一年辛卯五十一歲

本集義興異夢篇有云辛卯之歲寅月壬戌我寢未興戶闔於室爰夢鬼物黯淡慘慄或禽而角或獸而猉夔足駿奔豕啼人立是孟春尙寓碁尊於重居也又寓義興先太初上人房詩當亦作於此時

時事四月詔修河防劉福通徐壽輝因以兵起奉韓山童之子韓林兒爲主俱以紅巾爲號連破州縣　六月浙江行省討方國珍兵敗詔招降之　九月徐壽輝陷

倪高士年譜　六　粤雅堂校刊

蘄水爲都國號天完僭稱帝改元治平

十二年壬辰五十二歲

是年春高士往來常郡宜興蘇州及游荊溪　本集有云江陰袁仲徵作軒名篔林日夕嘯詠其下至正十二年二月廿四日訪余南蘭陵寓舍徵僕賦詩遂走筆應請然不能道軒中清事也案方輿紀要蘭陵城在常州府西北六十里晉大興初始置南陵郡及蘭陵縣於武進界內卽今常州府治也又跋黃子久畫卷云本朝畫山水林石高尙書之氣韻閒遠趙榮祿之筆墨挺拔黃子久之逸邁不羣王叔明之秀雅淸新其品第固自有甲乙之分然皆余敂衽無間言者外此則非余所知矣此卷雖非黃傑思要亦自有一種風氣也至正十二年三月七日與明道尊師謁張先生因以示余案淸河書畫舫載此跋與集同明史文苑傳王蒙字叔明湖州人趙孟頫之甥敏於文工畫山水兼善人物元末官理問遇亂隱居黃鶴山自稱黃鶴山樵洪武初知泰安州事以嘗謁胡惟庸於私第觀畫惟庸伏法蒙坐事被逮瘐死獄中　又題畫贈鄭九成小引云至十二年三月八日晉雨過九成舟中劉德芳郞官放舟煙渚留宿談詩明日快晴移舟緣水岸下相與嘯詠仰睇南山遙瞻飛雲爽岸桃柳相厠如散綺霞掇芳芹而薦潔瀉山瓢而樂志成出片紙命畫眼前景物紙惡筆凡固欲騁其逸思大乏騏驥康莊也歐陽公云筆硯精良人生一樂余亦云然時舟中章鍊師岳隱者對奕吳老生吹洞簫案南山謂荊南山一統志荊南山在宜興縣西南三十里荊溪之南一名銅官山岳隱者乃岳榆吳老生卽國良章鍊師當指

倪高士年譜　七　粤雅堂校刊

章心遠本集寄章心遠詩江海章高士相違已半年是也　又案本集與張介石詩云奉別後從蘭陵東郭門外人家少憩三日待荊溪發行李來卽歸田舍到家稍稍休歇而州縣差科迫促騷然因嘆安能復以憒憒從彼之榛榛乎便命扁舟入吳寓村落中調氣靜坐得以少抒其中磊磊者一日從一二林下人登靈巖山覽觀天池石壁之勝尋姑蘇臺古跡若司馬子長蘇長公悲世憤俗有不勝其哀後百世而不見古人則求古蹟觀以自解惜不肖非其人因望太湖之西諸山隱約指點數螺若芥舟泛泛水中者當是銅官山並吾寄止公政蒼白雲藏沒處閉門著書降辱其心志不能以道表見於當世眞爲之泣下沾襟也閏月暫還繫舟江渚旁稍治夏衣將復至吳而過荊溪附此上問云云此[illegible]雖未紀年月然是年壬辰閏三月正治夏衣之時加以[illegible]陵荊溪諸語與前跋詞意尤合疑卽是年事高士嘗爲張德常弟德機畫荊南精舍圖介石亦德常兄弟嘗同寓荊溪故書中有銅官山云云然則前跋黃子久畫卷所謂三月七日同明道尊師謁張先生者殆卽指介石歟又荊溪二月東風惡一首題云陸文治見過時余初喪長子云云墓誌稱高士子二人長孟羽先卒孟羽卒年無可攷因荊溪事類附於此

時事二月徐壽輝陷江州總管李黼死之　郭子興起據濠州明祖入濠附之繼而趙均用據濠州稱王郭子興從其令　三月台州路達魯花赤泰不華帥兵與方國珍戰於澄江死之

十三年癸巳五十三歲

本集有至正十三年二月晦日爲公遠茂才寫古木竹石詩　又有至正十三年三月四日同章鍊師過張先生山齋壁間見柯敬仲墨竹詩並序

時事五月張士誠兵起據高郵連陷泰州稱吳王知府李齊死之　明祖破滁陽入守之迎郭子興入滁稱滁陽王　官兵破天完於鄱水壽輝走　案潯陽張來儀羽懷友詩

其倪山人璵一首云灑掃空齋任渾忘應世情身閒成道性家散剩詩名古器邀人玩新圖棟客呈可憐山水興投老失昇平自注云此余處圍城時懷雲林詩也今道路既通猶未得一聚首爲恨六研齋三筆謂此詩作於蘄黃盜起後故附於此

十四年甲午五十四歲

本集題寂照蔣君遺像謂是年偕配蔣夫人奉母去梁溪避兵笠澤間姚少師題雲林墨竹詩卷所謂至正甲午雲林避亂寓於笠澤扁舟往來時入城府多託足於仙佛之廬是也　案一統志梁溪在無錫縣城西源出慧山梁時重濬故名方輿紀要吳江在蘇州府吳江縣東門外卽長橋下分太湖之流而東出者古名笠澤江亦曰松陵江亦曰松江姚少師釋名道衍字斯道族姓姚氏長洲人爲高啟北郭十友之一其詩文曰逃虛子集事蹟見明史本傳又本集附載道衍跋高士墨竹云雲林性迂疎而雅潔酷嗜詩畫居處事物一務清致綽然有宋米南宮之風名動湖海間人莫不

畏而愛之至正甲午避亂寓於笠澤扁舟往來時入城府多託跡於佛山之廬城南開元寺方丈禪師亦甚好清玩故多館穀焉余故得與雲林長共游息嘗寫竹枝與余而詩於上曰秋水汀洲飛鷗鵠湯休倚棹一題詩問師唱得誰家曲嫋嫋西風動竹枝世變後天各一方不得相會者五七年未嘗不想其風度也雲林於洪武辛亥卒於錫山之故里今已廿餘年方丈亦相繼入滅余客燕山不知老之將至興懷至此曷勝悵然近因友人知余性愛竹乃以雲林寫贈一庵長老竹梢見惠目覩睠嘆之不暇故道雲林與余平昔交接之好如此云

雲林遺事謂蹤跡多在松陵笠澤間陸庄有蝸牛廬則其常棲處云　案陸庄卽陸元素所居本集題王仲和索畫竹石有云南湖陸元素幽居今王仲和居之水木清華戶庭幽邃予嘗居其家四年蕭然忘世慮也又題王敬之壁云我來陸庄如故鄉詞集亦有過陸庄詞張憲題高士竹石懷南湖陸氏詩畫裏當年事如今跡已蕪對牀懷小陸移棹過南湖是也

吳郡名賢圖傳贊高士寓甫里與陸德原虞堪輩爲詩文交或寓同里鎮及華嚴寺築笠澤齋居於吳江九里

村案甫里志甫里在今崑山縣六直鎮唐書稱陸龜蒙
隱居吳江之甫里自號江湖散人甫里先生即其地
也方輿紀要六直鎮在崑山縣西南三十六里接長洲
縣界同里鎮在吳江縣東十五里有同里市河東連諸
湖港之水東北接姚城江又東北接陳湖入崑山界本
集有在同里懷元用七律又秦約題[redacted]上笠澤齊居詩
云春流帶江郭雅致屬蕭齋魚鳥會心處圖書引興佳
游雲生曲几飛絮落空階笠澤高風在非君孰與偕又
松陵留別高士絕句佳賓已散千金盡小畫兼題五字
奇邂逅松陵慨今昔酒壺茶椀鬢如絲陸德原即元素
世居甫里　四庫書目笠澤叢書四卷補遺一卷元
魯蒙裔孫德原重鐫靜志居詩話虞堪字克用一字勝
伯宋丞相雍公八世孫家長洲洪武中爲雲南府學敎
授有鼓枻集　四庫書目希澹園詩三卷明虞堪撰
又道園遺稾六卷元虞集撰其從孫堪編益以補道園
學古錄之遺　又案珊瑚木難載黃溍撰徽州路儒學
敎授陸君德原墓誌云君有別業在吳淞江之上築室
曰笠澤漁隱作續杞菊賦自況云殆即高士所寓陸庄
也

本集跋畫卷云余與宗普道兄別十有六年忽薢
茩吳下末云至正十四年二月十二月葑門客樓書案方

倪高士年譜　二十五　粵雅堂校刊

輿紀要葑門本名鲟門在蘇州府城東是高士移家笠
澤當在仲春矣　又案包英寄雲林詩云不待兵戈
已遠移吳淞江上任多時從容只爲知幾早阻絕應知
會面遲蓋自去冬張士誠據高郵陷泰州與常郡尙隔
江水後三年丙申二月始陷常州據之而高
士已先於今春避地來吳故稱爲知幾也　又有至
正十四年二月廿五日雨鄭君九成留宿高齋篝燈爲
寫春林遠岫圖并次其韻詩案清河書畫舫作倂次韻四詩題畫上時夜漏下三
刻矣佩韋齋中書餘與本集同寶繪錄載高士題王右丞雪溪圖詩寒
雲結重陰密雪下盈尺羣峯失蒼翠萬樹花俱白幽居
深澗濱門徑斷行迹伊誰能遠尋應是探梅客至正十
四年三月八日題案此詩本集未收寶繪錄又載高士題王摩詰春溪捕漁圖云今年無禁
太平年浪靜風恬穩放船今夜得魚何處泊百花洲上
白鷗邊又題江干秋霽圖云繪理精微世莫羣秋嵐過
雨鎮蒼雲右軍筆力能扛鼎五百年來無此君又題宋
宣和內府所藏[redacted]維終南高峯草堂圖云予讀岑參詩

有歸終南草堂詩句今摩詰之寫是圖也豈其贈別之
作耶大抵高賢達士於謝政歸閑之際不能無詠歌圖
繪以贈昔盧鴻嵩山草堂十圖亦猶是也故徽廟標書
以便後之覽者此幅向爲杜南谷先生所藏余得之日
夕展對不惟諸品爲之減色而吾儕之進取深有藉於
斯圖矣以上二詩一跋集俱未收因年月無攷類附於
此終南草堂跋亦見王士正池北偶談徽廟標題已佚
高字云見於程幼洪邑邸中　又陳繼儒妮古錄王維
雪蕉會在清閟閣楊廉夫題以短歌　六研齋三筆載高士秋林野興圖
倣董元樹暈濃厚石氣剛果深沙遠嶼大有神韻掩其
題欵不知其爲徵君也後爲杜東原之子字子開者購
得裝池乞吳太宰原博題識王文恪公亦有題語高士
自題云余既爲小山作秋林野興圖九月中小山攜以
索題憶八月望日經鋤齋前木犀盛開因賦下韻今年
自春徂秋無一日有好興味僅賦此一律錄於左方政

倪高士年譜　二十六　粵雅堂校刊

喜秋生研席涼卷簾微露下衣裳林霏洞戶發新興翠
雨黃雲籠遠牀竹粉因風晴靡靡杉幢承月夜蒼蒼焚
香底用添金鴨落蘂仍宜副枕囊己卯九月四日又後
跋云十四年歲在甲午冬十一月余旅泊甫里南渚陸
益德自吳淞歸攜以相示蓋藏於其友人王君允中家
余一時戲寫此圖距今十有五年矣對之悵然如隔世
也案吳太宰寬跋云經鋤堂前木犀黃何人晏坐開天香廷翁胸中有濤瀣欲掃繁花歸枕囊秋林野興圖
親寫百年流落燕都下市門不遇杜長[redacted]殘墨誰將手
重把宏治王子臘月子開至京偶見此圖識其雲林眞
筆因購得重加裱褫請予題其上王文恪鏊跋云百年
遺墨尙精神鑒賞還歸杜老眞今日長垣傳法眼同知
少嫩亦如人頃余讀東原遺稾其論雲林畫品云世以
其畫辨眞僞不知早歲作書少嫩如其人先生知書之
深者也江南通志杜瓊字用嘉一字東原吳郡人又淸
河書畫舫張丑跋此圖云右畫草亭中作人物二亦自

佳所惜紙敝墨渝不稱神明煥然耳或云倪迂生平不畫人物僅龍門僧荊蠻民二幅有之恐未必然但此圖與東岡草堂僅隔一歲何得書法相懸若此耶又江邨銷夏錄稱此圖畫法董源中畫一亭亭中一人几坐傍一小僮運筆渾圖林木鬱潤林際數峯出沒在目眞元鎮第一傑作也惜乎題字稍遜不無駿骨之嘆 又案清河書畫舫江邨銷夏錄所載原跋十五年作十六年末多重題其左而還十九日數字及附陸繼善五絕一首繼善或即陸益德歟 又高氏松林亭子圖是蜀素本全法董北苑乃是至正十四年爲鄭長卿作右方有潘純次韻詩徐默故物也 是年畫梧竹圖寄顧阿瑛見玉山璞藁琦龍門題長句其上阿瑛次韻和之又本集寄仲瑛詩江海秋風日夜涼蟲鳴絡緯促寒裳民生惴惴瘡痍甚旅泛依依道路長衰柳半欹湖水碧濁醪猶趁菊花黃知君習靜觀諸妄林下清齋理藥囊據阿瑛和詩亦

是年作 案玉山璞藁云倪元鎮畫梧竹圖附草心遠元士見寄奇龍門爲題長詩於上瑛次韻以識詩云山人自愛山中宅繞屋長溪深百尺桐花委地曉風清竹筍過牆新雨碧東海倪迂眞絕俗牛角漢書勵且讀茅齋時有已公吟松窓每待陳蕃宿思之不見勞神交月明夜夜梁絡潮畫圖忽爾墮几案碧梧翠竹如其標生小那知金有幾門與九峯相對峙我才獨小不成邦作詩或借嵇康擬龍門 別垂十年客中又見秋風顛滿懷契闊欲陶寫好寄錫山龍縫泉又和倪雲林所寄律詩云十月清霜天始凉家家砧聲夜擣裳開書乃審近候好問客兼知道味長我尚笑譚浮大白君能服食事中黃何當相過一相見帶取奚奴攜錦囊玉山璞稿小注二詩俱作於甲午靜志居詩話 良琦字元樸吳人住天平山之龍門寺又生攜李興聖寺 又案六研齋三筆釋良琦號楚石與顧金粟游極密王山草堂中諸詞客每有唱和必琦爲發端諸公推重之偶於雲林雜劄中得一紙云正月中僕爲醉人所捶罵僕亦頹然如土木偶人不屑也人所共知聞乃反造謗於雲門翁謂僕議其詩文字畫雲門翁學皆造極鄰難中留遇僕不淺僕亦人耶獸耶聞雲門中亦少動是不可曉雲門者即琦也住持越之雲門寺又住持吳之龍門寺又稱龍門翁又玉山璞藁甲午吳下時事絕句云帶號新

軍識未眞撊街作隊動生嗔官支燭鈔難行使強買鹽糧更打人紅綠油牌去復來長身碧眼更頭顋口傳催辦軍需事一日能無一百迴築得吳城易得摧年年風雨繞蘇臺農家盡患時行病總爲修城染帶來紅纓白帽錦鞍韉鐵甲金戈刺繡鞭義士一[redacted]屯海上自家供米又供錢和糴糧船去若飛兼春帶夏未曾歸用錢贈米該加七納戶身懸百結衣一時秕政與高士詩中所謂民生惴惴瘡痍甚者堪以互證也

時事六月張士誠攻揚州尋陷盱眙泗州 案輟耕錄中紀隆平一[redacted]紀士誠本末與正史或有異同 九月元命丞相脫脫督師擊士誠未幾以恰麻譖削脫脫官 十月元兵攻滁明祖破之

十五年乙未五十五歲

是年高士寓笠澤 本集有云乙未歲余年適五十幼志於學皓首無成因誦昔人知非之言慨然詠嘆賦此詩有陰風二月柳依依隱映湖南白板扉旅泊無成還

獨笑吾生如寄欲何歸之句乙未爲高士五十五歲今云五十且引伯玉知非故事不應舛錯至此若以乙未爲庚寅之誤則是時方國珍始攻溫州三吳晏然高士方載[redacted]荊溪安居梅里何有旅泊無成之嘆則又[redacted]避兵笠澤後所作矣 案錢大昕潛研堂文集跋倪雲林詩集云元鎮詩久散佚今所傳者荊溪蹇曦朝陽編集蹇序自言得之王梅西所藏然亦出於後人摭拾多有贋作元鎮卒於洪武甲寅十一月年七十四見於周南老所撰墓志然則至正乙未元鎮已五十有五矣而集中乃有乙未歲余年適五十感昔人知非之言漫賦長句此豈可信耶董文敏家藏元鎮絹本山水後題庚戌歲余年六十恭作僞者因此詩傅會成之云云可謂先獲我心矣 又有乙未四月廿日過仲寶隱君宅因寫松泉畫幀詩 案伏斯彬野志續編卞珏字仲寶善畫著色花木 又至正乙未素衣詩小序素衣內自省也督輸官租羈縶幽憤思

棄田廬斂裳宵遁焉案詩有云素衣涅兮在彼公庭鞫傷迫隘中心忡瞥彼苛者虎胡恤爾氓爾氓如豨甯避尤詬禮以自持省焉內疚雖日先業念毋墜失守而不還致此憂鬱身辱親憂孝違義屈云云逝懷詩所謂輸租嘗血盡役官憂病膺磬折拜胥吏戴星候公庭者殆即指此嗟乎南冠對簿東海埋名羨長楚之無知值黃楊之小厄亂後之田園盡散重來而城郭全非鹽米損其奇懷江湖寄其浪跡天意人事可以悽愴傷心者矣　又案玉山璞藁乙未書實絕句大戶今年無老米細民近日有新錢街衢寂寞無車馬風景悽悽似禁煙又長歌寄孟天暐都事有云天子仁慈尚姑息丞相南征興重役乘時饑虎晝食人誰與蒼生繫休戚又云補官使者招入粟一紙白麻三萬斛年官糴廩爲空數日舉家朝食粥時維五月梅雨多見青田生白波饑農仰天哭無食今秋無成將奈何嗚呼今秋無成將奈何長歌當哭堪與高士前作互相發明也　六研齋三筆載是年高士爲王雲浦畫漁莊秋色圖詳見壬子年下

時事二月劉福通等立韓林兒爲帝於亳州國號宋改元龍鳳　三月[redacted]興卒六月明祖起兵自和陽渡江取太平路　元遣使招諭起兵者

十六年丙申五十六歲

是年高士寓笠澤

時事二月張士誠陷平江案平江即蘇州府方輿紀要云元并江南海道輓輸平江最爲繁富及張士誠竊之而運路中絕大都常有匱竭之虞士誠富强一時爲羣雄冠然則元之覆亡未始非士誠先據平江竭彼資儲之力也　三月士誠掠松江湖州常州諸郡皆據之　明祖克金陵改集慶路爲應天府進攻鎮江克之分兵下金壇丹陽諸縣秋七月諸將奉明祖爲吳國公　張士誠破杭州九月攻鎮江陷宜興明徐達攻毗陵擒其弟士德十月士誠破淮安城江東廉訪使褚不華死之十一月徐達常遇春大破士誠於牛塘

十七年丁酉五十七歲

是年高士寓笠澤　本集陳郎鼓琴初月明七古序云至正丁酉十一月五日余友陳君惟允過余旅寓鼓楚辭一再行因寫墨君并走筆賦長句以贈時漏下二刻矣筆硯荒落自愧草草惟允當有以教我焉案列朝詩傳陳處士汝秩字惟寅本盧山人父天倪先生始卜居於吳天倪卒惟寅與弟惟允力貧養母有聞於時惟允爲張士誠辟親信用事聲勢甚盛惟寅兵後不能一廛安貧靜退視其弟之赫奕若弗聞也洪武初以人才徵至京以母老辭歸惟允尤倜儻知兵靜志居詩話惟允明初官齊南經歷坐法死有秋水軒集姑蘇志吳縣綠水園故爲朱勔別墅元至正中廬山陳汝秩汝言兄弟購得之取杜詩名園依綠水之句以名中有來鵠軒濤舲閣蘗徑等名高啓撰詩序　又案陳惟允過元鎮林居詩高齋閴寂傍湖湄地僻林幽來者稀綠陰當戶子規叫草色滿簾蝴蝶飛主人久得棲遲趣過客暫息風塵機春來水深可把釣況有苔石臨柴扉寄雲林云高人只在南湖住來踏扁舟往見之詩到每驚陶謝句別來空負范張期花明曉日啼黃鳥谷暖春風長紫芝此日幽居想無事水光山色隔簾幃登樓有懷元鎮云清晨獨倚樓秋色淨如洗山青雲弄姿江白風初起心隨沙鳥開目送征帆駛對景每懷人相看隔千里　阮文達公石渠隨筆載高士南峯圖卷紙本淡墨筆畫林亭樹石並遠峯一角款云丁酉仲冬與士元記室天平熙載和上徒弟悟達同游南峯訪又啟和上得瞻道林禪師遺像酌泉煮茗薄暮而回遂成一律並系以圖用寄以發一笑詩云南峯大士氣清揚書史常時積滿牀禮法幾曾拘阮藉文詞只合數支郎山廚屢出伊蒲饌紙閣還聞篤耨香袖拂蒼苔雲石冷更乘幽興坐西岡案此詩本集未收別有登天平絕句云天平爛熳遊三日林下

狂吟石上眠浩蕩春風芳草綠梅花雪滿白雲泉如蟹志天平山在支硎山南五里支遁字道林居吳支硎山報恩寺南峯院又支硎山志山在蘇州府西一名南峯山　本集附馬治題高士書冊云雲林先生廿年前避地吳門士多從之游而吾鄉伯昂隱君時年力方壯亦數漫浪松陵笠澤間於先生風義尤篤釣船書舫茶具筆牀日相往來以詠嘆今古爲事楓江柳灣雲汀煙渚視皮陸風致蓋無甚相遠矣此圖得之雲林得意之時故特幽絕清遠可尚伯昂藏之巾笥已廿八年而先生自吳歸梁溪沒且七載俯仰人事有足深慨者余放舟西陽渚間宿諸卞氏天大雨雪與伯昂坐卞鏞館中欵曲者累日旦起晴冰四[redacted]光凝寒諸峯玉立窗戸殊不類人世也隱君出此徵題

呵筆用雲林韻甲子冬閏月廿日也案以跋語廿八年覈之此書當作於是年丁酉高士沒於洪武七年甲寅至甲子已十一年跋中七載必十一載之訛字形聯緜易於謬誤耳靜志居詩話馬治字孝常宜興人初爲沙門洪武初知內邱縣終建昌知府有荊南倡和海漁等集[redacted]又本集送虞勝伯之雲間求先世遺書詩跋云虞勝伯隱君隱居行義居甫里垂二十年不以姓名求知於時之聞人道園先生其從叔祖也先世雍公遺文道園先生欲求而不得勝伯必欲以意購之云云朱氏鐵網珊瑚有陳基至正十七年冬十月乙未送虞勝伯求雍公遺文序高士詩跋當同是時所作基即高士跋中所稱陶篷大尹也案明史陳基字敬初臨海人受業於黃溍游京師授經筵檢討後入吳參太尉張士誠軍事吳平召修元史賜金而還著有夷白集朱氏鐵網珊瑚又載高士次韻勝伯諸詩及兩札俱與集同另一札云虞

山人勝伯陳山人惟寅皆爲鄉里蘚苔共飲問及仙游事欲所賦詩未果寫既去僕已醉矣酒醒遂和以答二賢初意此凡四也詩云掃除我獪蓄神機開頂葫蘆不置屏人物已從垣外見眞形漸向市中徵杯成白鶴冲霄去劍化雙龍破浪歸自此更無毫髮累綠毛纏體欲成衣獨據胡牀醉不移坐深[redacted]露滴髭眉蕭蕭風水成音樂澹澹星河起鷺鷥語罷欲乘黃鶴去興來忽使白雲馳火龍口飲烹茶口不折扶桑一氣吹羃羃松陰布網羅鶴巢松頂吸天河是何道士圍棊坐者簡樵夫對酒歌看月也知爲爾好凭風無奈欲歸何送君直過橋西去還記垂楊葉不多以上詩跋集俱未收

時事三月明祖克常州五月取寧國路略太湖下徽池取江陰揚州　張士誠寇嘉興屢爲苗帥楊完者所敗降元元以士誠爲太尉官其將吏有差　九月天完將陳友諒襲殺倪文俊並其軍自稱平章

十八年戊戌五十八歲

是年高士寓笠澤　本集有云至正戊戌八月便過岷翁出趙宗漢雁山高隱圖索題遂作短句聊博一笑　玉山逸藁阿瑛自題像云儒衣僧帽道人鞵天下青山骨可埋若說向時豪俠處五陵鞍馬洛陽街後附高士金粟道人小像贊末云倪瓚造戊戌八月法喜精舍北樓案贊語已見本集惟無年月又清河書畫舫雲林手寫顧仲瑛小像白描師李伯時左方有雲林題識此幀向藏秀水項氏今在錢牧齋家云云想即此圖也阿瑛自撰金粟道人顧君墓誌銘云丙申歲避兵吳興之商溪母喪乃祝髮廬墓自營壽藏環植叢桂扁曰金粟自題春帖云三生已悟身如寄一死須教子便埋蓋人傳前身是慧聚寺比邱延福又夢中知向一世爲黃冠師姚興孫者是也金粟道人由是而名明史本傳謂阿瑛再拒張士誠之聘因祝髮自稱金粟道人云又案本集有贈小[redacted]英柳梢青詞瑤英乃金粟小姬疑是年高士曾赴玉山之招故寫照評花牽連有作但別無可[redacted]證[redacted]

時事正月陳友諒陷安慶守將淮南行省右丞余闕死之　宋劉福通兵逼畿甸丞相太平大敗宋將毛貴於柳林　五月福通破汴奉宋主入居之復遣將破上都焚宮室　七月苗帥楊完者兵敗自殺張士誠寇常州據杭州嘉興　十二月明祖克宜興取婺州路案本集答邵生七律已從鷗鳥狎雲深老我無機似漢陰采采菊花猶滿地蕭蕭霜髮不勝簪南游阻絕傷多壘北望艱危折寸心好似吳淞江水上青猿啼處有遐林想即是年南北亂時作

十九年己亥五十九歲

是年高士寓笠澤　本集蟏蛸詩云歲己亥春仲之六日自辰迄酉震雷且雪　又齋中誰爲友五古題云惟寅友兄雅志林壑遠寄佳紙命僕寫圖賦詩因作此以寄歲己亥五月八日　又題陳惟允畫荆溪圖云東坡先生嘗曰一入荆溪便覺意思豁然欲買田其間種橘作小亭名以楚頌卒不遂其志壯樊川作水榭正當荆溪之上其遺趾僧結庵以居至今歷歷可考見蓋荆溪山水之勝如善權銅官離墨諸山岡隴之起伏雲霞之吐吞具匯瀰於其左苕霅引於其前凡仙佛之所宫高人逸流之所宅不可以數計也云云末題歲己亥五月十三日案六研齋三筆云元時陳惟寅惟允兄弟蘇門高士繪法宗唐宋傳采著色有李思訓李營邱之標致倪雲林與往還極密有短劄長詠與惟寅者備錄於是八月五日陳惟寅秀才訪余南渚之上相與陳情道舊爲留終日至暮葉舟絕湖而去一望雲濤渺然不能無惘惘於懷也明日賦此寄惟寅惟允賢昆季陳家兄弟皆好修訪我遠來南渚頭原憲長貧甘所素摩詰示疾今其瘳白漚波上五湖棹丹桂人間八月秋政

使清虛足元賞勿隨塵土逐悠悠又戲爲七言長律奉寄惟寅徵君賢伯仲聊以寫久間之懷耳露下空階秋氣清一尊思爲故人傾智■自足包桓範藝圃深期訪馬卿城郭雲迷紫騮迹江湖雨冷白鷗盟老兵得失初何預司馬虛夷有遠情人還希帶數字以慰老懷以上詩跋集俱未收尚有不見陳君動隔年一律並序已見集中惟多二月十日六字及詩中陳君本集作元方茲不錄　清河詩畫舫高士題高房山秋山暮靄圖云房山高尚書以清介絕俗之標而和光同塵之內蓋千載人也僦居餘杭暇日策杖攜酒壺詩策坐錢塘江濱望越中諸山岡巒之起伏雲烟之出沒若有得於中也其政事文章之餘用以作畫亦以寫其胸次之磊磊者歟因閱允同文學所藏著色山水一卷後有墨庵賦詩展詠永日遂紀尚書公之一二並次默庵詩題畫上詩云白雲孤鶴暮知還船泊錢塘看越山珍重今朝重展卷吟詩作賦北窗間己亥六月十八日也案詩跋集俱未收圖中題詠有沈右一絕用韻與高士同右字仲說吳人殆即默庵歟本集有柬默庵索韭芥葛苣詩允同王姓詳見本集題陳惟允荆溪圖　又高士自跋樹石遠岫云余嘗見常粲佛因地圖山石林木皆草草而成迥有出塵之格而意態畢具及見高仲器郎中家張符水牛圖枯柳岸石亦率意爲之韻亦殊勝石室先生東坡居士作樹石正得此也近世惟高尚書能領略之耳余雖不敏願倣象其高勝不敢盤旋於能妙之間也因新齋高士持周君仲傑紙素來索樹石遠岫故云至正己亥六月廿四日案此跋本集未收陸友仁研北雜志常粲佛因地圖本張伯雨爻似之故物後爲雲林所藏又清河書畫舫記雲林清閟閣所藏有王大令洛神十三行陶隱居畫版帖僧智永月儀帖

褚河南楷書千文張長史秋深帖米南宮寶章待訪錄趙承旨小楷過秦論張僧繇星宿圖吳道子釋迦降生象常粲佛因地圖荆浩秋山李成茂林遠岫董北苑河伯娶婦李公麟三清圖米南宮海岳庵圖馬和之小雅六篇圖右方一冊十五卷乃公朝夕展玩者也又案清閟所藏尚有鍾紹京通甲神經見董元宰容臺集又王維雪蕉見陳繼儒妮古錄又鍾元常薦吳季直表群紹彭四帖張伯雨舊藏後俱歸雲林見都南濠寓意篇又李易安一翦梅詞真蹟見清河書畫舫

時事七月張士誠大發浙西諸部民築杭城詔遣使以御酒龍衣賜之徵海運自是士誠每歲運米十餘萬石至京師案此即楊廉夫詩所謂江南歲歲烽煙起海上年年御酒來如此烽煙如此酒老夫懷抱幾時開也詳見都穆南濠詩話自是士誠藉朝命川羅致羣才凡不得志於元者爭趨赴之瞿祐歸田詩話謂當時王有張吳王米蟲之謠雖饒介之陳惟允輩亦俯受官職惟高士鴻冥豹隱嶄然不緇流痕江湖窮阨自守下至一詩一畫亦無所假借王穉登清閟閣全集序云倪先生當勝國之季潔身棲遯孤標特立照映巖谷可謂卓然不汚抗迹霞外者矣昔陶徵士書甲子不書元先生亦不書元張士誠據有江東以僞爵餌士士靡然從之先生竄跡林莽不受其聘後士誠弟士德薦若先生不勝憤榜笞之先生不吐一辭此其節類龔勝會元社將易海內逐鹿者四起先生恐懷璧爲罪盡散家財避之三泖五湖不及於難此其高又類鴟夷子皮今世重先生畫亦重其詩又亦乃重其人是人以詩以畫俺世所最重者特先生末技耳云云可謂深知高士者矣又案都公譚纂士誠弟士信聞元鎮善畫使人持絹侑以幣求其筆元鎮怒曰倪元鎮不能爲王門畫師即裂其絹而卻其幣一日士信與諸文士遊太湖聞漁舟有異香士信曰此必有異人急榜舟近之乃元鎮也士信見之大怒欲手刃之諸文士力爲勸解然猶鞭元鎮元鎮竟不吐一語以是得釋後有人問之曰君被士信窘辱而一語不發何也元鎮曰一說便俗又楊廉夫寄出林絕句云祇陀山下問幽居新長青松八九株見說近前丞相怒歸來自寫草堂圖廷爻於今久絕交文章出口未全膠權門喜怒狙三四何用揚雄賦解嘲豈即指此事以慰藉歟

二十年庚子六十歲

是年高士寓笠澤仲冬游長洲　本集有至正庚子二月十日題環慶王氏所藏趙榮祿六帖乃榮祿與王覺軒手簡其曾孫光大所藏也案鄭元祐王氏彝齋記宋王襄愍抗節死苗劉之難賜居義興山中五世孫覺軒官蘭溪判官子子敬與其昆季仲德父子明父皆能力學世其家子敬得商父丁彝於維陽夾谷家亂後歸然獨存子敬之子令顯字光大乃以彝名齋六研齋三筆載此帖墨蹟謂王氏乃五代王審琦之後審琦既輔宋封秦王傳有宋初賜券光大乃併榮祿六帖裝潢之與券詞并錄載有楊鐵崖倪雲林沈樂墨馬治諸跋券詞曰運負鼎之雄材統經邦之大器一言興天地之機萬世建盤石之固黃河有如帶之流泰山有如拳之日故使我念卿使卿常襲寵榮克保富貴恕卿九死子孫恕五死雲孫恕三死如犯常刑有司特各赦除如違此誓天不蓋地不[redacted]載國祚傾危建隆三年月日賜秦王券誓　又題畫竹云一庵大士舊雖識未深相知庚子二月十四日復訪之於壽明即留三宿挹其風標始知古德師也余恐其拯溺之心過切未即深僻幽閒之地乃寫竹梢并賦以撼之云爾案此幀後爲姚少師廣孝所得少師跋語已詳見甲午年小注　又有庚子十一月廿日薜荔雲岡道師於長洲邑東之延慶院以此紙命寫竹石并賦詩云云

時事五月陳友諒弒天完主徐壽輝遂自稱帝國號漢改元大義

二十一年辛丑六十一歲

是年高士寓笠澤　好古堂書畫記高士自題山水云邃密齋宇靜風雨暮蕭蕭復此獲良覿芹菹酒一瓢羣綠澹淸閟幽卉炫崇條世事方疚如聊以永今朝辛丑五月十日齋居對雨畫此并詩其上案此詩本集未收又案書畫記載

高士師孺齋圖卷自題云徐孺新詞湖水濱滄波蕩漾白鷗春東都第宅埋荒草南國衣冠薦落蘋華胄能傳青史舊盛游況喜綵衣新若逢此士煩相語發瑞明時作鳳麟倪瓚并詩以贈伯樞茂學此詩本集未收伯樞徐姓環名蔡徐孺子以師孺名齋鄭元祐為作師孺齋記後附陳基錢仲益詩顧祿王寵程嘉燧陳盟跋前有吳門袁裒戒卿華亭周鼎收藏印沈周跋云徐環伯樞元季儒流倪迂為之圖倘左生為之記勝國諸名公為之題詠意亦篤行君子以孝悌名者耶容儁持示此卷披其圖讀其辭恍然如覩其人云　本集題畫云至正辛丑十一月廿四日德常明公自吳城將還嘉定道出甫里捩舵相就俯仰十霜恍若隔世為留信宿夜闌更秉燭相對如夢寐甚似為僕發也明日微雪作寒戶無來迹獨與明公逍遙渚際隔江望靈巖天平諸山在荒烟遠靄中濃纖出沒依約如畫渚上疎林枯柳似我容髮蕭蕭可憐生年不滿百其所以異於草木

者獨情好耳年逾五十日覺死生忙能不為之撫舊事而縱遠情乎明公復命畫江濱寂寞之意并書相與乖離感慨之情德常今為嘉定二府於民有惠政卽昔日艮常主八也朱陽館主蕭閒仙卿倪某言又送德常同知詩聞道之官嘉定去載書連舸泊江濱當亦同時所作　案此圖元明收藏家俱稱為隔江山色德常名經金壇人高士及王叔明朱澤民皆為作艮常草堂圖父名鑑字天民號鶴溪弟名緯號德機集中所稱元度以中皆得常子朱氏鐵網珊瑚載鄭元祐艮常草堂跋云荊溪王仲德博古嗜學延致金壇張天民先生於其家德常蓋先生子其父子績學能以其道行於荊溪荊溪之人為其父子買田築室卷中所謂艮常草堂者德常扁其室示不忘金壇故居也又載艮常張氏遺卷內有至正庚子冬蘇昌齡送吳縣尹張君德常改除嘉定州同詩此蓋其改官之次年道過笠澤也■又案集中艮常草堂詩序云和靖處士常賦詩曰山水未深魚鳥少此生猶擬再移居只應天竺溪流上獨木為橋小結廬以中之大父鶴溪先生自金壇移居荊溪因以中相邀話處士舊詩戲為圖此又題艮常草堂疏云昔王錄事寄少陵之資近代趙文敏于岳氏之助皆有實效不事虛文今德常欲構草堂所求者柯張杜三君或宿諾而寒盟或解嘲以調笑遣求其實則罔所知數年之間三君已矣草堂適成載覽標題重增嗟悼捐余珍祕永鎮新居自注余捐趙榮祿正書一卷　又題吳仲圭詩畫次韻小引云元初眞士嘗居嘉禾紫虛館好與吳仲圭隱君游故得其詩畫為多今年十月余始識元初卽出此幀命僕賦詩因走筆次吳隱君詩題於上隱君自號梅花道人云至正廿一年辛丑　案嘉興志吳仲圭名鎮嘉興魏塘人清河書畫舫載此畫作平林野水圖六研齋二筆周京眞嘉興人入紫虛觀從李太無為道士太無杜道堅弟子也至正戊子居葑門報恩院以篆符召鶴名所居日來鶴軒自號鶴林先生云云元初卽其字也高士嘗為作鶴林圖及靈鶴辭　又案本集有鶴林周元初畫像贊　四庫書目謂與集中題紫華周公碑傳行狀後題天香深處卷後題師子林圖重覽紫華

周公碑傳題周遜學府君遺翰後等六篇皆詞意猥褻決非高士眞筆　又和陳惟寅姑蘇錢唐懷古六首詳見壬寅年下

時事明祖伐漢拔江州漢主友諒走武昌

二十二年壬寅六十二歲

是年高士寓笠澤　六研齋三筆高士水竹居圖卷兩樹夾坡有平屋二間上方低巒餘俱細竹碎石筆極蕭散後有俞焯作記以贈仲和處士者高士題云吳下人多水竹居俞公染翰笑談餘記文固已瀾翻甚笑詠應當雨霽初篇什謗勞陳組繡園池無復有禽魚只今瀟灑南湖上種玉疏流孰侮余仲和兄吳城埪中有水竹居閭甚清遠兵後以其地處軍伍因遷居松陵南湖之

上亦種竹疏流婆娑其間比之城中尤清曠也俞君作記瀾翻浩汗雖白首暮年猶不能除少年舉子習氣耳題燕適之所曰水竹居吳人多用之類皆鑿池種竹所以誇深靜也余至吳中士人家每見如此故篇中悉及之至正廿二年歲壬寅九月廿六日又云俞焯作記發揮水竹之義引洪範五行與易乾兌又陰用楞嚴金火曜光生水之說故迂翁又評之曰此一篇金水講義雖不脫科舉習套亦自老成案詩跋集俱未收別有題高進道水竹居五律仲和王姓陞元素塤　又案石渠隨筆雲林畫譜冊惟畫疏木喬枝各種葉幹及拳石立石之屬倪家畫法畧備於此倪又有水竹居圖卷樹石皴法大備與譜法同一蒼秀可以合觀云云未知即此圖否俞焯合沙人　朱氏鐵網珊瑚高士題張仲敏勾勒竹云霜松雪竹當時見筆底猶存歲晏姿文采百年成異物西風吹淚鬢成絲髯將用意鐵勾鎖書法不凡詩亦工清苦何憂貧到骨筆端時有古人風壬寅九月廿六日笠澤道院東齋案詩已見本集未紀年月畫史會要張遜字仲敏號溪雲吳郡人善畫竹作勾勒法　本集有壬寅仲冬寫竹枝贈潘友詩案邵寶容春堂前集題雲林梧竹草堂圖云潘松泉俞雲林之子之疾雲林寫梧竹草堂圖并題詩以贈之越四十年王中書見而賞焉謂其運意入妙品題識之餘追想不已前輩風流如此哉玉林松泉之元孫也請志於余云云本集有題潘仁仲梧竹草亭圖絕句仁仲當即松泉也　又次韻惟寅高士姑蘇錢唐懷古六首跋云惟寅徵君所謂獨行士也安貧志道居市二十年蓋若一日賦詩染翰特其餘事耳去年秋偕叔明訪余江渚出六詩相示諷詠之餘因同叔明用韻各和成章今年余

病滯下疾幾半載惟寅凡兩來問余十一月一日覺氣體稍佳惟寅命余寫出遂復書此至正廿二年壬寅歲案叔明謂王蒙本集與介石書有云七月末得滯下疾臥病兼旬又與陳叔方書亦有七月末忽感滯下疾兼旬乃瘳之語當即是年事　又贈惟寅詩跋云十二月九日夜與惟寅友契篝燈清話而門外北風號寒霜月滿地窻戶間寂樹影淩亂吾二人或語或嘆寤寐千載世間榮辱悠悠之話不以汚吾齒頰也人言我迂謬今固自若素履本如此豈以人言易吾操哉惟寅言歸因賦詩并書此爲贈慎勿以示顯貴者必大笑以爲迂謬也十五日書於蝸牛廬中歲壬寅　又爲惟寅作戲屋疏云陳惟寅甫與弟惟允間居養親棲隱吳市不恥貧賤不樂仕進熙怡恬淡與物無忤雖過朱門猶蓬戶也世本蜀人其大父居五老峯下父天倪先生因游吳愛錫麓洞有好流水家於惠山之陽久之有少日同舍生趙從事招往館於其家遂復留吳市焉後棲無定居江右邑人饒介之爲之戲屋使得以安菽水之奉而戲屋之資則非一人所能辦饒君素清苦又不欲以外事累人也僕遂爲之一言世豈無急人之急憂人之憂解衣推食指廩借宅豪傑倜儻如古之人者哉老杜所謂安得廣廈千萬間大庇寒士皆歡顏者請爲諸君誦之至正壬寅十二月九日案江西通志饒介字介之番陽人號華蓋山樵又自稱醉樵至正末以翰林應奉出爲浙江廉訪士誠入吳矯制授行省參政後入[redacted]明被誅列朝詩選稱介爲臨川人[redacted]辛丑銷夏記載

高士詩札云比聞從者來吳旦夕之官淮安復往吳淞迎尊君矣舟經笠澤能一枉顧否因令弟德機徵君之便輒成小詩以寄聞道淮安之任去尊君今任叔兮家來城又鼓吳淞舵好過菖磯弄釣車艮常府判明公執事比附蕭從善一書往會達否瓚廿五日謹空案吳榮光跋云此倪迂與張德常札也德常居艮常常號艮常居士朱澤民作圖題云過江山色萃艮常碧樹陰森結草堂者是也德常爲張天民鶴溪之子會爲嘉定令又爲淞江府判官父子皆績學能文與迂翁友善此札因德常迎養之府判任過笠澤約其相見也成■珏會題■移居圖詩云舊隱荆溪第幾郵手栽松檜至今存大茅峯下千年鶴遲汝重來問子孫又寄天民詩云今子已爲吳縣令先生猶是葛天民天民壽至九十不獨見其子爲縣令且及見其爲府判矣云云以上詩札已見本集惟歲月未詳吳氏亦未訂出今攷朱氏鐵網珊瑚載楊基送張府判詩序云至正丙申德常爲吳縣丞三年以考績上陟縣尹明年除同知嘉定州事壬寅秋調松

江府判官是此札當屬本年壬寅以後事矣故附於此■又案陳繼儒巖棲幽事云倪元鎮寄松江府判官張德常詩後題云陰陽宜少留意閒居尚可爲之況身有職任而値饑者易爲食乎仙官分置洞宮亦如世間局任者矣吾德常兄固知之也此皆盛德之言　石渠隨筆雲林葉湖別墅圖軸白麻紙本水墨畫竹樹坡陀遠山溪水間書屋數楹自題五古一首跋云有常作葉湖別墅成徵余詩畫故寫此塞責至正壬□八月六日縹綾左右有董元宰跋云雲林畫妙在幽淡天眞妄加一筆不得是以稱逸品此圖可以辨眞僞陳眉公跋云雲林之畫江東以有無爲淸俗此幅又在白麻蓋倣右丞也秋日觀於頑仙廬案款中壬下原闕一字故附於此本集有爲徐有常畫葉湖別墅詩葉湖水淪漣松陵在其西望見吳門山波上翠眉低云云卽此圖也集中未紀年月江南通志葉湖在吳江縣龐山湖下流

時事正月明祖取江西路

二十三年癸卯六十三歲

是年高士寓笠澤本集有至正二十三年　正月廿日與諸友集貞松白雪軒以小謝雲中辨江樹分韻各賦得辨字詩　松泉書錄載高士江岸望山圖條幅水墨作高山峭壁松竹幽亭大樹三株內畫一松林麓沙渚坡陀水口俱得其妙按雲林作畫山石多用橫皴此幅山積礬頭兼以披麻皴直下全法巨然爲倪畫中之絕品眞變筆也書右首自題詩云江上春風積雨晴隔江春樹夕陽明疎松近水笙聲迥靑嶂浮嵐黛色橫秦望山頭悲往跡雲門寺裏看題名蹇余亦欲尋奇勝舟過錢唐半日程癸卯二月十七日賦此詩並寫江岸望山圖奉送惟允友契之會稽案此詩本集未收　寶繪錄載高士爲靜遠畫並詩云寢屏桃李晝陰陰耕鑿居人有遠心一夜池塘春草綠孤村風雨落花深不嗔野老孥爭席時有游魚出聽琴白髮多情陸徵士松間石上續幽吟至正癸卯春三月既望寫贈靜遠徵士並賦一詩後有俞紫芝題云雲林英妙吾所畏時濡殘墨寫秋山疎林颯颯長疑雨茅屋悠悠隔世間黃公望題云遙山近山靑欲滴小木大木葉已疏斜日疏篁無鳥雀一灣溪水數函書吳鎭題云隱君重價如結綠蘿屋蕭然依古木藍輿不到五侯家只在山椒與泉曲文徵明題云倪迂

仙去是何年妙墨依然遠近傳一片蒼烟歸遠岫半林斜照下西川細觀此幅更出杜子開秋林野興之右可謂愈出愈奇者矣案前詩本集作東林隱所寄陸徵士未紀年月僉紫芝名和號子中桐江人寓居錢唐自號紫芝逸民陸靜遠卽陸德原也　王士正池北偶談云往見倪雲林小畫自題云蕭蕭風雨麥秋寒把筆臨摹強自寬賴有俞君相慰藉松肪筍脯勸加餐又在京師八家見一詩云梓樹花開破屋東鄰牆花信幾番風閉門睡過兼旬雨春事依依是夢中末題至正癸卯呈德機徵君案末首集作三月廿日題所寓屋壁第一首作筍石喬松詩中頗有作句類[redacted]本集有癸卯歲夏五月初十日畫林亭遠岫詩案本集外紀載高士此圖元明人題識者有顧敬高啟張羽呂敏王行顧宏俞允陳則金震徐賁王燧俞貞木曾炬梁用行諸詩今不錄　又題自畫竹石詩後云予蘇眉仲傑隱君於采蓮涇上戲爲此圖幷賦詩爲贈至正癸[redacted]五月廿二日詩云採蓮涇上漣漪綠苔竹幽篁依古木遇着幽人周傑翁邀余把酒清池曲案詩後附饒介之高青邱和韻詩及明人諸詩跋茲不錄　又案呂勉撰高青邱槎軒集本傳云年十六淮南行省參知政事臨川饒介之分守吳中聞先生名使使召之強而後往座上皆鉅儒碩卿以倪雲林竹石圖命題且用次原詩木綠韻時先生一愿辭耳眾易之佇立少頃荅日主人原非段于木一瓢倒瀉瀟湘綠誰爲惜酒在尊飮餘自鼓無絃曲饒大驚異今攷高士此圖作於是年癸卯青邱已二十八歲呂氏所云其爲傳訛無疑桐鄉金檀撰青邱年譜謂饒介以翰林應奉出爲浙江廉訪士誠入吳矯制授行省參政士誠以至正丙申據姑蘇青邱年已二十一矣呂云年十六誤云云惜亦未據此圖年月確指其謬也　朱氏鐵網珊瑚載高士小幅自題云江渚暮潮初落風林霜葉渾稀倚杖柴門闃寂懷人山色依微至正

〈倪高士年譜　四十〉粵雅堂校刊

癸卯九月望日戲爲勝伯徵君寫此幷賦小詩倪某海雲庵燈下記案詩已見本集此幅後爲高江村所藏見江邨銷夏錄　[redacted]本集題寂照蔣君遺像詩序九月十八日蔣夫人卒於笠澤旅邸案墓誌稱娶蔣氏先高士七年卒今案高士卒於明洪武七年甲寅實先卒十一年墓誌不應舛錯殆十一兩字誤併作七耳本集與介石書僕罪釁山積而我室人亦成長往日月不居奄踰兩月又贈張元度詩云時方喪內是也對梓花七古詞集中大常引傷逝一闋似皆悼亡之作　又題郭天錫畫詩序云天錫掾郎與余交最久死別忽二十載念之悵如何可言錫山弓河上京元道館錫麓元邱精舍其畫最多今或於軍旅之居或爲狐兎之窟頹垣遺址風景亦異雖余之故鄉乃若異鄉矣不歸吾土亦已十年因勝伯徵君攜此卷相示爲之展玩感慨幷敘述其疇昔相與之所以然其中有不能自已也提筆悽然久之至正二十三年歲在癸卯十二月十日夜笠澤蝸牛廬中案郭畀字天錫京口人雲煙過眼錄云字佑之號北山　又題畫貽王光大詩荊南山色隱晴湖暖翠當窗不用圖避世移家今十載盛書連舸泊三吳云云高士於甲午移家笠澤至是恰十載前跋郭畫所謂不歸吾土亦[redacted]十年也詩殆是年所作　清河書畫舫云至正癸卯元鎭時年八十三爲進道寫青綠山水小幀筆法倣傚荊關兼有董巨遺意上方小楷題詠亦非尋常卷軸可比後有龍門沈恒吉印識此畫今在項氏案高士卒時年七十四癸卯年纔六十三跋中八字當是六字之誤

〈倪高士年譜　四十一〉粵雅堂校刊

時事七月漢主陳友諒圍洪都明祖與大戰鄱陽湖友諒敗死其子立於武昌改元德壽　張士誠自稱吳王詔遣使徵糧不與

二十四年甲辰六十四歲

是年高士寓笠澤　本集題寂照蔣君遺像絕句序君諱圓明字寂照暨陽人也年二十歸於我勤儉雍睦里稱孝敬歲癸巳奉姑挈家避地江渚不事膏沐游心恬淡時年四十有七矣如是者十一年癸卯九月十五日微示疾十八日翛然而逝題像甲辰正月廿四日也

又有甲辰七月爲陳惟允撰秋水軒詩序　寶繪錄載危太樸三朝合璧畫册三十一幅內有雲林至正甲辰

三月及甲寅六月畫册二幀　又載高士贈耕雲東軒讀易圖并題云江村九月木樨風不與山園景物同還憶澗西行采菊茱萸交綴入杯紅病骨崚嶒山影瘦敦敦擁褐坐忘言當年親舊攜壺處應有寒泉滿石尊登高多在九龍山湖水蒼茫白鳥還醉拂松蘿臨石溜黄花楓葉暮斑斑至正甲辰中秋日與耕雲於東軒靜坐羣山相繆窔翠入戶庭桂盛發清風遞香衡門舊掩徑無來跡塵喧之念淨盡如在世外人間紛紛如蠶曠然不與耳目接戲寫此圖并錄舊賦山園三絕句以貽耕雲後有鄧文原吳仲圭和韻及黄子久七古明沈石田跋云倪雲林先生清潔高尚詩書自娛家藏古蹟成

癖好荊關二公畫愛其筆法清素也聞雲林先生中年得荊浩秋山晚翠圖大幅如獲名寶爲成清閟閣懸壁閒時對之臥游神往常至忘膳以是先生下筆風趣冷然不凡余生平最喜先生筆法寓目幾四十幅靡不心醉焉馬齒今年八十又見此卷老槎秀石深巖邃壑過於荊關兩家胸襟矣吾友某先生藏此當與清閟閣秋山晚翠圖并寶何如（案本集與耕雲書與前跋正同而未言作圖耕雲王姓名暁固始人見朱氏鐵網珊瑚又集附徐達左謝雲林處士耕雲照磨見訪詩是耕雲曾官照磨也王穉登題高士耕雲軒圖謂耕雲子未詳誰氏殆偶未考歟沈石田跋稱中年得秋山晚翠圖始營清閟閣已辨其誤於乙酉年下　又案本集中秋歡飲及中秋偕徐良夫飲耕雲山居中秋夜月明勝常年良夫與景和▮酒至耕雲軒酬飲諸絕句當同爲是年作）

江村銷夏錄載高士晴陽芳草圖自題踏

莎行詞云春渚芹浦秋郊梨棗西風沃野收紅稻檐前炙背媚晴天涯轉瞬淒芳草　魯望漁村陶朱烟島高風峻節如今掃黄雞啄黍濁醪香開門迎笑東鄰老曲全叟倪某至正甲辰八月廿三日書（案詞已見本集惟未言題圖及年月款識　又案劉體仁識小錄載高士匡廬清曉圖峯巒麗密林木森秀極爲工到荊關古法然也題詞與前作正同殆一詞兩題歟）

本集蟏蛸詩云甲辰暮冬日癸卯蟏蛸見於震陬飛龍夾雷電落景皎出月

時事正月羣臣奉明祖爲吳王建百官司屬二月明祖自將伐漢陳友諒之子理降湖廣江西悉平　四月明祖遣俞通海等敗張士誠於通州

二十五年乙巳六十五歲

是年高士寓笠澤夏在吳城　本集有云南湖陸元素高士幽居今王仲和居之水木清華戶庭幽邃予嘗居其家四年蕭然忘世慮也仲和以此幀索畫竹石畫已并詩其上以寫惓惓之懷元素仲和外舅也故尤感予故人之思乙巳初月十七日案詩有曾住南湖宅於今已十年之句當指初遷笠澤時事

又有乙巳三月八日清明風雨瀆瀆賦此詩

又至正乙巳三月廿四日仲温高士與沈文舉共載訪余笠澤東渚之蝸牛廬相從過王明宅煮茶遂以永日吹笙鼓琴於水光林影中但恨吾子儀在數十里外不得同此集也廿五日仲温別余他之漫成長句以寫余懷靜志居詩話宋克字仲温吳人明初徵為侍書出為鳳翔府同知高啟南宮生傳稱仲温工古歌詩尤工諸家書法家南宮里因以自號列朝詩選沈[illegible]字文舉雲間人築室曰野亭楊廉夫作記子儀當是張適詳下甲寅年注朱氏鐵網珊瑚載此詩墨蹟後附沈文舉放歌贈宋君仲温及送宋仲温還吳七古

又本集外紀載聽雨樓圖卷題詠前列高士與張伯雨至正八年二月十一日題贈盧山甫詩次列周伯溫序云至正廿五年四月廿七日黃鶴山人王叔明於盧生聽雨樓中畫生名恆字士謐時東海雲林生同在此樓高士後題云至正廿五年歲在乙巳盧生攜至綠綺軒見示輒走筆次貞居外史詩韻以寄意陶篷寄亭中人暨諸名勝當不默然也後十又八年四月九日記卷中元明人題跋已附見本集外紀者茲不重錄　案此圖今在吾粵吳荷屋中丞榮光家流傳始末具見中丞所著辛丑銷夏錄中其略云王叔明聽雨樓圖紙本用米法寫雨樹一株餘樹及江岸遠山參以大癡筆意全用敗筆塗抹樓罨以茅中有聽雨者一人江干有舟舟中張蓋者一人攜牘者一人運筆甚簡神韻翛然想見興酣灑墨頃刻而成之狀後附元明諸跋及陳味芝跋宋牧仲詩引首有周伯温篆聽雨樓三字蓋因張伯雨倪雲林作詩贈盧山甫至山甫之子士恆時諸名士繼以詩畫彙萃成卷者也伯雨詩題至正八年戊子二月倪雲林前詩洗字韻者當亦作於此時時伯雨年七十二卽以是年卒越十八年至正乙巳四月一日有鮑仲孚詩九日復有倪雲林詩蓋雲林因後詩和伯雨韻遂將前詩并作一緘時雲林年六十有五是月廿七日叔明與雲林同集此樓叔明乃為士恆作圖此卷明初歸沈成甫後以贈長洲沈啟南之祖孟淵作聽雨樓於吳門至我朝康熙三十九年庚辰卷歸宋牧仲有詩圖作樓兩層在坦坡上下臨江前植大垂柳一樓四周有闌楯後倚梧桐喬木三左為老樹三巨石森秀隔岸之左十二峯遙矗娟妙樓中跂倚後窗手執塵尾者其盧士恆乎江上扁舟張雨傘危坐者其雲林生和詩觀畫後歸而泛舟耶舟子一人披簑戴笠搖柔艣如聞其聲接艣之繩微曲蓋山甫來繩未濡透搖者又從容和緩故不強直也亦可見山澤間閑適之趣矣宋牧仲以康熙三十九年庚辰九月題詩其年六十七自康熙庚辰至乾隆閒成哲親王以五百金由鐵湘舲閣學購於商邱宋氏有吾家有小樓五律一首剜入詒晉齋帖此卷却未書入王書云名蹟絕品者不敢題寫恐後人嫌而割裂亦謙抑也故隔水綾上僅存二印至道光丙申凡四百八十有五年流傳有緒能不珍重

又乙巳五月二十過開元精舍希首座為設湯餅焚香煮茗相餉明日將還穹窿寺因寫竹枝賦詩贈別案姑蘇志開元寺在盤門內穹窿山在府西南十里

又至正乙巳五月廿三日畫雅宜山齋圖詩云靈巖直對雅宜山穹林巨石臨蒼灣若翁遁跡在其麓有子讀書常閉關松根茯苓煮可握林下慈烏去復還寫圖愛此錦步障白雲紅杏春闌斑案清河書畫舫載高士此圖為陳惟寅作巨幅絕妙層累無窮非晚年減筆可比署款倪作郯　又案此圖如郁逢慶書畫題跋記汪砢玉珊瑚網何良俊書畫銘心錄皆已著錄而良俊乃謂遠出其家溪山春靄圖西園圖浦城春色溪山亭子之下未敢信也顧元慶雲林遺事謂此圖為壯年所作亦誤雅宜山在吳縣本名鄉如山虞道圖始改今名高士有鄉如山

竹枝歌并序記其事 清河書畫舫載李營邱茂林遠岫圖高士題云李營邱平生自貴重其畫不肯輕與人作故人間罕得米南宮至欲作無米論蓋以多不見真此卷林木蒼古山石渾然徑岸縈迴自然趣多類荆關晚年合作至正乙巳六月廿日吳城盧氏樓觀 案此跋本集未收盧氏客樓對雨呈惟寅詩當即同時所作據聽雨樓圖詩記及此跋則高士自四月至六月皆在吳城矣 六研齋筆記載高士畫上作重巒下於沙樹間作屋彷彿園林之意題句綠野燕游官濟濟習池清響佩珊珊高梧初引流晨露密竹通流度碧灣童冠詠歸春服後黿魚潛躍夕波間北窗應到羲皇上石枕藤牀臥看山乙巳七日寫贈熙雲學士 案六研齋二筆又載雲林畫屋圖大小作六樹分三重屋

後多綴竹平坡夾以奇石遠近廓落相暎容人游意其間所以蕭疏而不凋殘曠淡而有實際此君真繪事中仙品也題句款識與前幅正同疑本是一幀偶然複記耳前詩本集未收 一月十日答王彝齋詩札 六研齋三筆載雲林龍門獨步圖爲復庵和尚寫山廓頗巨用筆絕細墨法亦淡一松軒仰一櫟旁立而當路隅一僧昂然行其下自題云雲林逸人爲復庵長老寫龍門獨步恩公昔往太平日林下相逢壞色袍行到龍門無腳力右肩偏袒喫櫻桃詩乃張伯雨外史訪斷江恩公所作者也余嘗與外史有詩友之義乙巳歲余訪復庵留山中數日復庵誦此詩不輟口余既寫圖遂書其上 案高士詩跋已見本集董文敏畫禪室隨筆謂高士畫從不著人物惟龍門僧一幅有之姑蘇志恩斷江至治間重修開元寺虞集作記靜志居詩話來

復字見心自號竺曇叟豐城人元季航海至鄞止定水寺有蒲庵禪游二集 松泉畫錄倪雲林樹石野竹圖水墨老樹一株疏葉凋枝叢篠石坡各有幽致畫左款題雲林生寫贈伯陽先生乙巳下角有沈氏印章

二十六年丙午六十六歲

是年冬高氏由笠澤避兵泖上 本集義獻才情似水清絕句題云中州人物獨黃華父子逸出塵寰之表爲可尚也觀澹游此卷筆意蕭然云云時丙午六月晦日 案金史王庭筠字子端遼東蓋州人卜居彰德讀書黃華山寺因以自號子曼慶號澹游俱工詩畫 又贈國寶照磨詩序云國寶照磨有平野軒在揚州城郭中今寓吳十餘年矣至正丙午九月十一日在開元寺

爲寫此圖并詩以贈 案開元寺在盤門是高士避兵泖上之前曾到蘇州矣 是年十一月十九日避兵泖上見丁未自題竹石詩序 案明師於十一月圍吳江降之笠澤在吳江縣[redacted]高士卽於[redacted]川徙居泖上江南通志三泖在今松江府金山縣[redacted] 時事三月明師克高郵進取通州八月明祖命徐達常遇春伐張士誠九月取湖州十一月辛卯圍吳江降之癸卯圍平江城分兵取太倉州崑山崇明嘉定望風皆降松江路守將王立中聞之亦降

二十七年丁未六十七歲

是年高士避兵泖上季冬始去泖往陳溪分湖間[redacted]都穆鐵網珊瑚載高士溪亭山色圖云右紙畫乃丁未五月畫者張宣爲士雍題云石滑巖前樹泉香樹杪風江

山無限景都聚一亭中吳原博題云聽松庵裏試茶還第二泉頭更看山猶有去年詩興在雲林清閟墨斑斑後有卞華伯奚時亭絶句案此圖初爲都南濠所得後以易姚公甫所藏蔣子成大悲像靜志居詩話張宣字藻仲江陰人洪武初與修元史有青暘集　純皇帝御集乾隆丙午題倪瓚溪亭山色云倪瓚自題畫云與趙君善長商推作獅子林圖眞得荊關遺意非王蒙輩所夢見云云茲幀溪亭山色布景周密於雲林另是一格正亦自出新裁之意戊子再題云幀中題者一爲晉陵呂敏一爲星沙夏瑄並有櫝梁溪山色風景之句謹案　御題是雲林溪亭山色有二幅矣又乾隆乙亥題倪瓚江雲館圖云圖乃倪瓚自記云清明後一日風雨阻泖中檢米友仁江村讀書詩補圖云云又卷中唐順之題云倪元鎭補米友仁江村十二景余得於京師但恨失去米書不意中復得之合爲一卷寶藏之今卷中無米書然既得倪畫卽不得米書亦無足恨謹案雲林自記未詳年月惟是年避兵泖上此圖作於泖中故類附於此

清河書畫舫云曾見雲林山水小册一幀柏寒滿紙筆墨清奇右方題欵兩行曰雲林子畫丁未八月　松泉畫錄清閟草堂圖水墨短卷作溪山平遠茂樹遙岑叢竹茅屋坡陀沙磧皆得淡遠之妙爲沈啟南所藏欵雲林子畫丁未八月兩行八字文衡山題云百年清閟草堂空時見煙雲斷楮中山雨乍收江月上依然玉樹濯清風案畫錄原載此圖白宋紙本高八寸四分長一尺四寸三分前下角押沈周賞玩朱文印後下角押王濟賞鑒過物朱文印又白文王時敏印後紙文衡山詩題書法絶妙下押白文徵明印白文悟言室印此圖余於太倉王奉常所藏縮本册中見石谷臨本改畫[redacted]幅見此眞蹟始知爲橫卷　又案此圖題欵與上清河書畫舫所載正同疑祇是一畫特畫錄取衡山詩語題作清閟草堂圖耳　本集自題竹石云丙午十一月十九日避兵泖上丁未十二月十六日始去此至陳溪分湖間矣因寫竹石並題詩云泖渚淹留

再燠寒移居何處卜林巒可憐產不能恆業聊復心隨所遇安船底流澌微淅淅葦間初日已團團故人存歿應難訪愁裏題詩强自寬案葉夢龍友石齋帖載高士手書詩册中多塗注原稾初作泖渚淹留再燠涼今冬何處卜行藏心安所遇忘羈思產不能恆只巽鄉船底流澌時淅瀝葦間初日正蒼涼故人存歿應難訪夢見猶疑在我旁自注己酉五月十九日改定亦可見老去漸於詩律細矣江南通志分湖一名汾湖在蘇州府吳江縣以分屬浙江嘉興故亦名分湖又東通三泖入華亭界陳溪卽陳湖在蘇州府東南三十五里接崑山縣界方輿紀要渡湖東南三十五里卽澱山湖路出松江三泖又泖湖在松江府華亭縣西三十五里亦曰三泖廣韻注泖華亭水也其源出華亭谷

時事明祖稱吳元年九月克平江執張士誠盡得浙西地徙其官屬饒介等及家屬流寓之人二十餘萬於金陵改平江路爲蘇州府高士以冥鴻野鶴超然物外誠知幾其神矣

元至正二十八年
明洪武元年　戊申六十八歲

是年高士居陳溪分湖間　寶繪錄載雲林畫二幅其一題云秋露軒前月滿窗竹聲樹影落空江青苔石徑無人迹坐待歸來白鶴雙右臨青嶂左澄江未覺羲皇遠北窗安得茆君酒斟酌幽人許致玉瓶雙其二無詩題云戊申春仲雲林子瓚畫似勝伯徵君後有星沙夏瑄題七古一首文衡山跋云右倪畫一素而有題者一紙而無題爲虞勝伯作者此吳鄉先達徐仲山先生家藏物也余重價購之已越三載未敢輕出示人今閒中檢得命工裝潢成卷因次其韻並書數紙而識之秋風

蕭颯滿吴江霜葉飄飄落短窗堪愛倪迂淸絶處依微殘墨本無雙案秋露窗前一絶本集作題畫贈王允同詩中秋露作槲露右臨青嶂一絶乃集中題畫十二首之一　六研齋三筆載高士著色山水小景單幅樹石渾厚修聳雲霞鬱勃閃爍不定眞傑作也世傳雅宜山圖未必勝此特是幀晚出未騰聲價耳乃寫於周南老齋中而周以爲家珍者題句云雨後空林生白煙山中處處有流泉因尋陸羽幽棲處獨聽鐘聲思惘然戊申三月五日周南老跋云雲林小景著色者甚少嘗客寒齋間作一二其繪染深得古法殊不易也案淸河書畫舫稱此幅縱橫滿紙層叠無窮且設色脫化較城東水竹居小景尤覺漸近自然當爲迂翁晚年第一名品本身後有張羽袁華陸顒周南老題詠其錢仲益顧祿王達張樞等緗素詩題亦楚楚可愛生平所見倪畫此其指

不多屈者矣又松泉畫錄稱此圖白紙本小掛幅長一尺八寸七分闊一尺一寸設色山水全以花青赭綠運墨爲之圖作重山複嶺茂樹叢林溪橋茆茨皆盡其妙隔水綾上有董文敏題云雲林設色山水平生唯兩幅一在婁水王敬美家後歸烏程潘氏子未之見其二即此幅舊爲吾松黄氏所藏後歸宋太學安之已爲徐太常所購太常之壻劉金吾得之又陳眉公秘笈云著色倪雲林始在■光祿民倩家後爲徐太常所藏江南通志文苑傳周南老字正道自號拙逸老先世自道州遷■元末用薦爲吴縣主簿又辟爲浙省椽文徵明跋江貫道長江圖稱南老爲濂溪之裔居吴門仕元爲浙省理問明初召議太常郊祀禮禮成發臨安居任雲林遺事云元鎮嘗入城訪周南老必先使人投刺南老禮遇特厚凡燕室柱礎之間必先洗滌然後延坐　六研齋筆記載高士春雨野亭圖尋常作三四喬柯低巒一帶不作遠山亦無重沙茫茫然眞雨中物色也題句云二月雨聲連子月三江舟楫任吴江春愁不醒如中酒浪著狂風撼客窗叔珪友契邀遊僧寺以此紙索畫戲寫春雨野亭並題舊詩右方戊申三月十日案此詩本集作三月雨聲連子月五湖舟檝任南湖春愁黯黯如中酒捲地狂風撼不蘇題爲連雨未知孰定本也　本集偶寓姚城江上村絶句序云後二十二年爲戊申歲元度張君得此持以示僕披卷如夢寐間也因次外史韻詩已爲之泫然外史已仙去張榮祿鑑禪師不見數十年存亡不能知尤令悽斷也九月十日題案江南通志姚城江在吴江縣東南三十里　又按楊廉夫有與倪雲林王伯純飲大姚江詩大姚江頭風乍希小陸宅前人獨歸江楓紅於大藥染沙鳥白似孤雲飛持螯把酒一生足食蛤擄龜千劫非雪灘水落獨無恙留借老夫爲釣磯大姚與姚城相望咫尺殆即同時事王伯純名璵淮人　江村銷夏錄高士自題墨竹云以中每愛余畫竹余之竹聊以寫胸中逸興耳豈復較其似與非葉之繁與疏枝之斜與直哉或塗抹

久之他人視以爲麻爲蘆僕亦不能强辨爲竹眞沒奈覽者何但不知以中視爲何物耳戊申十月七日四角有張氏藏印及張氏中齋釣雪張以中四印馬治題云坡公畫竹惟畫意倪老得詩如得仙今古相望三百載只應詩畫出心傳案此跋已見本集惟無年月又案純皇帝御集乾隆乙巳題王翬萬竿煙雨圖石渠寶笈舊藏倪瓚畫譜寫竹枝兩直竿云竹葉下垂乃雨後之景余嘗寫竹枝而觀者問爲何樹余爲一笑云云瓚所畫竹位置畧高而平淡天眞不似之似正深得竹之神理耳　天語標題與雲林前跋正堪印證謹錄於此　本集夜宿張判府環綠軒贈張元度詩云戊申十月十八日環綠齋中借榻眠案張判府謂德常集中所稱元度以中皆其子也　朱氏鐵網珊瑚載蘇文忠公書蔡君謨天際烏雲詩帖後附高士題句第五首下自注云戊申十

月十七日第七首下自注十九日又追和虞奎章韻此詩已見本集惟無自注年月後附癸丑八月八日一跋案此跋乃高氏別題坡公草書者不知據朱氏鐵網珊瑚本集何以移綴此作也 吳寬家藏集題雲林竹石圖云雲林子當元末不與陳敬初輩食張氏祿避地雲間以全其身蓋鴻飛冥冥不麗於魚網者也此竹石作於亂定之後乃國朝洪武建元之歲而雲林爲書甲子其意欲效陶靖節耶然不知雲林出處與靖節同否范齋先生俾余題識因以質之案高士自洪武建元後詩畫題跋皆僅書甲子並不紀元扁舟五湖翛然遠寄姜白石沉思只羡天隨子簑笠寒江過一生者庶乎近之立身本末無愧柴桑特鲍翁生當勝國不能不抑揚其詞耳 詞集鷓鴣天詞云笠澤沿洄十五年親知情義日堪憐偷兒三顧吾何有俗士羣譏自省愆聊復爾豈

徒然田翁輕慢牧童顛乃知造物深相與急使江湖棹去船計高士自甲午避兵笠澤至是十五年詞當爲是年所作案本集有云松陵竟失五車書梅里焚燒舊屋廬寄白石云人情轉劇空懷土家具無多莫借車別陸女云去住情悰兩可哀天公於我已安排前途恐有安閒處未必狂夫事事乖皆堪與前詞互證戎馬艱辛江湖漂泊幺絃苦調略見一斑少陵所謂去住損春心者耶 又案自是年後往來華亭桐里浙東浙西等處行李倥偬非復如昔時安居笠澤矣

時事正月明祖即皇帝位於金陵改元洪武五月幸汴窺元都七月自汴還金陵閏月兵至通州乙丑夜元帝北去八月庚申明祖入大都命學士詹同等訪求賢哲隱逸之士十二月詔修元史

洪武二年己酉六十九歲

是年四月高士自華亭過松陵之甫里田舍遂留度夏

本集有己酉元日題徐氏南園壁詩 又有己酉春謝仲軒序案序語仲軒吳人 江村銷夏錄載燕文貴秋山蕭寺圖高士題云己酉二月廿一日爲清明風雨淒然舟泊東林西谿步過伯琁徵君高齋焚香瀹茗出示燕文貴秋山蕭寺圖展玩良久因寫是日所賦絶句其上詩云野棠花落過清明春事悤悤夢裏驚倚棹幽吟沙際路半江煙雨暮潮生案詩跋已見本集據鲍栩跋伯琁沈姓又清河書畫舫燕文貴秋山蕭寺圖小卷極精乃宋[redacted]書省官畫今在檇李項氏 六研齋三筆容持示趙松雪麻姑壇記趙仲穆書符城南讀書及司馬溫公勸學語二則共一卷倪雲林跋云今年四月十九日余自華

亭過松陵之甫田里舍天氣驟熱遂留度夏鄰有張君德常德機賢伯仲伯子多蓄名蹟而希會面名蹟亦罕以示人幽居默默如潛逃而乃子元度亦不[redacted]相過招邀數次不過黽勉一來六月十六旱久而雨一雨浹旬茅屋上漏下濕獨坐惟有悲嘆因寄詩曰積雨不能休漂搖使人愁哀吟四壁靜臥病百蟲秋何人肯相念載酒一銷憂幸有呂張叟清詩遠見酬余六月末病臂瘡足痛呻吟幾及旬故云七月四日雨止風靜雲翳開朗泥滓尚沒足忽叔子來訪元度踵武亦至攜趙榮祿此卷及其子趙雍遺墨以怡悅老眼納甕牖之涼飔臨碧江之湍激相與玩詠不已自念老景侵尋親朋淪落殆

盡雖近在跬步如張君伯仲尚不得數數晨夕况二趙墨宿光芒昭回霄漢夢寐亦所不睹安得不見其遺蹟而喜忭哉遂記其後以寫余之憒憒焉已酉題 案此跋本集未收詩後四句亦與集異德常舊爲松江府判官入明後想已解職故斯時亦寄居甫里杜門謝軼也 本集有已酉八月廿六日謾題絶句云田父聊同爾汝狂夫從問如何昔日揮金豪傑今朝苦行頭陀 案以前跋及詩中田父之語測之似是時尚居甫里田舍也又集中九日田舍小酌云身世浮沉若漏舟師亡道喪獨悲秋蛩寒尚復吟秋草狐死猶能正首邱贍周枝書云中元習靜松江渚回首塵埃多厚顏富貴不如長處賤奔馳何以得心閒似皆同時作都南濠譚纂謂高士既喪其田而稅未及推入明代催科者坌集乃逃去扁舟蘆葦中爇龍涎香復爲人物色得之囚於郡獄頗爲獄卒窘辱久乃得解此時小住田間豈亦避吏來耶珊瑚木難載易恒題雲林筠石詩故山有錫口口日笠澤移家放棹時雨裏推篷寫筠石燒香何處獨題詩自注倪先生避地漁

村人有追尋之者忽聞蘆葦中有異香遂爲追者所得又高季迪次雲林見寄韻云草滿當年食客堂一身投老寄僧牀秋風吟怨哀蘭浦暮雨行愁苦竹岡任俠豈能諧薄俗養和且爲駐頹光酒錢十萬今誰送獨嗅黃花對夕陽可與前詩並稱實錄矣 又案高士暮年蕭瑟之感形諸篇什者如思歸云久客懷歸思惘然松間茅屋女蘿牽三杯桃李春風酒一榻菰蒲夜雨船不偶會留連滄洲鶴情原只在芝田他鄉未及還鄉樂緑樹年年叫杜鵑寄德朋云農人掩舍[illegible]明野縣吏催租夜打門簇探騰攫初何怪風雨飄搖動心順逆云順逆推移莫愛嗔白雲終不染緇情世[illegible]如火心加水屋裏須教有主人述感云桑柘蕭條半草萊百年人事更悲摧沙邱漂母甯復有故國王孫誰見哀和朱秉中云天地蒼痍誰復惘江湖羇旅我何心此類正多不止紅蠡捲碧應無分白髮悲秋漸不支爲堪扼腕也然哀絃促柏中仍寫清商瑤瑟之槩使會心者如鄰侯聞■殘荒唄知爲大人小謫不久仍當拂衣白雲掬掬以世境順逆代爲感慨者猶未窺見高士真實祕密也已 江村銷夏錄載高士已酉歲新雁題詩圖并絶句云十月江南未隕霜青楓欲赤碧梧黃停橈坐對西山晚新雁題詩小着行 案詩已見本集 本集有已酉十月訪伯璇文學寫圖以贈詩 清河書畫舫載有高士已酉冬題趙千里青緑驪山圖五古 案詩與集同集無年月及趙千里青緑五字 松泉畫錄載高士叢篁古木圖已酉爲劉元暉作

時事二月詔修元史以左丞相李善長監修召前起居注宋濂漳州府判王禕爲總裁徵山林遺逸之士汪克寬胡翰宋禧陶凱陳基曾魯趙汸張文海徐尊生黃篪傅恕王錡傅著謝徽高啟趙壎共十六人同纂修 案汪克寬陶凱曾魯高啟明史並自有傳其餘可攷者俱附著趙壎傳末 八月詔修禮書徵徐一夔梁寅劉于曾魯周子諒胡行簡劉宗弼董彝蔡深滕公琰同纂修 案明史楊維楨傳是年太祖召諸儒纂禮樂書以維楨前朝老文學賜安車徵詣闕廷留百有一十日所纂敘例畧定即乞骸骨仍給安車還山宋濂贈之詩曰不受君王五色詔白衣宣至白衣還蓋高之也抵家卒

三年庚戌 七十歲

是年高士二月游浙東廿九日與章心遠在餘不溪開元館次年有詩紀事其冬重至泖西道經長洲 本集江上作云江頭二月雨垂垂起濯塵纓水滿池賀監宅前重載酒辟疆園裏更題詩高士於元至順元年庚午仲春游浙東愛餘不溪風景觴於上清王真人之開元館至是再游浙東此詩有重載酒再題詩之句當即是年作 案本集竹枝詞序云會稽楊廉夫邀余同賦西湖竹枝詞余嘗暮春登瀕湖諸山而眺覽見其浦漵沿洄雲出没慨然有感於中欲託之音調以聲其悲歎久未■成章因睹廉夫之作爲之心動言宣云云廉夫

於去年己酉徵修禮樂書還山未幾即卒竹枝詞唱和當在庚戌以前高士之游西湖當屬至順元年庚午事 又有庚戌冬廿日泖西寫竹石小幅贈仲端友契詩案高士於丁未季冬去泖上至是重游集中贈陸子華詩爲愛泖西春水綠三年不來今乃復計丁未至此恰三年矣仲端殆姓本集有題畫與强仲端詩 又蘧廬詩序爲蔡質子賢作云有逸人居長洲荒寒寂寞之濱結廬似偃息其中命之曰蘧廬末云庚戌歲冬予凡一宿案高士之過長洲或往來泖西時事計自丙午至庚戌五年中游蹤屢徙迄少安居想見當時惘惘出門之狀陶靖節得徜徉柴桑栗里閒猶是高人晚年樂境矣 又案六研齋筆記載程季白購得倪雲林畫二軸其一春林山影圖贈子英高士大小作七樹內一松松幹一筆取勢如飛白其一秋林山色圖贈子賢逸人幽居并賦詩留別詩效樂天體詩云不到幽人宅於今十二年窮秋八九月舟到爾門前粥飯司晨暮香霏雜茶烟酒飲二三酌詩吟一兩篇篝燈獨擁被持楯向林泉八足蟹螯美四腮鱸鱠鮮磨白作豆乳碓紅收稻田蕘蓴浮玉脆酢墨折釵妍我時若暴下寒熱復相

倪高士年譜 三十六 粵雅堂校刊

煎爲病不舉酒多艱少佳眼時乘小艇出或與鄰僧聊爲歲寒計豈有新蠶綿袁繆頗與慨交游甯汝楫坐留每兀兀心計徒懸懸逸句鶴骨健逸情禽影翩波月寒澈豔山眉翠娜娟弄翰寫詩意孤帆白鷗邊詩法逼眞香山楷筆亦做楊義和黃素山麓一屋在交樾之下俯瞰碎石灘較常作亦涉異思云云攷本集又有寄虞子賢詩此圖未署姓難以臆斷又六研齋三筆好古堂書畫記松泉書錄別載高士秋林山色圖爲伯循文學作上題云寓館風雨秋閒門草苔路懷人思奮飛擴書此留滯玉琴和幽吟竹牖聊靜憩西山日在望白雲淡生媚寂寞棲德閫清虛捐世味石竈有餘煙未收煮茶器以上二詩本集俱未收故類附於此 朱氏鐵網珊瑚載高士題虞相古劍歌雍公孫子氣甚清示我楊顛古劍行劍鋒詩律兩奇絕秋蓮光彩玉庚庚楊顛健筆老縱橫是亦鐵中之錚錚吐詞鬱律鳴不平鳳凰未爲盛世鳴一代惟數虞翁生子也學書學劍旣老何由而成名已酉冬案此詩爲虞克用作已見本集惟無年月楊顛謂楊廉夫廉夫有虞

相古劍歌并字敘述甚詳 本集有云七月廿四日風雨寂寥與元度集宗道南窗具酒肴宴談遂以永日詩中有七衮吾已老一簣君宜勉之句當爲此數年作案集雖未紀年然詩有云張子遂古學林君業務本又鹿游姑蘇臺烏下長洲苑麻姑固筱瀹蓬萊嘆淸淺七衮吾已老一簣君宜勉古人六十後稱七衮若七十以後則稱八衮矣此詩作於丁未吳張亡後七十以前無疑故附於此宗道葢林姓也時事二月重修元史仍以宋濂王禕爲總裁徵四方文學士朱右貝瓊朱廉王彝張孟兼高遜志李懋李汶張宣張簡杜寅殷弼俞寅趙壎爲纂修官案明史貝瓊高遜志並有傳其餘可攷者附著趙壎傳末 又案前後史局及修禮樂書徵聘諸君類多高士故人是時曾仕淮張者遷徙流離膺徵聘者雲驚霞舉惟高士初不梯榮覇府繼不攀附興朝遯跡江湖迂疏自晦甘心窮臥志行卓然陶靖節詩豈不實辛苦所懼非饑寒亮節高風後先一揆矣 四月元帝殂於應昌

倪高氏年譜 三十七 粵雅堂校刊

詔設科取士

四年辛亥七十一歲

是年春高士至華亭秋由茗陵過松陵之桐里冬游常熟 本集有辛亥春寫松亭圖贈德嘉高士詩案詩有華亭郭裏陳高士之句是德嘉陳姓華亭人也 又辛亥春題畫贈仲冕云無錫王容溪先生嘗賦如夢令云林下一溪春水林外數峯嵐翠中有隱居人茆屋數間而已無事無事石上坐看雲起高房山嘗繪之爲圖貞居詩云歌此芙蓉窈窕章山陰茅宇日悽涼不是筆端天與巧落割雲山與侍郎今亡矣夫予戲用其意爲圖贈仲冕案眞蹟亦見朱氏鐵網珊瑚仲冕王姓見王語溪跋 又有辛亥二月廿九日留華亭南里潘君以

仁宅因懷去年此日與心遠在餘不溪開元仙館詩
又有辛亥三月九日蔡君謨墨蹟跋案古香齋蔡帖附刻此跋乃題君謨
茶錄者內琢玉集誤作琢玉　清河書畫舫載高士跋東坡芙蓉城
詩云坡翁書大小眞草得意率然無不入妙字形或似
顏魯公或似徐季海此卷絕有黃庭神韻爲尤難得也
辛亥三月九日案此跋本集未收　本集有辛亥六月三日寓
實性源禪房爲寫竹枝因賦三首　又有辛亥七月廿
五日爲子明曹君寫空山芝秀圖并賦詩其上　又枯
木竹石詩序云益公以道不見忽忽七改年矣辛亥七
月余自苕陵偶過松陵之桐里雙井院數日以道因過
慧日巘堂蘚苔一見因寫竹枝小山并賦詩寄意下一

詩云以道詠余舊詩春日試筆一首今三十年矣併書
畫上是日秋水性源二上人同集謹案
純皇帝
御集有乾隆戊辰題
倪瓚秋林亭子卷云卷內雲林自跋云益公以道不見
七年適自苕溪過松陵之桐里雙井院解后一見爲寫
竹樹小山賦詩見意　又案本集有過桐里
七律及雙井院前小立絕句當即是時作　又有辛
亥八月望王雲浦示余米元章詩卷次韻三絕句案元章應
作元暉六研齋筆記米元暉大姚村圖澄心堂紙所書
墨樹三攢屋四五間雲氣與岡阜相抱四面空闊皆水
石角微作遠巒以大姚在太湖中故也米有自題絕句
三首末云紹興戊午季春十一日書於大姚五湖田舍
後有王雲浦跋云此卷元時爲王雲浦者所得已失之
又得之因手題云大姚去姑蘇城三十里臨諸江湖江
則吳淞江姚城江白蜆江湖則陳湖葉宅湖車坊漾獨
墅淹大姚地可百畝浮諸水之間有小山高滿數丈上
有古刹依山之巔曰文殊院唐宋明公留題甚多皆刻
石以置於壁間米南宮弟兄嘗游於此其地舊址猶可
考余別業數椽在笠澤姚城江之北與大姚相望咫尺
時復往來焉至正甲申余在燕京忽得此卷因拾以歸

吳丙申之歲余避地入閩丁酉歸家業一空而此卷僅
存戊申吳復兵燹余流離濠梁已酉復歸田里故居浮
蕩荒榛瓦礫不堪舉目又復得此於野人家事物之遇
豈偶然哉辛亥秋七月暇日展卷太息用識於後以紀
歲月云倪後有高士次韻詩與前作同惟第二首林屋
山仍縹緲青集作金井峯仍縹緲青高飛鴻鵠各冥冥
集作杳冥冥三首大姚湖水自生烟集作白生烟末云
雲浦老人亂後復得此卷感慨今昔觀其題可見辛亥
八月來謁雲浦出以見示戲走筆追和米公三詩以寫
懷　又案沈石田跋謂此圖後爲蘇州沈汝融世藏成
化末王錫刮貨江東屬其婿吳魏菴跋謂元暉有女
弟家大姚故常往來其地詩畫所由以作又陳眉公祕
笈小米大姚村圖赭石甚紅藏顧仲芳中翰家書畫題
跋記云大姚村圖及米老海岳庵圖俱在陳白陽家
六研齋筆記載高士題畫贈鄭九成云吳江春雨淨江
渚暮潮平解纜欣初霽開帆已到城鄭君有高趣尊酒
慰閒情醉吐眞邱壑豪端一笑成鄭君九成每見輒求
作畫至正十四年二月泊舟江渚而九成出素紙苦徵

畫時已儀甚只得勉應所請大癡老子見之必大笑也
戲墨重看十七年闔閭樓閣蕩飛煙簡村蘭若風波外
坐對湖山一啟軒辛亥十一月九日雲林子復覽因題
謹案
純皇帝御集乾隆丙戌題倪瓚溪山亭子
云雲林此幅畫於乙未而題於辛亥頗有滄桑之慨云
此詩本集祇稱題畫贈　本集有辛亥秋寫竹梢奉贈
九成無年月及跋語
次宋徵士詩案詩語次宋姚姓　又辛亥十二月二日題仙山
圖詩　又辛亥遇陸莊折桂令詞案詞有云問音信何
人諦當想情懷舊日
風光楊柳池塘隨處凋零無限思量又本集小桃紅詞
陸莊風景又蕭條堪嘆還堪笑世事茫茫更誰料訪漁
樵夫庭玉樹當時調可憐商女不知亡國吹向紫鸞簫
又五湖烟水未歸身天地雙蓬鬢白酒新芻會鄰近主
酬賓百年世事興亡運青山數家漁舟一葉聊且避風
塵高士自甲午避兵笠澤居陸莊最久題王敬之詩
我來陸莊如故鄉是也前詞想皆亂後重訪舊游之作
詳詞中會隣近避風塵之句似高士辛亥後仍寄居陸

莊吳都名賢圖傳謂陸有有蝸牛廬是高士常棲處所集中壬子爲林亭上人作畫自題云時在江渚蝸牛廬中是其明證也　淸河書畫舫載高士溪山仙館小軸絹本水墨神品全師荆浩遺法以成之其上小楷詩題極佳定在汀樹遙岑之上第公紀年爲辛亥作時年七十有一不應書法如此精謹耳　松泉畫錄載高士虞山林壑圖水墨作山嶺巖壑自畫左斜出其陂陀沙脚野岸空林深得蕭疏淸曠之致右首題五律一首云陳蕃懸榻處徐孺過門時甘冽言游井荒涼虞仲祠看雲聊弄翰把酒更題詩此日交歡意依依去後思辛亥十二月十三日訪伯琬高士因寫虞山林壑并題五言以紀來游案畫錄稱此圖白紙本條掛幅長二尺八寸餘闊一尺七分有豈字編號四角押項墨林諸印余又收迂翁徐卿二子圖畫竹二枝爲徐姓賀生子者遂名二子圖上有劉青田跋

五年壬子七十二歲

是年春高士在婁江夏返笠澤蝸牛廬冬游吳門　本集春草圖詩序云是日袁君子英同集軒中壬子正月五日也　又壬子人日題張長史春草帖云右唐張長史春草帖鋒穎纖悉可尋其源而麻紙松煤古意溢目眞是唐人書法之冠晉帖不可復得見得見此帖亦希世之珍乎案朱氏鐵網珊瑚載陳彥廉名寶生泉州人嘗作堂婁江上奉其節母莊氏以居取孟東野詩意扁之曰春草危太樸高青邱爲作傳記復得張長史春草帖貯之堂中集中題常中王君莊節婦傳即彥廉母而泉南兩義士行則爲彥廉及孫天富惟善作也又都氏鐵網珊瑚載長史詩云春草青青千里餘邊城落日見離居情知海上三年別不寄雲間一紙書此帖書用白麻紙宋秘府物元季藏於吾鄉陳彥廉家嘗爲構春草堂人多有詩今歸嘉興王庭槐云云淸河書畫舫謂此帖後入嚴分宜家成化間復歸其曾伯祖維慶府君處　又案硯北雜志元時此帖爲張伯雨先人似之所藏　又題張貞居書卷云貞居眞人詩文字畫皆爲本朝道品第一雖獲片楮隻字猶爲世人寶藏况彥廉所得若此之富且妙耶舒卷累日欣慨交心噫師友淪沒古道寂寥今之才士方高自標置予方憂古之君子終陸沈耳余知前人好修不以爲賢於流俗而遂已不患人之不知栗里翁志不得遂飮酒賦詩但自陶寫而已豈求傳哉壬子初月八日題案朱氏鐵網珊瑚載此帖乃貞居以贈耕學而耕學以贈彥廉者耕學即袁華高士此跋乃其再題尚有初跋集中未收者云壬子正月五日過婁江六日耕學先生出以示僕乃知貞居之與耕學交好之情若是也卷中貞居自跋有云乙酉歲自春徂夏霪雨之時多五月來僅一日見天處瀾阿幽篁中未有裹飯過子

桑者閒弄筆硯寫詩盈册以自料理耳詩凡五十五首子英過之持去勿示不知我者　朱氏鐵網珊瑚載有高士壬子人日題定武蘭亭絕句案詩與集同集無年月據高季迪跋語此帖亦爲陳彥廉所藏　本集有正月廿三日薊苢芝雲講主於婁江朱氏之芥舟軒芝雲熟天台之敎旨嚴菩薩之戒儀七遮旣淨一乘斯悟與語久之逾征敬嘆因寫圖賦詩以贈案江南通志婁江在太倉州鎭洋縣南自崑山縣流入州境珊瑚網云倪盆景花圖一名芥舟軒圖又吳氏辛丑銷夏記云雲林優盆景花軸有內府諸印及各家收藏印乃贈芝雲講上者詩跋與集同有丁亥仲春御題絕句云落落疏林遠遠山無波無水帶前灣草亭漫訝虛茵席留與千秋憩者閒董華亭跋云倪迂畫江南以有無爲淸俗此圖兼精楷法蓋內景經藏在倪家故也今又藏程季白家季白書井襲老倪名矣又云京口陳從訓家有雲[redacted]畫山陰邱壑圖秀潤沉鬱過南徐者諸陳索觀如金焦出[redacted]自曹重甫得此優盆景花圖遂與顛顛余一歲而過重甫端爲臥遊今既贈季白余請息荆溪之

棹矣元宰再識此幀與吳氏大觀錄所載同蓋自程季白後爲吳子敏所見旋入內府以避仁廟諱去邊闌內元宰二題余以庚寅十二月過吳門鬻書者以二題裝一贋本求售欲去畫而留其題終不可得乃補錄於邊絹右方此幀經純廟鑒定五璽具存有御筆詩詢爲石渠精品不知何年賞賜大臣遂流傳人間余以嘉慶丁卯得之京師廠肆藏弆二十有八年矣乙未五月十六日吳榮光記　又案松泉畫錄稱此圖中掛幅水墨山水綾邊有董文敏二跋又山陰邱壑圖青綠山水下角有倪元鎭印甚奇

松泉畫錄載高士題趙伯驌萬松金闕圖卷云萬松金闕鬱岧嶢望入閒思泬寥留得青朝金碧畫山人天際若爲招壬子春案伯驌字希遠宋宗室趙伯駒千里之弟此詩本集未錄　又載高士春山圖水墨山水樹石蒼勁雲氣空幻倪畫中僅見者前題詩云狂風二月獨凭欄青海微茫烟霧間洒伴提魚來就煮騎曹問馬只看山汀花岸柳渾無賴飛鳥孤雲相與還對此持杯竟須飲也知春物易闌珊延陵倪瓚壬子春謹案此圖今已入石渠寶笈名畫大觀册　又畫錄載高士安處齋圖白紙本高七寸一分長二尺一寸水墨橫山闊水野岸沙渚疏林茅茨一柳蕭條筆墨簡淡有廣遠之致自題云湖上齋居處士家淡烟疏柳望中賒安時爲善年年樂處順謀身事事佳竹葉夜香缸面酒菊苗春點磨頭茶幽棲不作紅塵客遮莫寒江捲浪花十月望日寫安處齋圖并賦長句此畫今亦入石渠元人名繪集錦卷內　本集壬子四月八日題畫絕句跋云余既爲林亭上人畫竹樹小山并賦絕句時在江渚蝸牛廬中　又題彥貞屋壁絕句云壬子五月廿七日呂君隱所余又來輕舟短棹向何處只傍清波不染埃　松泉畫錄張渥臨龍眠九歌圖吳叡書詞卷爲言思齊作高士題云張叔厚畫法吳孟思八分皆有古人風流今又何可得哉壬子

倪高士年譜　學雅堂校刊

六月廿九日觀於思齊西齋　本集有壬子七月一日留昌言高尚書堂賦贈詩案妮古錄載此詩初稾云七月一日風雨急梧桐湖邊吹夕涼蕉葉滴然龍翡翠荷花迷睡鎖鴛鴦却疑身在瀟湘渚且著舟停雲錦鄉笑我雖非徐孺子陳蕃下榻更銜觴旁多塗注詩中傍改集焦改柳滴然改鬻烟迷迷睡改濺淚笑改須雖改自即今集中改定本也

六研齋三筆載王雲浦有魚莊倪雲林寫漁莊秋色贈之下層作五樹參差疏密相映極有態一亭在其隈上層平巒遠樹望而知其爲銅官離墨間也雲林自題云江城風雨歇筆硯晚生涼囊楮未埋沒悲歌何慨慷秋山翠冉冉湖水玉汪汪珍重張高士閑披對石床此圖余乙未歲戲寫於王雲浦漁莊忽已十八年矣不意子宜友契藏而不忍棄捐感懷疇昔因成五言壬子七月廿日案王雲浦跋米元暉大姚村圖有云余別業數椽在笠澤姚澄江之北與大姚村相望咫尺云云殆即所謂漁莊耶張子宜名適長洲人詳見甲寅年下方輿紀要國山一名離墨山相傳鍾離墨得仙於此故名在宜興縣西南銅官山已見前又王士正古夫于亭雜錄載查德尹以雲林畫索題云頃登崧少道輾轉詢之封官詹學士逸庵耿先生介見此幅於其齋中歎美之學士撤以相贈軸中倪自題詩與前作同樵李項氏物也竹垞題云房山潑墨太模糊那似倪迂氣象殊一片湖光幾株樹分明秋色小長蘆吳天章詩云經營慘淡意如何渺渺秋山遠遠波豈但穠華謝桃李空林黃葉亦無多子亦題云平生不作王門客莫把倪迂配米顛最憶推篷寫松石菰蘆秋雨蒸龍涎曾上層崧眺夕陽碧伊淸洛迴蒼蒼怪來舒卷烟雲雨得自盧鴻舊草堂

本集有壬子九月十三日題周遜學府君遺翰跋案四庫書目謂此篇決非雲林筆　又有壬子九月十九日爲潘君仲暉畫并賦詩案妮古錄此畫在長安中　又有壬子九月望日過孤雲大士精舍留宿十九日爲寫林亭遠岫圖　又題畫送

倪高士年譜　學雅堂校刊

僧詩序云用大機吳人也住宜興保安寺壬子九月十九日將還故山戲寫松樹鎸石以贈且以呈方厓禪伯詩有不到荆溪三十秋之句高士甲午以前在荆溪蹤跡最多避兵笠澤至是僅十九年詩中三十秋當作二十秋也案陸包山漫記畧開元寺僧方厓曇宗之寶也志慕雲林而未遂恥借客面而借便面乃寫墨蘭於扇持以納履祇陀雲林倒屣而迎把臂而語一盂一榻晨鐘夕梵周旋甚歡即席賦詩題蘭上蕭灑重居寺春風蕙草生幽林蒼蘚地綠葉紫璚莖早悟聞思入終由幻化成虛空描不盡明月照數榮旦起亦畫墨蘭題詩而贈方厓復捐助佛宮銀五十兩方厓用以造一精舍以待雲林之來雲林至吳即以爲居停所攜器玩圖書几研往往留之精舍中與方厓共之歲以三十金助薪水　又案明陸簡廉伯題惠山竹罏卷云倪元鎮茶具今尚爲蘇州萬壽寺僧收存　又有壬子九月二十日題紫華周公碑傳行狀後案四庫書目謂此篇決非雲林筆　又有壬子十一月

五日遇牧軒於吳門客邸求寫贈安素居士并賦之作案跋語是高士冬時曾至吳城矣江南通志儒林傳金問字安素吳縣人本集有懶游窩記爲金安素作即其人也

六年癸丑七十三歲

本集與彝齋學士書有云瓚漫浪之跡胥於江湖之上時時往還若雪出入城府遨游縉紳間今計高士自戊午居陳溪分湖其後游跡往來恰符書語又以壬子爲竹亭上人題畫詩跋證之是近年游歷之餘仍寓笠澤蝸牛廬也　六研齋筆記載高士疏林遠岫自題云已從漚鳥狎雲深老我忘機似漢陰采采菊花猶滿地蕭蕭霜髮不勝簪南游阻絕偏多壘北望艱危折寸心家

在吳淞江上住清猨啼處有楓林癸丑七月旣望子素徵君以此索畫因寫以贈案集中子素有二人一爲潘純字一姓徐此詩本集又題作贈邵生　本集有癸丑七月廿九日重覽子華周公碑傳題後案四庫書目謂此篇決非雲林筆　又有追和蘇文忠公墨蹟卷中詩韻自跋云公之書縱橫斜直雖率意而成無不如意惟涪翁一人圓活遒媚或似顏魯公或似徐季海蓋其才德文章溢而爲此故絪縕鬱勃之氣映日奕奕爾若陸東之孫虔禮周越王著非不善書置之顏魯公楊少師蘇文忠之列則如神巫之見壺邱子矣癸丑八月八日案此跋集又附載追和蘇文忠書蔡君謨天際烏雲詩帖後朱氏鐵網珊瑚載此跋乃題東坡草書與頓起孫勉泛舟探韻得來字詩帖者朱氏所見乃墨蹟似較確也　又題王耕雲所藏

墨蹟有云癸丑八月六日來訪盻雲於鳳岡山室出此見示以娛樂俾余評之　又題盻雲軒圖云癸丑八月訪盻雲高士於西巖因寫盻雲圖又爲之詩案六研齋筆記高士盻雲圖卷作喬林三叢八樹直下石壁四堵旁有洞穴內層遠巒起伏俱有沙腳樹間一田舍舍後叢竹蕭曠清遠營邱家法也詩及題欵俱與集同又清河書畫舫謂高士尚有贈王耕雲山居圖極爲詳整在新安士人家　本集題東坡村醪帖末云癸丑中秋同王季耕觀於徐良夫之耕魚軒案江南通志儒林傳徐達左字良夫吳縣人從名儒受易書二經元季隱光福山中姑蘇志耕漁軒在光福良夫有文學所交皆名士爲題詠甚多朱氏鐵網珊瑚載雲林耕漁軒圖高士自題云余既爲良夫友契作耕漁軒圖復爲之詩即集中鄧山之下其水舒舒四言詩是也吳地記光福山近太湖原名鄧尉山　又案史西村日記載高士至光福訪良夫以清曉至門良夫久不出而令人以椅坐高士於門外高士拂衣起趨登舟而行舟中垂翠幕焚異香兩岸觀者如堵疑爲神仙俄而良夫追及謝曰

今早在夢中始聞高士至以爲非沐浴更衣不敢見而苦髮濕難晞以數扇揮之尚不能乾接之遲非簡慢也後聞高士督過之乃勉强奉迎元鎭曰有是乎良輔乃去巾散髮示之則猶濕也元鎭大喜自此爲刎頸交

又題懷素酒狂帖云癸卯八月廿一日觀於耕漁軒時積雨初霽殘暑猶熾王季耕於其山居折桂花一枝以石罌貯水插花著几格間戶庭闃寂香氣郁然展玩此卷久之如在世外也　清河書畫舫載高士贈徐㽦漁詩卷云八月七日偕耕雲叟訪耕漁隱者風雨寂寥中爲留三日有圖書筆硯之樂九日耕漁賦詩見贈輒次韻奉答末云歲癸丑中秋日寫又題耕漁軒詩云僕來軒中自七日至此凡四日矣風雨乍晴神情開朗而又與耕雲耕漁笑言娛樂如行玉山山中文采自足照暎

八也喜而賦此詩十日案詩俱已見集中但未紀年月　好古堂書畫記載高士題高房山雲山圖云至正癸丑九月八日偕君麟訪耕漁隱者風雨乍晴人情開爽耕雲出房山此圖見賞喜而記此案是年元已革命五載乃高士尚用至正紀年與世傳十萬圖同其惓惓故國之思亦深摯矣　本集有癸丑十一月廿五日拙逸齋詩序爲周南老作　清河書畫舫載高士師子林圖自跋云余與趙君善長以意商搉作師子林圖眞得荆關遺意非王蒙輩所夢見也如海因公宜寶之癸丑十二月記董元宰跋云趙善長名元別號丹林畫師董元其遺蹟流傳益寡世極貴之謹案此圖已入石渠寶笈純皇帝御集乾隆乙巳題徐賁師子林十二景册云石渠寶笈舊藏倪瓚畫師子林圖瓚自識如海因公宜寶之蓋爲如海作圖也如海爲元僧

紙則第三輩弟子繪林實創自維則時從人求則倒林屋之倪迂蓋誤矣甲辰南巡復得徐賁畫獅子林十二景後有姚廣孝跋稱徐賁爲如海作蓋可爲證又乾隆壬午摹倪瓚獅子林圖題云倪圖已入石渠寶笈上等不可置此而去因摹其真蹟命永藏吳中又清河書畫舫張丑跋此圖云書法娟秀跋語清眞所畫柴門梵殿長廊高閣叢篁嘉樹曲徑小山以及老僧古佛無不種種絕倫止牆角一株梅似屬累筆春秋責備賢者子爲作詠此品題正使瑜不掩瑕方是迂翁眞相知耳此卷題詠幾及百人今皆佚去矣其朱性父下錄副本一帙幸尚存又庚子銷夏錄跋此圖云予箱篋此卷有年南征之兵從鞬橐中帶至北地售之因後有南中年號及馬瑤草題跋割去前後斷爛幸畫體不傷乃於癸丑臘月重裝之雲林傳世一手卷惟此圖及鶴林圖鶴林圖無人物獅子林圖上有僧又不用印□云又彭文勤公思徐堂經進續稿載內藏徐賁獅子林圖恭跋云□案獅子林元至正二年建額曰菩提正宗寺寺僧惟則之門人買地結屋以居其師見歐陽元寺記惟則永新人號天如得法於中峯明本見王鏊姑蘇志釋老傳其詩集曰獅子林別錄今猶存如海高昌人見王彝詩跋又高啟獅子林十二詠序云創以天如則公繼以卓峯立公迨今因公又能保持而修舉之則如海乃惟則座

下第三輩又云師子林自至正二年壬午開山越二十一年至正二十三年癸卯朱德潤作圖并序其時惟則已示寂如海住持又越十年至洪武六年癸丑倪瓚作圖亥年甲寅瓚卒其年徐賁作圖然則當瓚之時師子林乃惟則等三世住持之僧寺而非瓚別業斷然無疑矣今惟德潤圖不見而倪瓚畫卷徐賁畫册先後皆入內府瓚圖卷自跋不與張丑清河書畫舫所載相符師子林紀勝亦載此跋又有瓚詩二首卷中佚去云云又案姑蘇志獅子林有臥雪室立雪堂問梅雪指柏軒禪窩竹谷諸景元詩選惟則小傳惟則字天如吉之永新人族姓譚氏得法於普應國師中峯本公闢吳城東北隅廢圃爲方丈曰師子林有竹萬竿竹外多怪石其中最高者類狻猊他石或跂或蹲厥狀匪一軒堂亭閣不冠絕一時則公以中峯倡道天目師子巖故名師子識不忘也侍者集其詩曰師子林別錄案惟則師子林卽景絕句雪深三尺閉柴荆歲晚無心打葛藤立雪堂前人不見秀雲峯似白頭僧亦可想見闍黎標格矣　爲侯朝宗壯悔堂集雲林十萬圖記云圖爲陽羨陳定生所藏每幅皆有雲林自跋首幅萬笏朝天圖臨顧虎頭次萬竿烟雨圖倣郭河陽

三幅萬丈空流圖內小跋云挹浩臨泉濤賞卷是其得意之作此幅倣之四萬壑爭流圖雲林當同其妾輕雲放舟錫山而作今對之猶自水聲入耳波光滿座使人惝怳莫知所適五六爲萬峯飛雪圖萬卷詩樓圖其七幅萬林秋色圖自跋云前晨着筆今西方完速者仍拙遲亦不能巧也是日秋潭同觀萬松疊翠圖第八萬橫香雪圖第九末幅萬點靑蓮圖自跋云夜來同惟寅羽士張伯雨方壺子論右丞詩中畫畫中詩快然曠達乃倣爲此圖乃雲林爲陶九成作者其欵署至正癸丑乃其晚年筆元亡於丙辰逾癸丑止三年耳明太祖定鼎金陵建元於戊申至癸丑蓂莢已六易矣雲林爲蓂人尚仍至正甲子其不忘所自如此案侯氏謂元亡逾癸丑三年當是指元順帝殂於應昌而言然是年乃庚戌非丙辰也高士於明代仍用至正甲子者又見於本年所題房山畫跋及甲寅爲子章徵士題畫詩惟張伯雨卒於至正八年戊子距癸丑已二十五年何得尚有伯雨談詩之事且高士自甲午避兵笠澤至明年甲寅始歸故鄉則攜妾錫山當亦出朝宗粃點借原書不可得見姑就記語畧爲攷證耳

松泉書錄載高士五言詩墨蹟牙色紙楷書六行詩云牛鳴野鎗中雞登山木上黃鐘雜姑洗春容以清亮別鵠暮飛鳴流水春演漾愛爾絃手忘令我形神暢憶昔擅能事宋袁余所尚錢君生獨後超軼絕塵鞅操琴晚聞道月斧揮天匠杳如清廟瑟朱絃聽歎倡古道久寂寥古音亦淪喪促軫淚沾纓歌詩重悲悵延陵倪瓚癸丑按此詩本集作聽錢文則彈琴

七年甲寅七十四年

是年仲秋高士始由吳門還無錫仲冬以脾病卒於姻親家鄒氏　本集有甲寅春題大癡畫卷云黃翁子久不能夢見房山鷗波要非近世畫手可及此卷尤爲得意者　六研齋筆記載高士甲寅二月爲周遜學寫浦城春色圖并詩按詩與集同集未紀年月　六研齋二筆載雲林小景上作嵯峨大峯中作五六重林麓皆有斷沙孤嶼出沒閃露下層寫近景五樹作三簇漁屋處其中葢濱江景也題云蕭蕭白髮沈休文問舍求田江水汶此日一杯成邂逅淋漓醉墨氣如雲甲寅三月邂逅耕漁居士於開元精舍因徵余畫爲寫此并賦贈　寶繪錄載危太樸三朝合璧有雲林甲寅六月所作畫册已詳見甲寅年下　又載高士爲子章徵士畫題云閑靜幽人宅蕭條樂圃亭炎暑浹洵劇遠山當戸清涼生如病痊愁解似酒醒臥看風篁影落日滿階庭至正甲寅六月十二日爲子章徵士寫賦小詩黃公望題云荒山白石帶古木個中仍置子雲亭硯坳疑有烟雲貯時見青青落戸庭俞和題云雲林染就青山色白石溪灣隱石亭靜對不知斜日下涼飈颯颯滿空庭案前詩本集作新涼戲呈甘白江南通志張適字子宜長洲人幼稱聖童得朱長文樂圃故地觴詠自得有甘白先生集又姑蘇樂志圖在清嘉坊□朱長文所居此地在錢氏爲金谷園長文營以爲圃有遂經堂華巖庵招隱橋見山岡琴臺鶴室墨池筆溪及西圃草堂共二十景元末張適築室於上題曰樂圃林館與高季迪倪元鎮輩賡和爲十二詠　六研

齋二筆載高士樂圃林居圖題句云暮投齋館靜城郭似幽林落月半床影涼風孤鶴音汀雲縈遠夢桐露濕青琴喧卑靜塵慮蕭爽集沖襟余來城郭而暑氣熾甚偶憩甘白先生樂圃林居不覺數日相與蔭茂樹臨清誦羲文之象爻彈有虞之南風遂以永日成此一詩幷寫小圖呈甘白以寓笑樂耳甲寅六月十五日案詩跋俱與本集同集少成此一詩幷寫小圖八字十五日作十六日又按方薰山靜居畫論云雲林樂圃林居圖六幀有疏有密不祇一格筆墨濃淡俱入妙觀此冊乃知雲林八面變化以一樹一石爲雲林者尚在門外也本集有甲寅六月五日和甘白樂圃林居二首及十六日聽甘白彈琴詩廿八日又一首諸作按高啟青邱集有次張子宜園居二首蓋與高士同和甘白原韻者詩云見山岡下竹蒙籠亂後池塘野草通身影步隨花影日鬢絲吹傍釣絲風已知處世愁無益更覺全生醉有功誰道閒官貧去甚春來未典舊焦桐早同高步謝天衢應戀閒園景趣殊養鶴階除長得伴種漁池沼不輸租官曹自古皆詩客家世當年本釣徒若欲相尋阻泥潦滿林烟雨聽啼鴣蓋是時子宜正以工部都水郎病免也 秋七月始還無錫故業蕩然借寓姻親鄒惟高家集中歸錫麓詩云未訪西巖壘沼泉東家兒女笑相牽莫話艱難長旅食敢忘瀟灑送餘年穲稏雲黃秋雨後芙蓉霜落渚鷗邊歸來何異遼東鶴荒塚纍纍思惘然中秋鄒氏開宴賞月高士以脾疾戒飲悽然乃賦詩有紅蠶捲碧應無分白髮悲秋漸不支之句冬十一月十一日甲子竟以是疾卒於鄒氏年七十四案南濠詩話稱洪武甲寅元鎮年六十八秋七月始還鄉里時已無家是歲中秋鄒氏開宴賞月元鎮以脾泄戒飲悽然不樂乃賦詩曰經旬臥病掩山扉巖穴潛神似伏龜身世浮雲度流水生涯煮豆爨枯箕紅蠶捲碧應無分白髮秋不自支莫負尊前今夜月長吟桂影一伸眉不久竟以脾疾卒於鄒氏案高士卒時七十四今云六十八誤周南老撰高士墓誌有今年秋仲留詩爲別孰知遂成永別云云是高士由吳門歸錫乃八月非七月矣雲林遺事但云甲寅還鄉未紀時月今從南濠詩話而別考證如右張憲題雲林畫云山林舊宅杳多年歲晚滄江泊釣船白首歸來訪鄰里廢池喬木思悽然卽指此也 高士初旅葬江陰習里長樂王賓爲撰旅葬墓誌銘後改葬於無錫芙蓉山祖塋之下吳周南老爲撰墓誌銘俱見本集

倪高士年譜終

右倪高士年譜　國朝番禺沈世良伯眉撰按亡友沈伯眉學博由邑諸生選授韶州府訓導博學工詩詞著有小祇陀盦詩鈔四卷楞華室詞鈔一卷生平槼倪高士爲人嘗錄其軼事訂爲年譜考高士淸閟閣集爲荆溪蹇曦朝陽所編中如題天香深處後六篇　四庫全書提要已定爲贗作而流傳眞蹟零章斷句有轉爲集中所未收者是編采摭精審其集外題詠蒐輯靡遺中如鶴林圖一條題趙松雪山居圖一條洪谷子秋山晚翠圖一條至正癸卯爲進道寫青綠山水小幀一條雲林十萬圖記一條均能據年代先後考訂眞贗最爲確鑿至高士生卒年月則以周南老撰墓志爲定而不信都穆南濠詩話董文敏題跋

之臆說尤足徵卓識也伯眉性好潔癖耽禪悅家本素封至晚年漸不逮昔惟以歗詠自娛中更甲寅丁巳之亂倉皇避地騷屑悲歌其才其遇其志均有足與倪迂相髣髴者故撰此編聊以寄寫懷抱視翁覃溪閣學米海岳元遺山兩年譜但以考據爲工者殆有其過之無不及矣余與伯眉交莫逆今校刻是書益不勝聞笛山陽之感云同治丁卯年八月既望南海伍紹棠跋

邵文莊公年譜

（明）邵煦 吴道成 編

《邵文莊公年譜》一卷，（明）邵煛、吴道成編，民國鈔本。

譜主邵寶（一四六〇—一五二七），字國賢，號泉齋，别號二泉居士，無錫城内冉涇橋人。成化二十年（一四八四）進士，歷官許州知州，户部員外郎、郎中，江西提學副使，浙江按察使，浙江右布政使，湖廣布政使，都察院右副都御史，總督漕運事務，退休前奉旨升禮部尚書。邵寶爲官勤於職守，清正廉潔，人稱『千金不受先生』。崇儒尊道，在江西修白麓書院，建一峰書院，在惠山築尚德書院和二泉書院。立志『願爲真士夫，不爲假道學』，頗爲顧憲成、高攀龍所推重。詩宗李東陽，爲茶陵派詩人之一。著作有《容春堂集》、《慧山記》等傳世。

邵煛（一五三二—？），無錫人。譜主再從弟邵寬子，其兄邵煦即譜主嗣子。

吴道成，字孟達，號望庵，無錫人。性好倘徉山水，卒年七十五。譜主曾外孫，其祖父吴汝憲即譜主次婿。

本譜編者爲譜主後人，參訂者係譜主門人、明末東林黨首領顧憲成、高攀龍。叙事起自天順四年（一四六〇），前述譜主先世，止於嘉靖六年（一五二七）。譜前載有顧憲成、高攀龍之序言，吴道成之譜引，楊一清所撰《神道碑銘》，以及譜主門生桂萼所撰《墓志銘》，譜主自贊、像贊。譜内諸事多據原始材料編寫，並加考釋。

本書據民國鈔本影印。

（龔近賢）

先哲叢刊第三輯敘言

本刊自第二輯出版後荏苒數年纔將第三輯刊成其所以遲滯之因厥有三端一以鴻鑑漫遊歐美主持無人二以江浙兵爭工潮迭起三以丁卯改革俞師離滬主校之人遂致屢印屢停屢校屢輟嗣得秦君平甫任校槁始告竣焉此遲滯出版之原因欲報告社中同人者一也第二輯之刊資由吳松雲先生尤斡臣先生顧彬生君浦醒亞君各捐五十元榮德生君捐一百元楊涵西君捐四十元劉君書勳還書款一百元陶君達三及鴻鑑兩人經售一二兩輯書款七十六元許君溯伊捐張文襄集售款四十四元以及鴻鑑捐一百六十元共七百二十元以結束二輯之刊資此二輯之出版付款須報告社中同人者二也第三輯之付刊本以邵文莊公年譜錢著金匱補志王著樂阜山房詩集三種合刊嗣以王集頁數太多故將錢志提出留為四輯之用是以三輯頁數較少刊資亦較減惟款尚不敷甚巨所望社中同人共同設法為是此三輯付刊情形欲報告同人者三也至第四輯之付刊擬將錢志及許靜山先生之高子遺書節本六卷合為第四輯以此節本為靜山先生心精力果有獨到處之作鴻鑑受文伯君賢昆玉之雅屬而為社中同人所贊成付刊是以刊資方面文伯溯伊兩君固願贊助而高印川先生蔡兼三先生亦允協助焉尚祈吾邑同人共襄此輯俾克出版此四輯之待刊欲商榷借助於同人者四也鴻鑑尤有感者際此新邦改造之初舊學凋零而後國故荊榛文獻湮沒一邑文章史志儒書道學之關係吾人視為命脈所存者他人或以仁者見仁知者見知之見解視為可有可無之列則鴻鑑惟有竭吾力之所能為刊刷四輯後再不作印刷五輯六輯之妄想而已地方同人倘有以指教之是所深幸

中華民國十七年秋八月邑人侯鴻鑑敘

邵二泉先生年譜叙

余少侍於先君子時時爲言二泉先生之爲人也私心業不勝向往矣以長從邑中諸長者游聞其行事益悉退而詢諸人雖三尺孺子語及先生莫不知其爲篤行君子也先生何以得此哉凡人有可强有不可强文辭之績飾才辨之所及也事功之馳騁智術之所及也節概之矜厲意氣之所及也是可强者也四海之大百世之遠生平不識面目之人一旦耳其姓名輒心融神竦欣然願爲執鞭是不可强者也不可强之謂誠先生少而秉懿壯而不渝老而彌固又時講於學問以深持而厚發之視聽言動一切以不欺爲主屋漏猶是康衢猶是其於誠也幾矣宜其取信於人如此也先生所著有簡端錄學史容春堂集凡數萬言曷嘗無文辭數歷中外所在家尸而户祝之曷嘗無事功闇瑾之横一毫不假曷嘗無節概惟其一誠流注而三者之跡並爲所掩驟而求之不見可喜不見可愕徐而繹之深醇懇篤穆然其可思而悠然其無斁也視夫文辭事功節概而已焉者千里矣此所謂不可强者也友人高雲從雅好先生每相與譚説先生不勝亹亹會先生之從子賁及錫道成嘗編先生年譜雲從乞而得之大悦更加釐正梓而行之屬余爲序余也陋無能窺先生萬一往聞先生有言願爲真士夫不願爲假道學竊以爲善譜先生者無如斯言吾黨誠於斯言有猛省焉若何爲真若何爲假謹擇而趨務求不愧於先生迺爲能譜先生者也第曰先生篤行君子也羡淡慕而已矣卒不免歸於假而已矣此亦所謂可强者也奚譜之爲雲從曰善遂書而志其端萬曆壬辰仲春望日同邑後學顧憲成謹題

二泉先生年譜後叙

攀龍既删定先生年譜成作而歎曰不二者道不晦者心曠百世而通推四海而準乎今去先生六十年奇而觀先生之遺文攷先生之遺事如見其人焉而誠心實行使人感發興起而不能自已然則此譜存也世之人皆若生當先生而親炙之者矣先生之學研窮於六經博涉於群書而所自得者大要見之簡端學史二書未嘗爲辨别異同之説而其學一出於正不少惑於異端似是之非未嘗爲矯絶成名之事而其行一由於矩不苟且於富貴功名之際凡先生所言所行皆世所謂固然而無奇正世所謂員然失之而不自覺者也觀者可深察而自得之矣或曰以先生之德而剸其嗣則降祥之天謂之何嗟乎二氣糅雜三代以下聖賢無純全之稟以孔子之聖焉而窮顔子之賢焉而夭況其他乎先生之氣蓋獨嗇於是者矣然而無常

者氣也有常者理也君子脩其在我而無庸心焉見其常不見無常也吾所謂常者何也觀其遺書考其遺事百世而下猶使人感發興起而不能自已者是也然則先生之為後也大矣同邑後學高攀龍謹書

邵文莊公年譜引

公道德文章卓然名世明興以來為錫邑縉紳稱首說者謂公豐於身嗇於其後似欲責報於天焉爭公生三歲而孤太夫人且育且教以至成人順志承顏八十年如一日君子以為孝繇刺史歷宗伯官於朝三十餘年內處奸閹外遺藩逆侃侃大節曾不少動君子以為忠家居侍養優游林泉屏跡官府終日與二三子講論於二泉書院君子又以為高夫然則身後之聲稱視彼不肖之子姓孰重孰輕必有間矣天之所以命公者不已厚歟士人瞻拜公祠每欲睹公歷履之全而無從也惟我先大父肖巖先生公之仲子壻嘗手掇公行事藏之家塾迄於今五十有七年道成於是因其歲月列以詩文敘次成編題其端曰年譜蓋將付諸梓人傳之於世使士人之瞻拜公者知所則傚於無窮也若乃道德之純文章之富具在國史典籍茲特其概云曾外孫閔江吳道成頓首百拜謹書

神道碑銘

錫山有鉅公家食為名士仕為名臣要其終為名儒曰邵公諱寶字國賢者予友西涯李文正公之門人也予以西涯故獲好於公久乃益習晚年予謝政公歸侍養鎮常郡相比歲時通問訊不絕然制於蹤跡不及見去年嘉靖丁亥予在朝忽得守臣報則公亡矣公世居無錫近慧山傳稱天下第二泉也因號泉齋又曰二泉學者稱為二泉先生文正公成化庚子主考南畿得公歸以詫於予曰吾得天下士舉甲辰進士知河南許能以禮讓為國所舉動多風化中事作新廟學諭諸生義利公私之辨及忠孝大節聞者感動皆知慎其所自立次教之讀書為文矩則許之文風蔚然改觀正顏孝叔祠墓改魏文帝廟以祠漢愍帝祠范忠宣公於襄城裴晉公於郾城毀龍骨杖妖巫尤急民事躬課農種傚朱文公社倉立積散法行計口澆田法為備荒計釐正糧籍民至於今稱便徵為戶部員外郎尚書秦閔章奏進郎中太原周文端公華容劉忠宣公甚器重之孝廟臨御諸公奏抑恩倖杜請求釐正度支多公言是用章奏多出公筆以薦為江西提學副使至則以身為教先行撿而後辭藝黜浮崇雅士類勃興修濂溪書院白於巡撫林公待用撤取濂溪族孫守祠改建白鹿洞書院清學田

定課程遠近何慕遷浙江按察使慮獄因成豪惡殺人之獄出可矜疑者若干人正德丁卯遷浙江右布政使進湖廣左布政使已擢都察院右副都御史總督漕運時劉瑾用事公一無所通瑾衔之數令人以危言撼之公不爲動乃勒令致仕去庚午瑾誅起巡撫貴州尋陞户部右侍郎進左侍郎命兼左僉都御史督處粮運及會勘通州城濠歸奏俱稱旨先是公以母太夫人老自爲藩憲時屢奏乞終養格於例爲侍郎再乞歸養俱不許壬申許歸省賜寶鏹四千緡以行抵家又疏終養始報可得疾尋愈年六十朝夕侍親側承歡婉愉太夫人安其養年八十餘壽終

公養親之暇深居簡出日親書史以著作爲事求請者踵接於門碑板流播徧四方今上嗣極大臣言官交薦公乃有南京禮書命公疏懇辭上褒以温旨不奪其志且令有司以禮存問待養終用之比終太夫人之喪天子且召用公而公病不可起矣曾大父諱式母朱氏大父諱鎬父諱溥具累贈嘉議大夫都察院右副都御史大母楊氏累贈嘉議大夫淑人母過氏累封太淑人進太夫人眼配顧氏累封淑人生子男二曰德孫佛真俱早卒今以族弟之子煦爲嗣聘國子生華麟祥女女三義官華琨邑庠生吳汝憲國子生秦汶其壻也葬以卒之又明年己丑二月二十

二日公居鄉厚倫睦族好爲義舉里人薰而善良顧自公視之皆常行不及書文辭典重刊落華藻一歸於純厚詩歌出入唐杜閒樂府有漢魏遺意所著學史簡端二錄爲都憲吳公獻臣錄進他如定性書説漕政舉要錄容春堂前集諸集各若干卷藏於家其厄於火者莫得而詳也公生天順庚辰卒於嘉靖丁亥二月辛未壽六十有八訃聞贈太子少保賜謚文莊諭祭一壇官爲營葬域卿大夫士共經紀其喪中外縉紳交口惜之今太子太保吏部尚書見山桂公子實與其兄子朴俱被公獎識以天下士亟稱於人人至是見山爲撰墓誌銘且告余謂宜書諸神道予曰諾乃爲之銘曰

明體適用惟公之學崇本抑末惟公之教勤以傳事惟公之忠親以養終惟公之孝教以學成孝忠一道胡闕其嗣於厚食其報惟所自立千古有耀知己作銘以碑諸神道

墓誌銘

門生桂萼撰文

嘉靖丁亥二月辛未二泉先生卒又明年己丑正月二十二日卜葬西繡嶺之陽前期子煦走書京師謂萼嘗受業先生門委志諸墓於萼萼尚忍志先生墓邪弘治間先生視學江右萼在諸生中先生見所試文喜已而見子兄子朴文則又喜子朴自結髮言行事一以古人爲師用無知

者而先生乃與之議論亹亹嘗謂孚曰子之兄天下士也而吾兄與人書亦曰華爲二泉公所知二泉學古之道不能趨時僶仰而卒有所立者也遂有所恃而本志矣以不變於乎子朴不遇於時而先生獨知焉子朴於人少許可而於先生獨敬服焉然則子朴不悲其不遇而先生之於斯文蓋將有所付矣豈謂子朴以嘉靖元年卒逾五年而先生又卒天降割於斯文若是酷耶則不志不能紓吾之哀又何以鳴吾兄弟幽明之感於先生者以告世世耶謹按狀先生諱寶字國賢邵氏世家常之無錫曾大父諱式大父諱鎬贈嘉議大夫右副都御史父溥加贈如大父官母過氏封太淑人先生生天順庚辰九月三日成化甲辰進士授許州刺史丁巳陞戶部郎中庚申提學江西凡六年陞浙江按察使歷左布政使已而巡撫貴州無何召督漕事陞戶部右侍郎尋陞左侍郎兼左僉都御史陞南京禮部尚書累引疾致仕不可遂乞終養辛巳今上登極起先生將大用之先生懇辭焉先生居家一日晨起謁先聖及家廟既退端居瞑目不言而逝訃聞天子遣官營葬諭祭焉有司最其行謂先生節行著於朝廷孝友聞於鄉里化人有道傳後有書擬贈太子少保謚文莊天子曰可享年六十有八配顧淑人生男子子二德生佛真俱夭嗣子一即煦聘太學生華麟祥女女子子三長適華璣次吳汝憲次秦汶先生制行之純文章之富功業之隆昭昭在人耳目固有國史爲之紀述乃爲之銘曰

嗟乎泉翁有本者如是流澤無窮嗟乎泉翁爲天下第一流人而今已矣予將安從

自贊

幼孤而怠厥修於我乎有怍晚病而省厥愆於我乎有覺易曰无咎者善補過也吾爲我誦之庶心逸而日樂也

像贊

有儒一人被古衣巾漱六藝之芳潤役千古於精神擢甲科以策名列戶曹而潤身使裘行儉尚在始信士之致遠若歐陽公既老必付予以斯文有問爲誰爲錫谷邵國賢之真

邵文莊公年譜

錫山先哲叢刊

從子邵　貴　同編
曾外孫吴道成
從學顧憲成
　　高攀龍　同訂

公諱寶字國賢姓邵氏號泉齋又曰二泉學者稱爲二泉先生世爲無錫人其先宋以上譜逸無徵元季公上世祖容春府君高不仕之義與倪處士元鎮爲文字交國初五世祖仲容府君以人才試職知州始徙南塘仲容生叔安從學周正言士衡而與王中書孟端爲友能自受益以資踐履士望歸之叔安生存一博洽經史終身由禮隱然山澤之儒存一生鎬能詩嘗省用以濟人配楊氏生溥是爲純和公孝友温恭通書史大義配過氏生公存一純和皆以公貴贈都察院右副都御史楊氏贈淑人過氏累封太淑人進太夫人服

英宗皇帝天順四年庚辰九月三日酉時公生

太淑人過氏生公於南塘里第其月乙酉其日丙子其時丁酉時公曾祖存一翁以命合三奇喜爲公父純和公曰此子非凡宜善視之

五年辛巳二歲

生日後能言且行存一翁誦書公常侍其傍口作誦態翁卧則以其屨曝於日中一日翁之膝指翁屨謂公曰此我屨也公曰此太翁屨非汝屨也人爭奇之

六年壬午三歲

曾祖存一公父純和公卒

七年癸未四歲

葬存一公純和公

八年甲申五歲

公祖母楊淑人以庶子潤與公析産姻長張翁惟悌當執筆作券諸姻曰此子未有名請名之張翁曰此子繫宗祀之重非寶而何乃名曰寶

憲宗皇帝成化元年乙酉六歲

聘顧氏公節公女也

二年丙戌七歲

祖母楊淑人卒公哀毁如成人

三年丁亥八歲

葬楊淑人

四年戊子九歲

受業於某公公祖父俱從先生受學時年七十三矣念太淑人不欲公遠離故特就焉先生初出對云低低粉壁畫出萬里江山公應聲曰小小池塘浸入一天星斗爲人傳誦

五年己丑十歲

太淑人疾聞昔人有以狀奏天欲減已年延母壽者公感焉即寫奏拜焚於庭見者異之

六年庚寅十一歲

七年辛卯十二歲

八年壬辰十三歲

遊學吳中

九年癸巳十四歲

習舉子業

十年甲午十五歲

受業於蒿庵俞公同業者丁松年莫濳止三人時蒿庵先生授書經至禹貢公以撮要進先生取而擲之曰他人讀撮要子須讀全文子不聞徐武功治水成功因熟讀禹貢故耶公遂受讀後督漕至安平讀武功碑益思先生言公後有曰蒿庵先生嘗謂我云凡與人交必先觀其處父母兄弟妻子如何此而或薄交必不終三四十年來驗之尤信

十一年乙未十六歲

補邑庠生提學御史戴公珊於同進十四人中特賞異之問從何人學對曰監生俞鎧明日因召俞至明倫堂謂曰昨日小秀才當教他多讀書此人他日有用亦不忘君也先是參政臧公顯還自廣西見公文特訪之

十二年丙申十七歲

公有疾太淑人甚憂之自秋七月至冬十二月始愈

十三年丁酉十八歲

娶淑人顧氏

十月訓導謝先生經初至特加禮重勉以五經之學

十四年戊戌十九歲

就錢希齋公講理學

是歲夏秋以疾居宿學宫者四月

問學於定山莊先生先生諱昶字孔暘江浦人初為翰林檢討以奏事落職後復南京行人司副致仕家居先生答書有邵若一日千里之語

十五年己亥二十歲

時公一日接太守至二更不至顧謂同輩數人曰此非接官時可以歸矣三更太守至明日會掌教遍責不在者至公乃曰汝在公曰實不在會曰汝亦當責公曰當受責於是應聲答不在受責者二十餘人皆曰寧受責毋為欺愧邵某也

十六年庚子二十一歲

八月應天府鄉試中式名在第八時主考洗馬羅先生
璟侍講李先生東陽同考本經房為教諭方先生臨先
生初閲公卷以示禮房黄岩陳先生陳曰此人必老學
四十以上人也不可不高取既而拆封知公年乃嘆曰
年少而文老成哉謂之老豈過哉西涯得公歸謂邃菴
楊公曰吾得天下士邵寶矣　教諭金先生爍經學最
熟先生每朔　及候上官必夙興坐堂公必先立鼓側
先生於燈影下見之問為誰公以名對先生召與講書
十章甚相契自是每見公立必召講必終一篇自己亥
冬至庚子春書經殆遍場中經題甚得其力其時師生

之間如此

十七年辛丑二十二歲

會試不第歸與師陳先生楊士瞻馮文卿同舟至閘河
陳馮楊僕皆病疫時伯氏同行謂公曰時疫方作群僕
病如此而前閘且多不如陸行達徐州為便公曰師在
不忍舍去遂復同舟公臥又與病僕鄰心亦危之而不
敢言過呂梁公忽發熱伯氏曰不信吾言今何如也公
言笑自若晚命酒數行而愈比歸四家喪僕凡五人
至家讀書于保安寺之東林房從學者至

十八年壬寅二十三歲

十一月入南雍渡江見定山先生於清江書院留三日
始入京師見提學婁先生於會同館婁曰子幾時到監
對曰未也見先生然後到監耳婁曰汝未到京先訪莊
定山未到監先來見我異哉有志者他日事必成也

十九年癸卯二十四歲

正月自南雍歸春二月至家秋九月北上十一月至京

二十年甲辰二十五歲

二月會試中式第三十九人放榜日中式者至禮部堂
群揖主司時匏菴吴公見公執侍講王臣袂而指曰此
無錫邵國賢也自是名益重

三月殿試賜進士出身狀元李旻榜第二甲第十八名
無錫同年陳昌莫驄華珏吴學華烈張愷
是月吏部分送大理右寺辦事

二十一年乙巳二十六歲

八月二十一日除河南開封府許州知州九月南還省
太淑人於家
西涯李氏送邵許州詩序進士邵國賢之知許州也朝
之大夫士無問識不識皆嘆且惜之曰國賢奈何作郡
國賢刻意經史工文翰不習書簿不宜作性沖簡好静
不與世故相涉不宜作體質臞弱殆不勝衣不耐居起

不任於跋涉奔走之事不宜作然則國賢之不免於郡者其顧以是耶今明習律例不泥於章句篇翰之藝則謂之才諳人情達事變不限於小廉曲謹之節則謂之通披豁軒舉不為跼縮拘滯之態則謂之奇偉彊力是三者要可臺諫華可曹省無所往而不得此今日之輿論莫有能易焉者也若翰林以制作為職中書以揮染為事行人以使奉宣令為務則今之所謂閑官散地不必是三者而後得如國賢者而亦弗得焉何哉予嘗謂天下之才當為天下惜之梓人之用木必曰此可以梁此可以桷玉人之制器必曰此可以瑚璉此可以珩琚以此易彼雖才且美弗適於用而況指摘之訾議之蔑其有餘韋其所不足以自棄其才而不卹者獨何為其情也然亦有說焉勞者愛之方也誠者信之勢也操矢者必引而收之而後可以致其遠治劍者必揉而晦之而後可以發其耀造就成全之術抑或有當然者耶然則所以處國賢者固將為天下惜之也若匡衡之文學不以緣飾吏事不過為經生陶侃之才略不致力於兵革不過為豢養之子弟則士之自處亦安肯耽嗜暇逸屑屑於文字間哉州之職縣之所仰藩府之所責成其政甚劇許當道衝且困於旱暵居者相殘而流者尚未復殆所謂盤根錯節者也國賢勉哉拯溺卹患鉏彊植弱澤徧於一郡而浹於濟民俾人知文士之適於用如此政之不繫於貌與力如此亦以見予言之非私於國賢也如此國賢勉哉予在場屋以文字知國賢久而得之益深予之惜之有甚於人者故輯諸君所賦之詩序以贈之

二十二年丙午二十七歲

二月赴許州太淑人就養公初得知州之命人皆謂曰君素好讀書今當東高閣矣惟丁中書玉夫謂公曰先生赴許州讀書工夫當有間否公曰顧政事繁簡何如耳玉夫曰是何言也以某觀之政事雖繁一日間尚有半日學問工夫陳刑部一夔來訪曰國賢雖作俗吏也不可不多讀書既至許一年楊君謙書自吳中來曰讀書於政道甚有益君聽人說做官讀不得書則君一生誤矣惟君留意遠業云云

四月蝗禱於神三日而蝗去詩曰今日蝗蟲來明日蝗蟲去吾為吾民歡還愁蝗去處

五月新作四關門復水濠有許濠復水錄　許州城濠舊有蓮花之盛前守聞親藩欲占其利懼而涸之公曰濠為城設去濠城將安恃且許非藩所封安得越境取

刹哉即命加後正德間流賊至惟許城以濠險得全民
甚德之
毀尼寺改建黃丞相祠　祭文維年月日具官邵寶等
謹以牲醴敬告於漢丞相謚忠定黃公之神曰嗚呼世
稱循吏以公為先考厥遺跡在茲潁川世遠千年改名
易治吏不知師民不知事寶也不肖嘗竊慕公寧使來
官祠享弗崇乃發尼居乃葺乃理作主棲神人具瞻止
茲陳薄奠用告厥成公勿我棄鑒我衷誠尚饗
八月省試對讀
十月舉鄉飲禮　許州鄉飲賓多不得人公於三日前

預會諸賓人問其故公曰吾聞有德者必有言故欲先
與講論以觀其德耳內有三人者聞之皆稱疾不至
公以所積一年俸米還前守華山之母棺價不足又假
同知施文顯共得米五十石償之見公自撰太淑人狀
內
二十三年丁未二十八歲
作政惠倉事見記　立諸鄉社學事見榜文條約
三月洧川驛馬夫送使人至許州驛掛馬鞍於庭樹上
飯畢出則鞍已亡矣馬夫來告公令報對驛十家左右
各十家每家出銀一錢共銀三兩賠之人以為不明也

有頃鞍在樹上同官問之公曰驛傍小盜居人皆知之
但事非由己言之恐生怨耳使令賠錢彼必指名切責
鞍將焉往
作守官箴以自警　何以守官曰敬與廉敬則不忽廉
乃有嚴何以守敬曰惟以畏圖憲天彝罔或敢墜何以
守廉曰惟以亻我用克節我俸亦贍循是二者靜以待
之可否在事喜怒曷施民曰父母君曰臣子勉焉夙夜
庶幾稱此
作同官箴以相勸　錫山邵寶為州於許五年而未即
有功其幸勉大過者同官之力居多焉思慎厥終乃作

箴曰同官為僚伊何其同莫非王事惟時天功王事同
襄天工同亮惟私起爭惟公生讓詩咏攻玉易贊斷金
我思古人實獲我心事否則否事可則可不必在人不
必在我情義相孚同僚弟昆勿或有間斯愛斯惇德業
相勸同僚朋友勿或有間斯敬斯久小子作箴告諸大
夫同寅協恭聖有嘉謨
孝宗皇帝弘治元年戊申二十九歲
巡按李御史隆請旌異政
表漢御史大夫晁錯墓　晁公潁川產墓在城東隅顧
茲一抔土爾來千載餘中更幾兵戈不與荒城俱公討

不死身朝議夕就誅哉昔讀公傳亦嘗笑其愚豈有身後謀猶能庇丘墟大愚見深忠耿耿固不渝而況公論在信史有特書自今重封植永夕朝無虞　碑陰記予既封漢御史大夫晁公之墓而或者以公在當時以言賈禍身被顯戮非君子之所嘉予而不滿予此舉予觀漢史公始事文帝屢上書言邊事及賢良對策皆切中事機蓋謀臣之雄者迨事景帝首建削弱諸侯之議以為不如此則天子不尊宗廟不安遽以袁盎之間竟未及施以死蓋公之為謀雖能料天下之變然傷於急銳而不量君志之信否其為心雖出於愛君憂國敢發天下大難之端然未聞聖賢之道而無善處之術蓋為忠而過者則殺身之禍亦其有以取之歟夫忠而至於過過而至於殺身此人臣之不幸而重予之哀者也安得謂非君子之所嘉予而遂已於斯丘之封也哉況君子之忠尤有大且純於此者則斯丘之封夫人可以興矣此又我正人之體也既以對問者遂書諸碑陰

表漢荀氏八龍塚　謁子產祠　奉詔毀諸新建寺觀及淫祠修廟學

諭諸生以義利公私之辨及忠孝大節讀書為文之方而許之風化蔚然改觀

建尊經閣　刻朱子講座銘于壁　作嚴師堂　作品字亭　各見記謂士之品三道德其上功名次之而富貴者宜斥不與先作於許而後又名於南昌分司之亭

六月勘事於汝州　謁兩蘇墓

九月　州人馬林失驢逾年鈞州李奉牽而過之驢走入林室問之曰吾買諸沙陀陳智兩爭至庭公追陳智問之智曰家產也情不能得乃令林智分立東西庭縱驢中行驢至林前而止智伏盜罪一郡稱明

十一月　臨穎史經者被誣盜久羈在獄公奉孝廟初詔釋之分巡傳僉事希說行檄取審同官恐懼稱疾公獨僉文略云經事方勘遇詔釋之矣今檄審從詔從檄未知所從文至傳大怒竟亦無如之何未幾巡按御史李公隆至同官益恐懼李連問史經安在公具言詔至應釋之故既而曰吾在嵩縣山中偶想此事自謂予能釋此人今果如前料同官稱服

二年己酉三十歲

二月　作范忠宣公祠於襄城祠在學右事見祠記

作裴晉公祠於郾城　郾城西北五十里有鎮曰裴城唐丞相晉國公討淮西時嘗視師於此後人因以公姓命其城又以命其鎮鎮之中故有晉公祠不知其所創

始蓋民之私祀祈豐穰沴往往即焉然非典也吏罔攸司葺不葺惟民歲久且敝比寶來守許行縣道祠下慨然感之乃勸其鎮之民某捐爲完修建額於門設主於堂舊者以新陋者以雅有所瞻焉又請於巡撫都御史徐公暨藩臬諸公歲役一人俾之繼守勿壞且爲定私祝期式主以鄉民耆老有行義者而記其事於石某按韓碑元和十二年八月丞相某至師十月丞相某入蔡然則公駐兹地僅兩月耳非有居守撫治之勤而民之敬愛一至於是豈公求民民有私于公哉誠於國故在在而感仁於人故在在而孚其車服所臨節鉞所指當有不言而喻者矣然方是時獻俘于朝立石記功卒爲忌者所中至有斷碑之舉抑不知碑可斷而其感孚于人者不可忘也不然一戾止之間而城曰裴鎮亦曰裴且祠焉至於今者亦獨何哉由此觀之則是非之在民者公於在國其在後世者公于在當時此理之固然無足怪也寶獨念公之在師與賊壘相距曾不數舍而從容暇豫若無事焉一時諸從事方且談笑爲樂至形之詩咏則公素定之志夙成之謀優爲之才大受之量皆於是乎見之夫惟素也故不可動惟夙也故不可撓惟優也故不可克惟大也故不可測是其克成厥功蓋有不偶然者故凡有志經世之士莫不以公爲望嗚乎民懷其恩士服其德立於百世之上而百世之下身其地者如見其人焉寶知是祠之不朽也於是乎記而復系之以迎神送神辭使歌於享辭曰公將降兮兹城橫風雲兮揭靈祭歌舞兮在庭去千秋兮公如有情躕我俎兮旨我觴公奄去兮何鄉炎遠驚兮八荒佇城阜兮彷徨裴之城兮召之棠後千秋兮不忘

六月巡撫楊都御史理巡按文御史貴各奏請旌異政

李天瑞召還自咸寧丞巡撫布按皆以白金數兩爲饋天瑞却之蹇長史公曰孟子於宋辭兼金且受之子胡爲者天瑞曰孟子大賢必有所處吾寧過中不敢假以自欺也他日過許以告且請其說公曰諸侯有國宋薛之金君所有也故可饋可受今府庫之財皆朝廷物不可饋不可受也天瑞嘆服公出許郊道見汝寧逃民復業而南者泣乞口食公憫焉私念有穀三十石在總鋪將許之繼念後有乞者不能繼也又將已之既復念一念既發行於可行而止於不得不止有不當過爲預計者遂人給穀三升數日穀盡乞者亦不至他日語天瑞天瑞曰古人施仁政如此一涉顧慮便不是矣

學正某者嶺南人也博學能詩詞然貪淫甚縱妻妾與

相爭號呼公門公嘆曰此人掌教壞我士風甚矣乃使人以水沃明倫堂曰無令此地久受汚也未幾其人以他事去官

八月省試彌封

九月三日三載考績赴京給由　公在許當考績時有救荒例凡初考俱勒照品納粮以免赴京公以場屋事在汴聞之曰考績於朝制也非制而免吾不為也况官至五品則所納已多吾安能辦之倘藩臬有阻寧還任供職而已過李天瑞問之天瑞曰然或告方伯徐公徐公喜公有志為告藩臬諸公他日公至臬司憲長張公曰子不欲考滿何以至此公對曰豈敢不欲不許則止耳

辨盜文　弘治己酉春邵子在許三載將考績於京師謝事廨居一夕不寐久如聞有鬧聲問家人曰無之俄而曰有使聽焉曰在廨後邵子曰盜也其在李讓氏之室乎登樓望之見火不啓門而鼓鐘既而後堂鐘前堂亦鐘鐘樓大鐘先是約鐘則有盜故諸巡卒皆趨李氏時盜已半去進而合攻傷三人獲二人以至邵子訊盜甲曰逸者尚十三人中二人曰李珙李瓚兄弟也居襄城之次溝餘皆有名詞具檄進之越數日襄城縣械二人至施別駕方署篆召甲視之曰是也具諸刑弗承是日次溝人百餘群言無辜於門邵子聞之乃舁而之學宮群遮道訴邵子若弗聞也者而過之比返群訴如前邵子令緩訊待察衆退邵子召邏卒靈井慕恭者密遣訊之野曰得情賞無爽慕恭請符邵子手書畀之越月餘慕以二人至曰此珙也此瓚也審諸甲甲又曰是也邵子異而問焉慕曰四人者皆居次溝前二人家溝之北土着而著後二人家溝之南僑居而微盜者實後二人逸而備於鄭城大姓有司以名居遠前二人耳邵子謂甲曰若何兩是之甲曰盜實後二人某始言謂是既而得前二人某故有怨且虞反覆之誅故遂是之雖是之實非今所是是也後二人頓首服釋前二人賞慕如初言君子曰聽獄之不可執也如此哉獲盜於所即錄其辭得二人名是名也居是居也審之而信宜若無可疑者詎知復有後二人者哉使前二人有一先死其主者不遂非而成獄者寡矣

十月　公考績冢宰三原王公謂公曰辟吏自何以去對曰受馬夫錢巡按去之公曰汝何厚贈對曰此官貧不能歸贈則有之未嘗厚也公時知李户部有憾於吏目言於三原而過實公於是乃厲聲曰傳聞之言未必皆實望公加察數日李户部惟正謂公曰冢宰以子應

對抗直頗有怒意須屬李司徒釋之公謝曰行止有命見黜敢不自安司徒吾治邑人苟藉其力以免黜何以復為政乎卒不從

初公赴京巡撫楊公以二書託公一致司徒李公一致司馬馬公至京師先見李公後見馬公再拜起致書列坐茶而退明日馬公謂李公曰楊都堂欲為我修牌坊而託卲某致書於我卲殊倨傲豈有知州見尚書而不跪者乎數日馬公忽來拜相見論牌坊事謂非楊公急務公曰然然受不受在公公即不受書報令郎却之耳公怒稍解稱公加切曰卲許州讀書多議論正但不肯讓人耳卒成相知

十一月考稱復職

十二月奏旌五節婦不報　賈璘妻楊氏焦雄妻宋氏周學妻盧氏李新妻王氏申銘妻張氏先是以貧故不得達官公訪知之乃為聯奏事下禮部以所奏太多竟不施行奏發之日公各命其子孫輿舁至州庭謁畢各與米三斗絹一匹肉十斤令人導引見太淑人遍歷城市輿前各揭一牌略書其節以諷鄉人

三年庚戌三十一歲

正月十七日復任

河南山東田土永樂中有任民開墾永不起科之例故許州在冊田有有粮者有無粮者於是民有以有粮田為無粮賣與人圖多價者久之粮通起訟公諭得田者為收其粮又有以無粮田為有粮推與人圖自利者公諭令兩家據所有之田分認其粮於是粮悉照田均攤有田有粮無田無粮歲當徵收官大省力

一日徽府知公有文苑英華賣書行官板通鑑綱目一部來借云以綱目為質公曰此書吾借於王僉事不敢擅主及問王僉事曰吾已送卲太守矣公力辯借送之異即還書於王僉事令自進之且為啓令諸生王軺納還綱目其略云書係王某物若遽以進雖竭獻芹之誠難免乞鄰之誚云云王受書後以白金十兩酬王僉事綵緞二疋酬公公復令王軺辭納啓略云綱目與綵緞前後皆蒙德意辭受豈宜異同云云　一日徽府來索輿源鋪大槐樹一株公曰某令方課民種樹日加督責而以大樹歸王府人謂我何終不與其一事不苟類如此

五月禁澆旱魃 詳見旱魃對

立社約 詳見圖說

正潁考叔祠墓　襄城之潁橋有考叔墓墓側有闕公廟公過縣而憮之亟召諸父老諭以事理有一老頗以

禍福諷公公紿之曰今日回州且晚急益人夫數名夫至公即迎駕詣廟不踰時毀焉復立判語致襄城縣云非所據而據於律爲竊不當祀而祀在禮爲淫竊照漢壽亭侯關公不得已而從曹曹幾何而去許遺書可讀生氣凜然故宅雖存遊魂渺矣一祠已足多嚴奚爲況純孝伯之玄宮實春秋時之故蹟詢諸途既云考叔入其廟乃見雲長蓋愚民皆尚力而畏威故澆俗亦慢文而敬武九原可作反貽竊據之羞千載有靈肯享淫祠之奉所有關公廟貌宜即拆毀其穎考叔祠墓仍加封守一如律詔施行

改魏文帝廟以祠漢愍帝　碑略云古今篡竊之雄首稱曹魏其惡有不待論者始其爲禪受也實在許之繁城其地有廟焉以祠魏文南面帝服儼然臨之雖易姓改物彼亦有不能泯者今易所祠以祠漢之愍帝而其臣孔融配焉彼以其新此以其故若將驅而逐之撥而反之使奸雄之徒不得一日立乎其地愍之孱弱勢同寄生然猶天下之君也融雖義廣才疎而忠言義色至不容於賊操亦足以愧夫北面稱臣上表勸進者矣帝不稱獻而稱愍從昭烈所謚且漢之君非魏之所得謚也存其所宜存毀其所宜毀而易其所宜易此吾輩讀春秋學孔子者事也況職在守土乎

九月增置書籍於學宮　勸諭義官吳芳羅榮等出銀買於南京等處及王僉事塤送到經史子集共八百三十部計四千二百九十卷

四年辛亥三十二歲

上巡撫時政書

巡按武御史清覆奏歟實異政

三月　劉僉事某一日至許州按王府軍校與民訟人民事事實誣詐而劉執爲打死大加刑訊言輒怒公時在側數被呵叱稍伺從容復進言曰事實誣詐非實有也言訖退立臺下少間進言如前如此者四五劉忽謂押囚吏曰汝何言吏頓首曰知州言且不聽某何敢言劉稍感動以所加被告詰刑刑原告其事遂白

新作教場　在南關西

四月子德孫生

楊都憲繼宗謂公曰子佳士凡鞭人當盛怒時須教鞭臀下當豫與隸卒言之蓋腿可受刑雖痛無傷臀腫則及腎恐傷其命也公曰此用刑之仁也其謹識之公又推其意凡晨起未飯不鞭人以人之無賴者多酖於酒色乘虛受刑恐或傷人也

生員王某以事詈其師魏顯顯亦詈之遂呼其族無賴
數十人毆顯幾死去髮殆盡嘔血伏枕公乃親慰顯於
家召某生父謂曰汝不能教子故至於此即令隸卒按
伏令其父自痛責之
五年壬子三十三歲
四月子德生死
議計口澆田法　陸東皐以河南歲苦旱荒嘗令民掘
井救田勞而無功人皆笑之公曰不可笑也數口之家
人掘一井儘力取之力盡則止其所救田亦足以活一
人東皐欲通救之勢固有所不能也乃立計口澆田之

法為圖說以諭民民方施行而公擢戶部以去趙州張
知州者行之大有成效
八月鄉試為受卷官
建言地方時政四事
御史請旌異政
十月上計　徐公恪陸公淵之同在汴藩一日定官員
考語至公徐公曰有守有為克勤克慎陸公曰有學有
守克慎克勤相辯不已徐公曰官不可無作為陸公曰
士大夫不可無學術當稱其切者遂各署如其言
主一先生嘗言上司於故舊最難處惟郃國賢可處吾

往來許州不下數十國賢未嘗私送一杯茶渠有酒必
待驛丞領來送入此意惟我知之他人恐未知也
六年癸丑三十四歲
二月出京三月復任
四月子佛真生
修許州志　因前知州陳公璉舊本為之先是檢詳群
書七年矣至是始聘南陽張舉人景純臨潁楊知縣威
閱局率諸生從事九月志成有序
巡按涂御史昇請旌異政
六月毀龍骨　弘治癸丑夏五月鄭州某鎮地陷若干

丈水暴出民以為有神物焉遠近爭赴祈禱巫獲厚利
六月許州小趙鎮有巫言龍骨出土中縱口道禍福以
誑愚俗將如鄭州之為者知州邵寶恐其久而惑衆也
乃取所謂龍骨者毀之於庭杖巫而遣之復作此辭以
貽州人俾勿惑辭曰變化風雨兮上下於天古人有言
兮惟龍則然龍曷能然兮乘風與時斯以體乾尺寄兮
非淵勺水兮非川彼朽骨兮幾何歲年擊鼓兮田巫
舞兮翩翩士女會兮如塵龍無靈兮胡託彼傳龍有靈
兮彼胡制於骨則何罪兮巫之懲遂彼巫兮毀斯骨為
吾民兮辟妖物得久逸寓主　有張甫者倚勢周府為

大窩主有司不能禁害及數百里至是冬始獲置之法
除一大盜民賴以安
作總社倉立積散法詳見同倉異處議及客對　公爲總社倉於許
功將半諸生有言盡推行於屬縣者公曰事由心出則
行之力知州一州之心知縣一縣之心以心感心或可
爲也以心使心吾之心豈能爲彼心哉四縣令吾知之
矣郾城張萬皆無能爲襄城崛强不可與語臨潁李濟
乃粗才可感而不可使也建廳日濟率僚屬師生來賀
公即見之於倉是日有搞匠花紅在燕將舉酒公酌授
濟濟跪受花紅已加其身矣曰某何敢當公曰第受之

吾亦無他惟願如我爲倉惠汝民耳濟頓首曰敢不盡
力越三月亦告成中倉作亭扁曰邵公云　公爲總社
倉於許州初議時無一錢諸生群阻之蓋恐役大不可
卒成且起謗耳公不聽越三月倉成　總社倉之經始
也有以嫌請已者公既謝之私念即不避嫌恐爲浮言
所阻乃召舊書手以奸爲公所屏者一人俾司出納之
籍甲輸乙領知數而不見物事成無謗言
六月奉詔進階奉直大夫
贈父純和公爲許州知州封母過氏爲太宜人時受誥
易純和公神主適天瑞至遂以執筆請至則福建按察

四月二十一日除戶部四川司員外郎
士民遮道號呼稱不忍父師之去立祠祀之
七月六日赴京
十一月子佛真死
八年乙卯三十六歲
左侍郎劉公大夏委詳議章奏尚書葉公淇委參閱本
部章奏考國朝以來尚書侍郎氏名書於碑　公之將
擢戶部也夢入太廟見東廡方樹大碑其人曰待而子
成至部之明年尚書葉公命代作題名記并考校尚書
侍郎氏名乃知夢中言蓋謂此陳少卿玉汝讀碑文至

再明日語淮翁曰戶部安得此文翁曰予尚有眼力在
此國賢筆也公入官爲政所至輒得師焉在許州則都
憲徐公與論奏疏大參陸公與論招擬在戶部則東山
劉公與論復議俱得其力
九年丙辰三十七歲
二月爲會試同考官
司徒葉公以讀卷官失儀不謝罪有詔責問蓋欲其去
也朝論喧然以不見幾爲譏而公不知也部中諸公推
公及畢宗仁入燕室勸公宗仁曰老先生須一辭朝廷
亦應留公曰此何言也今日老先生禮當去義亦當去

不去何待公曰人固有欲吾去者公曰老先生知有去耳他非老先生所與知也公曰然則進奏乎公曰奏已具尚未僉日耳公曰然奏入不允公又進曰奏固當再公曰稿具乎公曰已具遂奏得旨致仕月餘公將行乃拜公謝曰吾晚節賴國賢保全

崇府乞正陽鎮抽分課銀上欲與之戶部再奏皆不允東山劉公謂公曰崇王懿親所乞不過千餘兩今以國用爲言宜上不允子能論其義乎公曰不敏何足以與此但正陽乃畿輔地制不以封豈宜使藩府人收其商課如以春秋許田之義明白論列宜無不從且正陽商課近以救荒而設非舊額也亦宜革去既而奏上上果從之

悝泉師訃至公布袍角帶南房先生見而韙之謂曰有期限乎曰尚未擬也曰以義斷之亦二十七日可也公如其言

十年丁巳三十八歲

正月清理十三司正統以來稿簿各以字號編次吏滿交代

請定王府養贍米則例　各王府祿米外養贍米無定數閒有奏乞主者以意引例爲輕重太原周公患之乃屬公公以爵爲則據事例輕重而議其中上疏請爲定制

二月二十五日除本部廣西司署郎中事員外

七月二十日三年通考　本部考語辭之修也原乎學事之立也本乎才郎中如斯考稱惟允吏部考語志行端雅文學優贍稱職都察院考語學問足以潤身政事足以及物稱職

八月二十五日實授本司郎中

十一年戊午三十九歲

二月內靈臺設軍餘百人充除掃之役兵部議允行戶部給粮東山劉公疑之以問公公曰祖宗立法內外各監皆有役夫而內靈臺不設豈無謂哉蓋以謹密之地若設役夫出入其間奸人僞言庸人妄言恐生他變豈祖宗深遠慮哉若以成命爲重當念成憲尤重疏上上韙之軍餘還衛

六月上修內治以安人心疏時寇警甚急

十二年己未四十歲

九月巡撫朱都御史瑄檄建牌坊於里第具書辭

左侍郎許公進疏舉堪任方面有德政修舉學問優長等語

使王金松江府同知王翊贊禮天瑞置神主案上北面再拜公答拜天瑞南面書畢復北面再拜公答拜已乃向天瑞四拜斯禮也蓋初未之講也金翊見而嘆之

七年甲寅三十五歲

公在許州七年數十舉而未擢偶當僉事卒巡撫徐公恪以薦公適在汴因出奏稿示之公起謝因言曰吏部舉方面必寫二人公獨舉某得無專乎公曰子久屈此舉期必行耳況無人可以陪子公曰彭汝州可公曰此人學固有之但吏道風力未能如子明日議於孫方伯高憲長二君曰許州有此言公可廣矣遂增入彭而語獨注重於公公復請曰然則意專在某猶獨舉也請去之缺遂補彭

三月公還自朝覲一夕在廨寢夢雷鳴卷笥中甚烈公謂之曰汝神乎何故鳴箱中應曰謀殺人置水中汝尚不知何州知之公曰汝果神乎當大鳴既而震驚流汗浹背戒家人勿言越三日王簽事埧以他事來語及夢王曰此張校尉家事也又三日其同謀者來首遂置於法校尉子八人其長子拱辰治家七弟皆父事之死後虐其嫂嫂欲發其不法事故同謀殺之投諸水至是坐死者三人

十月議處取珠事　弘治己未公爲户部廣西司郎中尚書太原周文端公以内庫缺珍珠請行廣東鎮巡官采取免差内臣仍擬於大倉庫進銀二十萬備買辦上從之公與主事六人送入左順門内庫人設太閣稱閲太監龍壽視庫人從事焉事畢庫人出皆搜檢於閣口壽出亦如之至公等六人出則不搜檢公問諸庫人對曰此舊制也凡文官不搜檢公退而語之同官曰朝廷待文官至矣我輩而誣上行私黷於貨利者不亦自負以負朝廷哉

十三年庚申四十一歲

四月四日除江西按察司副使提調學校

八月以考純和府君贈許州知州誥文告於墓時巡撫安城彭公禮有江陰糧長犯法頤指以千金餽公公避之山中二日乃已蘇之士夫稱公千金不受先生

十月二十六日啓行十二月九日至江西

公自幼砥礪名節尚友千古志向遠大欲爲天下第一等人第一等事然未嘗標立門户嘗云願爲真士夫不願爲假道學動以道義率人講明經義黜浮崇雅所至樂公之教而德公之恩公有教條今逸

陽明王公送行詩雨賦　二泉先生以地官正郎擢按

察副使提學西江於是京師方旱民憂禾黍先生將行祖帳而雨士氣蘇息送者皆喜樂山子舉觴而言曰先生亦知時雨之功乎群機默動百花潛融摧枯僵槁茀蔚蒙茸惟草木之日茂夫焉識其所從先生曰何如樂山子曰升降閉塞品彙是出瘋蹇躄痿痺扞格地脈焦焉固滋土膏竭而靡澤勾者矛者莢者甲者莖者萌者頫者鬣者陳者期新屈者期伸而乃火雲崒光湯泉沸騰山靈爍石溝澮揚塵田形赭色塗坼龜文苗而不秀槁焉欲焚於是乎豐隆起而效駕屏翳輔而推輪雷伯溪汗而頌號飛廉行辟而戒申川英英而吐氣山油

油而出雲天昏昏而改色日霏霏而就曛風翛翛於蘋末雷殷殷於江瀆初沾濡之脈脈漸飄灑之紛紛始霢霂之無跡終滂沱而有聞方奮迅而直下倏橫斜以旁巡徐一一而點注隨渾渾而更新乍零零而斷續忽冥冥而驟弁將悠悠而遠去復森森而雜陳當是時也如渴而飲如飲而醺德澤漸於蘭蕙寵渥被於藻荇光輝發於桃李滋潤洽於松筠深恩萃於禾黍餘波及於蒿蕢若醉醒而夢覺起精矯於邅迍猶闤里之多士沾聖化而皆仁濟濟翼翼侃侃誾誾樂簞瓢於陋巷詠浴沂於暮春者矣今夫先生之於西江之士也不亦其然哉

原體則涵泳諸子灌注百氏渟滀仁義鬱蒸經史言用則應物而動與時操縱神變化於晦明狀江河之洶湧發為文詞霧滃霞擒赫其聲光雷電翕張仰之嶽立風雲是出卽之川騰旱暵攸憑偃風聲於萬里望雲霓於九天嘆爾來之奚后怨何地之獨先則夫西江之士豈必漸漬沐沃澡滌沉潛歷以寒暑積之歲年固將得微涓而已頻發霑餘滴而遂勃然詠菁莪之化育樂豐芑之生全揚驚瀾於洙泗起暴漲於伊濂信斯雨之及時將與先生比德而麗賢也夫先生曰是何言之易也昔孔子太和元氣過化存神不言而喻固有所謂時雨化

之者矣而予豈其人哉且子知時雨之功而曾未睹其患也乃若大火西流東作於休農人相告謂將有秋須堅須實以穫以收爾迺庭商鼓舞江鶴飛翔重陰密霧連月瀰茫淒風苦雨朝夕淋浪禾頭生耳黍目就盲江河溢而泛濫草木洩而衰黃功垂成而復敗變豐稔為凶荒汩泥塗以何救殖體足其曷防空呼號於漏室徒咨怨於頹牆吁嗟乎今之以為非凶昔之以為功者耶為乎物理之迴絕而人情之頓異者耶是知長以風雨歛以霜雪有陽必陰無寒不熱化不自與及時而盛教無定美過時必病故先王之愛民必仁育而義正吾誠

不敢忘子時雨之規且慮其過而爲霪以生患也於是樂山子俯謝不及避席而起再拜盡觴以歌時雨歌曰激湍兮深潭和煦兮冱寒雨以潤兮過淫則殘惟先生兮實如傅霖爲雲爲霓兮民望於今呑吐奎璧兮分天之章駕風騎氣兮挾龍以翔沛江帝之澤兮載自西或雨或暘一寒一暑隨物順成兮吾心何與風雨霜雪兮孰非時雨刑部主事姚江王守仁書

十六日考試南昌三學諸生

品字亭記　予昔爲許督作品字亭於學宮蓋取其郡先儒靳裁之氏之說將與諸生同戒勉焉每當貢舉必觴於亭以相其志時予雖有學責然未專也比者奉命督學江西視前舉如爲之兆者及蒞南昌分司顧其東隅有一亭而未名予謂是可以名品字矣遂名之惟許亭之始作也太史羲興吳先生實爲之記而予復書其碑陰爲士之品二道德其上功名次之而富貴云者宜斥不與大抵予之爲說取諸靳氏而稍自異君子不以爲過且妄也今之於士也又何道以品之哉亦要其上而已矣而次焉者亦與焉雖其初終表裏未必一致若難乎爲品者然心誠求之不以毁譽不以利鈍不以隱顯操聖賢之律而概之於其言行其殆所謂不中不遠者乎夫天下之須乎士者大矣士無他成物之德經世之猷憂時之慮三者備焉然後隨其所處蘊爲道德發爲功名異其用而同其體此皆所謂上也惟體不同而用有同者所謂次焉此之謂矣古稱才難正在於是而吾乃欲百一求之以答明詔此夙夜所存非今日爲然也豈徒品之云哉成者品之其未成者激昂之策勵之陶養之又欲登其上品焉顧雖次者且不可自畫而況其下乎予與諸生固當自省也烏乎元氣不息才無古今盛世名郡於斯爲最予雖疏漏愧于師道而所以副吾之望者必有其人矣作品字亭記

十四年辛酉四十二歲

正月十八日之進賢小試　公在吉水試畢安福劉參議景玉來謁公意其有所囑也與之坐而不言者久之景玉起曰某來無他公在廬陵所出春秋落姑題未知公意故來問耳公曰此無他季子季札皆賢者季出求復札居而出使二國所以處二子者如此國事係焉此春秋之所謹也景玉曰諸生所不及也揖謝而退夜坐分司閱卷　詩曰肯信行臺是隱居手寒中夜尚披書冰霜氣逼庭初靜星斗光臨户正虚漫道相人如相馬極知觀理似觀魚九重方切真才念獨對青燈意有餘

六月之南康白鹿書院留三日之九江謁周濂溪墓
維弘治十有四年六月丁丑朔越二十五日辛丑巡視學校江西按察司副使後學常郡邵寶至白鹿書院敢昭告於道國元公濂溪周先生徽國文公晦庵朱先生道喪千載孰起以承元公其元文公其貞二公之學世方師之迹其講寓實久於斯文以類聚理以言章肆寶志陋與衆升堂讀公之書尚求公心茲山實高茲水實深公如有靈睠茲舊遊惠我光明以永公休謹告
十月作諭來學文揭白鹿書院　謹按南康府白鹿洞書院實據匡廬彭蠡之勝宋儒周程二先生嘗屬遊焉其秀自天可以資靜修之趣其重因人可以興仰止之思士惟無志苟志欲上師聖賢進德修業期有益於天下者聞茲洞院皆當負笈裹糧從事於斯況有舍以居有田以贍有書以觀如今日者而可不遊乎但學者立心之始幾莫大於誠僞辨莫先於義利此之不審皆苟而已今學校遍天下立頁設科教且用之具有成法若舍彼就此徒欲自異於衆而所習者仍與衆同則與立身經世之道既皆有所妨專而群居之誚捷徑之譏或未能免焉吾亦豈敢輕舉以誤諸英俊哉學校諸生暨山林儒士有清修慎篤欲暫輟進取而志於前所謂學者許各府州縣起送前來某雖寡陋敢遵先儒舊規斟酌程課近臨几席遠寓筆札相與講明焉如其師道以伺君子此實區區奉詔崇正求真之分也所謂暫輟進取或五六年或七八年必待學成然後出用不惟其言惟其事實斯爲有志之士如或立志未定請勿輕至其四方學者聞而來遊當異館待之某不佞敢以誠告
十五年壬戌四十三歲
二月之白鹿書院　作獨對亭　修學舍清學田　弘治辛酉夏六月奉詔視學至南康白鹿書院是院也勝在五老聞於四方乃負而弗鄉雖無大關繫然亦若缺典者故周覽之餘欲爲亭以對之屬時暑雨未暇相度蓋越一年而其役再至步自南岡歷於東崖得地丈餘其平如砥其崇如壇仰而西望五老當前若拱若揖若陟若降若在咫尺可延與語者竊意亭宜於此諸生從者曰此文公先生舊遊也俯觀崖石有風泉雲壑四字實乃欣然喜曰此先得吾意乎不於此亭爲乎爲宜雖然五老之勝有目者共覩而非公莫之能當故以獨對名亭重公迹也或謂峯以老稱不獨以秀以奇而以其壽是五老者天始與始地終與終壽孰對之謂公獨焉何居寶聞諸孔子仁者樂山山以氣凝而理行其中

泉石土木無所非仁惟仁故靜惟靜故壽凡山皆然況
其高且大者乎公仁者也靜博中正德與山協爲鎮爲
嶽五老之對固其所哉君子觀其進退語默從容暇豫
既得公之靜矣則其化遠功深表儀流澤與孔孟無窮
其爲壽對諸五老必有能信之者況公前後代有寓賢
何莫不具一節至要其大孰與公比非公獨對其誰偕
之是以危登極眺覽天下之至奇雄詞勁筆發天下之
至秀彼以其五公以其一出象入神形於賦詠斯固公
之餘事而所以作對者亦有在矣抑豈惟是哉公仁且
智登斯臺也必嘗反而東顧深湖長江至於滄海皆公

之大觀也寶生也晚幸讀公書見所對如從公焉敢用
窺測記於亭中九原可作不知公以爲何如耶
改建宗儒祠祔諸儒　告周程二先生文　維二先生
繼起於宋再闡斯文惟兹洞境皆嘗過化學者宗之百
世允式祠曰二賢祠若流寓甚非吾人崇重之意再考
文公之時實多高第弟子相從於是而祠無祔位亦爲
缺典今擬更祠額爲宗儒祠仍設蔡沈以下十四人神
位祔於二先生之堂敢用告知然後行事謹告
七月之浮梁　浮梁縣學記凡學之設其道有四一曰
習典章二曰明經訓三曰惇風俗四曰育人材斯四者

實古之道而今制亦弗能外焉故典章存乎誥令經訓
存乎詩書風俗存乎儀式人才存乎貢舉其概如此世
之人徒見科目足以階貴遂謂夫學專爲育人才而於
所謂典章之習經訓之明風俗之惇判然若無所與故
其言也非謂風水有妨於科目則不修舉不特有司爲
然而觀風君子亦莫之異焉乎其亦不思爾矣今科目
爲入仕之途自皇朝公卿以至內外百吏胥由是出蓋
天下之極選而人人慕望焉者承平以來學徒日益廩
增常員之外附學爲名者多至倍蓰其山林儒士挾藝
以應試者亦如之由是觀之雖微學也未嘗無人才也

然則學將可廢邪惟學有典章經訓風俗之繫而不止
於人才人才之生必是之育而後身心性情有所持循
撿飭以爲天下國家之用是以國有學而能國郡有學
而能郡邑有學而能邑否則於制爲缺缺於制是缺於
道也今固依式古固依稽化塞於下而賦竭於上天衷
人紀孰與立之故學圮則起荒則理壞則葺奠謁飲射
講歌游肄無廢乃已此固有司常職怠是者罰將及之
於科目利弗利何有哉浮梁縣學之建久矣弘治己未
火庚申新之癸未落成實謂其得修舉之常當記成蹟
乃屬知縣左輔暨教諭張洪等請文今御史大夫前大

司寇戴公繼而有傳公語命寶者寶弗敢當而重違公
命也敢着是論而以歲月附焉

饒州分司隣有丹霞觀者夜半火發熖及考試葦軒諸生奔救甚恐四更火息公獨坐思此觀既火不宜使復建遂草案行府以其地改建公館黎明案出准府舒承奉以王命來慰公以案示之舒嘆而去時不識所謂後聞火出謀地者稍遲則奸計行矣舒之嘆有以也

十六年癸亥四十四歲

仰南昌府抄案　一為巡視學校事節該欽奉敕諭內一款府縣提調官員凡學內殿堂齋房等屋損壞即辦料量工修理若恃有提督憲職將學校中一切合行之事推故不行用心整理者量加决罰懲戒欽此本職自到任以來累經欽遵案仰各府縣提調官相度修理去後迨今二年之上本職巡歷各處親見各學或殿廡傾頹祭享歉對越之誠或堂齋倒塌講授缺揖趨之敬下至公廨號房廚庫等處上雨傍風日甚一日草萊瓦礫舉望蕭然凡厥師徒懶者喜有所諉勤者憂無所居遂使盛世名邦絃誦詩書名存實廢為守令者皆出自科目豈不知此為本原之地而因陋就簡一至於斯試詢其由不曰積貯數少不足支銷則曰科罰禁嚴不敢措置似此語言亦略近理但民困財窮以積貯恐無太盈之日吏貧賄濫以科罰恐無少縱之時而崇化勵賢培植元氣以學校又决無不修之理事勢至此計將若何凡茲守令苟能體國如家以人才風俗認為己任誠意盡力量其緩急酌其輕重陸續從事期於完美則內不愧心外不愧言遠望近譽理所必至何為自負任使以干憲典哉况近者問黜庶官皆以贓賄狼藉之故曾未聞坐修學而退者監懲取舍端緒可尋今乃小心過慮至忽當務就其自謀亦甚乖戾若不申諭俾之改圖深為未便為此仰抄案回府着落當官吏照依案驗內事理即行本府幷撫州府等一十二府各行府縣提調正官各查該學但有廢壞去處相應修理者或改或仍逐一酌量緩急重輕估料計工申請合于上司徑行修理仍將該修實跡具由回報其或似前怠玩視為外事定遵敕諭施行决不輕貸俱毋違錯抄案依准幷行過日期呈來

二月之瑞州之臨江

三月之袁州

毁淫祠頌　中丞林公巡視江西之一月檄毁寺觀神廟弗在典與志者有司聞公風義奉行唯謹寶舟由臨

江入袁河見土木像浮水而下後先沓至乃嘆曰自狄梁公後不見此舉幾百年矣而公毅然行之不俟終日非信道篤而自知明者其孰能之公昔在朝嘗止建寺語忤權倖得禍幾殆後在雲南又嘗毀諸佛像蓋其闢邪崇正之念平生所存如此而非出於一時之感也夫安得不力哉曰頌卓哉林公心與道謀是衛是距以邪為仇昔在先朝有寺將建孰不惜之而莫敢諫公書千言佛骨之遺曰有殃咎臣身不辭赦公復公惟明天子僉曰異哉一生九死公節滇南其氣益昌曰毀斯毀神伏鬼藏公來江西踐民之瘼飲之食之培善剷惡公曰汝吏民愚罔覺舍人求神日谷以壑粵若帝舜絕地天通降禮折刑民協於衷我非為異期古是同國憲斯在汝罔弗共吏奉公檄夙夜惟力靡遠弗臨靡深弗即曰火而焚曰水而流美石良材學宮是修唐有狄公嘗事斯舉太史書之君子所予公心正直與神明俱凡此邪慝弗恕而除除其邪慝一崇我正曰士曰民肅肅於政民耕於郊士誦於庠雖賞不竊維禎維祥天子曰某汝入予輔士民曰嗟奪我父母而弗敢留公在帝旁天下之休

謁韓文公祠　一上春臺草陸離忽瞻遺像起遐思江山恨少滕王賦風水愁多二女祠石廪不知雲去地雷塘猶想雨來時憑君莫引飛鴻望萬里騎龍任所之

四月之安福

七月之金溪行金溪縣牌　副使邵一為作養異才事訪得撫州府金谿縣民生王芹年一十二歲能背誦四書本經等書作文成章且有奇氣似此童子可稱異才若不加意作養誠恐有負所禀擬合就行為此牌仰本縣官吏照牌事理即將民生王芹送學肄業仍行提調官丁楷會同該學教官將本生時常提督令其溫習前書仍於每日加讀詩易禮記三經正文及太極圖說通書西銘三百餘字限二年之內熟記周遍此外史要點出史鑑中緊切斷論一體默記以為他日致知力行之本每季聞報知會不許虛文應塞先具依准繳牌

八月之吉安闈行總司　副使邵一為崇奉先賢以激勵風教事准總司關云云等因到職謹議得濂溪周子生於有宋不由師傳默契道體上承列聖下啓群儒語其時貞而復元論其地大而將化開人之功萬世永賴無庸贅贅乃若九江因水濯纓依山築室存既寓其精神沒復藏其體魄實與故里相類顧自國朝以來有墓無守有祠無祀而所謂書院者又名存實廢其於聖明

崇儒重道之意誠爲未稱謹案范文正公爲宋名相生於蘇而葬於洛二處皆致享祠岳武穆爲宋名將生於相而葬於杭二處皆極崇奉貞忠勳德禮在加隆示後昭今典章增重而况再闡斯文宗師後學如周子者哉由周再傳是爲朱子朱子貫於婺源産於建陽今二處各有禮秩載享祠崇奉地異理同竊謂周子之於九江如婺如建當比其一而荒落至此凡有秉彝孰不興嘆茲欲議行實爲盛舉除查勘族人前來主守一節無別議外倘有書院舊基益加營治前堂後寢中道外門一如儀式中祠周子之主援朱子事例上請春秋二祭祝號牲帛定自官禮永爲遵守仍聘師聚徒講習其中另於白鹿田租内量撥供給庶幾振厲作興有補風教區區鄙見謹議如此其優濟修理必需費畫經時之略藩有長司按法之故臬有總政斟酌詳定於是乎在非迂淺所能與也緣奉巡視林批仰會議事理擬合就行爲此今將所議緣由備關總司查照施行

十月聞師蒿菴先生訃　維年月日門生江西提學按察副使邵寶謹以牲醴之奠遣從弟珠昭告於故長興教諭蒿菴先生之靈曰嗚乎先生已矣寶不肖摳趨先生之門于今三十年先生教寶精深之義而寶以粗淺負之先生期寶遠大之業而寶以近小負之先生猶不我棄故自諸生至於有祿未嘗一日不欲激昂而使之前也先生之於寶可謂至焉爾矣惟成化癸卯至弘治壬子十五年間寶於先生三別三見當其見也則不勝喜及其別也又不勝悲情以恩深義以道重無足怪者庚申冬寶領江西之命道經吾鄉而先生在長興不得一見比南行至平望遂日夜兼程走三百里往謁先生先生飲我食我教我如昔之夜分始寐越明日晚乃拜別去執手溪滸各泣不已嗚乎孰謂此別遂爲千古之永訣邪自時厥後先生屢有書示輒以請老爲言寶謂長興去錫不遠先生教化方行不宜遽去屢書沮之今年夏聞先生歸自長興賀啓始發繼聞先生疾病方將遣人候問而訃音至矣嗚乎孰謂千古之訣乃在長興之溪滸邪聞訃之日寶視學吉郡有璽書在弗敢位哭悵惘數日哀至淚流幾廢人事聞葬期且迫不得奔走執役謹承治命述事作銘今用附上謹此告哀伏惟先生鑒之尚享

之贛州禁祖父母父母喪久不葬者　江西南贛諸郡人有泥風水拘時日不葬其父母有至數十年者其子爲生員制滿復科貢如常蓋習行久之公聞而欲禁焉

乃行諸郡生員有父母喪必遣年深將貢生員二人親送其葬結報復學誣者連坐不葬者止其科舉於相見率舉葬者以千計其非生員而葬者亦多雩都袁慶祥作廣孝記刻石於學

十一月之南安　長至日釋菜於濂溪祠　維弘治十有六年歲次癸亥十一月甲子朔越二十五日戊子按察副使後學無錫邵寶敢昭告於濂溪先生周公明道先生程公伊川先生程公惟我周先生衡人也兩程先生洛人也地之相去數千餘里而乃受授於此天作之會中興斯文夫豈偶然之故哉烏乎仲尼之道天地也否孰泰之仲尼之道日月也晦孰明之三先生之功於是爲大矣故凡過化之地莫不慕而祠之况授受伊始如南安者而可後乎某也愚陋幼學壯仕夙仰止焉今者承乏視學再至兹郡適當陽復之候謹率諸生祭菜祠下烏乎獨復之難久矣惟三先生尚矜其志而惠相之謹告　詩曰一脈濂溪萬古天江州名自道州傳有神真與泉俱活無象還留月自圓將濟晚舟猶滯在未成春服已悠然東風昨夜新消息許我重栽玉井蓮

建一峯書院　一峯書院者爲故南京翰林修撰羅公作也公以文章節行高天下天下之人莫不賢其爲人其生也思詣其廬其没也思造其祠者蓋十人而九也然永豐既居山中公之故第在水心去縣又若干里其墓在某地又去其第若干里若其舊遊所謂金牛書院者則又去其墓若干里而人跡益遠矣故凡至永豐者每以瞻拜無所爲恨予督學江西之三年始一至焉欲爲文以弔其墓而雨雪載途不能往乃遣教諭某代以致之既而步自學宫西偏得隙地若干丈遂屬吉安守張宗厚作堂三間中設公像題其門曰一峯書院俾人之苦於瞻拜者於此得少展焉雖非公之舊遊而詩書絃誦之地固公所以仰前修而迪後學者也時知縣鄭濬主簿某方勤修學之役吉安遂以委之不三月而告成某與訓導某請爲之記惟公天資剛毅守道不回而充之以博養之以正方貢於鄉已負重望及憲廟之初親擢進士第一其所對策雖制舉之常然援古證今指切本要詞嚴義正誦者起敬故程文未行而海内已錄傳之人之視公有漢董賢良之風焉既而入翰林爲修撰未及三月即有扶持綱常之疏上忠於君以及輔相新進儒臣能爲天下大計遠慮如此固非尋常摘劾之比論者方之唐子方其事似同而義則遠矣至其改官南都時忌者已去以公之望少假歲月公卿可待而竟

以疾歸蓋公之仕在行其道而不以位為榮王曾之志錢若水之節公實有之觀於其退而進者可知也嗚乎道之在人有正大之體有曲成之用自聖人以下多患其不能兼之蓋其體不能協天下之一故其用不能周天下之殊即使幸有所成而正大者或病矣豈曲成之謂哉故觀於兮寧正大而有過毋寧曲成而無尤是則公之進言人曰太許君子曰忠公之去位人曰太激君子曰介固非誣且過也雖然公之心如青天白日公之德如高山大川此天下之同稱也而才藝弗與焉則世亦不可謂不知公矣寶自童年游於庠序即知慕公及宦游於中外知公為詳誠有所謂願為執鞭而不可得者則於斯舉亦烏能已哉吾聞公晚癖金牛山水而岳其瘴癘竟以是終人為之天下惜公者或以是為公病公而有知其亦以為然歟故予既為之記復為招魂詞二章俾并刻焉而公於斯者或一歌之庶乎公之來歸也詞曰公歸來兮金牛不可以居幽阻叢翳兮以魅以魑毒霧中人兮朝弗夕虞什或一存兮虎豹之餘公氣則正兮神明祓除彼伴從公兮將無避而歸來歸來兮公有鄉閭公歸來兮泮水傍泮水源源兮溪流孔長拜者在庭兮衣冠在堂或羞而俎兮或醴而觴人歆公兮未央公不歸來兮誦吾章

十七年甲子四十五歲

二月之建昌小試

四月迎太皇太后遺詔於貴溪　謁陸象山墓

七月小試畢

十八年乙丑四十六歲

之白鹿書院留二十日之寧州謁濂溪祠　維公繼絕往聖登我後學為世宗師凡公過化神靈攸睹惟我章逢嘉樹之思寓於庭草實惟秉彝無間遠邇肆某不敏承乏學事行視郡邑謂南安為公傳道之始也於是有書院之葺謂九江為公終焉且葬也於是有祠墓之治有祀守之圖謂南康袁州為公所嘗宦遊也於是有白鹿之奠有宜春之謁仰止高山作我同志非敢為諂茲至寧州觀公遺化如坐光霽焉謹率諸生酌水薦芼籍附古人祭菜之儀惟公不鄙其昭臨之謹告

周濂溪墓在九江德化縣蓮花峯下其北五里為書院傍水焉即先生所名濂溪也公既修書院復告於巡撫林公浚檄湖廣道州敦取其族孫某來守之公為定規俾儒衣儒冠朔望從謁文廟畢詣明倫堂聽講班列諸生之上如有過失許共規之其子為生員如常仍撥田

八十畝供贍

請祀先儒陳澔狀　副使邵一爲崇祀先儒以重經學事臣竊照先儒陳澔係江西南康府都昌縣人自其祖父世以禮經屢領鄉薦至澔尤極力探索深有所得嘗註集說一書傳在學者我太宗文皇帝纂修大全特取其書與程頤朱熹蔡沈胡安國易詩書春秋傳義頒布天下列聖相承至我皇上經筵進講及教人取士亦皆用之若斯人者可謂有功於聖經矣顧以隱處山林名迹湮晦未蒙異曲然鄉邦進後景仰風聲如承指授先言單詞互相傳錄所居之地山名學堂至今稱之本縣官吏師生耆老人等既以鄉賢群祠於學又別建祠堂一所專奉澔主其德行道誼孚被於人即是可見竊聞成化年間節該太常寺少卿兼翰林院侍讀學士劉定之建議謂澔釋經之功雖未敢擬程朱亦可以次胡蔡欲比何休賈逵范甯杜預等例請從祀先聖廟廷臣愚竊謂論澔釋經如學士劉定之之言品藻已當參之鄉評又如前所云者伏維聖明在上中和建極制作方興朝野儒紳考究禮學仰裨盛治者在在有之秩澔之祀其於獎勵所係甚大如蒙皇上俯從臣言特飭禮部轉行府縣即今建祠堂賜以春秋二祭定其祝號品式以時舉行庶於聖命表章采擇之意愈有光輝而後學亦知所以興起矣緣係建言崇祀先儒事理未敢擅便謹

題請旨

四月之饒州

六月十四日迎先帝遺詔於南昌

八月具疏乞終養　以母老請終養疏至京而浙臬命下西涯謂浙近且便不可復言歸蘇不果上公在江西寧府每有宴賀賜儀公皆固辭及以所藏書畫命長史求爲題詠公亦遜辭後濠謀逆時臨江知府戴德儒從陽明王公撿濠書札公獨無一紙一字服其先見云

十二日除浙江按察使　十四日啓行

別廬山詩　山北山南幾度遊春風到處得相留鹿聽李渤祠前曉菊采陶潛宅畔秋星落半湖倉島出泉分雙澗白雲流五峯明月新亭興此夜江天獨倚樓　別白鹿洞　五老峯前雙澗流洞門草長鹿呦呦深雲似□春長住細雨何妨午未收千里客懷頻出使數年吏事半藏修明朝我放東風棹分付山靈管素秋

十一月一日至家

武宗皇帝正德元年丙寅四十七歲

二月二十一日之官

三月鞫獄　浙有豪惡沈姓者橫行郡縣中睚眦殺人不可勝計前鄧御史璋案問當死繫獄首從凡八人其一人逸京師行賄權近規從矜疑例時慮囚使至亟欲出之公始至浙執不可則移文爲誏詞曰鄧按察命下中朝皆賀謂必能辨冤獄云云既乃以文侵公久之責送審蓋將具文覆奏以遂其私公使人謂曰慮囚吏有再問無再審審在人送在我他日縱惡誰任其責哉終不從後竟誘藩司回文具奏督再問益急未幾沈復誣訴大略謂按察使鄧恐玷名節不肯辨理云云朝廷雖不公責而沈竟以特旨杖發戍云

二年丁卯四十八歲

五月二十七日除浙江右布政使

八月提調鄉試　監臨御史以公閱卷取士極精得人云

十一月勘銀鑛於處州公與兩司及鎮守太監同勘公曰此事一舉所費者多所得者少勞民傷財未必無變力言利害於鎮守奏寢其事民感德之

三年戊辰四十九歲

二月一日除湖廣左布政使　公由浙藩遷湖南故事有白金百二十兩爲餽左布政李惟誠意公不受易以幣五十疋來致公亦謝不受惟誠曰吾知公故餽不以金幣亦不受無乃過乎前此固有爭論請益者矣公曰世有爭者亦不可無辭者公亦何訝哉不得已受紗二疋

五月三日抵家

六月十八日之官　先是地方災傷鎮巡聞於朝命户部左侍郎韓福以附近各省援例納粮類解湖廣賑濟韓與逆瑾同鄉私許厚賂大肆貪酷官民受虐公至以正義抗之後以激變風聞於朝取回公設策賑濟民賴以安

八月勘榮府地

九月會給事中張九敘勘事瀏陽見客對

四年己巳五十歲

正月四日除都察院右副都御史奉勅總督漕運三月十日啓行四月十一日至泗州謁祖陵十三日至鳳陽謁皇陵十八日還淮安以例上自陳疏有上下治河論見文集

七月二十七日督漕船赴京議事九月二十九日入京

閏九月二十六日會議于朝　會議狀一明賞罰以振漕綱一審徵折以通漕法一防河患以遠漕慮一議水次以定漕兑一均加耗以一漕規一督辦料以嚴漕討

一清通逃以足漕額詳見文集　瑾擅權公卿多出入其門公以正自持一無所通瑾憾之時以平江伯陳伯熊坐公下謂文官欺武臣怒其罷軟平江疑懼以會議坐次質於公公曰子方以坐累平江今言之所謂姑婦之口矣雖然朝廷自有體天子六卿非他官比一旦欲坐其上恐不能行徒為平江損德耳遂如故會議日公以河決事大治之當預對諸卿亹亹數百言反覆論難移刻未已又言遠近輕重本折通融之法上引禹貢總秸穀米元有分別下言今日湖湘等處疲弊之狀亦數百言時瑾命偵卒傍聽公不少遜焉　公初至淮有新安衛運粮指揮劉德先緣事罷運有旨着王珏暫管其總兵參將給與永管文移後劉德事完欲上運無路投瑾門下瑾方憾公不劾平江欲置之罪意公亦有永管文移與珏令校尉查訪然竟無之

十月十四日瑾假詔召見於左順門　即日之通州處運事　憶母詩曰手線縫衣欲問寒慈顏時向夢中看世間盡道為官好天下無如別母難讀罷家音添鬢白書成國事剩心丹青燈自照磚河夜回首江南路渺漫

十一月二十四日還朝被劾待罪　瑾以平江報賂少且有誇言欲置死地因嗾諸侯伯會議時一日昧爽遣校尉數輩速公至左順門假內旨以危言恐之曰行當逮汝公不為動出至東長安門內張綵曹元二尚書自出追曰內執政謂君第劾平江則無後命矣復有唱言公對曰平江功臣之後督漕未久亦無大失某不知所劾二公默後越三日瑾嗾給事中劾平江併劾公不劾云云遂逮平江詔獄又數日追奪誥戍海南公致仕云

公以瑾難待罪東朝房法司奏入數日不出公日為人手書卷一日報出着原籍致仕公書如故既而啗客至談笑而道之劉司徒聞之使人密告曰願公勿露喜色不然偵者或告之將有後命矣公感而謝焉

十二月十一日得旨致仕　公致仕出京劉戶部用齊夜攜酒至時百戶家敘別以無詩為歉公謝曰廢棄之人不敢求贈亦不敢留別用齊即誦二句大臣去國還憂國天子求賢肯棄賢久之別去登輿如聞泣聲用齊之篤故舊如此

五年庚午五十一歲

正月一日行慶賀禮於僧寺正月八日至淮安奉太淑人行十七日抵家

三月始課諸生來學者闢聽松竹園

四月盛氏歸先塋侵地遂疆之先是許州發書遣吏韓

瀛至無錫上盛中丞書有云南山之南北山之北豈無牛眠之地而必與寒士爭尺寸之土語然實非中丞意也會中丞病卒至是始歸其地

六月漕政舉要錄成自序刻於家塾

七月作尚德書院於聽松竹園　十九日落尊賢堂

尊賢堂祠十賢爲宋司徒長史湛公挺唐尚書左僕射趙郡李文肅公紳唐隱士陸公羽宋國史編修秦公觀宋御史裏行錢公顗宋無錫令焦公千之宋禮部尚書尤文簡公袤元逸士倪公瓚國朝義士張公翼國朝中書舍人王公紱堂在惠山泉亭上詩曰萬古名泉地諸賢合有堂雲龕藏舊影水鑑發新光國史千鈞筆鄉評一瓣香煩僧語遊客到此肅冠裳

九月祠宋丞相李忠定公于尚德書院　慧於錫爲名山山之重在泉而幽邃如聽松菴者次之菴之在有茂林修竹觀者謂爲一山之勝吾世墓邇其地舊矣弘治閒購于僧而得焉時方考閱宋丞相李忠定公居錫之故而恨其未之祠也蓋有意于斯者凡十餘年至是幸獲休退而始爲堂於竹間以爲公祠閒嘗登而四顧左右前後無非竹者乃顏其門曰尚德書院若謂竹有君子之德凡觀物者尚之云爾然豈徒以物爲哉思古之君子而不可見將誦其詩讀其書以論其世蓋狂狷之志如此粤稽三代以來君子之在錫者以至德則泰伯之祠尚矣儒學如龜山諸賢亦故有祠於學凡我後進皆得拜而瞻之公自其祖由邵武來居生長官學於斯至以梁溪自號則固諸賢之儔也況嘗廬墓茲山義起之禮顧當後舉哉此吾堂之所以作也今夫祠擬諸祭菜則事合稱諸鄉先生則名正肖諸家廟舊本則像真實與子弟諸生歲時率以從事庶幾一陟降間如與君子周旋文懋厥修以階聖賢之域蓋不知道有隆污而時有古今也抑亦自尚吾志而已矣公之學吾未知其所從受觀其父母葬銘皆出龜山當亦與聞程氏之道者故其建明經畫大抵篤君臣明夷夏達經權審進退以身任重而不自失焉其忠義激烈千載而下猶能使人興起史稱公有諸葛武侯之心而考亭朱子序其奏議至以天生弭亂許之即是而觀謂公古之君子其不然哉昔朱子以匡廬臥龍菴之名取諸潭石遂緣其義爲畫武侯于堂君子謂其有異世之感若公于此精爽伊邇風聲及所學者有師揆之匡廬蓋爲感雖同而事則切矣乃若以竹興思實不敏于龍菴之說竊自附焉天下之君子當有能知吾過者是舉也吾錫華珵實任

其勞始於正德庚午七夕成於中秋奉安于重九皆不
愆期素奠畢小燕客賦淇澳而退
十二月十二日啓行
六年辛未五十二歲
正月朔旦行祝壽禮于杭州侍郎府
二月四日至江西南昌雨留數日十日至臨江聞寇警
留三日
三月七日聞户部右侍郎提督倉場之命時在湖廣長
沙府醴陵縣　十三日還自醴陵詩曰三月湘東應召
還君恩免過萬重山正緣岐路生愁思總為庭闈動笑
顏雲與新篇封石壁風隨舊節渡江關百年報答知何
地只在丹心一寸間
二十六日至江西南昌具疏乞終養
四月十七日抵家　二十六日奉旨不允所請
六月十三日啓行
七月十三日授本部左侍郎
九月八日勅往裏河處置粮運　上申明償運事宜狀
上糾舉運官狀上建言漕事狀（詳見續集）
十日命兼都察院左僉都御史　二十九日勅封贈父
母及祖父母三品誥命
十一月十日欽賜大明會典一部　詩曰緗函新捧出
天衢十載文光照石渠唐作一經統訖語周遺六典始
成書聖神功化三千裏今昔經綸萬卷餘遐想先皇初
詔日洞觀千古欲何如
十二月十二日奉詔進階通議大夫　贈祖三益公爲
都察院右副都御史祖妣楊氏爲淑人加贈父純和公
右副都御史加封母過氏太淑人誥略曰學貫群經才
周庶務純誠夙稟至孝天成繇賢科首握州符晉郎曹
乂裨邦計臬府懋修乎學政藩司丕展乎民庸殫心體
國正己率人夙夜在公憂勞奉職節制淮南之境恩威
如見乎李紳經營都下之儲志慮實希乎韓滉云云
七年壬申五十三歲
正月十三日郊祀分獻東鎮沂山之神　十四日興慶
成燕
三月十八日奏乞終養奉旨不允所辭　有詩云乞歸
未許奈親何帝里風光夢裏過三月春寒青草短五湖
天遠白雲多客囊衣在縫猶密驛路書來字欲磨聖主
恩深臣分淺百年心事雨蹉跎
二十一日奉命會勘通州城池
五月七日再疏乞歸省　九日得旨准省親

六月一日抵家

秋作里塾於西巷見浦舉人理記　念里中子弟無力讀書者多故聘師主之

寄莊定山先生詩　幾年書斷定山翁極目江天送去鴻野史不妨朝報外病懷衰託醉吟中短節向晚雲隨在小榻逢秋月與同尚憶長安吟別第夜深風雨燭花紅

九月八日又乞終養得旨准侍養　聞侍養命喜而有述　五疏纔蒙一語俞拜扶老母望天除孤孀節操劬勞外獨苦心情喜懼餘寬覓處栽花占月令靜中檢藥印方書東風吹綠長春徑不羨潘家有板輿

歸養私事有路費鈔不得乘傳或謂尚孫公書盖差官以公事起關輔行孫公曰邵公既不乘傳復以此官自隨往來驛傳得無嫌乎公聞而謝之後家居侯尹世卿送輿隸工食公謝曰行既不欲差官起關為嫌也居乃欲與隸何居卒不受

八年癸酉五十四歲

正月十八日有疾　公初病時左手不仁右手執太淑人手悲嘆久之既而索筆書數字於簡皆不可識蓋中庸存心之虛靈知覺一段口亦高聲誦之聽者不能了了也明日少間以銀百兩附鄭地官還寶應仲與立蓋昔年所假也

九月出遊

公病餘閒居常褻服見客有謂公曰子以力不能衣冠不能野服乎曰何敢野服隱者之服也予病者也非隱者也是以敢褻服不敢野服也敢褻服情也不敢野服禮也

燕居銘　如齋如尸天鑒在茲靈臺湛若吾得吾師勿忘勿助何慮何思彼憧與傀無或有之小子不敏請事於斯

九年甲戌五十五歲

十年乙亥五十六歲

八月建家廟於正寢東南　維皇明正德十年秋九月丙戌朏冉涇邵氏新作家廟成作者玄孫户部左侍郎寶自高祖至於寶皆適于禮為小宗寶不肖徼福於祖嘗歷官內外二品三品遵國典以廟稱禮也廟之制為屋四楹間導分制上中虛其中前陳几數席設鼎爼東西各為二室顯高祖叔安處士府君居東室顯曾祖存一處士府君居西室顯祖考皇贈通議大夫都察院右副都御史三益府君居東東室顯考皇贈奉直大夫許州知州加通議大夫都察院右副都御史純和府君居

西西室蓋稽古昭穆之義四時祭遷主於中室前高祖
南向曾祖東向祖西向考東向遞下而南各一位祭三
斗還主若朔望謁若出入告若有事告時物薦皆于中
室前若祭忌則各於其室東西爲二夾室東藏遺書服
器西藏祭器外爲門沖庭爲閣尊命誥於上凡所受勅
副及賜書皆在焉茲惟麗牲之石敢刻茲銘銘曰惟冉
涇水南東其流維我邵氏宅哉維休維高及曾生於斯
亦斯焉遊越後百年玄孫實有祿既遷乃復維祖維考
朝有命服乃作新宮爲族小宗惟禮義是崇有子有孫
百世其崇之

十一年丙子五十七歲
朱巡撫廷璧檄縣建牌坊辭清戎徐御史盈議建宗儒
坊辭
徐御史盈江西門生也欲建宗儒坊於冉涇俟乎世卿
言於公公謝曰以官使人分也用是標榜得無媿乎
作二泉書院於惠山遷忠定祠於書院書院新成二首
小堂閒向綠陰邊故老相過問往年水接少陵新檻
外草生茂叔舊庭前山從西北城繞隔溪自東行路亦
緣微醉獨歌人莫訝春衣初試晚晴天　書策重緣架
上塵兩年多負病中春手將筆試初知健心與盤銘幾
見新方得養親真愛日未成報國敢輕身冉涇門巷深
如許擊節高歌不和人
八月簡端錄成

十二年丁丑五十八歲
夏四月提學御史張公鰲山以妙覺觀田充忠定祠祭
田不受勸以修學廟充學田　復張提學書昨承過我
精舍山水增重多矣所諭祭田時供之外固可爲修理
之助但利之所在衆共趨焉病餘之人恐動心氣敢辭
之且昔年在撫州嘗止諸生爭占寺基今受此是人己
異致後先殊情也敢固辭之其精舍從屋亦以是故不
欲尺寸之益請勿留念是望惟修學及五賢祠及名宦
祠事即乞與王郡守議行精舍禁約條件亦希早發下
昨已拜懇茲不多瀆
建五賢祠　五賢者爲龜山先生文靖楊公玉泉先生
喻公子才遂初先生尤公廷之小山先生李公元德實
齋先生蔣公良貴
刊容春堂前集　見素林公容春堂集序精内至者言
焉成文如三清象垂衆湊效乎其職皆化機自然根諸
道而發諸氣者也故曰觀乎人文以化成天下六經羣
聖人之蘊經緯天地綱紀人倫立萬世常行之矩其根

深其充養浩然其化機在我文之至也後世敝經則離敝樸則靡敝莊則散敝潤則流而入卑弱發乎才而語道或淺要諸理而語氣或衰文云文云乎哉前輩謂太極圖像經而銘自孟子而後未見易傳甚實而自得今與原道並觀相去遠矣數先生者曷嘗屑屑然屬志文字之工理至詞至機有在我者矣予嘗謬意古文憒於道而病乎其蹐於氣也嘗思名能文者聽命焉心存意往海內士三數人弘治丙辰始得會吾二泉追訟相見之晚既而靜思之百能媿屈獨吾齒長爾嘗見品士亭記其擇也如此廟學記曰為夫子作也白鹿數篇曰為朱子作也及是容春堂集出得盡觀焉是文也其是氣也其不離是道也紆徐容與和以平乎莊以濩乎居而不有辯博而不肆黯然其長油油然其光將根榦宋儒標枝秦漢收韓歐數君子之華實乎起衰斯文其先生始乎先生副上卿惜士者猶未酬其望世固有不相易者正德戊寅春仲見素子俊書于雲莊青野

冬十月給米於族之貧者歲以為常

謝邑令請鄉飲　詩曰迷途歲晚尚茫茫謂我嘉賓詎敢當揚觶有人慙杜舉承筐無地想周行一經講授曾他日三老周旋即此堂為語縣侯休見訝萊衣方作小兒狂

十三年戊寅五十九歲

三月作曾侍亭於容春堂左亭中有屏作尼仲居曾子侍像以寓希賢之志每晨興必謁拜夏四月鑿思濂沼於曾侍亭右建小石梁于上曰光霽為石田九區于容春堂右扁其上曰橫渠遺意　瞻尼壇　畫裏瞻尼父庭前即杏壇春風吹綠樹真作泗濱看　橫渠井　橫渠復古心紙上聊云爾我畫我中庭亦復橫渠紙

冬十二月學史成

十四年己卯六十歲

避客對　正德己卯寶年及始生甲子有慶客至將避之客曰何哉子所以避者寶拜手寶所以避者有三太淑人在堂寶不敢言老不敢言老則不敢言慶一也凡慶始於子孫寶未有子太淑人方憂之舉觴之際能無動心乎且夫客皆愛寶者也慶畢而出必繼之以嘆嘆以終慶則如勿慶二也禮尚往來寶病軀不能與慶弔者七年矣受而不答可乎三也子以為何如客曰然客退遂書之簡以告他客

夏六月逆濠作亂公聞變命宗元筮之得觀之坤公喜曰朝廷無事矣後濠果敗　敘筮　己卯六月江西變

起警及于江之南史以周易筮之遇觀之坤曰无咎吝詰之對曰風行地上虛而有聲或將靡焉然巽木也坤土也時云秋矣木克於金實落材亡同復於土且有黃裳之象焉雖野戰皆血而土無分裂觀之坤亦坤之觀五君位也君位在德德曰好生一念動天而況於人乎故曰君子无咎君子有不在位者上是也事無與焉咎將焉生故又曰君子无咎

秋八月七日除南京禮部尚書

九月十五日上疏乞終養會武宗皇帝南巡不報

公侍養家居門庭肅如惟日親書史以著作爲事風月之夕唯使童子歌古詩數章陶然自得而已於外事一無所聞貴要一無所通時武宗南巡當道致江彬之意欲公作書通之公婉辭謝曰吾山林衰朽之人久不作長安書矣其待小人不惡而嚴如此

冬十一月十日先期爲太淑人壽八十親賓燕集凡二旬事記燕壽記

十五年庚辰六十一歲

春正月太淑人有疾公齋居茹素每夜具詞露禱至百拜移榻寢側躬視湯藥承候安否疾雖少間公之憂勤不衰

秋八月始得旨准侍養

秋八月巡按御史東郊命知縣暢華建大宗伯坊辭

冬十一月作超然堂于點易臺側　公初爲許州許有尚書臺在臨穎之野其規模風景公嘗聞諸故老而未之見也弘治甲寅一夕夢至焉其堂曰超然而吟松詠竹二齋列於左右逍遥容與久而後寤具以告客客紀之以詩蓋至于今二十有八年矣於是公既辭尚書之召乃作是堂而登之恍然如夢中所見故堂以是名

超然堂成一首　一泉一石皆君賜敢謂山林遠廟廊鹿洞勝遊空舊揚穎川奇夢有今堂座懸老樹冬逾勁畦引清流歲不荒久矣吾衰還策杖西岩北望拜梵香

題望闕岩于點易臺之上

十六年辛巳六十二歲

夏五月十五日世宗皇帝即位詔起公南京禮部尚書

旨云卿才行老成特茲簡任先朝已有成命不允所辭着上緊到任管事吏部知道

秋七月十日再疏懇辭

八月十二日得旨准終養詔有司以禮存問　旨云朕以卿才行老成新政之初特茲起用既累乞終養孝誠懇切勉從所請着有司以禮存問待親終之日來説史

部知道

冬十一月二十日知府王教知縣暢華來致存問之命

擬命使存問儀注　略云使者致詞曰聖天子以太淑人病體未安先生累乞終養孝誠懇切有詔着有司以禮存問某等敬致茲休命公敬對曰臣母老病臣乞終養何以布天之寵今者欽蒙聖恩詔賜禮問臣母子不勝感戴之至

世宗皇帝嘉靖元年壬午六十三歲

春正月太淑人病日進公露禱如前

四月二十五日會上三宮尊號太淑人進太夫人服色

十一月　作章風山先生祠堂記　嘉靖元年春二月風山先生章公壽終於蘭溪里第遺言勿於身後乞恩澤其諸子廣東布政使拯暨門人感恩知縣董遵等以其幼子某敬聽唯謹既葬而令司寇見素先生林公以召命過蘭溪弔且哭焉已而嘆曰古者鄉先生沒祭於社禮也先生天下士也其分則國之師以意而專祠之不亦可乎於是金華郡守扶風王侯某以上嗣大統奉表入賀未還則以謂其貳守歷城張侯齊侯曰此固吾有司之事也某既承之不敢不勉遵等又皆曰此二三子願也敢以請侯乃鳩工聚材即其第之東南營焉功方興而王侯還則曰此固吾守郡者之責也雖不及其始敢忘其終乎中令加亟亟通判某郡石侯某推官某郡監侯某咸贊厥成中爲堂四楹前爲門如堂之數兩序傍翼繚以周垣中位神主而額其門曰風山先生祠堂先生於是以國子監祭酒致仕詔加禮部侍郎再加尚書矣稱先生尚德也先生自壯歲以文章魁天下以忠諫着翰林以經濟稱於海內自史館左遷涉歷中外未克展布晚始起爲司成天下莫不賀得師焉及請老歸棲遲林壑隱然繫天下之望者幾二十年上之初政有意用之問使在途而先生卒矣論者於先生猶若未滿焉然以予觀於先生其共謹康靖之節乎豈醇雅之文簡廉樸直之風在朝在野遐邇承嚮蓋不動聲色而耿耿迴瀾老益惇篤君子之論焉可誣也若是而謂先生之道未光於世則豈可哉夫天下之道德焉乎定定於一而已矣大哉孔子萬世之師也孟子去孔子未遠也闢邪放淫勤一生以爲任大閑立矣後數百年而有董子欲黜百家於漢又數百年而有韓子欲去二氏於唐然其識與力皆不遠乎其志故泛然莫之能定也周子程子繼起於宋其識與力超然獨詣繼絕闡微爲世先覺而朱子繼之着書立言行於天下久矣先生以盛德

負重望弗惑弗貳而扶衛之意惓惓其間蓋先生之信朱子猶朱子之信周程周程之信孔孟也故雖未嘗昌言如董力辨如韓然篤信好古君子與之起宋儒於千載其謂舍許之後無人乎哉正德之初予按察兩浙先生請老南歸見予而謂之曰予將舉公自代而公乃在此乎予愧乎其言今先生已矣予以遠廢而遯也乃用書述王侯之意請為祠記予感先生之知也於是乎書時言者有為公請謚於朝上方重名德固當從之節惠之公論吾知將與茲祠不朽矣祠成於是歲秋某月冬十一月某日乃記

冬十二月十二日亥時太淑人終于適寢太淑人病劇時公筮之得離之頤玩其占詞知不可愈憂迫愴惶百方求治無所不用其誠及卒哀慟不輟食寢俱廢或勸公老當節禮不聽凡送終之具一遵朱子家禮其所未備者更參儀禮而用之有讀禮雜說九首 其一 公儀仲子舍孫立子而檀弔弓之以免司寇惠子舍嫡立庶而子游弔之以麻衰禮歟非禮也然則二子之服之也何居將以明禮也將以明禮而自蹈於非禮可乎昔者孟子嘗以仁術為言假非禮以起問者而率人於禮近於術矣何不可之有 其二 帷殯非古也然則何以帷堂夫帷堂在小斂之前於死者有避惡之道焉於生者有別嫌之道焉既殯則二者皆無之矣是以帷堂而不帷殯也乃若既葬反哭雖有几筵何帷之有故曰無柩者不帷 其三 子為母服禮也夫為妻服亦禮也謂五服外何居母庶母也庶母於君為妾妻庶子之妻也於君為庶婦君服妻不服妾服冢婦不服庶婦君之所不服而制服焉權也故曰五服之外然則孰為在內凡君之所服者皆是也聖人於恩之中而不能無義於義之中而不能無恩五服之內外非天下之至權其孰能與於此 其四 喪三年不祭古之道也今之為烝嘗禘何以入於廟或謂今之居喪與古人異卒哭之後略倣杜氏之說于主以衰於廟則墨其亦可也噫是何言歟今之居喪與古異者人自棄之非有所禁而不為也不求勉于此而徒欲并廢于彼如之何其可也且晉於殽之役子墨衰絰遂墨以葬文公得罪於萬世大矣況墨以廟祭乎然則何為而可功衰祭於主深衣薦於廟 其五 五月之閒而易衰者三昭公之童心不度無足論者然由今觀之喪自成服至小祥而練歲則替矣衰能無易乎今有百日而練者有六旬而練者與其蚤練不如易也易一也或易以狂或易以禮同行異

情同物異道惟君子能行之　其六　喪有常服而所遭不能無變變之所值服之為難故服有成有受有練有除有禫其常也有易有包有特有重有兼其變也三日斂而成服朞小祥而練除首之絰受以功衰又朞而大祥中月而禫當其時服其服所謂常也如此是故無庸於論者惟夫斬衰之喪既虞卒哭而遭齊衰則男子有易要絰婦人有易首絰所謂包者男子有仍首絰婦人仍要絰所謂特者斬衰既練遭大功之喪有男婦首要皆麻所謂重麻者有男婦首要皆葛所謂重葛者齊衰虞卒遭大功之喪男以功麻易齊帶之葛而首猶齊葛婦以功麻易齊首之葛而要猶齊葛所謂兼服者有斬葛齊麻以至功葛緦麻前喪既葬後喪初斂男要婦首易而兼服者彼一時也此一時也物以時變新故重輕參伍伸屈而無失乎恩之中所謂變也又如是此夫之謂難苟類而推之則一人之身周旋五服之內雖日有變不虞也而況其常乎　其七　吾讀既夕禮而知古君子喪事縱縱而不淩節也蓋先三日則鼎鼎先一日則騷騷故酌以先二日既夕哭之後啓而朝祖飾柩屬引而後祖奠盡日從事所謂猶猶爾者其謂此乎

其八　昔予讀顧丁居喪之說而未得其情甚孤也幼固然莫之省也乃今當太淑人之喪日夕殯宮忽忽默體始克知之烏乎毋兮毋兮不可作矣壽也燕慶榮也贊和既皆不可得矣雖病而承侍視醫言善惡方欣遄戚尚可得乎此猶常也雖筮而得離之頤錯愕隕越色於容而容懼尚可得乎此猶生也雖死而號慟含斂僕僕拜賓虞病疑死尚可得乎蓋不惟生之日不可再得而死之日亦不可再得矣大哉天地閒日復一日予安所求哉烏乎生之不再得人言之死之不再得予亦不知其何心不知其何以為言也記曰始死皇皇焉安得起顧丁而與之誦匪毋何恃之詩哉　其九　成化庚子冬予為丁壽夫墓記有薄棺無槨淺土不墳之語意以壽夫既冠且應舉矣不當以殤禮葬之時秦東丘作書貽予以予言為非又謂予言必引魯汪踦事為據予時未有以答也今讀喪服小記丈夫冠而不為殤之文乃知昔之為記有暗合焉者若以此答東丘一言足矣亦何必引汪踦哉人未多讀書而輕下筆為文難乎免于東丘之議矣越四十四年讀禮苫次追念疇昔於是乎書

二十二日立再從弟寬之子一玄為後命名曰煦

立嗣後告太淑人文　先是太淑人病劇寶念惟我卻

氏著德望於郡邑者莫大於我曾祖存一府君今寶既無兄弟雖有從弟亦未有子再從弟寬有子在抱實存一府君之玄孫於昭穆為宜不幸遽當大喪將乞銘於君子而孫行無書慊恨甚大擇日抱來以為寶後以終太淑人之意以延容春以下七府君之世澤云云

二年癸未六十四歲

春正月以居喪辭請文者

時有勸乞祭葬者公曰寶居官無狀且兩任三品僅十有七月耳不應著令非令而乞若吾親何況寶病不能拜起計闋服後即有任使必辭今歲乞恩明歲辭官在朋友且不可況君上乎

九月二十日　陳尹阜謨致賻辭

冬十一月啓太淑人殯

時積雨連旬是日忽霽明日復雨人謂公孝誠所感見素林公撰墓碑銘　邵先生二泉寶文與行皆脱凡格就平粹以獨居範型為世儒碩予意屈心往又以知太淑人之賢有父道焉太淑人過姓宋宗室徐王郡馬孟玉之後邵過世隱門邵容春叔安望實自副友倪元鎮王孟端各名士傳存一翁又傳三益傳純和二翁並贈通議大夫副都御史純和諱溥二泉父也淑人為時明

季女年十九歸純和五年純和卒存一又卒二泉始三歲未幾楊氏大姑又卒淑人鞠於多難援曾從大姑以保幼孤邵之遺獨書乎在度為之留二泉既就學一燈共命既納顧淑人產盡而醫珥亦去二泉遂薦京闈取進士知許州歷有都憲淑人養官所者二十有七年公無與聞而義取默贊兩之禱二泉齊淑人亦齊前牧之父之喪括歲俸以酬秘具猶厦將承貳僚淑人曰吾為汝節孝廟詔毀淫祠與佛老之居二泉奉惟謹閻求淑人為右無右注泉淑人誕之旦女賓請賀曰毋賀華氏孫婿迎歸請舉樂曰毋舉樂日遣小隸市一肉一菜是

外門禁肅然淮陽二泉忤逆瑾竟勸致仕尋起貴州道轉户部淑人偕子偕二泉終養乎乞入京又乞來寧又乞許焉尚書禮部而南淑人已未疾二泉終養又乞上入趣視事又乞詔有司以禮存問以昭異數嘉靖壬午壽八十二二泉謝未舉子淑人曰一玄也後告祠堂而乳焉自是時致膝間曰吾邵脈也昌其是兒疾劇命出故篋以分遺諸孫又劇屬二泉無毀屬顧一玄乎視臘月十二日也後事顧與有相約家衆弟弔客以無煩二泉復冉涇也顧尤力焉尊號恩淑人例進尚書太夫人命誥葬祭例卹典二泉皆引自避若子為廉晦可風柳

有授以然墓甃繡嶺去純和百步者三重遷襯棺衣而合焉癸未十月丙午葬得日走狀屬銘嗚呼節與慈女婦之極邵所謂大吳瀧岡阡表之諭母殆然二泉固六一似也淑人一女二孫俱殤一云命後者也三孫女義階華珉學籍吳汝憲泰汝其壻嗚呼物忌於完尚書固錫類為慰者也銘曰

維邵之息不流以堙脈而出之儲精發神維邵之遺于激以有維脈也恃維命之守維昔罔諒有落舊門綸書玉語益焉春溫司會孔棘有收若寂言賦閒居偕是晨夕得焉芾居造物留餘有新也後神駒赤雛異黙斯定善積維遠韋蚌雙遺其出也晚采規懿式中國是同繡嶺緼窿有玉在中

十月丙午具先大夫純和公衣冠合葬　公以純和公葬五十九年矣念體魄久安不敢議遷乃製衣冠合葬之

作千金彖趾亭　公自記云亭何以名彖趾也志得地之難也言千金何先五世祖時遊僧寓一篋去十餘年不返人謂僧死矣乃手其篋篋重則戒勿啓而遺之聽松菴僧又戒僧有亡勿以告未幾僧大建佛宇蓋有物云於是乎歸我先塋之地僧世守之至於今予提學赴江西時上官有費人致賂為其家地者說者云有千金焉予聞而避之山中靜坐竟日遂議卜今地人謂是日也予且行迫矣非是則地議不成人將圖之蓋前後六世相距百三十餘年是以喻諸彖趾也雖然避千金而得地雖謂地之價千金可也況前人棄利於不知之地又何千金之足論哉予於是有感矣亭扁四字宋蔡君謨書莫子如山集而摹之

三年甲申六十五歲

秋七月陳尹令義官鄒益餽米一百石修牌坊辭

四年乙酉六十六歲

春三月服闋起用具疏乞休　旨云卿文學優長才望素著有疾宜善加調理待有缺起用所辭不允至是凡七疏

二十九日巡撫都御史吳公廷舉以簡端録學史二書進呈　其疏略云臣竊觀南京禮部尚書邵寶學臻純懿行諧中和屢疏乞身大孝已聞於先帝病難供職精神將格於聖君臣於巡撫之暇每有文獻之徵而寶也寤寐聖賢沈酣墳典發明聖經賢傳之微則有簡端一録剖析君臣言行之大又著學史一編索隱探賾或發先儒未發之言微顯闡幽或明前古未明之奥云云

五年丙戌六十七歲

秋九月二十日夜堂寢災　圖書服用及所著左觿春秋名臣言行錄春秋節解容對等書焚蕩無遺姻友有餽助者公皆辭之揭石山貧不受人憐之句於座公雖罹茲變惟引咎修省不少介意人皆嘆服

冬十二月巡按御史許公檄縣饋銀助營修宮室辭對唁者　某衰病且老矣而乃罹此災變是天以警我抑以進吾德也德莫大於義利之辨辨莫先於辭受之際苟辭受以義而不以利視平生無改焉則吾德之進於是乎在若曰吾無室矣無衣服矣無器用矣不罔可否至則受之不亦愧吾平生乎是天以成吾而吾自敗之也某雖衰病且老矣敢不自勵哉敢不自勵哉三月前吾無上事因暇而敘吾平生辭受之節作辭饋志是殆若有識焉其稾尚存今錄於左與愛我君子者觀之

十二月建節孝堂於舊址　先是大司馬彭公澤自關西以節孝堂三大字及記文遠致時災後六日遂以扁之　詩曰三字堂名萬里來舊堂名扁已成灰故人遠意真如識乙夜融風不是活災水源頭仍里第德星懸處自書臺可憐嘉樹多憔悴春雨來時又著栽

六年丁亥六十八歲

二月巡撫都御史陳公鳳梧檄縣饋銀造尚書坊辭其文移略云　照得養病南京禮部尚書邵發身高第歷任崇階文章政事下為士民之所仰瞻勲德聞望上為朝廷之所倚眷見今賜告家居愈見清風高節擬合表厥宅里以樹風聲仰縣動支無礙官銀一百兩買辦木植磚瓦等料為尚書邵起蓋尚書坊或大宗伯坊一座以彰大臣勲德於無窮云云作書辭之

二十四日公終於正寢　晨起謁先聖及家廟步履如常退坐存一齋方與客談論忽舊疾復作瞑目不言至亥刻而終訃聞於朝諭祭一壇官為營葬禮部議公節行著於朝廷孝友聞於鄉里化人有道傳後有書擬贈太子少保賜謚文莊公所著有定性書說學史簡端錄左觿漕政舉要錄容春堂前後續别集等書行于世

侯給諫公年譜

（清）侯楨 編

《侯給諫公年譜》一卷，（清）侯楨編，清咸豐元年（一八五一）刻本。

譜主侯先春（一五四五—一六一一），字元甫，一字少芝，無錫人。萬曆八年（一五八〇）進士，除太常寺博士，進禮科、吏科給事中，以直諫聞。曾上轉漕五策、救荒十策。轉兵科，奉命閱視遼鎮，諮訪利病，條上三十餘事，劾罷不稱職者。補兵科都給事中，因進言，謫廣西按察使知事，卒後贈太僕寺少卿。著有《諫草存笥》。

侯楨（一八一六—一八六三），字子勤，號二梅，無錫人，譜主九世孫。性淳樸，外和而內介。與人言，訥不出口，而下筆辨論，千萬言立就。肆力於學，博通經史、方輿、水利諸書，與張岳駿同師事梅曾亮於京師，以詩古文擅名於時，又以經學受知於祁寯藻。道光二十六年（一八四六）順天舉人，三赴會試不第，遂南歸，揀選知縣。後杜門著述，咸豐十年（一八六〇）太平軍攻打無錫，兩次投河未死，退隱以終。著作經戰亂多散佚，現有《禹貢古今注通釋》、《孝經集注》、《古杼秋館遺稿》、《古杼秋館詩集》等存世。

本譜叙事起自嘉靖二十四年（一五四五），前述譜主先世，止於萬曆三十九年（一六一一），後再記康熙五十六年（一七一七）奉文建立專祠。譜前有姚福增序，譜後有譜主九世孫侯桐跋。

本書據清咸豐元年（一八五一）刻本影印。

（朱　剛）

咸豐辛亥春刊

侯給諫公年譜

古杼秋館藏版

序

無錫侯少芝先生當明神宗朝以直諫著名讀明史至馬林高淮等傳有深慨焉蓋有明璫禍始於王振至魏忠賢而極使先生之説行則璫禍可弭迺彈劾未行遽遭罷斥熹宗時朝臣罔識廉恥魏閹生祠徧天下俎豆列學宮而國祚因以不長識者謂明之社稷不亡於熹宗而亡於神宗先生蓋早識其幾也增供職諫垣景仰先哲嘗讀諫草存笥而知先生經濟學問卓越尋常非僅尚氣節博直諫名也先生大節在單騎巡邊李成梁傳可考而民運事宜議載皇明經世文編及天下郡國利病書則又萬世之利白糧軍運至今賴之雖明史未立專傳而先生裔孫子勤所輯年譜能不遺其大端公忠亮節炳如日星先生其不朽矣子勤爲余甲辰所取士丙午又以經學受知於今相國祁淳甫先生之門所著詩經箋雅禹貢古今注通釋二書於郡縣沿革川瀆變遷與夫名物異同精而碻簡而賅其家學蓋有自也因序先生年譜爲附及之時

咸豐元年歲在辛亥春正月常熟後學姚福增書於京師之學魯齋

侯給諫公年譜

九世孫　楨謹編
後學薛　湘參校

公諱先春字元甫一字少芝常州無錫縣人
曾祖諱清明贈文林郎浙江衢州府江山縣知縣妣浦
氏封太孺人
祖諱祖德明授文林郎浙江衢州府江山縣知縣遷太
僕寺丞妣吳氏封孺人
父諱應昌明封文林郎太常寺博士妣華氏封太孺人
世宗嘉靖二十四年乙巳
正月十三日公生先華孺人妊公時夢鳳冠緋袍束帶
是年祖塋上有五色芝草生
二十五年丙午
二十六年丁未
二十七年戊申
二十八年己酉
二十九年庚戌
公年六歲始就塾聰穎過人

三十年辛亥
三十一年壬子
三十二年癸丑
公年九歲提學道趙公鏜爲公曾祖贈江山公祖太僕
公建表善坊於閭公有記載家乘中
三十三年甲寅
三十四年乙卯
三十五年丙辰
公年十二善屬文載本傳
三十六年丁巳
三十七年戊午
三十八年己未
公年十五祖太僕公卒葬東郭鳳凰翅祖塋之昭給舍
張公銘墓石案給舍諱選字舜舉號靜思爲錫谷四諫
臣之一與黄太僕正色顧副使可久楊戶部淮炌著直
聲明史有傳公配張孺人係給舍孫女墓志所云辱葭
莩之愛是也又案梁谿雜事尤從吾有女歸張給舍子
應科因筮問女後日占云生男爲將女歸侯王後其女

生二女長歸侯都諫先春次歸王推官大益侯王之徵
也
三十九年庚申
四十年辛酉
四十一年壬戌
四十二年癸亥
公年十九大母吳孺人卒啟太僕公兆合葬於祖塋之
昭
四十三年甲子

公年二十補邑弟子員
四十四年乙丑
四十五年丙寅
穆宗隆慶元年丁卯
公年二十三八月應應天鄉試
二年戊辰
三年己巳
四年庚午
公年二十六長子世美生

五年辛未
公年二十七舉惜陰社案錫金識小錄隆萬間邑中文
社最盛其最著曰惜陰社沈勤甫學孫柏潭繼臯允伯
升鍠莫純卿仁勤侯元甫先春顧涇陽憲成萬仁甫象
春等二十四人涇陽涇臯藏稾祭莫純卿文稱爲輔仁
之友正指此又案端文年譜隆慶庚午補邑諸生辛未
課龍城書院與柏潭孫公迭居第一歷代題名錄孫公
以萬歷癸酉登第甲戌聯捷仁甫萬公亦癸酉登第丁
丑成進士總諸公出處惜陰社當始是年

六年壬申
神宗萬歷元年癸酉
公年二十九八月應應天鄉試
二年甲戌
公年三十次子世英生
三年乙亥
四年丙子
公年三十二八月應應天鄉試案公華太孺人行實歲
甲子不孝補邑弟子員凡十餘載三試秋闈弗售益自

丁卯歷癸酉并此而三也

五年丁丑

六年戊寅

七年己卯

公年三十五舉於鄉主考銅梁高公啟愚會稽羅公萬化首題舜亦以命禹次題凡事豫則立二節三題惻隱之心至猶其有四體也解元陸見石大成太倉人十二月計偕北上

八年庚辰

公年三十六中張懋修榜進士懋修字斗樞大學士居正子江陵人榜眼蕭漢沖良有由會元登第漢陽人探花王敬卿廷譔華州人是科主考爲吳縣申公時行鄞縣余公有丁首題如有王者必世而後仁次題索隱行怪一章三題智譬則巧一節殿試第三甲一百五十六名賜同進士出身冬除太常寺博士

九年辛巳

公年三十七官奉常孟春享太廟帝齋於文華殿公以小臣奉籖出入直至御前稱異數焉有近臣殊遇記是年父文芝公至京師

十年壬午

公年三十八官奉常會大學士張居正疾舉朝媚禱公抗不署名案西神叢語顧涇陽爲主政時相國張江陵居正有疾舉朝爲之祈福禱祠并以邀館涇陽獨持不可同官危之爲署名涇陽聞馳騎手抹去之當時屹然砥柱者魏昆溟允中顧涇陽憲成侯少芝先春三人而吾邑居其二冬十月以婚禮覃恩授階文林郎封父母如公階

十一年癸未

公年三十九官奉常二月以謁陵奉籖於感恩殿案明史神宗十一年二月乙丑如天壽山謁九陵庚午如西山謁恭讓皇后景皇帝陵

十二年甲申

公年四十官奉常太常公壽六十南樂魏公允中同縣顧公憲成撰壽序公同年生也欲上書請歸太常公不許遂不果是年三子世芬生於京邸

十三年乙酉

公年四十一官奉常四月以旱奉簽於武英殿案明史神宗十三年二月南京地震京師自去年八月不雨至是月夏四月戊午步禱於南郊

十四年丙戌

公年四十二遷禮科給事中是年上麻法義倉疏曉陳乞非分申禁宗藩諸疏

十五年丁亥

公年四十三在禮垣上議恤糧運疏請復白糧監收不報時江南北大饑帝欲遣官致賑公疏言遣官徒擾民

無益不若責成撫按以蠲抵賑其略曰東南與西北異西北賦輕民所苦者專在口食故蠲不如賑東南賦重民所苦者專在稅糧故賑不如蠲臣請將災民分作六等除上四等不賑外以田不及數畝而貧者為第五等則盡蠲其租而以賑抵之以無田而貧者為第六等則派令各地方富民管領賑濟如是庶有田者不死於敲朴無田者得免於溝中矣事格不行又上嚴禁誣奏疏

十六年戊子

公年四十四充冊封衡藩正使之青州禮成聞母華太孺人有疾請假便道歸省案明史諸王列傳衡恭王祐楎宏治十二年之藩青州嘉靖十七年薨子莊王厚燆嗣隆慶六年薨子康王載圭嗣萬曆七年薨無子弟安王載封嗣十四年薨子定王翊鏤嗣萬曆十七年襲封茲行冊封禮蓋定王翊鏤也又攷地理志青州蓋都成化二十三年建衡王府禮志世子襲封朝廷遣人行冊命之禮成化末封興岐益衡雍五王帝親告奉先殿遣使就各府冊之而諸王當襲封者俱於歲終遣使冊封嘉靖中改於孟春著為令則奉命冊封當在正月

十七年己丑

公年四十五春假滿北行轉兵科右給事中是年五月太白晝見經天七月月蝕太白自東北角入月踰時始出適當井十八度公隨上星變適符鹵變祈勤西鹵二疏其略曰攷之前代太白經天及月蝕太白者不數見若經天而又蝕則不一二見者也且其蝕在井而經天歷胃昴畢觜參井六宿為時已越兩月夫昴畢為趙今之大同宣府真定保順皆其分也觜參為魏今之山西其分也東井與鬼為秦今之陝西四川其分也而晉志

在雁門入東井十六度則又今之大同也今鹵殘甘肅搶洮岷冠松茂窺隴蜀則太白之蝕於東井適與符合而擣薊原爲大同住牧之鹵則所謂東井十六度入雁門者詎曰無徵稽之天變既如彼驗之鹵患又如此詎可不爲寒心哉後陝西報到果以七月二十七日巳時陷二陣殺二將時日皆合案觀象玩占云太白晝見各以宿占其國兵起凡太白出東入西出西入東過午者爲經天其災尤甚井度正屬陝西天道變於上人事應於下也又上救荒十議糾劾慢祭諸疏冬有巡視十庫

之役

十八年庚寅

公年四十六轉吏科左給事中巡視十庫兒白糧運民受中官漁獵與同差御史林公廷楠上疏力剔其弊有民運事宜議載顧亭林徵君天下郡國利病書其略曰東南財賦半天下蘇松常嘉湖又半東南民運白糧二十餘萬石又天下所無而五郡所獨也高皇帝定鼎金陵此五郡旁近輦轂今京師在西北上游迂折三千餘里沿途有阻滯之患淤淺盤剝之費閘津船料之[illegible]戶抑勒水手索詐之擾舟抵丁字沽已脫萬死一生之幸而白河之剝船通州之過壩狠戾於船夫之手者無算自大通橋抵京以至投解內府各監局庫其奸役弊竇益又無算白糧每石加耗計四石始當一石又每石在途費民間米三石而少在京一石而餘通計前八石始當一石則二十餘萬石實爲一百六十餘萬石五郡何辜而賦累至此議者謂當以白糧寄派運艘此法一行誠萬世利然而未易言也顧浮費獨不可裁省乎白糧向有監收隆慶間當事者以言得罪遂罷去不用權

歸中人與倉家內外爲奸視運民爲魚肉無怪民力之不支也余丁亥上書請復監收不報已丑適叨十庫之役侍御莆田林公相與共事每運民至頰然傷之林公遂手疏先後事狀慷慨抗論上許可下所司督飭之稍得除無名之費中貴亦勉就約束是歲省民間米五六萬石案唐鶴徵江南通志無錫侯給諫先春巡視十庫奉旨嚴飭中外歲省民間米數萬石皆著爲額又案明史食貨志漕糧之外蘇松常嘉湖五府輸內府白熟粳糯米十七萬四千餘石內折色八千餘石各府部糙粳

米四萬四千餘石內折色八千八百餘石令民運謂之白糧船長運法行糧皆軍運而白糧如故事穆宗時陸樹德言人知軍運之苦不知民運尤苦船戶之求索運軍之欺凌洪閘之守候入京入倉厥弊百出嘉靖初運民尚有保全之家十年後無不破矣以白糧令軍帶運甚便部議不從公此議雖未能盡革其弊然民運之困自此稍蘇矣又案皇明經世文編亦載是篇

十九年辛卯

公年四十七在吏垣三月奉命閱視遼左單騎巡邊西

自山海關北抵遼河東至鴨綠江南極於海隨上甄別功罪秋防事宜遼鎮第一大弊安邊二十四議汰將領查核冒濫諸疏時邊事墮廢已極遼東總兵官遠伯李成梁恃功罔上驕恣特甚遼民苦之公奏革冒濫不職百數十人并劾成梁案明史李成梁傳萬歷十九年閏二月成梁乘給事中侯先春閱視謀邀擣巢功使副將李寧出鎮夷堡潛襲板升殺二百八十人師還遇敵死者數千人成梁及總督蹇達不以聞巡按胡克儉發之及先春還朝訖尤力解成梁任秋暮入都除戶科都給事中隨上潞府田土責成撫按究處豪猾諸疏十二月聞華太孺人復病上疏請歸養謹案公遺訓辛卯臘月驟聞母孺人病歲暮將禁封遂急上疏請告以除夕出都門時將大計有語公者曰君清苦甚遲兩月大計饋儀可得千金毋太急也公曰一日養不以三公易奈何以千金遲兩月哉蓋公自己丑入都請告之意已決故一聞母病遂趣治裝云是年幼弟陽春卒命三子世芬爲嗣孫鼎鉉生案錫金識小錄公夢滿天日出而長孫鼎鉉生

二十年壬辰

公年四十八二月初七日抵家侍母華太孺人疾足不踰閾者浹歲交游疑其疏弗惜也見吳縣張公棟所譔華太孺人墓志銘

二十一年癸巳

公年四十九二月丁華太孺人憂

二十二年甲午

公年五十居憂是年太常公壽七十因華太孺人歿未期命勿舉觴

二十三年乙未
公年五十一三月葬華太孺人於鳳凰翅祖塋之穆五月起復
二十四年丙申
公年五十二部推除原官因太常公年老不赴是年祀太僕公崇祀鄉賢祠
二十五年丁酉
公年五十三七月丁太常公憂十二月啟太孺人兆合葬於祖塋同縣孫公繼皐銘墓石
二十六年戊戌
公年五十四居憂
二十七年己亥
公年五十五居憂是年長子世美歿
二十八年庚子
公年五十六正月起復召補兵科都給事中四月赴部特倭酋寇朝鮮方退議者欲留兵三千屯戍不給糧餉公力持不可極陳兵宜盡撤言三千則弱無餉則餉不死於倭則散而為盜立敗之道也復移文督撫朝鮮會

議半年而屯戍之說始定按明史倭酋平秀吉自二十年寇朝鮮二十一年遁去給事中侯慶遠即議撤兵會經略宋應昌疏請俟倭盡歸量留防戍部覆南兵暫分布朝鮮量簡精兵三千善後二十五年倭復叛大學士張位請屯田開城平壤以資軍興二十七年倭自退邊臣冒功告捷後患正未可知使留兵屯田東師永無結局公到官越一日即上此疏關係東師勝敗朝鮮存亡及國家安危計慮甚遠七月稅監陳奉激變荊楚公上疏請罷稅礦其略曰昔桑孔以言利禍漢安石以新法

禍宋覆轍可鑒奈何蹈之中使無所勸懲類之善良之輩其尤著者則近日楚事宦豎之惡不特一陳奉也以數陳奉之惡知天下不獨一楚也方今北方旱南方澇中土蝗疫脊脊多故咸不聊生捆載內輸緹騎四出陛下方以為得策不知一發不可救藥羣小之肉其足食乎不報十二月播州平獻俘闕下公念幼弱無辜請於上自十五以下皆赦死旨俞所請案明史神宗十七年播州宣慰司使楊應龍反二十三年受撫二十四年復叛至是年六月總督李化龍總兵劉綎進討克海龍囤

應龍自縊死播州平十二月受播州俘西神叢語滇中洞蠻逆命捷聞詔屠之時侯先春在垣中曰蠻人跳梁應誅一洞幼小忍令俱死乎獨具疏得旨特宥活者千數江南通志府縣志㤗同又知宋承恩被誣疏請特旨赦之一家皆免死案宋承恩一柔艮土司曾許婿於楊酋而未娶撫臣察其忠順委守河渡逆酋以其貳於已也夜襲其寨拘繫之後應龍破將承恩全家併作俘獻公深悉其冤上疏開釋載公遺訓又上遼鎮秋防西師奏捷督臣守制宜聽軍政拾遺諸疏案公諫草奏疏三

十六附抄參九奏疏蓋丙戌迄辛丑歷吏戸禮兵四科所存稿抄參則庚子在兵垣所參也參東山以免屠戮之慘參白轍以杜貪功之謀參楚瑞以消江南之害參役番以固西寧之藩參移鎮以防南海之氛參海變以結東師之局參激寓以落貪殘之膽參薩襲以塞冒濫之端是時科道參本多留中不發抄參過部尚可調停小則竟寢不行大則據參奏止藉此寢閣不一而足宜吳寧許公宏綱序公諫草謂不以空言博矯矯者也是年孫長源生

二十九年辛丑

公年五十七分校禮闈得王三善耿橘等二十人時稱得士案是科主考爲吏部侍郎馮琦禮部侍郎曾朝節同考易一房周如砥二房朱之蕃三房鄧士龍四房孫如游五房邵景堯書一房唐文獻二房高承祚三房朱延禧四房胡瓚詩一房郭淐二房趙師聖三房郎公四房楊應文亦無錫人五房周士英春秋房温體仁王士昌士昌臨海人序公諫草而并傳公者也禮記房趙用光張主敬一甲張以誠王衡曾可前二甲許獬等五十

七人三甲吳兖等二百四十一人是年二月遼東稅監高淮誣揭總兵馬林不職公撤棘後即上疏劾之其略曰本朝遇總兵員缺必命六部科道等官公議廷推其不輕於用也如此間有一二不職不法則惟本鎮督撫巡按交章論列兵部採訪詳審具奏伏候聖斷其不輕於退也又如此今馬林亦總兵也遼左又危鎮也彼高淮職惟採榷原非有管轄戎政之責乃毕疏論揭徑蒙旨罷斥臣恐淮之說行則中使之權益張林之官罷則總兵之權益輕邊事日非虜焰日張萬一窮民起盜狡

虜逞狂誰能奏膚功於閫外疏上謫廣西按察司照磨
案明史馬芳傳芳子林爲遼東總兵稅使高淮橫恣林
力與抗淮劾奏之坐奪職給事中侯先春疏救改戍林
煙瘴先春亦左遷二官高淮附傳淮惡遼東總兵馬林
不爲已下劾罷之給事中侯先春疏救遂戍林而謫先
春雜職又案公諫草後自跋云時方祇役棘闈出市一
日會有惡璫事遂急就此疏不敢過激姑爲巽辭以幾
上聽耳意欲繼上一疏極陳惡璫之罪而謫旨已下未
之官拂衣歸里有施公三捷王公衡贈扇詩諸門人折
檻賜環圖詩墨本藏於家

附施給諫贈扇詩 石刻與公贈壽詩並陷祠壁書法亦似絕類董香光

蕭蕭落葉點征鞍送客爲歌行路難騎省才名留諫草
滄洲吾道寄漁竿鴻賓南國秋風遠龍卧湘江雪影寒
此去應非明主意不妨吟嘯但加餐
滿眼浮雲不可論批鱗誰復叩天閽疏爲憂國辭偏苦
身即違時道自尊五嶺煙霞迎劍佩九騷詞賦佐琴樽
遡來世事唯堪醉卧閣看山亦主恩

三十年壬寅

公年五十八偕秦中丞燿之江陰梧塍里訪徐高士豫
庵不遇案豫庵名有勉徐霞客宏祖之父游記補編徐
氏三可傳豫庵好木石爲園以自隱或諷之仕掉頭不
答也晚年避盜墮河而躄行必藉杖每顧影自笑吾與
爲跛有緣梁溪秦中丞侯給諫聞其風而悅之造見乃
深匿叢竹中俄而扁舟入太湖遯矣霞客墓志豫庵遇
盜阨於別墅逾年至於大故攷霞客游屐始於萬曆丁
未墓志言喪葬後始游迄崇禎庚辰自滇南歸至楚江
困甚黃岡侯大令爲具舟楫大令即公孫鼎鉉也公辛
丑歸用秦中丞巡撫湖廣亦以是時罷職歸里則訪徐
當在是年蓋豫庵卒於癸卯辛丑公始歸也是年孫祥
濬生

三十一年癸卯

公年五十九篤孟京荀虞氏易注明於陰陽消息辛丑
門生耿橘精易理從公授也八月始撰宗譜筮卦得豫
豫利建侯行師侯姓也彖曰刑罰清而民服清先贈江
山諱也彖曰作樂崇德以配祖考祖德先太僕諱也彖
又曰剛應而志行應先太常諱也一筮而姓與諱四見

焉見公自作譜序案公譜法極嚴首明宗統有同縣而非族者作圖別之防亂宗也今譜養異姓子爲後不書從公志也次明宗派作世系表右表通於譜桓譚言史記年表旁行邪上放效周譜是也詳字號官爵婦族并女之所適本劉孝標引世說註諸譜例也生卒註名下從蘇氏也無子註名下有子註生幾子從歐陽氏也載塋墓從隋書經籍志楊氏譜也附家傳序述之文從舊唐書經籍志也隋志家傳家譜分入傳記譜系唐志合譜傳爲一也卷首題錫山侯氏者史例也隋書經籍志有京兆韋氏譜唐書藝文志有東萊呂氏譜放書里居也始祖斷自處士公者處士諱德宗子希道孫允常當元明之間隱居不仕邑志有傳譜所知也侯氏得姓莫詳所自出或云宋某公扈駕南渡以脩爲氏或云本姓楊氏錫金識小錄云侯太僕楊也譜不書闕所不知亦歐陽氏例也上溯始祖下逮旁支敬宗收族也命子孫三十年一修懼湮也公叙譜意如此爲書大略於篇後之修譜者有所取法焉

三十二年甲辰

公年六十十月顧涇陽先生招公東林書院講學不赴案梁谿雜事隆萬間與復東林海內莫不仰望風采其不與東林者施懋揚嚴有儀萬仁甫侯少芝真心惆悃溫厚和平闇然自修不博時名一時推梁谿碩望公辛丑歸田正值東林興復之時每對所知言諸清流必有禍故居近東林而未塵講座語載邑志崇祀諸賢

三十三年乙巳

公年六十一孫之源生

三十四年丙午

公年六十二三月耿橘自常熟來謁案耿橘字廷懷順天宛平人明儒學案第六十卷有論學十一條　四庫全書提要易類存目有明耿橘撰周易鐵笛子一卷時爲常熟縣知縣是年至東林書院講學七月作與門生陳宗契論漕政書案宗契字景元湖廣衡陽人乙巳授御史丙午巡漕嘗題公像云先生以技知余以道成余余承乏漕役而以札訓余則與陳書當在是年

三十五年丁未

公年六十三起公萊州府推官不赴輯宗譜成是年孫

巨源生
三十六年戊申
公年六十四編先太僕公遺稿錄碧山吟社詩坿入宗譜案公跋云太僕府君晚年與華補庵羅玹齋顧洞陽諸公結社碧山吟詠界帙歲久失稿偶於雜卷中得詩四首聊存之以見一斑又案碧山吟社在惠山之陽二泉之南明景泰末秦敬修旭闢其地為觴詠之會沈啟南周為作碧山十老圖嘉靖甲寅秦從川瀚偕復之從川敬修曾孫也會者喻郡守宜之莫僉事迂泉顧副使洞陽華學士鴻山華部郎補庵張通參靜思王侍御汝玉王僉事仲山浦宮贊道徵安僉事子靜暨先太僕凡十八人風流再嗣非復布衣見顧憲岩復碧山吟社記公髫年嘗侍先太僕觴酒賦詩諸先達稱為小友流風未遠杖屨難追宜展太僕遺詩為之愴然也是年孫衷坦生
三十七年己酉
公年六十五起公南京戶部主事不赴
三十八年庚戌

公年六十六改南京吏部文選司主事仍力辭不赴案本傳起南京吏部主事隨疏乞骸自是屢徵不出又案本傳平生喜獎崇節義夏彥章之獲某氏歲與米若干寒暑十閱矣靡他矣忽夫已氏欲奪之有成謀而夏不知也賴都諫聞而亟止之然都諫遂以此憤激遘病歲餘竟不起則保全夏節當在是年三月作張靜思先生遺稿序其文曰天地間靈奇瑰杰之氣不可磨滅者上炳日星下鍾河嶽而常勃窣發於貞臣烈士之心世之為諫臣者或動於一時之意氣或自矜一事之名節而非實本於忠君愛國之誠即慷慨激辭非憤則懟總之不可對君父即不可對千古對寸心者也若我靜思張翁者所稱眞諫議非耶翁以進士起家浙之蕭山令以治行第一召為戶科給事中甫八月會上不親郊廟特疏忤旨廷杖八十梃凡折者三幾而復甦者再嗚呼世廟英斷御下孰敢嬰鱗於龍臥之時抗顏於震霆之下者而翁毅然獨往不惜軀糜以殉至今讀其封事凜凜猶生而絕無矜名競氣之意翁蓋先期可對寸心可對千古而後出以對君父無不可者即與龍比共游地

下所無憾焉余又聞其令蕭山時有虎渡河堤漲沙諸異政蕭之民今猶尸而祝之其著績當官者尚未暇詳考試觀條議兩事宜侃侃千言無非爲國爲民之實心所曲爲籌畫者也歸田杜門足跡不入公府晚耀通參終賦考槃門一寄興詩文蕭然自遠而其忠君愛國之誠自藹然言外即貞臣烈士所謂與日星河嶽並不磨者不盡於茲集而茲集亦足窺見一斑云翁於余爲內王父余少時猶獲追隨杖屨見翁一謦欬間必以名教爲先訓迪後進必以忠孝爲本余不敏濫廁掖垣先輩典型宛焉如昨而雙金一字忝負清時余則重媿我翁矣余則重媿我翁矣萬歷庚戌上巳之辰後學孫壻侯先春拜手書右載周佩安有壬梁溪文鈔

三十九年辛亥

公年六十七八月二十九日卒於家有星隕室上大如斗適當寢處艮久方滅葬華藏山馬腰嶺之新阡座主申文定公銘墓石天啟三年原官特召家以卒聞特贈中議大夫贊治尹太僕寺少卿案明史熹宗二年六月甲申恤建言爭國本諸臣馮應京等九人復職贈官顧憲成等六十六人復職贈官三年春正月壬寅再恤建言散秩諸臣故有是舉又案職官志太僕寺少卿正四品稽勳掌勳級名籍凡文勳十正三品資治尹正四品贊治尹宗譜書資治尹當是贊字之誤崇祀郡邑鄉賢祠

國朝康熙五十六年奉文建立專祠有司春秋致祭俱載邑志

右先給諫年譜一卷從弟楨所補輯也先給諫當明神廟時吕直聲箸於史應立專傳因不爲過激之行未受廷杖不與東林故僅附見諸臣傳中然大節具在李成梁馬林等傳可考也榭供職京師無暇修輯壬寅春偕族人纂修宗譜從弟楨實與斯役爲補此編不特善頌先德亦所以補史之闕云共襄斯役者從弟慶鴻績學早卒因并志之

道光三十年春正月九世孫榭謹識

侯給諫公年譜跋

安我素先生年譜

（清）安紹傑 編
安 吉 增輯

《安我素先生年譜》一卷，（清）安紹傑編，安吉增輯，民國元年（一九一二）石印本。

譜主安希范（一五六四—一六二一），字小范，號我素，無錫人，祖父國、生父如山、嗣父如陵。萬曆十四年（一五八六）進士，授行人，遷禮部主事，因乞便養母，改南京吏部主事。萬曆二十一年（一五九三）因上《糾輔臣明邪正》一疏，惹怒神宗，遭貶削籍爲民，歸鄉後講學於東林書院。熹宗嗣位，將起官，先卒，贈光禄寺少卿。著有《天全堂集》、《安希范遊記》等。安希范同顧憲成、顧允成、高攀龍、劉元珍、錢一本、薛敷教、葉茂才合稱爲『東林八君子』。

安紹傑（一六五九—一七三三），字大啓，號澹園，無錫人，曾祖希范、祖父廣居、父璿。能守先世遺書，曾纂修宗譜，著有《寄閒草》。子高發、曾發，高發入嗣紹傑之兄孫謀。

安吉（一七四七—一八一三），字彙占，晚號古琴、十二山人，無錫人，高發孫。乾隆四十四年（一七七九）舉人，候補知縣。硯田治生，覃精著述。窮經學，兼深音韻，著有《韻徵》、《夏時考》、《十二山人詩文集》等。

本譜叙事起自嘉靖四十三年（一五六四），記事至康熙二十七年（一六八八）崇祀鄉賢祠止，譜前有天啓二年（一六二二）誥命，《明史·儒林傳·安希范傳》，譜主畫像，陳繼儒、鄒期楨撰《像贊》，高攀龍撰《祭文》，《常州府志·安希范傳》，《無錫縣志·安希范傳》。譜後有安吉跋。

本書據民國元年（一九一二）石印本影印。

（朱　剛）

奉
天承運　皇帝制曰為國以養士為先養士以厲節
為本昔我神祖野多遺賢蓋將鬱積一時之材以為
子孫百年之用如鳳麐之服猛獸若珠玉之茂山川
迨我新朝疇咨故老或有淪没余深歎焉爾原任南
京吏部驗封清吏司主事安希范德行温文風節凝
遠抗章郎署力陳社稷之言削籍編氓固守邱園之
貧窮而談道誠畢世以何求退不忘君蓋没身而後
已方當召用竟不假年睠彼遺民至於今日風霜閱
歷徙知松柏之心節目磥砢莫竟梓材之用為之一
淵胡不百身是特贈爾為奉政大夫光禄寺少卿錫
之誥命於戲致完節於生前蓋棺始定表令名於身
後簡冊猶新尚念我祖百世之仁庶亦慰爾生平之
志靈其不昧服此寵章
制誥
天啓二年五月二十九日
之寶

誥命　一

明史儒林傳
安希范字小范無錫人父如山己丑進士知裕州均
田得體士民誦德祀名宦歷仕至四川僉憲范生而
天資英敏落筆便有一種凌霄氣弱冠舉應天聯捷
南宮為丙戌進士官大行人有偉望當入臺省格於
年客諷曰增年可得給事御史范謝曰吾不以給事
御史重也竟從選人授儀部主事人又以銓部郎推
范念母老請南客又諷曰姑少俟范謝曰吾不以銓
部重也請而得南司封會陳泰來薛敷教等疏論京
察蒙旨降調遂同南京刑部郎中孫繼有上疏語侵
輔臣王錫爵不報時政府為宵人逢迎如孫冢卿鑨
李總憲世達李司冦楨趙宗伯用賢趙總憲南星高
太僕攀龍吳侍御宏濟俱受其所螫范上疏剖其邪
正是非并論列楊應宿鄭材媚竈狀錫爵不能堪曰
故吾取士輒與吾左諸宵人從中為難擬旨逮已得
削籍編氓時光禄顧憲成倣龜山講學故址闢東林
書院范與一二同志共修復之相與闡濂洛關閩之
學每出一義晷若發矇暇則纂述諸書切身心性命

史傳　一

者有養心日劄讀書日箋關經世大典者有荒政撮要郡邑武備攷瞻族錄宜山林棲逸者有萍隱漫錄名山遊記孜孜矻矻朝夕靡倦常以弄月吟風之趣蘇其理縛所居膠山之麓喬木千章碧流千頃一抵家輒數月不出出則乘一畫舫列綺窗十二圖陶元亮張季鷹蘇端明米南宮諸名賢於其上以為五湖煙水之伴初以大行人奉使入楚登岳陽樓觀匡山瀑布歸田後其遊屐多在天目赤城太湖七十二峯間晚年卜居湖州之菁山又卜長興之岕與武康之桐城鴣茶香蜀岕時攜鐺罌就之有菟裘之志即朝事變遷世運往復三十年中直臣遺老皆出而被蒲輪之召總付之不知獨光宗再賓晉天過密作痛憤詩以志感一腔忠愛滿紙淋漓使范以此血忠出膺爾命定有轉旋事業赫然可觀推轂者次第及之而長瞑不待卒之明年遺孤廣譽齎其兄廣居疏伏闕下白見遺忠聖天子愍之特贈光祿寺少卿賜卹典請祀鄉賢

安我素 二

安我素先生像

安我素 一

像贊　陳繼儒

上書削籍幾觸君相之怒歸田講學幾敗聖賢之座貿介直而不以氣憑陵養澄泓而不因時折挫圖史自怡林泉高卧靜則閉泯默之門動則由恭順之路身後贈光祿勳生前未獲為王者佐吾所以咨嗟嘆息而不敢賀也

東林安我素先生贊　鄒期楨

玉樹臨風丰神映帶出入經史能見其大直道不容挂冠早歲眉拂煙霞裳攜薜荔

祭文　　　　高攀龍

嗚呼公之得於天者快矣足矣弱冠登朝服官清署四牡騑騑幾徧寰宇自乞南銓依依孺慕解組歸來悠悠杖屨葺我田廬築我場圃子孫盈前甘飴分哺屈指人間幾如公之所遇幼於制義游戲而裕長於詩文指顧而具渾然天成從容雅度墳典浩茫流竊原溯性命微言心怡神悟屈指人間幾如公之所賦孰不欲富公脫其筴素封之業舍之罔顧孰不欲貴公恥其鶩臺諫之要達之弗慕觸忤貴臣幾就鼎鑊

廿年錮習安之如素屈指人間幾如公之所樹名華佳辰良朋畢聚皓月清宵芳樽滿注竹木叢蔭無幽不赴山水名區有勝必住蒲團晏坐藜杖緩步偕衆為樂與物無忤公有閒身備諸閒趣屈指人間幾如公之所務嗚呼公于細事柔若嬰孺大義所激矯若脫兔公於臧否三緘甚固民瘼所關矢口而吐公於清歡翱翔軒翥憂時之憂展轉寐寤公於江湖浩然遠去心縣魏闕無微不慮所得諸天享諸身者亦既快然具足於志無惡或以為年不足待其所遇位不足展其所樹作述不足盡其所賦印璽不足盡其所務造物固將留其餘以為後人無疆之祚

常州府志

安希范字小范萬歷十四年進士授行人歷南京吏部主事時王錫爵秉政多斥異己者希范言近年以來正直老成之臣敢言之士多不安於位如趙用賢趙南星孟化鯉人皆知其剛正而次第屏黜孫鑨李世達李楨雖材品不同而先後去國行人高攀龍一疏實皇上之忠臣亦輔臣之諍友而反蒙重斥夫閣臣之職輔皇上以進賢退不肖今賢者以異己黜而不肖者以媚己進誤國不忠莫大於此疏入削籍歸

東林書院成希范别構一室讀書其中所居膠山多清川長薄又樂吳興山水晚而卜築武康天啓初贈光祿寺少卿

無錫縣志

安希范字小范萬歷丙戌進士授行人遷禮部主事乞便養母改南京吏部行人高攀龍以趙用賢去國疏爭之與鄭材楊應宿相訐譎揭揚典史御史吳宏濟復争亦被黜希范上疏曰近年以來正直之臣不安於位敢言之士削跡於朝趙南星孟化鯉為選郎秉公持正乃次第屏黜趙用賢節概震天下止以吳鎮壻子一疏而歸使應宿材得窺意指交章攻擊至如孫鑨之清修公正李世達之練達剛明李楨之孤介廉方而使先後去國天下疑閣臣之媢嫉而惜諸臣不得竟其用也高攀龍一疏正直和平此陛下忠臣亦輔臣諍友及見應宿辦疏塗面喪心黨邪害正部科勘議非不是攀龍非應宿何以應宿僅從薄謫攀龍反竄炎荒輔臣誤國不忠無甚於此吳宏濟辨别君子小人較若蒼素不蒙採納反遭斥逐臣恐君

子相率而退小人相率而進誰為受其禍者伏乞陛下立斥應宿材為小人媚竈之戒復攀龍宏濟官以奬忠良嚴諭閣臣王錫爵無挾私心無植私黨則相業光而聖德亦光矣疏入上怒削籍希范恬靜簡易與東林講學之會熹宗嗣位將起官先卒贈光祿少卿

安我素先生年譜

曾孫　紹傑　謹輯

明世宗嘉靖四十三年甲子正月十四日先生生

先生姓安氏諱希范字小范號我素世居無錫膠山之陽其先黄姓洪武初諱茂者姑蘇縣珠里人贅於長史安明善氏蒙安姓四傳封户部員外郎桂坡公諱國多遠略禦海寇濬白茅河皆有力焉好蓄古圖書鑄活字銅版印顔魯公集徐堅初學記等書重建膠山李忠定公祠蠲田奉祀邵文莊公實譔記足迹徧名山交遊徧海内著遊吟稿載邑志行義先生大父也父膠峯公諱如山嘉靖己丑進士選翰林院庶吉士出知裕州均州田民德之還户部員外歷高唐州萆城禦寇進金華知府調四川按察司僉事載郡邑志宦賢母郭宜人生少峯公諱希堯生母吴太宜人方娠郭懲庶孽搆釁戒生男勿育先生生而濱殆吴太宜人褢不去肘膠峯公曲全庶子生五十日母子相離嗣於周涇為季父子實公諱如陵後子實公出繼周愛江

年譜　一

舅氏早卒無子配鄒太宜人守節十九年以先生嗣而歸宗焉

四十四年乙丑二歲　先生居周涇鞠於嗣母鄒太宜人是年兄子紹祖紹芳入邑庠

四十五年丙寅三歲

穆宗隆慶元年丁卯四歲

二年戊辰五歲　先生聘談太學信余公諱修女時膠峯公年已逾耆恐庶子失所屬談公曰余以弱子委孤嫠猶几上肉耳所室是子者非其人是子將不有其家且不有其身余計可託死生者無出公右得合二姓之好幸之幸矣

三年己巳六歲　受業鄒安吾先生讀書過目成誦鄒先生吟詩先生能和韻鄒先生見而奇之謂他日定當名世

四年庚午七歲　丁本生父艱膠峯公以三月十八日卒吴太宜人年二十六事嫡母郭宜人益謹長齋守節隱痛子之孤苦而不敢言七月丁嗣母艱鄒太宜人卒於周涇先生依嗣母為命者七年至

年譜　二

是頻遭大故父歿不得與哭泣之哀有母不得遂瞻依之願委命於守舍之僕獨居周涇守制談信余公覆翼之

五年辛未八歲　丁嫡母艱郭宜人以十月十五日卒

六年壬申九歲　伯兄少峯公念先生於周涇孱弱無依奉膠峯公遺命命歸膠山故第依生母吳太宜人先生生離母懷者九年至是始得母子相見也

神宗萬歷元年癸酉十歲　先生讀書膠山故第

二年甲戌十一歲

三年乙亥十二歲

四年丙子十三歲　先生依伯兄者五年十二月二十九日少峯公卒先生與吳太宜人日夜號哭無所依歸

五年丁丑十四歲　兄子惑於小人之間恐有後累趣吳太宜人攜先生俱之周涇居與聞遺命者咸嘖嘖不平吳太宜人曰吾求全吾兒耳先業非所敢望也既之周涇敗屋頹垣母子相弔覯閔受侮不可殫述吳太宜人吞聲隱忍日夜勤耕織佐脩脯教子讀書而已

六年戊寅十五歲　居周涇

七年己卯十六歲　葬鄒太宜人於周涇之邊與嗣父子實公合兆

八年庚辰十七歲　就傅邑城執經於陳筠塘先生談信余公選授古文詞及諸名家制藝談氏延恩樓多藏書先生得總覽焉自謂於外舅貽書大有

得力是歲娶談宜人

九年辛巳十八歲　讀書于談氏

十年壬午十九歲　補邑諸生時張江陵汰士無錫學止十五名澄江令閩中胡公葵南見先生卷謂具有學術不獨制義不帚也

十一年癸未二十歲　元配談宜人以三月初十日卒四月初十日祔于鄒太宜人墓之侶談信余公誌而銘之先生下帷于膠山桂坡公墓之風樹樓題壁詩曰樓臨卓錫地幽境絕塵緣高情寄松竹

藻思入雲煙窗影分新綠池流接遠泉悲心感風
木灑淚古碑前
十二年甲申二十一歲　問業于顧涇陽先生勘性
命之學涇陽先生曰吾窺子志非以一第自榮者
十三年乙酉二十二歲　娶繼配張宜人邑處士澄
泉公女　八月舉于鄉分考萬二愚先生謂他日
立朝必不負吾所舉大總裁左諭德于公慎行右
諭德李公長春
十四年丙戌二十三歲　登進士主司建極殿大學

士王公錫爵吏部右侍郎周公子義廷試三甲九
名授行人司行人
十五年丁亥二十四歲　奉諭葬荆溪萬文恭公便
道歸省吳太宜人于周涇向者桂坡公設養廉田
三百畝願子孫世為清白吏膠峯公成進士受其
田拓至千畝記勒於碑先生既仕兄子執其田而
不與先生不問先業并不問養廉田
十六年戊子二十五歲　先生少罹疢疾襁緥離家
嗣母撫之而母歿伯兄翼之而兄亡讒間日興遷

徙無定是歲置得從兄南屏舊宅基址建堂曰天
全奉吳太宜人自周涇歸定居膠山故里備嘗險
阻不辱先人莫非天也鄒愚谷督學贈詩曰息駕
王程後移居故里間一官方綠髮半畝舊青山鄰
父驚冠蓋家人慰往還不須求學圃喬木已堪攀
營造子實公鄒太宜人周涇墓規模一如膠峯公
墓七月報命還朝
十七年己丑二十六歲　奉詔赴山陰故相王家屏
正月六日辭朝十四日至大同有雲中日記四月

還朝
十八年庚寅二十七歲　奉使册封楚藩登岳陽樓
眺雲夢尋桂坡公遊迹放乎匡廬有廬山遊記先
生三持使節念朱文公云知人采訪使臣要務輒
孜孜究心于將命之外别有所得
十九年辛卯二十八歲　再考報最當得給事御史
御史有年格先生年未及格或曰羸報可得先生
曰奈何欺君以博美官遂不赴部考授禮部精膳
司主事

二十年壬辰二十九歲　分管會議事釐弊剔蠹一
時肅然　上請改南曹迎養疏略曰先臣原任四
川按察司僉事安如山生臣之日已逾六秩襁緥
之中見棄嫡母生母吳氏哀不去肘甫及七齡先
臣見背臣之成立無非吳氏勞辛拮据之所致亦
無非母子痛痒相關之朝夕也自膺簡命歷賦皇
華既切每懷靡及之感茲叨榮轉錫吉為鎸益興
將母來諗之慨若得與臣終養或命該部查得南
曹缺員量移陪署迎親就祿早霑浩蕩之恩豈敢

望忠孝之兩全庶幾求子臣之各致七月奉旨改
授南京吏部驗封司主事八月辭闕十月抵任
上黜姦闇防亂政疏時御史楊鎬刑部郎中王明
時因奸人樂新爐等辭奉旨降俸調用皆由閣臣
張誠之私憾擅權亂政之禍，
二十一年癸巳三十歲　正月迎母吳太宜人至南
京三月二十九日長子廣居生於官署　時陳泰
來賈巖薛敷教于孔兼顧允成張納陛諭救趙南
星相繼貶斥四月先生　上惜人才廣言路疏留

中不發吳太宜人以官舍蕭條俸入不足曰吾出
而田園荒蕪邸中數口將安取給一意欲歸先生
會將有所論劾恐上意不測震驚母氏五月送母
還家高景逸先生以趙用賢去國疏爭之降揭陽
典史先生　上糾輔臣明邪正疏曰行人高攀龍
一疏深惜諸賢之去斥破陰邪之謀正直和平此
皇上之忠臣輔臣之諍友何以反蒙重斥臣恐忠
直蒙辜天下之君子相率而退讒邪輕纖天下之
小人相率而進誰復肯為皇上明言利害顯斥奸

回乎乞諭閣臣王錫爵無植私黨無挾私心秉公
致忠斥邪扶正王公故先生座師曰吾故取士輒
與吾左十二月三十日下嚴旨逮問王相國揭救
神宗將飲守歲酒大璫環跪上前曰王某聞上怒
部臣在閣下哭未退也揭入上躊躇良久罷逮改
為削籍
二十二年甲午三十一歲　正月十四日聞削籍之
報束裝歸里留別秣陵諸友詩曰主聖恩常厚臣
愚分固安幸蒙寬鈇鉞敢復蠢衣冠離思縈千緒

私悳起萬端，需知臨別淚不為戀微官十年慙竊祿一日效愚忠戇直曾何補踈狂廿固窮但令圖史足不媿橐囊空砍問歸田事齋心祝歲豐瞿沈二膳部蔣祠部傅太常陳蔡二民部于比部攜舟追送龍江雪中分韻先生答諸公詩曰倚棹江干雨雪中故人攜酒扣孤蓬自緣蠲皐辭南國敢向明時賦北風泉石儘堪娛懶性勲猷今已讓諸公古來良會元難久莫嘆浮生似轉蓬高景逸先生迎諸京口遂締姻好長子廣居得為景逸先生壻

先生歸見母欣慰曰某今始得為人子矣太宜人曰汝以直言效忠蒙主上寬恩母子相見今日之歸猶周溪歸也時顧涇陽先生亦以言事黜林居談道先生從涇陽究身心之學涇陽稱於同人曰吾黨中品各不同如小范可謂不失赤子之心者薛元臺先生云夫夫真是良心美腹是冬女適華晉民鴻山學士孫也從兄南屏多子女先生鞠其女為之嫁

二十三年乙未三十二歲　兄子紹祖紹芳以養廣田三分之一歸先生先生曰吾剖籍而有養廣田與向之存於二子其名實不稱無以異會癸巳之秋曾著贍族議乃以其田為贍族田

二十四年丙申三十三歲　仲子廣譽生兄子紹祖卒無子先生念大宗凌替無以承祖父宗祀乃經紀其家為文祭告之

二十五年丁酉三十四歲

二十六年戊戌三十五歲

二十七年己亥三十六歲　中秋遊洞庭有記

二十八年庚子三十七歲　遊天目有記是歲為兄子紹祖立後貽書紹芳曰爾兄為先大夫冢孫奉祀宗祧不可無主奈何輾轉遷延俾五載亡靈尚無服衰絰者是可忍耶紹芳以次子珩為兄後

二十九年辛丑三廿八歲　長嫂王孺人卒敘王孺人行畧

三十年壬寅三十九歲　講學東林

三十一年癸卯四十歲　遊越有越東遊記

三十二年甲辰四十一歲　正月吳太宜人六十壽

豫戒曰吾一生蔬素不敢僎觴而開殺戒吾兒固辭親友必毋受一牲客至吾飼園蔬以供一飯耳先生不敢違率帰從子弟為壽太宜人心甚歡十二月十二日丁母吳太宜人艱奉遺命必毋受親友牲牷之祭喪中不得擊鮮享客喪禮一咨於高景逸先生景逸先生答書曰兄之服制來書云為親受過一語簡盡祭不應止朱子有論矣祠堂之祭禮用墨衰奠而不祭（祭即祼也）交際於小祥外行之知交講學書東往來居喪所不廢念菴先生有

論矣是歲東林書院成葬楊龜山先生道南祠搆講堂書舍先生佐工五十兩佐產二十一石七斗

三十三年乙巳四十二歲　正月兄子紹芳卒遺孤璜珩琚璐俱幼先生視含斂凭棺長慟念伯兄早世二子相繼中隕後嗣如綫為之撫䘏孤庀家事刻牙章曰保孤衍祚著養心日劄日按一卦先探傳義繼採諸賢語錄不必定銓解本卦第皆有益於性命者是書僅成五十二卦十月訪崑山歸季思先生隱居有記

三十四年丙午四十三歲　念吳太宜人貞淑苦節敘次行畧乞高景逸先生為行狀大宗伯于公慎行為墓誌銘太僕劉公日升為墓表禮部張公納陛為新阡記十一月二十日未時負甲向庚葬太宜人於謝埭新阡因膠峯公膠山墓塋逼仄恐驚遺魄不敢上祔

三十五年丁未四十四歲　東林精舍成先生既與講會別埽一室讀書會友　十月營葬長嫂王孺人於朱郁墓與少峯公合兆

三十六年戊申四十五歲　吳中水災著荒政撮要呈於當道

三十七年己酉四十六歲　赴毘陵經正堂會

三十八年庚戌四十七歲　江陰編審田畝比部孫姚峯捐館先生為之立户以覆諸孤

三十九年辛亥四十八歲　高景逸先生同講學於金沙志矩堂

四十年壬子四十九歲　五月撰祭文祭顧涇陽先生　長子廣居補邑諸生

四十一年癸丑五十歲　仲子廣譽補邑諸生叔子廣成生　十一月延錢啓新先生講易東林次韻詩曰寒衙孤棹氣方嚴入座陽和頓覺添誼重師資真聚萃年忘少長各鳴謙乾坤欲發千秋秘亥子先開七日占自恨皋比參侍晚從前紗義乞重拈

四十二年甲寅五十一歲　三月接神宗聖母哀詔方哭臨譌傳倭冠至居民駭竄男婦老幼肩摩入城邑令姜公恐有變急欲閉門先生曰吾邑四固

年譜　十三

羽書不聞虜豈能飛渡耶必洞開四關通走愚民得免蹂躪稍待自定姜公即為開關鄉井老穉全活無算越數日又傳屠戮郝落民又驚竄先生寓書撫憲晚諭安民自乘小舠徧至汀蘆港荻峇竄者慰勞使各還其居又全老穉無算　六月遊洞庭有洞庭避暑日記九月登縹緲峯同志雲集念山顛硌确不便布坐築平臺於其上題曰落帽

四十三年乙卯五十二歲　著郡邑武備攷

四十四年丙辰五十三歲　十月漕撫李三才奏辨邪正等事言自某某假捏妖書擅戮楚宗闕節倖中至今彼黨挺身報怨死與正人為仇如大臣之賢者則葉向高朱國楨等去矣小臣之賢者則丁元薦劉宗周等去矣仇正之言不過曰東林東林者顧憲成講學之所也從之遊者高攀龍安希范劉元珍等東修表表何負於國乃盡行屏斥鄒元標趙南星等以此名加之何哉疏上削籍明年京察盡去東林諸人

四十五年丁巳五十四歲　寓吳興菁山仿馮司成

年譜　十四

開之先生快雪堂日記為浮生日記　膠山桂坡公墓營於嘉靖乙未八十餘年幾於頹廢是歲秋日先生重修益增勝概撰記勒石

四十六年戊午五十五歲

四十七年己未五十六歲　先生所乘畫舫曰莽隱列綺窗十二圖陶元亮張季鷹蘇端明米南宮諸賢為五湖煙水伴著莽隱漫錄且記農圃治生之法　二月祭陸氏姊鄒太宜人出也季子廣生生五月遊長興有記　七月遊錢塘有越行續記

四十八年光宗泰昌元年庚申五十七歲　春日買
山卜居吳興劉本孺先生謂之入幽谷手書吳興
卜居詩刻石曰浪迹非輕去故山扁舟時往亦時
還生來邱壑元成癖老狎漁樵也不閒漱石枕流
千嶂裏浮家泛宅五湖間他年若訾收遺逸倘許
元真共一班隱德從來亦不孤千秋知己豈終無
縱聞丹詔求遺老只合青山著野夫盛世未應成
黨錮逃名吾自學中孱廿年素飽煙霞趣羞更攢
眉說畏途東林之禍早已知之四月買菁山別業

年譜　十五

有菁山隱居記七月有秋入山居記　八月神廟
賓天哀賦攀髯詩曰鼎湖仙馭忽高翔遥灑孤臣
淚兩行天語曾聞螭陛下龍顏憶覲象輿旁凭餘
玉几謨應遠慮重金甌策定長早晚輪臺應有詔
老羸扶杖望恩光雖蒙放廢老邱園旋復衣冠兩
被恩豈有涓埃酬海嶽祇慙衰朽負乾坤草茅迹
遠閽難叩葵藿忱徵手自捫望闕不勝頻灑淚未
傳哀詔已聲吞光宗即位朝政一清九月鼎湖再
泣先生至東林聞變驚迷痛憤搥手頓足賦詩曰

驚聞宸極復天崩疏揭先傳事有凭執簡定應書
趙盾舉朝誰請討陳恒屏奸盤踞多心腹少主危
疑乏股肱衰朽無能申大義一腔忠憤自填膺忼
慨悲歌恨不禁每傳邸報輒霑襟受遺元老仍增
秩進藥鴻臚也賜金君父大仇爭切齒權奸深計
共寒心自憐倦鳥摧頽羽中夜哀鳴繞故林自是
悲憫不樂痛賢君不少延明祚可惡矣
熹宗天啓元年辛酉五十八歲　閏二月十一日入
吳興有日記四月初八日自吳興歸寢疾十三日

年譜　十六

先生辞　是月刑部侍郎鄒元標上疏於起廢條
内歷薦諸賢曰有十年太僕正卿一真自如之葉
茂才力障狂瀾進賢斥奸之趙南星恬養邃學三
十餘年獨行之高攀龍白華濯濯天真自如之安
希范簞瓢陋巷樂道安貧屢進危言磊磊落落之
岳元聲此皆國之名賢也先生削籍後應天巡撫
都御史朱鴻謨曹時聘周孔教王應麟等疏薦蘇
松巡撫御史劉日梧何熊祥馬從聘房壯麗薛貞
疏薦河南道御史張捷疏薦竟未起用萬曆遺詔

有建言廢棄之臣酌量起用泰昌登極詔內有建言廢棄之臣已奉遺詔起用其有永錮沒身者吏部作速查名分別奏請召用卹錄天啓登極詔內有建言廢棄之臣酌量起用其有永錮沒身者吏部奏請卹錄

二年壬戌長子庠生廣居陳情援例請卹具疏曰居父希范七年奉職兩疏批鱗目擊邪正之混淆心恩用舍之倒置披肝瀝膽扶正觸邪在皇祖朝以戇廢貌落半生自削籍以來杜門絕迹孜孜問學究身心性命之微戚戚時艱切愛國忠君之念鄉評素徵於薦剡朝論益著於交章在建言廢棄之條生應召用永錮沒身之例死應卹錄　在京鄉官翰林院侍讀學士兼禮部右侍郎張邦紀詹事府少詹事兼翰林院侍讀學士周炳謨通政使司右通政陳于庭光祿寺少卿高攀龍翰林院檢討繆昌期等具揭　刑部侍郎鄒元標特疏請卹五月二十九日給誥命卹贈奉政大夫光祿寺少卿

五年乙丑　八月魏璫從御史張訥請矯詔撤毀東林書院

六年丙寅　二月仲丁高景逸先生以顧涇陽顧涇凡錢啓新薛元臺安我素劉本孺六君子進則正言直諫於朝退則明善淑人於野丹心矢竭於少壯素節不改於莫年奉主配享楊龜山先生道南祠

毅宗崇禎七年甲戌　八月本縣儒學廩增附生員呈稱安宦箕裘家學筆橐世臣抗疏兩爭國是批鱗以犯天威風可世師道先民覺真忠孝兼純行藏踸卓者也伏乞準照顧端文公事例建祠崇祀前院祁批安宦學有本原行堪模範建祠準行

十四年辛巳四月巡按蘇松等處監察御史任批準特建專祠致祭擇地惠山涓吉啓造

清朝康熙二十六年崇祀延陵先賢祠

二十七年崇祀常州府鄉賢祠無錫縣鄉賢祠

乾隆丁酉歲校刊先光祿我素公天全堂集檢舊
簏得年譜一冊先曾祖大啓公所述曾祖諱紹傑
光祿公曾孫也守光祿公手澤惟謹追述年譜以
補集中所未及屬稿未定 吉 敬錄而增輯焉因思
古無年譜之名若孔子十五志學至七十從心不
踰矩蘧伯玉行年五十而知四十九年之非行年
六十而六十化其年譜之權輿乎然則年譜者古
人學與年進自叙其生平得力𢘊後人讀書論世
稽古人之行誼以為矜式之所為作也 吉 於先賢

年譜不多見所見楊椒山魏廓園兩先生自叙年
譜及華鳳超先生述高景逸先生年譜諸君子皆
以直言死節若我光祿公當明神廟時建言削籍
所効宰輔幸而為王文肅設前遇介溪將不為椒
山耶後遇魏璫將不為廓園與景逸耶顧以曾仍
追述遠祖之行知不若自叙與親炙門人所述多
矣幸有國史郡邑志與家乘遺文及高景逸先生
所狀姚孟長先生所傳未盡散軼得以據而考焉
雖其詳不可知而事皆信而有徵不獨公之行實

世世子孫不敢忘而貞母吳太宜人之懿教外舅
談信余公之養正高顧諸賢之輔仁皆不可忘嗚
呼年譜可缺乎哉讀公日記養心日劄少而不墮
行於冥冥長而日孜孜於寡過於以知公之大節
有本景逸先生以公配享龜山有以也夫
乾隆五十九年歲在庚戌九月七世冢孫吉謹識
中華民國元年歲在壬子八月十世孫濤瀾渼重印

華鳳超先生年譜

（清）華衷黄 編
華王澄 補編

《華鳳超先生年譜》二卷首一卷末一卷，（清）華衷黄編，華王澄補編，清康熙刻道光華嘉植補刻本。

譜主華允誠（一五八八—一六四八），字汝立，號鳳超，晚更自號豫如，無錫人。天啓二年（一六二二）進士，歷任工部都水司主事，營繕司主事、員外郎，兵部職方司員外郎等職，崇禎五年（一六三二）疏劾温體仁、閔洪學亂政徇私，被奪俸半年，尋歸養親。南明福王立，起吏部員外郎，見時不可爲，十餘日即辭歸。明亡清立，以未剃髮被執金陵，不屈死。與馬世奇、龔廷祥並稱『錫山三忠』，乾隆四十一年（一七七六）追謚節愍。初受《易》於錢一本，後從高攀龍學，傳其主静之説。踐履篤實，不慕榮達。有《華允誠奏稿》、《高忠憲公年譜》等書存世。

華衷黄，字理先，號中求，無錫人，允誠兄允誼之子。邑庠生。

華王澄，字何思，號凝修，無錫人，允誠孫。康熙十八年（一六七九）進士，官麗水知縣。

本譜叙事起自萬曆十六年（一五八八），記事至康熙十五年（一六七六）入祀鵝湖始遷祖特祠止。卷首有汪琬撰《華鳳超先生傳》，嚴瑴撰《哭華鳳超先生詩並序》，徐枋撰《明奉直大夫吏部驗封司員外郎豫如華公墓志銘》，譜主畫像；卷末爲《請恤私議》、《丙寅建祠録》。

本書據清康熙刻道光華嘉植補刻本影印。

（朱　剛）

華鳳超先生年譜

年譜目次

目次

華鳳超先生乙亥

華鳳超先生

華鳳超先生傳

汪琬

先生諱允誠字汝立無錫人舉天啓二年進士歸而受學鄉先達高忠憲公攀龍之門踰一年從忠憲公北上授工部都水司主事是時魏忠賢與閹臣魏廣微等亂政方欲盡誅逐東林黨人凡士大夫爲世指名者悉竄黨中先生將草疏以爭忠憲公力止之會楊忠烈公漣以疏劾忠賢得辠忠憲公與諸賢相次去位先生遂請告以歸崇禎二年赴補管繕司監督琉璃廠減經費銀數萬兩以繕城工南御史疏薦天下清官四人首列先生姓名衆以爲允久

之擢兵部職方司員外郎協贊郎中事於是温體仁在內閣閔洪學在吏部兩人相表裏謀翻故時所定逆案一切是非進退俱不厭衆望先生憤然曰去河北賊易去朝中朋黨難吾非以養母引退卽當死職官下耳先上母老乞休疏不許遂直陳三大可惜四大可憂數千言其末謂次輔與冢臣以同邑爲朋比吏部惟阿閣臣之意造門請命昏夜爲常加都壁淵惟其所欲甚至庇同鄉則逆黨可因事休舉排正類則講官可借題逼逐皇上惡諸臣之欺欺莫大於此怒諸臣之專專莫甚於此厭諸臣之黨黨莫固於此威福下移而舉錯倒置臣竊寒心疏上凡再奉旨詰責先生遂發洪學冒功冒蔭諸弊言益侃侃不阿且謂喪師辱國之王化貞何以不正法也潔己愛民之余大成何以不矜恤也唐世濟之黨護逃臣何以驟得美官也劉宗周之孤忠自立何以不登啓事也時體仁方擅寵中朝見先生疏者悉爲危之先生亦自分禍及然帝意頗悟僅奪俸半年是後釋大成誅化貞而逐洪學戍後世濟下獄體仁亦竟罷去訖如先生言其年竟以終養告歸歸十二年而弘光主卽位於南京始調吏部文選司員外郎尋改驗

封到署甫十有三日復引疾歸凡通籍二十餘年立朝不滿五載其剛方蓋天性也中閒疏爭者率國家大計而訖未究其用知先生者惜之自諸生時讀忠憲公心性靜坐諸說卽深信不疑及從公游造詣益深逮公既歿先生獨明高氏之學巋然稱東南大儒蓋忠憲公之後一人而已平時閉門家居有司罕識其面尤爲巡撫都御史張公國維巡按御史祁公彪佳所重每先生至吳門兩公必先造舟虛心咨訪焉先是周延儒再召過無錫迂道詣先生門且屬其私人傳語許以殊擢及在南京馬士英亦詣門如

延儒然先生俱不報謝也先生嘗論經有曰易者聖人之體春秋者聖人之用又論爲學曰居謹敂之時常自收歛常自鎮靜處閧宋之地常自震懼常自生發其所得葢如此　本朝順治五年避地鄒氏鎮標兵猝至先生以不薙髮被執送抵江寧諸滿漢官咸集並以緩言款先生先生植立南向舉手曰二祖列宗神靈在上允誠髮不可去身不可降乃遇害年六十有一是日天大雷電晦冥風雨驟至父老見者相語曰此不要錢鄭吏部也無不欷息泣下從孫尙濂從先生死僕薛成聞先生執長慟不食先一日死僕朱孝聞訃亦號哭立死十五年縣人作神主祔東林道南祠學者因先生自號尊之曰鳳超先生

前史氏曰余聞先生之當鼎革也聞指頭上髮歎曰留此必買禍然吾食祿先朝去之無以見故主地下此其定志久矣嗟乎忠憲公授命於前先生又仗節於後所遭之變雖殊而就義則一也不負所學誠哉是師是弟子云

哭華鳳超先生詩并序　　嚴瑴

嗚呼君子之能盡其道而生盡其道而死未有若先生之至者也初先生從高忠憲公游甲子同北上目睹豎竊柄黨禍將作遂拂衣而返迨烈皇踐阼始入都會疆埸戒嚴先生以工部營繕司守德勝門露宿霜艸時上微行顧問左右知爲司官華某霽色嗟賞巳又以先生所製懸簾獨修廣有稱職之褒焉葢先生盡瘁聖朝受至尊知遇若此旣而時事日棘疏言三大可惜四大可憂中及柄臣之不職輿中涓靈横者奉旨切責先生疏對明晰旋解職歸里門越十有餘年至甲申之春炎精運極天宇塵飛北都旣傾南甸冊立先生于是時不得不出卽又不得不歸出者忿國恥之未雪而思得當以報先皇歸者知鉤黨之將再作而思遐舉以全吾道也乃自先生旣歸一時擁戴諸臣汲汲然翻三案摧東林遂使東南半壁不亡于強敵不亡于悍藩而亡于崔魏復生之手君子于是知大廈將傾果非一木所支而先生之知幾遠遁爲不可及也然先生亦用是抱牀頭易以老矣不意造物者必欲彰闡完節不使之終老于鷲湖之濱竟出而以強項秀髮怫死白下遂

與古之張顏文陸近代之楊左諸君子等噫吁壯哉吾聞之學者有畏死之心固足以傷義有求死之心亦足以累道乃今觀先生犯顏諫諍非畏死者急流勇退非求死者而卒不能不底于成仁取義之域然則先生之於死也畏乎求乎由此以觀不但偷生匪類不足望先生即孟氏所謂死傷勇之流恐亦不可與先生同條而論矣余小子故曰盡道而生盡道而死未有若先生之至者也乃若先生之死法則亦古未有其倫焉翟義起兵三輔先生無其衆文山開府信陽先生無其權庶幾扃亭止水餽可安矣然而死不激烈否則嚼齒怒罵憤可洩矣然而死不從容于

嚴詩二

是表剛風于砍頭陷胸之時留靜氣于呼天無言之際使天下後世之聞其死者或曰威武不屈或曰橫逆不較或曰涵養氣節合并而歸乎一其亦無不可也嗚呼先生斯非所謂藏身之固者歟先生姪孫尚濂亦以保髮從難夫先生赴簿時親者無不咋舌引退而同聲之和乃在家門先生其亦可以無憾矣

祖宗養士恩皇唐末流士氣偏消菽蕙茅不擇凡與香鳳麝冢孫河松剛惟公動係冬春芳攸柯易葉良不遑責人恒紛責己詳忠孝獨辦雙肩當風霾忽起塵飛揚大事安敢臨時商慨赴建業江雲黃矢畢平生孝陵旁膝如鐵柱森嚴霜口如結囊掛堅墻挺刃酷烈都相忘有目惟覩天蒼蒼浩氣倏忽昇九閶尸膏野艸誠何妨邈公爲宦兩紀長出處語嘿俱吉祥何至須白壽始康過涉滅頂遭凶殃非凶非吉理有常君臣同難情亦償五年欲死妻中腸時至豈使初心傷藉手斯髮報我皇誰謂所爭真微茫更羨姪子志慨慷弱齡從難何昂昂鐫公家乘增一行書之史冊同輝光自嗣厥後義問章孝子祠下添芬薌道南俎豆

嚴詩三

今煌煌公魂亦得偕翱翔公屍昔日橫帝疆可曾一見忠臣方國初有方公國亡死無衆寡同尊王一始一末扶三綱乃知烈士亦有雙雨花臺畔祠蒼凉我今望之英風長

明奉直大夫吏部驗封司員外郎豫如華公墓誌銘

徐　枋

公諱允誠，字汝立。贈承德郎戶部主事諱恩爲高祖，瑞州守諱舜欽爲曾祖，四川叅政諱啓直爲祖，而贈奉直大夫吏部驗封司員外郎諱復吉稱二菴先生者，則公父也。姓華氏，華氏本子姓，系出春秋宋戴公後，有孝子寶顯於晉，家常州之無錫，遂世爲無錫人焉。二菴先生有三子，長允諶，仲允誼，長舉孝廉，仲舉明經，並以學行稱于世，而公則第三子也。兩兄於公俱十年以長，二菴先生庭訓素嚴，而督課公爲尤切，乃公未弱冠而二菴先生卒，公哀毀骨立，從兩兄執喪，百事盡禮，弔者驚嘆。而母秦太宜人世所稱賢母也，一以二菴先生之所以督課公者教公，而命公從兩兄學。公孝友天植，至性過人，痛父之志，仰母之訓，事兩兄如嚴師，入孝出悌，篤學力行，磨礱涵濡，步趨繩束，家庭之間無踰尺寸，一時文行爲世所推，識者以大人先生期之，人世之榮不爲公羡也。辛酉舉于鄉，天啓壬戌即聯第春官。時相國賀文忠公官翰林，分較禮闈，爲所得士。先是東林倡起絕學，天下學士翕然宗之。東林者，即高忠憲公

及錢啓新先生諸賢講學之所也。公諸生時即受易於啓新先生，既成進士，復北面從學于忠憲公，忠憲授公以主靜之學。公易學素精，澄心潛體，動靜語默，一本乎易，資之既深，出之亦粹，格致悶功，馴至無間，而復證之于忠憲之心傳，即濂溪周子所謂定之以仁義中正而主靜立人極者。于是公叅學精密，力行完堅，事親無遺孝，事君無遺忠，臨財嚴于一介，臨敵勇服三軍，當雷霆而無懾，罹刀鋸而不回，無非此矣。忠憲還朝，公從行，謁選授工部都水司主事。忠憲官左都御史，而時逆璫方醸禍，忠憲即去官，公亦遂歸里。崇禎元年，逆璫伏誅，諸正登庸，公進補營繕司員外郎，受命督窰廠事，額發帑金數十萬，故事受事者羡什一，公洗手奉公，銖黍無染，而賦給均贍，工役奔命，于是陶埴精良，經費減省，其有羡鏹，代償前官之逋，而且儲以爲後費焉。凡諸司事係金錢而與內臣交關者，諸閹必藉口糾督，干請無所不至，即素號強項者亦多曲從之，公獨始終一無所徇。既而敵薄都城，百官城守，公分守德勝門，敵首衝德勝，勢莫能支，而公盡瘁守禦，料敵應變，知略輻輳，出奇無窮，於是罷仗獨完，瞭望獨審，吏士獨用命。時上爲

徼行以歷覲登埤者傳諭德勝門守備嚴整須賞銀若千兩而逮治懈事公素清羸若不勝衣而盡瘁四十餘日手口交作晝夜無息而精神益勝其忠誼如此既復遷兵部職方司員外郎協贊郎中事職方樞曹之要職也爲天下武弁苞苴之藪及公受事公私饋問一槩禁絶卽分所應有亦痛絶之時公有所感慨固請終養不允于是公慨然曰吾既不能退而全身以養母則當進而死職官下此吾心也亦吾親之心也遂拜疏直陳三大可惜四大可憂數千言謂以聖主圖治之盛心爲諸臣闒知之捷徑爲可惜以多士修職之精神爲小夫趣辦之能事爲可惜以興邦啓聖之日時爲卽聾從昧之舉動爲可惜而刑罰不中斧鉞無威可憂也是非共蔽忠讒互淆可憂也貪競成風羞惡盡喪可憂也奸焰薰灼正氣消靡可憂也而疏中直糾烏程相温體仁及冢宰閔洪學閣部朋比阿黨市權遂奉嚴旨切責責令回話故事詰責爾爾胥逮問重則詔獄輕則司寇無或免者舉朝爲之震慄而公再疏三疏言之益切爭之益力至欲追理洪學所冒之軍功追奪洪學所叨之恩蔭而詆訶體仁紾臂塗顔廉隅掃地通衢露布徧體

徐志三

瘡痍讀者無不吐舌而不知公之忠誠已默荷主知矣公僅奪俸半年而疏中所陳徐見施行幾無一不如公之請者旋罷閔洪學體仁亦去位閣部爲之肅清當是時公直聲震天下先是公爲營繕而却帑金之羨數萬爲職方而概絶武臣之問遺南臺韓涇垣疏舉天下清官四人最列公名一時公清名滿天下及是疏出而公之直聲復震天下焉于是天下無論知與不知咸想望公丰采咸謂若公者所謂大人能格君心之非者也若公得位行道庶幾天下不難平治乎而公復以終養得請歸矣時崇禎五年也

公年垂五十而身就子舍怡怡色養伯兄既捐館惟與仲兄朝夕佐佑極養堂之歡至太宜人八十之年而病危復安氣絶復蘇爲人世所未有爲史册所罕見焉既居太宜人喪而喪過乎禮幾至滅性嗟乎五十而慕僅於公見之矣甲申三月之變烈皇死社稷公痛憤不欲生南都既建起公爲吏部文選司員外郎懇辭不允既復轉驗封司公既就官其清節愈峻初荆溪相周延儒之再召也投刺邀公約公一見當殊擢公固不往并不報刺至是而權相亦及公門公竟不報謁旋卽請告歸在署止十有三日耳於

徐志四

戚始公之出志在興復及見事無可爲故見幾遄往不俟終日迨歸而南都亦隨陷矣公時死志已決而欲得死所巍然全髮屏居墓田迨戊子春國變三年而公爲故國之完人時復避地鄉僻依至戚鄒氏會鄒氏有家難被縛疾呼公公曰此必爲我也今正我畢命時矣遂肅衣冠而出姪孫尚濂卽鄒氏壻亦以全髮被執至吳郡見撫周伯達伯達婉轉勸公以薙髮公絕不爲應及至金陵詣訊所公箕踞坐尚濂亦坐旣而驟然起公問曰何爲濂曰濂志已決死但恨極欲言無可語耳公曰男兒至此惟清爾心括

徐志五

爾口濂曰諾旣而問者咸集或勸公如伯達公背立面南舉手指天曰二祖列宗神靈在上我髮不可去身不可降訊者雜語移時公閉目坐地遂罹慘毒公了不爲動臨難神色如平時濂亦終不薙髮以死時戊子四月十四日也初公旣事高忠憲公得忠憲心傳心悅誠服身體而力行之而忠憲亦知公至謂公爲生知安行逆璫之禍忠憲拜疏自沉獨貽書於公以後死絕學之系屬焉及公從容殉義實與忠憲無異而相國賀文忠公旣得公于闈中亦以國士遇公而文忠亦不屈于賊身死國難者也噫亦異矣

公元配談宜人柔淑約素與公同德一心閨閫之際肅如賓師公盛德不勝書而其供蒸甞飭滫瀡絕甘分少讓産析資行之無少阻亦得談宜人之助爲多公遭難宜人將身殉之旣不得死矢心竺乾之教蔬食布衣十九年如一日歲丙午八月朔臨命正衽西向危坐而逝向濂婦鄒氏年十九聞變遂自經亦以救解宜人哀而敬之撫之終身焉公生於萬曆戊子二月三日年六十一殉難宜人生于萬曆丁亥正月三日年八十壽終合葬龍山擔鈎塢子三東恒東恪東慊皆爲邑諸生公有妾二人吳氏濮氏痛公

徐志六

忠死誓無二志竭力殫誠以善事談宜人寔後先談宜人以死而公之僕薛成者公被執卽長慟不食先一日死僕朱孝公凶問至號泣立死噫是豈偶然哉是豈偶然哉故公生之時而有神像卓立之徵及公死之日而有烈風雷雨之變也於戲公卽當世所稱爲華鳳超先生者也兆更自號豫如銘曰

公事忠憲志起絕學克紹心傳爲時先覺敦倫盡性不愧不怍公精易學觸境皆宜譬如歲功寒暑隨時如水在地惟所用之爲川則流爲澤則豬所以公身無施不可夷險

晦明進退去取動皆豫如况于生死可死而死神形以完
髮膚全歸忠憲心傳我先文靖亦完膚髮首刱大義綱常
昭揭公實一揆同光日月歌今銘公雨淚飲血維此血淚
千秋不滅

華鳳超先生小像

乾隆四十一年奉
旨賜謚節愍
公墓在錫邑羗字號九龍山擔鈎塢與周文恪公諭
塋比鄰周墓在南公墓在北計山糧四畝二分并在
華孝祠戸內辦糧查邑志及江南通志所載俱稱在
石門者係屬譌誤

奉直大夫吏部員外郎豫如府君年譜卷上

從子　東黃述畧

同邑後學張　夏叅訂　孫男　王澄補編

吳郡門人王　佶較閱　五世孫　坤重較

明萬曆十六年戊子二月三日丑時府君生

府君諱允誠字汝立號鳳超晚更自號豫如姓華氏系出春秋宋戴公戴公之子考父說食邑於華始以邑爲氏晉有孝子寶受庭典顯於錫邑宋都尉榮孝子十八世孫宦大梁留家焉三傳爲三一府君原泉靖康時扈

蹕南渡復居錫之隆亭是爲第一世祖七傳至都事淳二府君鉦早卒配陳元至正間旌節表閭淳二生栖碧府君幼武有黃楊集行世栖碧生貞固府君宗彝研精易學明初累徵孝廉明經儒士俱辭不赴著慮得集自隆亭徙鵞湖是爲鵞湖始遷祖歷四傳至贈承德郎戶部主事愚坦府君諱恩爲高祖嘉靖辛丑進士江西瑞州守余溪府君諱舜欽爲曾祖嘉靖壬戌會魁四川叅政豫菴府君諱啓直爲大父兩世廉宦所至以德政稱邑庠生累贈奉直大夫吏部員外郎二菴府君諱復吉則府君父也配秦封太安人贈宜人生子二長孝廉燕超公允謀次貢士龍超公允誼並以理學重於世季即府君生於鵞湖世居之善慶堂生未彌月贈公夜夢至神廟堂陛巍煥神像儼肅瞻仰久之神忽竦然起曰吉人來矣贈公驚顧左右乃乳媼抱府君來也覺而異之

十七年己丑二歲

十八年庚寅三歲

十九年辛卯四歲

二十年壬辰五歲

二十一年癸巳六歲就外傅

受業從兄澄宇先生舉止凝重頴不外露初授讀艱於貫句先生嚴責之同學乘間問故府君曰吾毎讀一字必嘿思其點畫如一大字何以一畫加撇捺而成大思而不得下文再讀不去矣先生聞之喜曰此子夙根必曾叅過太極圖者

二十二年甲午七歲

二十三年乙未八歲

二十四年丙申九歲

二十五年丁酉十歲

贈公課府君極嚴早晚必親斜考一不當輒與夏楚一日焚府君書勃然曰既不能讀退而牧牛即擯置田舍伯父屺瞻公見之諷贈公盍少寬贈公曰此子弟賢不肖所關雖欲不嚴不可得屺瞻公乃攜府君至家侍讀于族叔祖靜菴先生爲解說書義輒心解每發奇思以問講至孟子嚚嚚章忽問曰第一句便用亦字何說也先生大奇之

二十六年戊戌十一歲

年譜卷上　三

受業靜菴先生始讀綱鑑未及時藝也一日晚侍贈公從容起問曰君子求諸己應如何破贈公曰汝試破來府君起應曰聖人論君子無求于人者也明日復從伯兄燕超公索題得禹八年于外二句遂舉筆云聖臣不顧家勞于王事也府君一生行己峻潔事上忠藎兩破若自爲寫照矣

二十七年己亥十二歲

二十八年庚子十三歲治舉業

受業同邑王心所先生攻文章秦念橋先生素負知人鑑一見華館謂此等器識當不僅以文章名世也

二十九年辛丑十四歲

三十年壬寅十五歲

贈公自課府君謂儒業論其就不論其售當屏一切嗜好專精詣爲之有汝大父法程在復戒曰學術純疵只爭爲己爲人義利去存之界須從初剖晰謹持方寸百尺竿頭日毋比小人始府君聞言凜然自此益嚴于義利之幾邪正之防矣

三十一年癸卯十六歲　八月五日贈公卒

年譜卷上　四

仲兄龍超公赴秋闈贈公偕至金陵病卒旅邸府君至性過人哀慟欲絕從燕超公徒跣迎櫬歸喪事盡禮太宜人撫而戒曰若知爲孤子視凡爲子者其難百倍乎往者處課責太嚴今安可得矣汝其夙夜匪懈厚自砥礪庶無負爾父責成苦心若或不震不悚甘自淪廢便貽我未亡人憂念之哉乃命兩兄兼課之日侍繐帷讀晨夕必再三提命府君痛父之志仰母之訓事兩兄如嚴師

三十二年甲辰十七歲在制

澄江周銀河先生鴻才遂學以藝相質者雲集館于叔父毗雲公所府君受業門下先生課藝必糊名定殿最不以成見爲後先每命輒冠其曹

二十三年乙巳十八歲在制　十一月服闋

三十四年丙午十九歲

三十五年丁未二十歲

三十六年戊申二十一歲補長洲縣諸生

錫之鵞湖界蘇郡長洲縣吾華氏多寄籍者時山陰夷度祁公承煠尹長洲試儒童擢府君第一謁見有國士

之目卽令子彪佳兒事府君椒蘭同臭相勉相愛後同舉進士且先後同殉國難

十二月娶談宜人

宜人爲澄寰公女太學信余公孫女年二十有二來歸府君首以孝敬相敦勉房闥靜好肅如賓友時叔季兩妹相繼出閣無以備裝送府君恐憂太宜人勸宜人出嫁時裝佐之宜人從焉

二十七年己酉二十二歲

府君館從兄竹所家得館穀悉以公內外費不少私

三十八年庚戌二十三歲

三十九年辛亥二十四歲

四十年壬子二十五歲廪學宮

江夏芝崗熊公廷弼董江南學政最嚴識拔皆極一時之選擢府君第二受餼學宮每歲廪給悉以進太宜人

四十一年癸丑二十六歲

四十二年甲寅二十七歲

四十三年乙卯二十八歲　十月六日葬贈公於長寧圩叅政公塋之穆

四十四年丙辰二十九歲受易學於毗陵錢啟新先生

燕超公延族叔認菴先生課子府君日從聽講因師事焉認菴因爲介紹見毗陵錢啟新先生先生授源編滙編及管見像抄續抄諸書曰充塞天地渾是心體渾是人像格致精敏自有豁然貫通處府君易學本自家教此時聞言會心歸而鍵關讀易以所授諸書默識澄叅食息寢興無非是易

八月聽講東林

得高忠憲公靜坐說心性說讀之始悟心學性學之辨

氣靜理靜之殊反觀内省深信不疑有必爲聖賢之志
十月同伯仲兩兄舉家會
忠憲先生與素衣吳先生荆溪恕行儲先生咸集焉
四十五年丁巳三十歲正月稱太宜人六十觴　三月舉
家會　九月復舉家會
四十六年戊午三十一歲
四十七年己未三十二歲
四十八年　八月以後
泰昌元年庚申三十三歲　十二月會葬錢啟新先生

年譜卷上　七

天啓元年辛酉三十四歲
時族有搆訟者燕超公人　一夕府君從兩兄
侍太宜人晚膳語次稍置是非太宜人不悦曰大兄中
過鄉榜縱不能上進不失爲舉子汝兄弟兩人秀才耳
不閉戶讀書欲置喙戶外事此頂儒巾碨碨在頭上動
搖矣不怕貽我老人羞乎府君聞言悚仄無地不禁淚
盈盈兩睫間潛起掩袂即復入侍坐顯若命之退乃退
於是益發憤讀書
秋鄉試中式

府君素不問家產居恒備極澹泊或日啜韲粥讀易齋
中怡然樂也秋當應試稟且若洗欲不赴伯仲敦迫勉
就試闈牘攄所獨得胸中易理隨處發揮爲珍甫章公
允儒所器賞首薦主考報至日值太宜人壽誕有家宴
府君終席肅穆處之澹然
十一月從伯兄公車北上
二年壬戌三十五歲　二月會試中式
會牘出對揚賀文忠公逢聖之門公江夏人人稱賀夫
子諸行事必齋沐告天入闈伏禱于天願得眞士報國

年譜卷上　八

夜夢神語云明日闈第一卷眞士也公矍然起遂於衆
中拈府君卷大契合有吉人之評撤棘後晉謁見府君
淵渟岳峙言動合道益信神語有徵是年元爲竟陵劉
仕徵亦出文忠門同事者舉以相慶文忠曰仕徵艮不
愧衙門前輩而此中更有一士他日當爲國家倚賴益
指府君也後癸未文忠成仁于楚中戊子府君盡義于
白下論者服賀公知人而府君不負所知云
三月殿試賜進士出身觀都察院政
上萬言策極言君子小人之分天理人欲之界謂君心

之爲理爲欲易從而辨辨之于敬肆之間惕然而慮者即天理率焉而動者皆人欲在朝之君子小人易從而别别之於順逆之間直言敢諫不難忤上之意者必君子阿諛曲從一味逢上之欲者必小人又言天下之患不在乎邊境而在于禁庭不在乎強寇而在于近習近習之臣上則蠱惑君心能使人君不樂忠士之讜言而溺私讙之鄙態下則招集權勢所喜則擢置清顯所惡則公肆擠排一或墮其術中而內權日重外權日輕貨賂公行邪佞充塞所累於聖治不小高皇帝令此輩但

供埽除之役不許干預政事聖慮至遠祖訓至嚴惟聖明留意時天下大權寖歸宦寺府君識秉幾先侃侃入告俱切中腹心大患未幾璫禍蔓延流毒天下策語若操券而是時閱卷官驚相謂此新進書生作何語耶竟不獲進呈置第二甲

講于首善書院

時吉水鄒南皋先生關中馮少墟先生同長西臺主講壇而吾邑忠憲先生以卿寺分預一席燕超公偕府君往受教每會輒洗心滌慮馮先生有言身不妄動易心不妄動難府君當下自省曰心不妄動不易身不妄動尤難蓋眞實體驗語也

八月乞假歸

有以鹽策持千金乞居間要津者府君自矢進身伊始必打破義利一關立定根脚乃可望向上一諦急揮之曰毋污我既遣去認菴先生在坐笑謂府君曰情不礙理似亦無害府君曰若說人情便非天理其間不容毫髮先生曰得之矣

九月受學于高忠憲先生

府君之于忠憲先生也東林會則與首善會則與驚湖家會則無弗與數年以來實信得程朱嫡傳在是心師之尚未執贄也至是謁認菴曰某于高先生私淑已久然不得其門而入所見終未親切幸爲介紹而北面先生認菴引謁忠憲忠憲授以主靜之學謂聖學入門無踰靜坐靜坐非冥然寂守正是凝然根極又曰凡事只須盡心不容着相盡心是理着相是欲又曰精神不足之人當以定心氣爲第一義心氣常定則雖勞不受累惟怒最害事臨時多不自覺事後思之往往有過當者

能以靜功調養當漸和平府君書紳不忘　一日徒步
謁忠憲揖別門外遇新貴乘軒過摘衣府君衣幾露肘
府君神色不變舉止自若忠憲私喜曰此天成道器也
非心體潔淨那能若是
三年癸亥三十六歲
四年甲子三十七歲　三月赴京謁選從忠憲先生行
自喜得所依歸收拾身心默默于靜中叅印必要尋個
入頭處師弟相對時或講究時或危坐舟行江河洪濤
駭浪都付之無有盎忠憲無行不與府君隨事精參真

同孔顏之樂矣
過淮陽隨忠憲先生講學于王心齋祠
過寶應隨忠憲先生講學于范文正公祠
時燕超公教諭寶應倡明理學府君從忠憲往候遂留
講學
六月至京
府君與忠憲各寓一屋仍朝夕過從忠憲患瘧府君日
侍起居微窺忠憲絕不異平時澄然太虛自若也當下
有省曰樂天知命故不憂蓋可以觀矣忠憲亦寓書吳

素衣先生曰鳳超整齊嚴肅殆若性成又許爲小知安
行宛然性象深爲吾道之幸
八月除工部都水清吏司主事
班役見府君叩其食指幾何日給幾何班具以告府君
分俸銀倍給之班役叩首謝府君曰汝曉我倍給意乎
京中線索出自若輩牽引每每構外事輸情于內構內
事輸情于外不過欲得錢以養家耳今倍汝家用若復
構事生端不汝恕也班承命自工部歷兵部不敢有纖
毫事關說

覃恩授階承德郎贈父承德郎封母太安人配安人
府君甫入仕即沾恩典曰皇恩浩蕩真同覆載但値國
家多事何以報萬一時副院楊忠烈公漣疏論魏忠賢
二十四大罪被重譴鄒馮左魏諸君子不安其位閹臣
魏廣微等乘間傾陷正類忠憲尤群奸所忌坐以黨魁
府君義形於色有奮志除姦意忠憲曰吾子姑留此身
待用異日不必盡入其網乃止
十二月乞假歸
忠憲之去官也府君送出都門慨然曰某骨氣懦弱未

能有所發抒且作歸計閉戶讀書三四年以觀時變非獨時宜亦素心也忠憲首肯至是得請亦歸

五年乙丑三十八歲正月抵家　七月喪伯兄

府君歸里燕超公亦謝職家居伯仲季怡怡奉母未幾燕超公歿哀悼如失左右手親爲含殮覓地營葬皆率姪爲之自始喪以迄窀穸痛兄憂母心力兼盡觀者爲之惋惻

十月清理役田

役田三千畝始於嘉靖間瑞州守余溪府君及學士涉

山公創置以紓南延一區貧族報長之困歲久弊生府君力爲清理徵收有法給予有經雜役贍貧人情愜服後因甲申國變遂爲族人所散

六年丙寅三十九歲　三月哭高忠憲先生

忠憲既歸閉關水居自稱湖上老人謝絕親友人罕得見其面惟府君至則架小橋延人相與講求性學及聞逮拜表自沉貽書別府君曰僕得從李元禮范孟博遊矣一生學問到此亦得少力心如太虛本無生死何幻質之足戀忠憲此時蓋以後死絕學之系屬之府君府君序忠憲年譜至此喟然筆之書曰先生固以微言相示矣　忠憲歿明日而緹騎至府君偕郡守曾公華竭力周旋後奉有追究漏洩根因之旨復致書都下同志而高氏卒紓于難

七年丁卯四十歲正月稱太宜人七十觴

三月講學于吳素衣先生齋中

自忠憲歿後惟與吳素衣先生爲心契因爲仲子（郎澄父）委禽于善甫公女（郎澄母）素衣先生女孫也訂姻日遂留其家講學竟日

崇禎元年戊辰四十一歲

二年己巳四十二歲　四月赴京候補

逆璫伏誅諸正登庸府君赴京行至淮安一篙工病篤衆欲棄之途府君不許留至黃河口爲覓棲托地給以盤費竟得無恙

五月補營繕司主事　七月至京赴部陞員外郎督琉璃廠

時南臺韓涇垣疏舉天下清官四人首列府君名及程國祥鄒維璉張瑋朝中稱天下四清府君惕然自反曰

能無愧此四字否能無愧此三君否因致書龍超公戒弟姪輩纖毫勿與外事乃見相成至意

琉璃黑窯差額發帑金歲十六萬府君備一小冊出入自記不假手吏胥選料如式給直以時百工效命于是陶甓精良經費減省代償前官之逋七千有奇復餘三萬金或勸以餘數入告當得不次擢府君曰餘帑偶羸若入告上或追摘前任之多費或減額而累後任以不支烏可以今日之偶羸定前後之淨縮乎乃以羨金給修城上窩垛及城外遞鋪餘悉封貯司署厥後京師戒

嚴府君分守德勝門兵民城守者因窩垛預葺不受雨雪淋漓之苦共服府君綜理之密焉　厥中一柴戶兇人居間欲脫已僉他人府君廉得其實曰汝以三殿工興貧緣致富欲免已而累貧乎凡柴戶闕少一應責成不許波及貧者　時諸閹肆横爭到厥涸賣其事係金錢與內臣交關者藉口需索無所不至府君嚴正待之始終一無所狥一吏負爲東廠拘縶吏乞名剌往救府君不可曰汝弟具詞前來命移檄詣廠補之竟得釋

擬上崇祀眞儒疏

略云臣師故左都御史高攀龍學以復性爲宗以知本爲要以立志爲基以敬義夾持爲功以天人一貫爲至講求于孔孟程朱之學實踐于綱常名教之大取義成仁至死不二此等學術實與聖祖神宗培養以至于茲方之本朝崇祀諸儒如薛瑄胡居仁輩可謂後先輝映而世道人心匡扶不小皇上以堯舜之資樂堯舜之道工瞽芻蕘無不嘉納典謨經傳無不博覽而所日夕氷兢者則又不在詩書政令之末而在幽獨隱微之地一則曰清心寡慾一則曰虛公無我即此兩言而臣有以

窺皇上之深于學也斯用人行政之本也雖然欲幾易萌已見難化戒懼稍弛未必無竊發之竇聰明過用或反滋偏蔽之端忠邪之介未清或以混淆爲公普上下之情微隔或以猜貳爲精明虛公兩字殆難言之而臣竊見皇上之心方乾乾焉日進而無疆也且皇皇焉若有求而弗得也嗟嗟使臣師而在今日知必爲皇上啓心沃心以孔孟之學佐唐虞之治當無難者而惜乎其不遇也臣竊歎學問如臣師德行品識如臣師忠貞雖露其一端經綸未顯其大用徒令爲成仁之逢比而不

十一月奉旨分守德勝門

邊警告急督師袁崇煥不扼薊門以西提兵間道入京致三輔蹂躪上赫然怒逮崇煥下錦衣獄祖大壽不用命闖寧失守京師戒嚴傳旨列曹官上城分守府君守德勝門首受攻勢莫能支府君晝夜守禦於是器仗獨完瞭望獨審吏士獨用命時上微行顧問左右知爲司官華某審色嗟賞已又以所製懸簾獨脩廣有稱職之褒焉　時各城所發懸簾狹小單薄不堪用倉卒不及另製府君立給價疾收舊薦故絮密紉之修廣如式刻

期完辦而他門多以懸簾不整嚴旨切責同舍郎四人各廷杖有斃者

城門大鐵閘縴以絲繩爲啓閉每條發金六十兩吏以黃絲應府君怒倍責之僉訐其過峻乃復增直命用白絲閘下上如意啓閉便之以前所棄黃絲間試則繩縮而閘不閉幾至敗事同事者始嘆服

一日遥見軍塵起守陴者欲發砲擊之府君力持不可曰門以外豈皆敵也及至果援兵府君一言全活萬計

方上之幸城也廷僚未有知者一中涓突　如造焉忽皇

能爲應運之臯夔此臣之所深痛也頃者蒙恩優卹備至且特褒曰孤忠邃學秉節正終天語煌煌若揭日月臣師之身雖死而臣師之道亦幸不泯矣乃臣更比例薛瑄諸臣以從祀請者竊謂國朝理學一脉先臣曹端實開其始臣師攀龍實集其成宜與薛瑄諸臣並祀孔子廟廷使天下曉然知正學之所在于以破除功利激發秉彝其有光于聖治有補于聖教豈其微哉　疏既具會杜掌科先言之而未允仲兄自家貽書云從祀一疏斷非今日所宜言無論側目者必以門戶相詆卽在

同志中有灼然確見以爲當然者幾人哉區區之意以爲吾弟既身任之宜察二三同志中深知先生之學者相與極意表章使先生之學大明于世而後可議及此比之目前一疏爲力更難擔子尤重非畏首畏尾之言也府君得書曰先生之學已煥如日星從祀不在今日必在異日所爭蚤晚間耳所以汲汲者以爲當聖明之世何可以此等盛舉讓之後人然而表章一說自是其身上事且留此稿徐覘機會耳乃不果上

始輯高忠憲先生年譜

車幽輵殷殷其雷中涓起曰皇爺過衆面色若土而府君無驚色明日同舍郎來方共飯怱較尉奉駕帖鉗鈦同舍郎出走廊不股栗而府君無懼色既奉旨德勝門差可覿頒賞銀僉手額賀而府君無喜色

本司盤互冊關合戶兵兩部典吏忽失去惶怖請死府君不急譴給吏筆札口授吏書往勘兩部無少謬咸嘆爲神

府君平日素清癯靜養節食僅克自持聞警以來精心供職纖細必親所司事視他部雜沓府君兼職繕治無

年譜卷上　十九

不斂𢫓時值隆冬夙夜立氷霜中四十餘日不懈

三年庚午四十三歲正月奉旨同部敘城守功加俸一年頒賞銀二十兩

府君卽以所頒賞銀製就四盃送歸遺慰太宜人曰今日所蒙吾親之敎也

擬上治安四要疏

解嚴後朝中傳譴紛紛內權復重奸人乘機搆煽借端報復上名爲獨攬實爲羣小所蒙朝臣竟等寒蟬府君嘆曰此剝復消長之關也因草治安四要疏一曰防逸欲以心爲萬化之本也二曰辨賢奸謂辨之自執政始也三曰納忠讜以公論爲國之元氣也四曰務悖大謂帝王之治任德而不任刑職要而不職詳也疏成反覆觀審猶以爲浮詞不足動聖聽不果上因語現問姚公希孟湛持文公震孟曰兩公居侍講之地時時啓沃可當外庭百千奏疏斯今日大本大機也又曰皇上眞英主可以誠意感孚難以口舌求勝當于先幾開導不當于臨事力爭是深有望于兩公也勿當幾失之

時銓司負欽諸君子屬意府君欲交薦人以爲賀府君

年譜卷上　二十

曰勿賀毋論此職決不輪到我做自分才力亦決不能做且目下時勢尤決不可做今日大患在統均不得其人區區司官濟得甚事因力辭之

族姪某與荊溪相親故遊於都荊溪謂曰汝家員外倘欲得銓司吾力易耳族某因來謁署門情可羅雀府君方整編危坐起相見問太宜人無恙外同步後庭指示隙地菜一畦此吾署中常膳豊則一觔肉經月不市因徵笑曰姪來當市肉半斤復指几上羣書謂予肅清諸務晨夕對此較家居時學力頗進詰所主知由荊溪飯

頭告以京師令嚴射影生禍貧富有命不宜離親遠出
妄有所與姪恭留署越月而荆溪所囑竟不敢吐遂分
俸六金遺歸
四年辛未四十四歲　七月陞兵部職方司員外郎協贊
郎中事
職方一司向係武弁苞苴之藪府君洗手奉公公私餽
問一概禁絕內之城隍營操外之都司衛所罔敢投金
職方署者
冬以武闈事奉旨降二級照舊管事

府君當分較武闈族姪孫斌與試例應迴避府君念斌
三千里來此豈可以我故誤彼功名乃辭不赴後闈事
紛更府君誤入議處例降二級或請疏辨府君不應
時大凌圍困日久關外兵十亡五六東省叛兵據登州
有負嵎勢秦晉流寇蔓延海內幾無寧宇朝議然救凌
欲許叛兵求撫浸無主張府君語同列曰救凌之策雖
有善者無如何矣今惟有收拾殘兵激勵將士固守寧
錦一帶令不得西耳至東省叛卒據水陸形便進可以
西掠南下退可以旬島致寇未易旦夕結局乃正道爲
賊求撫朝議亦姑以撫縻之竟不思善後之策安在秦
晉流賊所以蔓延皆爲各處飢荒兵民從賊此正今日
腹心大患而廟堂之上恬不爲意勢將不可復制矣後
張春督戰大凌中伏而敗將士死降相半祖帥單騎歸
錦東省卒爲撫誤叛兵勢若燎原萊城岌岌流民挺而
走險俱不出府君所料焉

奉直大夫吏部員外郎豫如府君年譜卷下

從子　東黄述畧　孫男　王澄補編

澄江門人張光庭較閲　彌甥陸　楷參訂

五年壬申四十五歲　五月上母老乞休疏

是年元旦府君趨朝獨先上四鼓即出朝臣不滿二十人後至者蜒蝓而入無弗驟趨喘憊者府君目睹皇上焦勞而臣子懈弛若是不勝憤激未幾朝局大翻璫案公然薦舉銓選之權冢臣一手獨握進退顛倒司官拱手聽命而已府君奮然曰去河北賊易去朝中朋黨難我自度出處庶幾退而養母否則進而死職舍此二義便無有是處因上母老乞休疏不允

上直陳三大可惜四大可憂疏

畧云竊見三四年來皇上焦勞于上羣工百執事鞅掌拮据于下勿勿孜孜日不暇給而法令滋章臣民解體人材蕩盡根本受傷此臣所謂可惜可憂者也以皇上聖德加之厲精何難手握大權坐躋至治乃當事諸臣借皇上剛嚴而佐以舞文擊斷之術借皇上綜核而騁其訟遁握算之能以皇上圖治之盛心爲諸臣鬭智之捷徑可惜者一人臣典幹展采止此精氣今但以窺瞷微旨爲盡心抉摘細瑕爲快意乃至率屬大僚驚魂于回奏認罪封駁重臣奔命于接本守科直指風裁徒徵事件長吏考課唯問錢粮以多士修職之精神爲小夫趨辦之能事可惜者二今何時乎非大小臣工同舟遇風之時乎而廟堂不以人心爲憂政本不以人才爲重四海漸成土崩瓦解之形諸臣但有角戸分門之見僥勤侂撫等於築舍忽用忽舍有若舉碁以興邦啓聖之日時爲卽聾從昧之舉動可惜者三人主所以總一天下者法也今雷霆所及幾莫知其方矣喪師誤國之王化貞何以與楊鎬異辟潔已愛民之余大成何至與孫元化並逮甚而一事偶誤一言偶咈執訊隨之反使輕猾者不以扞網爲懼而矜矯者且以對吏爲榮刑罰不中斧鉞無威可憂也國家所恃以爲元氣者公論也今直言敢諫之士一鳴立斥指佞薦賢之章非訐則黨不唯不用其言并錮其人不唯錮其人又加之罪遂使諸臣相戒拱嘿喑塞求容是非共蔽忠讒互淆可憂也國家所賴以爲防維者廉耻也今大臣握重權大官而有

徒隸之心小臣唯望氣占風而鮮特立之概近者中使一遣妄自尊倨與之抗衡者僅二三人耳其餘奔走期會惟恐後時諂曲趨承猶虞滋戾皇上以爲近臣可倚而不知倖竇已開以爲內臣可憮吾操縱而不知其屈辱士大夫已如此矣貪競成風羞惡盡喪可憂也國家所藉以進賢退不肖者銓衡也古者丞相之職實兼今之閣部權太重而易以爲奸國朝罷設丞相于是用人之職吏部掌之而閣臣不得侵焉今次輔冢臣以同邑爲朋比惟異已之驅除閣臣兼操吏部之權吏部惟阿

年譜卷下　三

閣臣之意線索呼吸機關首尾造門請命夜以爲堂以統均大臣而作承行之吏加膝墜淵唯其所欲以朝廷黜陟而供報復之私甚至庇同鄉則逆黨可公然保舉而白簡翻爲罪案排正類則講官可借題逼逐而薦剡遂作爰書皇上懸諸臣之欺欺莫大于此矣怒諸臣之擅擅莫專于此矣厭諸臣之黨黨莫固于此矣威福下移而奉備倒置奸焰薰灼而正氣消靡可憂也臣區區之心願皇上尚德緩刑用賢去佞勿以至神至聖之資爲臣下所誤勿以治人治法之大爲奸回所牽勿過用

嚴而使士氣人心日趨于頑懦勿偏爲任而使名流善類永錮于清時使臣言得行即治臣以出位僭言之罪臣有餘榮矣奉旨邊警方殷華允誠協贊職方于本等軍務不思幹辦乃出位逞臆妄議朝政且牽詆不倫是何主意有誰唆誘著回將話來該部知道

上遵旨回話疏

畧云臣前憂憤拜疏正以聖主念切邊陲如沃焦拯溺而皇上所委任以進退人才者但知阿黨市權逞私罔利至于君父封疆視同秦越臣是以感時觸緒指及次

年譜卷下　四

輔溫體仁冢臣閔洪學尚未盡其罪狀之什一今蒙皇上責臣以邊警軍務此正臣一年以來日夜跼蹐恨不能仰酬任使媿一官之未能即三號而莫贖者也臣區區愚昧之見竊謂係國疆埸鼓舞將帥更自有提綱挈領之術在蓋樞部所司兵將耳若督撫係國家安危舉錯一不當而禍敗隨之故臣以爲樞部之責誠重然必與銓部相表裏乃能收文恬武熙之效試問洪學秉銓以來其胸中曾有一二邊材可濟緩急可備遴擇者乎登州叛卒勢在燃眉奉旨推撫宜何如慎擇求其可以

釋皇上東顧之憂者而乃用同鄉之徐從治輒以輕敗
艰前線勞易通則腹撫多歸京秩而節鉞似同入室之
攜疎遠苞苴未靈則邊撫必推外臣而艱劇遂多負乘
之咎蜀撫之掛彈墨也胡爲一力保任而究貽地方失
印之愆通昌之會議也胡爲兩端首鼠而反削科臣抗
持之議沈演之陞擢也胡爲詰奸重寄而徒爲保舉逆
黨者優游之地唐世濟之起官也胡爲留臺總憲而反
爲黨護逆臣者津要之階逆臣普名聲洪學撫滇時所
任用也名聲逆命破城殺將皇上赫然震怒立逮撫按

年譜卷下　五

道諸臣而當日釀禍本者可置不問乎臣先聞滇南土
寇不過么麽小孽洪學故張其事廣布多金賄通輿援
濫列功狀徼求陞廕夫祖宗典制莫大乎軍功軍功之
賞莫大乎錦衣世廕皇上御極以來釐奸汰濫凡天啓
年間破例之寵槩遵制之恩澤無一不奉裁削不經辭
免獨洪學覥顏冒之曾無顧忌以首干冒濫之人而居
統均澄敘之地無怪其比私猥徇負皇上之寵任一至
于此洪學所冒之軍功應否正其欺妄所叨之恩廕應
否還之朝廷此又微臣在兵言兵得奉職糾正之一大

公案也至于政本之地潛通吏部則呼吸霜露舉手雲
泥借啓事之鶯遷作權門之兔窟皇上雖明懸日月迅
比雷霆寧能屑屑而窮之一一而照之體仁生平診贊
坐顏廉隅椅地皇上排衆議而用之意其悻直寡諧或
可倚仗耳一一厠揆路而薰灼頓張奔走如鶩然異同離
合猶不免眷眷反脣既洪學受事而實以好官美地寄
布其莊田虛以美語甘言代爲之遊説所以偏體瘡痍
通衢露布而兩年來曾無一人輕犯其鋒者即票擬之
間奉皇上明威亦未免專事雷同無敢駁正據體仁雄

年譜卷下　六

心辣手業以一人握定機關而又以洪學爲之穿線爲
之護法必欲收盡天下之私人併盡天下之善類如近
日所引用其章明較著者矣若微臣介特性成忠孝自
矢今日奮志除奸豈肯供人唆誘夫天下之爲人唆誘
者必嗜榮干進之流耳臣方思母乞休何心趨競若使
前日蒙恩放歸田里則臣且退耕于錫山之麓力田奉
母長農夫以没世矣唆誘者安所用之臣身無他傍意
絶妄營惟知有皇上與皇上之封疆而已矣奉旨次輔
純忠亮節中外共知朕素鑒信華允誠妄訾銓政信口

牽詆奸生恣肆本內票擬雷同握定機關等語有何指據從何得知着再回將話來該部知道

上遵旨再行回話疏

畧云臣方席藁靜聽處分見邸報閣臣溫體仁家臣閔洪學辨臣二疏藏機蓄械狂噬橫觸其毒甚陰乃皇上不以臣膏斧鑕仍責令回話聖鑒愈彰聖恩愈厚臣捧讀感懼惟有涕零夫票擬之間自屬秘密孤冷小臣寡交絶遊有何聞見乃所可得知者正其顯然可指確然有據如二臣之表裏朋比用人行私是也政地雅尙綜

覈凡外庭一事一節之偶誤一字一句之訛舛無不拈剔指訶小者認罪大者降罰而兩年以來何獨冢臣事事盡善言言會心呼吸相通罔有異議此其機關詎非大力握定而羣焉依附雷同無敢駁正者乎即如近日選郎李其紀以推陞林玄降調矣部中大小陞除皆冢臣自攬並不假手司官乃此番之朦朧豈屬無意閣中之票擬何無一言況同此一事也前于吏部推陞時輙糢糊過去後於戶部考覈時即詰問精詳皇上試舉以問司票擬者其何辭以對乎至合觀二臣辨疏種種矛

盾有可據其原詞証其欺罔者體仁之言曰部臣偶相諮推皆首輔爲政其次者或聞或不聞是以不預聞部事自卸也洪學之言曰事關重大安得不過政府印証安得獨遺次輔之門則又直認其造門請命矣以不預聞爲實則印証爲欺以印證爲實則不預聞爲欺欺君罔上二臣必居一于此洪學又言毋遇貝鉠必干請不至者方登啓事今之孤忠勁節干請不至公論咸歸孰有如劉宗周者而何以不登啓事乎然則其登啓事者數十人盡干請不至者乎體仁又言門生不令推舉或

桃李之清虛不如枳棘之臭穢又欲借此以外塗耳目仰欺皇上而洪學善會其意于緩急濃濇之間妙有斟酌矣不然何溫育仁銅臭不識文理部考呈卷滿堂掩口而裒然首拔私乎不私乎至鄧英之黍沈演而處誰不知出體仁私意而其黍羅喻義亦豈爲閣中盛氣秪因有左右之者未得其人一語體仁恨之入骨張浮詞以激聖怒致經幃近臣逐之如振槁孰非握定機關之明驗而亦曾有一言駁正者乎若夫言官即果干聖怒爲輔臣者當何以仰霽天威今乃曰于臣何預無論非

古大臣善則歸君之義且閣臣于皇上爲何如人而輒曰何預喜怒何預賞罰何預利害安危亦何預此又天奪之鑒將心事一盤托出皇上如天之照必默默鑒知不待愚臣之洗發矣臣一介小臣豈不知緘默寡禍無奈憂時義憤勃不能遏是以官爵可棄性命可輕而此志必不可奪皇上當思深居九重欲不聞閣部之過甚易欲不聞芻蕘之言甚難欲閣部挾重權而相比爲私同聲庇徇甚易欲閣部惕清議而虚中無倚特立奉公甚難政本係重封疆事鉅臣奮筆至此熱血欲披矣若

臣生平蹈京入署亦同塊處歸寓無異空山雖二臣當自知之然止關臣一人名節正不欲與爭口舌之辨也

奉旨華允誠再疏回話總屬浮牽銓政每多責成錯誤必行駁正屢旨甚明有何偏庇至于被處各臣自有本末何得輕揣票擬妄加苛詆姑着罰俸半年該部知道

時上英察雖薄罰俸示小大臣體然尋納府君言釋余大成于獄置王化貞于法逐唐世濟而罷閔洪學温體仁亦去位閣部爲之肅清後余公大成至奮溺謁謝府君辭不見

有兩僕隨侍京邸歸述府君草疏時秉燭獨坐披疏對勘中有一字不着落者即抹去以根據實之始奏上慎知聖明必責令回話因即草第二疏而温閔辨疏進隨復草第三疏疏次第上呼兩僕曰天威莫測廷杖受刑是意中事治棺十二金足矣棺停錫山勿令太太風聞俟太太百年後扶我柩送葬過方掩余骨于坏土汝歸語小主不可有違府君以小臣指斥閣部自分無生理而忠義所發披肝瀝血有之死靡悔者孰敢雖銜之卒蒙聖恩寬宥焉

十一月上思親成疾乞歸終養疏

畧云聖恩深重捐糜夙所甘心時務多艱駑駘亦知自奮無奈母年七十有五衰病日侵離家將及四年温凊久曠臣稟氣原屬虚弱憂鬱遂成尫羸前不得已具疏乞休格于部例未遂所請通宵不寐僅餘雞骨支床百務俱弛徒抱赤心戀主轉念臣因病尸位不忠之罪莫逃若積憂殞身不孝之譴併集宇宙寧容此背親之子朝廷安用此溺職之臣伏祈聖明俯容休致使七十五歲望子之衰親與三千里外思親之病子早得相依朝

夕則聖恩高厚葬酬矣

奉旨回籍

六年癸酉四十六歲正月抵家

俞旨後料理歸計旅邸蕭然不能具歸裝嘆曰日日思歸及歸則又有歸之難曹長李公萍槎聞之貸金以行兼程抵家太宜人聞之不勝喜及吉服拜見又泫然涙下府君仰視慈顔喜懼一時併集

府君杜門謝客日左右太宜人側察色愉怫而將順之察精神于日改月移之際而保護之容顔匕箸少異乎

時卽憂形于色時診脉息而調劑之太宜人嘗懌不知年之既耄焉

延蔡爾遐先生于家課諸子府君頗相得嘗謂曰教子只宜盡心不宜着相朱子云父母愛其子正也愛之無窮必欲其如何則非也故府君之爲教要令知敬憚飭行止履繩墨躬行以率不嚴而威

三月始營鴦湖始遷祖貞固府君祠

貞固府君爲鴦湖始遷祖二百餘年來本支子孫以萬計未有報享之所府君首議專祠從弟學殷捐黃泥橋基址一所皆石難其選從姪潤璉遂撤其新作露臺充用府君卽日鳩工庀材悉力經營焉

謁高忠憲先生墓

諭葬時府君在京致俸金爲奠至是謁墓高氏以諭塋爲青烏家所誤久羈改卜而王夫人與仲聚公復相繼逝窀穸無資因致書東撫某求爲麥舟之助始克改阡

舉王夫人柩合葬

十一月奉太宜人遷居武陵舊址

府君故居受三分之一既念伯仲兩兄多男子室隘竟

以所分讓之且加葺焉而奉太宜人遷居武陵舊址貞固府君初基也復邀仲兄曰新居雖無嬴舍吾與兄寧逼處此相與朝夕左右母斯慊耳葺東偏以居仲兄仲兄樂與府君朝夕承懽于太宜人太宜人亦樂之

太宜人朝夕膳府君必嘗而後進又念仲兄處約陰佐之緩急立應俾仲兄不缺于供膳蓋默喻親慈潛體兄孝婉曲周至如此

七年甲戌四十七歲正月太宜人有疾　四月太宜人疾愈

太宜人年七十有七忽患心痛痛甚則一息若斷微有冷氣醫家謂難治府君跪榻前以氣噓之調其呼吸冷者煖斷者續漸乃來復恒臥床下伺臥起廿夜不交睫旦未辨色輒露禱于天祈以身代如是者三閱月一夕太宜人語府君曰吾夢過危橋汝負我行遂得過仲兄亦于是夕恍見伯兄燕超公曰毋久婁之疾立愈矣太宜人果瘳

建四世家廟于武陵舊址

新居建家廟于東舍每晨入廟肅謁寒暑靡間朔望備

茶供時祭則合饗于廟生辰忌日則迎主于堂祭不踰時時物必薦每臨祭肅如穆如眞有愾聞而僾見者

八年乙亥四十八歲正月高忠憲先生年譜成

自崇祀一疏不克遂志卽退而輯年譜博求之同門知契寥訂之遺書記錄以平昔獨知獨見證之天下共聞共見悉按歲月編次不漏不濫尤詳于學力層次確得其與年俱進之實潛心者久之至是始訂定手書一帙藏之笥未付梓也後高氏別撰忠憲年譜實以府君所定爲藍本然府君于忠憲入道之次第悉遵困學記提挈分明而高氏則之又如壬寅輯朱子節要戊午有戊午吟辛酉入京以會講事拜屬業朋適吳覲華主盟後皆刪改矣雖各有微意論者以府君本爲實錄

九年丙子四十九歲　修孝祖祠及遠祖墓

倡行甲兌

長鄉賦者大困詭避法名曰花分貼糧吏立假戶田不盈頃則免也而役偏在貧弱邑侯朱欲以延區役事商之府君而不能致則封册以請府君一日夜註畢而反之及役定與册田數左而皆得其實加者不能置喙減

者亦不敢謅謝　甲兌議畧云役田津貼糧長原爲白糧解運艱難非爲漕糧耗贈而設有田則有糧有糧則有耗此各人分內事也今藉口役田不出耗贈甚至掛欠正糧其實役田何嘗有此項津貼皆糧長賠兌耳以分內應出累糧長賠兌已屬不平况又有寄田收耗從中取利者乎今日時勢不得不行甲兌雖曰甦糧長之困實衡一區之平唯是人心偏私客氣易動相沿旣久遂忘爲分內之應輸竟不顧當局之賠累何怪乎人持一議紛紛不已竊謂同區苦樂必均同宗尤休戚一體

大家平心平氣合一區之大小貧富通盤打筭務出于大公至正使之兩利俱存勿但知有己而不知有人勿只顧目前而不圖久遠勿狃于積習而不論理勢今日甲兇之行有萬不容已者卽以此開怨所不敢避

于賓館踪跡絶稀一日忽通剌至縣庭旣見令屏左右而語人不識所謂數日後有捕役輕舟艤河下則從吳江獲得積盜之魁及解縣獄具始知其魁已聚黨將入境也府君密語令以此自是羣盜解散

東陽玉笥張公國維撫吳府君爲力言吳中利弊如粮

年譜卷下　十五

役不均脱富差貧假人命陷良爲盜豪奴壓主小民火葬其親之類張公虚己以聽先後禁革按君世搢祁公彪佳善搏擊鉏鉏墨吏膽落至如表節孝獎貞烈遏惡揚善府君默左右之府君于兩公知無不言言無不盡然公事外從無片紙隻字私請以故兩公傾信久而彌篤

江右黃公希憲繼張撫吳與府君從未謀面也初下車合郡縉紳齊謁撫于賓館敘爵列坐顯者不下數輩撫公首問曰某欲一識華老先生府君廁末坐揖之撫公曰老先生祥麟威鳳可望而不可卽今日得御李君矣時崑山詹事錫餘徐公開禧出以語人謂府君斂跡跋光鄉里寂不知而望重天下若此嗣後府君每至吳撫公輒就訪舟中語必移晷虛心請教府君亦盡言無隱其撫吳以靜鎮稱

十月序高忠憲先生周易孔義

畧云子曰易其至矣乎至之爲言不可得而加之辭也夫易卽心也心卽天也太虛無物充塞無間加毫末焉覩面而失之奚啻千里記曰潔淨精微易教也故凡意

年譜卷下　十六

解智索轉而之于窮渺奇深者舉非易也吾師景逸先生之學易學也旣若性之又加寤修焉寤寐食息于中多歷年所一旦根蒂脱落一腔六合無內無外莫非天也莫非心也莫非易也故曰身在易中如魚在水易在身中如春在木則先生與易一之也是故求志爲潛及物爲見匪躬爲惕難進爲躍全歸爲亢知效乾知禮法坤能其精義也如懸的而不爽秋毫其赴義也若轉國而不留故我語嘿由是動止由是出處由是生死由是無體之體神用之用體一易用一易也一之而愈知意

解知索者之舉非易也是故先生之解易也爻如其爻象如其象辭希味淡雲行水流歸于至易至簡而不加毫末焉題之曰周易孔義非以我解易以易解易也抑非先生之解易而即先生之易也先生之于易其至矣乎

十年丁丑五十歲正月稱太宜人八十觴

太宜人壽登八袠伯嫂仲兄皆六十元旦次第稱觴畢子姪亦進府君觴府君辭焉太宜人口令曰母子姑媳兄弟嫂叔舉家稱壽不再得之樂也汝第飲之府君乃

笑而受觴時四世一堂自長至幼丁男三十餘人府君悉留聚振始堂以樂太宜人客至雖卑幼必公服迎送豆觴娛客不演劇不宰牲族有送歌伶六七人爲壽者至即遣之

三月貞固府君祠成奉主入祠　舉講會

遷祖特祠府君孝思所發不量力而趨事越三載始落成爲堂三楹左右舍各一廣潔庭除爲序立拜跪之地前堂五楹爲饗餕之所東西廂各三楹爲齋廬庖湢門屋五楹旁居守祠者府君于是月八日肅衣冠率裔孫子姓迎主于堂設祭凡與祭子孫依世次序昭穆酌倣朱子家禮擇子弟之嫻于禮者執事時肅拜祠下者不下三百人祭畢享餕酒三行而止春秋兩祭歲以爲常

祭之明日府君于祠中舉講會三日集宗之父兄子弟東西肅立班揖兩向坐各房師長父兄輪講先賢之訓文藝則偶及焉府君獨諄諄于邪正之界言簡意長一以實踐爲勸勉皆己所躬行者一日舉顧語仲兄曰吾家上世從未曉利之一字今看後輩竟入此路去矣大不是好消息又云後輩作事全不思算退後一着何也蓋嗜利爭先最爲心害府君慮之深矣

十一年戊寅五十一歲　舉同善會

吾宗子姓繁衍貧富不齊府君分貧厚者三等貧困者四等以有餘濟不足每季聚貲合族于祠而分給之歲饑則月舉焉于貧困中鰥寡孤獨者加厚善良者尤加厚扶濟之中默寓獎勵所以聯通族血脉于一會中而潛消其怨貧嫉富之心詆訟角鬥之端也

府君曾坐小舠將謁祖祠會里媪棄灰于河濺府君衣巾返棹更之見堦下跪一人惶恐謝罪府君慰以悔禍

無妨既遣去復呼至諭此後勿悞觸他人他人不汝寬
也其人出誦府君語往往感泣
十二年已卯五十二歲　置祖祠祭田二十畝著祭田議
略云貞固府君之宜特祠也禮也禮也者人心之所不
言而同然者也祠以崇之而春秋之祭必以時弗時弗
虔也祭必以時所以共若事者則將焉取之獨任則力
不給且誰非府君之子孫而得私焉而得諉焉曰衆力
易任似也銖銖而合之其細已甚禮弗崇也又不可以
久此祭田之議之不可已也有田以共祭而設有定額

儲無虛耗舉必中程夫然後祭可以時不至于瀆且怠
也剏祭田而田之自出不可不亟議何也人心無不欲
自致者以力則有餘不足相什伯也事不師古而以意
行之意多而多意寡而寡雖父兄之意子弟有不協者
矣而況欲軌壹族人區畫久遠哉考古祭禮凡祠祭輿
祭子孫各出田二十分之一以共祭事今雖不必盡然
要其意可師也通計春秋二祭祠堂修葺及一應供設
等費約得田百畝可以集事通計子姓田不下五萬畝
不過五百分之一耳以人人欲自致之心爲之本以人

人得自致之力爲之衡倘亦有不言而同然者乎于是
設冊集分同宗樂預未幾荒亂薦臻事遂中止府君就
已集之銀置繞祠田二十畝略備蒸嘗迄今罔敢廢墜
焉
雲陽任希顏字徙衡純質人也不諧于俗去家來粤東
林忠憲歿後遂依府君府君時其寒煗飢飽病劑以藥
歿則爲之含殮如古禮又俾其門人楊復初扶柩歸葬
雲陽覓其宗支使主祭祀
十三年庚辰五十三歲　十月初五日太宜人卒　十二

月二十七日葬太宜人與贈公合兆
太宜人八十有三調攝周至形神康適至秋間覺氣體
稍弱府君日夜侍左右無傾刻離遂棄産五十畝以素
備杉木鳩工建壽亭凡匠氏斤削及灰漆必躬親檢視
閱兩月餘始告竣至十月初五太宜人壽終府君哀毀
骨立湯飲俱廢愈自力于禮凡被衣衾襚件件心到手
到不遺毫髮恨念府事叵測即具狀乞素脩馬文肅公
誌墓一切葬費獨力肩任槨內灌瀝青槨外築三沙一
遵慮得集

十四年辛巳五十四歲在制
侍靈幃朝夕哭奠畢啜粥于側如侍太宜人存時三年如一日服闋後每逢忌日必易素服迎主祭奠淚常淫淫滿面
太宜人膳産府君應受三分之一悉讓伯嫂及仲兄其田原主加貼又陰與價不令伯嫂仲兄知也
季妹適嚴君仲純家中落幾不能自存府君收其餘産代爲擘畫即于故居之西偏置宅一區田四十畝每歲收貯逐月給送仲妹適陸君明遠早孤田少而役繁産

年譜卷下　主

幾破府君爲言于邑令令即覈寔豁累後妹屬疾貧不能療府君素精岐黄書胗脉定方解所佩銀帶鬻數金付藥市疾以瘳里中有危症雖下賤得請按脉處方投劑多效
夏大旱首捐粟減直平糶以賑饑　設壇禱雨
時米直湧貴貧人洗釜以需府君欲議賑而無善策族有匪人迎合意旨進條約數事府君擲紙于几斥曰此大事爾毋易言其人慚而退或問曰未覩其説烏知不可而遽絶之府君曰我豈不知其人有才必多可採然使其説得行彼且得志後日生端作弊不可制矣府君終身不爲匪人攀附其嚴類此
饑民流離餓殍載道斗米三百錢府君議欲减價平糶而苦無積貯乃敦請族人富厚者諭以弭變培德莫若賑饑族推府君爲倡因勉措粟六十斛貯祖祠中减時直之半以糶逐戶核實果係貧者先給以票視其家人口爲米數多寡其貧甚不能備直者驗票給以數之半規則既定群情帖服樂輸者接踵自五月至九月延祥一鄉全活無算

年譜卷下　圭

是年城邑鄉鎮富室被焚刦者不一縣誅倡刦者以徇時有懷不軌者借某鄉某家事危言以窺府君府君正色曰子不覩南關梟首者非倡刦之陸復安乎言者胆落而退府君一言攝邪嚴于斧鉞吾鄉高枕貼然
久旱飛蝗蔽天府君結壇于新橋禱雨每晨緇布衣草屨步詣壇虔伏竭鄉之父老子弟執香肅謁久而益虔旬日得雨是歲蝗不爲災里人慶有秋
十五年壬午五十五歲在制
叔屺雲公遭佃難案牽焚刦一空府君力爲匡救屺雲

公欲終訟府君力止之曰凡事只宜持平不可已甚我以和厚處之彼雖頑獷徐當自定耳

手錄四書大全易經管見象抄

叅入諸儒講義採取高子之說居多　府君字素瘦勁不以書法見長中年後漸喜援毫字體一變全用鍾法當是心學轉換也

十六年癸未五十六歲正月服闋

服既闋例應隨牒署曹當路屢勸駕荊溪相再入政府示意門下者肯一謁當以京堂召府君辭益堅亦不報

剌門下者

三月延認菴先生于家

日偕先生兀坐一室或收視返聽靜對竟日或送難析疑亹亹不倦時進諸子講學庸書義季子夷慷精神素弱謂當以半日讀書半日靜坐循循不已交資互益工夫緊則筋骸自束精神漸旺養心養身莫要于此又曰居熱鬧之中常自收斂常自鎮靜處閒寂之境常自震悚常自生發方是會用工夫方見得自己站立處

十七年甲申五十七歲　五月入邑迎哀詔哭臨三日

三月十九日之變當事禁不得傳民間惶惑府君微聞凶問五內崩裂北向號慟曰以皇上之儉勤英察卒爲內外奸邪蒙蔽一旦至此吾受恩最深誓以死報五月福藩即位南都大行哀詔始至入邑哭臨不進膳解帶者五晝夜

初聞變有問府君者曰吾邑之宦于京者誰能抗節節死府君難其人擬素脩馬公爲可許數日後閭巷紛紛屈指在都諸臣某某贖身某某潛遁求屹然立節如常山舌侍中血者鈌焉無有獨馬公同兩妾縊死如府君言當忠憲公止水時以道統學脉任府君而屬府君以後死後二十餘年從容殉國無毫髮爽于忠憲忠憲識府君于二十年之前府君決馬公于三千里之外先後如一轍云

七月起吏部文選司員外郎

時有落職者托族姪某道意求給冠帶府君正色拒曰時事糾紛海宇塵飛正臣子心膽抱痛之日彼視我肺腸爲何物而開此口耶

權奸攬柄四鎮離心舉動輒撓府君度時勢已去懇撫

軍祁公彪佳代題辭職祁公揮淚策府君曰國事如此
年兄勿作赴任觀謂之赴難可也府君瞿然一揖而起
卽日發棹不留宿焉
八月十六日拜別祖祠啟行　改驗封司員外郎
二十一日到京謁孝陵　九月入署　覃恩晉階奉直大
夫贈父奉直大夫贈母太宜人封配宜人
入署後一遵忠憲掌院清規盡却書帕或進言曰却之
是也但此項無却例却之而其人無從得實徒乾沒耳
府君卒不聽

年譜卷下　三十五

朝局紛更逆案旋起其時馬阮擅權氣力軋天下方引
重府君而府君竟弗報謝會念臺劉公宗周石齋黃公
道周虞求徐公石麒諸先生相繼去府君遂閉閣不詣
部有次友人韵二章以見志
其詩曰七尺三才身一日千秋事此身肩此事奚但立
漢幟塵矣封面目悠忽老居諸北風動歸思羲皇有遺
書過涉非可咎逝波安所究正氣雖云爰玄黃判焉剖
天高不可問殷殷我心憂或去或不去亦惟仁是求
天行日一周天體寂不動曷不爲雞棲廻翔詫孤鳳肝
腸百鍊堅詎患多磨礱龍之在深淵上下皆空洞所嚮
唯時幾何獨亦何衆俯仰宇宙間塤篪有伯仲
十月引疾歸
時當事者方擬晉府君考功郎而府君竟拂衣歸矣歸
後絕跡不入城市不晤一客唯與仲兄及認菴先生終
日靜對偶及時事輒唏噓泣下
是歲五月
皇清定鼎燕都爲順治元年
弘光元年　皇清順治二年　乙酉五十八歲

年譜卷下　三十六

五月南都潰府君神色慘傷蹋躇不能自存認菴先生
勸慰再三府君慟曰某世受國恩國破君亡某死已晚
矣認菴先生曰誠如所言然忠憲不云乎吾輩固不可
有畏死之心亦不可有求死之念此精義之言也正宜
熟思審處府君曰謹受教
閏六月始聞薙髮　令有族某來告曰澄江閆典史合
海虞嚴松陵吳共爲犄角之勢公意如何府君曰吾向
者守德勝門朝臣離心兵將解體時至今日正如開門
延敵合室奔竄而竈下老嫗欲揭竿以禦之奚補于事

嚴與吳不經事而妄動巳欲取大名而不顧遺禍桒梓耶唯閆典史居官死職又不可以成敗論也時某尚未薙髮因指謂曰留此貫禍禍及難悔唯我食君祿常留此見先帝于地下耳不半載海虞松陵白骨盈野果如所言而後知府君之見遠也及乎時旣至而視死如飴卒遂其以身許國之志焉

有問避亂策者府君曰忠憲先生不云乎先要打定一箇大主意隨地行去康節詩曰上天生我上天死我一聽于天有何不可信得此語便是避亂良策

吾族驃騎將軍斌親年八十餘謝職歸養時嚴薙髮令斌不知所出意欲覩府君爲從違因求指教府君曰各人要看自家所處地步我于吾母之喪葬旣畢子道巳完戊所當盡者我之時矣子非我比也幸自爲計府君不責人以所難爲而勉人以所易盡斌感泣退而終養焉

三年丙戌五十九歲　談宜人六十不稱壽

四年丁亥六十歲不稱壽

府君絕不言壽親友槩不敢以壽來謁呼二子謂曰君當順化之年豈能爲若輩慮僅有先人遺産可分爲餬口計耳時仲子（卽澄父）尤處約認菴先生曰須得不均之均府君曰若輩兄弟間自能如是纔好認菴先生首肯曰斯言良有味也父母覆載之恩手足甘苦之誼在其中矣

正月十五日江陰張光家光庭來問學　節錄春秋諸傳

張氏兄弟聞府君得高子之傳持其伯父靜涵公有譽手書過鵝湖謁見執弟子禮後光庭述其初見及問答語有曰光庭仰見夫子肩背竦直目不妄瞬眞偉人也

坐定首問靜坐之法夫子曰以定心氣耳勿思效驗純閉目則遊思易生只用垂簾爲是次問爲學之方曰高子遺書盡之矣問經學曰大易是聖人之體春秋是聖人之用近時易解唯管見說得親切因及時事曰逆案之定朝廷最爲失著知其逆卽當誅而不赦罪可赦不必又存其案國法既不伸徒以毒小人之心致成必翻之案甚無謂也時方率子姪節錄春秋傳義多主公羊說因指謂光家曰此義今人都不講矣特料理一徧使子姪輩知其意臨別云遺書管見二帙卽當檢出爲贈

明晨將發則二書已送至舟中并示志感詩三律　其
詩曰三年蹋踖效云豪逃俗深心細若毛身隱久擦從
訕笑時危無術補分毫壯懷欲向金鑾盡瑞氣還瞻彩
旭高莫謂吾衰無復事長沙百甓豈徒勞　老去悲秋
展自豪讀騷痛飲醉顛毛漢宗豈識于家臘泰畤能灰
魯叟毫飽歷風霜心入靜坐空身世眼偏高長年野老
知險阻獨柱危瀾莫我勞　緬思古則企賢豪海上孤
臣嚙雪毛眼底干戈方載路靜中消息不容毫嘿無一
事陰逾惜愁有多端桃自高生色千秋青史在自餘誰

年譜卷下　廿九

數郄勞勞
是年冬有贈族姪某詩二律　其詩曰相承九世祖貽
堂幾度春風拂醉觴海岱雲迷春自在羅浮夢破日初
長華迎旦氣開偏反烏語先幾載集翔知爾十年勤穀
子厚培一脉是禎祥　當年草創水西堂忠孝關情此
日觴一德賡歌荃澤久三春報荅棘心長雲深會有重
離炤網寄共如千仞翔最愛芝蘭森秀色早爲家國兆
禎祥
五年戊子六十一歲　四月初二日避地泰伯鄉鄒氏以

全髮被執
是年湖盜竊發府君屏處墓側朔望一至家謁祠後盜
日益甚巷無居人有勸之避地鄉僻者府君曰我自分
餘生三年矣目下剗度不佳若得真剗正是我佳處會
泰伯鄉鄒甥子濬有舟來迎遂至其家坐臥一小樓日
手離騷及文山集開卷之餘悲從中來真有讀不成聲
者
鄒氏有倏怨于其族者將發難知府君在不忍初一日
府君以謁祠歸家隨舟復返其人詢知府君旣歸即日

年譜卷下　卅

往蘇勾引楊總鎮標兵猝至甥被縛至樓下疾呼府君
府君寢方覺聞有兵曰此必爲我也遂整衣冠而出標
兵就前府君曰汝不聞有不怕死前朝華兵部乎何席
汝輩囉唣耶標兵相顧愕然時有姪孫尚濂隨侍府君
亦以不薙髮被執府君曰此孺子耳盍釋之將釋矣濂
固牽裾曰祖留亦留祖去亦去府君曰去將不得生濂
曰祖生亦生祖死亦死府君笑曰孺子能是乎眞不愧
我伯兄後矣濂蓋燕超公孫也
初三日抵吳郡

見巡撫周某某勸以薙髮府君正色曰奈君父何某曾仕前朝懟惡其言口左右扶至帳下材官所醫生黃五芝素知府君攜酒榼觴府君曰老先生平日義盡仁至今正老先生成仁取義時也敢進一觴府君喜爲滿引巨觥曰唯子知我

初六日過錫

親知廿許相與送過北關獨仲兄至舟中泣數行下府君怡然曰兄何悲弟今日幸得死所矣爲我敬謝親知不必遠勞握手吾完吾分內事耳因出詩一律以訣別

年譜卷下　卅二

遂行　其詩曰振衣千仞碧雲端夭壽由來不貳看日月光華宵又旦春秋遞革歲方寒無爭毛髮留詩禮肯逐波流倒履冠因盡只今期便盡不堪回首問長安客高某工琴畫善詠譜府君拉與偕行歸述府君在舟中談笑自若忽曰我心中最受用者一貧耳向亦未免以貧爲淸苦事今日始覺受惠無窮府君蓋借高傳語爲後人指點耳

十一日抵舊京

十四日府君不屈死之

府君與姪孫尚濂同詣訊所府君箕倨坐尚濂亦坐既而蹶然起府君問曰汝欲何爲答曰濂志已決死但恨極欲言無可語耳府君曰男兒至此唯淸爾心拓爾口心即太虛之心太虛中何曾有刀鋸斧鉞淸其刀鋸斧鉞不得加焉之心亦安往不得哉濂唯唯至死不復有言頃之滿漢官咸集或以緩言欵府君府君背立面南舉手指天曰二祖列宗神靈在上允誠髮不可去身不可降滿官起奪草爲蹴仆府君閉目坐地身罹慘毒了不爲動神色如平時遂遇害是日雷電晦冥風雨驟至

年譜卷下　卅三

水溢都市環前後[redacted]居者相謂曰此不要錢華吏部也皆爲嘆息越三日面如生濯髮櫛沐整故國衣冠以斂嗚呼府君三十年主靜工夫臨大難而益見幻質聽之造化眞宰定于自天當死而死死俟其命心安而德全矣舁柩歸途見者無不隕涕

僕薛成聞府君在鄒被難長慟不食先一日死僕朱孝聞府君凶問椎胸號泣亦死

順治十五年戊戌八月邑人奉府君神位入道南祠

祠在東林書院左府君講習舊地自天啓乙丑逆璫矯

吉敗書院諸賢相繼被逮海內以講學爲諱府君奮爲
忠憲繼起崇祀眞儒一疏闡明正學雖不果上一時傳
誦翕然與起府君終身不主席不聚徒未嘗以師道自
居然天下視府君一身爲學統絶續之撃至是祔祀道
南不唯一邑之公論實天下萬世之公論與

康熙十五年丙辰四月朔日族人里人奉府君神位入始
遷祖貞固府君祠

祠即府君所建鵞湖始遷祖特祠也是日同異姓不期
而集者五百餘人皆執香拜送父老有垂泣者時距府

年譜卷下　卅三

君死難二十有八年矣

龍超公曰第一生履中蹈和徵顯一致忠孝廉節立天
地之心恭儉温良備四時之氣名根利想銷鎔至盡樂
取人善不啇人過非道悅之不悅非意犯之不校篤行
之光輝已著而自視不啻歉然浩氣之卓厲靡前而聲
色泯于何有知彌崇禮彌下道生不匱人來益親傳習
之師儼父事勿替素心之友至斷金不渝以身教子不
威而嚴言物行恒諄諄義利去存之界仁足以懷義足
以正勇足以任即論闈鉏一疏絶非以氣加人兵兄啟

本繫重封疆事鉅深憂過計鬱極而吐由其言以奠安
宗社綱紀民物有餘矣道已備而人不知志未酬而身
先殞噫吁悲哉曩者與忠憲並舟北上終日整齊嚴肅
忠憲謂爲生知安行者蓋靜之至一之至性定故也性
定而心與天一顛沛驅之鈇鉞威之猶無與爾是故均
之死也氣勝者激烈憤決而死止是白刃可蹈性定者
從容靜一而死則是中庸不可能弟之謂矣

年譜卷下　卅四

請　郵私議

章皇帝定燕京驅闖逆諭葬崇禎帝后加謚號如禮下南
都首禁孝陵樵採置守冢戶大第褒卹死事諸臣一
時屑斂䄙將之士感奮濯磨願爲
新朝効死力然猶有耿介自矢孤行一意惜毛髮守逄掖
竄伏於深山窮谷之內荒江大澤之濆
朝廷察其無他志往往優容之得終其天年未嘗欲草薙
而禽獮之也而吾鄉華鳳超先生竟以兵死嗚呼豈
非天哉先生仕明爲部曹以學行重天下弘光朝知
時事不可爲亟歸里江南不守先生全髮以俟命會
將家難作傔以匿先生爲名偵者至先生曰吾不可
以累孺子遂就執至吳門見某中丞諷令去髮先生
正色曰奈君父何某亦逮仕明聞言作且恚移送省
會是時閩粵方用兵省會諸帥守軍中法遂以完節
畀先生不及
亍端也夫
大朝革命於茲五年矣故國遺老退居田間若箕子之遜
荒野夷齊之隱西山生則完先人之髮膚死不愧故
主於地下此先生之志也然而前無抵觸忌諱之事
言後無收合散亡之慮是先生雖懷必死之志而在
國家未有必死之法使
章皇帝知先生先生當不死夫惟可以不死而必死乃先
生所以得成其志者也豈非天哉世儒多畏少決言
及先生
卹典相視莫敢先發疑若難焉者不思古來仗節死義如
堯君素韓通之流彼唐宋之君親見其援白刃抗前
旌而褒卹之恩不俟異世
本朝開國寬大之政事事遠軼唐宋而先生又非諸臣比
也先生之死非有
嚴旨之處分法司之議辟特死於兵戈倉卒之中閫外權
宜之令耳軍令行於一時公議垂諸萬世奈何以一
時之令揜萬世之公議哉雖先生無事身後之名爲
榮然人情毋乃有未慊焉
今上修明典章命詞臣述一代之史而太史汪氏爲先生
作家傳備等附末議以俟世之敢言者後學陸備謹
義

錫邑華鳳超先生孝友傳家公忠報國清芬世
業既與齊孝子元節婦千載同芳師友淵源尤
與高忠憲馬文肅一時濟美批鱗抗諫劾絕璫
攀檻之恍洗手奉公懷抵璧投珠之操讀乞休
之疏何殊令伯陳情吟絕命之章不讓文山正
氣當天人革命之日守女貞不字之爻惟遯跡
於湖濱甘採首陽薇蕨尚從容於講席時聞東
魯弦歌心傳絕學真承濂洛之微身任綱常死
有泰山之重若其居鄉惠愛至今父老歌思置
役田甦百年重困倣義倉全一境遺黎德望久

著鄉評崇祀應符
國典順治十五年邑人奉主祀道南祠內尚以未邀
憲獎不敢私建專祠今幸
巡撫都憲 督學院憲 王持名教闡發幽潛凡我後學期本月
望日具呈
憲轅敦請具
題
特恩追獎循例建祠庶幾星嶽式靈山川生
色與情既協盛典宜彰此訂
通邑紳士公具

無錫縣紳衿秦鉽嚴繩孫秦松齡張履吉劉宗
張輔黃與揚泓冏宜振秦賡之曹與臣華勤華
源劉齊高愈秦秉忠劉實穎等公具
呈爲追獎真儒以崇實學事本縣故官華諱允誠係
天啓壬戌進士歷任吏部員外郎清白世裔理學真
儒出高忠憲諱攀龍門下矢忠矢孝一本性成乃身
立朝不負所學在工曹却琉璃廠羨金數萬以繕城
工在樞部却武弁苞苴千計以肅戎政南御史韓浧
垣疏薦推爲天下清官始因母氏年高告歸終養累

建祠錄 一

疏乞休廿以違例降秩繼因閣銓朋比直陳三大可
惜四大可憂忤時罰俸並載前朝實錄雖身居郎署
而望重寰區祇緣剛介不阿難進易退通籍二十餘
載立朝不滿五年當
國朝定鼎之初先已退休田野躬率子弟會講先祠闡
高子之遺文紹宋儒之絕學勁草歲寒共仰東林碩
果完節天付竟踵止水高風順治伍年肆月拾肆日
殉法江寧洵稱勝國遺忠無負累朝養士順治拾伍
年通邑紳士奉木主祀道南祠內汪太史諱琬徐老

康諱枋撰有傳銘本宦嫡孫已未進士諱王澄輯有
年譜非直一家文獻堪爲後學楷模康熙貳拾年恭
遇
聖朝纂修一統志前督院于撫院余將本宦實蹟載入江
南通志人物卷中彙呈
御覽現奉頒行則本宦幽光久已上邀
天鑒矣前代死節諸臣如范景文等並蒙
褒䘏
皇恩曠蕩典例昭垂與本宦先後一揆相應援請今蒙

建祠錄　二

撫憲重道崇儒主持風化如吳郡故宦詹徐諱汧業
已創建專祠又蒙　學憲頒示條約表揚忠孝此正
廉頑立懦之時顯微闡幽之日也鉽等仰體
國恩恪遵　憲約援據志乘開具略迹公叩賜文通詳
各憲特懇具
題查照順治年間䘏贈范景文等事例舉行俾本宦之
潛德不泯則師臺之道化常新正學丕昭士風永勵
矣爲此據實連名上呈須至呈者
康熙貳拾肆年拾月　　日俱押

無錫縣耆民劉臣馬鎣周禮等公具
呈爲碩德久著鄉評崇祀宜衎
國典懇恩詳　憲以慰輿情事竊聞古今祀典凡忠孝
節義及有功德于民者許所在建祠蓋本鄉里月旦
之公爲國家不刊之典本縣故宦華諱允誠係天啓
壬戌進士累官奉直大夫忠貞徇國孝友齊家勛望
久重朝端惠澤尤需閭里一前朝糧長法久弊滋南
延一區尤甚富室每多倖免貧民日困追呼惟議設
役田最爲長便覈私產以出田下無偏累給公租而

建祠錄　三

僱役上不煩官貧樂更生富資永逸乃恪遵先訓肇
定恒規更推羸餘用周乏絶公私兩利通邑銜恩一
崇禎拾肆年災異頻仍饑氓洶洶比室驚皇乃首倡
族人量捐米石減價平糶支散有方闔境無巨測之
虞道路鮮流離之殍一本年旱蝗設壇步禱甘霖立
降蝗不爲災一倣鄉約之制定月講之規就遷祖祠
堂集父老子弟講明經旨覺悟人心家聞禮義之風
戶識絃歌之雅四十餘載遺化猶存功德在人于茲
爲烈他如濟孤寡則廣同善之盟均賦役則倡甲免

之議矣止一時石畫堪爲百代良謨身等生同里閈
夙切庇廕焉齒旣長烏㪅彌深用推桑梓之情敢獻
芻蕘之議公叩詳　憲循例建祠庶因蘋藻之陳益
展甘棠之慕爲此激切連名上呈

康熙貳拾肆年拾月　　日俱押

無錫縣儒學廩增附生員王仁液秦曾榮侯文炜

等具

呈爲遵查具覆公籲詳　憲
題奬事本縣故宦華諱允誠係天啓壬戌進士歷任吏
部驗封司員外郎清白世裔不忝豫菴忝政之文孫
理學眞傳無愧忠憲先賢之高弟五年郎署矢靖獻
於三朝一代完人炳丹衷於千古生平大節如邦工
曹美金清樞屬弊藪禁銓部書儀廉介性成凛凛飲
氷茹蘗居官風采若斜闇臣朋比絶權相貪緣抑中
涓驕横剛嚴素著巖巖烈日秋霜捨母老乞休思親
成疾兩章瀝血陳情棄一官其若屣陳三大可惜四
大可憂一疏嬰鱗觸忌甘九死以如飴居鄉則役田
法甲糺法平糴法德著庚桒久矣家尸戶祝講學則

建祠錄　四

首善會東林會鵞湖會教深壇杏咸推繼往開來至
於慷慨捐生從容赴義蹈白刃而靡悔流碧血以常
鮮可謂植萬古綱常鍾兩間正氣者矣伏覩
聖朝纂修明史凡先代遺忠槩從實錄朝野旣有公評
聖明自應洞鑒况本宦理學經濟洵爲近古罕儔卽其著
述文章尤備
當今采擇如周易孔義序春秋三傳合鈔訂補大全諸
書闡明性學直追濂雒淵源廷對萬言策擬上崇祀
眞儒治安四要等疏披露忠忱上佐
廟堂石畫不特須諸黌序可勵士風所宜獻諸
彤庭少禆
聖治者也近蒙　撫院學院兩憲重道崇儒表揚忠孝通邑紳
士秦諱鉽嚴諱繩孫等將追奬眞儒等事耆民劉臣
馬壁等將碩德久著鄉評等事各具呈在案奉縣覆
查身等遵查無異合亟覆明爲此據實具覆須至覆
者

康熙貳拾肆年拾壹月　　日俱押

親族高陽生秦松岱華長發華方苞等具

建祠錄　五

呈爲奇節共萃一門盛典允宜並舉遵查具覆公ㄙ
詳憲
題旌事竊惟忠臣許國如孝子慕親故采薇首陽無異
歷山號泣而志士成仁類貞姬守節故懷沙湘水何
殊江上忘符是皆星嶽降靈亦本山川毓秀錫邑九
龍山麓向有孝子節婦二祠一祀華孝子實旌於齊
建元一祀華節婦陳氏旌於元至正丈夫冠以父命
孝子六齡背父没齒而奉遺言女子從一而終節婦
十八移天忍死以全大義同垂青史並勒彝章惟孝

建祠錄　六

節先後一揆斯秩祀春秋並舉嗣是綿綿似續不乏
濟濟英賢然未有至行性成完節天付如裔孫故銓
部公諱允誠者績著先朝殫移孝作忠之烈時逢鼎
命守女貞不字之爻兩鬢全歸地下似孝子亦角令
身一朝授首軍前同節母投釵見志至孝待純忠
茂氷心映碧血雙清眞千載之美談尤一門之盛事
但孝節各有專祠歲時烝嘗無曠而銓部僅私列道
南之俎豆未顯膺
朝典之追崇是以通邑紳士秦諱鉽等耆老劉臣等各具

呈縣現奉牒查⋯等均係戚屬遵查覆明伏叩師⋯
牒縣通轉飭建專祠庶勒石山阿永壯九龍之色並
芳史策匪惟一姓之榮爲此連名上覆
康熙貳拾肆年拾壹月　日俱押
無錫縣儒學廩增附生員丁紹美胡宸楓童長吉
等今于
與執結爲追獎眞儒等事實結得
本縣已故原任吏部驗封司員外郎華諱允誠忠孝
大節理學眞儒相應

建祠錄　七

題請崇祀中間不致扶捏所結是實
康熙貳拾肆年拾壹月　日押
無錫縣延祥鄉三十九都一圖里隣嚴文楊祥頎等
等今于
與執結爲追獎眞儒等事遵查得
本縣已故原任吏部驗封司員外郎華諱允誠遂著
醇功清標亮節生則全倫盡性死爲取義成仁相應
題請崇祀中間不扶捏所結是實
康熙貳拾肆年拾壹月　日押

江南常州府無錫縣儒學　今于
與執結爲追奬眞儒等事實結得
本縣已故原任吏部驗封司員外郎華諱允誠忠孝
大節理學眞儒相應
題請崇祀中間開寫明白不致扶捏所結是實
康熙貳拾肆年拾貳月　日署教諭事舉人任文煒
訓導　方　將
江南常州府無錫縣　今于
與執結爲追奬眞儒等事實結得

本縣已故原任吏部驗封司員外郎華諱允誠忠孝
大節理學眞儒相應
題請崇祀中間開寫明白不致扶捏所結是實
康熙貳拾肆年拾貳月　日知縣徐永言
縣丞余司韜
主簿劉　昀
典史白與珍
無錫縣儒學查取本官事實開後
一本官係天啓壬戌科進士天啓四年除授工部都水淸吏司主事時值逆閹魏忠賢亂政本官在任前及四月乞假歸里
一本官于崇禎二年補營繕司主事到部陞員外郎奉旨督琉璃廠躬較出納遴選工料陶埴精良減省經費銀數萬兩給脩京城窵垜及城外遞鋪又代前官償逋七千有奇餘悉封貯司署
一本官於崇禎三年奉旨分守德勝門稱職頒賞銀貳拾兩加俸一年
一本官於崇禎四年陞兵部職方司員外郎協贊郎

中事禁公私饋問內之城隍營操外之都司衞所無敢投金司署南御史韓疏薦本官爲天下淸官第一
一本官於崇禎五年上母老乞休疏不允遂上直陳三大可惜四大可憂疏內稱大輔冢臣朋比爲奸奉旨邊警方殷華允誠協贊職方於本等事務不思幹辦乃出位逞臆妄議朝政且牽詆不倫是何主意有誰唆誘着回將話來隨上遵旨回話疏內有督撫推舉非人軍功冒濫恩蔭及閣臣票擬雷同一手握定機關等語奉旨大輔純忠亮節中外共知朕素鑒信

華允誠妄訾銓政信口牽詆好生恣肆本 內票擬雷
同握定機關等語有何指據從何得知着 再回將話
來隨上遵旨再行回話疏內稱皇上深居 九重欲不
閱閣部之過甚易欲不阻芻蕘之言甚難 欲閣部挾
重權而營私甚易欲閣部惕清議而奉公 甚難政本
繫重封疆事鉅等語奉旨姑着罰俸半年
一本宦於崇禎五年十一月上思親成疾 乞歸終養
疏稱母年七十有五衰病日侵離家將及 四年溫凊
久曠奉旨回籍

建祠錄 十

一本宦年十六歲喪父贈奉直大夫二菴 公居喪盡
禮事母封太宜人秦氏曲盡孝養旣告歸 杜門謝客
日夕不離母側崇禎七年母病心痛欲絕 伏禱於天
祈以身代疏楊前以氣噓母良久復甦母 壽至八十
有三愛慕始終如一
一本宦事伯兄孝廉燕超公仲兄貢士龍 超公並嚴
敬如父師家書必稱百拜讓雙屋讓臥室 讓膳出伯
兄先卒哀悼如子仲兄白首怡怡無間
一本宦於始祖南齊孝子祠宋元祖墓俱 脩葺守護

又建鵞湖始遷祖祠就祠聚族講學設祭山著議刻
石
一本宦於居鄉日清理役田倡行甲兌以救貧里舉
同善會以贍貧族崇禎十四年大旱米價湧貴饑民
洶洶首倡捐米減價平糶賑饑弭亂全活 一方
一本宦師事高忠憲公嘗從講京師首善 書院淮陽
王心齋祠寶應范文正公祠本邑東林書 院天啓四
年同舟北上傳授性學有天成道器之目 忠憲止水
時遺書訣別屬以後死絕學之系載本宦 手輯忠憲

建祠錄 十一

年譜
一本宦著述有萬言策母老乞休疏直陳 三大可惜
四大可憂疏遵旨回話疏遵旨再行回話 疏思親成
疾乞歸終養疏擬上崇祀眞儒疏擬上治 安四要疏
周易孔義序管見象抄合纂四書大全參 補春秋三
傳合刪高忠憲先生年譜重輯華氏家乘 甲兌議祭
田議訓子說次友韻詩志感詩贈族侄詩 絕命詩
一本宦列傳係太史汪諱琬撰墓志銘係 孝廉徐諱
枋撰年譜係本宦嫡孫已未進士諱王澄 輯

無錫縣儒學方佀　看得故華官諱允誠性成忠孝
學究天人賢文忠羿神語闡中國士知由帝賚高忠
憲得英材門下道器許自天成三公不易其介當官
絜比素絲五十而慕吾親歸養帷承綵袖三請上方
斬佞瀝持祔補牘之誠一朝下殉攀髯完疾風勁草
之節是謂成仁取義可稱生受全歸爰請特疏之入
告敢希時祀之先須
無錫縣知縣徐　看得故華官諱允誠清修雅操
邃養醇功受易學於啓新餞子言言默識心融得師

承于忠憲高公事事躬行實踐廷對萬言早决理欲
天人之界直陳三疏悉本正心誠意之謨郄工曹羨
鎰以繕城工實心行實政禁武弁苞苴以肅戎務有
守乃有爲奉簡書而盡瘁行間劾王臣謇謇告終養
而承歡膝下深孺慕依依可以仕可以止時措咸宜
不能屈不能移仁者有勇光霽襟懷恬淡聲華之表
氷霜素志從容鼎鑊之塲惟生順而死安斯義盡而
仁至汪太史家傳千言閒可登之國史士民公評一
口允稱協彼輿情宜在具

題請
卹之列俾邀易名建祠之榮用植倫常以彰激勸者也
康熙貳拾肆年拾貳月　日詳蒙
本府正堂祖　批
仰候　各憲批示行繳
分守江南江鎮常道布政司叅議劉　批
據詳故華官忠孝難泯廉節可風仰常州府查例議
奪仍候　撫學兩院憲批示繳
署布政使司事江南蘇松常鎮督糧道按察司副使劉

批
據詳故華官忠孝理學請
題崇祀仰常州府再加查明詳奪仍候　撫學兩院憲批
示繳
總理糧儲提督軍務巡撫江寧等處地方都察院右副
都御史湯　批
據詳故官華公諱允誠性成忠孝學究天人剛正不
阿難進易退在朝在野皆窮理盡性之年不屈不移
見體受歸全之義公論久定建祠允宜仰縣遵照仍

候　學院批示繳
提督江南通省學政翰林院侍講李　批
故華宦人品理學久經推重但請
卹建祠事關具
題難以卑率仰再加確勘仍候　撫院批示繳
無錫縣知縣徐　覆查得故華宦性理窮極于生
前節義獨全于身後紹先賢之正統宜膺俎豆春秋
得理學之眞傳應受几筵報享旣奉　撫憲俞允相
應報明請示遵行

建祠錄　十四

康熙貳拾伍年肆月　日申蒙
學院李　批
故宦華公旣奉　撫院批准建祠仰遵照舉行表揚
眞儒用示矜式繳

堵忠肅公年譜

（明）堵胤錫 自記
（清）任源祥 續記
佚　名 編

《堵忠肅公年譜》一卷，（明）堵胤錫自記，（清）任源祥續記，（清）佚名編，清嘉慶十年（一八〇五）吴騫鈔校本。

譜主堵胤錫（一六〇一—一六四九），字仲緘，一字牧子，號牧遊。宜興人。二十歲至無錫，後師從馬世奇。以無錫籍登崇禎十年（一六三七）進士，官至長沙知府。當時山賊蕭相宇作亂，數敗官兵。堵胤錫率鄉兵破賊，殺賊魁，遂以知兵出名。福王時，歷湖廣參政，攝湖北巡撫事。行事『苟利國家，我則專之』。唐王立，任右副都御史。李自成死，衆立其侄錦爲主，擁兵三十萬，驟至澧州。胤錫議撫，躬入其營，慰諭歸附。王大喜，加封兵部右侍郎兼右僉都御史，總制其軍。遂與錦等深相結，倚以自强。永明王時，任兵部尚書，封光化伯。在湖南、江西、貴州、廣東、廣西等地進行反清活動。遭瞿式耜、李元胤之猜忌。堵胤錫等人主張聯合大順軍和大西軍，何騰蛟、瞿式耜則排斥農民軍。瞿式耜之同黨丁時魁、金堡等上疏劾奏他在湖南『喪師失地之罪』。病卒於潯州，謚文襄，後改忠襄，《明史》又作文忠。著有《堵文忠公集》。

任源祥（一六一八—一六七五），字王谷，號息齋，宜興人。諸生，明亡後棄舉業，有經世之志。以詩古文知名，爲文多哀悼抗清志士。著有《鳴鶴堂集》。

吴騫（一七三三—一八一三），字槎客，號兔牀，浙江海寧人。諸生，喜藏書，每遇善本，不惜重金購買，或借讀手鈔校勘。所得不下五萬卷，築拜經樓藏之。著有《拜經樓詩集》、《愚谷文存》等。

本譜叙事起自萬曆二十九年（一六〇一），止於順治六年（一六四九）。吴騫跋語稱該譜不識何人手輯，疑其即從張夏本節録。

本書據清嘉慶十年（一八〇五）吴騫鈔校本影印。

（朱　剛）

堵忠肅公年譜

公名胤錫字仲緘一字牧子號牧遊其先[illegible]徙居義興之前亭里祖佳字月川父維常字冲宇公以崇禎癸酉舉于鄉丁丑成進士官至少傅太子太師吏部尚書兼兵部尚書文淵閣大學士謚文襄改謚忠肅

辛丑萬曆二十九年十二月公生于武進夾山之麓公高祖味閒曾祖覺菴世以貲雄于邑號堵爛金至月川公之兄弟爭財鬩墻不已月川公欲以身率乃盡讓田宅于兄弟徙居夾山王氏之別業名十房街

冲宇公兩娶先胡氏後陶氏年近四十無子禱於山茅山神甚虔一夕夢神語曰吾畀而一子自擇之吏導至廡下啓一室冠進賢襴袍束帶列坐十餘人又啓一室儒衣巾列坐者十餘人吏請所欲皆不顧旁一小室扃鑰頗嚴窺之惟欄中一牛牧牛兒臥其旁冲宇公躍然曰吾欲得牧牛兒爲子吏白之神〻曰此非而子也他惟所欲因叩頭固請神曰必欲得牧牛兒而夫婦當戒箕復叩首曰誠得牧牛兒爲子願戒箕也神乃許之既覺具以語夫人陶〻亦喜未幾果有娠辛丑十二月初八日酉時公生名霧授

壬寅萬曆三十年二歲居夾山

自記　慈以艱產致疾十日五在床大人擁錫于膝間口誦手摩無間晷刻　時錫之乳乃遊乳里〻巷間婦之皙而潔者則笑授于懷啖其乳立盡否則設誘多方弗受也大人奔走忘憊偶得一乳喜動顏色

錫之遊固天授間哉少遊里閭長遊四方頗遊而惟王孫之哀是倖猶得以苟果其腹乃皙黑汚潔之去取其不餒以沒世也幾希矣

癸卯萬曆三十一年三歲居夾山

自記　錫生而苦啼慈擲之地仰睾其褡彷彿識慈之面貌服飾及庭間卉木風日之景心竊計曰柰何不撫摩予而使困抑乃爾乎啼益急如一甈嗥〻不能自已嗚呼兒時風景不及復憶者多矣惟爾日情形若了〻若不了〻耿然心目間果夙憶耶抑先慈不忍棄錫而涉降其霧耶每一念及刺焉在心

甲辰萬曆三十二年四歲居夾山

自記　暑月大人袒臥于筦錫置所啖果于大人喉坎間爲倉以兩肩之坎爲別儲與同儕約先啖東西儲而後及倉戒勿轉側少狼籍須大人自拾樂矣哉種〻穉驕所謂孩提之愛也迄今追溯洵有餘甘

乙巳萬曆三十三年五歲居夾山

自記　大人與懸同舫錫侍幘高多礙懸曰可脫之

于河錫偽不解伺隙逸擲之懸慨然曰其悍足以殺人

大人笑曰無憂其狡足以自脫

丙午萬曆三十四年六歲居夾山

十月太夫人陶氏卒

丁未萬曆三十五年七歲居夾山隨沖宇公館於南宅之黄氏

三月納采陳氏

陳氏家義興之官瀆岳翁字娛濱名大懋故沖宇公門下士也岳母許氏

戊申萬曆三十六年八歲居夾山隨沖宇公館於下坊之劉氏

七月治毛詩

十一月痘

己酉萬曆三十七年九歲居夾山隨沖宇公館于下坊之劉氏

九月試筆作文

題若夫豪傑之士二句公援筆成篇有豪傑者使人待我豈我待人之句坐客驚賞

戊戌萬曆三十八年十歲居夾山隨沖宇公館于下坊之劉氏

自記　大人以去歲鄉闈不振每中夜撫床而泣錫請曰夫子何不豫之深也曰而大父母教育予者數十年予亦銳志攻苦今且就衰矣白髮在堂為有限而兩母役中道析予凜倒至此何以慰存沒後先之志乎心驚鐘漏百愴具來是以悲耳錫亦泫然淚數行下　大人嘗曰孔子一生只任為誨二字以臆測之為誨應非兩義力學所以為教也己之不正何以正人推誠與人所以誠身又曰行誼寔也學問華也未有寔積而華不茂者錫拜受教　一日大父手書至曰叱爾就塾為人師使我心惻師人非易況為人師乎而況能以師古者使人之足以師而庶無愧也大人謂錫曰而讀之亦能有所感發否錫曰學不師古乎何以教人師古正自難且大父言之凜凜也大人曰然抑而知大父之教我者即所以教而乎師人非易者而今日事也為人師匪易者我今日事也思及匪易何刻可寬父子佩以終身有餘矣雖燕閒當如庭對也

辛亥萬曆三十九年十一歲居夾山隨沖宇公館于山

橋之周氏

自記　大人聲價達於江都宦族以厚幣來聘大人力辭時杜府尊承式與大人稱文行之交曰得館穀以為甘旨費不亦孝乎大人曰菽水者士子之恒古人不以是聧荼晨昏依戀為歡宴多終不欲以彼易此也太守乃遺以金大人復辭太守曰周之則受不足傷廉大人曰不曰免死而已乎某句讀治生猶足以自給不至有凍餒之憂而受夫子金是某有市心也古人一介不苟況纍纍乎太守動容良久曰不其難哉不以貧沮不以利易篤志勿懈貞行無間我思古人此之謂矣是歲受里中周氏聘𠊓脯僅戍而已

二月讀左國書

自記　大父嘗曰士子以經世為務猶五采之堅甆也授兒頗慧其課以左國書使知古今成敗得失之由見聞廣則胸臆開是亦學者明心致身之要也至是日讀數册大人為之口解指畫疊疊忘倦　錫幼而好嬉常累棋盡三十二子而不墜誇示于人大人曰更為之湲累三十一子有喜色大人曰墜矣墜矣加一子果墜錫曰何以知之大人曰始而累子也不知其能盡累也氣歛貌肅惕惕乎有憂心故能及也此一簣之所以為山也既而更為之也已自恃其能又欲誇所能于人驕吝之心積于中而技巧之色張于外能逮乎三十一子偉矣而湲有滿心焉以為此一子之立成也以為此一子之立成者意中已無難乎一子也始也子子而難之故累三十二子而有終既也子子而易之故累一子而弗克此一簣之所以終虧也且方子之墜也何以處下者不墜而最上者先墜又何以三十一子盡墜而一子終不墜夫此最上之一子者巧之至也功之成也名之歸也然患且立至即偉而已成亦岌岌乎不可以崇朝不如最下者有磐石之安也甚矣處下易而處上難也故上有下心者享成下有上心者殺身是以君子不呈巧不居功不炫名既而曰而知家世之所以興何以敗乎吾家始以淮上布衣負耒至前亭里且讀且耕遂以茨梁起家而高曾俱手闢數十百頃使子孫不鄙薄前功至今家聲勿替可也顧以詩書為具文耒耜為俗物而麈尾唾壺是尊百年之業一朝而殞由是觀之守祖業者漸以昌棄祖業者忽以殃數筍一犁予家之赤刀天球也又曰口之不戒而有腹患舌之不謀而有心患錫時雖幼然謹誌之不敢忘

三月冲宇府君卒

先業煙節冲宇公治裝歸省晨謂公曰睠後纍纍者如有所患未幾成疽越數日疽潰計後事因從容與公論讀書何為且問忠孝何以盡其道公以揚名顯親委身致主對冲宇公曰噫此猶夫世俗之見也蹠水之養無孝乎祇隸之賤無忠乎蓋無念弗愛孝也極之臨深履薄以成無行弗謹忠也根諸質影盟衾而達是以事業文章或有時待惟忠孝兩者無待但毦當下猛省終身不懈斯即所以為顯揚委致者耳吾無長物遺汝惟此永訣數語也又曰學者之患莫大於成敗易中夫敗有沮色者必其成有溢志豈讀書人本來面目爾其誌之又曰立身行己之道莫切於禮吾久欲授爾未遑其即讀之因命舉篇出經公拜受展誦樂正子春下堂傷足一章諄諄反覆未竟冲宇公忽嘔血而暈既一刻而復喟然曰吾父母恩勤教育予者五十年予竟溘焉先逝矣天乎必不許其終養乎蓼莪之恨賫於重泉斷雞淒風當時聞涕泣聲已强起再拜痛咨之言不絕口初五日午時遂卒

自記　大人博學强記于書無所不讀尤謙抑吶吶不出諸口處己嚴而切與人醇而有恩至睦友仁衆恤孤賑貧皇皇如不足然不敢專意必受命于王父母而後以許人李友孟天植云

七月月川公卒

自記　大父之於書天而嗜者也飯蔬沒齒不以易心每開卷靜對無論寒暑間無人談則翛然一往別有玄致尤喜左國綱目諸書行坐不釋或誚之曰叟奚為是汲汲者大父哂曰予不快與今人為伍聊促膝古人以自怡悅耳　大人竭力甘旨終身無私蓄所遺片椽十畝而已旋遭大父之喪而大母王夫人繼逝營貸殆遍拮据以償先業遂蕩然矣

壬子萬曆四十年十二歲依義興之陳氏

南岳譜無此字

自記　大人以兩配早世矢不復娶以供甘旨故置一妾治兩喪與有力焉至是不相安而葬嫁予傍徨無依將與俱往岳父娛濱陳公聞之太息曰吾師半僅此孫也乃載予以歸　岳父貧而好義延師誨予簌然以父兄之責自任予嚴憚之岳母許氏其所以卵翼予者最詳而切雖失怙恃不致無依陳氏力也

癸丑萬曆四十一年十三歲依陳氏

正月附周氏之塾

四月改附李氏之塾

十二月歸陳氏

自記　時隆冬無縕露肘向日披讀左國書不覺移午掩卷起忽手足攣曲不可復伸仆地而呼家人抱置敗絮中踰刻而復

甲寅萬曆四十二年十四歲依陳氏

正月附蔣氏之塾

四月王母王氏卒合葬寶山祖塋之昭

自記　王母毘陵太學心崖公女固膏梁族及來歸妯娌間競以奢侈相尚王母每有盈昃之憂獨恭儉勤慎諸子甫釋襁褓即口授以句讀其為教於兩姑内則為先紡績次之戒女紅勿為奇巧故兩姑之字皆有賢風時家業替甚而王母始之弗盈者終亦弗歉誠女德之純至者矣予家内嶶世嗣則王母與二母相後先天不降鑒悲夫

乙卯萬曆四十三年十五歲依陳氏附溧陽戈旗里周氏之塾

丙辰萬曆四十四年十六歲依陳氏岳翁娱濱延師錢德真教之

丁巳萬曆四十五年十七歲依陳氏

正月附陶氏之塾

自記　時妻家貧甚不能設塾予裹糧往依舅氏不見恤也聊數月而被遣　大人易簀時嘗囑舅善視錫一旦棄拂其意遂至相予伐鼓予嗣後不敢復望見舅氏顔色迄今舅氏物故家落母妗之老予贍之外兄之貧予禮之外弟之孫予賑之復為娶婦渭陽之誼予何忍薄蓋念先慈一體相及謂宜世世如初也顧我兩姓忍則速忘德弗敢市也

戊午萬曆四十六年十八歲附戴圻黄氏之塾

十二月遺書被災

自記　予身之外惟餘先世遺書一簏皆大人平日丹鉛甲乙所諄諄誨示者予行止相隨每自恃以為碩果十有二月火發被災嗚呼何天之喪我如不我克至不慭遺一物以慰我世守之思耶桑梓㴑故手澤亦復化為劫灰觧氏之生可勝浩嘆

南岩諸公於朔予郡中蔣氏

己未萬曆四十七年十九歲依陳氏設塾訓蒙

四南岩語作二

自記　以饘粥至飢寒剥膚未之乃受四蒙童以糊口卒歲所獲四金而已夏則懸被為帳入而汗蒸出則蚊嗜膚竟夕不寐冬則破襦為衿代絮以麻槀槀若綫之欲脱露肘決踵踏歌風雪中或遇良月夜静

則歆坐古橋湖畔背誦經史徘徊達曙日以爲常聞者嗤笑共目爲痴

公軼事數則年月無考今附于此　公少落魄嗜酒好大言逆知天下將亂慷慨思奮功名頗俯首挾册爲童子師非其好也大書屋壁曰素貧賤行乎貧賤受牛羊則牧牛羊常鑄頭顱盃容一升許出入攜持爲飲器銘曰要賊減須猪截又得一古玉印篆三不要痴男子字謂不要錢不要官不要命也後志酬其言　嘗讀書余澤氏寺醉出墮泥塹罵曰伽藍神司何事不爲我除道提神像擲塹中夜夢神逐之急將獲餓聞空中語曰若不可逐神乃止　少依於舅氏惡其縱酒不自檢每鍵之一室命讀書及啓已踰短垣出坐隣肆中指揮叱咤不可起削肌脱髮無復生狀爲僧徒所逐徬徨市中忽遇族兄知白一見傾許慰勉詳曲拉手以歸越數月病乃瘥是役也窮途病劊跋涉風雨困辱之狀求爲傭之人不可得微四兄知白傾蓋于患難之頃物色於飢瘠之餘其不以先人之身行殆者幾希矣嗟乎固窮未能動足有悔可不戒歟

知白名大建公之同　五世祖兄初樂耕公生二子長東山公雲次味閒公霽知白東山公之玄孫而公則味閒公之玄孫也

辛酉天啓元年二十一歲依族兄知白家

二月執贄馬素修之門

自記　馬師見予院試落孝賓之因執弟子之禮三年多所資益　素修名世奇字君常無錫人崇禎辛未進士官至春坊左諭德嘗曰遇事宜存生机勿存殺机處世宜尋退步勿爭進步人以爲名言甲申之變沐浴更衣捧勅印北向拜復南拜父母同妻朱氏李氏闔室自經死後謚文忠

三月冠

公憤讀書未有成服齊民之服以自愧

獻策郡侯不納

邊事孔急詔募材俊之士以備邊公作書盈萬言上之太守何公應瑞何公奇之謂曰汝奚能對曰無所不能曰能弓馬乎對曰不能曰能擊刺乎對曰不能曰能風雲占乎對曰不能何公笑曰然則奚謂無不能對曰吾將十萬兵與敵角能使弓馬者盡其技擊刺者盡其力工風雲占者盡其術變化生心决勝俄頃不能人之所能而能人之所不能何公喜曰汝固

奇士然當以詩書自輔益奚屑與厮張者齊驅並進乃受策而不許入募

七月就婚陳氏

自記　時予既生計依人妻父復饔飧不繼合巹之夕謀一新布衣不可得乃莫酤笑敝縕以充孔嘉之色婦亦泰然自居無歉沮意頗得梁孟遺風

壬戌天啓二年二十二歲依陳氏

五月補府學弟子員

自記　府試既黜計無復之乃徒步至江上糾同志譁于學使之門爲閽所詬予怒毆閽者而呼同志皆呼學使心動命何府尊於正考之外特加收考約亦七藝不録試於江陰之學宫與試者二千人録三十四人予幸得標院試進八人予幸居次皆送入府學是役也徒步三百里忘寢食者十五晝夜譁於院門者六閽人之棰中背發腫傴曲月許至不能咽嗜憶矣一矜困人至此極哉

十二月徙居無錫族兄之别業中喬庄

此地多湖山之勝戌孔間詩人施漸子羽居之名武陵莊後歸鴻山華學士察亦詩豪也至知白拓公家于此而中橋庄之名始千古矣

癸亥天啓三年二十三歲居中橋庄

四月府科試不録

府試既黜或勸公曰急請於府尊可以復續公曰所貴於士者以其氣節也炫玉求沽君子所耻且得失者時也窮達者命也即請而得録後遇正難期奈何喪其固有者以殉其不必有乎堅窮善蔵此其時也

五月致蔣定于獄不克訟

自記　初三仲父有女嫁里人蔣定無賴喪家挐妻逃于江北旋棄之歸適遇於道憤甚訟於府繫諸獄越月定脱獄而逆捕之不獲後同伯兄越江遍訪無可蹤跡或云彼中悝邑之或云已故噫至戚飄零不知存没念之嗚咽

甲子天啓四年二十四歲居中橋庄

正月就塾無錫

六月復從歸義興之陳氏

自記　知白兄重予學行悉力解推忌者謗侮交作予不能安告歸荆溪兄不得已許之予與妻女共坐一舟行不十里忽大風拔木雨如泉注望岸咫尺搖搖不得依泊舟幾覆者再三暑月至僵凍失色人事天行交相爲害亦有生一大奇阨也

乙丑天啓五年二十五歲館南圻之蔣氏

自記　主人力耕樸檄稱長者予時方跌宕自喜多不相合後亦釋然如初則其弟任予之力也一時同志有魯桐聲蔣沖之史吾住宋比翔

十月歲試降青

丙寅天啓六年二十六歲依陳氏

自記　自四年大水五年大旱斗米二百錢内子針紡佐食凍瘡裂甚十指如懸槌日得一炊便相慶幸予入室值内子私淚盧予之覺之也强為笑容予心然亦弗敢詰也

四月季試得標

十月院科試一等復附

十一月子孫驥生

丁卯天啓七年二十七歲就叔祖心瞻之聘

自記　心瞻叔祖之任山東約予偕往予從之以二月入署六月歸始知新學使覆科比兼程已不及矣

七月院覆試不與除科舉

公以之仕不及赴覆訴之學使訑訑不受公憩激不能為屈媚語遂拂衣出親知尤之公笑曰丈夫屈伸固自難期如終屈也屈我者寧一學使如不終屈予又何求乎學使

戊辰崇禎元年二十八歲就仲舅湯西之塾

自記　予以塾況為歲之豐凶是年耕而不穫復困甚以一簪質米於里中富家幸見許矣比明倩力往内子汲水熱釜以待予出入候望者久歸則猶空囊也釜水沸不可已予笑曰爾時且浴未暇為炊

四月友毘陵須西来黄含仲惲上賓毛怡孺諸人

庚午崇禎三年三十歲館夫椒之張氏

三月作誓筆文

七月録遺不與　以乏學師例餽也

八月病瘧

自記　予既被遺無賴宋氏比翔復踬於童子試相挈至浦君蘘家放浪湖山為樂每遇酒酣輿發輒裸裼狂叫或辨難蜂起或危坐促膝耳語喁喁不可解者久之遂相抱大慟慟已復叫如是半月意盡言歸歸忽病瘧逾月强起則比翔去世已十餘日矣予不知也過郡哭之慟為文偏募親友以慰其存没之悲雖稍稍就緒而亦弗克竟也

十月寓毘陵

自記　予以亡友宋子故滞迹郡中家無寸柱粒珠

之儲且內子素艱于産至是將坐蓐予心憂之忒勸予歸予喟然曰生者猶可延死者不可復必也勉強畢事而歸耳

辛未崇禎四年三十一歲館沙灘之吳氏

四月復還歸前亭里

自記　大父以家難故自前亭徙夾山幾四十年矣大父嘗曰子孫如幸成立其歸守邱墓無忘漆沮諸仲父益貧折不克自振予復鄉獨武宜錫三邑間靡有厥居大父之志竟不遂今年四月以舉族喪至前亭徘徊風景不覺泫然有黍離之感乃挈婦來歸數楷之外一笥而已族弟協之爲僦屋而居寔左右焉協之名寅恭

五月迎五仲父母歸養

自記　大人六昆行諸父多早逝無子尊行止三仲母及五仲父母耳五仲父母漫老而貧無所歸養予太息曰家世不造諸父凋零存没之責皆予責也且予每以二人早逝不獲進一日菽水之奉爲終身憾今仲父母猶父母也孝養在志奚有間乎遂迎之以歸

七月過郡哭殯子瑞徵

八月作兩世行略

十月作年譜沙灘之塾

十二月作自壽文

壬申崇禎五年三十二歲館沙灘之吳氏

二月五仲父卒

自記　頻年飢窘至是筆耕所獲頗有担（儋）石之儲叔姪歡聚以爲偉事未幾仲父疾革不起醫藥殯殮之費踰於所入四顧復見蕭然之景諸父中五仲父尤誠篤大人没後予依其家猶子之愛恍如一體暮年窘于飢寒不克朝夕藉使稍延數歲覩予身列賢書得以從容晚景少展言笑亦非大難得之事乃天不祿善人以終身至一日温飽之適亦不相假也痛哉

三月禮經澤書成

九月旋兄知白卒

十一月院科試録

十二月赴建寧府知府周　詡爲之聘　詡爲名昌儒崇禎戊辰進士

癸酉崇禎六年三十三歲寓建寧府

六月旋里

七月讀書濠西之塾

八月鄉試

自記八月初吉負笈至南都旅于方覲實家試事甫畢資斧已盡與蔣冲之徒步歸復積勞發喘息妻項至溧水囊㞦乏食以推子平與沙漲楊友傾盡得一飽蕫載後車乃達瀨上誠逆旅之一奇也

九月中江寧鄉試第十六名

自記　諸父中三仲父最食貧兄伯緘又多病不能耕作飢困益甚予居殷墅乃從之歸于桑梓為僦屋而居稅畝而食焉

十一月葬族兄知白無錫之孔山嫂路氏祔

十二月會試北行

甲戌崇禎七年三十四歲旅京師

三月南還

五月赴浙江金華府知府路修期之聘

九月旋里

十月以族兄知子天正歸塾

自記　正姪少孤貧不能讀乃并其二庶母一妹皆載之以歸延師王元履教之與子孫驥及宋北翔子魁春同塾

乙亥崇禎八年三十五歲赴太平府推官徐松濤之聘

四月詩經澤書成

五月歸里

八月為子孫驥納采徐氏

丙子崇禎九年三十六歲入南都學

自記　祖制孝廉下第即入監讀書課最績分方㕂送部禮部應試曠學有罰國初胄子之教意有加也今日遂為濁流所居至孝廉坐監尤極簡脫不過謁見領文書而已余於丙子初月循例一往時大司成張印若名四知

三月娛濱陳公卒

往金華

七月旋里

九月史綱成

會試北行舟中無事因纂輯洪武至天啓朝事蹟以綱目書法書之其於太祖凡四紀元謂始生元年起兵元年吴元年洪武元年也

十二月作後自壽文

丁丑崇禎十年三十七歲寓京師

二月會試

三月中狀元劉同升榜進士二甲第四十八名

四月觀政大理寺

自記　例進士殿試後唱臚謝恩必主閣家資餽恩供飲食近且有以吾停得援者予北上之日拜主祝曰兒此行幸成名立朝誓生平不識一閣至是執不往閣初而怪再而詬三而毆及班後失冠予踽踽急行弗顧也　進士觀政卿以故事視之書卯而外竟寥寥無一至者予無日不往馬力不足濟之以步班役哂之字曰鐵爺

五月假歸

觀政畢例得乞假歸里五月出部

六月旋里

七月以毛怡孺子成儒臧瑞徵子發科歸塾

九月廬虞山之墓

自記　予痛念幼失怙恃長而飄零生無以養死無以葬歲時伏臘不能以禮鮮氏之疚抱以終天策名歸省宛轉卯墓間惻從中來竟不能去乃結廬墓左枕塊寢苫朝夕展拜以當定省暇逸則習射服勤風雨則讀書稽古為期二百有七十日當喪制三之一非敢曰行古之道也人子有善則歸諸親抑必至情耳

立主

自記　家世替衰先人早逝諸父貧折遂剪四支子興伯兄耕讀久不逢年烝嘗之義缺焉不講乃于墓左追立木主自曾祖考妣王考妣先考二母及諸仲父母之無嗣者凡十有二主龕而祀之以義起也

築塋

自記　虞山之墓自右至左共二百五十畝四世祖妣鄒母為主穴昭為樂耕考妣穆為高伯祖東山公又昭為高祖味閒考妣曾祖覺菴考妣葬於域前先考妣塋在祖塋北另起一峯大人葬先慈時棺而不槨葬大人因之土封而已王考妣塋在蕃宣公兆右頗阜峙形家每為予言不吉予以力薄無可如何至是越歲已遠不忍更遷乃築土培之規制粗立將有待也凡碑石之圮者計修松柏之毀者計樹躬親畚鍤三月而成嗟乎祖宗一壞土守之寔難頓我子孫時廑羮墻之感

十二月立碑

刑部侍郎嚴公來致墓銘副使蔣公如奇書丹立石墓左

為從兄伯緘娶妾

自記　伯兄貧不能娶予爲之聘于前湟張氏至是
于歸越歲王子諸父六雁行爲之後者惟予與伯兄
兩人耳伯兄甫生子及騤兒亦止兩人伶仃之慮每
爲太息伯兄復多病予且戎馬從王盈悠悠我懷也
作除夕詩附
歲逼青陽正指臨憮然時興事俱新共憐已往菁閔
度獨惜當前一片心愛日詎能追在昔終天徒自愴
于今陰風閬寂哀山鬼嘯入疎檽助短吟
戊寅崇禎十一年三十八歲盧墓
正月作元日詩
有旭逕萬象新春氣霜凍寒廬舊日情之句
四月作桐華篇
壟有枯桐一株枝間蛛網成孝字桐載華作詩紀之
詩附　孤根已瘁久而重分棄叢霜栗栗風詎意天
心勤篤物不偏春氣到枯桐十年計樹先人澤一日
回榮大造功好護新枝勤自溉彩雲留待碧鸞封
六月晦辭墓作告主文
七月赴都謁選
八月寓居淮
東兵窺開齋魯告急兵賊縱横不能進退遂寓于淮
越月至濟寧遇兵變復倉皇而返
十二月以詩哭大司馬九台盧公
盧公名象昇字建斗號九台宜興人天啓壬戌進士
授户部主事出守大名以殺賊功擢副都御史撫楚
復以殺賊功晉侍郎晉尚書賜敕印總督宣大其臨
陣以麾幢自随旁睨他騎距躍輒上奪其刃便以殺
賊又好將輕騎棄大營數十里趨利盖瀕死者屢矣
然輒免往往取勝崇禎十一年十二月與東師遇於
賈家庄大戰二日礮盡矢窮猶震呼擊殺數十百人
身被重傷役于陣公至賈縣聞報結壇于野爲位而
哭作詩以紀之有誓飛鐵騎將軍血肯受金牌廷尉
章之句
黄石齋先生書致禮問
己卯崇禎十二年三十九歲至京師
四月欽授南京户部主事
七月蒞南都任
自記　南户既係閒曹主政無差猶屬散職随班書
卯之外飲酒賦詩而已署後有燕處軒閣二兄謝公
題云環堵蕭齋閒度日當軒古栢欲參天予輾然曰
何巧合也先賢留句待我矣雖然署日雖閒豈宜虚

度因改爲環堵齋宜靜日作二咏紀之小加理葺移几榻于中自公之餘長編獨坐户履闃然爲噪鼠窺始而相猜繼而相習覺晴雨晦明皆別有遠致也徘徊月餘逼於外差遂成空谷足于薄書冗沓心癢日促時一廻憶之迥然道俗之辨已

九月涖兑差分司之任

部有倉有兑倉儲米以待之兑則收解所入計數給軍習偷契滋奸胥營窟甚至解户公行賄遺名曰茶果官享其一胥享其十解户既病米益糠秕又斗斛低昂捺縱在手軍解俱病公初至任胥以例進公笑而受之明晨出例而置胥於法胥頓額流血軍解皆爲哀泣求釋而後已洒規既洗解兑苞苴軍餘顆粒矣　外解一苦于賂遺再苦於稽候公擇其圓絜者部兑解户朝至而夕畢事莫不德之

自記　軍給籌入場望斛盼盼若於月挈囊欷欷若於日予旦捧部文夕而給示霜月在屋叱車而驅軍譁於途曰入場看見曉星天有個官兒不要眠蓋小人之情朝與四爲則喜也

十一月辭兑差離南部

部堂仇公維楨以北新關委公公辭仇曰資例有定辭者之私　戒手昔之紛穢潔在心耳寧貪泉之妨夷飲乎公公迫于義乃受劄以二十四日辭兑差離南部

庚辰崇禎十三年四十歲涖北新關分司之任

正月涖任

申明課則

啟禎間每兩加解一錢六分謂之加一六加之官而未及於商也而官乃移之商商已視爲成課公至任甫七日即悉捐一六不入商課遠近播傳額手誦德

革長單

閩廣雜貨例到關報税約歲納若干免其零報初不過柴炭魚果四單後增至百餘單商乃大困公痛懲積習盡构原單而革之令于衆曰除柴炭重載外有言單者罪之具文達部勒石關務

撤巡夜

役倚差剥商令盡撤之

免雜税

肩販雜項率苦税少而費繁下令免之

定漏税罰例

奸商漏　罰極嚴後惟以意行之爲厲不測公定

其則量沙　真偽稅起罰勒石關務
五月設捕防廳
關設外郭伏莽可虞乃捐貲募士加以廩賞躬自訓
閱命客將余師貞統之其文南北兵部及浙撫按立
捕防中軍廳時訊盜充斥一境晏然公更以其暇講
武習射於圃中
七月出示免稅
淫雨兼旬米價湧貴商舟不至公免其稅以招之未
幾舳艫漸集馬素修聞之寓書曰近聞武林政績知
門下所在為景星為慶雲為和風時雨王端毅劉忠
宣之業不又屬之門下耶至於米艘盡捐稅額杭城
萬井人倚更生此尤有轉移造化之力真五色補天
手也吾黨有人吾郡有人天下有人矣其為時賢所
推服如此
辛巳崇禎十四年四十一歲官北新關
二月離任
商人感公之德醵金立碑以永去思工部梟爾康為
之記末云予歸里經年老病不入官府未識公面且
公已代去益復有何私朋比之嫌縱筆作記遍告同
人俾知　　國自有真正用世豪傑在
三月部假歸
司榷及歲約省商四萬金比歸行李蕭然親里失望
公慰之曰某三十年老句讀也設一旦歸而黃白滿
笥須改當年顏面不祥孰大于此吾自足吾分耳非
矯也
四月上書周相國挹齋書附
挹齋名延儒字玉繩宜興人崇禎二年晉東閣大學
士後罷歸辛巳四月再召謁者無虛日公獨不往挹
齋雅重公屢使人邀之比晉謁就坐公無一語挹齋
徐曰仲緘亦有所囑乎公曰某今亦何求但得一極
南茁子諸有以予
危極險之地足以畢命朝夕者予願足矣挹齋默然
公退上書規切之書曰
今之庸庸碌碌奔走于師相之側者不過以師相受
春特隆再登揆席不勝為媚悅之言卻陰為身家之
托從無一人論事懷憂獻一得之愚者考之古人布
衣猶得奏記於廟堂今乃祿位晏然唯諾是其竊用
愧之微錫幼讀父書長蒙君錄夙荷師相之獎戒敢
附古人之大義謬以目前所急為師相敬承陳之皇
上英武聞之勵精邁古而謀謨日削未奏膚功者其
故有三、　治以急一執念太艱一進退人才太輕求治太急，不熟籌時事之緩急輕重，慎措其安以徐俟其定，而一切功利捺功之說得以中之，執念太堅，則未暇為壺中遠鑑、投水轉圜之美，將過施非分之福，輕加不測之威，而壬倖僻詭之說得起而伺之。進退人才太輕，則昔進而不知其難，今亡而不知其易，片言而升樞秘，一旦而嬰桁楊。天地之生才有數，豈其今不逮古，然而所用非所求，所舍非所棄，將使倖苟且之徒益得起而嘗試決裂之見，此當吾心之未靖，以致國運之日蹙。古云君心即天心也，或者天心悔禍，牖我皇衷，師相一出而圖吾君，則晉泱之功其首務矣。京師天下之元首，東南天下之腸腹，齊魯天下之咽喉，秦晉天下之肩背，楚蜀天下之股肱。今敵扼吾首，冠軼吾肩，衝及于項，東南杼柚日繼，腸腹已空，齊魯飢荒盗起，咽喉道梗。揣今所急，殆不過志圖剽掠，得志之後，氣急意盈，盤詰險阻，苟安旦夕，數月之内未即猖狓，款覬覦叵測，日伺我隙，時而驚伏，勢必狼奔，鳴鏑之舉已在眉睫，一旦毀邊南下，扼臨德，擊晉趙，掠兖豫，擾要阻，援京師受困。竊恐彼中風土相習，無□狄高，此際情形已窺，未肯飽去，天下之禍未知□□。譬如久羸之人，當此急症，既欲治標，又欲固本，□則宜若不能支，太緩則怯潰不及救。為今之計，莫如姑省楚蜀秦晉肩股之力，整飭燕齊以通咽喉，屯田訓武，拾散集亡，先宿重兵以北京衛，以防敵衝，無事則吾重足以馭輕，既可辨冠，有事則先備可以無患，又能却敵，此為上策。若夫老師宿糧以從事于方張之冠，則出沒盤踞，既非歲月可了，敵一大舉，元首已病，咽喉梗絕，肩股外裂，腸腹内潰，雖有盧扁，無所施其技矣。古吉甫、方叔，北治狄，南治蠻，不過二三元老，今敵横冠蜒，而建牙擁旌者多至四五十輩，一年九牧，權分力輕，于以却敵滅冠，必不然之數也。以鍚愚意，莫如歸併一路，責重各府，九邊止設九督，一切戰守机宜悉以委之，許以便宜行事，不分任，不遥制，則無委卸掣肘之患矣。沿邊州府俱選才甲榜，優以道銜，使領府事，一切戰守机宜悉以委之，撫綏其戍，府宣其力，無事則盡耰而守，有事則荷戟而援，則無觀望離潰之患矣。至于京師左右陵寢之地，當設督臣二員，訓兵屯田，使屹成重鎮，以壯畿輔之威，備援勦之用。蓋今之弊，莫甚於但知重邊而不知重腹。夫所重在邊，不過一邊之用也，弊在尾大，唐以之召亡；所重在腹，則東樞四應，不徒一邊而九邊之用也利在幹強固以之永祚譬之十萬人分一則弱合一則強倚邊則空居中則寔兵法所謂善守者無所不守名似簡而勢益增者此之謂也以之賊寇亦然歸重該府責成各州縣布置謹偵邏剪游掠散其黨與離其心腹朝廷簡名將發三萬人會二月糧而寇亡矣故辦敵在戰貴以守為戰辦寇在撫貴以剿為撫然而一事權明地利輯軍心其首務矣書上捲齋心是其言然竟不能用以至于敗

五月家譜成

堵氏先有心聰我樹二譜皆未竟之書公纂輯逾年至是刻成頒示通族

祠成

自記合東西兩分為長發祠以一世祖考妣二世祖考妣三世祖考妣凡十主為正祀外拙誠公考妣惟學公樂耕公考妣東山公味閒公圖南公心聰公子考冲宇公考節詩母徐母凡十二主為特祀寔山墓左舊有享堂葺而新之為寔山祠以拙以拙誠公考妣樂耕公考妣東山公考妣味閒公考妣凡八主為正祀外覺菴公考妣月川公考妣心聰公節孝許母徐母子考冲宇公二妣胡母陶母凡十主為特祀

置祠田

以二百畝入長發祠百畝入寔山祠輸粮之外備春秋蒸嘗之養老贍貧賑孤恤寡酌祖之盈縮以為常

大合樂

鼓樂迎主子姓以次拜謁祭畢遂行燕賜衣冠者計一百三十人成禮而退

六月陞南京户部郎中

八月蒞長沙府任

十二月賦天心篇

朝廷以流氛肆禍宥躬罪己頒詔大赦公拜詔畢念湘土連賊尤重沾濊獨隆皇仁即天心也賦天心篇十六章以頌之

壬午崇禎十五年四十二歲官長沙知府

正月為餉科所劾

初公蒞任甫數日餉科黄雲師過府舍謀于堂未有以應公前謁晉接甫定黄即厲聲曰貴府逋多無逃白簡公以受事未幾對黄又曰如某某者以未任被謫何言暫也語而左顧公曰足下必以簡書從事當今主憂臣辱斧鉞允宜某無所辭眾遂長揖出既而提經承亦不與及是果為所劾劾語云長沙知府堵

亂錫俉儆鮮映趾事催科臣不得已提其經承則曰我即是經承任憑參處者奉旨該撫按申飭

二月作星沙城守議

公在任與司理蔡公道憲相倚重遇事咨而後行值流氛日熾湖南恃江湖之險有司泄泄處堂公與司理私憂之乃作星沙城守議略云大抵通郡形勢負山面江有險足恃上策以戰為守守南山而敵人不敢踰險守撈河而敵人不敢飛渡守江洲而敵人不敢艤岸樵採不竭市肆不驚氣展力餘吾中四應十萬之敵不能攻也其次以守為守南守嵩東守坡北守濠西守岸資山澤高下之勢以為屏蔽可進可退立于無畏養鋭蓄力伺隙而動亦可稱堅城焉其下則依垣而守耳增修女牆多設窩鋪編氓而立比户而饋繕器備用閉門自畫以當百千烏合之衆敎月之守或亦可堪云云

撫院以勅書至府

楚撫宋一鶴移檄各府措銀五千採買軍米公無以應未幾一弁以令箭至公曰此行間物吾受命守土軍容不入國也于是差官以勅書至且為檄曰官參吏斬載在勅書參不足道也若斬令則已行之幸感矣見者失色公不為動越月公自賫勅書往謝會所採之米已畢輸宋亦無以難

三月致科舍於獄

漕科陳泰來督漕于會檄吾紛擾瀏陽薄樊朝楨舟至撈塘遇夏姓者鎖而曳諸市既入舟飲其酒狂叫終夜晨又曳之樊不勝忿乘間投于水湘流湍激不及施救夏方睨睨然視其與波俱入而徐俟其與波俱出也謾曰官死解存父死子存速為我覆科主諜索如故公聞之髮上指手縛夏致之獄詳諸三院并請于陳陳怒將檄勅以俟命會三院俱不宜陳曲解而事寢

四月戒嚴巡守

劇賊甘名揚等聚衆山洞四出劫掠殺官兵陷平鄉湘北大震公督兵壯巡行境上結堡團甲緝奸遠候遂得不犯

子孫驥補弟子員作詩并字說寄之

詩有爾讀書能若余為官日負之句

五月勦臨藍賊殲之客將余師負戰死

臨藍賊蕭相宇等糾中原潰卒粵西生猺各洞靛賊諸鎮老馬子合隊焚劫進攻寧鄉縣縣令飛檄告急

公于戊刻聞報即搴炬發兵誓師渡江合得百五十人選驍勇卒三十人結以馬命客將俞師貞統之為前驅公率步兵居後時傳賊鋒盛圍寧數重同列以孤軍難進謂宜中途觀變公慨然曰赴急如救焚豈得需次且賊非有成謀不過乘不備以掩我耳聞救速必疑大軍至當疾走此兵機不可失也比至城垂陷賊愕然相顧曰何捷也拔營遁追之及于大虎坪師貞一發殪其魁偽王廖二慶殿後師貞復馘其首諸軍繼進斬首百餘級賊駭散狂走荊棘中比高登見幟而甲者僅三十人餘皆寬博徒手也復譔其從返為長圍褁我軍師貞策馬疾衝之格殺過當賊復走會天雨泥濘師貞以馬蹶見害賊得脫去公憤甚壁于黄柴檄新化武岡黔陽兵會勦賊殲焉命剳蕭相宇腰以奈死事者

立鎮南新營

初臨藍賊犯府設鎮南營兵百人公鑑寧鄉之役復立新營合將卒二百七十人府自捐餉歲三千金

勦百家山賊平之

吉藩左承奉司黄鳴治有腰校劉國名糾巨盜萬大萬二猺賊洞丁遊僧千人立寨百家山旗鼓恣刼瀏陽縣令捕之國名率衆圍殺斃十數人擒數十人顗以金錢贖放公不勝憤俟國名入城縛之獄發兵勦其黨山洞以平

六月剖定欽案

科臣史可鏡紳衿搆難一案各樹黨攻訐焚殺日尋獄數年不決公喟然曰鋤强止囂正大守事忌使一方爲沸坐置不問乎設激變意外伊誰之咎乃呼史紳語之曰汝釀禍有由乎不汝罪也其速出子弟臧獲就理無後呼諸衿語之曰汝樹幟倡衆豈卧碑所訓且致獄有年矣諸生豈無遠大自期者以諸上進狗一廢紳非策也其靜無譁了則小而申斥大而入告法不汝貰也呼衆款犯語之曰汝多人果係受抑也者入理株連者速去反坐有令叫競有誅榜于衢令鄉保比家而守有譟聚者擒之擒一二人置之法市閭閻然聽之日于諸吏内讞其悍横者諸衿内摘其豪强者坐之逋逸者免株連者釋凡決三十餘詞犯証在門者千人一日而畢紳衿咸服又欽案李象珠汪韜等十餘詞亦以次剖定

榜銷崇禎十三年以前積案

湘俗善訟案牘如山上下書胥相比每以催提爲奇

胥公知其弊簡十三年以前積案徹底詳銷榜于衙凡三千餘件

修長沙府志

徵郡中文人十餘輩共事蒐討而公手裁之書成咸稱直筆

七月定民之諱為吉藩所劾

長沙善化之田役如吉藩者幾十之五逋糧卸役郡縣苦之至是復與民爭田訟之郡丞王秉乾丞以田給主者宗乃諱公諭之頗唯唯翌日民榜書王平日之所為揭于衙王怒闔校四出撲捉里民業稍溫者幾無噍類初三日酉刻民于南倉一呼而應者三千人將卻夜踰城焚藩哭聲徹野公聞之叱御不及單騎而往私念誣無知縱之則禍不測激之則禍不測有設法以散之徐啓王而善其後耳乃令吏傳呼太守來為八殊字以狥曰受冤則告妄動者斬密使營兵夾倉而陳民稍定公呼其渠而語之曰汝輩誠冤然毋徒自苦其悉具詞于予予為爾理之民唯唯受千餘詞公謁王曰潭洲王湯沐邑受之天子者也無民則無依柰何使怨怒至此王謝不敏立摘歛法者數人杖之百以自解公因令于倉曰後去者誅事既定吉藩左承奉黃鳴治者以劉國名故忿公深潛于王曰府與聽盟以為此難也又曰府嶋氏于郭而斂詞于堂也王惑之遂為所劾

八月勦茶子窩賊

茶攸之間地連衡永巉崖絕巘一望無際賊黨盤據其間屢捕不獲未幾糾合亡命及靛賊閔賊共七八百人為寇于醴醴告急公即率兵往賊讋公威名紛紛各鳥獸散公深入險阻識其渠李翁子草上飛等數十人而還

九月罰俸

吉藩劾疏既上長沙善化縣民叩閽訟冤公拜直陳顛末疏音下撫按察奏罰俸一年

十月余師貞廟成以文祭之文附

維崇禎十五年十月之望長沙太守義興友弟堵胤錫謹致祭于明故守府將軍雲岫余公之靈曰嗚呼余公既智且仁奮騎逐賊舍生而成精爽不滅勁澤在人人各有心于公是憑于以尸之廟貌孔新于以祝之蕨蓋維馨小大具哀涕淚其零初貳者誰長沙太守握符秉旗鎮蠻殄醜一朝不戒羣豕哭圍揮戈投袂于先群後欲報使君目無全尾害寔不恤功則

不有鶴性逐壽若天而授公其歸來酬公以酒嗚呼酒初行兮酒氣香肅我冠兮襜我裳功在社稷兮不忘名城十二兮無雙再奠者誰軍主堵公整師逐賊兮權子鋒絶流晨馳武服是供長策決圍短纓繫風奪賊之魄頃盻盂雄勵衆作釜賊魚于中折首纍〻兮嘉乃功生氣殺賊勁氣在穹嗚呼酒再行兮酒味冽放予歌兮雙劍白將軍陣上兮戰急將軍廟中兮髮直三奠者誰友生堵子憶公初生與予同塞十載周旋我〻爾〻正氣雖存良友已逝死喪孔懷于我無斫惻中宵隱憂未已瞻彼江流臭泗穎泚殲我良人子予之臂嗚呼酒三奠兮酒聲哀死千秋兮生誰歸將軍俎豆兮崔巍故人樽酒兮徘徊尚饗

自記　自余師負陣亡募壯士不可得偶于獄中得徐鳳崗者力能負銃而戰禮而用之屢入陰勦賊嘗帶馬落澗中賊以鎗擣其口忽口拔鎗鐵躍起大呼砍殺百十人莫有當者　鳳崗湘鄉人也後以病終

十一月入覲

各臺以藩勍故題公入覲既而悔之則公已登舟矣吾民歡送夾江而行聚于湘陰雖禁之弗止也

十二月寓京口

公自洞庭沿流而下月餘始達京口已聞有邊報至淮安報益急乃還寓京口

癸未崇禎十六年四十三歲寓京口

二月渡淮

四月達京師

自二月末旬聞邊騎漸逺乃合隊而行趋避于津涿間久之始達時京師尚未解嚴驗文散髮而入公喟然嘆曰此一門者華裔之界也當今安有九邊獨有皇上九門耳為臣子者能勿愧死時主于族兄士鳳家

五月計典薦舉廉卓錫宴禮部奉旨加二級復任

六月至京口便道旋里

七月祠規成

公以約束通族勸耕讀講仁義不可無規乃分孝弟耕讀廉讓慈睦教則及冠婚喪祭之禮勒為一書至是成告主頒行

赴任

八月復還里

舟至蕪湖為盜所掛墮水溺死甦起走草野稱貸至家重整行李

奚娱賓陳公陳母許氏甚殯
公念外父母之德不置憂四方多難從王之軀得暇
無幾遂卜壤于甚濱而葬之有記文二勒于石
赴任
時聞獻賊破武昌人江路絕乃取道浙會召募丁勇
始行
十月至蘭溪聞寇陷長沙
十一月至江西廣信府水陸路絕慟哭而還
自蘭溪自龍游過長壽道遇某長沙令吳某自楚倉
皇奔至見公錯愕相顧急握手動日謂賊鋒盛不可
趨死宜且觀望勿前公切責之兩人者不顧以印付
經去公益憤激進至廣信府城門盡閉士女逃潰所
在俘掠兵賊莫辨不得已還寓衢州
十二月自錢塘還寓毘陵有答鄭又日詩：附
辛苦萬師貴往還多愁知己惜愁顏只今天地干戈
裏自古功名朋友間雪夜挺刀爭向蔡樽前聚米忽
成山同仇莫賦無衣句投筆猶能到玉關
拜復任路阻涎
歲除過虞山故廬守墓
自記　時已逼歲羈旅之臣不安家處乃之虞山守

南岳手譜甲申以下分下卷

墓正月初吉拜墓而行一
甲申崇禎十七年四十四歲廬虞山之墓
正月至南部
謁史司馬可法袁督師繼咸二公海內人宗也共以
國士見許委以長沙監軍之任公慨然接浙而行
二月復任
三月同巢撫憲出師復楚 [illegible]
賊之留屯未去者公以次勦逐乃修城浚濠飭樓櫓
集士民共守之
作哭江行

長沙司理蔡道憲字元白號江門晉江人崇禎丁丑
進士居官□直□自守與公素稱莫逆交癸未五月
賊張獻宗陷武昌進陷岳州遂復圍長沙道憲督將
士城守甚力賊遂謂之曰軍中久聞蔡公名將大用
公：無自苦道憲手注弩斃其渠賊怒攻益急城陷
道憲被執賊委曲諭之使降道憲嗬齒大罵賊磔之
部下士林國俊等九人追侍道憲不去賊初勸道憲
降國俊曰我公若肯降者去此久矣不至今日賊云
爾不降亦不得生國俊曰我等若畏死者亦去久矣
不至今日賊并殺之內四人奮曰死固所甘願葬我

公而死賊義而許之四人解衣裹道憲骸𠩄之南郭
乃自刭公悲道憲之死作詩哭之序曰蔡子之死于
湘南也予驅馳往來洄游中流如見其人烏得不哭
兼哭一時共難諸公哭聲與江聲俱永也作哭江行

四月作墜龍驂

聞京師三月十九日之變痛哭幾絕作墜龍驂五章

五月福王即位南都

福王名由崧神宗孫以初四日監國十五日即位改
元弘光

陞武漢黄兵備副使

六月蒞分巡道任駐黄州

七月平戈陳五族之亂

戈陳者漢主陳友諒之裔支庶蕃衍分為五族盤據
瑞昌興國間其人獷而豺聲輕生好鬭往往徒手搏
虎豹無所畏及其乘變為亂攻城掠邑無虚日蜂大
及于黄州公曰狂賊陸梁我不急討養成大患是又
多一張獻忠也乃授方略于諸將徑擣其巢五族者
震恐喪魄相率詣軍門叩首乞降江楚復定

九月改湖廣按察司副使加一級提督學政

十月會講武昌之學宮

公雖改學使而訓兵講武勤倍曩時注意人才旁搜
謀勇以國仇未雪為深恥居恒扼腕太息常恨未獲
死所因進諸生而論之曰千古學術之大莫切于明
倫今日明倫之要莫切于君臣諸生試想二祖列宗
休養之隆大行皇帝覆天之慘目前立于明倫二字
之下豈不共之仇一日不復則君臣之義一日不明
然復仇之舉不在事功而在志節復仇之地不在疆
埸而在衾影蓋滅賊必需人才人才務為經綸經綸
本于學問學問根于忠孝諸生刻刻以忠孝為心務
求俯仰無愧在家為彦士立朝為良臣則起居動静
皆是復仇之時皆是復仇之地所謂不待舉而後加
者也

拜及時條復事宜疏

其一論取士之法略曰竊聞制義非古也國初亦不
獨重制義也制義之重始於成弘至今而極重乃成
極弊臣以為取士之法莫如寔行三試歸併二科以
德行政績言品為第一場德行者學臣條舉士子孝
友之寔是也政績者凡司府州縣儒學之首領佐貳
學臣皆得薦舉如古徵辟之制也行徵辟之制有五
便諸士有練達之功一也州縣有盛使之員二也國

家得試而後用之士不至有以官為試之患三也士子愛惜進身之始居官必清謹自守四也即薦舉之得失以驗學臣之賢否五也言品者古身言之法一寓目而了然一啓口而曉然也以制義策論判為第二場制義以觀其理學策以觀其時務論以觀其宏博判以觀其律例書一經一策二論一判二亦七篇以韜畧騎射為第三場此取士之法也臣法若行則朝廷無文武之異局封疆無文武之殊觀并鹿鳴鷹揚之二試文學武學之諸生而合為一科以羅天下之豪傑使文不為堅飽武不至躍治于以復古濟艱

此其首務矣

立僑學于漢陽

流寓附籍

乙酉四十五歲提督湖廣學政

正月會講武昌府之學宮

時事日非警報踵至公止辦一死以報國進諸生而告之曰爾究理學者所以砥礪名節砥礪名節者所以務皇事業蓋士一身而百行備焉而明義利死生之辨于以入聖齊賢思過半矣試以義利言之義者高遠難即利者卑近悅從今欲祛千駟萬鐘之奉退而微飡瓢歉飲甘若孫絕豈易以鴆語欺人孔子不云乎富不可求從吾所好義者我所自有也利者我所不必有也不必有者求諸人我自有者求諸己舍我所有求諸非分一朝詭遇千古蒙譏西山之歌與牛山之泣孰得孰失孰少孰多必有知其辭者矣更以死生言之今使置人于鼎鑊刀鋸之旁而從容而告之曰爾必舍生而取義此亦難入之言也然而為是言者非欲人輕性命也正欲人愛性命何則性者與生俱來命者天衷所降極古今忠孝節廉可驚可喜之事皆吾性命中所固有能愛此者堅於金石壽于山岳生固不朽死亦不朽至於今人所戀戀者非性命也血肉耳官骸形器豢養以成永者期頤促者童稚吉者邱隴凶者溝壑不為烏鳶即為螻蟻是不特當其死而非吾有即當其生而亦非吾有也吾不愛己之有而愛烏鳶螻蟻之有清夜自思有不啞然笑者乎故世而有真能愛性命者視死其如飴無俟慷慨以趨直可從容而就也

三月巡試湖南

途遇盗公從容諭之盗皆頫手避路更衛之行

謁督師何公騰蛟長沙府

騰蛟以進士出身崇禎中累官僉都御史巡撫湖廣後進太師爵世侯其為人智深勇沉嘗率師全桂林收寶慶復全永諸州與戰敵大戰于嚴關曰越橋寨旗斬將所向克捷士氣百倍江廣大定己丑正月檄諸將集湘潭謀下星沙北師驟至湘潭陷騰蛟被執勸之降不順命絕粒七日不死復勸之降騰蛟躍起大罵目眥裂出血鬚髮俱張遂遇害時以總督五省軍馬駐節長沙公謁之進足餉輯衆之說掀髯鼓掌絕不作瑣瑣態騰蛟深器重之

五月南都潰

六月立君子營

五月十五日南都失守福王被執報至公痛哭三日設科募士式則幼誦詩書長嫻韜略或則年力壯茂慕義從軍以至一材一藝之士皆聽入募有應募者公親察土著審相法驗膽氣膂力共得三千人分為十營營設都總都監都哨等員各有專業取越王勾踐君子六千之義不謂之兵丁而謂之君子以崇異之一時共事有章曠楊培東等

曠字于野松江人初知沔陽州方獻賊之謀瀾楚也江上無敵行者曠從一廚夫覓漁舟盪槳窺之知事已迫傳檄遠近兵漸集獻賊西走武昌諸郡復定人服其勇云後代公巡撫湖廣

閏六月唐王即位福州

唐王名聿鍵端王孫崇禎五年嗣立至是以閏六月十五日即位于福州以布政司署為行宮改元隆武

八月陞都察院僉都御史巡撫湖廣

督師大學士何公騰蛟薦公才可重用遂有是擢

九月往荆南撫李錦等三十萬衆以歸

逆成既死其義兒李錦等十八部屯澧州界上號三十萬遠近大震公廉知錦母高氏有智術軍事皆取決焉高氏第一功所部二萬人驍勇為諸軍最公令其冠陂任詣其營錦等以鐵騎數千來迎入營公以大義諭之曰公等皆大用才前者陷身不義亦當事者之過但本朝御宇已三百年公等祖宗世食其德一旦以烏合之衆破金甌毀宗祐俾人以利自居賊名公等作此竟亦何益今能重自滌拔戮力建功使名垂竹帛吾當與公等共之錦等唯唯欲定盟公曰姑徐之吾與公等一心報國義同兄弟當效古人登堂拜母之誼請先見太夫人然後行禮錦引高氏出拜公答拜從者奉上冠帔公曰榮命在即預備以俟

高氏喜命軍中置酒及奏伎舉翅金鈿宮中裝束蓋
自燕京掠得者公變色卻坐起立泣而言曰兩京未
復萬姓倒懸亂鍋求死無所亦復何心聽樂公等相
愛宜急撤去錦益心折如命公乃南面坐引古談論
慷慨具陳忠孝大義及古今名賢事蹟纚纚數千言
明日高氏呼錦跪達下誡之曰使汝曹贖前罪洗惡
名者堵公賜也堵公神人也汝曹不可負錦等望公
叩首舉手指天誓以死報于是李錦高一功田虎張
能賀藍李宗第塔天保黨守素李來亨馬世耀等三
十萬衆皆就撫聽公節制楚中謂之十家兵云初公
至錦營見被掠者近五六萬人盡命計口給糧遣歸
比公之還男女攜持夾道拜送歡聲遍百里皆曰微
我公吾我等死溝壑矣

拜請封諸將疏

遣武陵諸舉人傅傳作霖賫疏詣福州作霖字潤生
號九峻最為公所器重歷官兵部侍郎死于武岡之
變

十月降敕獎諭

公疏既上內閣蔣德璟持不可御史錢邦芑請如公
言乃封高氏英淑夫人李錦左軍侯賜名赤心高一
功右軍侯賜名必正號其衆為忠貞營而別降敕獎
公忠勤益勵以後效

丙戌四十六歲官湖廣巡撫

二月率師圍荆州

四月還駐武陵屬常德府

時兵多而餉不給攻荆州久不克參軍趙振芳進曰
我師老矣彼援將至奈何計惟決水灌城可以速下
此不容間之會也公不忍民之魚持不決越二日北
師果集與戰不利乃由澧水還駐武陵憂憤幾絕題
二詩于新化驛人傳誦之

五月戰於草坪大捷

公既撤荆州之圍北師躡其後屯于草坪公以其逼
也激勵將士開門出戰大敗之

拜補行鄉試疏

乙酉科缺鄉試楚人爭叩言之公具疏請例舉行時
以軍務倥偬辭監臨之任

子孫驥姪孫正間行至軍

乙酉六月孫驥孫正從癸未進士盧象觀保聚山澤
間瀕于死者屢矣竟不死乃決意入楚間關數月達
于軍中公見子姪至喜不自勝改孫驥名世明孫正

名正明示不忘本朝也正明敢饒勇略即命督君子營衆皆傾服又選其少壯年二十內外者千人為親兵每戰正明居先身冒矢石親兵競奮咸致死力屢以克敵功膺獎賞累官右都督同知留守錦衣衛事世明後以恩典授江西道監察御史

八月為子世明復娶唐氏

公以兵革不測中歲尚未有孫聞湘潭諸生唐鶴翥有女及笄為世明求之東李鄭二生轉告以至情倘皇路清平東西館古亦有之：意遂成婚正明亦納陸氏生子一將世居於衢云

閩都潰

十月永明王即位廣東之肇慶府

永明王名由榔桂王少子神宗孫聞閩都既潰總督丁魁楚撫臣瞿式耜及兵部尚書呂大器李永茂等奉王監國尋即位改元永曆以肇慶府署為行宮

丁亥四十七歲官湖廣巡撫

四月陞兵部侍郎賜劍印總督軍務

王遷武岡劉承胤掌兵專政而高李諸將聲言欲入湖南就糧承胤恐為所併私念非公莫能制特疏薦公加公官令督師出江楚

七月拜請誅劉承胤疏

興國公劉承胤驕肆日甚忌督師何公騰蛟權出己上請改為戶部尚書專理糧餉不聽及何公入朝歸長沙承胤伏千騎于道何公至伏發部下士奮力與戰盡殲之承胤諱而不言公因疏言劉承胤恣為不法截殺督師重臣請正典刑承胤見疏始惶懼自戢

八月常德潰率諸將守永定衛

九月武岡潰傳令戒嚴

北師逼武岡王奔郴州劉承胤以城降遂傳令各營協力巡守

十一月率師復常德進復辰州

自退守永定而後幾及半載公憤無恢復期乃書二祖列宗之位北面百拜拔劍將自刎以謝不職罪左右急抱持之公釋劍大哭諸將亦哭三軍皆哭：聲震山岳馬進忠王進才等咸請効死公乃兜鍪金鎧建大將旗鼓剋日出戰公姪正明故弟子員即之溫溫儒者倜儻伉健饒胆略工騎射其來楚也督君子營能固結士心與同甘苦士皆樂為之用至是公命正明先登餘眾兩翼以進公督戰急正明叱咤大呼諸將應聲騰赴三軍繼之驍勇果毅莫不一當百血

戰三日復常德進復辰州
戊子四十八歲官兵部侍郎總督軍務
三月檄李赤心及忠武諸將合營駐常德
公慮馬進忠孤軍難支更調李赤心等與相犄角為
乘勝東下計有奸人鄭古春者東西唆搆諸將惑之
始各懷疑忌矣
四月大軍以書至拒之
北師駐武昌使公鄉人吳達持書來招有大者王小
者侯之語公峻拒之
五月拜絕口勿談和議疏
時有倡和議者公上疏痛陳其不可其議乃寢
七月至夔州散楚宗朱容藩之黨
楚宗庶子容藩以便佞爍掌宗人府事獲罪當誅會
得免遂由楚入川據有王光興于大海李占春諸軍
自稱楚王世子天下兵馬副元帥設官擅封拜有自
帝之漸公方統兵欲東聞之恐變起旦夕為肘腋憂
即乘舟至夔詰責之容藩無以對一時附和容藩者
有張京程正典朱運久等公一一陳大義曉之川中
將士始悉其名號之偽各思解散以聽朝命未幾容
藩走死雲陽

八月還自夔州率師復衡州復湘潭進至江右所向皆
克
公還馬進忠與李赤心不合恐其相圖已移營湘南
矣公乃調護諸將激勵士卒嚴部伍申約束將士踴
躍用命復衡州復湘潭鼓行而前所過郡邑皆下遂
入吉安
十月率師還駐茶陵屬長沙府
金聲桓以江右來降將率師趨南京恐贛州未下議
其後留攻贛以牛酒犒師請獨任江事公乃率衆回
茶陵欲與督師何公騰蛟合謀出江漢以窺兗豫
十一月陞兵部尚書賜劍印總督軍務
十二月率師援南昌
初聲桓圍贛州未下北師猝至聲桓還南昌嬰城固
守北師圍之復以餘力敗傅鼎銓余應柱西破丁家
塘土寨江事日棘公得報即督忠貞營兵往援之
春秋說義成
公嘗命子世明習書居馬前已則自囊筆細碎諸物
軍行頓舍治軍書畢即掃地焚香啜茗紬繹春秋大
旨爰釋不輟至是成編名曰說義釐為五卷凡萬五
千言

己丑四十九歲官兵部尚書總督軍務

正月師次袁州還救湘潭不及遂守衡州

督師大學士何公騰蛟駐于湘潭遣諸將悉力攻長沙將拔之北師驟至城破何公死之公聞變率師還救與戰勝負略相等遂率諸將守衡州

四月戰于衡州之草橋不利還駐耒陽

陣于草橋公自執桴鼓聲殷殷諸將直前搏戰自辰至酉殺傷過當忽有鐵騎出陣後陣遂動公急收軍駐耒陽而令正明別統一軍護眷屬屯永興凡相去百五十里

永興陷都督府右都督同知留守錦衣衛事正明死之

正明屯永興北師從間道來襲正明大呼上馬率部下死戰北師全集圍之十重正明身被重傷奮力斬數將潰圍出且戰且走迤邐及于城濠銃箭蝟集遂遇害年二十有四事聞贈太子太保左都督參謀潘諸邵履正皆不屈死諸眷屬在城中聞變亦闔門縱火自焚死

大軍以書至拒之

北師得公戚唐翁（鶚）學遇之予以官賞使作書招公委曲諭以天時人事之說公毀而拒之

五月戰於麻河大捷

北師日逼約日出戰公刺血書疏覆神畢納刀靴中謂諸將士曰兵凶戰危此行脫不濟吾惟一死以報國耳公等可善自為計將士感激用命遂捷公每遇戰勝諸將上功擲級滿前血模糊積所割耳鼻髮兀如山阜公踞胡床坐神采英毅意氣慷慨望之者皆疑為神記功畢公忽怡然命為功高者奏樂簪花披彩手金卮注酒觴之將士益感激思奮

入覲

公所相與左提右挈者督師大學士何公騰蛟也何公死永興亦陷公憤甚欲入朝面君計兵計餉將滇入楚謀大舉乃檄諸將嚴師城守率麾下三千人入龍虎關過保昌侯曹志建營志建素驕蹇不奉法縱兵掠永郴間屢被公呵責乘間欲害公公覺之夜走何家寨尋至粵西平樂府之賀縣

江西道監察御史世明卒

初公謂世明曰我受國重任非死無以報汝書生在軍無益且事不可知汝盍行乎乃令門人李先登匿之山中出衣冠遺之世明不可公曰父殉封疆子延宗祀亦各得之道也何為而不可世明泣曰兒縱偷

息人間要不若父子兄弟死生同在一塊乾淨土兒今復何之因痛哭因不肯去己丑五月公將入朝先遣世明賫自陳疏詣肇慶二十八日至廣東之陽山以病卒公聞訃慟謂左右曰此天命也吾伊以子為哉意氣逾奮

六月入朝陞少傅太子太師吏部尚書兼兵部尚書文淵閣大學士

七月奉勅總督諸營以圖江楚

公屢疏請出師永曆嘉之特賜龍旂十二總督諸營以圖江楚

師次梧州

公既拜命即檄告諸鎮召李赤心於藤縣次于梧州以待之

作書寄示吳中諸舊好書附

僕自甲申以來驅馳王事心盡力疲幾於不可復振然而一息尚存亦何敢以自逸也倖邀宗社之福收合餘燼迅掃狂氛揚帆直下重展孝陵歸老桑梓所甚願也或者天不降祐以致師徒失律大勢日非則胤錫七尺之軀久不作人間想矣異日荆溪之滑風清月白之夜有哀凄叫空者匪他人必胤錫也故人不棄倘有灑酒以相慰者予幸矣幸矣念錫一生初不有家棄捐室人亦不復道止有從兄胤錄從子昌明為先祖父一脈之遺貧弱可傷故人能嗟而食之使不至溝壑則錫胤生死之感也初公未第時所與交者凡十人號十鈍亦曰十遁又號十癡得公書往往散去後多不知所終

八月土寇徐彪作亂擒斬之

土寇徐彪聚衆萬人四面出刼掠官兵不能制公念內難未靖何以克敵乃率師往與戰大敗之擒彪斬于市

奉旨給四世誥命

永曆念公忠勤封為光化伯給誥券公以廷臣各立門戶軍旅齟齬無成功惟當任事何敢冒恩上疏力辭遂特賜四世誥命以獎之制辭為禮科金堡筆堡與丁時魁蒙正發劉湘客等立朝侃侃正綱紀慎名器素不為近倖所喜堡尤著清直聲見重於時

九月拜疏陳事宜疏

獻忠既死其義兒孫可望自蜀入黔自稱東平王既而苦無以制其下頗聽撫求王爵粵師陳邦傳前閩高李諸將〻入粵慮不相容欲結可望以自固乃遣

胡執恭矯詔封可望為秦王廷臣知事出邦傳交章恭劾執恭居滇不敢歸可望必欲求真封廷議難之會永曆遣使勞軍密以問公公即疏曰可望久據成都滇黔復為所有曷能禁其不自王然必請命于上者意尚知有朝廷也我不能禁其不自王而必欲靳之使不王勢必僨決今誠降敕封之使恩出朝廷既可以係收其用且令縛胡執恭至正其罪誅之則賞罰之權亦不倒置矣疏上輔臣嚴起恒尚書吳貞毓侍郎楊鼎和給事中劉堯珍吳霖金堡張載述等不可公再疏曰廷臣謂異姓封王非祖制持議良正然不可以為今日言也可望已自稱王其黨李定國艾能奇劉文秀三人亦皆稱王設但封以公爵必非所願萬一不受封因而為逆謂皇上威靈何謂天下事勢何或者又謂欲收其用而先失國體適啓邪心非策之善則臣竊有說於此謹按開國功臣六王皆追封也而尚書洛誥曰記功宗以功作元祀蓋古人臣有大功者常以元祀慰勵之今或量封可望為二字王即于敕書中詳載舊制明示破格相待之意而勉之以中山開平之功則可望既感激用命于祖制亦不為背謬矣疏奏永曆命鑄印封可望為平遼王

十月師次潯州遘疾

公督師六年屢與大敵角勞瘁萬狀值馬吉翔李元胤用事凡有奏請動見掣肘諸營多觀望不進展布益難遂發憤成疾吐血不止

十一月公薨

病急強起冠帶望闕再拜書遺疏上之略曰臣自拜命以來任大責重竊不自量擬再合餘燼少收桑榆不料調兵則一營不發若曰堵督臣而有兵是豈其羽翼也索餉則一毫不與若曰堵督臣而有餉是資其號令也致臣如空山獨夫坐視疆場孔急號血拊心略無展布亦西上横邑感厲太重一病不起遂快群腹臣亦何恨但以萬死不死之身不能為皇上死于疆場而死于枕席實有餘恨臣死之後伏願皇上揀任老成用圖恢復若軍國重事惟以馬吉翔李元胤等數人為股肱心腹事之成敗尚屬可慮拜疏訖又南向拜父母曰兒死不獲更還邱壠矣諸將環集公一一執手依依勉以忠義為訣別語諸將泣淚拜伏牀下衰不自勝既復呼筆自題其像曰吁嗟牧子遭家不造誠身事親遭時多難誠身事君四十九年

癸上疑有訛脫

泒光蒲臣癸卒[illegible]十一月二十六日丑時也卒之夜侍疾者近百人瘖寐間皆恍惚見二青衣牽牛而至公起迎笑脫幘易箬笠短衣至廳執鞭跨牛騰空冉冉而去嗚呼公生以辛丑捷以丁丑卒以己丑丑之生屬固牛也茅峰之禱感于前潯陽之夢徵于後其生其卒抑豈偶然者哉

閏十一月賜葬潯州之西山

永曆聞公卒泣涕减膳輟朝五日贈公上柱國太傅太子太師中極殿大學士鎮國公謚文襄改謚禮部官致祭賜塋潯州之西山以閏十一月十九日葬于

世明拊後數年茶陵門人尹惟日為廣東和平令發柩將送歸義興未幾惟日物故從子景濂跋涉千里入楚得公之柩於黄梅縣之鬭龍庵庵僧歷言屢年神靈赫奕諸事蹟相與嗟歎者久之挈歸葬于廣山之祖壠

毛廊菴曰己丑九月公納浙江紹興府之葉氏公卒時有三月孕嗚部將常萬善善視之後竟負托及孫可望至粤西迎駕執萬善數之曰堵制臺真天人以嗣續見托而庸奴乃敢泄泄為此態命鞭之至百萬善哀泣求釋不聽其子因得不死今居滇中式者天道不爽曰以繁而昌云

世明妻徐氏正明生母錢氏妻沈氏苦節終身與夫人陳氏相悲復相慰也後俱以壽終

歐陽曲逵人為公親吏五年在潯州送終有粤西實錄一卷專述公之事蹟其卷末自叙云典感知遇之思結廬墓下思服心喪因時播遷未終所願云

嘉慶乙丑義興陶渭濱為予臨得公遺像云曹鯨筆也是歲予游韓江題月復過陽羨文從潘于雲借此譜倩吳門友人傳錄副本與像並藏焉　海寧後學吳騫

庚午秋予復游桃溪盧子式如（楷）以公全集見示有年譜二卷乃南岳張（夏）楔前有夏序題康熙丁未臘月所載視此本較詳然此譜不載可以互證其

即從張本節録者借予未及更鈔蔵也年
未清明日壽又志

烈婦現形爲厲錢氏沉冤光後獲報何獨怨毋懷室之曇
之道士耶 此文理之不可解者也

堵文襄公年譜

（明）堵胤錫 自記
（清）任源祥 續記
佚 名 編

《堵文襄公年譜》一卷，（明）堵胤錫自記，（清）任源祥續記，（清）佚名編，清光緒十一年（一八八五）童斐鈔本。

譜主堵胤錫（一六〇一—一六四九），字仲緘，一字牧子，號牧遊。宜興人。二十歲至無錫，後師從馬世奇。以無錫籍登崇禎十年（一六三七）進士，官至長沙知府。當時山賊蕭相宇作亂，數敗官兵。堵胤錫率鄉兵破賊，殺賊魁，遂以知兵出名。福王時，歷湖廣參政，攝湖北巡撫事。行事『苟利國家，我則專之』。唐王立，任右副都御史。李自成死，衆立其侄錦爲主，擁兵三十萬，驟至澧州。胤錫議撫，躬入其營，慰諭歸附。王大喜，加封兵部右侍郎兼右僉都御史，總制其軍。遂與錦等深相結，倚以自强。永明王時，任兵部尚書，封光化伯。在湖南、江西、貴州、廣東、廣西等地進行反清活動。遭瞿式耜、李元胤之猜忌。堵胤錫等人主張聯合大順軍和大西軍，何騰蛟、瞿式耜則排斥農民軍。瞿式耜之同黨丁時魁、金堡等上疏劾奏他在湖南『喪師失地之罪』。病卒於潯州，謚文襄，後改忠襄，《明史》又作文忠。著有《堵文忠公集》。

任源祥（一六一八—一六七五），字王谷，號息齋，宜興人。諸生，明亡後棄舉業，有經世之志。以詩古文知名，爲文多哀悼抗清志士。著有《鳴鶴堂集》。

童斐（一八六五—一九三一），字伯章，宜興人。光緒二十九年（一九〇三）舉人。曾任常州府中學堂教員、學監和校長，後任上海光華大學系主任。擅書法、崑曲。著有《中樂尋源》等。

本譜叙事起自萬曆二十九年（一六〇一），止於順治六年（一六四九），内容與之前的嘉慶吴騫鈔本、道光刻本均有異同。

本書據清光緒十一年（一八八五）童斐鈔本影印。

（朱　剛）

堵文襄公年譜

萬歷二十九年辛丑初十二月初八日酉時公生

公大父月川公悉讓其田宅於諸父乃居武進之夾山村中名十坊街外家王氏別業也至是母陶夫人生公於夾山之麓

自記曰時大人年幾四十再娶而艱於嗣每春初則涓齋禱於句曲之峯凡七往是夕夢青衣召至一殿甚壯麗中王者冕旒降階語曰昨有真武使牒來告汝志專誠及考汝行蹟醞篤恨汝一生薄禄無子惟壽得上壽耳大人泣曰無子且壽曷若如之願以壽易子王者曰惟減一子紀與爾鈍者大人泣曰奚貴有子而鈍也王者躊躇良久曰奈何姑與汝慧者然壽當再減一紀大人叩謝曰所甘心焉出遇一道士手招牧童至垂兩辮著犢鼻謂大人曰是汝兒也牧下牛擲笛逐迎大人而笑遂寤至是不孝生先慈復夢牧豎笑而入懷中笛聲嗚嗚慈撫之喜既一牛突入毛角猙獰觸慈於地慈驚寤腹遂宛轉備折副幾絶名不笑肖曰揆志神揆也

萬歷三十四年丙午母六歲居夾山　十月母陶夫人卒年二十有九

自記曰先慈病革之夕舉不笑孝與先人訣曰妾以產揆兒成疾今得揆兒猶妾生也幸懈撫之復撫不孝曰揆汝母逝矣汝知之乎冀早成立使予春秋有祀視也時殘燈明滅扃戶闃然不孝聞語睡夢中自墜

牀下號涕不已比明見以帛覆慈之首不孝呼曰奚為覆帛使吾母若何飲食乎猶未知為終天之戚也且嗔家人言死曰聊熟寐耳殮之夕不孝大慟持不肯下徐某詭言曰醫云如是晝夜母乃愈不孝信之每朝夕必環呼曰病愈乎思飲食乎欲坐立乎且使匠氏啓馬及葬命不孝服衰杖則以為服而啓也命拜則以為拜而啟也設奠則以為奠而啟也出門則以為至啓所也及土將發乃驚投幾絕嗚呼痛哉而母死耶而母死而猶未之知耶今知之矣今知之今無及矣又奚貴有知耶無論生不能養死不能葬兼不能知先慈何仇於授而必生授以殺之歟痛哉痛哉

己酉萬歷三十七年九歲居夾山隨沖宇公父館於下坊之劉氏　九月試筆作文題若夫豪傑之士雖無文王猶興公援筆成篇有豪傑者使人待我豈我待人之句坐客驚賞時沖宇公落鄉闈怏怏不樂見公乃文乃稍動色

庚戌萬歷三十八年十歲復隨塾於劉氏家居夾山

自記大人嘗曰孔子一生只任為誨二字以臆測之為誨應非有兩義力學所以為教也己之不正何以正人推誠於人所以誠身錫拜教受教一日出大父手書有曰比爾就塾為他人師使我心惻師人非易況為人師乎而能以師古者使人之足以師而庶無愧也大人問錫曰而讀之亦能有所感發否錫跪讀良久大人曰汝知大父之教教我者即所以教汝乎

師人非易者而今日事也為人師非易我今日事也思及非易何刻可寬父子佩以終身有餘矣雖燕閑當如庭對也

萬歷（辛亥）三十九年十一歲居夾山隨沖宇公館於三橋周氏　二月月川公授讀左史　三月父沖宇公卒

自記曰先禁烟節後大人治裝將歸省晨呼不孝曰膀後如患癤不孝夢中聞語剡然驚躍通身汗出如氷引不孝手摩之戰不能已大人問曰兒何苦而喋聲曰不知也噫彌天凶咎梁壞泰崩魂魄俱飛撫躬震驚其有神告之者歟未幾成疽遂入郡就醫於陶氏舅所越數日疽潰諸父問後事大人曰予不祿天降之凶使先二老長逝念罪孽已極更有何言而凡弟其善視甘旨無傷白髮心則予死且無恨惟做壇敗葦浮土不封使速朽以彰不孝之罪可乎從容謂不孝曰授爾將何為泣對曰讀書曰讀書何為曰做好人曰好人不易做也抑汝知何為是好人曰紆朱曳紫是好人斥曰去更思之是貴人非好人也不孝跪請曰夫子有言必孝親忠君者是乎曰然抑汝又知若何而孝親若何而忠君乎對曰顯親揚名孝也委身致主忠也大人有間曰猶夫朱紫之為見也飯蔬飲水無孝乎草莽氓隸無忠乎不孝膝行而前曰夫子教之曰居吾語汝無念弗愛孝也本之臨深履薄以成無行弗謹忠也根諸質影盟衾而達予一身盡志攻苦與汝孜孜教誨豈逆計後日有朱紫之效

誠以吾儒一生事業文章或有待時惟忠孝兩者惟當直下猛提終身不悔斯卽所以顯揚委致耳爾能力體此意則予一生心跡耿然如生吾無長物遺汝惟此永訣數語也既又曰學者之患莫大乎成敗易中夫敗有沮色者必其成而溢志豈讀書人本來面目君子創業垂統為可繼也若夫成功則天也吾切切水九原注望汝汝負汝也時不孝雖幼親聆庭訓拜服脉下泣不自勝大人正色曰汝以佩服為孝乎泣涕為孝乎今予啟手啟足之時正汝思志思事之日柰何作此兒女之態徒亂中懷命援筆書之書畢命覆讀復改數字又曰敬身行己之道莫切著於禮吾父欲授爾而未逮其即讀之爾賦性佻達躁而寡恆其能檢束者爾此經也讀是經當如爾問予言命具衣冠舉笥出經盥手以授不孝再拜而受展誦樂正子春下堂傷足一章諳〻反覆未竟嘔血而暈時三月一日子刻也於是異香滿室又有白鳥入庭飛鳴悽惋既一刻而復甦喟然曰父年五十年教育肫切在予予竟溘然先逝天乎必不許某終養乎蓼莪之恨賚志重泉斷簫淒風當時聞某涕泣聲也强起南面再拜痛咎之言不絕於口嗚呼是則大人之所以為大人者乎時已體息潰耗奄若懸絲顧心志肅毅注意深遠其垂示不孝者即其所力以終身戰兢臨履之言莫愷切於斯矣時伯舅志恆在塾大人訃往返以五日囑使者曰汝晝夜倍道予忍待之比初五

上午伯舅至大人已不言能張目指不孝開闔者久之曰善撫我孤遂正衾斂體而卒大人博學强記與於書無所不讀尤謹抑自持吶吶不出諸口處已嚴而切摯與人醇而有恩至睦友仁衆恤孤賑貧皇皇若不足然不敢自專必受命與王父母而後許人孝性蓋天植云　四月寄讀於郡城丁師所　七月大父月川公卒　沖宇公竭力甘旨終身不畜私財遺公一椽數畝而已旋遭大父之喪未久而大母繼之營貸殆盡先業蕩然

萬歷四十年（壬子）十二歲　三月依於岳家　初沖宇公以兩配早世誓不復婚以供旨故置一妾治兩喪與有力焉至是不相安而嫁公徬徨無依陳公娱濱聞之太息曰吾師乎僅存此孤也乃載公以歸延師錢德真教之

萬歷四十一年（癸丑）十三歲依於陳氏　正月附於周氏之塾既而遣歸　四月改附於李氏之塾當隆冬無緼袍露肘向日披讀左國不覺移午捲卷起匆（忽）手足拘曲不可屈伸遂仆地而呼岳母許氏抱置之敗絮中逾刻而復初　是歲三仲父卒

萬歷四十五年（丁巳）十七歲　時岳家貧不能設塾公念沖宇公没時語乃於五月中裹糧往伯舅塾主戴圻黄氏舅不見恤尋還

萬歷四十六年（戊午）十八歲黄氏兄弟約公同硯得留塾於戴圻　十二月遣書被焚

己未萬歷四十七年十九歲依於陳氏設塾訓蒙

自記曰飢寒剥膚飢饉洊至終無如何乃受四蒙童餬口卒歲所獲三金而已夏則懸被幅爲帳入則汗蒸出則蚊蠐達旦不寐冬則破襦作袴代絮以麻累纍若授之欲脱出肘裂足蹈歌雪中或良月靜夜則欹坐古橋邊畔行遊至曙日以爲常聞者哂笑共目爲癡時共志者有蔣沖之吳初侯史吾住周于廷

庚申萬歷四十八年二十歲依於舅氏　七月遊無錫依於族兄知白家

辛酉天啟元年二十一歲依於族兄知白家　二月受業於馬素修先生

自記曰馬師見予院試落卷賞之因執弟子之禮三年多所資益　素修名世奇字君常無錫人崇禎辛未進士官至左春坊左諭德嘗曰遇事宜存生機勿存殺機處世宜尋退步勿爭進步人以爲名言甲申之變沐浴更衣捧敕印北向拜復南向拜母同妾朱氏李氏闔室自經後謚文忠　三月就婚於陳氏

自記曰時予既生計依人妻父復饔飧不給合巹之夕貧夫婦謀一布被不可得聊煮楮塗緼以充孔嘉之色婦亦泰然自居不少歉沮相對敬恪有梁孟遺風焉　七月獻策於何郡侯不納　遼事孔棘詔募材俊之士以備邊公上書於郡侯何應瑞累萬餘言何奇之謂曰汝奚能對曰無所不能曰能弓馬乎對曰不能能占候乎曰不能能行伍乎曰不能公笑曰

然則奚謂無所不能曰能某使弓馬盡其技占候盡其術行伍盡其進退不能人之所能而能人之所不能變化生心而決勝於帷幄何喜曰汝固奇士然當以詩書自輔益奚眉與躍張並進乃受策而不許入幕

壬戌 天啟二年二十二歲依於陳氏　五月補府學諸生

自記曰府試既黜計無所之乃徒步至江上糾同志譁於學使之門為閹人所踣予怒毆者而呼學使心動命何府尊於正考之外特加收錄約非七藝不取四月初八日試於江陰學宮與試者三千人錄三十六人予幸得標初九日即入院試進者八人予幸居其次皆撥入府學是役也予徒步三百里忘寢食者十五晝夜入譁於院門閹人椎中背發腫傴曲月餘至不能咽嘻饑矣一衿困人至此極哉以此志知遇之艱乃爾　十二月徙居無錫族兄知白之別業名中橋莊

甲子 天啟四年二十四歲居中橋莊　六月復從歸於陳氏

自記曰甲子春日跂回時四兄未有子有姪某姤予之親信於四兄且思利其有惛予以直道相忤遂騰謗以傷予四兄廉知其狀恨之欲予為難予以疏不間親諫兄乃止既而揚言又予予懼害告四兄復歸於婦家兄不得已從之相泣失聲是年淫雨連旬河流泛溢予同妻女坐一小船忽大風拔木雨如泉注

咫尺不得依岸幾覆者再百里行數日暑月至僵涷失色人事天行交相為虐復謗語四達予時踉蹌於放歌行野誠無喙可辨此有生一大奇阨也古云止謗莫如自修予素皎皎自好若此時小不忍幾何不為溝瀆之匹矣予忍包詬媿中夜奮勵冀白一段寃抑積行自强絶不見諸面厥後四兄果得子予亦幸能砥立恩撫正姪并姪女相依十載如已出以報四兄夙昔之德閭邑之人每相傳予與四兄知遇報施生死窮達以為嘉話前此之謗不辯氷消由是觀之居惡徒穢其身力善未始無獲予於與四兄之謂也古之言豈欺我哉

乙丑天啓五年二十五歲館於南圻蔣氏因與宋北翔魯同聲交往來甚密人多哂之　十月歲試五等黜青

丙寅天啟六年二十六歲依於陳氏

自記曰自四年大水五年大旱斗米二百餘錢妻女啼飢皆無完縷衣擁敗絮少展側即露出肩臂倦極少寐則夢生落水中惕然驚寤內子針紡以食凍瘡裂甚十指如搥日得一炊便相慶幸予入值內子私涕慮覺之强為歡笑予亦弗敢詰也惟各拯面瘦而已二月長女殤貧夫婦益無聊矣　四月季試得標縣尹馬天閑博學馬禎岱共賞公卷府錄之雋與有力焉以隔年劣等拔冠一軍亦破格之知也八月府錄一等　十月科試一等復附　十一月子孫驥生

丁卯天啟七年二十七歲就叔祖心膽之聘　七月院覆

試不與除科舉　公以之觀城不及赴覆訴之學使訑訑不受公戇激不能屈為屈媚之語遂拂衣出親知尤之公笑曰丈夫屈伸固自難期如終屈也屈我者宜一學使乎如不終屈予亦何求乎學使

戊辰崇禎元年二十八歲仍就滆西之塾　正月四仲父卒逾月塟殷墅　四月仲父無子居於無錫病劇呼公公侍湯藥為不解帶數日仲父稍有資產欲遺公公辭曰姪雖貧猶堪句讀自活五仲父老而孤伯兄懦而病幸分授之姪分毫不敢望也

辛未崇禎四年三十一歲館於沙灘之吳氏　四月復徙歸於前亭里

自記曰大父以家難故自前亭里徙居夾山幾六十年矣大父嘗曰子孫如幸成立其歸守邱墓無忘潔沮諸仲父益貧析不克自振予復躑躅武宜錫三邑間靡有厥居大父之志竟不遂今年四月因舉族喪至前亭徘徊風景不覺泣然有黍離之感乃挈婦來歸數指之外一筍而已偕族弟協之僦屋而居實左右焉　五月迎五仲父母歸養　五仲父貧老無子公曰予每以二人早逝不獲一日菽水為終身憾今仲父母猶父母也遂迎之

壬申崇禎五年三十二歲仍塾於吳氏　二月五仲父卒時公傭筆所獲頗有餘儲叔姪歡聚以為慶事至是醫殯之費踰於館穀家復蕭然　三月禮經釋書成　五歲試二等　八月府試錄　十一月科試二

等

自記曰試之日與靖江童生朱姓者並號甫坐即以參果餉予求示題意日未逾午予正草二義已搆朱耳語予曰君能以餘力及我倖進報賜兼金先以薛饋為壽予初感之既幡然曰造物之巧有限予今志在成名復思射利不祥且予三十載食貧每一介自砥今一旦為曖昧所奪以犯陰陽之忌志毀不可復完峻却之復拈經義畢日晡而出予密其事後幸鄉薦親供時學使以學墨卷與試卷筆跡正草大殊出以相質見試卷前不過句點後幅乃潑墨淋漓學使謂予曰汝書義猶人至經義甚滿志定覘夙養今果不負予因憶曩日或為小利所惑未必能完經即僅完經未必能後勁科舉尚在去取前能必賢書乎一時得失相去天淵思之惕息向不過一念見義耳告之俗議方笑為迂然惟一念見義則神清神清則氣足一誠之感鬼神格恩經義之得進若有神助非鬼神即心神也學勿者謂寸晷之下無三尺也噫士君子見小利而妨遠圖一時失足垂翅終身者何可勝數由是推之宴安可懷也酖毒亦可畏也千秋久大貴有矚觀不在朝夕之死生目前之窮達有志之士其可忽諸

癸酉崇禎六年三十三歲寓建寧府　八月應天鄉試中式第十六名大主考丁卯趨進副主考蔣八公德璟房師徐松濤養心同門王行儉等十人

甲戌崇禎七年三十四歲　會試不第　三月抵家　五月赴路修期浙江金華府之塾至秋季歸　十月以四兄子天正歸塾

自記曰四兄知白卒於去年丸九月正姪孤貧不能讀乃并其二庶母一妹皆載以歸延師王元履教之與子驥及宋北翔子魁同塾　宋北翔沒托孤於王黃仲含依依數年含仲子女繁不能分給公載之歸後公丁丑會試正月寄書弟寅恭內云驥囑令讀書養脾胃天正囑令早起夜眠勿驕惰魁囑令好學識時務三徒要樣教法孫驥純而弱天正薄而儇魁郎鈍而苦弱者鼓之儇者束之鈍者通之最難最難須細細與元履兄說郎以此字與看亦夫無不可也公之恤孤蓋惓惓不忘如此

乙亥崇禎八年三十五歲　五月赴房師徐公孰姑之塾

詩經釋書成

丙子崇禎九年三十六歲　二月入南雍　三月往金華

七月還至嚴灘被毒不死

自記曰路翁修期復延予至金華閱録科卷及題贈遺之外復貸百金為公車資家童孔隨素狡悍不法在署行竊事敗懼予鞭之復覘予橐篋乃買毒謀間時有徽友汪千仲之僕汪學汪禮濮典史之僕某及予五人同載一舫隨行竊事汪覺而恨之七月六日自蘭順流至嚴灘日暮隨俱晚供至方舉庖見酒色黝仰吸及半味殊異嚼一齏覺硬不能下咽因命徽

去隨吶吶似有侑飽語遂引滿向汪學復以半予濮汪禮以卧病獨不與晚涼初奕露坐舟脊汪酒深即嘔濮繼之予問曰奚若為語未及出口已格格喉間矣遽匍伏不可起顧見二人嘔益甚隨亦據榜作嘔狀見其用力甚而無苦予乃悟隨之有異謀也昏憒不能語念惟得痛嘔可少甦伏見舟縫中有生荳撮而嚼之荳腥入胃氣以逆行吐甚最後覺鼻有酒香併一齎俱出私幸曰吾生矣吐已復瀉一刻數十遍宛轉几枕汗下如雨幾絶者再予半陽回氣稍復乃呼舟師曰中毒為我虀此奴隨崛强予摟其囊中得餘砒檢昨酒甌滓汁森然語乃塞最至桐廬覓醫得藥又一日至當陽診於來醫家予寓杭呼兄伯緘弟協之至乃歸致隨於獄未幾隨又以越獄重數月疲死是役也予以孤裝被毒行千里外四顧無依昏憒中惟見江鯨山鬼齒齒相向自分與死為鄰惟冥心靜氣聽其自然而已祖宗之靈天心降祐使予未死之身猶得俯仰身世為人臣子再生之軀敢不自勵以期無負乎予以為不必生而得生不足幸惟不為無用之死而為有用之死始足幸也嘻不其難哉

九月會試北行　史綱成

丁丑 崇禎十年三十七歲寓於京師　二月會試中式第一百八名正主考張悳松至發副主考孔玉横貞運房師陳木生美發同門許承欽等二十一人　三月殿試賜進士出身　狀元劉同升榜二甲四十八名

歸省宛轉印墓間惻從中來遂不能去計予假至選期有朞月之便乃結廬墓側枕塊寢苫築塋立主朝而拜主夕而展墓以當定省爰出辛未之筍復加思繹纂而梓之以不忘先澤暇日則習射服勤風雨則讀書稽古以九月朔日至墓明年六月晦日辭墓爲期二百七十日非敢曰行古之禮也人子有力以事親有善以歸親抑必至之情耳

戊寅崇禎十一年三十八歲廬墓　墓上有枯桐再花枝間蛛網結成孝字作桐花篇以紀之　六月辭墓作告主文　八月寓居於淮　東兵窺闌齊魯告急兵賊縱橫不能前進遂寓於淮越月至濟寧遇兵變倉皇而返　十二月以詩哭大司馬九台盧公

四月十五日入大理寺觀政　凡新進士殿試唱臚必主閽家資憩息供飲食初不過弋取小利後聲勢日盛且有以居停得援者公北上之日拜主祝曰兒此行幸成名立於朝誓生平不識一閽至是執不往閽初而怪之再而詬之三而毆之及班役失冠公弗顧也觀政例日接本候於内朝晨賫而往夜分受旨而退班役爲公憂之公曰無庸是日負胡床裹餱糧子處垣壁間班役皆匿不敢侍閽貴至公輒瞑目假寐危坐終日揄揶百端公怡然自若　五月假歸

九月廬於虞山之墓

自記曰予痛念幼失怙恃長而飄泊生無以養死無以塟歲時伏臘不能以禮鮮民之疚抱以終天策名

己卯崇禎十二年三十九歲三月至京師　四月欽授南京户部主事　七月涖南都任　九月涖兑差分司之任　十一月辭兑差離南都　部堂仇公維楨以北新關委公公辭仇曰資例有定辭者之矯適成爭者之紛羶潔在心耳宦貪泉之妨夷飲乎公迫於義乃受劄以二十四日辭兑差離南都

庚辰崇禎十三年四十歲正月涖北新鈔關分司之任　内使崔璘在浙督察鹽漕糧餉諸務關使謁之例用銜帖公初用侍生璘不受公詰閽者曰何為閽曰須改官銜公曰是奚難但慮過倨不堪耳援筆簡額作欽差户部督理北新鈔關分司十八字璘嫌字太高不受公曰欽差二字可下乎官有内外敎無尊卑予不敢辱君命故也璘無可如何相見而不受帖每及交際則以兩帖相隨璘終不受公終不易璘來時騶從赫赫直至署堂公往亦如之璫為之氣阻　二月申明課則革長單撤巡夜免雜税定漏税罰例凡暴商之政悉去之　五月設捕防廳　關外郭伏莽可虞乃捐貲募士加以廩賞躬自訓閱命客將佘師貞統之具文兵部及浙撫按立鋪捕防中軍廳時飢盜充斥一竟晏然更以其暇講武習射於圃中　七月出示免税　淫雨兼旬米價湧貴商舟不至公免其税以招之舳艫漸集馬徵素修先生聞之寓書曰日聞杭關政聲遂欲超閒翁先生之上至米船盡捐税額杭城萬井人寄更生尤有轉移造化之力真五色補

天手也吾黨有人吾郡有人天下有人矣　八月姪孫正補錫邑諸生公改天正名孫正孫依世偈正從父命也字寅叔時年十五隨任杭關得報急趨江陰則一日已覆試矣方新生謁見學使張慰堂以後進於禮樂題試之文立就學使動容稱賞命具衣冠行禮比就舍與同輩接見恂恂文弱顧獨伉壯負膽畧工騎射尤善運槊旋轉便捷如風能踴身躍起丈許錫邑有立關僧拳棒罕敵客有請觀其技者正以寸木擊其母指立破之遂以藝勇聞　有靈鵲來集時有靈鵲晨夕集於廨上白羽朱喙朱足羣鵲數百從之飛則白先羣後棲則白中羣遠人以為廉惠所感忽兩日白鵲不至公深自修省焚香祝曰予司榷有過白鵲永不來庭否則當再來也次日白鵲果至及公解任始去

辛巳崇禎十四年四十一歲官於北新關　二月離任商人感公之德立碑以永去思工部卓爾康為之記

三月部假歸里行李蕭然戚里失望　四月上挹齋周相國書　挹齋名延儒字玉繩宜興人崇禎二年晋東閣大士學士從罷歸辛巳四月再召謁者無虛日公獨不往挹齋雅重公屢使人邀之比至無一語挹齋徐曰仲緘亦有所囑乎公曰某今亦何求但得一極危極險之地足以畢命朝廷者於願足矣挹齋默然公退上書規切之書曰

今之庸庸碌碌奔走於師相之側者不過以師相受

眷特隆再登揆席耳不工為諛附之言即除為身家之計從無一人論事圖憂獻一得之愚者考之古人布衣猶得奏計於廟堂今乃祿位晏然唯諾是具竊用愧之允錫幼讀父書長蒙君錄夙荷師相之奬成敢附古人之大義謬以目前之急為師相敬陳之皇上英武間世勵精邁古而謀謨日削未奏膚功者其故有三一求治太急一執念太堅一進退人才太輕求治太急則不能熟籌時事之緩急輕重慎措其安以徐俟其定而一切功利操竊之術說得以中之執念太堅則未暇為虛中遠鑑投水轉圜之美將過施非分之福輕加不測之威而佞倖僻說之說得起而伺之進退人才太輕則昔進而不知其難今亡而不知其易片言而升樞秘一旦而受桁楊天地之生才有數豈其今不逮古然而所用非所求所舍非所棄將僥倖苟且之徒益得起而嘗試決裂之凡此皆君心之未靖以致國運之日靡古云君心即天心也或者天心悔過禍牖我皇衷師相一出而圖吾君則啟沃之功其首務矣京師天下之元首東南天之腸腹齊魯天下之咽喉秦晉天下之肩背楚蜀天下之股肱今阸吾首冠軼吾背漸及於項東南杼柚不繼腸腹已空齊魯饑荒盜起咽喉復梗揣今所急寇不過去志圖剽掠得志之後氣怠意盈盤結險阻苟安旦夕數月之後內未卽猖狂敵覬覦叵測日伺我隙一年鷙伏勢必狼奔鳴鏑之舉已在眉睫一旦毀邊南

下扼臨德擊晉趙掠兗豫據要阻援京師受困竊恐彼中風土相習無俟秋高此際形情已窺未肯飽去天下之禍未知終始譬如久羸之人當此急症既欲治標又欲固本太急則虛弱不能支太緩則怯潰不及救為今之計莫如姑省楚蜀秦晉肩股之力整飭燕齊以通咽喉屯田訓武招散集亡先宿重兵以壯京衛以防寇衝無事則居重足以禦輕既可辦賊有事則先備可以無患又能卻敵此為上策若夫師老宿糧以從事於方張之寇則出沒盤踞既非歲月可了敵即大舉入寇元首已墟虛咽喉梗絕肩股外裂腸腹內潰雖盧扁無所施其技矣古者吉甫方叔北治夷南治蠻不過二三元老今敵橫寇侁何以異是而建牙擁茅者多至四五十輩一羊九牧權分力輕欲以卻敵滅寇必不然之數也以錫愚慮莫如歸併一路責重各撫九邊止設九督一切戰守機宜悉以委之許以便宜行事不分任不遙制則無委卸掣肘之患矣沿邊州府俱選才武甲榜優以道銜使領撫事一應戰守機宜悉以委之撫總其成府宣其力無事則畫疆而守有事則荷戟而援則無觀望潰離之矣至於京師左右陵寢之地當設督臣二員訓兵屯田招集流亡無事則壯畿輔之威有事則備援勦之用九邊如九牧二督為二伯周之制也蓋今之弊莫大於知重邊而不知重腹夫所重在邊不過一邊之用也弊為尾大唐以亂亡所重在腹則東樞四應不

徒一邊九邊之用也利為强本周以長祚譬如十萬人分十則弱合一則强倚邊則空居中則實兵法謂善守者無所不守名似減而勢益增者此謂也以之滅寇亦然歸重該撫責成各州密飭置謹偵邏剪遊掠散其黨與離其腹心朝廷簡名將發萬人賫二月粮而賊寇亡矣故辦賊在戰務以守為戰辦寇在撫貴以勦為撫然而一事權明地利輯軍心其守務也書上梔齋心是其言而不能用

壬午崇禎十五年四十二歲陞湖廣長沙府知府　二月星沙城守議　公在任與司理蔡公道憲相倚重遇事咨而後行值流氛日熾湖南恃江湖之險有司泄泄虔堂公與司理私憂之乃作星沙城守議畧云大抵通郡形勢負山面江有險足恃上策以戰為守守南山而敵人不敢踰險守撈河而敵人不敢飛渡守江州而敵人不敢艤岸樵採不竭市肆不驚氣展力餘居中四應十萬之敵不能攻也其次以守為守南守嶽東守坡北守濠西守岸資山澤高下之勢以為屏蔽可進可退立於無畏養鋭蓄力伺隙而動亦可稱堅城焉其下則依垣而匿耳增修女牆多設窩鋪編氓而立比户而饋繕器備用閉門自晝以當百千烏合之衆數月之守亦或可堪云云　四月晦臨藍賊犯寗鄉公督兵救之賊宵遁　五月初三追及於大虎坪敗之馘其二賊渠客將余師貞戰死師貞字垂裕號雲岫衢州人崇禎初以武舉從征海寇立殊

功值署守倘值公權杭關請為捕防廳雖窘至絕粒不漁一錢或詰之對曰吾不敢玷主政清白也至是戰沒公悲憤如失左右手為之著傳立廟於黃柴犬虎坪二處勒石於府治以柩歸葬并恤其二女　何鳳浙人亦杭關所錄用至是代師貞率師次於黃柴礅武岡新化黔陽合兵勦賊殲焉剜賊渠蕭相字腹以祭死事者　六月剖欽案訟獄榜銷[十]三十年以前積案三千餘件　七定民之諱為吉藩所劾　長沙善化之田投入吉藩者十五逋糧卸役郡縣苦之至是復與民爭田訟之郡丞王秉乾[丞]以田給主者宗乃諱公喻之頗唯唯翌日民榜書王平日之所為揭於衢王怒闞校四出業摸捉里民業稍温者幾無噍類初三日酉刻民於南倉一呼而應者三千餘人將及夜踰城焚藩哭聲徹野公聞之叱御不及單騎而往私念蚩氓無知縱之則禍不測激之則禍不測有設法以散之徐啓王而善其後耳乃令吏傳呼曰太守來書八殊字以徇曰受寃則告忘動者斬客使譬兵夾倉而乘隙民稍定公呼其渠而語之曰汝輩誠寃無徒自苦其悉具詞於予予為爾理之民唯唯受千餘詞公謁王曰潭州王湯沐邑受之天子者也無民則無依奈何使怨怒若此王謝不敏立摘骫法者數十人杖之百以自解公因令於倉曰後去者誅事既定吉藩左承黃鳴治與公有夙忿因譖於王王惑之遂為所劾　八月勦燕子窩賊馘其渠李鷂子草上

飛等數十人而還　九月罰俸　吉藩劾疏既上奉
聖旨覽主奏截表叔餉情由殊可駭異堵允錫等果
如此淩犯該撫按何無糾參事關藩體即着察覈具
奏不得隱徇取咎長沙善化兩縣民各叩閽訟寃奉
旨下撫按察奏公上直陳顛末疏會撫按覆奏疏上
得旨罰俸一年　十月余貞師廟成以文祭之　十
一月入覲　各臺以藩劾故題公入覲既而悔則已
登舟矣居民歡送夾江而行聚於湘陰禁之弗止也
癸未崇禎十六年四十三歲寓於京口　二月渡淮　三
月達京師　五月覲計典竣舉廉卓錫宴禮部加二
級復任　六月便道旋里　八月赴任舟至蕪湖爲
盜所刼墮水瀨死脫走草野稱貸而還重整行李赴
任　時聞獻賊破武昌大江路絶乃取路於浙召(會)募
丁勇始行　十月至蘭溪聞寇陷長沙　十一月至
江西廣信府水陸路絶慟哭而還　十二月自錢塘
還寓毘陵有答鄭又日詩
甲申崇禎十七年四十四歲　正月至南都謁史司馬可
法袁督師繼咸二公海內人宗也共以國士見許委
以長沙監軍之任公慨然接淅而行　二月同巢僉
憲出師復楚　三月長沙平作哭江行　長沙司理
蔡道憲元(守)白號江門晉江人崇禎丁丑進士賊陷武
昌道憲被執不屈而死公作詩哭之　四月聞京師
失守作墜龍騷五章　五月福王即位於南都改元
宏光　陞武黃漢兵備副使　六月滋分巡道任

九月改湖廣按察司副使加一級提督學政　十月會講於武昌府之學宮　公雖改學使而訓兵講武勤倍曩時注意人才旁採謀勇以國仇未雪為深恥居恆扼腕太息常恨未獲死所因進諸生而諭之曰千古學術之大莫切於明倫今日明倫之要莫切於君臣諸生試思二祖列宗休養之隆大行皇帝賓天之慘目前立於明倫之下覺不共之仇一日不復君臣之義一日不明然復仇之舉不在事功而在志節復仇之地不在疆場而在衾影蓋滅賊必須人才人才發為經綸經綸本於學問學問根於忠孝諸生刻刻以忠孝為心務求俯仰無愧在家為彥士立朝為良臣則起居動靜皆是復仇之時皆是復仇之地所謂不待舉而後加者也　拜及時修復事宜疏　其一論取士之法畧曰竊維制藝非古制也國初亦不獨重制藝也制藝之重始於成宏至今而極重乃成極弊臣以為取士之法莫如實行三試歸併二科以德行政績言品為第一場德行者學臣條舉士子孝友之實是以也政績者凡司府州縣儒學之首領佐貳學臣皆得薦舉如古徵辟之制也行徵辟之制有五便諸士有練達之功一也州縣有任使之員二也國家得士而後用之士不致有以官為試之患三也士子愛惜進身之始居官必清謹自守四也即薦舉之得失以驗學臣之可否五也言品者古慎言之法一寓目而了然一啓口而曉然也以制藝策論判為

第二場制藝判以觀其理學策以觀其時務論以觀其宏博判以觀其律例書一經一策二論一判二亦七篇以韜畧騎射為第三場此取士之法也臣法若行則朝廷無文武之異局封疆無殊兵農之殊任并鹿鳴鷹揚之二試文學武學之諸生而合為一科以羅天下之豪傑使文不為堅瓠武不為躍冶於以復古濟艱此其首務以矣

乙酉年四十五歲提督湖廣學政　正月會講於武昌之學宮　時事日非警報踵至公自辦止有死義一着值學宮講期公欲感動諸生相與戮力王室因諭之曰講究理學者所以砥厲名節名所以發皇事業蓋士子一身百行備焉德性其種子也名節其柯幹也事業其實栗也理學其耘耔灌溉之方也我國家三百餘年尊賢養士乃一旦陸沉生民塗炭事業不克名節淪喪抑朝廷負士歟士負朝廷歟有肝血者莫不痛焉憤仇矣然究思其故總由為士者以文章為捷取功名之具從未究心於理學理學衰息德性荒唐種子消亡安求幹栗今日與爾多士開宗第一義便以聖賢為歸理學為任當下扼定便不放鬆直造峯尖更勿退轉這纔戴圓履方担負綱常的男子至其入門下手處正不在多只要勘得義利界限分明識得生死關頭透徹着實於四字內知明力行自然智勇深沉於以入聖躋賢思過半矣試以義利言之義者莫苦遠難卽利者喜近易從今日遽欲撇卻千

駟萬鍾退而薇食瓢飲甘苦殊絕豈能以誇語欺人子不云乎富而可求執鞭亦為如不可求從吾所好利者我所不必有也義者我所自有也不必有者求諸人我自有者求諸己舍我自有求諸非分一朝詭遇千古蒙譏西山之歌與牛山之涕孰得孰失孰寡孰多義利懸殊正可當下醒悟毋以生死言之人當刀鋸鼎鑊之時從容而告之曰汝必舍生而取義此難入之語也然吾非要人輕性命正要人愛性命何則性者有生而成命者皇衷所降如忠孝廉恥皆吾性命內固有之物能愛之者堅如金石壽如山嶽生固不朽死亦不朽今人所戀戀者性非性命也血肉耳肢體軀殼豢養以成長者耆耄少者髫髦吉者塚林凶者溝壑稍掩見聞蟻攢烏啄此先固朽生亦朽也生死固非吾有生亦非吾有也吾與多士不愛己之有而愛烏蟻之有清夜自問有不啞然笑者乎吾願人愛性者務要愛得了愛得了則鼎鑊如飴不須慷慨以求真可從容而就也吾與多士豈不能為聖賢只緣義利死生固結榎人未免受其交引若此四字分明透徹更何名節不立何事業不充旋乾轉坤直生心在手耳　三月巡試湖南謁督師何公騰蛟於長沙府　騰蛟以舉人出身累官僉都御史巡撫湖廣後進爵太師其為人智勇深沉嘗率師全桂林取寶慶復全永州與敵大戰於嚴關日越橋搴旗斬將所向克捷士氣百倍江廣大定己丑正月檄諸將集

湘潭謀下星沙北師驟至湘潭陷騰被執勸之降不順命絕粒七日不死復勸之降騰蛟躍起大罵遂遇害公字雲從黎平人時以總督五省軍務駐節長沙公謁之進足餉輯衆之說掀髯鼓掌絕不作瑣瑣態何深器重之　五月南都失守立君子營　南都報至公痛哭三日設科募士或則幼讀詩書長嫺韜畧或則年力壯茂募義從軍以至一材一藝之士皆聽入募共得三千人分為十營取越王勾踐君子六千之義不為之兵丁而為之君子以崇異之一時共事有章曠楊培東諸人　閏六月唐王即位於福州改元隆武　八月陞都察院僉都御史巡撫湖廣何公薦之也　九月往荆南撫李錦等三十萬衆以歸

逆成既死其義皃李錦等十八部屯澧州界上號三十萬衆遠近大震廉知李錦者闖孽之姪號一隻虎頗孝其母高氏信用其母舅高一功可以義動容令人具冠帔諸飾以從乃集其麾下謂之曰成敗在今日吾誓一死持赤手往為國家收數十萬衆歸報朝廷祖宗地下無任士民奔竄為也遂策匹馬率帳下百人由武陵過澧水達草坪賊徒初見公不之禁未至百里拒不許前積骨縱横閭舍蕩然止公空城中宿翼日忽見戈矛蔽天烟塵塞野從者皆泣公顧謂曰若等自當生還無怯吾死則收吾骸返耳頃之賊部下至曰知公高義願俯臨營中又步將數十人踵至接入其營公以大義諭之曰若等皆大用才如此

而陷不義亦當事者之過但國家御宇三百年來若等祖宗世食其德一旦以烏合之衆破金甌毀宗祏俾他人收利自居賊名若等爲此何益今若能重自湔祓戮力建功使名垂竹帛吾當與若等共之錦及一功素服公名見公慷慨激烈深爲所感皆曰誠如公錦等初念不及此今公以忠義指示敢不惟命是聽卽欲羅拜定盟公曰姑徐之吾與若等相約報國便同兄弟當效古人登堂拜母之義請先見太夫人然後行禮錦引高氏出拜公答拜之從者奉上冠帔公曰榮命在卽預備以獻高氏喜卽呼錦跪堂下戒之曰使爾等贖前罪洗惡名者堵公之賜也爾當終始勉之勿生二心公因與之釃酒立誓錦等願以死報及留宴奏妓乃宫中女樂皆京師所掠來者公變色卻坐泣而言曰兩京未復萬姓倒懸允錫求死無所何以聽樂錦等卽命撤去益嘆服不置其所掠百姓不下數萬公盡令釋之且給糧糗公返之日民皆呼拜道旁徧數百里於是李錦高一功田虎張能賀藍袁宗第塔天保黨守素李來泰馬崇三十餘萬人皆就撫聽公節制楚中稱爲十家兵　上請封降將疏　自收李高後兵强且衆得專力守禦屢有戰功公乃爲錦等請封遣武陵舉人傅作霖賫疏赴行在十一月奉旨賜李錦名赤心高一功名必正及諸將爵秩有差賜號忠貞營而別降勅獎公忠勤

丙戌年四十六歲官湖廣巡撫　二月率師圍荆州　四

月還駐武陵　時降將新附軍餉不給攻荊州久不拔推官趙振芳曰師老矣彼援將至奈何今惟決水灌城可以速下此不容間之會也公不忍民之魚持不決越二日北師果至與戰不利公乃由澧水旋駐武陵憂憤嘔血題二詩與於新化驛人傳誦之有南北試看誰世界死生此刻辨人禽之句回常德力疾視師發兵各守要地　五月荊師壓境出兵擊之大敗荊師於草坪　六月子孫驥姪孫正自家間行至軍公見子姪喜不自勝改孫驥名世明孫正名正明示不忘本朝也正名明故有勇即命督君子營衆皆傾服後屢以克敵功膺獎賞累官右都督同子留守錦衣衛事世明以恩典授江西道監察御史　八月閩都潰　十月永明王即位於廣東之肇慶府改元永曆

丁亥年四十七歲　四月陞兵部侍郎賜劍印總督軍務　八月常德陷率諸將守永定衛　九月武岡陷傳令戒嚴　十一月率師復常德進復辰州　自退保永定而後幾及半載公憤無恢復期乃書二祖列宗之位北面百拜拔劍將自刎以謝不職左右急抱持之公釋劍大哭諸將亦哭三軍皆哭哭聲震山嶽焉進忠王進才等咸請效死公乃兜鍪銀鎧建大將旗鼓尅日出戰公姪正明為先鋒身先士卒振臂一呼諸將應聲騰起三軍繼之奮力死戰莫不一以當百三日凡斬獲以萬計遂復常德進復辰州

戊子年四十八歲　三月檄赤心與忠武諸營駐常德
四月北師以書至有大耆王小者侯之語公峻拒之
五月上絕口不談和議疏　八月率師復衡州復
湘潭進至江右所向皆克　十月率師還駐茶陵
十一月陞兵部尚書賜印劍總督軍務　十二月率
師援南昌　初金聲桓圍贛州未下北師救至聲桓
退保嬰城北師圍之復以餘力敗傅鼎銓敗余應桂
西破丁家塘汪事日急公聞報督忠貞營往援之
春秋說義成，公嘗命子世明負書居馬前囊細碎
筆墨諸物軍行頓舍治軍書畢卽掃地焚香啜茗紬
繹春秋大旨箋釋不輟至是成編名曰說義凡五卷
萬五千餘言傳聞於曹營失之

己丑年四十九歲　正月師次袁州　二月率師救湘潭
不及還守衡州　四月戰於衡州之章橋不利還駐
耒陽　陣於草橋公自執桴鼓諸將直前搏戰自辰
至酉所殺過當忽有輕騎出陣後陣動公急收兵駐
於耒陽令正明別統一軍護眷屬屯永興未幾永興
陷正明戰歿諸眷屬皆闔門縱火自焚　北師使公
戚唐鶴翥呂書至公泣而拒之　五月戰於麻河大
捷　公遣子世明賫表赴行在以病卒於道　六月
入朝陞少傅太子太師吏部尚書兼兵部尚書文淵
閣大學士奉命總督諸營以圖江楚　七月師次梧
州寄吳中故人書　畧云僕自甲申以來馳驅王事
心盡力疲不可復振然而一息尚存敢不勉旃倘邀

宗社之福收合餘燼迅掃狂氛揚帆直下重展孝陵
歸老桑梓所甚願也若天不降佑方命失律允錫七
尺微軀久不作人間想矣異日荊溪之湄風清月白
之夜有哀淒叫空者必允錫也故人棄(不)倘有灑酒以
相慰者乎幸矣念錫一生初(不)有家妻子棄捐亦十不
復道止有從兄允祿從子昌明為先祖父一脈之遺
貧弱可傷故人能嗟而食之使不至填於溝壑則允
錫生死之感也　十一月師次澧州有疾　公歷年
征調勞苦憂悴常扼腕嘔血又連喪子姪益黯然神
傷值李元允用事每有奏請輒為扼腕掣肘諸營多
觀望不進展布益難遂發憤成疾　二十六日草拜
遺疏卒於軍中　公病革強起具冠帶望闕再拜上
遺疏畧曰臣自拜命以來任大責重竊不自量擬再
合餘燼少收桑榆不料調兵則一營不發若曰堵督
臣而有兵是豐其羽翼也索餉則一毫不與若曰堵
督臣而有餉是資其號令也致臣如空山獨夫坐視
疆孔急號血拊心畧無展布昨上西山橫邑感厲太
重一病不起遂快羣腹臣亦何恨但以萬死不死之
身不能為皇上畢命疆實乃恨也伏乞皇上揀任老
成用圖恢復若軍國大事惟(依)李元允等為股肱心腹
則成可虞臣死矣不勝餘憾拜疏訖又南向拜曰兒
死不獲更還邱隴矣復懸在三圖命左右環拜一一
勉以忠義為決別語及將絕呼筆自題其像曰有明
堵子生而精敏遭家不造誠身事親遭時多艱致身

事君四十九年孤兒逋而今而後浩然蒼冥投筆而卒　時十一月二十六日丑時也三軍慟哭如傷考妣隨公親屬僅有蔣世芳字清源族姪武鼎字纘侯及江右知友數人卒之前一日親吏歐陽典夢公乘牛騰空而去醒以語左右夢皆同嗚呼公生以辛丑捷以丁丑卒以己丑丑之生固牛屬也茅峯之禱感於前潯陽之夢徵於後牧公之生卒豈偶然哉

朝廷聞公卒涕泣減膳輟朝五日贈上柱國中極殿大學士太子太師謚文襄諭祭九壇

人生讀書何爲曰將以博觀古今忠臣孝子聖賢訓識而取法之者也故經書爲入道之資史鑑爲立身之鑑後人漫然不講徒以工文藝習詩詞歌賦強誌數則古典動稱博雅而問其所取法爲何如事而自命爲何如人則罔措口無以對及其出爲民牧非貪即濫隨

俗披靡此之讀書不如處
鄉也種數畝田不知天地為
何物樸得為盛世良民也
予閱兩公年譜觀其少年
皆零丁孤苦貧賤不聊生
而卒能積學自達此其
志氣固自有加人一等者及
其慷慨公義臨難不顧身
至死無有貳志每感激泣
下未以兩公之畫課食不遑

而自奮若此况如予安居
蔭下一無所累而不思自勉
其何以為人因錄一編
於座右以為取法且以誌
予警識云
光緒十一年歲次乙酉
杏月下旬後學童斐
謹誌

堵文忠公年譜

（明）堵胤錫 自記
（清）任源祥 續記
張 夏 編

《堵文忠公年譜》一卷，（明）堵胤錫自記，（清）任源祥續記，（清）張夏編，清道光二十三年（一八四三）潘士超刻《堵文忠公集》本。

譜主堵胤錫（一六〇一—一六四九），字仲緘，一字牧子，號牧遊。宜興人。二十歲至無錫，後師從馬世奇。以無錫籍登崇禎十年（一六三七）進士，官至長沙知府。當時山賊蕭相宇作亂，數敗官兵。堵胤錫率鄉兵破賊，殺賊魁，遂以知兵出名。福王時，歷湖廣參政，攝湖北巡撫事。行事『苟利國家，我則專之』。唐王立，任右副都御史。李自成死，衆立其侄錦爲主，擁兵三十萬，驟至澧州。胤錫議撫，躬入其營，慰諭歸附。王大喜，加封兵部右侍郎兼右僉都御史，總制其軍。遂與錦等深相結，倚以自强。永明王時，任兵部尚書，封光化伯。在湖南、江西、貴州、廣東、廣西等地進行反清活動。遭瞿式耜、李元胤之猜忌。堵胤錫等人主張聯合大順軍和大西軍，何騰蛟、瞿式耜則排斥農民軍。瞿式耜之同黨丁時魁、金堡等上疏劾奏他在湖南『喪師失地之罪』。病卒於潯州，謚文襄，後改忠襄，《明史》又作文忠。著有《堵文忠公集》。

任源祥（一六一八—一六七五），字王谷，號息齋，宜興人。諸生，明亡後棄舉業，有經世之志。以詩古文知名，爲文多哀悼抗清志士。著有《鳴鶴堂集》。

張夏，字秋紹，號菰川，無錫人。明末諸生，孝友力學，初從馬世奇受經，後入東林書院，從高世泰學。積十餘年，遂入世泰之室。世泰卒，其子弟相與立夏爲師，事之如世泰。湯斌撫江蘇，至東林，與夏講學，韙其言。延至蘇州學官，爲諸生講《孝經》、小學。著有《洛閩源流録》等。

本譜叙事起自萬曆二十九年（一六〇一），止於順治六年（一六四九）。譜主自記年史至崇禎十七年（一六四四）二月，其後則任源祥所續，張夏合而編之。然其書當時未付梓，各家競相傳録，或詳或略，至道光間始擇讐校精善之本刊行，即此譜。

本書據清道光二十三年（一八四三）潘士超刻《堵文忠公集》本影印。

（朱　剛）

道光癸卯鐫

堵文忠公年譜

靜日軒藏版

序

年譜自唐宋來多有如太白少陵昌黎香山東坡紫陽俱有年譜然皆後人所譔大抵以本傳爲主而取詩文雜著考定其先後及軼事之見他書者年經月緯之其間不無附會舛訛識者病之甚矣論世之難也陽羨潘卓齋明經來余官舍出示堵文忠公年史係公所自著惟歿前數年爲後人補錄一無附會舛訛之弊所謂信以傳信者非耶陽羨地靈人傑明季尤忠貞駢奮最著者推盧堵二公盧忠肅公之致命遂志人競知之堵公效命於偏隅閏運之

序　一

朝崎嶇楚粤閒卒之馳驅盡瘁死而後已公既亾而國隨以墟其忠風亮節視盧公何多讓焉盧公文集内亦有年譜係其孫子所纂輯今此編出堵公手錄彌可寶貴也卓齋讀書好古以文學世其家頃爲余言堵公宜邑未有專祠有志購屋奉祀并梓年譜行世而索余一言其慕義若渴洵可嘉尚余故不辭檮昧綴數語於簡端俾歸而付之梓竊冀附公以不朽云爾

道光十三年歲次癸巳清和月平羅俞德淵書於維揚鹺署之景賢樓

明史列傳
堵允錫字仲緘無錫人崇禎十年進士歷官長沙知府山
賊掠安化寧鄉官兵數敗允錫督鄉兵破滅之又殺醴陵
賊魁遂以知兵名十六年八月賊陷長沙允錫朝覲還賊
已退明年六月福王命爲湖廣參政分守武昌黄州漢陽
左良玉稱兵總督何騰蛟奔長沙令攝湖北巡撫事駐常
德唐王立拜右副都御史實授巡撫李自成死衆擁其兄
子錦爲主奉自成妻高氏及高氏弟一功驟至澧州擁衆
三十萬言乞降遠近大震允錫議撫之騰蛟亦馳檄至乃

傳　一

躬入其營開誠慰諭稱詔賜高氏命服錦一功蟒玉金銀
器犒其軍皆踴躍拜謝乃卽軍中宴之導以忠孝大義數
千言明日高氏出拜謂錦曰堵公天人也汝不可負別部
田見秀劉汝魁等亦來歸唐王大喜加允錫兵部右侍郎
兼右僉都御史總制其軍手書獎勞授錦御營前部左軍
一功右軍並掛龍虎將軍印封列侯賜錦名赤心一功名
必正他部賞賚有差號其營曰忠貞封高氏貞義夫人賜
珠冠綵幣命有司建坊題曰淑贊中興允錫遂與赤心等
深相結倚以自强然赤心書疏猶稱自成先帝稱高氏太

后云已而袁宗第劉體仁諸營先歸騰蛟者亦引與赤心
合衆益盛允錫以芻糧難繼令散處江北就食明年正月
騰蛟大舉期諸軍盡會岳州獨赤心先至餘逗遛卒不進
永明王立進允錫兵部尚書總制如故
順治四年永明王令赤心等攻荆州月餘
大清兵援荆州赤心等大敗步走入蜀數日不得食乃散
入施州衛聲言就食湖南時王在武岡劉承允懼爲赤心
所并計非允錫不能禦乃加允錫東閣大學士封光化伯
賜劍便宜從事允錫疏請得給空敕鑄印頒賜秦中舉兵

傳　二

者時頗議其專承允欲殺騰蛟允錫劾其罪八月
大兵破武岡及寶慶常德辰沅允錫走永順土司尋赴貴
陽抵遵義乞師於皮熊王祥又入施州請忠貞營軍會楚
宗人朱容藩僞稱監國天下兵馬副元帥擅居夔州御史
錢邦芑傳檄討之五年正月允錫見容藩責以大義曉譬
利害散其黨未幾金聲桓李成棟叛我
大清以江西廣東附永明王於是馬進忠王進才曹志建
李赤心高必正等乘閒取常德桃源澧州臨武藍山道州
靖州荆門宜城諸州縣進忠赤心必正皆封公允錫與進

忠有隙令赤心必正爭進忠所取常德進忠盡焚廬舍而去赤心等棄空城引而東所至守將皆燒營棄城走湖南已復州縣爲一空允錫乃率赤心等入湘潭與騰蛟會騰蛟令允錫向江西而自率進忠等向長沙六年正月兵方逼長沙騰蛟在湘潭被執諸軍遂散赤心等走廣西緣道掠衡永郴桂允錫與胡一青守衡州戰敗走桂陽初赤心等入廣西龍虎關守將曹志建惡其淫掠並惡允錫允錫不知也或說志建允錫將召忠貞營圖志建志建夜發兵圍允錫殺從卒千餘允錫及子逃入富川猺峒志建索之急猺潛送允錫於監軍僉事何圖復聞關達梧州會王遣大臣嚴起恒劉湘客安輯忠貞營至梧而赤心等已走賓橫二州乃載允錫謁王於肇慶志建遷怒圖復誘殺之闔門俱盡允錫至肇慶時馬吉翔及李元允袁彭年等皆專柄各樹黨允錫乃結歡於吉翔檄赤心等東來與元允爲難移書瞿式耜欲閒元允託言王有密敕令已與式耜圖元允王頗不悅元允黨丁時魁金堡又論其喪師失地乃令總統兵馬移駐梧州允錫以赤心等不足恃欲遥結孫可望爲强援矯王命封爲平遼王允錫尋至潯州自恨發

傳　三

病十一月卒王贈允錫潯國公謚文忠

傳　四

堵文忠公年譜

公姓堵氏諱允錫字仲緘一字牧子號牧遊其先淮陰人元至正二年通五公始徙居宜興之前亭里高祖味閒公諱霽配蹇氏曾祖覺菴公諱楨配吳氏祖月川公諱佳配王氏父沖宇公諱維嘗配胡氏繼陶氏公陶母出也遡通五公十世矣崇禎癸酉舉於鄉丁丑成進士永明時官至少傅太子太師吏部尚書兼兵部尚書文淵閣大學士卒贈上柱國中極殿大學士太傅兼太子太師鎮國公謚文襄改謚忠肅（明史作潯國公謚文忠）

辛丑萬歷二十九年十二月公生于武進夾山之麓　先世以貲雄于邑公祖月川公兄弟爭財鬩牆不已月川公欲以身率乃盡讓田產於兄弟徙居夾山王氏之別業名十房街

自記大人年幾四十再娶而艱于嗣禱于三茅山神甚虔一夕夢神語曰吾畀而一子自擇之吏導至廡下啟一室冠進賢襴袍束帶列坐十餘人又啟一室儒衣巾列坐者十餘人吏請所欲皆不願旁小室扃鐍甚嚴窺之惟欄中一牛牧牛兒臥其旁躍然曰吾欲得牧牛兒爲子吏白之神神曰此非爾子也他惟所欲因叩頭固請神曰必欲得牧牛兒而夫婦當減算復叩首曰誠得牧牛兒爲子願減算也神乃許之既覺具以語慈慈亦喜未幾果有娠辛丑十二月初八生名授志神授也

壬寅萬歷三十年二歲居夾山

自記慈以艱產致疾十日五在牀大人擁錫於膝間口誦手摩無間晷刻　時錫乏乳乃遊乳里巷間婦之皙而潔者迎之則笑投於懷啖其乳立盡否則設誘多方弗受也大人奔走倥偬偶一得乳喜動顏色　錫之遊

固天授哉少遊閭里長遊四方顧遊而惟王孫之哀是倖猶得以苟果其腹乃皙黑汚潔之去取其不餒以沒世也幾希矣

癸卯萬歷三十一年三歲居夾山

自記錫生而苦啼慈擲之地仰牽其裾彷彿識慈之面貌服飾及庭間卉木風日之景心竊計曰奈何不撫摩予而使困抑乃爾乎啼益急如一尨嗥嗥不能自已嗚呼兒時風景不及復憶者多矣惟爾日情形若了了若不了了耿然心目間果夙憶耶抑先慈不忍棄錫而陟

降其靈耶每一念及剌焉在心
甲辰萬歷三十二年四歲居夾山
自記暑月大人祖臥於莞錫置所啖米於大人喉坎間爲倉以兩肩之坎爲別儲與同儕約先啖東西儲而後及倉戒勿轉側少狼籍須大人自拾樂矣哉種種稺嬌所謂孩提之愛也迄今追溯洵有餘甘
乙巳萬歷三十三年五歲居夾山
自記大人與慈同舫錫侍幘高多礙慈謔曰可脫之於河錫僞不解何隙遽擲之慈愀然曰其悍足以殺人大人笑曰無憂其狡足以自脫
丙午萬歷三十四年六歲居夾山　十月太夫人陶氏卒
丁未萬歷三十五年七歲居夾山隨沖宇公館於南宅之黄氏　三月納采於陳氏　陳氏家居宜興之官瀆岳翁字娛濱名大懋故沖宇公門下士也岳母許氏
戊申萬歷三十六年八歲居夾山隨沖宇公館於下坊之劉氏　七月治毛詩　十一月痘
己酉萬歷三十七年九歲居夾山隨沖宇公館於下坊之劉氏　九月試筆作文題若夫豪傑之士二句公援

筆成篇有豪傑者使人待我豈我待人之句座客驚賞
庚戌萬歷三十八年十歲居夾山隨沖宇公館於下坊之劉氏
自記大人以去歲鄉闈不振每中夜撫牀而泣錫請曰夫子何不豫之深也曰而大父母教育予者數十年予亦鋭志攻苦今且就衰矣白髮在堂爲喜有限而兩毋復中道析予潦倒至此何以慰存歿後先之志乎心驚鐘漏百愴具來是以悲耳錫亦泣然淚數行下　大人嘗曰孔子一生只任爲誨二字以臆測之爲誨應非有兩義力學所以爲教也己之不正何以正人推誠與人所以誠身又曰行誼實也學問華也未有實積而華不茂者錫拜受教　一日出大父手書有曰比爾就塾爲他人師使我心惻師人匪易況爲人師乎而能以師古者使人之足以師而庶無愧也大人問錫曰而讀之亦能有所感發否錫曰學不師古何以教人師古正自難宜大父言之凜凜也大人曰然抑而知大父之教我者即所以教而乎師人匪易者而今日事也爲人師不易

者我今日事也思及匪易何刻可寬父子俪以終身有
餘矣雖閒燕當如庭對也
辛亥萬歷三十九年十一歲居夾山隨沖宇公館於三橋
之周氏
自記大人聲價達於江都宦族以厚幣來聘大人力辭
時杜府尊承式與大人稱文行之友曰得館穀以爲甘
旨費不亦孝乎大人曰菽水者士子之恒古人不以是
貶孝晨昏依戀爲歡實多終不欲以彼易此也太守乃
遺以金大人復辭太守曰周之則受不足傷廉大人曰

不曰免死而已乎某句讀治生猶足以自給不至有凍
餒之憂而受夫子金是某有市心也古人一介不苟況
纍纍乎太守動容良久曰不其難哉不以貧沮不以利
易篤志匇懈貞行無間我思古人此之謂矣是歲受里
中周氏聘修脯僅成而已
二月月川公授讀左史
自記大父嘗曰士子以經世爲務猶五釆之堅瓠也授
兒頗慧其課以左國書使知古今成敗得失之由見聞
廣則胸臆開是亦學者明心致身之要也至是日讀數

冊大人爲之口解指畫亹亹忘倦　錫幼而好嬉嘗累
棋盡三十二子而不墜誇示於人大人曰更爲之復累
三十一子有喜色大人曰墜矣墜矣加一子果墜錫曰
何以知之大人曰始而之累子也不知其能盡累也氣
斂貌肅惕惕乎有憂心故能及也此一簣之所以爲山
也既而更爲之也已自恃其能又欲誇所能於人驕吝
之心積於中而技巧之色張於外能逮乎三十一子倖
矣而復有滿志焉以爲此一子之立成也以爲此一子
之立成者意中已無難乎一子也始也子子而難之故

累三十二子而有終既也子子而易之故累一子而弗
克此一簣之所以終虧也且方子之墜也何以處下者
不墜而最上者先墜又何以三十一子之盡墜而一子
終不墜夫此最上之一子者巧之至也功之成也名之
歸也然患且立至即倖而已成亦岌岌乎不可以崇朝
不如最下者有磐石之安也甚矣處下易而處上難也
故上有下心者享成下有上心者殺身是以君子不呈
巧不居功不炫名既而曰而知家世之何以興何以敗
乎吾家始以淮上布衣負耒至前亭里且讀且耕遂以

茨粱起家而高曾俱手闢數千百頃使子孫不鄙薄前功至今家聲勿替可也顧以詩書爲具文耒耜爲俗物而麈尾唾壺是尊百年之業一朝而殞由是觀之守祖業者漸以昌棄祖業者忽以殀數筒一犂孑家之赤刀天球也又曰口之不戒而有腹患舌之不謀而有心患錫時雖幼然謹誌之不敢忘

三月沖宇公卒　先禁烟節沖宇公治裝歸省晨謁公曰膀後纍纍者如有所患未幾成疽越數日疽潰計後事因從容與公論讀書何爲且問忠孝何以盡

其道公以揚名顯親委身致主對沖宇公曰噫此猶夫世俗之見也疏水之養無孝乎皁隸之賤無忠乎葢無念弗愛孝也極之臨深履薄以成無行弗謹忠也根諸質影盟衾而達是以事業文章或有時待惟忠孝兩者無待但能當下猛省終身不悔斯卽所以爲顯揚委致者耳吾無長物貽汝惟此永訣數語也又曰學者之患莫大於成敗易中夫敗有沮色者必其成有溢志豈讀書人本來面目爾其誌之又曰立身行己之道莫切於禮吾久欲授爾未逮其卽讀之因命舉筒出經公拜受展誦樂正子春下堂傷足一章諄諄反覆未竟沖宇公忽嘔血而暈既一刻而復喟然曰吾父母恩勤教育孑者五十年孑竟溘然先逝矣天乎必不許某終養乎蓼莪之恨齎於重泉斷籟淒風當時聞某涕泣聲已强起再拜痛咎之言不絕於口至初五日午時遂正衾斂手而卒

自記大人博學强記於書無所不讀尤謙抑呐呐不出諸口處己嚴而切與人醇而有恩至睦友仁衆恤寡賑貧皇皇如不足然不敢專意必受命於王父母而後以

許人孝友葢天植云

七月月川公卒

自記大父之於書天而嗜者也飯疏沒齒不以易心每開卷靜對無論寒暑間與人談則脩然一往別有元致尤喜左國綱目諸書行坐不釋或誚之曰叟奚爲是汲汲者大父哂曰孑不快與今人爲伍聊促膝古人以自怡悅耳　大人竭力甘旨終身無私蓄所遺片椽十畝而已旋遭大父之喪而大母王夫人繼逝營貨殆遍拮据以償先業遂蕩然矣

壬子萬歷四十年十二歲依於岳家陳氏
自記大人以兩配早世矢不復娶以供旨故置一妾治兩喪與有力焉至是不相安而嫁孑傍徨無依將與俱往岳父娛濱陳公聞之太息曰吾師乎僅此孤也乃載孑以歸　岳父貧而好義延師誨孑毅然以父兄之責自任孑嚴憚之岳母許氏其所以卵翼孑者最詳而切雖失怙恃不致無依陳氏力也
癸丑萬歷四十一年十三歲依於陳氏　正月附于周氏之塾　四月改附于李氏之塾　十二月歸于陳氏

自記時隆冬無縕露肘向日披讀左國書不覺移午掩卷起忽手足攣曲不可復伸仆地而呼許母抱置敗絮中踰刻而復
甲寅萬歷四十二年十四歲依於陳氏　正月附於蔣氏之塾
四月王母王氏卒合葬於虞山祖塋之昭
自記王母毘陵太學心厓公女固膏粱族及來歸妯娌間競以奢侈相尚王母每有盈昃之憂獨恭儉勤慎諸子甫襁褓即口授以句讀其爲教於兩姑內則爲先紡績次之戒女紅勿爲奇巧故兩姑之宇皆有賢風時家業替甚而王母始之弗盈者終亦弗歉誠女德之純至者矣孑家內徽世嗣則王母與二母相後先天不降鑒悲夫
乙卯萬歷四十三年十五歲依於陳氏附溧陽戈旗周氏之塾
丙辰萬歷四十四年十六歲依於陳氏岳翁延師錢德眞教之
丁巳萬歷四十五年十七歲依於陳氏附舅氏之塾

自記時妻家貧甚不能設塾孑裹糧往依伯舅不見恤也聊數月而被遣　大人易簀時嘗囑舅氏善視錫一旦稍拂其意遂相孑伐鼓孑嗣後不敢復望舅氏顏色迄今伯舅物故家落母妗之老孑贍之外兄之貧孑禮之外弟之孤孑賑之復爲娶婦渭陽之誼孑何忍薄蓋念先慈一體相及謂宜世世如初也願我兩姓怨則速忘德弗敢市也
戊午萬歷四十六年十八歲附於戴圻黃氏之塾
十二月遺書被災

自記子身之外惟餘先世遺書一簏皆大人平日丹鉛甲乙所諄諄誨示者孑行止相隨每自恃以爲碩果偶頓於郡中薛氏火發被災嗚呼何天之喪我如不我克至不憖遺一物以慰我世守之思耶桑梓非故手澤亦復化爲刼灰鮮民之生可勝浩嘆

己未萬歷四十七年十九歲依於陳氏設塾訓蒙

自記凶饉洊至飢寒剝膚末之乃受四蒙童以糊口卒歲所獲四金而已夏則懸被爲帳入而汗蒸出則蚊嘈體竟夕不寐冬則破襦爲袴代絮以麻纍纍若綴之欲

脫露肘決踵踏歌風雪中或遇良月靜夜則欹坐古橋湖畔背誦經文徘徊達曙日以爲常聞者嗤笑共目爲癡　公少落魄嗜酒好大言逆知天下將亂慷慨思奮功名顧俯首挾冊爲童子師非其好也大書壁曰素貧賤行乎貧賤受牛羊則牧牛羊嘗購頭顱盃容一升許出入攜持爲飲器兼得一古玉印篆三不要癡男子字謂不要錢不要官不要命也後悉酬其言人初目公爲狂實不狂也　嘗讀書佘澤寺醉出墮泥塹罵曰伽藍神司何事不爲我除道提神像擲塹中夜夢神逐之急將獲俄聞空中人言若不可逐神乃止　少依舅氏舅惡其縱酒不自檢每鍵之一室命讀書及啟已踰短垣出坐鄰肆中指揮叱咤持頭顱杯浮滿一吸盡擲杯呼座客曰若來看我杯不大似若輩頭顱耶座客驚散舅益惡之然覈所讀書不肯遺一字亦以是奇之　公軼事數則年月無攷姑係於此

庚申萬歷四十八年二十歲依於舅氏　七月遊無錫依於族兄知白家

自記歲饑米價湧貴家人嗷嗷孑卜遊得吉擬抵蘇浙間傭書爲活計苦無衣糧乃於里閭以拆字相人禍福忽奇中旬日得錢二千以半貿衣存半爲費過毘陵遇臧子瑞徵甚歡縱飲而盡乘醉步至五牧鎭遇雨日且暮探袖中餘兩錢耳有徐又思者館於其地孑入告徐意動爲留信宿孑忽病主人患之資少費遣孑至無錫之崇安寺至寺病不可起削肌脫髮無復生狀爲僧徒所逐傍徨寺中忽遇族兄知白一見傾許慰勉詳曲拉孑以歸越數月病乃復是役也窮途病劇跋涉風雨困

苦之狀求爲傭乞人不可得徼四兄知白傾蓋於患難之頃物色於飢瘠之餘其不以先人之身行殆者幾希矣嗟夫固窮未能動足有悔可不戒歟

泰昌元年貞廟卽位未久賓天臣民不忍沒之以八月後爲泰昌元年一歲兩元以義起也

十月就無錫縣試錄　十一月府試錄　十二月院試黜

辛酉天啓元年二十一歲依於族兄知白家　二月執贄於馬素修之門

自記馬師見予院試落卷賞之因執弟子之禮三年多

所資益　素修名世奇字君常無錫人崇禎辛未進士官至春坊左諭德嘗曰遇事宜存生機勿存殺機處世宜尋退步勿爭進步人以爲名言甲申之變沐浴更衣捧敕印北向拜復南向拜母同妾朱氏李氏闔室自經死後謚文忠

三月就婚於陳氏

自記時予既生計依人妻父復饔飧不繼合巹之夕謀一新布衣不可得乃衣棓坐敝緼以充孔嘉之色婦亦泰然自居無少欷阻意頗得梁孟遺風

七月冠　公憤讀書未有成服齊民之服以自愧

獻策於郡侯不納　邊事孔亟詔募材俊之士以備邊公作書盈萬言上之太守何公應瑞何公奇之謂曰汝奚能對曰無所不能曰能弓馬乎對曰不能曰能擊刺乎對曰不能曰能風雲占乎對曰不能何公笑曰然則奚謂無所不能對曰某將十萬兵與敵角能使弓馬者盡其技擊刺者盡其力工風雲占者盡其術變化生心決勝於俄頃不能人之所能而能人之所不能何公喜曰汝固奇士然當以詩書自輔益奚屑與蹶張者齊驅竝進乃受策而不許入幕

壬戌天啓二年二十二歲依於陳氏　五月補府學弟子員

自記府試既黜計無所之乃徒步至江上糾同志譁於學使之門爲闇所踣予怒毆闇者而呼同志皆呼學使心動命何府尊於正考之外特加收考約非七藝不錄試於江陰之學宮與試者三千人錄三十六人予幸得標院試進八人予幸居次皆送入府學是役也徒步三百里忘寢食者十五晝夜譁於院門者六鬧人之椎中

背發腫傴曲月許至不能咽嘻憊矣一衿困人至此極哉　十二月徙居無錫族兄知白之別業名中橋莊

癸亥天啟三年二十三歲居中橋莊　四月府科試不錄

府試既黜或勸公日急請於府尊可以復續公日所貴於士者以其氣節也炫玉求沽君子所恥且得失者時也窮達者命也即請而得錄後遇正自難期奈何喪其固有者以殉其不必有乎堅窮善藏此其時也　五月致蔣定於獄不克訟

自記初三仲父有女嫁里人蔣定無賴喪家挈妻逃於

江北旋棄之歸適遇於道憤甚訟於府繫諸獄越月定脫獄而逃捕之不獲後同伯兄越江遍訪無可蹤跡或云彼中懼匿之或云已故噫至戚飄零不知存歿念之嗚咽

甲子天啟四年二十四歲居中橋莊　正月就塾於無錫　五月長女生　六月復徙歸於陳氏

自記知白兄重予學行悉力推解忌者譏侮交作予不能安告歸荆溪兄不得已許之予與妻女共坐一舟行不十里忽大風拔木雨如泉注望岸咫尺搖搖不得依泊舟幾覆者再三暑月至僵凍失色人事天行交相爲虐亦有生一大奇阨也

乙丑天啟五年二十五歲館于南圻之蔣氏

自記主人力耕樸樕稱長者予時方跌宕自喜多不相合後亦釋然如初則其弟任予之力也一時同志有曾桐聲蔣沖之史吾往宋北翔　十月歲試降青

丙寅天啟六年二十六歲依於陳氏　二月長女殤

自記自四年大水五年大旱斗米二百錢内子針紡佐食凍瘃裂甚十指如懸槌日得一炊便相慶幸予入室

値内子私涕慮予之覺之也強爲笑容予心怪之然亦弗敢詰也　四月季試得標　十月院科試一等復附　十一月子孫驥生

丁卯天啟七年二十七歲就叔祖心瞻之聘　心瞻名應畿以序貢仕至山東觀城縣

自記心瞻叔祖之任山東約予偕往予從之以二月入署六月歸始知新學使覆科比兼程已不及矣　七月院覆試不與除科舉　公以之任不及赴覆訴之學使訑訑不受公憩激不能爲屈媚之語遂拂衣出親

知九之公笑曰丈夫屈伸固自難期如終屈也屈我者寧一學使乎如不終屈予亦何求乎學使

戊辰崇禎元年二十八歲就仲舅滆西之塾

己巳崇禎二年二十九歲仍就滆西之塾

自記予以塾況爲歲之豐凶是年耕而不穫復困甚以一簪質斗米於里中富家幸見許矣比明倩力往內子汲水熱釜以待予出入候望者久歸則猶夫空囊也釜水沸不可已予笑曰爾時且浴未暇爲炊　四月友毘陵須西來黃含仲惲上賓毛怡孺諸人

庚午崇禎三年三十歲館於夫椒之張氏　三月作誓筆文　七月錄遺不與以乏學師例餽也　八月病瘧

自記予既被遺無賴宋氏北翔復蹶於童子試相挈至浦君襄家放浪湖山爲樂每遇酒酣輿發輒裸裼狂叫或辨難蜂起或危坐促膝耳語喁喁不可解者久之遂相抱大慟慟已復叫如是半月意盡言歸歸或病瘧逾月强起則北翔去世已十餘日矣予不知也過郡哭之爲文徧募親友以慰其存沒之感雖稍稍就緒而亦弗克竟也

十月次女生　寓於毘陵

自記予以亡友宋子故滯迹郡中家無寸椎粒米之儲且內子素艱於產至是將坐蓐予心憂之或勸予歸予喟然曰生者猶可延死者不可復必也勉畢事而歸耳

辛未崇禎四年三十一歲館於沙灘之吳氏　四月復徙歸於前亭里

自記大父以家難故自前亭里徙居夾山幾六十年矣大父嘗曰子孫如幸成立其歸守邱墓無忘漆沮諸仲父益貧折不克自振予復躑躅武宜錫三邑間靡有厥

居大父之志竟不遂今年四月因挈族喪至前亭徘徊風景不覺泣然有黍離之感乃挈婦來歸數指之外一笥而已偕族弟協之僦屋而居實左右焉協之名寅恭

五月迎五仲父母歸養

自記大人六雁行諸父多早逝無子尊行止三仲母及五仲父母耳五仲父母復老而貧無所歸養予歎息曰家世不造諸父凋零存沒之責皆予責也且予每以二人早逝不獲進一日菽水之奉爲終身憾今仲父母猶父母也孝養在志奚有間乎遂迎之以歸

七月過郡哭臧子瑞徵　八月作兩世行略　十月
作年譜於沙灘之塾　十二月作自壽文
壬申崇禎五年三十二歲館於沙灘之吳氏　二月五仲
父卒
自記頻年饑窘至是筆耕所獲頗有擔石之儲叔姪歡
聚以爲倖事未幾仲父疾革不起醫藥殯殮之費踰於
所入四顧復見蕭然之景諸父中五仲父九誠篤大人
沒後予依於其家猶子之愛恍如一體暮年窘於飢寒
不克朝夕藉使稍延數歲覩予身列賢書得以從容晚
景少展言笑似亦非大難得之事乃天不祿善阨以終
身至一日溫飽之適亦不相假也痛哉
三月禮經澤書成　九月族兄知白卒　十一月院
試錄科　十二月赴建寧府知府周訒爲之聘　訒
爲名昌儒崇禎戊辰進士
癸酉崇禎六年三十三歲寓建寧府　六月旋里　七月
讀書於漏西之塾　八月鄉試
自記八月初吉負笈至南都旅於方觀虞家試事甫畢
資斧已盡與蔣沖之徒步歸復積勞發病喘息委頓至

溧水囊垂乏食以推子平與沙涨楊友傾囊得一飽兼
載後車乃達瀨上誠逆旅之一奇也
九月中江寧鄉試第十六名　謁老師徐松濤於姑
孰　徙從兄伯緘歸前亭里　諸父中三仲父母最
食貧兄伯緘又多病不能耕作飢困益甚予居殷墅
乃徙之歸於桑梓爲僦屋以居稅畝而食焉　十一
月葬族兄知白於無錫之孔山嫂路氏祔　十二月
會試北行
甲戌崇禎七年三十四歲旅於京師　三月南還　五月
赴浙江金華府知府路修期之聘　修期名進崇禎
戊辰進士　九月旋里　九月以族兄知白子天正
歸塾
自記正姪少孤貧不能讀乃并其二庶母一妹皆載以
歸延師王元履教之與子孫驥及宋北翔子魁春同塾
乙亥崇禎八年三十五歲赴太平府推官徐松濤之聘
四月詩經澤書成　五月歸里　八月爲子孫驥納
采於徐氏
丙子崇禎九年三十六歲入南都學

自記祖例孝廉下第卽入監讀書課最積分方咨送禮部應試曠學有罰國初胄子之教意有加也今日遂爲濁流所居至於孝廉坐監九極簡脫不過謁見領文書而已予於丙子初月循例一往時大司成張印岩名四知

三月娛濱陳公卒　往金華　七月旋里　九月史綱成於舟中

自記會試北行舟中無事因纂輯洪武至天啟朝事續以綱目書法書之其於太祖凡四紀元謂始生元年起兵元年吳元年洪武元年也

十二月作後自壽文

丁丑崇禎十年三十七歲寓於京師　二月會試　三月中狀元劉同升榜進士二甲第四十八名　四月觀政於大理寺

自記例進士殿試後唱臚謝恩必主閣家資憩息供飲食近且有以居停得援者予北上之日拜主祝日兒此行幸成名立朝誓生平不識一閣至是執不往閣初而怪再而訴三而毆及班役失冠予踽踽急行弗顧也進士觀政卿以故事視之書卯而外竟寥寥無一至者予無日不往馬力不足濟之以步班役哂之字曰歎翁

五月假歸觀政畢例得乞假歸里五月出都　六月旋里　七月以毛怡孺子成孺臧瑞徵子履耕歸塾

九月廬於虞山之墓

自記予痛念幼失怙恃長而飄零生無以養死無以葬歲時伏臘不能以禮鮮民之疚抱以終天策名歸省宛轉邱墓間惻從中來竟不能去乃結廬墓左枕塊寢苫朝夕展拜以當定省暇逸則習射服勤風雨則讀書稽古爲期二百又七十日當喪制三之一非敢曰行古之

道也人子有善則歸諸親抑必至之情耳　立主

自記家世替衰先人早逝諸父貧折遂翦四支予與伯兄耕讀久不逢年烝嘗之義缺焉不講乃於墓左追立木主自曾祖考妣王考妣先考二母及諸仲父母之無嗣者凡十有二主龕而祀之以義起也　築塋

自記虞山之墓自右至左共二百五十畝四世祖妣鄒母爲主穴昭爲樂耕考妣穆爲高伯祖東山公又昭爲高祖味閒考妣曾祖覺菴考妣築於域前先考妣塋在祖塋北另起一峰大人葬先慈時棺而不槨葬大人因

之土封而已王考妣塋在薔宣公兆右頗阜峙形家每爲予言不吉予以力薄無可如何至是越歲已遠不忍更遷乃築土培之規制初立將有待也凡碑石之圮者計修松柏之毀者計樹躬親畚鍤三月而成嗟乎祖宗一抔土守之實難願我子孫時廑羹牆之慼

十二月立碑　刑部侍郎嚴公來致墓銘副使蔣公如奇書丹立墓左　爲從兄伯緘娶妻

自記伯兄貧不能娶予爲之聘於前湟張氏至是于歸越歲生子諸父六雁行爲之後者惟予與伯兄兩人伯

兄甫生子及驥兒亦止兩人伶仃之患每爲太息伯兄復多病予且戎馬從行益悠悠我懷已

作除夕詩 詩附 逼歲青陽屈指臨撫然時與事俱新共憐已往等閒度獨惜當前一片心愛日詎能追在昔終天徒自愴於今陰風閴寂哀山鬼嘯入疏檽助短吟

戊寅崇禎十一年三十八歲廬墓　正月作元日詩有旭涵萬象新春氣霜凍寒廬舊日情之句　四月作桐華篇　齆有枯桐一株枝間蛛網成孝字桐載華作詩紀之 詩附 孤根已瘁久而童分棄嚴霜栗栗風詎意天心勤篤物不偏春氣到枯桐十年計樹先人澤一日回榮大造功好護新枝勤自溉彩雲留待碧鸞封　六月晦辭墓作告主文　七月赴都謁選　八月寓居於淮　東兵窺關齊魯告急兵賊縱橫不能進退遂寓於淮越月至濟寧遇兵變倉皇而返　十二月以詩哭大司馬九台盧公　盧公名象昇字建斗號九台宜興人天啟壬戌進士授戶部主事出守大名以殺賊功擢副都御史撫楚復以殺賊功晉侍

郎晉尚書賜劍印總督宣大其臨陣以麾幢自隨傍睨他騎距躍輒上奪其刃便以殺賊又好將輕騎棄大營數十里趁利盜瀕死者屢矣然輒免往往取勝崇禎十一年十二月與東師遇於賈家莊大戰二日礮盡矢窮猶震呼手擊殺數十百人身被重傷沒於陣公至費縣聞報結壇於野爲位而哭作詩紀之有誓飛鐵騎將軍血肯受金牌廷尉章之句

黃石齋先生書致禮問

己卯崇禎十二年三十九歲三月至京師　四月欽授南

京戶部主事　七月涖南都任

自記南戶既係閒曹主政無差猶屬散職隨班書卯之外飲酒賦詩而已署後有燕處軒閭二兒謝公題云環堵清齋閒度日當窗古柏欲參天予畢然曰何巧合也先賢留句待我矣雖然署日雖閒豈宜虛度因改爲環堵蕭齋宜靜日作二詠紀之小加理葺移几榻於中自公之餘展編獨坐戶屨閴然鳥噪鼠窺始而相猜繼而相習覺晴雨晦明皆別有遠致也徘徊月餘逼於外差遂成空谷迄於簿書冗沓心瘁日促時一迴憶之迫然道俗之辨已

九月涖兌差分司之任　部有倉有兌倉儲米以待乏兌則收外解所入計數給軍習偷弊滋奸胥營窩甚至解戶公行賄遺名曰茶果官亨其一胥亨其十解戶既病米益糠粃又斗斛低昂操縱在手軍解俱病公初至任胥以例進公笑而受之明晨出例而置胥于法胥頓顙流血軍解皆爲哀泣求釋而後已陋規既洗解兌苞苴軍餘顆粒矣　外解一苦于賂遺再苦于稽候公擇其罔潔者卽兌解戶朝至而夕畢

事莫不德之

自記軍給籌入場望期盼盼苦於月挈囊嗷嗷苦於日予旦捧部文夕而給示霜月在屋叱車而馳軍譁於途曰入場看見曉星天有個官兒不要眠蓋小人之情覩輿因爲則喜也

十一月辭兌差離南都　部堂仇公名維楨以北新關委公公辭仇曰資例有定辭者之矯適成爭者之紛矯潔在心耳寧負梟之妨衷歟乎公迫於義乃受劄以二十四辭兌差離南都

庚辰崇禎十三年四十歲正月涖北新鈔關分司之任

自記內使崔璘在浙督察鹽漕糧餉諸役關使謁之例用銜帖予初用侍生璘不受予詰閽者曰何爲曰須改官銜予曰是奚難但慮過倨不堪耳援筆簡額作欽差戶部督理北新鈔關分司十八字璘嫌字太高不受予曰欽差二字可書下乎官有內外敕無尊卑予不敢辱君命也璘無如何相見而不受帖每交際則以兩帖隨璘終不受予終不易璘來謁從直至堂署予往如之璘爲氣阻

近聞武林政績知門下所在爲景星爲慶雲爲和風甘雨王端毅劉忠宣之業不又屬之門下耶至於米艘盡捐稅額杭城萬井人倚更生此尤有轉移造化之力眞五色補天手也吾黨有人吾郡有人天下有人矣其爲時賢之推服如此

八月從子孫正補無錫弟子員

自記予改天正名孫正孫從世碣正從父命也字寅叔時年十五其爲人卽之溫溫儒者顧獨伉壯負膽略工騎射尤善運槊旋轉便捷飄忽能踴身躍起丈許有立闕僧拳棒罕敵客有請觀其技者孫正以寸木擊其毋指立破之遂以藝勇聞與同里張夏最友善　夏嘗敘公年譜而梓之故其書獨傳

九月拜謹陳榷關四弊疏

十月季試　捐俸課士拔其尤者結問社朔望爲會得張坽翁遠業等三十人

十二月賑飢于接待寺　歲饑貿米助賑人半升間日一給凡給米二千石賴以活者萬人作賑飢錄復念天災流行民皆艱食特爲減餐屏音樂止會燕茹

二月申明課則　啟禎間每兩加解一錢六分謂之加一六加之官而未及於商也而官乃移之商商已視爲成課公之任甫七日卽悉捐一六不入商課遠近播傳額首頌德

革長單　閩廣雜貨例到關報稅約歲納若干免其零報初不過柴炭魚菓四單後增至百餘單商乃大困公痛懲積習盡拘原單而革之令於衆曰除柴炭重載外有言單者罪之具文達部勒石關務

撤巡夜　役倚差剝商令盡撤之

免雜稅　肩販雜項率苦稅少而費繁下令免之

定漏稅罰例　奸商漏稅祖制極嚴後惟以意行之爲厲不測公定其則量漏多寡推稅起罰勒石關務

五月設捕防廳　關設外郭伏莽可虞乃捐貲募士加以廩賞躬自訓閱命客將余師貞統之具文南北兵部及浙撫按立捕防中軍廳時譏盜宄斥一境晏然公更以其暇講武習射於圃中

七月出示免稅　淫雨兼旬米價湧貴商舟不至公免其稅以招之未幾舳艫漸集焉　素修聞之寓書曰

蔬食粥誠妻孥力行之時有諺云湖州墅上三般寶淸官妙藥靈神道武林門至關前十里名湖州墅謂公淸官及姚生醫藥武安王廟靈簽一時三寶也

辛巳崇禎十四年四十一歲官於北新關

二月離任　商人感公之德醵金立碑以永去思工部阜爾康爲之記末云予歸里經年老病不入官府未識公面且公已代去豈復有阿私朋比之嫌縱筆作記遍告同人俾知天下固自有眞正用世豪傑在

三月部假歸里　司権及稅約省商四萬金比歸行

李蕭然戚里失望公慰之曰某三十年老句讀也設一旦歸而黃白滿筒頓改當年顔面不祥孰大於此今吾自足吾分耳非矯也

四月書上抱齋周相國書附　抱齋名延儒字玉繩宜興人崇禎二年晉東閣大學士後罷歸辛巳四月再召謁者無虛日公獨不往抱齋雅重公屢使人邀之比晉謁就坐公無一語抱齋徐曰仲緘亦有所矚乎公曰某今亦何求但得一極危極險之地足以畢命朝夕者於願足矣抱齋默然公退上書規切之書曰

今之庸庸碌碌奔走於師相之側者不過以師相受眷特隆再登揆席不惕爲媚悅之言即陰爲身家之託從無一人論事懷憂獻一得之愚者考之古人布衣猶得奏計於廟堂今乃祿位晏然唯諾是具竊用愧之允錫幼讀父書長業君錄夙荷師相之奬成敢附古人之大義謬以目前之急爲師相敬陳之皇上英武間世勵精邁古而謀猷日創未奏膚功者其故有三一求治太急一執念太堅一進退人才太輕求治太急則不熟籌時事之緩急輕重愼措其安以俟

俟其定而一切功利操竊之說得以中之執念太堅則未暇爲虛中遠鑑投水轉圜之美將過施非分之福輕加不測之威而佞倖僻詭之說得起而伺之進退人才太輕則昔進而不知其難今亾而不知其易片言而升樞秘一旦而受桁楊天地之生才有數豈其今不逮古然而所用非所求所舍非所棄將僥倖苟且之徒益得起而嘗試決裂之凡此皆君心之未靖以致國運之日靡古云君心卽天心也或者天心悔禍牖我皇衷師相一出而圖吾君則厥決之功其

首務矣京師天下之元首東南天下之腸腹齊魯天下之咽喉秦晉天下之肩背楚蜀天下之股肱今敵阨吾首寇軼吾肩漸及於項東南杼軸日繼腸腹已空齊魯饑荒盜起咽喉道梗揣今所急寇不過志圖剽掠得志之後氣忘意盈盤結險阻苟安旦夕數月之內未卽猖獗敵覘覦叵測日伺我隙時而鷙伏勢必狠奔鳴鏑之舉已在眉睫一旦鼓邉南下扼臨德擊晉趙掠兗豫據要阻援京師受困竊恐彼中風土相習無俟秋高此際情形已窺未肯飽去天下之禍未知終始譬如久羸之人當此急症旣欲治標又欲固本太急則虛弱不能支太緩則怯潰不及救爲今之計莫如姑省楚蜀秦晉肩股之力整飭燕齊以通咽喉屯田訓武招散集亾先宿重兵以壯京衛以防敵衝無事則居重足以馭輕旣可辦寇有事則先備可以無患尤能却敵此爲上策若夫老師宿糧以從事於方張之寇則出沒盤踞旣非歲月可了敵一大舉元首已病咽喉梗絶肩股外裂腸腹內潰雖有盧扁無所施其技矣古者吉甫方叔北治狄南治蠻不

過二三元老今敵橫寇跳而建牙擁旄者多至四五十輩一羊九牧權分力輕於以却敵滅寇必不然之數也以錫愚慮莫如併歸一路責重各府九邊止設九督一切戰守機宜悉以委之許以便宜行事不分任不遙制則無委卸掣肘之患矣沿邊州府俱選才武甲榜優以道銜使領府事一切戰守機宜悉以委之撫總其成府宜其力無事則畫疆而守有事則荷戟而援則無觀望離潰之患矣至於京師左右陵寢之地當設督臣二員訓兵屯田使屹成重鎮以壯畿輔之威備援勦之用葢今之弊莫甚於但知重邊而不知重腹夫所重在邊不過一邊之用也弊在尾大唐以召亾所重在腹則秉樞四應不徒一邊而九邊之用也利在幹強周以永祚譬之十萬人分十則弱合一則強倚邊則空居中則實兵法所謂善守者無所不守名似簡而勢益增者此之謂也以之滅寇亦然歸重該撫責成各州密布置謹偵邏翦遊掠散其黨與離其腹心朝廷簡名將發三萬人賫二月糧而寇亾矣故辦敵在戰貴以守爲戰辦寇在撫貴以勦

爲撫然而一事權明地利輯軍心其首務宍書上挹
齋心是其言然竟不能用以致於敗
五月家譜成　堵氏先有心贍我樹二譜皆未竟之
書公纂輯逾年至是刻成頒示通族
祠成
自記合東西兩分爲長發祠以一世祖考妣二世祖考
妣三世祖考妣凡十主爲正祀外拙誠公考妣惟學公
樂耕公考妣東山公味閒公圖南公心贍公孚考沖宇
公孝節許母徐母凡十二主爲特祀虞山墓左舊有享

室葺而新之爲虞山祠以拙誠公考妣樂耕公考妣東
山公考妣味閒公考妣凡八主爲正祀外覺菴公考妣
月川公考妣心贍公孝節許母徐母孚考沖宇公二妣
胡母陶母凡十主爲特祀
置祠田　以二百畝入長發祠百畝入虞山祠輸糧
之外備春秋祭燕兼以養老贍貧賑孤恤寡酌租之
盈縮以爲常
大合族　鼓樂迎主子孫以次拜謁祭畢遂行燕勝
衣冠者一百三十八人成禮而退

六月陞南京戶部郎中　八月陞湖廣長沙府知府
十月涖長沙府任　十二月賦天心篇
朝廷以流氛肆禍省躬罪己頒詔大赦公拜詔畢念
湘土遭賦允重沾濊獨隆皇仁卽天心也賦天心篇
十六章以頌之
壬午崇禎十五年四十二歲官長沙知府
正月爲餉科所劾　初公涖任甫數日餉科黄雲師
過府舍謀於堂未有以應公前謁晉接甫定黄卽厲
聲曰貴府逋多無逃白簡公以受事未幾對黄又曰

如某某者以未任被謫何言暫也踞而左顧公曰足
下必以簡書從事當今主憂臣辱斧鉞允宜某無所
辭罪遽長揖出既而提經承亦不與及是果爲所劾
劾語云長沙知府堵允錫倨傲鮮廉恥事催科臣不
得已提其經承則曰我卽是經承任憑參處者奉旨
該撫按申飭
二月作星沙城守議　公在任與司理蔡公道憲相
倚重遇事咨而後行值流氛日熾湖南恃江湖之險
有司泄泄處堂公與司理私憂之乃作星沙城守議

略云大抵通郡形勢負山面江有險足恃上策以戰爲守守南山而敵人不敢踰險守撈河而敵人不敢飛渡守江州而敵人不敢艤岸樵採不竭市肆不驚氣展刀餘居中四應十萬之敵不能攻也其次以守爲守南守崗東守坡北守濠西守岸資山澤高下之勢以爲屏蔽可進可退立於無畏養鋭蓄力伺隙而動亦可稱堅城焉其下則依垣而匿耳增修女墻多設窩鋪編氓而立比戶而饋繕器備用閉門自晝以當百千烏合之衆數月之守或亦可堪云云

撫院以敕書至府　楚撫宋一鶴移檄各府措銀五千採買軍米公無以應未幾一弁以令箭至公曰此行間物吾受命守土軍容不入國也于是差官以敕書至且爲檄曰官參吏斬載在簡書參不足道也若斬令則已行之孝感矣見者失色公不爲動越月自賫敕書往謝會所採之米已畢輸宋亦無以難

三月致科舍於獄　漕科陳泰來督漕於會檄舍紛擾瀏陽簿樊朝楨舟至撈塘過夏姓者鎮而曳諸市既入舟飲其酒狂叫終夜晨又曳之樊不勝忿乘間投於水湘流湍激不及施救夏方盼盼然視其與波俱入而徐俟其與波俱出也謾曰官死解存爻亾子存速爲我覆科主課索如故公聞之髮上指手縛夏致之獄詳諸三院并請于陳陳怒將繳敕以待命會三院俱不直陳曲解而事寢

三月戒嚴巡守　劇賊甘名揚等聚衆山洞四出刧掠殺官兵陷平鄉湘北大震公督兵壯巡行境上結堡團甲緝奸遠侯遂得不犯

子孫驥補弟子員作詩并字説寄之詩有爾讀書能

苦予爲官日貧之句

五月勦臨藍賊殲之客將余師貞戰死　臨藍賊蕭相宇等糾中原潰卒粤西生猺各洞鞑賊諸鎮老馬子合隊焚刼進攻寧鄉縣縣令飛檄告急公于戌刻聞報卽搴炬發兵誓師渡江合得百五十人選驍卒三十人給以馬命客將余師貞統之爲前驅公率步兵居後時傳賊鋭盛圍寧數里同列以孤軍難進謂宜中途觀變公慨然曰赴急如救焚豈得需次且賊非有成謀不過乘不備以掩我耳聞救速必疑大軍

至當疾走此兵機不可失也比至城垂陷賊愕然相顧曰何捷也拔營遁追之及於大虎坪師貞一發殪其魁僞王廖二慶殿後師貞復馘其首諸軍繼進斬百餘級賊駭散狂走荆棘中比登高見幟而甲者僅三十人餘皆寬博徒手也復譟其徒返爲長圍裹我軍師貞策馬疾衝之格殺過當賊復至會天雨泥濘師貞以馬蹶見害賊得脱去公憤甚壁於黄柴墩新化武岡黔陽兵會勦賊殲焉剜蕭相宇腹以祭死事者

立鎮南新營　初臨藍賊犯府設鎮南營兵百人公鑒寧鄉之役復立新營合將卒二百七十人府自捐餉歲三千金

勦百家山賊平之　吉藩左承奉司黄鳴治有腹校劉國名糾巨盜萬大萬二猺賊洞丁遊僧千人立寨百家山旗鼓恣劫瀏陽縣令捕之國名率衆圍殺覽十數人擒數十人顯以金錢贖放公不勝憤俟國名入城縳之獄發兵勦其黨山洞以平

六月剖定欽案　科臣史可鏡紳衿構難一案各樹黨攻劫焚殺日尋獄數年不決公喟然曰鋤强止囂正太守事忍使一方鼎沸坐置不問乎設激變意外伊誰之咎乃呼史紳語之曰汝釀禍有由予不能汝庇也其速出子弟臧獲就理無後呼諸衿語之曰汝樹幟倡衆豈臥碑所訓且致獄有年矣諸生豈無遠大自期者以諸上進殉一廢紳非策也其靜無譁譁則小而申飭大而入告法不汝貰也呼衆款犯語之曰汝多人果係受抑者入理株連者速去反坐有令叫競有誅榜於衢令鄉保比家而守有譟聚者擒之

擒一二人置之法市閭闃然聽之日於諸史內讞其悍横者諸衿內摘其豪强者坐之逋逃者免株連者釋凡決三十餘詞犯証在門者千人一日而畢紳衿咸服又欽案李象珠汪韶等十餘詞亦以次剖定

榜銷崇禎十三年以前積案　湘俗喜訟案牘如山上下書胥相比每以催提爲奇貨公知其弊簡十三年以前積案徹底詳銷榜於衢凡三千餘件

修長沙府志　徵郡中文人十餘輩共事蒐討而公手裁之書成咸稱直筆

七月定民之譁爲吉藩所劾　長沙善化之田投入吉藩者凡十之五逋糧卸役郡縣苦之至是復與民爭田訟之郡丞王秉乾丞以田給主者宗乃譁公諭之頗唯唯翌日民榜書王平日之所爲揭於衢王怒閣校四出撲捉里民業稍溫者幾無噍類初三日酉刻民於南倉一呼而應者三千人將及夜踰城焚藩哭聲徹野公聞之叱御不及單騎而往私念氓無知縱之則禍不測激之則禍不測有設法以散之徐啟王而善其後耳乃令吏傳呼太守來爲八䘵字以狥曰受冤則告妄動者斬密使營兵夾倉而陳民稍定公呼其渠而語之曰汝輩誠冤然無徒自苦其悉具詞於予予爲爾理之民唯唯受千餘詞公謁王曰潭州王湯沐邑受之天子者也無民則無依奈何使怨怒至此王謝不敏立摘骫法者數人杖之百以自解公因令於倉曰後去者誅事既定吉藩左承奉黄鳴治以劉國名故忿公深譖於王曰府與廳盟以爲此難也又曰府煽民於郛而斂詞於堂也王惑之遂爲所劾

八月勦燕子窩賊　茶攸之間地連衡永巉崖絶巘一望無際賊黨盤據其間屢捕不獲未幾糾合亾命及靛賊闖賊共七八百人爲刼於醴醴告急公率兵往賊讋公威名紛紛各鳥獸散公深入險阻馘其渠李翦子草上飛等數十人而還

九月罰俸　吉藩劾疏旣上長沙善化縣民叩閽訟冤公拜直陳顛末疏旨下撫按察奏罰俸一年

十月余師貞廟成以文祭之附文　維崇禎十五年十月之望長沙太守宜興友弟堵允錫謹致祭於明故守府將軍雲岫余公之靈曰嗚呼余公旣智且仁奮騎逐賊舍生而成精爽不滅功澤在人人各有心於公是憑於以尸之廟貌孔新於以祝之庶羞維馨小大具哀涕淚共零初奠者誰長沙太守握符秉旄鎭蠻殄醜一朝不戒羣豕突圍揮戈投袂子先羣後欲報使君目無全寇害實不恤功則不有鶻性逐爵若天而授公其歸來酹公以酒嗚呼酒初行兮酒氣香肅我冠兮穠我裳功在社稷兮不忘名成十二兮無雙再奠者誰軍主堵公整師逐賊子權子鋒絶流晨

馳武服是供長策決闔短纓驟風奪賊之魄顧盼益雄厲衆作釜賊魚於中賊首纍纍余嘉乃功生氣殺賊勁氣在穹嗚呼酒再行兮酒味洌放予歌兮雙劍白將軍陣上兮戰急將軍廟中兮髮直三奠者誰友生堵子憶公初生與予同齒十載周旋我我爾爾正氣雖存良友已逝死喪孔懷於我無所惻惻中宵隱憂未已瞻彼江流鼻泗頹洮殲我良人予予之臂嗚呼酒三奠兮酒聲哀死千秋兮主誰歸將軍俎豆兮崔巍故人樽酒兮徘徊尚饗

自記自余師貞陣亡募壯士不可得偶於獄中得徐鳳崗者力能負銃而戰禮而用之屢入險勦賊胷帶馬落澗中賊以鎗搞其口忽口拔鎗鏃躍起大呼砍殺百十人莫有當者鳳崗湘鄉人也後以病終

十一月入覲　各臺以藩勀故題公入覲既而悔之則公已登舟矣居民歡送夾江而行聚於湘陰雖禁之弗止也

十二月寓於京口　公自洞庭沿流而下月餘始達京口已聞有邊警至淮安報益急乃還寓京口

癸未崇禎十六年四十三歲寓於京口　二月渡淮　四月達京師　自二月末旬聞邊騎漸逺乃合隊而行趦避於津涿間久之始達時京師尚未解嚴驗文散髮而入公喟然嘆曰此一門者華夷之界也當今安有九邊獨有皇上九門耳爲臣子者能勿愧死時主於族兄士鳳家

五月覲計典竣舉廉卓錫宴禮部奉旨加二級復任

六月至京口便道旋里

七月祠規成　公以約束通族勸耕讀講仁愛不可

無規乃分孝弟耕讀廉讓慈睦數則及冠婚喪祭之禮勒爲一書至是成告主頒行赴任

八月復還里　舟至蕪湖爲盜所刼墮水瀕死脱走草野稱貸至家重整行李

葬娛濱陳公及許夫人於湛瀆　公念外父母之德不置慮四方多難從王之軀得暇無幾遂卜壤於湛瀆而葬之有記文二勒于石

赴任　時聞獻賊破武昌大江路絶乃取路浙會召募丁勇始行　十月至蘭溪聞寇陷長沙　十一月

至江西廣信府水陸路絶慟哭而還　自蘭溪至龍游遇長寶道馮某長沙令奚某自楚倉皇奔走見公錯愕相顧急摇手動目謂賊鋒盛不可赴死宜且觀望匆前公切責之兩人者不顧以印付公竟去公益憤激進至廣信府城門晝閉士女逃潰所在俘掠兵賊莫辨不得已還寓衢州

十二月自錢塘還寓毘陵有答鄭文日詩　詩附　辛苦篤師費往還多愁知已惜愁顔只今天地干戈裏自古功名朋友間雪夜捉刀爭向蔡樽前聚米忽成山

同仇莫賦無衣句投筆猶能到玉關

拜復任路阻疏

歲除過虞山故廬守墓

自記時已逼歲羈旅之臣不安家處乃之虞山守墓正月初吉拜墓而行

甲申崇禎十七年四十四歲廬于虞山之墓

正月至南都　謁史司馬可法袁督師繼咸二公海內人宗也共以國士見許委以長沙監軍之任公慨然接浙而行

二月同巢翁憲出師復楚

三月復任　賊之留屯未去者公以次勦逐乃修城濬濠飭樓櫓集士民共守之

作哭江行　長沙司理蔡道憲字元白號江門晉江人崇禎丁丑進士居官以直道自守與公素稱莫逆交癸未五月賊張獻忠陷武昌進陷岳州復圍長沙道憲督將士城守甚力賊進謂之曰軍中久聞蔡公名將大用公公無自苦道憲手注弩斃其渠賊怒攻益急城陷道憲被執賊委曲諭之使降道憲嚼齒

大罵賊賊磔之部下士林國俊等九人追侍道憲不去賊初勸道憲降國俊曰我公若肯降者去此久矣不至今日賊云爾不降亦不得生國俊曰我等若畏死者亦去久矣不至今日賊幷殺之內四人奮曰死固所甘願葬我公而死賊義而許之四人解衣裹道憲骸瘞之南郭乃自刭公悲道憲之死作詩哭之序曰蔡子之死於湘南也予驅馳往來洄游中流如見其人烏得不哭兼哭一時共難諸公哭聲與江聲俱永也作哭江行

四月作墜龍驪　聞京師三月十九日之變痛哭幾絶作墜龍驪五章

五月福王即位於南都　福王名由松神宗孫以初四日監國十五日即位改元宏光

陞武漢黄兵備副使　六月涖分巡道任駐於黄州

七月平戈陳五族之亂　戈陳者漢王陳友諒之裔支庶繁衍分爲五族盤踞瑞昌興國間其人獰而豺聲輕生好鬬往往徒手搏虎豹無所畏及是乘變爲亂攻城掠邑無虚日烽火及於黄州公曰狂賊陸梁我不急討養成大惡是又多一張獻忠也乃授方略於諸將徑擣其巢五族者震恐喪魄相率詣軍門叩首乞降江楚復定

九月改湖廣按察司副使加一級提督學政

十月會講於武昌府之學宫　公雖故學使而訓兵講武勤倍曩時注意人才旁採謀勇以國仇未雪爲深恥居恒扼腕太息常恨未獲死所因進諸生而諭之曰千古學術之大莫切於明倫今日明倫之要莫切於君臣諸生試想二祖列宗休養之隆大行皇帝賓天之慘目前立於明倫二字之下覺不共之仇一日不復則君臣之義一日不明然復仇之舉不在事功而在志節復仇之地不在疆場而在衾影蕩滅賊必須人才人才發爲經綸經綸本於學問學問根於忠孝諸生刻刻以忠孝爲心務求俯仰無愧在家爲彥士立朝爲良臣則起居動靜皆是復仇之時皆是復仇之地所謂不待舉而後加者也

拜及時修復事宜疏　其一論取士之法略曰竊維制藝非古也國初亦不獨重制藝也制藝之重始於成宏至今而極重乃成極弊臣以爲取士之法莫如實行三試歸併二科以德行政績言品爲第一場德行者學臣條舉士子孝友之實是也政績者凡司府州縣儒學之首領佐貳學臣皆得薦舉如古徵辟之制也行徵辟之制有五便諸士有練達之功一也州縣有佐使之員二也國家得士而後用之士不至有以官爲試之患三也士子愛惜進身之始居官必清謹自守四也即薦舉之得失以驗學臣之賢否五也言品者古慎言之法一寓目而了然一啟口而曉然

也以制藝策論判爲第二場制藝以觀其理學策以觀其時務論以觀其宏博判以觀其律例書一經一策二論一判二亦七篇以韜略騎射爲第三場此取士之法也臣法若行則朝廷無文武之異局封疆無文武之殊觀井鹿鳴鷹揚之二試文學武學之諸生而合爲一科以羅天下之豪傑使文不爲堅瓠武不至躍冶於以復古濟艱此其首務矣

立僑學於漢陽　流寓附籍

乙酉年四十五歲提督湖廣學政

正月會講於武昌府之學宮　時事日非警報踵至公止辦一死以報國進諸生而告之曰講究理學者所以砥礪名節砥礪名節者所以發皇事業蓋士一身而百行備焉而明於義利死生之辨於以入聖躋賢思過半矣試以義利言之義者高遠難卽利者卑近悅從今欲祛千駟萬鍾之奉退而簞食瓢飲甘苦殊絶豈易以矯語欺人孔子不云乎富不可求從吾所好義者我所自有也利者我所不必有也不必有者求諸人我自有者求諸已舍我所有求諸非分一朝誼遇千古蒙譏西山之歌與牛山之泣孰得孰失孰少孰多必有知其解者矣更以死生言之今使置人於刀鋸鼎鑊之旁而從容而告之曰爾必舍生而取義此亦難入之言也然而爲是言者非欲人輕性命也正欲人愛性命何則性者與生俱來命者天衷所降極古今忠孝節廉可驚可喜之事皆吾性命中所固有能愛此者堅於金石壽於山嶽生固不朽死亦不朽至於今人所戀戀者非性命也血肉耳官骸形器豢養以成求者期頤促者薰穰吉者邱隴凶者

溝壑不爲烏鳶卽爲蟲蟻是不特當其死而非吾有卽當其生而亦非吾有也吾不愛已之有而愛烏鳶蟻螻之有清夜自思有不啞然笑者乎故世而有眞能愛性命者視死其如飴無侫慷慨以趨直可從容而就也

三月巡試湖南　途遇盜公從容諭之盜皆頓首避路更衛之行

謁督師何公騰蛟於長沙府　騰蛟以舉人出身累官僉都御史巡撫湖廣後進太師爵世侯其爲人智

深勇沉嘗率師全桂林取寶慶復全永諸州與敵大
戰於嚴關日越橋搴旗斬將所向克捷士氣百倍江
廣大定己丑正月檄諸將集湘潭謀下星沙北師驟
至湘潭陷騰蛟被執勸之降不順命絕粒七日不死
復勸之降騰蛟躍起大罵遂遇害時以總督五省軍
馬駐節長沙公謁之進足餉輯衆之說掀髯鼓掌絕
不作瑣瑣態騰蛟深器重之

五月南都潰　六月立君子營　南都失守報至公
痛哭三日設科募士或則幼讀詩書長嫺韜略或則
年力壯茂募義從軍以至一材一藝之士皆聽入募
有應募者公親察土著慎相法驗膽氣膂力共得三
千人分爲十營取越王句踐君子六千之義不謂之
兵丁而謂之君子以崇異之一時共事有章曠楊培
東等曠初知沔陽州方獻賊之謀躪楚也江上無敢
行者曠從一廚夫覓漁舟盪槳密覘之知事已迫傳
檄遠近兵漸集獻忠西走武昌諸郡復定人服其勇
云後代公巡撫湖廣

閏六月唐王即位於福州　唐王名聿鍵端王孫崇

禎五年嗣立至是以閏六月十五日即位於福州以
布政司署爲行宮改元隆武

八月陞都察院僉都御史巡撫湖廣　督師大學士
何公騰蛟薦公才可重任遂有是擢

九月往荆南撫李錦等三十萬衆以歸　逆成既死
其義兒李錦等十八部屯澧州界上號三十萬遠近
大震公廉知錦母高氏有智術軍事皆取決而高氏
弟一功所部二萬人驍勇爲諸軍最公令具冠帔徑
詣其營錦等以鐵騎數千來迎入營公以大義諭之
曰公等皆大用才前者陷身不義亦當事者之過但
本朝御宇已三百年公等祖宗世食其德一旦以烏
合之衆破金甌毀宗祏俾人收利自居賊名公等爲
之竟亦何益今能重自湔祓戮力建功使名垂竹帛
吾當與公等共之錦等唯唯欲定盟公曰姑徐之吾
與公等一心報國義同兄弟當效古人登堂拜母之
誼請先見太夫人然後行禮錦引高氏出拜公答拜
從者奉上冠帔公曰榮命在即預備以俟高氏喜命
軍中置酒及奉使翠翹金鈿宮中裝束蓋自燕京掠

得者公變色却坐起立泣而言曰兩京未復萬姓倒懸允錫求死無所亦復何心聽樂公等相愛宜急撤去錦益心折如命公南面坐引卮談論慷慨具陳忠孝大義及古今名賢事蹟纚纚數千言明日高氏呼錦跪庭下誡之曰使汝曹贖前罪洗惡名者堵公賜也堵公神人也汝曹不可負錦等望公叩首指天誓以死報於是李錦高一功田虎張能賀藍袁宗第塔天保黨守素李來泰馬世耀等三十萬衆皆就撫聽公節制楚中謂之十家兵云　初公至錦營見被掠者近五六萬人盡命計口給糧遣歸比公之還男女擱持夾道拜送歡聲遍百里皆曰微我公者我等死溝壑矣

拜請封諸將疏　遣武陵縣舉人傳作霖賫疏詣行在作霖字潤生號九峻最爲公所器重歷官兵部侍郎死於武岡之變

十月蒙敕奬諭　公疏既上內閣蔣德璟持不可御史錢邦芑請如公言乃封高氏英淑夫人（明史作貞義）李錦左軍侯賜名赤心高一功右軍侯賜名必正號其衆爲忠貞營而別降敕奬公忠勤益勵以後效

丙戌年四十六歲官湖廣巡撫　二月率師圍荊州

四月還駐武陵　時兵多而餉不給攻荊州久不克參軍趙振芳進曰我師老矣彼援將至奈何計惟決水灌城可以速下此不容間之會也公不忍民之魚持不決越二日北師果集與戰不利乃由澧水還駐武陵憂憤幾絶題二詩於新化驛人傳誦之（武陵屬常德府）

五月戰於草坪大捷　公既撤荊州之圍大軍躡其後軍於草坪公以其逼也激厲將士開門出戰敗之

拜補行鄉試疏　乙酉科缺鄉試楚人爭叩言之公具疏請依例舉行後以軍務倥偬辭監臨之任

子孫驥姪孫正自家間行至軍　乙酉六月孫驥孫正從癸未進士盧象觀保衆山澤間瀕於死者屢矣竟不死乃決意入楚間關數月達於軍中公見子姪至喜不自勝改孫驥名世明孫正名正明示不忘本朝也正明故饒勇略即命督君子營衆皆傾服又選其少壯年二十內外者爲親兵每戰正明居先身冒矢石親兵競奮咸致死力屢以克敵功膺奬賞累官

右都督同知留守錦衣衛事世明後以恩典授江西
道監察御史
八月爲子世明復娶唐氏　公以兵革不測中歲尚
未有孫聞湘潭諸生唐鶴翥有女及笄爲世明求之
東李鄭二生轉告以至情倘皇路清平東西館古亦
有之之意遂成婚正明亦納陸氏生一子世居於衡
云　閩都潰
十月永明王即位於廣東之肇慶府　永明王名由
榔桂王少子神宗孫閩都既潰總督丁魁楚巡撫瞿
式耜及兵部尚書李大器李永茂等奉王監國尋即

位改元永曆以肇慶府署爲行宮
丁亥年四十七歲官湖廣巡撫
四月陞兵部侍郎賜劍印總督軍務　駕幸武岡劉
承允掌兵專政而高李諸將聲言欲入湖南就糧承
允恐爲所併私念非公莫能制特疏薦公加公官令
督師出江楚
七月拜請誅劉承允疏　興國公劉承允驕肆日甚
忌督師何公騰蛟權出己上請改爲戶部尚書專理

糧餉不聽及何公入朝歸長沙承允伏千騎於道何
公至伏發部下士奮力與戰盡殲之承允諱而不言
公因疏言劉承允恣爲不法截殺督師重臣請正典
刑承允見疏始惶懼自戢
八月常德陷率諸將守永定衛
九月武岡陷傳令戒嚴　北師逼武岡駕幸柳州劉
承允以城降遂傳令各營協力巡守
十一月率師復常德復辰州　自退守永定而後幾
及半載公憤無恢復期乃書二祖列宗之位北面百

拜拔劍將自刎以謝不職罪左右急抱持之公釋劍
大哭諸將亦哭三軍皆哭哭聲震山嶽馬進忠王進
才等咸請效死公乃兜鍪金鎧建大將旗鼓翌日出
戰公姪正明故弟子員即之溫溫儒者顧獨伉健饒
膽略工騎射其來楚也督君子營能固結士心與同
甘苦士皆樂爲之用至是公命正明先登餘張兩翼
以進公督戰急正明大呼諸將應聲騰起三軍繼之
驍勇果毅莫不一當百血戰三日凡斬級以萬計鹵
獲輜重馬騾械器無算復常德進復辰州

戊子年四十八歲官兵部侍郎總督軍務

三月檄李赤心與忠武諸將合營駐常德　公慮馬進忠孤軍難支更調李赤心等與相犄角爲乘勝東下計有奸人鄭古春者東西唆搆諸將惑之始各懷疑忌矣

四月北師以書至拒之　北師駐武昌使公鄉人吳達持書來招有大者王小者侯之語公峻拒之

五月拜絶口勿談和議疏　時有倡和議者公上疏痛陳其不可其議乃寢

七月至夔州散楚宗朱容藩之黨　楚宗庶子容藩以便佞躐掌宗人府事獲罪當誅會赦得免遂由楚入夔州據有王光興于大海李占春諸營兵馬自稱楚王世子天下兵馬副元帥設官擅封拜有自帝之漸公方統兵欲東聞之恐變起旦夕爲肘腋憂即乘舟至夔詰責之容藩無以對一時附和容藩者有張京程正典朱運久等公一一陳大義曉之川中將士始惡其名號之僞各思解散以聽朝命未幾容藩走死雲陽

八月還自夔州率師復衡州復湘潭進至江右所向皆克　公還馬進忠與李赤心不合恐其相圖已移營湘南矣公乃調護諸將激勵士卒嚴部伍申約束將士踴躍用命復衡州復湘潭鼓行而前所過郡邑皆下遂入吉安

十月率師還駐茶陵　金聲桓以江右返正將率師趨南京恐贛州未下議其後再攻贛以牛酒犒師請獨任江事公乃率衆回茶陵欲與督師何公騰蛟合謀出江漢以窺兗豫

十一月陞兵部尚書賜印劍總督軍務

十二月率師援南昌　初聲桓圍贛州未下北師救至聲桓撤兵回南昌嬰城固守北師圍之復以其餘力敗傅鼎銓敗余應柱西破丁家塘土寨江事日棘公得報即督忠貞營兵往援之

春秋說義成　公嘗命子世明負書居馬前已則自囊筆墨細碎諸物軍行頓舍治軍書畢即掃地焚香啜茗紬繹春秋大旨箋釋不輟至是成編名曰說義釐爲五卷凡萬五千言

己丑年四十九歲官兵部尚書總督軍務

正月師次袁州

率師救湘潭不及還守衡州　督師大學士何公騰蛟駐於湘潭遣諸將悉力攻長沙將拔之北師驟至湘潭陷何公死之公聞變率師還救與戰勝負略相等遂率諸將固守衡州

四月戰於衡州之草橋不利還駐耒陽　陣於草橋公自執桴鼓聲殷殷諸將直前搏戰自辰至酉殺傷過當忽有輕騎出陣後陣遂動公收軍駐於耒陽而

令正明刖統一軍護眷屬屯永興凡相去百五十里

永興陷從子都督府右都督同知留守錦衣衛事正明死之　正明屯永興北師從間道來襲正明大呼上馬率部下死戰北師益集圍之十重正明身被重傷奮力殺斬數將突圍出且戰且走迤邐及於城濠銃箭蝟集遂遇害年二十有四事聞贈太子太保左都督參謀潘喆郤履正皆不屈死諸眷屬在城中闔變闔門縱火自焚死潘喆贈禮部主事郤履正贈戶部主事皆予祭

北師以書至拒之　北師得公戚唐鶴義厚遇之予以官賞使作書招公委曲諭以天時人事之說公哭而拒之

五月戰於龐河大捷　大軍日逼約日出戰公刺血書疏籲神畢納刀靴中謂諸將士曰兵凶戰危此行脫不濟吾惟一死以報國耳公等可善自爲計將士感激用命戰於龐河遂捷　公每遇戰勝諸將上功擲級滿前血糢糊積所割耳鼻突兀如山阜公踞胡牀坐神采英毅意氣慷慨望之者皆疑爲神記功畢

公忽怡然命爲功高者奏樂簪花掛彩手金卮注酒酬之將士益感激思奮

至廣西之平樂府　公所相與左提右挈者督師大學士何公騰蛟也何公死永興亦陷公憤甚欲入朝面君討兵討餉將復入楚謀大舉乃檄諸將嚴師城守率麾下三千人入龍虎關過保昌侯曹志建營志建素驕蹇不奉法縱兵掠永郴間屢被公呵責乘閒欲害公公覺之夜走何家寨尋至粵西平樂府之賀縣

子江西道監察御史世明卒　初公謂世明曰我受國重任非死無以報汝書生在軍無益且事不可知汝盍行乎乃令門人李先登匿之山中出衣貲遣之世明不可公曰父殉封疆子延宗祀亦各得之宜也何爲而不可世明泣曰兒縱偷息人間要不若父子兄弟死生同在一塊乾淨土兒今復何之因痛哭固不肯去也已丑五月公將入朝先遣世明賫自陳疏詣行在二十八日至廣東之陽山以病卒公聞訃顧謂左右曰此天命也吾何以子爲哉意氣逾奮

六月入朝陞少傅太子太師吏部尚書兼兵部尚書文淵閣大學士

七月奉敕總督諸營以圖江楚　公屢疏請出師朝廷嘉之特賜龍旂十二總督諸營以圖江楚

師次梧州　公既拜命即檄告諸鎮召李赤心於籐鬱次於梧州以待之

作書寄示吳中諸舊好 附書 僕自甲申以來驅馳王事心盡力疲幾於不可復振然而一息尚存亦何敢以自逸也倖邀宗社之福收合餘燼迅掃狂氛揚帆直下重展孝陵歸老桑梓所甚願也或者天不降佑以致師徒失律大勢日非則允錫七尺之軀久不作人間想矣異日荆溪之滑風清月白之夜有哀淒呌空者非他人必允錫也故人不棄倘有瀝酒以相慰者乎幸矣幸矣念錫一生初不有家棄捐室人亦不復道止有從兄允祿從子昌明爲先祖父一脈之遺貧窮可傷故人能嗟而食之使不至溝壑則允錫生死之感也　初公未第時所與交者凡十人號十鈍亦曰十遁又號十癡得公書往往散去後多不知所終

八月土寇徐彪作亂擒斬之　土寇徐彪聚衆萬人四出劫掠官兵不能制公念内難未靖何以克敵乃率師往與戰大敗之擒彪斬于市

奉旨給四世誥命　朝廷念公忠勤封爲光化伯給誥券公以廷臣各立門戶軍旅齮齕無成功惟當任罪何敢冒恩上疏力辭遂特賜四世誥命以奬之制辭爲禮科金堡筆　堡與丁時魁蒙正發劉湘南等立朝侃侃正綱紀慎名器素不爲近倖所喜堡尤著

清直聲見重於時

九月拜密陳事宜疏　獻忠既死其義兒孫可望自蜀入滇入黔自稱東平王既而苦無以制其下願聽撫求王爵學帥陳邦傳前聞高李諸將將入粵慮不相容欲結可望以自固乃遣胡執恭矯詔封可望爲秦王廷臣知事出邦傳交章參劾執恭居滇不敢歸可望必欲求實封廷議難之會朝廷遣使勞軍密以問公公卽疏曰可望久據成都滇黔復爲所有曷能禁其不自王然必請命於上者意尚知有朝廷也我不能禁其不自王而必欲靳之使不王勢必僨決今誠降敕封之使恩出朝廷旣可以徐收其用且令縛胡執恭至正其罪而誅之則賞罰之權亦不倒置矣疏上輔臣嚴起恒尚書吳貞毓侍郎楊鼎和給事中劉究珍吳霖金堡張載述等持不可公再疏曰廷臣謂異姓封王非祖制持議良正然不可以爲今日言也可望已自稱王其黨李定國艾能奇劉文秀三人亦皆稱王設但封以公爵必非所願萬一不受封因而爲逆謂皇上威靈何謂天下事勢何或者又謂欲

收其用而先失國體適啟邪心非策之善則臣竊有說於此謹按開國功臣六王皆追封也而尚書洛誥曰記宗功以功作元祀蓋古人臣有大功者常以元祀慰勵之今或量封可望爲二字王卽於敕書中詳載舊制明示破格相待之意而勉之以中山開平之功則可望旣感激用命於祖制亦不爲背謬矣疏奏朝廷命鑄印封可望爲平遼王

十月師次潯州

遘疾　公督師六年屢與大敵角勞悴萬狀値馬吉翔李元允用事凡有奏請動見掣肘諸營多覬望不進展布益難遂發憤成疾吐血不止

十一月公薨　疾亟强起服冠帶望闕再拜書遺疏上之略曰臣自拜命以來任大責重竊不自量擬再合餘燼少收桑榆不料調兵則一營不發若曰堵督臣而有兵是豊其羽翼也索餉則一毫不與若曰堵督臣而有餉是資其號令也致臣如空山獨夫坐視疆場孔急號血拊心略無展布昨上西山橫邑感厲太重一病不起遂快羣腹臣亦何恨但以萬死不死

之身不能爲皇上死於疆場而死於枕席實有餘恨也臣死之後伏願皇上揀任老成用圖恢復若軍國重事惟以馬吉翔李元允等數人爲股肱腹心事之成敗尚屬可慮拜疏訖又南向拜父母曰兒死不獲更還邱隴矣諸將環集公一一執手依依勉以忠義爲訣別語諸將灑淚拜伏牀下哀不自勝既復呼筆自題其像曰有明堵子生而精敏遭家不造誠身事親遭時多難致身事君四十九年孤兒遺臣而今而後浩然蒼旻未幾卒十一月二十六日丑時也卒之

夜侍疾者近百人痡痳間皆恍惚見二青衣牽牛而至公起迎笑脫幘易簪笠短衣至軒遂執蓬跨牛騰空冉冉而去嗚呼公生以辛丑捷以丁丑卒以己丑丑之生屬固牛也茅峰之禱感於前潯陽之夢徵於後其生其卒抑豈偶然者哉

閏十一月葬于潯州之西山　朝廷聞公卒泣涕減膳輟朝五日贈公上柱國太傅太子太師中極殿大學士鎮國公謚文襄改謚忠肅廕一子錦衣衛指揮同知世襲御祭九壇遣禮部官致祭賜坐潯州之西山以閏十一月十九日葬于世明祈後數年恭陵門人尹惟日爲廣東和平令發柩將送歸宜興未幾惟日物故公從子景濂跋涉千里入楚得公之柩於黃海縣之騎龍菴菴僧歷言屢年神靈赫奕諸事蹟相與嗟歎者久之挈歸葬於虞山之祖隴

毛廟菴曰己丑九月公納浙江紹興府之葉氏公卒時有三月孕嘱部將常萬善善視之後竟負託及孫可望至粵迎駕執萬善數之曰堵制臺眞天神以嗣續見託而庸奴乃敢泄泄爲此態命鞭之至百萬善哀泣求釋不聽其子因得不死今居滇中或者天道不爽日以蕃而昌云

世明妻徐氏正明生母錢氏妻沈氏苦節終身與夫人陳氏相悲復相慰也後俱以壽終

歐陽典楚人爲公親吏五年在潯州送終有粤西實錄一卷專述公之事蹟其卷末自敘云典感知遇之恩結廬墓下思服心喪因時播遷未終所願云

跋

右堵文忠公年譜一卷邑人張夏編次夏之言曰公自著年史止於甲申二月其後則邑人任源祥所續而夏合之并增注焉然其書未付梓各家競相傳錄浸以失真或詳或畧兼多豕魚之誤惟予從姪玉山州倅所手鈔繁簡得宜讐校精審最為善本今年哲嗣卓齋明經建屋三楹為公特祠并取年史鋟之木以公同好以傳久遠而公之一生出處立身許國之大節即此可以概見云

道光二十三年癸卯八月邑後學潘光序恭跋

新建堵文忠公祠碑記

吾邑山水清淑代產偉人若晉周孝侯明盧忠肅堵文忠皆間世特出足以震古鑠今永垂不朽者也孝侯廟食千古忠肅公亦
特旨予祠春秋秩祀惟文忠公祠廟缺如豈以公釋褐初隸籍梁溪禋祀於彼從隆而於此從略歟抑思公世居前亭釣遊之所年譜歷歷其客梁溪者暫爾夫公之忠義奮發方駕文山實足為溪山生色顧無一椽之奉一甌之奠雖公之靈爽未必怨恫而仰止景行者何從矜式哉古英賢杖履所至其風流餘韻即僑寓猶侈為光寵況生長地乎朱子之婺源建安岳忠武之湯陰西泠兩地皆有專廟是其例也明季王忠烈公邑前輩奉祀於西郊陶泉俞公令荆邑時改建今地祠西尚有基數十弓循覽形勢可建公祠公固與忠烈為鄉會同年寓祀於祠王公亦必怡然愜於懷也超因勉力庀材營造閱兩月告成即顏其門曰懷堵仿金閶白公祠之仰蘇懷杜意也仲戌請官致祭循以為例今而後吉蠲蒇享神來宴娭必有與忠

烈公相視莫逆者邑之人入廟瞻謁肅然有以興起
頑廉懦立其在斯乎
道光二十三年歲次癸卯仲夏邑後學潘士超謹譔

靜日軒跋

謹按文忠公年譜自幼而壯自家而國未有一日愉快者惟崇禎己卯授南戶部主事涖任後隨班青卯外即於署中燕處軒飲酒賦詩以自娛軒內楹帖有闆二兌謝公所題環堵清齋閒度日當窗古栢欲參天之句公驟然日何巧合也先賢留句待我矣但署日雖閒豈宜虛度因改爲環堵蕭齋宜靜日少加理葺移榻其中公餘展編獨坐覺有遠致調去猶時時迴憶之今建屋三楹設公神位即取靜日二字爲軒之額聊以妥公之靈慰公之願云爾士超謹識

堵文忠公年譜

（明）堵胤錫 自記
（清）任源祥 續記
（清）周恭壽 編

《堵文忠公年譜》一卷，（明）堵胤錫自記，（清）任源祥續記，（清）周恭壽編，清光緒十三年（一八八七）刻《堵文忠公集》本。

譜主堵胤錫（一六〇一—一六四九），字仲緘，一字牧子，號牧遊。宜興人。二十歲至無錫，後師從馬世奇。以無錫籍登崇禎十年（一六三七）進士，官至長沙知府。當時山賊蕭相宇作亂，數敗官兵。堵胤錫率鄉兵破賊，殺賊魁，遂以知兵出名。福王時，歷湖廣參政，攝湖北巡撫事。行事『苟利國家，我則專之』。唐王立，任右副都御史。李自成死，衆立其侄錦爲主，擁兵三十萬，驟至澧州。胤錫議撫，躬入其營，慰諭歸附。王大喜，加封兵部右侍郎兼右僉都御史，總制其軍。遂與錦等深相結，倚以自强。永明王時，任兵部尚書，封光化伯。在湖南、江西、貴州、廣東、廣西等地進行反清活動。遭瞿式耜、李元胤之猜忌。堵胤錫等人主張聯合大順軍和大西軍，何騰蛟、瞿式耜則排斥農民軍。瞿式耜之同黨丁時魁、金堡等上疏劾奏他在湖南『喪師失地之罪』。病卒於潯州，謚文襄，後改忠襄，《明史》又作文忠。著有《堵文忠公集》。

任源祥（一六一八—一六七五），字王谷，號息齋，宜興人。諸生，明亡後棄舉業，有經世之志。以詩古文知名，爲文多哀悼抗清志士。著有《鳴鶴堂集》。

周恭壽，字伯匡，晚年自號塊然翁，宜興人。歲貢生，少受業舅氏徐杏儒門，爲文樸實，説理不事雕飾。終日危坐，從事丹鉛，至老不倦。嘗校勘《堵文忠公集》、《求志堂存稿彙編》等。

本譜叙事起自萬曆二十九年（一六〇一），止於順治六年（一六四九）。以譜主自記年史及任源祥續記爲宗，續增及張夏所增皆按年月參入，家譜中記録亦間采一二，附載於注。

本書據清光緒十三年（一八八七）刻《堵文忠公集》本影印。

（朱　剛）

原序

客謂南岳子曰聞子譜牧遊先生既成編矣意艮苦其如忌諱何南岳子瞠目不應客曰子譜之仍秘之與乃吁而言曰客所謂知其一不知其二者也語不云乎周之頑民殷之義士自古帝王受命而興當平定天下之後未有不崇奬節義以教其臣下者周家於叩馬二子逸之首陽予以嘉謚尚矣漢高祖以滕公言赦季布布故忠於項王者也唐太宗贈隋將堯君素蒲州刺史詔稱疾風勁草實表歲寒之心周世宗命改淸淮軍爲忠正軍以旌劉仁贍之

序　一

節宋藝祖贈周韓通爲中書令欲加擅殺者罪雖貰之而終身不授節鉞元世祖悔殺文天祥而特祭之明太祖禮葬福壽祠祀余闕至於陳也先諸人猶不忍加誅成祖初治楚文諸臣亦已甚矣及練安之姻錢習禮爲鄉人所持楊榮乘閒以告則欣然曰使練子寧今日在朕固當用之况習禮乎即日下令弛齊黃奸黨之禁皆載在史册不聞諸君視以爲讐敵必欲斬艾之泯沒之而後已也我

世祖章皇帝定鼎之十年命錄甲申三月燕京殉難諸臣得范景文等十五人共予祭一壇復下禮官議各賜謚及祭田有差恩卹之隆尤前代所未有此覆載之大德亦風勵之微權也由是而推凡後之殉閩殉粤者亦有待而舉耳及

天子嗣位之五年詔修前史下郡邑有司博求啟禎以來奏疏事蹟雖語涉干犯並許封進又可以見

聖度如天矣若牧遊先生盡忠所事死而後已原與他人抗逆者殊科當亦前史所不遺也何謂忌諱哉且先生之懿亦夥矣世之目先生者曰氣節曰文章而或不知其政事知其政事者或不知其方畧知其方畧者或不知其德

序　二

行知其德行者或不知其理學今幸去先生未遠有先生之手澤在猶能一一譜之如權閹之凊惠守郡之循卓督學之公明其政事可考而知也如藍賊之再勦藩閫之解散陳柯之討平其方畧可考而知也又如孝親而廬墓恭兄而迎歸信友而終託其德行可考而知也明倫復仇有說義利死生有辨詩禮二經有疏春秋史綱有纂其理學可考而知也向使先生所就止此固無忝一代傳人况後此百折不回一門赴死足爲人臣法者耶安可拘忌諱而悉掩之僕竊觀先生垂絕自題括於誠身事親誠身事君

二語夫誠者千古聖學之樞紐而先生一生之根柢也誠必形外必動物至於格鬼神貫金石輒不期而自應脅乎百世之上聞乎百世之下能使頑夫廉懦夫有立志是譜也固先生之誠爲之也譜之者何與顧得祕之耶客起謝請序其語於簡端以診讀是書者於是乎書

康熙丁未陬月既望南岳子張夏敬識於江上讀書處

序

年譜自唐宋來多有如太白少陵昌黎香山東坡紫陽俱有年譜然皆後人所譔大抵以本傳爲主而取詩文雜著考定其先後及軼事之見他書者年經月緯之其閒不無附會舛訛識者病之甚矣論世之難也陽羨潘卓齋明經來余官舍出示堵文忠公年史係公所自著惟歿前數年爲後人補錄一無附會舛訛之獘所謂信以傳信者非耶陽羨地靈人傑明季尤忠貞駢奮最著者推盧堵二公盧忠肅公之致命遂志人競知之堵公效命於偏隅閏運之朝崎嶇楚粵閩卒之馳驅盡瘁死而後已公既亡而國隨以墟其忠風亮節視盧公何多讓焉盧公文集內亦有年譜係其孫子所纂輯今此編出堵公手錄彌可寶貴也卓齋讀書好古以文學世其家頃爲余言堵公宜邑未有專祠有志購屋奉祀并梓年譜行世而索余一言其慕義若渴洵可嘉尚余故不辭檮昧綴數語於簡端俾歸而付之梓竊冀附公以不朽云爾

道光十三年歲次癸巳清和月平羅俞德淵書於維揚鹺署之景賢樓

例言

文忠公年譜凡四編有公自編者載筆於崇禎辛未追譜從前而迄於甲申二月有曰續增者起於公十一歲沖字公卒至四十八歲寄故人書而止其文由公自記者居半有續編者則任源祥承公之絕筆續以終公之世者也有爲張夏所編者則以自記二字冠公之手編合訂三編事增而減其文即潘士超所刊行者也近世以張編爲定本不復知有前此之三編夫自編與續編相爲終始張夏謂公有自記年史二編續增或即其文

則自編與續增又相爲表裏從張編則舉一廢三從三編則得此失彼而自編爲公心志所存茲刻更從其朔擬例數條於左

一是刻如古本分爲兩編前以公自編爲宗後以續編爲宗其續增與張編所增皆按年月參入並列公家譜中記錄亦間採一二附載於註

一紀年續增不用年號張編則冠干支於年號上茲從自編之舊

一各編隸事並見者詳略互有同異茲錄量擇所從其事顛而詳見於他處者省文從略撰著之全文則編入本集

一公譜本綱目體裁張編隸事概用正行其三編之抄傳正行偏註體多錯出茲定爲一綱一目用正行旁及附書之文槩用偏註

一各條彙列稱予者爲公自記稱公者爲他人所記頗似錯出各以所本標於條下不敢改易以致失眞

凡續增所有皆自編與續編所無三編所有大率皆張編所備茲以自編續編兩書爲宗分之可見四編合之

仍不失張紹秋之全編世之讀年譜者幸於離合間各得其原焉

光緒十三年歲次丁亥夏五月朔日邑後學同識於周氏之春草軒

堵文忠公年譜

公姓堵氏諱允錫字仲緘一字牧子號牧遊其先淮陰人元至正二年通五公始從居宜興之前亭里高祖味閑公諱霽曾祖覺菴公諱楨祖月川公諱佳父沖宇公諱維嘗配胡氏繼陶氏公陶母出也遡通五公爲十世崇禎癸酉舉於鄉丁丑成進士永歷時官至少傅太子太師吏部尚書兼兵部尚書文淵閣大學士卒贈上柱國中極殿大學士太傅兼太子太師鎮國公（明史作潯國）謚文襄（明史作文忠）改謚忠肅（本張夏編本）

文忠公自編年史

萬歷二十九年辛丑十二月八日辛未酉刻不孝生於夾山之麓（村名十房街）　時大人年幾四十再娶而艱於嗣禱於句曲之峯夢神語曰考汝績館篤恨汝薄祿無子惟壽則上算耳大人泣曰願以壽易出遇一道士手招一牧童至垂雙辮著犢鼻指謂大人曰是而兒也遂寤至是不孝生先慈懷孕夢牧童笑入懷中既一牛哭入毛角猙獰觸慈於地慈驚觸腹遂楚痛坼副幾絕因名不孝曰授志神授也慈因是成疾不起大人年止五十而卒初月川公悉讓其田宅與諸父乃居武進之夾山外家王氏別業也（符錄因果諸書予素不喜附會至侈談夢語以自榜異尤爲君子所厭聞第此出大人手遺不忍刪抹且以見大人一生勤積有感必應諺云在抱知母離抱知父慈既以生不孝成疾比纔知識已終天抱恨先大人手撫腹摩養誨諄至雖體志事較親亦僅容顏彷彿嗚呼晨昏之戀何如幸俱存者有以告我乎）

萬歷三十年壬寅二歲　殘臘止二十餘日未彌月而不孝已歲矣先慈以艱生致疾十日五在床時不孝乏乳乃覓乳里巷閒里婦淨潔者迎之躍笑啖其乳否則雖誘多方弗受也（錫之遊固天授哉少遊閭里長遊四方顧遊而惟王孫之哀是幸猶得以苟果其腹乃皙黑汗潔之去取其不至餧以沒世也幾希本張編）

萬歷三十一年癸卯三歲　不孝苦啼先慈擲之地仰牽其衣彷彿識慈之面貌服飾心竊計曰奈何不撫摩予而使困抑乃爾乎啼益急不能自已嗚呼兒時風景多不記憶惟此一段光景若了了若不了了耿耿心目果夙憶耶抑先慈不忍棄置不孝而陟降其靈耶每一念及刺焉在心

萬歷三十二年甲辰四歲　暑月大人袒卧錫置所啖米於大人噏坎間爲倉以兩肩之坎爲別儲與同儕約先

吠東西儲而後及倉戒勿轉側少狠藉須大人自拾欒矣哉種種穉驕所謂孩提之愛也迄今追溯洵有餘甘

萬歷三十三年乙巳五歲　大人與慈同舫錫侍幘高多礙慈謔曰可脫之於河錫僞不解伺隙遽擲之慈愀然曰其悍足以殺人大人笑曰無憂其狡足以自脫

萬歷三十四年丙午六歲　冬十月初十日先慈陶氏卒於走馬塘徐氏之家年二十有九　疾革之夕舉不孝與大人訣曰妾以産成疾今得授兒猶妾生也幸善撫之無爲繼室所虐妾死且不朽復撫不孝曰授而母逝

矣而知之乎冀早成立使予春秋有祀也時殘燈明滅鬲戶闃然不孝睡夢中聞語自擲床下號泗不已比明見以帛覆慈之首不孝呼曰奚爲帛使吾母若何飲食乎痛哉猶未知爲終天之戚也且嗔家人言死曰聊睡熟耳殮之夕不孝大慟持不肯下有徐婦者欺不孝曰醫云如是晝夜母乃愈不孝信之每朝夕必環呼曰病愈乎思飲食乎欲坐立乎予且使匠氏啟而視焉及葬命不孝衰絰則以爲服而啟也命拜則以爲拜而啟也設奠則以爲奠而啟也出門則以爲至啟所也跣而隨則以爲趨啟所也土將覆乃驚投幾絕嗚呼痛哉痛哉而母死耶而母死而猶未之知耶今知之矣今知而無及矣又奚貴有知耶無論生不能養死不能葬兼不能知先慈何仇於授而必生授以殺之歟痛哉痛哉

萬歷三十五年丁未七歲隨大人塾於南宅黃氏　始句讀命名曰靈授大人口授不孝覺舌端隨過無結轄態偶於枕上聞大人諷誦施會元名鳳來君子之仕也二句墨藝徐入耳會心若有所解及大人寤吾已琅誦大人曰竊讀之歟對曰未也聊識之耳大人甚喜見客輒舉以矜詡

三月爲不孝聘婦於陳氏　妻父娛賓諱大懋故大人

門下士也居震澤湖之官瀆大人攜不孝至其家面相訂遂納聘時婦歲許以丙午十二月初六日生

萬歷三十六年戊申八歲隨塾於下坊錢氏張編作劉氏

七月治毛詩

十一月痘　家人將禱錫詈神欲毁其像曰大人教兒曰某之禱久矣再越月而痘始愈

萬歷三十七年己酉九歲隨塾於毘陵劉氏張編作下坊劉氏

九月試筆作文　題曰若夫豪傑之士二句不孝援筆成篇有豪傑者使人待我豈我待人之句座客驚賞時大

人落鄉闈怏怏不樂見此文乃稍稍色動

萬歷三十八年庚戌十歲復隨大人塾於毘陵張編作下坊

不孝痘後成瘠且苦瘧益以枯槁大人以去歲鄉闈不捷每中夜撫懷而泣錫請曰夫子何不豫之深也曰而大父母教育予者數十年予亦鋭志攻苦今且就衰矣白髮在堂爲喜有限而兩母復中道折予淹倒至此何以慰存歿後先之志心驚鐘漏百愴具來是以悲耳不孝亦泣然泣數行下本張編

萬歷三十九年辛亥十一歲居夾山隨大人塾於三橋周氏　大人聲價達於江都宦族以厚幣來聘大人力辭杜府尊承式與大人稱文行之友曰得館穀以爲甘旨費不亦孝乎大人曰菽水者士人之恆古人不以是貶孝晨昏依戀爲歡實多終不欲以此易彼也太守遺以金復辭不受太守曰不其難哉不以貧沮不以利易我思古人此之謂矣是歲受周氏聘修脯僅成而已本張編

三月授讀左史　大父嘗曰士子以經世爲務猶五采之堅瓠也授兒頗慧其課以左國書使知古今成敗得失之由至是日讀數册大人爲之口解指畫亹亹忘倦本張編

三月十五日先君沖宇府君卒于毘陵陶舅氏之館

先禁烟節大人治裝將歸省晨呼不孝曰膀後纍纍如有所患至是成疽隨入郡就醫於舅陶氏越數日疽潰諸父問後事大人曰予不祿天降之凶先予二老長逝罪孽已極予死惟做氈貶葦浮土不封使速朽以彰不孝之罪從容與不孝論讀書諄諄反覆有遺囑詳見行狀　未竟忽嘔血而暈時三月一日子刻也既一刻而復喟然曰天乎必不使某終養乎强起再拜痛告之言不絕於口嗚呼是則大人之所以爲大人者乎時伯舅志恒遠塾大人計往返以五日囑使者曰汝晝夜倍道余忍待之比初五伯舅至大人已不能言張目指不孝開闔者久之曰善視我孤遂正衾斂體而卒享年五十大人博學强記於書無所不讀尤謹抑吶吶不出諸口處己嚴而切與人藹而有恩至睦友仁衆恤孤撫窮皇皇若不足然不敢專意必受命於王父母而後許人孝友蓋天植云是月合葬於虞山呂山之南本年史續堵參張編

四月寄讀於郡城丁師所

七月大父月川公卒　大人竭力甘旨終身不蓄私財遺錫一椽數畝而已旋遭大父之喪未久而大母王夫

人纔之營貸殆盡拮据以償先業蕩然
萬歷四十年壬子十二歲三月依於岳家陳氏　初大人
以兩配早世誓不復婚以供甘旨故置一妾治兩喪與
有力焉至是不相安而嫁予徬徨無依陳公娛濱聞之
太息曰吾師乎僅此孤也乃載予歸延師錢德貞教之岳父貧而好義延師誨予毅然以父兄之責自任予嚴憚之岳母許氏所以卵翼予者最詳而切雖失怙恃不至無依陳氏力也本張編
萬歷四十一年癸丑十三歲依於陳氏正月附塾於里周
氏既爲遣歸師邑庠生沈以初四月改附於里李氏之塾　當

隆冬無縕露肘向日披讀左國不覺移午掩卷起忽手
足拘曲不可屈伸仆地而呼岳母許氏抱置敗絮中逾
刻而復是歲三仲父卒
萬歷四十二年甲寅十四歲附塾於宜興蔣師邑庠生名中美家
窗友許某壽侮錫師不能禁
四月大母王氏卒合葬於虞山祖塋之昭　王母固世
毘陵膏粱族及來歸妯娌競尚奢侈王母每有盈昃之
憂獨恭儉勤愼予家內襪世嗣則王母與二母相後先
天不降鑒悲夫參張編

萬歷四十三年乙卯十五歲附塾溧陽戈旗里周氏師周名君陳後爲名宦
萬歷四十四年丙辰十六歲復歸塾於婦家　仍延師錢
德貞
萬歷四十五年丁巳十七歲五月附塾於伯舅既爲遣歸
時岳家貧不能設塾念大人沒時語裹糧往伯舅塾
舅不見恤故還公依舅氏惡其縱酒不自檢每鍵之一室命讀書及啟己踰垣出坐鄰肆中指揮叱咤持頭顱盃浮滿一吸而盡擲盃呼座客曰若來看我杯不大似若輩頭顱耶座客驚散舅益惡之然嚴所讀書不遺一字亦以是奇之本張編

十一月就武進試錄十二月府試黜
萬歷四十六年戊午十八歲留塾於戴圻黃氏　完白歲
卿留予同事筆硯
十二月火災先人僊　予身之外惟先人遺經一篋及
手錄數千篇皆平日諄諄誨示者予行止相隨每恃以
爲標準偶頓於郡中薛氏火發被災嗚呼何天之喪我
如不我克不憖遺一物以慰我世守之思耶桑梓非故
手澤亦復化爲燼灰鮮民之生可勝浩嘆
萬歷四十七年己未十九歲訓蒙於婦家　飢寒剝膚乃

受四蒙童以餬口卒歲所獲四金而已夏則懸被爲帳
入則汗蒸出則蚊嘬達旦不寐冬則破褐作褌代絮以
麻襖襖若綴之欲脫出肘裂足踏歌雪中或頁月靜夜
則欹坐古橋湖畔行遊達旦日以爲常聞者嗤笑其目
爲痴時同志者則有蔣沖之吳初侯史吾往周子延諸
人公少落魄嗜酒好大言知天下將亂慷慨思奮功名顧俛首挾冊爲童子師非所好也大書壁曰素富貴行乎富貴受牛羊則牧牛羊　嘗購一頭顱孟刻其頂曰雪山煮酒夜談兵一玉印篆三不要擬男子字謂不要錢不要官不要命也　嘗率群少年列隊伍執器械己將之命魯釗爲偏將具有紀律既而投戈嘆曰丈夫當提三尺劍橫掃不平安能日作小兒戲耶

堵文忠公集　年譜　九

萬歷四十八年庚申二十歲依於婦家張編作依於舅氏
七月遊於無錫依四兄知白讀書　歲饑米價湧貴婦
家十數口懸釜嗷嗷予卜遊得吉擬抵蘇浙間傭筆爲
活苦無衣糧乃變姓名於里鎮中以拆字相人禍福忽
奇中旬日得二千餘錢以半貸衣存半爲費過毘陵遇
臧子瑞徵甚懽縱飲而盡乘醉步至五牧鎮飢疲值雨
口且暮探袖中餘兩錢耳有徐又思者館於其地予詭
姓名入告之徐意動爲道其主薛君賓留信宿予忽病
瘧薛患之資少費因遣予至無錫崇安寺至寺病不可

起削肌禿鬢無復生理爲寺徒所逐彷徨市中忽經族
兄若沖之門告之故兄信之留資醫藥又道於四兄知
白四兄字知白名大建擅文名喜結納一見許悉力推解慰勉曲至載
以歸又越數月病乃復又有念恒二兄同切依恤之誼
爲是役也窮途劇病跋涉風雨困苦之狀求爲傭乞不
可得微四兄知白大兄若沖傾蓋於患難之際物色於
飢瘠之餘其不以先人之身行殆者幾希矣嗟乎困窮
未能動輒有悔可不戒歟
十月就無錫縣試錄邑侯劉五緯題賢哉回也十一月府試錄郡侯何應

堵文忠公集　年譜　十

瑞題曰木仁乎十二月院試黜學使毛一鷺題參也魯二句
天啟元年辛酉二十一歲依於四兄知白家二月受業於
馬素修師　自此三歲知白兄更具脯脩送予就學於
馬師塾師諱世奇字君常時方爲諸生負盛名設教西
溪見予院試落卷而賞之因執弟子之禮往師之多所
資益與澹寧居會課屢在首列講論閒甚相得也予一
生學問功業得力在此三年中馬師無錫人登崇禎辛未進士官至春坊左諭德嘗曰遇事宜存生機勿存殺機處世宜尋退步勿爭進步甲申之變沐浴更衣捧敕印北向拜復南向拜母同妾朱氏李氏闔室自經死後謚文忠　本張編

三月婚於婦家公依陳爲俗子所忌譖諸翁遂見棄後過門陳不加禮公乃大書屏曰庭來黃鳥當知客戶有青山亦可人遂去翁見而異之追至延以成婚　本家譜增入時予既生計依人妻父叉囊殆不繼合巹之夕謀一布衣被不可得聊貴楮塗緼以充孔嘉之色婦亦泰然以居不少歉沮相對敬勉有梁孟遺風

七月冠　予憤讀未有成冠齊民之服以自愧本續增

獻策於何郡侯不納　時東事急詔募才智之士以備邊予上書於郡侯何累萬餘言何奇之曰汝固非凡士然今非用汝之時汝功名自遠矣屑與踧張者並進乃

受策而不許入募且對何公曰延弼非我且敗延弼可惜太守目以爲狂卒不收詳見志傳　除夕無以卒歲徘徊城隅若不作人間想者值一卜士亦以客來自經公止之相與語忽怡然解卜上揆公之運訝曰君豈久居林下哉遇將至矣予數當厄遇貴人星可解蓋驗於君矣因止宿越明年公果得泮　本家譜增入

天啟二年壬戌二十二歲依於陳氏五月補府學弟子員學使毛府侯何縣尹劉以無錫籍進時府試復黜計無復之乃徒步至江陰糾同志譁於學使之門爲閽人所踣予怒毆閽者而呼學使心動命何府尊於正考之外特加收考約非七藝不錄試於江陰學宮與試者三千人與錄者三十六人予幸得標即入院試得進者八人予幸居次皆送入府學是役也予徒步三百里不寢食十五晝夜譁於院門閽人之椎中背發腫傴曲月餘至不能咽噫憊矣一衿困人至此極哉以識知遇之難乃爾

八月初六日仲父卒予女俱殤　十二月徙居無錫四兄知白之中橋莊　此地有湖山之勝成宏間詩人施漸子羽居之名武陵莊後歸蔡鴻山學士亦詩豪也知白爲學士之壻故莊至是　至是知白招予家於此

天啟三年癸亥二十三歲居中橋莊四月府錄科黜　或

謂公曰急請於府尊可以復續公曰所貴於士者以其氣節也炫玉求沽君子所恥且得失者時也窮達者命也即請而得錄後遇正自難期奈何喪其固有以徇其不必有乎堅窮善藏此其時也本張編

五月致蔣定於獄不克訟　初三仲父有女嫁里人蔣定無賴喪家挈妻逃江北旋棄之歸適遇於道憤甚訟於府縶諸獄越月定脫獄而逃捕之不獲後同伯兄越江徧訪無可蹤跡噫至戚飄零不知存殁念之嗚咽

天啟四年甲子二十四歲正月就塾於無錫　五月長女

生
六月復從歸於婦氏　知白兄重予學行悉力解推忌者讒侮交作四兄欲與爲難予以疎不閒親諫四兄乃止惡狡計得乃揚言刃予予懼害告四兄求復歸於婦家兄不得已從之别時相泣失聲予同妻女坐一小舟忽大風拔木兩如泉注咫尺不得依岸幾覆者再三百里行數日忍飢暑月至甕凍失色人事天行交相虐復謗語四達誠無喙可辯此有生之一大厄也古云止謗莫如自修予素皎皎自好若此時小不忍幾何不爲溝瀆之匹失予忍包詬愧中夜憤勵幸能砥立恩撫正姪并姪女相依十載如己出以報四兄夙昔之德前此之謗不辯冰消由是觀之居惡徒穢其身力善未始無獲予與四兄之謂也古人之言豈欺我哉參張編
七月錄遺黜　八月遊中都逾月而還
天啟五年乙丑二十五歲正月設塾於南圻蔣氏　主人力耕樸樕稱長者予時方跌宕自喜多不相合後亦釋然因與宋子北翔魯子桐聲蔣子沖之交往來甚密八皆哂之

十月歲試五等黜青
天啟六年丙寅二十六歲自塾於婦家　自四年大水五年大旱斗米二百餘錢妻女啼飢身無完縷夜擁敗絮少輾側便槃槃脫卸露出肩肘倦極少寐則夢身落水中惕然驚覺内子針紡以佐食凍瘃裂甚十指如椎日得一炊便相慶幸予偶入内子私泣恐予之覺强懽笑予亦不忍詰也惟各悴面瘦而已作敝裘賦以紀事
二月長女殤
四月季試得標縣尹駱天顏　縣尹偕學博馬禎岱共賞錫卷府錄之雋與有力焉以隔年劣等拔冠一軍破格之知也
十月科試一等復附學使周邦基　十二月十二日長子驤生於外家
天啟七年丁卯二十七歲就心瞻叔祖山東觀城之聘心瞻名應識以序貢任山東觀城縣　心瞻將至任謂予曰汝科舉已定盍從我行予欣然許之正月發棹渡京口歷淮陽入宿邳河抵濟甯州陸行由嘉祥朝城至縣凡千八百里以二月入署六月歸始知新學使覆科試比兼程已不及矣

七月覆科試不與除科舉錄遺復黜　公以之任不及赴覆訴之學使詘詘不受公憤激不能爲屈媚之語遂拂衣出親知尤之公笑曰丈夫屈伸固自難期如終屈也屈我者寧一學使如不終屈予亦何求乎學使本張編

崇禎元年二十八歲正月四仲父卒　年六十一逾月葬殷墅四仲父無子居於無錫病劇呼予予侍湯藥衣不解帶數十日四仲父稍有貲產欲遺予辭曰姪雖貧猶堪句讀自活五仲父老而孤伯兄懦而病幸授之姪分毫不敢望也

就仲舅之塾　仲舅在漏西二季質夫愼夫行束脩於予勉就之是歲與臧子瑞徵朝夕交密

崇禎二年己巳二十九歲仍就仲舅漏西之塾

四月歲試三等　予以塾況爲歲之豐凶是歲耕而不穫復困甚以內子一首飾求質斗米於里家幸見許矣比明倩力往內子汲水熱釜以待予出入望候數十次力回則猶夫空囊也釜水沸不可已予笑曰此時且浴未暇爲炊聞者捧腹

崇禎三年庚午三十歲正月館於夫椒之張氏　張氏延訓其二子渡湖而往及二子試不利遂輟席

三月作誓筆文　四月府試錄又四月科試三等七月錄遺不與以乏學師例饒也

八月病瘧　予既被遺無賴宋氏北翔復赈童子試相將至浦君襄家放浪湖山爲樂每酒酣興發輒祼裼狂叫或辨難蜂起或危坐促膝耳語喁喁不可解久之遂相抱大慟如是半月意盡言旋歸即病瘧本張編

九月十二日次女生　病瘧踰月友宋北翔卒予不知也九月强起過郡哭之慟爲文徧告於親友以助其葬

時內子臨孕素以產厄爲患而予滯郡中或勸予歸曰然曰生者猶可延死者不可復必也勉畢事而歸耳淹留月餘次女生於家

十二月作自壽文文載本集

崇禎四年辛未三十一歲就沙灘吳氏之塾四月復歸於前亭里　先時大父以家難故自前亭徙居夾山幾六十年大父歿遺命歸里曰子孫如幸成立其歸守邱壟鄰躅武宜錫閒靡有定處因舉族喪至前亭泫然離黍之感乃挈婦來歸數指之外一筍而已族叔會之假以二椽族弟協之同居實左右爲協之名寅恭

五月迎五仲父母歸養　大人雁行六二仲父早夭三仲父遺一子二妹四仲父無子予太息曰家世不造諸父凋零存沒之責皆予責也且予每以二人早逝不獲一日菽水爲終身憾今仲父母猶父母也孝養在志奚有間乎遂迎之

七月過郡哭臧子瑞徵　臧子與予總角交情最婉篤爲之心喪若喪弟而無服

八月作兩世行畧　行畧成先求狀於叔祖心贍越月心贍以狀來歸

九月長子驥就外傳

十月始編年史　十二月著禮經澤書成一本在壬申二月

崇禎五年壬申三十二歲仍塾於吳氏　二月五仲父卒

諸父中五仲父尤誠篤大人歿後予依於其家猶子之愛恍如一體暮年窘於飢寒不克朝夕使稍延數載睹予身列賢書得以從容晚景似亦非大難得之事乃天不祿善人以終身痛哉賴年飢窘至是筆耕所獲頗儲擔石叔姪歡聚方以爲幸乃仲父疾革不起湯藥殯殮之費蹦於所入四顧復見蕭然之景　並本張編　是年大兄若沖卒

十一月院試二等學使廿試之日與靖江童生並號甫坐即以參果餉予求示題意予以士有同情弗吝也日未逾午予眞瑄二藝已畢亟齎於予曰大兄能以餘及我俾進報賜兼金先以薛饒爲壽予初截之旣幡然曰造物之巧有限予今者志在功名復思射利不祥且予三十載貧每一介自砥豈可爲復昧所藏以犯陰陽之忌志毀不可復完峻拒之乃止復拈經義畢日晡而出予密其事後俾鄉薦親供時學使謂予曰汝書義猶人經義甚好足覘夙養因憶幾時或爲小利所惑未必能完經義卽僅完矣未必能後勁科舉尙在上取鬪能必賢書乎一時得失相去天淵思之惕息向不過一念見義耳一念見義則神淸神淸則氣足一誠之感鬼神格思經義得進若有神助非鬼神卽心神也勿謂寸晷之下無三尺也噫士君子見小利而忘遠圖一時失足垂翅終身者何可勝道由是推之宴安可懷也酖毒亦可畏也千秋久大貴有達觀不在日前之窮達朝夕之生死有志之士其可忽諸

十二月赴周紉爲建寧之聘紉爲名昌儒崇禎戊辰進士時官建寧府知府

崇禎六年癸酉三十三歲聞知白四兄之喪　兄爲人誠愨耿介家稍溫後以艱子鬱鬱不事家產遂中落至丙寅年始得雄及壬申九月兄卒至是始知悲慟數日子與四兄相遇於窮途周旋於夙昔不異同胞雖爲讒口所傷兩心共白無有間言比歲一晤輒唏噓勉勵聞予顚倒失志惻惻不啻身受誠予一身鮑子族制有祖服爲之心喪數月

六月自建寧歸　七月讀書於漏西之塾本張編

八月鄉試　八月初吉負笈至南都旅於方覲虞家試事甫畢資斧已盡與蔣沖之徒步歸復積勞發病喘息委頓至溧水饔飧乏食以推予平與沙漲楊友傾蓋得

一飽兼載後車乃達瀨上本張編　二場論題聖心如日明水清忽誤日爲月自分必貼無疑謄錄不知何人爲予改而錄并改及墨卷遂不遭勘或祖宗之降鷙也及入謁師賞予二三場清越特置冠房本續增

九月鄉試中式十六名大主考丁進副主考蔣德璟房考官徐養心同榜王行儉薛靖蔣思宸蕭光緒呂宮董復吳景寶夏葵蔣舒　謁房師徐公松濤於姑孰本續增

十月從從兄伯緘歸前亭里　諸父中三仲父母最貧兄伯緘又多病不能耕作飢困益甚予居殷墅乃從之歸爲僦屋以居稅畝而食焉本續增

十一月葬知白四兄嫂於無錫十二月會試北行　時

四嫂復卒正任甫九齡一庶母一生母孤嫠無識予義不忍辭責爲遲公車數日護路氏嫂喪合葬無錫之北山本續增

崇禎七年甲戌三十四歲三月會試下第而歸　五月赴路修期金華府之聘修期名進崇禎戊辰進士　九月旋里三女生

十月以族兄知白子天正歸塾　時天正孤煢不能讀乃并其二庶母一妹皆載以歸與子驥及宋北翙子魁延師王元殿教之宋北翙没托孤於王含仲依之數載含仲予女祭不能分給予載之歸塾後予丁丑會試寄書寅恭弟內云驥囑令讀書養脾胃天正囑令早起夜眠勿驕惰魁郎囑令好學識時務三徒要三樣教法孫驥純而弱天正薄而傲魁郎鈍而苦弱者鼓之傲者束之鈍者通之因人施教最難最難須細細與元殿兄言朗以此字與看亦無不可也

崇禎八年乙亥三十五歲赴房師太平府推官徐松濤之聘　四月詩經澤書成　五月歸里　七月次兒生

八月爲長子驥納聘於徐氏親翁上望故雲瞻公次子也　受三女楊氏之聘西岸楊氏予家世戚也

崇禎九年丙子三十六歲二月入南都學　祖制孝廉下第即入監讀書試最績方咨送禮部試贖學有罰國初尚子之教意有加也今日遂爲濁流所居至於孝廉坐

監尤極儳脫不過謁見領文書而已予於初月循例一往時大司成張印岩名四知　本續增

三月岳父陳公娛濱卒本續增

復赴金華　路公修期復延予閱錄科試卷七月事畢歸贈遺之外又貸百金爲公車費初癸酉年於錫邑買髫自隨因名曰孔隨素狡猾不法予督之嚴在署行竊事旋敗露懼予鞭之復覬覦潤乃買毒謀間時有織友汪千仲之僕汪學汪禮濮興史之僕某及予五六人同一舟隨行竊汪覺其事恨之七月六日自蘭溪順流至嚴日暮具晚供一樽一殽方舉一卮嚐一嚼覺刺刺喉間予日出三日矣庭命撤隨响咽似有所飽語遂引滿卮向汪學復以半與濮使汪禮以病卧不與晚涼初爽露坐舟中汪酒深即嘔濮使繼之予乃悟隨之置毒也已而予竟昏憒

不能語念惟得痛惙可以少甦伏見舟縱中有生豈匄
而嚮之豈腥入胃氣以逆行吐甚吐之復瀉一刻數十
過婉轉几枕汗下如雨幾絕者再子半陽廻氣稍復乃
呼舟師曰中毒爲吾縶此奴隨嶇强予搜其囊中尙得
餘藥大抵老砒而加烈者致孔隨於獄數月瘐死是時
予以孤裝被毒行千里外四顧無依昏憒中惟見江鯨
山鬼自分與死爲鄰惟冥心靜氣俟其自然而已祖宗
有靈天心降佑使予未死之身猶得俯仰於此再生之
軀敢不自勵以期無負乎予以爲不必生而得生不足
幸惟不爲無用之死而待爲有用之死爲足幸也噫不足
其難哉

是年長子痘吉次子痘殤二女痘俱吉

九月會試北行　與王子幽同一小舟由小路達京師時寇警方熾羽檄縱橫調發之兵絡繹不絕及淮閘漕艘爲阻且萑苻充斥同行之舟悉廻帆矣余行色益壯前至宿遷附賫艘大舟而行安瀾無恙以十一月盡入都寓因明寺中與王子寒簣相課有臨場數十藝舟中有竊史二編明年之倖數月之功也是年寇至遵化月餘而退

王子幽詩
集作幽亭

史綱成於舟中　纂洪武至天啓十四朝事蹟以綱目書法書之具綱而未及目故曰史綱共二卷成

其於太
祖凡四
紀元謂始生元年起兵元年吳
元年洪武元年也　參張編

崇禎十年丁丑三十七歲二月會試中式元劉同升榜進士一百第八名

主考張慮松至發孔玉璜
貞運房師陳本生美發

臨場數日病

甚至初八日已不交睫三晝夜暈於垝垣幾不得入闈操瓤搆義氣如懸絲殊不滿志幸而得售良可愧也

三月殿試二甲第四十八名四月十五日入大理寺觀政　例觀政者不過到任書卯聊以故事視之繼則寂寂無一至者予無日不往爲班役哂之曰獃爺　例新進士殿試唱臚謝恩必至閹家贄慰息具茶飯初閹不過弋取小利近來勢焰日甚閹因事結納躁進之士且有以居停得援者予公車之日禱於木主曰兒此行幸成名立朝誓不識一閹至是執不往閹初而怪再而詬三而毆及班役失冠余踽踽急行弗顧也

與寅恭弟書
我个在都中
一文無措只耐定儉樸二字豈不欲如他人鮮衣怒馬
哉恐一念放開後致大壞極弊耳得毓祥大哥書知大
兒又殤不勝悵歎祖宗一脈垂如懸髮宜修德立誠盡
人道以迓天福無聽旁人游妄之說可與汝嫂說凡事
寬厚儉樸待兩嬸須加意字魁郎天正當如己子做好
人自有人稱道不在吃著受用也大抵貪汚狠藉之事
俱在不儉好奢而起　觀政例輪日接本候於內朝晨
賫而往夜分受旨而退班役爲公發之公曰無庸是日
負胡床裹餱糧子據垣壁間班役皆匿不敢侍閹貫至
公瓤瞑目假寐危坐終日揶揄詐詈之態旁觀不堪公
怡然自若
後條本續增

五月假歸六月旋里　觀政三月畢選期後者例得乞假歸省

七月以故友毛怡如子成臧瑞徵子履科歸塾　爲延師方麐韶

九月廬於虞山　予痛念幼而哀孤長而飄泊生無以養死無以葬歲時不能以祭鮮民之疚抱以終天策名歸省宛轉邱墓閒惻從中來遂不能去計予假至選期有期年之便乃結廬墓側苫塊衰粥朝夕展拜以當定省爰出辛未之筍復加思繹纂而梓之暇則習射服勤風雨則讀書稽古以九月朔至墓明年六月晦日辭墓爲期二百七十日當喪制三之一非敢曰行古之道抑必至之情耳參張編

立主　家世替衰先人早逝諸父貧折予與伯兄耕讀久不逢年烝嘗之義缺焉不講乃於墓左追立木主自曾祖考妣以下凡十有二主龕而祀之作告主文文載本集本張編參續增

築塋　虞山之墓自右至左共二百五十畝四世祖妣鄒母爲主穴先考妣塋在祖玟北大人葬先慈棺而不槨葬大人因之土封而已王考妣塋形家每爲予言不吉至是越歲已遠不忍更遷乃築土培之規制初立將有待也嗟乎祖宗一坏土守之實難願我子孫時歷墓觸之感本張編

十二月立碑　三越月狀略成乃求銘於刑侍雲岑嚴公理卿二撫張公皆載筆來歸嚴公諱一鵬王父世交德爵爲邦國所崇重壽近百歲詔賜存問贈尚書無錫人張公諱瑋介節卓譽一代名流所宗謚清惠武進人　副使蔣公如奇書丹立於墓左本續增參張編

爲從兄伯緘娶妻　伯兄貧不能娶予爲之聘於前湟張氏至是干歸越歲生子諸父六雁行爲之後者惟予與伯兄伯兄甫生子及驥兒亦止兩人伶仃之患每爲

太息伯兄復多病予且戎馬從行益悠悠我懷已本張編

除夕作詩詩載本集

崇禎十一年戊寅三十八歲元旦廬次作詩載集中一時名賢鉅公詠公廬墓者百餘人孝廉張堯政詩曰蓼莪讀罷思悽然一往情深慟莫旋隴上黃雲頻入夢塚邊青草暗連天朱書已迹新綸綍赤芾猶憐舊几筵千載閔曾曾足慕何如維則永銘鐫本家譜增

四月作桐華篇　壟有枯桐枝閒蛛網成孝字桐載華作詩以紀之詩載本集

六月壬辰朔作文告主文載本集辛酉辭墓有詩載集中續增編云廬墓時廬次哀吟三十首止錄除夕元旦二詩以志歲枯桐華詩以志異辭墓詩以見終今並載詩集中茲不贅

黃石齋先生書致禮問　公廬墓後黃石齋先生作禮

問遺之曰或問於史周曰堵子之追服居廬禮歟曰是禮所由制何直禮也古者哭父母無時雖百年猶可以期禫相起記曰舞斯慍慍斯戚戚斯歎歎斯擗擗斯踊矣堵子之登第堵子之舞也堵子之苴削堵子之踊也譬禮其猶錦歟錦生於帛帛生於絲絲生於繭堵子之所謂禮繭也從是纚之綱綸於天下或曰前此有之乎曰何必其有之也檀弓兩卷皆言物始何例之有曰然則諸先生所稱劉踰法宗王文殊梁文貞沈思整皆幼罹煢閔長始追服則是古人常行之也曰舉其人則固多有之矣或起於亂離哀鉅惻深或漸於風教熔俗遵志范叔矩將容種收斛責之後乃自追喪服袁本初自持母喪禫除之外復廬父墓二人者亦傑也以至楊引追制於襄垣徐肅負土於汲郡皆起自單門霜風易悲王裒兄弟以名孝廉起家東海因屺泣岵緣梓號桑皆名著於堂皇事表於閭巷或持此終身或相起於五六年之內必若蔣公所云甫稱釋褐旋服結茨以彼初喪襄茲新達則未有如堵子之煢煢者也或曰堵子既感屬纘之言克承厥志進於蘇養則立行顯揚列鼎前後足以為禮何必啜菽苦塊復修鞠凶之儀乎史周曰嗚呼以列鼎揚旐為足以榮其親此道所以絕於世也古孝子之為哀也始於為彈為彈不足而後為棺為棺不足而後服取麻枲而裂之披之蓬蓬然若將委於蘽草之中蓬蒿之下如曰父母之意以盡以綴則是苴削之乖崖不如錦稍之為志事也或曰堵子感於世俗釋褐之後車過里門長者走匿降者持皂刺候門不見尖頭鶴呼如迎皇尸以是大悒而為之至如苦塊自將以愧夫世之鮮車怒馬者史周曰何為其然也被哀經者志不在於粱肉決癰疽者目不見大飛鳥方堵子登第而歸循其階瞰其房見其詩書筐篋無一而非祖考若妣者父無一可遇其祖考若妣奄忽一二十載則猶之朝暮也其荼蓼劬勞一一宛然發聲哀跳禮遂以起方是時有雷霆鐘鼓堵子不知而謂鄉里之內怒焉鮮車者堵子容知之乎堵子所謂不以愧人而以愧已也或曰堵子既感乃考屬纘之言以忠以孝思志思事

無取涕泣以為佩服則曾閔而下樂正子春而上旦暮遇之何取與王裒楊引之徒一節自靖者碎然爭名史周曰夫是何名之有以季札子產之孝而不以孝名王祥劉殷行道於神明聲振於竹帛而出處結束多不可觀士若無至性父秀靡墜於流俗范宣沈麟士刈手見血悽悼不自勝方其血下淚出之時亦豈傷名乎江漢之波出於襲山及其漲流而後方舟道德忠孝洽於懷抱猶乳之洽酒也昔子游觀於衛見孺子踊者告子夏曰吾始以踊為可以已也或曰然則仲尼不為之何也五父之殯既合於防猶是少孤也墓崩泣然則不更築身為攝相亦不加戚焉何也曰是聖人也其手之所倚足之所履無少與長皆至矣予與堵子則猶五十而囊孺子之事者也曰然則堵子之為而郎以是著於天下不亦可乎曰堵子何著之有月出而有輝霜明而有光月不以為藻霜不以為鑑使堵子而終於草莽則亦負畚掩涕與襄垣汲郡諸賢者沒身焉已矣堵子既冠帶以文章道德仁義振刷天下情至者創義至者起特立獨行不悶不懼以孩赤救諸毫者亦何遽不可乎曰然則夫子之不為之何也曰周也則所謂樸樕之人也何足以語禮周之喪父也已冠喪母也已仕矣離羣索居無書史之陳師徒之屬綺衣而負土元裳而啜泣嗥然而鳴窮然而呼不知時日若鳥獸之決驟識邱壑焉爾彼昔之不知則可以已矣而猶且不已若斷靡之續綆也夫周也則何足以語禮也　先生諱道周字石齋漳浦人公丁丑對房師後丙戌以閣部督師由江右出徽州死於難　本續增

法懲世僕蔣四　初冲宇公訟世僕蔣四於縣止斷二瞻免其服役後益驁二子滔洵及堂弟達父子皆慁妄堂構巾服偃然素封予歸前亭後望予崖宇嚴峻稍知顧忌比聞予登第歸滔方食愕失箸謀所以抵之適其家有被出之女欲嫁者以少艾奩飾藏予族叔啟明者

而婚焉乃揚言於里堵與予家世嫌茲復新嫌泮冰在邇也予在廬次聞之於倉卒但啟明不可得乃出詞訟涓洵而不及達以達之父誠故分授刖房也涓洵相繼服罪予釋之念脣女已結縭從其母之請降爲啟明側室名已正事已解矣達不自安亦來叩首於墓所以予卒之徧拜諸塋諭善事幼主遜謝以去爲史姓所搆遽粘貲謗予予不得已復鳴之兵使達父子拒捕而跳投於靈侯府中予乃粘示於壁明大義語至情以招之達感悟泥首歸罪二子來謝請鞭搆者以贖予曰爾輸誠悔禍吾與爾主僕如初無生枝節也以薄罰示懲結案 本續增

七月赴都謁選　東兵窺關齊魯告急兵賊縱橫不能進退遂寓於淮越月至濟寧遇兵變倉皇而返 本張編

十月至費縣聞邊警以詩哭大司馬九台盧公　東省陷公過費聞報結壇於野爲位而哭失聲作三詩以紀之 盧公名象昇字建斗號九台宜興人天啟壬戌進士以尚書總督宣大其臨陣以鹿幢自隨傍睨他騎距躍輒上奪其刃便以殺賊又好將輕騎棄大營超利顯死者屢矣然輒免往往取勝至是十二月與東師遇於賈家莊大戰二日礮盡矢窮猶震呼手擊殺數十百人身被重傷歿於軍公詩有誓飛鐵騎將軍血肯受金牌

廷尉章之句 本張編及續增

崇禎十二年己卯三十九歲三月達京師　北兵退土寇復熾間關三月乃得達 時有壯士余師貞偕行左右之力居多

四月除授南京戶部河南清吏司主事　國家多故凡受銜者例得改北友勸余更計予曰臣子南北惟君所命予名次居南即南耳擇之而北非所以盟心也乃受茲職

五月上疏乞恩典　奉聖旨不准 三月以上聖母徽號加恩京職予以道梗後期不得贈考妣悔甚貶服自罰乃糾同選葉士彥等請之竟不可得

七月涖政南都　南戶既係閒曹主政無差猶屬散職隨班畫卯之外飲酒賦詩而已 署後有燕居軒閒二兌謝公題云環堵淸齋閒度日當窗古柏欲參天予驩然曰何巧合也先賢留句待我矣然署日雖閒豈宜虛度因改爲環堵蕭齋宜靜日作二詠紀之小加理葺移几榻於中自公之餘展編獨坐戶屨闃然鳥噪鼠竊始而相猜既而相習晴雨晦明皆別有遠致也徘徊月餘遁於外差遂成空谷迄於簿書冗沓心痒日促時一迴憶之迥然道俗之辨已 本張編

九月涖水兌二差分司　部有倉有兌倉儲米以待之兌則收外解之至計數給軍司官董之習偷弊滋奸胥營窟甚至解戶公行賄遺名曰茶果官享其一吏享其

十解戶既病米益糠粃且斗斛低昂操縱在手軍解俱病盡爲中飽余初至任胥以例進余笑受之明晨大集軍解於前出例而執胥置於法胥頓首流血觀者如堵軍解哀泣求釋而後已乃革之陋規庶乎其少洗焉軍給籌入場望期盼盼苦於月摯囊嗷嗷苦於日余旦捧部文夕而給示霜月在屋叱車而驅軍譁於途日入場看見曉星天有箇官兒不要眠盞小人之情朝與回焉則喜也　本張編

十月初三兼蒞江北浦差分司　江北浦口城留都外藩也祖制立三倉於此收糴和之屯以給衛歲設司官董之時比歲凶饑且有流患每視爲畏途員缺不即補

水西門設稅差分司舊稱腴逸語次應屬李主政可植李寡營不能得爲司廳袁應兆所攘公不平與李諍於堂曰官有常職不相侵也豈十三司之濟濟無足堂臺之指使至借之於部廳乎當事銜之然理直不能奪也卒改委因坐李浦差李悔曰子果以直道黜也公與李有淵源誼且倡前諍內自不安復言於堂曰莫非王事安在稅樂而浦苦今者之役某願代往乃兼攝浦差渡江蒞任一以兌治治之榜於署曰盡革陋規如法篩晒月餘外解額集安而不擾浦有小稅察及雞豚公慨之以係解公部費非得輒罷減爲額監旬日姑及額而止本續增　外解一苦於需索再苦於稽候公榜於場外解以圖潔至者即與發兌免其篩晒解戶之信始驗擇其稍圖潔者免之再驗擇其尤次者免之至三而盡圖潔篩揚攙和之衛至是無施解戶朝至而夕畢事莫不稱便

十二月辭兌差離南都　浦倉正差至交代還部部堂仇公維禎初側頗釐正舊制公得代還未幾以北新鈔關屬予力辭仇公曰資例有定辭者之矯適成爭者之紛耳潔在心耳詎貪泉之妨夷飲乎公乃受劄以二十四日辭兌差離南都

崇禎十三年庚辰四十歲蒞北新鈔關分司　內使崔璘在浙督察鹽漕糧餉諸役關使謁之例用銜帖子初用侍生璘不肯受曰須改官銜予曰是奚難但慮過倨不堪耳援筆簡額作欽差戶部督理北新鈔關分司十八字璘嫌字太高不受予曰欽差二字可書下乎官有內外敕無尊卑予不敢辱君命也璘無如何相見而不受帖每交際則以兩帖隨璘終不受予終不易璘來騶從直至堂署予往如之璘爲氣阻

二月申明課則先崇禎間以三殿陵工故計都用不足乃移各關鈔租三奉文其每兩加解一

錢六分謂之加一六加之官羨而不及商稅歲沿爲例不得復減前使仰屋無策乃陰泒於商正稅之外另爲一條商已久視爲成課而官胥亦不無分染惟監採知其隱遂興大獄以與爲難公至任獄甫解其餘尚未熄也公謂司榷在乎寬商寬商在乎去蠹去蠹在乎潔已甫七日即察原額加額條例孰爲加官孰爲加商悉捐一六不入商課又慮有妨前任不欲明言蠲正止用中明字義以隱其事具文達部勒石署前及各關務歲額十四萬約減課二萬二千有奇乃焚香祝天跪於堂下曰如是則官病不如是則商病病官止一人病商且千萬人病官止一年病商且千萬年倘課虧受禍予願鼎鑊以姓商困皇天鑒之令出遠近播傳各關皆忌之

革長單閩廣雜貨入會市販者例到關報稅牙儈藉口江濤稽候不便約歲納若干免其零報初不過柴炭魚果門單後緣而增盛縉紳權要乘使者離任易於市恩逐件徵估多至百餘單登壟罔利十一分關使之標奏於是私加橫派商賈囂囂莫可如何官因而與之俱因公痛懲積習盡拘原單而革之令於眾曰有商言單者罪之一時愕然惟柴炭重載準與給串魚果焚單免稅具文達部勒石關務單儈之黠者爲奚太沖關役之奸者爲王禮公設法擒之二蠹既去諸奸惕息

撤巡役官役倚借差委剝商及民困爲包漏慨法奸弊益長公令盡撤之或以撤役漏商爲言公哂曰若輩盡予親愛子弟而欲倚任之耶不聽

定漏稅罰則奸商之漏者祖制極嚴後惟以意行爲厲不測公定其則量漏多寡準稅起罰分止一倍錢三倍之惟滿兩大起申部盡法勒石關務

定小稅免例肩販雜項不及五分以下者率苦稅少而費繁下令免之勒石關前 以上四條本續增參張編

三月設七務稅櫃務官與市儈稅比銀不時上納五日報數空匭而已致掛欠多額益缺爰設循環櫃於各務會官商牙三面貯櫃五日折封不如法申坐主者七務始有起色

定布價免例布價舊有乞恩例每以上作中奸胥得高下其手予定例免其加一買便之

御督察茶鹽內監崔璘索茶餉初浙茶餉三千金中官督之後撤歸於關崔監至索餉甚興大獄前使不得已借是以饗之至是崔復授意於運使張某微語動公且曰茶鹽俱若職也公曰設應屬彼彼以文來此以批往爾張曰彼欲之斯與之爾奚文爲予笑曰輸國課以行媚非君子所以愛人也張拂衣起詬曰自簡且及爾尚迂語眾爲予危之予曰設堵某以忤璫失官不較榮於司榷乎崔未幾撤回予得免 以上三條並本續增

五月設捕防廳關設外郭伏莽可慮乃捐資募壯丁數十人又挑甲首之壯者加以廩賞躬自訓閱適客將余師貞至使統之爲具文南北兵部及浙撫按立捕防中軍廳巡守關外時飢盜充斥一境帖然公更以其暇率予弟輩習射講武於闈中 本續增及張編

七月奉旨回話初屆辭原由關使改授南省因陳關弊其一曰長單勿革而旋復也意謂革之之難冀奉溫旨以垂久遠票旨者誤認勿爲忽奉旨長單已革如何旋復著該關主事堵允錫回將話來 本續增

免米商舡料時淫雨連月米價湧貴南舡不至予免舡料以招之旬日舳艫漸集馬素修先生聞之寓書曰聞杭關政聲遠播欲超閒翁先生上至來艘盡蠲稅額杭城萬井人倚更生此尤轉移造化五色補天手也吾門有人吾邑有人天下有人矣以錫山開適葉公嘗榷蕪關有惠政故以相況也又書曰讀榷記知所在爲景星爲霖雨王端毅劉忠宣諸公之業今屬之門下矣其爲時賢所推服如此 本張編及續增○一時縉紳諸賢頌德政者見六十五篇南贛巡撫洪瞻祖詩曰聲華早已噪明時特簡舒籌佐度支物力堪嗟空杼柚民脂端不計刀錐足誇劉晏饒經畫更饒韓公善賑飢全活陰功綏遠德千秋頌祝口爲碑 本家譜增入

八月姪孫正補錫邑弟子員 改天正名孫正孫依世系正從父命也字寅叔時年十五隨任杭關得報急趨江陰則前一日已覆試矣方新生謁見學使張慰堂公

以後進於禮樂題試之文立就學使動容稱賞命具衣
冠行禮孫正與同人接見恂恂文弱顧獨伉壯負膂能投石超距善鎗法能騰身取梁上槊舞之復
善騎射錫有立闖僧拳棒罕敵客有請觀其技者孫正以寸木點其母指間立破之遂以藝勇聞與同里張夏
最友善以古義相勗一見卽訂終身之交夏嘗敘公年譜而梓之故其書獨傳本續增及張編
九月拜回話疏併陳榷關四弊倉場六弊　榷關四弊
一革稅廳二重榷務三立軍防四禁饋遺倉場六弊一
除保歇二撤篩夫三省號件四裁司差五禁需索六革
陋規於秋季附解貲奏全疏載榷政記畧本續增今載本集
有靈鵲來集　時有鵲晨夕集於廨上白羽朱喙朱足

堵文忠公集　年譜　三三

羣鵲數百繼之飛則白先羣隨棲則白中羣繞人以爲
廉惠所感忽兩日白鵲不至予深自修省焚香祝曰予
司榷有過鵲永不來否則鵲當重至次日白鵲果復來
及予解任始去蘭溪門人李丹禹海陵唐志尹繪靈鵲
圖以爲予壽祝云本續增
十一月季試　捐俸貲以課士拔其尤者結同社朔望
爲會得張玲翁達遠鄔象鼎呂律等三十八人本續增
十二月賑飢於接待寺　是歲杭大飢捐俸爲倡募紳
士及殷實者樂輸助賑初賫粥僧寺中來領者益衆不

能徧給易以米人半升自臘月朔起迄三月晦止給過
米二千餘石得給者十萬人託程磐松秦心卿等主其
事有賑飢錄具載始末予復念天行薦凶饑食可愧乃爲減餐屏音樂止宴會茹蔬食
弼誡妻子行之時闔民謠云湖州墅上三般寶清官妙藥靈神答益武陵門外至關前十里名湖州墅謂予清
官及姚醫藥某廟靈答一時三寶也本續增及張編
奉旨撤稅廳　予疏榷關四弊部覆行三惟務官不充
部選倉場六弊部覆行四皆勒石通行稅廳者關務設稅監廳一員兩
院僉委兩月而代無所事事惟日耗關使之廩賞剝商民之箇頭錢而已凡稅滿六錢爲一箇積而加之少爲
半箇箇例五分甲役雜貨倍之謂之箇頭錢加以作奸生事歲耗商無算至是以予疏撤除弊之大者附錄

堵文忠公集　年譜　三四

武陵卓工部爾康關政碑記畧云公一切興作爲久長
計小者碑勒大者疏闡使人薰心著月不得愆忘前任
後任無不瞿續其精神盤礴晝夜周通直以一時之利
爲千百世之利一時之政爲千百世之政而儼然欲以
一時之人爲千百世之人也其規模不宏遠哉予歸里
經年不入官府未識公面縱筆記此以告同人知天下
用世豪傑之自有
眞也本續增
一時商旅歌謠羣頌德政其福星謠曰福星歌來蘇關
河表裡盡歡呼週年課額加軍需四方多事便道途行
旅蕭疏關閭通幸遇關主神明德政孚寬征勞來不錙
銖榷稅餘羨沸沾潢皎如皓魄映冰壺三尺霜凝蹟蘊
驅公署風清懸血枯首革長單影射無悉貸小票鮮向
隅昔也褒足今鷲趨梯輸航貢賦始敷凡有痛抑悶無
辜曲加拯救與匡扶偶有犯科矜其愚並免倍罰僅鞭
蒲似此仁君孰與俱謳聲嘖嘖徧兩都思借久任明例
拘共圖尸祝供西湖萬禩千秋稟貝模　去思來暮擁征
車輿情脈脈莫能舒會有太史爲操觚　救荒須円八

九十歲白頭翁未經見此年歲內斗米千錢那得春妻笋薺瀉腹難充市上醉人餒足蹤滿中殍瘠孰爲恫幸遇彼蒼錫我公救荒奇策拜閭吏招徠餉征米艘通幸得如珠價稍緣懸絲續命洵難逢廉俸分爲寒士囊繼錢博濟先回窮銷彈嘴漿漢池蹤撫息哀吟滿澤鴻不數發倉汲長儲不數脹靡富鄭公未能報功同結草聊且頌德效鳴蟲　狐鼠吟曰城有狐兮社有鼠關有囊兮橫如虎罔公擇食熒政櫻吮人膏血詎勝數商旅見之心瞻寒課稅因之潮且阻緣何日來遁跡入犴詛云是關主三尺都祛去猗歟休哉百代功德在此舉行者忌其勞居者忘其苦盡說神君籲好威力屹如許加須向天朴且舞歸問婦兒酤薄酯滿飲狂歌歌白紵　歎乃行曰歎兮乃兮可奈何大舸小艇競如梭關主新政錯傾奇往來利洗蕩恩波砥柱中流起沈痾吞舟不許湔納過鯨鯢濟蹤懼龍鼉澄然秋月映江河歎兮乃兮奈我何　本家譜增入

崇禎十四年辛巳四十一歲二月交代解任　新歲商忽

裹足榷可張羅計四十有八日額虧三千有奇侵後掛欠又及千餘予營貸以償之與陳主政治紀交代商人感公之德醵金立碑以永去思

三月部假歸里　司榷及稅約省商四萬餘金比歸行李蕭然戚里失望予慰之曰某三十年老句讀也設一旦歸而黃白滿笥頓改當年不祥吾自足吾分耳非矯也有榷政紀十卷　嘗揭一聯於座壁曰不忘溝壑終吾志未減閭奴莫問家又長聯云幼爲孤子長爲寒儒此是本來實際即今覺已富已榮壯爲廉吏老爲山農此是向後虛期須可使復貧復賤　本家譜增入

奉旨罰俸　回話疏上票旨者曲護前非不加細勘奉聖旨堵允錫既稱一百多單如何止革九十八單明係溯忍該部議處部覆罰俸六個月

四月書上抱齋周相國　相國周延儒字玉繩宜興人崇禎二年晉東閣大學士罷歸至是得再召謁者無虛日予獨不往相國雅重予屢使人要之及見余無一語相國徐謂曰仲緘亦有所需乎予曰某今亦何求但求一至危至險之地以報効朝廷可以畢命朝夕者予願足矣相國默然予退乃上書規切之書具文集抱齋心是其言然竟不能用以至於敗

家譜成堵氏先有心瞻我如二譜皆未竟之書予纂輯逾年至是成刻頒於通族落成虞山祠西分拙誠公之配鄭母而降墓多在虞山墓左舊有享堂葺而新之即爲虞山祠初置祠田割膳田二百五十畝入長發祠五十五畝入虞山祠以輸糧之外備春秋祭燕養老贍貧惠孤恤寡酌祖盈縮以爲常

五月初吉迎主於長發祠予析東西兩分擬爲長發祠未及建以心瞻公所築拙誠公祠常之一世二世祖考妣三世三宗祖考妣凡十主爲正祀外拙誠公惟學公樂耕公考妣東山公味開公圖南公心瞻公孝節許母徐母予考沖宇公凡十二主爲特祀越二日初三迎西分主於虞山祠拙誠公樂耕公東山公考妣凡八主爲正祀外覺菴公月川公心瞻公孝節徐母許母予考沖宇公二妣胡母陶母凡十主爲特祀大合族鼓樂迎之分日設祭子姪以序拜謁遂行燕勝衣冠者計一百三十人成禮而還　四條並本續增

六月陞南京戶部山東司郎中　同部管餉司缺時四方多事外解不至軍餉日匱戶部尚書張公愼言特疏薦予餉司意欲久任未至而有長沙之命張甚惜之

七月兼攝總巡廳　廳總理一部之務爲部股肱司總核一部之餉爲部心腹皆張公所特委也

八月陞湖廣長沙府知府　辭部過里九月啟行（予復至榷關料理未解兩月餘始委解入都）

十月蒞長沙府任　司李蔡道憲攝府篆於是月二十九日交代

十一月榜示誓不爲承差轉牌下縣　舊例上臺文移止行於府府行於縣後檄使紛沓府無以應卽與原文令下縣催提謂之轉牌府卸擔而移諸縣予憮然曰太守一方師帥已之不欲而謂以加諸彼乎榜於門曰誓不爲承差轉牌下縣各承差意沮由是讒言交作（時漕餉孔急勅使絡繹巡守四道捧檄之使雷驟雨馳每一出堂諸差舍羅列階下公執禮御之不假辭色）

十二月迎赦詔於府　朝廷以流氛肆禍省躬罪己特頒赦詔予拜詔畢念湘土遭賦特重沾惠獨隆皇仁卽天心也賦天心十六章以頌之（具文集今佚）

崇禎十五年壬午四十二歲正月爲餉科所劾　予蒞任未數日餉科黃雲師過府官差謁於堂未有以應予前謁晉接甫定黃卽厲聲曰貴府逋多無逃白簡予以奉事未久對黃又曰如某某以未任被譴何言晢也踞而左顧予曰足下必以簡書從事當今主憂臣辱斧鉞允宜某無所辭罪遽長揖出旣而提經承亦不與及是果爲所劾（劾語云長沙府知府堵允錫倨傲鮮澳恥事催科臣不得已提其經承則曰我卽是經承任憑參處者奉聖旨該撫按申飭）

二月作星沙城守議　公在任與司李蔡公道憲相倚重遇事咨而後行直流氛日熾湖南恃江湖之險有司泄泄處堂公與蔡公私憂之乃作星沙城守議會去任迫不果行（文載本集本張編）

撫院以勅書至府　撫院宋一鶴移檄至府措餉五千採買軍米予止具遵依未測意指所屬檄舍要挾無已又綏賴白事予勃然曰吾涖此兩月矣縉紳修候之外未有削函予一幺麽操人短長乎吾以予稟諸院主也舍氣塞出語人曰彼淸恐不如吾舌之捷且長也未幾一弁以令箭至予曰此行開物吾受命守土單容不入

國也舍又以告於是差官以勅書至且爲檄曰官參吏斬截在脩書參不足道也若斬令則已行之孝感突同官見之失色予不爲動越日自賫勅往謝會所採之米已畢輸宋亦所以難 本續增及張編

二月置殺簿科舍於獄詳文三院　漕科陳泰來督漕於楚會檄舍紛擾瀏陽簿樊朝楨部漕舟至撈塘遇科舍夏姓者鎖而曳諸市旣入舟飲其酒狂叫終夜晨又曳之樊以監生受職不勝其忿乘閒投於水湘流湍奔不及施救夏方盻盻然譏曰官死解存父死子存速爲

我覆科主譟索如故予聞之髮上指手縛夏致之獄詳請三院并請於陳陳震怒曰吾今甫及長遂爲堵守所阨吾何以竣事乎吾繳勅以俟命也時撫勅方至而漕勅復行各臺俱爲予危之勸予往謝予憤曰無罪而殺士則大夫可以去予何用一官爲渠舍殺吾簿而欲吾屈謝有持吾頭往耳漕道張一鳳爲牌提夏脫之時三院俱不直陳曲解而事寢 本續增及張編

三月閩廿許賊營巖巡守　劇賊廿名揚許廷襄聚衆山峒肆掠剽陷平鄉殺官兵湘北震動予督兵壯巡行境上結壘團甲緝奸遠候得不犯月晦而還

得子孫驥家報入泮　予作字說并詩以勉之有矞讀書能苦予爲官日貧之句 參張編

四月臨藍賊犯甯鄉督兵救之賊宵遁五月殲之客將余師貞戰死　劇賊蕭相宇廖二慶等糾中原潰卒粵西生猺各峒旋賊各鎮老馬子合隊自黔陽扮官兵過安化欲一路焚劫疾如風雨四月二十八日入甯鄉界離城僅百里甯署令朱經歷不知所爲賊一夜兼馳晨至城下朱始飛檄告急予於晦日戌刻聞報卽奉炬發

兵五月朔晨濟湘江初府設鎮南營有兵百人營帥缺未補予又挑衙役之壯者百三十人授以兵爲府牙營初立未勝行伍渡江誓師合得百五十人適客將余師貞從先選兩營之驍卒三十人給以馬命統之以爲前驅予率步兵居後時傳賊鋒甚銳圍甯數重兵使馮及衞使俱以合勦廿許駐瀏邑予孤軍同列謂宜中途觀變予慨然曰赴急當如救焚豈得需次度賊非有成謀不過乘不備以掩甯耳聞吾救速必疑大軍至當疾走不可失也馳七十里始傳餐賊焚甯及郛守陴者不支

城垂陷賊閧府署至愕然曰何捷也拔營遁前驅尾之獲七級五月初二日追及於大虎坪敗之馘其賊渠客將余師貞戰死予與師貞謀曰賊嘗奔氣奪急擊之可盡獲也但予百里趨戰又雨濘無馬若何師貞曰某師騎右前日夜逐之賊不測吾虛實當以少勝予從之又爲檄使甯捕姚伯文督諸路鄉兵徼賊約日賊入隘即駐軍勿易敵也冒雨至黃柴偵者傳賊離七十里山險箐深馬不得前師貞令札營俟後繼有悍卒熊飛謀曰賊前不擊矣待也與鄉兵貪而輕者數十人先進師貞不得已從之初三日辰刻及於大虎坪師貞率壯士何鳳先登一發殪其魁賊往山谷廖二慶殿後師貞馘其首又進斬數十級賊棄騾馬滿山谷鄉兵掠取之賊登高望見幟而甲者止三十餘人餘皆寬博徒手也復誤其徒先掩掠者皆返走不可止遂麾各股爲長鬪裹我軍師貞疾衝之格殺過當馬前行急陷泥中遂遇害賊得脫去是役也以少擊衆馘二賊渠斬二十七級生獲六人余師貞及壯士何鳳武生余某俱死營兵陣亡者其九人次於黃柴台兵勦賊戮之剡蕭相宇腹以祭死事者師貞字垂餘號雲岫衢州人崇禎初以武舉從征海寇立殊功署守備後浙撫繼望熊公聘致麾下得實授使公權杭關請爲捕防驛雖窘至絕粒不漁一錢或詰之對曰吾不敢玷主政清白也至是陣歿公悲憤如失左右手爲之著傳立廟於大虎坪黃柴二處勒石於府治於是年以其柩歸葬并䘏其二女 何鳳浙人魁傑善戰亦杭關所錄用

立鎮南新營 命武生湯光統之新右營命練總潘六龍統之併府牙立爲三營初臨藍賊犯府因設鎮南營兵百人公鑒甯鄉之役兵力單弱復立新營合將卒工役二百七十餘員名俸糧俱府自行捐措歲費三千金

勦百家山賊平之 吉藩承奉司黃鳴治有腹校劉國名糾巨盜萬大萬二猺賊洞丁遊僧千人立寨百家山旗鼓恣擊瀏陽令捕之國名率衆圍殺斃數十人擒數十人顯以金錢贖放公不勝憤俟國名入城縛之獄發兵勦其黨山賊以平木張編

六月剖定欽案 科臣史可鏡紳衿一案各樹黨攻訐焚殺日尋當事慮紛難制獄數年不決予慨然曰鋤强止亂此太守事忍使一方鼎沸坐置不問乎設變激意外伊誰之咎乃呼史紳語之曰汝釀禍有由吾不能汝庇也速出子弟臧獲就理猶可相舍呼諸衿語之曰汝樹幟倡衆豈臥碑所訓且致訟有年矣爾諸生中豈無以遠大自期者以諸生可以上進之身徇一廢紳非策也其靜勿譁譁則小而申斥大而入告法不汝貰也呼衆欵語之曰汝多人果係受抑者入理株連者速去反坐有令叫競有誅榜於衢飭鄉保比家而守有謀聚者擒之擒一二人寘之法市閭閴然聽之日焚香祝誓於諸史中獄其悍横者諸衿中摘其豪强者坐之田宅子女侵奪者還之契償明白者給之誣累逋逃者勉之株連者釋之凡決三百餘詞犯證在門者數千人一旦

而畢無敢譁者於是紳衿咸服又欽件李象珠等十餘宗亦以次剖析本續增及張編榜銷十三年以前積案　湘俗喜訟案牘如山上下書胥相比每以催提爲奇貨則訟之强者益逞弱者益困予知其弊償十三年前案徹底詳銷列榜於通衢凡三千餘件各臺詳文多擱不行皆競以告予前之日彼纔擱耶予則已久擱矣

修長沙府志　微郡中文士十餘輩共事蒐討而公手裁之咸稱直筆本原註

七月定善化縣民譁又定長沙縣民譁爲吉藩所劾長善之田投入吉藩者十之五逋糧卸役郡縣苦之邵丞王秉乾署善邑事目擊不平逮以敵吉王王不懌又縛其逋餉者於獄有善民與郡宗爭田訟於丞丞以田給主者宗乃譁予喻之頗唯唯翼日善民揭幟於衢盡榜王平日之所爲王不勝憤嗾宗使譁閽校四出撲善民身業之温者指曰此幟首也旦入而夕無噍類初三日酉刻善民聚於南倉一呼而應者三四千人將夜踰城焚藩哭聲振野予聞之叱御不及單騎而往千眾擁胥不可告語乃爲八硃字以徇曰受冤者告妄劾者斬呼兩營夾倉而軍令曰有揭竿出倉者梟勿問民稍定黎明復同兵馬使馮往詰之民鬨曰吾民之苦藩也自祖而父而身而子孫四五世矣余曰然則何之苦此已久何至是而始譁也曰小民繫命於官長前之官於此者率藩命是從將何聞得向泣焉今天哀此一方民上而道府下而州縣皆恤吾民不以此時告語更待何時予曰前此之官從藩不從民則爾民與藩相安今此之官從民不從藩則爾民與藩不相安爲爾官者不亦難乎民泣予亦泣千夫震動予知其可以情感乃呼渠而語之曰今日之役可以釋爾苦白爾冤民享其利而官受其禍其悉具詞於予予爲爾理之民唯唯予謁王曰潭州王湯沐邑受之天子者也無民則無依奈何使怨怒至此王謝不敏立摘骫法者數人杖之百以自解予乃令於倉曰後去者誅未幾長邑之民復譁於北郭民益眾予復驅馬往以論善者論之長民咸服執詞者人給一票使歸耕受三千餘詞即日解散予之意恨無知縱之則禍不測激之則禍亦不測姑設法以散之而善其後耳事既定吉藩承奉使黃明治劉國名故怨予深

日夕譜於王曰府與廳盟以此爲難也又曰府媚民於郭而斂詞於堂也王惑之遂被劾

八月勦燕子窩賊　茶攸之間地連衡永斗崖絶巘亂插無際初臨藍賊據燕子窩官兵環不能入其餘黨遁入深谷捕之不獲至是糾諸亡命及龍賊共五百人爲劫於醴醴告急公悉發道府兵合攸醴縣兵鄉兵勦之移檄於永使截其後賊讋公威名兵至各鳥獸散及入巢以献𩛰不能得渠首馘其僞王李鬍子草上飛數十人而還本續增

堵文忠公集〈年譜　壘

九月罰俸　吉藩劾疏上奉旨覽王奏這截表劫餉情由殊爲可異堵允錫如此淩犯該撫按何無參究事關藩體郎着察覈具奏不得徇隱取咎長善民叩閽訟冤予拜直陳顚末疏旨下撫按察奏罰俸一年參張編

十月余師貞廟成以文祭之文載本集自余師貞陣亡募壯士不可得偶於獄中得徐鳳岡力能負銃而戰禮而用之屢入險勦賊嘗帶馬落澗中賊以鎗撟其口忽口拔鎗鏃躍起大呼砍殺百十人莫有當者鳳岡湘潭人後以病終

十一月入覲　各臺以藩劾故題予入覲既而惜之欲留之則予已登舟矣居民送者夾江而行聚湘陰旬日雖禁之弗止也

十二月寓於京口　予自洞庭沿流而下兩月始達京口已聞有邊警至淮安羈旅半月報益急乃還京口時薊門被屠京城晝閉而河開清流兗州東平汶沂淮徐俱爲殘破至明年五月警始息

崇禎十六年癸未四十三歲正月在鎭江二月渡淮北行

四月十八日至京　主於族兄士鳳家自二月末旬聞邊騎漸遠乃合隊而行趨避於津涿間久之始達京城尚未解嚴驗文散變而入予喟然歎曰此一門者華夷之界也當今安有九邊獨有聖上九門耳爲臣子者能不愧死乎

堵文忠公集〈年譜　哭

覲計典竣舉廉卓賜宴禮部　共三十八予列其中

五月陞湖廣分守長寶道副使奉特旨復任　閣輔吳公甡奉命督師江南召予計事兼以監軍委予將從行初一日例過吏部冢宰鄭公三俊偶於班中見予識之郎於次日首有是擢奉聖旨太守吏民之本不可數易已後非年俸滿不許先轉如有眞正卓異的加銜該部知道既而吳閣輔亦不行二十日辭朝赴任廿一日先領給水程限八月初八日到任

六月抵鎭江便道過家

七月祠規成　予以束約通族勸耕讀講仁愛不可無規乃分孝弟耕讀廉讓慈睦數欵及定冠昏喪祭之禮勒爲一書至是成告主頒行序曰國有國法家有家規然國以官長治百姓尊而疏家以祖宗敎子孫親而近百姓對官長倘敢以言貌相欺子孫對祖宗何忍使血脈不貫故祠規之設所以濟國法之不足先事而匡失敎成而善俗古之人行修於家化行於國用是道也顧我子姓視祖宗如聞警欬畏清議如見官長惟祖宗之訓言是訓行是行父以課子兄以課弟哲節率行終身弗忘則家規立而國法可以不犯在家稱令子在國稱善士矣人生百善累筆難書然究其人人能行在在當行時時可行者只是本行本業持己待人四欵而約之以孝弟耕讀廉讓信順八字率是者謂之八善反是者謂之八惡八善有襃八惡有罰列欵於前不爲夸語不爲繁辭要子孫質直易遵勿得視爲弁髦夫孝如崑崙之巔萬山共脊又如束

瀆之水萬派歸宗爲人善惡關頭皆本於此然有大孝有小孝有天子諸侯大夫之孝有士庶人之孝有聖賢之孝有庸愚之孝何謂大孝養志是也何謂小孝養體是也天子以天下養諸侯以國養大夫以家養士庶人以身養人孰無身能養使足稱孝孝達貴賤不以分位爲貶崇聖賢以道德事其親庸愚以孩提事其親人孰不始於孩提能事使稱孝親孝達聖凡不以學問爲加損故願我子姓爲天子諸侯大夫聖賢之孝則難爲士庶人庸愚之孝則易孝爲百行之本能孝則諸善皆歸矣予又念祠田賦役當有定額使可世守舉呈當道定戶立碑呈云某創建公祠二所私祠一所置買祠田五百餘畝立規設訓瀕有成緒所慮日後豪強并吞子孫私佔則義不終又恐目前時艱賦重僉點苦役則恒產易廢仰懇鈞批該縣細察祠田坟山丘塋額爲定則勒石荒祠使子孫恪守不得私相受授至照田點解紳民一體但係通族公產未免推諉遷延并乞批縣酌田多寡量解輕重另點一役承辦承當庶賦役不致忘

累產業得以久長奉撫院鄭公擡兵使張公劄册部批縣施行　二條並本續增

八月復旋里　登舟八月至蕪湖遇盜再過家爲盜所劫墮水幾死脫走草野由東壩小路稱貸至家重整行李

葬岳父陳公及許母於湛瀆　葬畢啟行予念外父母之德慮四方多難從王之軀得暇無幾遂卜葬於湛瀆有記文二勒於石

赴任　時聞張獻忠賊既破武昌大江路絕乃取道浙會召募丁勇始行

九月奉旨加陞二級　戶部尚書倪元璐疏參槩文門受稅主事朱從義因陳各關諸弊末云自臣所見能不爲此者惟長沙太守堵允錫爲司關清惠第一斯人不可多得故有是旨

十月行至蘭溪聞寇陷長沙　獻賊於四月破蘄黃五月屠武昌七月破岳州戍岳兵四五萬人聞賊至郎潰而走縱掠村郭雞犬無遺賊遂於八月廿五日渡水陸州自瀏陽門入焚毀三日兵民死者數萬人屬邑多陷賊設僞官立營休馬盤踞其中衡永之間望風皆潰吉藩出走按臣劉熙祚推官蔡道憲皆遇害予中途聞報痛哭作哀湘南以紀其事詩見文集今佚

十一月進至江西廣信府水陸俱絕大哭而還　自廣漢至龍游張家埠遇長沙吳令長寶道馮某自楚奔至勸予觀望弗前予切責之而二人以道印縣印付予徑去予益憤激前行至常玉山將抵江省乞師於呂督院思出奇復楚十一月中旬進至廣信府城門晝閉士女逃潰所在俘掠兵賊莫辨予念地方已陷趨死無由不得已退寓衢州

十二月自錢塘還寓毘陵　聲信益急乃復自錢塘渡五湖寓毘陵（有答鄭又日詩）

拜復任路阻疏　拜地方十弊疏（兩疏並載本集）

拜時事二十欵疏　遣僕沈時賚入明年正月達京御史徐公養心見之謂時事已裂沮勿上（疏載本集）

歲除過虞山故廬守墓　時已逼歲羈旅之臣不安家處乃之虞山守墓正月初吉拜墓而行

崇禎十七年甲申四十四歲正月至南都謁大司馬史可法及督師袁繼咸　二公皆海內人宗也共以國士見許委長沙監軍予遂慨然接浙而行

二月奉委長沙監軍同巢僉憲出師復楚

公自記年史絕筆於此下係邑人任源祥（號王谷）續編

續編年史

三月復任　時賊已退公至乃修城垣濬濠飭樓櫓集士民共守之與長沙殉難諸臣（長沙司理蔡道憲字完白號江門晉江人崇禎丁丑進士居官以直道自守與公素稱莫逆癸未五月賊張獻忠復圍長沙道憲督將士城守甚力賊遙諾之曰軍中久聞蔡公名將大用公公無自苦道憲手注弩斃其渠賊怒攻益急城陷道憲被執賊委曲喻之使降道憲嚼指大罵賊磔之部下士林國俊等九人從道憲不去賊初勸道憲降國俊日我公若肯降者去此久矣不至今日賊日不降爾亦不得生國俊日我等若畏死者亦去久矣不至今日賊并殺之內四人奮日死固所甘願葬我公而死賊義而許之四人解衣裹道憲尸瘞之南郊乃自到公悲道憲之死作詩哭之序日蔡子

之死於江南也予馳驅往來洞湖中流如見其人烏得不哭兼哭一時同死之劉公馮子余子楊令邱令李幕哭倅七人哭聲與江聲俱永也作哭江行　本張編）

四月聞京師三月十九之變　公慟哭幾絕作墜龍騷共五章（詩見集）

五月朔日哭大行皇帝於府堂

福王即位於南都　福王名由崧神宗孫以初四日監國十五日即位改元宏光（本張編）

陞分巡武漢黃兵備道湖廣布政司參政兼按察司僉事　葬殉節司理江門蔡公於長沙府城南誌其墓

六月上分巡道任駐紮於黃州　日肄兵事厲士巡城晝夜不息

七月平陳柯五族之亂　僞漢陳友諒遺裔分爲陳柯五族竄處瑞昌興國山谷間獷猂善鬬至是乘變爲亂攻掠無虛日烽火及黃州公曰此不急討又生一獻賊矣檄毛劉二協擣其巢五族震悸相率詣軍門降江楚以寧

八月覃恩授階中大夫　誥贈祖父父皆中大夫祖母前母母皆淑人封妻淑人

合訂詩集　有耐可只可兩吟合而梓之有自序序載本集

公將身親戰陣是月製所著甲作樂府三章曰縫甲泣見詩集

九月二十三日改按察司副使加一級提督湖廣通省學政　公雖改學使而治兵講武勤倍曩時注意人才旁採謀勇

十月駐試武昌明倫堂說義　公以國仇未雪爲深恥居恒扼腕太息恨未獲死所乃進諸生諭以復仇之義說載本集

上請頒敕諭疏文載本集　奉旨準給敕書該部知道請於學宮遴舉孝行鄉人貢士暫補學官察其人才可大用者薦之

拜及時修復事宜疏文載本集　詔臥碑訓諸生本續增

立僑學於漢陽流寓附籍　榜諭荊襄承德陷賊諸生自賊中振拔來歸者一體科舉

頒行三約　一講學習射以端士尚二月試季試以課士行三修廟繕學以尊聖教

頒行欽定勅諭　懸牌絕倖竇示示內誓云生童文有一卷不親閱優劣從人者天殛其目聽人囑託致抑孤寒天殛其耳言清行濁始治卒亂恃威嗜利在內鮮終天殛其心本續增

申明學政示

乙酉四十五歲正月講學於武昌縣學宮　時事日非警報踵至公自分止有死義一著値學宮講期公欲感動多士因諭以死生義利之說說載本集

頒行日課循環字冊　公以月課未詳設日課法頒行冊式以上半月爲循下半月爲環本生逐日塡註爲某事看某書作某文半月呈學師磨勘虛實按月彙繳以憑覈察

三月巡試湖南　中途遇盜公從容諭之賊皆避道且

衛之行

謁督師何公於長沙府何公諱騰蛟，以舉人累官僉都御史，巡撫湖廣。何公爲人知勇深沈，督師全桂林，取寶慶，復全永諸州，與敵大戰於嚴關，日越橋攀旂，斬將所向克捷，士氣百倍。江廣大定，時以總督五省軍馬駐節長沙，公謁之，進策曰：不措餉能輯兵乎？不招降能振楚乎？掀髯鼓掌，不作瑣瑣態。何公深器之，自是公措置轉運，資何公不絕。己丑正月何公檄諸將集湘潭，謀下星沙。北師驟至，湘潭陷，被執，勸之不順命，絕粒七日不死，復勸之降，何公躍起大罵，遂遇害，追封湘王。參張編

堵文忠公集 年譜　三十三

五月南都失守，報至，公痛哭，起義兵。同時舉事者，文臣有章曠，武臣有楊培東，設三科以募士，凡有一能足效者，來歷有據。恐準録用。詳見邑志傳中。章曠初知無敵行者。曠從一廚夫，覓漁舟，渡湘，縣渡處不知，傳檄遠近，兵漸集，獻忠西走，武昌諸郡復定，人服其勇。後代公巡撫湖廣。

六月立君子營。公嘗曰：用老不如用新，用多不如用寡。老則鈍，新則銳；多則分，寡則合也。有應募者，公親察士著慎相法，驗膽氣膂力，共得三千人，分爲十營，取越王句踐君子六千之義，不擒兵丁，號爲君子營，以崇巽之。詳見志傳

寄子書　大意自分必死，吾兒終身農樹，子孫不事二姓，使吾不失忠，子不失孝云。書至明年，達家，而孫驥偕兄孫正先入楚。

八月陞都察院右僉都御史，巡撫湖廣。督師大學士何公騰蛟薦公才可重任，遂有是擢。上恢復十急務疏。參張編疏今佚

九月往荆南，撫李錦、高一功等三十餘萬衆，安插以歸。逆成既死，其義兒李錦、高一功等十八部號三十萬

堵文忠公集 年譜　三十四

衆，自川陝由當陽戰敗而來，剽掠荆襄，鬨倡言約我軍會獵湖南，公念兵糧百不能支，廉知李錦者，闖逆之姪，號一隻虎，孝其母高氏；高氏有智術，軍事皆取決；而高氏弟一功，最驍勇，頗可以義動。密令人具冠帔諸飾，以從集麾下，謂之曰：成敗只在今日，吾誓一死，持赤手往竄爲也。遂率帳下百人，由武陵過澧水，達草坪賊初見，爲國家收數十萬衆，歸報朝廷，祖宗地下，無任士民奔公馳驟不之禁，未至百里，土不許前，積骨縱橫，闔舍蕩然，止公空城中。翼日，忽見戈矛烟塵塞野蔽天，從者皆

泣公顧謂曰若等自當生還無怯吾死則收吾骸骨而已頃之賊遣部下至曰知公高義願俯臨營中又有部將數十輩踵至接入營公以大義諭李錦等曰若輩皆可大用才如此而陷不義亦當事者之過但我朝三百年來若祖宗世食其德一旦以烏合之衆碎金甌滅宗社俾人收利自居賊名汝曹爲此何利今若能改行反正戮力同心以立功勛吾當與汝曹共之錦及一功等素服公義見公慷慨激烈皆曰誠如公言錦等初念不及此今公以忠義指示敢不惟命是聽即欲羅拜定盟

公又曰姑徐之吾旣相約報國便爲兄弟當效古人登堂拜母之儀請先見太夫人然後行禮錦引母出拜公見之奉上冠帔曰封命在豫備以獻高氏喜即呼錦跪堂下戒之曰使爾輩贖前罪洗惡名者堵公之賜也爾當終始勉之勿生二心公因與之灑酒立誓錦等願以死効及留宴奏宮中女樂自燕京掠來者公方素服腰絰御坐不顧痛哭言曰兩京未得萬姓倒懸允錫求死無所何心聽樂錦等即撤去益嘆服不置其所掠百姓不下數萬公俱令釋之且給糧糗以行公返之曰民呼拜道旁徧數百里於是李錦高一功田虎張能賀藍袁宗第塔天保黨守素李來泰馬世耀等三十萬衆皆就撫聽公節制楚中號十家兵云

上請封降將疏　遣武陵縣舉人傅作霖賫疏詣行在（作霖字潤生號九峻最爲公所器重後歷官兵部侍郎死於武岡之變）

十月蒙敕獎諭　公疏旣上內閣蔣德璟持不可御史錢邦芑請如公言乃封高氏英淑（明史作貞義）夫人李錦左軍侯賜名赤心高一功右軍侯賜名必正諸將爵秩有差號其衆爲忠貞營特命兵科龔善選至楚封之而別

降敕獎公忠勤即授作霖兵部主事（參張編）　是年閏六月唐王即位於福州改元隆武以布政司署爲行宮

丙戌四十六歲二月率師圍荊州不克四月還駐武陵時降將新附兵多而糧不結攻荊州久不拔監紀推官趙振芳曰師老矣彼援將至奈何惟決水灌城可速下此不容關之會也公不忍民之爲魚持不決越二日清兵果集與戰不利公乃出澧水旋駐武陵憂憤嘔血幾絶

五月及荊州師戰於草坪大捷　公旣撤荊州之圍大

軍躡其後軍於草坪公以其逼也激厲將士開門出戰敗之本張編

上補行鄉試疏　乙酉科缺鄉試至是楚人爭明言之公令督師何公具疏依例舉行公以軍旅辭監臨之任

子孫驥姪孫正自家鼎行至軍　先是子與姪從鄉人盧象觀保聚山澤間屢陷死地後乃決意入楚孫驥年十九方新婚孫正年二十生女彌月皆棄不顧泣告於母拜別而行甯友潘詰字哲明號明人亦同往皆不薙髮取道山谷間由浙西歷江右間關數月至楚軍中公見子姪

至不勝喜改子爲世明姪爲正明示不忘本朝也正明故饒勇略即命督君子營在軍能固結士心衆皆傾服又挑選少壯年二十內外者千人爲親兵驍勇果毅莫不一當百每戰正明當先冲冒矢石親兵爭奮死力隨之屢以克捷功累官都督府右都督兼留守錦衣衛指揮同知世明後以恩典授江西道監察御史

八月爲子世明別娶唐氏　公念兩世單傳中歲尚未有孫更值兵革存亡不測聞湘潭諸生唐鶴翥字伯羽者有女及笄爲世明求之東李鄭二生轉告以至情倘皇路清平東西二館古亦有之之意唐慨允遂成婚正明亦納陸氏

九月聞浙閩兵潰之變　是歲隆武二年八月閩都潰總督丁魁楚巡撫瞿式耜及兵部尚書李大都李永茂等奉永明王監國尋即位改元永歷以肇慶府署爲行宫　永明王名由榔桂王少子神宗孫　本張編

丁亥四十七歲四月陞兵部左侍郎總督恢勦軍務　車駕自桂林幸武岡劉承允掌兵專政而忠貞營十家兵頗强聲言欲入湖南就糧承允懼爲所併以爲非公不

能制特疏加公銜令督兵出江楚

七月上請誅劉承允疏　劉承允者故何公部將及薦爲總督兵强遂稱門生稍倨肆後聯爲姻親不伏約束迨駕幸武岡承允以定蠻伯進武岡侯輒以兵威脅朝廷羣臣爭謟之以自固交疏頌功德進封興國公上柱國胄功濫蔭承允驕肆日甚忌何公權出己上請爲戸部尚書專理糧餉不聽及何公辭朝歸鎮長沙廷臣奉旨郊餞何公託疾駐城外荒寺不言行期以防承允承允果伏千騎於道中欲害何公時趙印選領鎮兵五百隨何公皆犍卒中道伏兵起印選率部下盡殲之承允諱而不言公因上疏劾承允專權擅兵恣行不法

戊子四十八歲正月過天門山有律詩二首　三月檄忠貞營諸將與忠武營諸將合營同駐常德　公慮馬進忠等孤軍難支更調李赤心等諸部將相犄角爲乘勝東下計諸將皆從命有奸人鄭古春東西唆搆諸將惑之始各懷疑忌

四月北師以書至拒之本張編　北師駐武昌使公鄉人吳逵以書招公公峻拒之

五月上絕口勿談款議疏　會有倡和議者公上疏備陳其不可其議乃寢

堵文忠公集　年譜　卅七

七月至夔州責楚宗朱容藩不當僭監國之號遂散其黨　楚宗朱容藩者本通城王位下庶子以便佞躐掌宗人府事營爲東川總督得罪當誅會赦得免遂由楚入川據有王光興于大海李占春諸營兵馬自稱楚王世子監國天下兵馬副元帥自鑄金印佩之改忠州爲大定府號府門爲承順門稱所居爲行宮設祭酒科道鴻臚寺等官擅封拜王光興等怨川北總兵李乾德及總兵袁韜不下己令李占春襲之相仇殺不已夔州臨江有天字城容藩改爲天子城以爲己讖傾部衆數千居之封石砫酉陽二土司爲伯川中將士競歸之稱曰千歲其自稱曰予小子予一人有自帝之意予方統兵欲東闖之恐變起且

戕殺督師重臣謀危社稷大逆不道請正典刑承允見公疏始懼

八月常德陷率諸將守永定衛　公率馬進忠王進才張光粹牛萬才等駐札永順保靖二土司界上待時規取

九月武岡兵潰傳令戒嚴　北師逼武岡駕幸柳州方出城承允即遣人迎降兵部侍郎傅作霖死之報至公與諸將謀請榮王監國冀稟號令以鎮撫人心乃於舟次啟王王固讓不肯既而知駕無恙乃止惟傳命各營協力防守

堵文忠公集　年譜　卅八

十二月率忠武營兵復常德進復辰州　自退保司土以來採薇茹蕨幾及半載公憤不能恢復乃刺血書二祖列宗牌位慟哭欲自殺諸將感動三軍皆哭哭聲震山谷馬進忠王進才等輒奮兵而出公親甲胄建大將旗鼓督戰率姪正明先登餘張兩翼以進正明大呼諸將應聲騰起三軍繼之莫不一當百血戰三日遂復辰常俘獲甚多事聞諸將俱陞敘有差於是乘勝岡下江漢軍威復振

十一月陞兵部尚書賜尚方劍便宜行事專督諸營恢勦

十二月督師援南昌初金聲桓圍贛州未下北師救至圍之復以其餘力敗傳鼎銓余應桂西破丁家塘上寨江事日棘本張編　先是督師何公自粵西還楚偶聽細言致書於公曰治生與敵大戰於殿闕日月橋三師敗道進圖零陵指日可下各郡邑俱入掌中聞忠貞營諸將駐節中湘分取衡陽則功又有所屬矣近王馬諸勳舉動甚乖張治生已有文檄之矣諒此輩必不負治生也公得書語樞戎毛登壽曰我輩

封疆之臣罪且難贖何公尚欲言功耶至是金王諸將爲北師所困何公乃檄公調忠貞營往援公即率諸將赴之

編春秋說義成　公在軍五載著春秋說義五卷凡萬五千餘言師行命子世明馬前負書公自囊筆墨箋釋不輟至是成編傳聞是歲於西營中失之

己丑四十九歲正月師次袁州二月率師救湘潭不及還守衡州　督師大學士何公騰蛟駐湘潭遣諸將悉力攻長沙將拔之北師驟至湘潭何公死之公聞變率師

夕即乘舟至夔詰責容藩曰汝以支庶妄希非分欲竊名號籠落文武軍民乎容藩曰聖駕播遷川東不知順逆聊假名號彈壓之耳予呵之曰汝身自爲逆何能服人今義旗所向而來直推朽拉枯耳能保左右不斬汝首級獻功耶容藩不能答時文武附容藩者張經程正典朱逆文爲首予一一陳大義切責之川東文武始知容藩本末惡其名號之僞各思解散以聽朝廷命未幾容藩爲李占春所殺王光興于大海李占春各營諸歸命

封其軍兵爲忠開營本續增

八月還自夔州督忠貞營諸將收衡湘進至江右所向皆克　公還馬進忠與李赤心不合恐其相圖已棄常武移營湘南矣公乃調護諸將激厲士卒躬率高李兵出征遂復衡湘及於江右所過郡邑俱下遂入吉安

十月得故軍將歸正之報率師還駐茶陵　金聲桓王得仁皆左良玉部下將也先降清忽反正江右響應將趨南京恐贛州未下議其後留攻贛以牛酒犒師請獨任江事公聞報即同茶陵欲與何督師定謀合兵出江漢以窺兗豫參張編

還救與戰勝負畧相等遂率滇將胡一清等拒守衡陽參張編

三月過安仁　道次有詩公嘗聚軍中所賦詩名曰馬革集今逸

四月陳於衡之草橋不利還駐耒陽　公自執桴鼓諸將且前搏戰自辰至酉斬伐相當清師以輕兵裁出陣後遂敗乃退劄耒陽而老營駐於永興相去百五十里永興陷從子都督府右都督同知留守錦衣衛事正明死之眷屬皆自焚死　正明屯永興初營於河右實據

形勢忽奉中軍令移於河左有奸人引兵從間道沖突營背鐵騎方馳而一軍已亂正明急起上馬奮突而出呼部下死戰已分爲數處圍兵數十重正明身被重傷猶格殺數將及於城濠銃箭蝟集遂遇害時年二十四參謀潘茁邵履正皆不屈死公貳室唐氏世明室唐氏正明室陸氏及諸眷屬在城中聞變闔門縱火自焚死事聞贈正明太子太保左都督贈潘茁禮部主事邵履正戶部主事皆予祭

北師以書招之　北師鄭王得公戚唐鶴義厚遇之誘以官賞使爲書以招公委曲諭以天時人事之說公哭而拒之

五月戰於麻河大捷　大軍日逼約日出戰公刺血書疏纛神納刀靴中謂諸將士曰兵凶戰危此行脫不濟吾惟一死以報國公等可善自爲計將士感激用命戰於麻河遂捷公每遇戰勝諸將上功擲馘滿前血模糊磧所割耳鼻突兀如山阜公踞胡床坐神采英毅意氣慷慨望之者皆疑爲神記功畢公忽怡然命爲功高者奏樂簪花掛彩手金卮注酒釂之將士益感激思奮並本張編

自耒陽入龍虎關從猺峒趨粵　公聞永興陷知不可

進率子世明及帳下將士退入龍虎關暫依保昌侯曹志建營志建素驕橫縱兵掠永郴界上坐視不爲救援屢被公訶責方慚愧不自安至是遂欲害公乘夜阬殺公縱兵千餘人及旦而公覺乃入猺峒何家寨志建追至何生圖復等率衆力拒之公將走粵之賀縣沿途招集散亡從兵復聚

五月遣子世明賚奏詣行在在肇慶以病卒於道　初公謂世明曰汝書生在軍中無益今事不可知若父殉封疆子延宗祀亦各得之道也遂託於長沙門人李先登

令晅之出中出衣資遣之世明泣對曰欲見何往耶不若父子兄弟死生同一處也因慟哭固不肯去至是公將入朝面君計兵餉將復入楚謀大舉先遣世明賫奏自陳并爲死事諸人請卹典五月二十八日行至廣東陽山以病卒公聞訃顧謂左右曰此天命也吾何以子爲哉意氣慷慨自若

六月入覲奉命安插諸營加陞直省督師特賜龍旂尚方劍便宜行事總理軍餉糧儲少傅兼太子太師文淵閣大學士吏部尚書兵部尚書出師以圖江楚　公疏

請出師朝廷召對加公官特賜調兵寶旂持節勅忠貞忠武忠開諸營悉聽節制公拜命即行忠貞即高李等忠武即馬進忠王進才等忠開爲于大海李占春袁韜武大廷王光興王友進王昌王祥等

七月師次平梧　公既拜命即檄告諸鎮召李赤心於籐鬱次於梧州以待之本張編　時高李十營兵亦從柳郴遂蒼梧客兵猝至粵西震恐爲之戒嚴朝中先遣張太僕等迎公于富川之野朝見後安插諸部莫不戢服作書寄示吳中故人略云不佞甲申以來戮力疆埸茲以心盡力瘁不堪復振然一息尚存敢不勉僻倘邀宗社之福收台餘燼逐捕狂氛捲土重來揚帆直下得奠孝陵歸老桑梓所厚望也若天不降佑師徒失律大勢日非則錫七尺朽軀久不作人間想矣異日荊溪之濱故人有知錫者於風清月白之夜聞有哀淒呼空者必允錫也憑酒幸酬錫且不朽念錫一生初不有家妻子棄捐不復央道上有室兄允錄廷子昌明爲先人祖父一脈之遺貧弱可傷倘親友垂而衣食之使不至溝壑則錫之生死感也本續增及張編初公所與交者凡十八號十鈍亦曰十道又號十癡得公書往往散去後多不知所終本張編

八月討土寇徐彪殺之　土寇徐彪聚衆萬人四出劫掠官兵不能制公念內難未靖何以克敵率師往與戰大敗之擒彪斬於市本張編

上辭伯爵疏奉旨給四代誥命　朝廷念公忠勤封爲

光化伯給誥劵公以廷臣各立門戶師旅齮齕無成功惟嘗任罪何敢冒恩上疏力辭遂特賜四代誥命以奬之其制辭出禮科金堡筆堡與丁時魁蒙正發劉湘南等立朝侃侃正紀綱慎名器素不爲近倖所喜堡尤著清直聲見重於時　本張編

疏論孫可望封爵事　孫可望張獻忠養子獻忠死後自蜀入滇滅沙定州寇執黔國公沐天波據有雲南一十八府自稱東平王既而願聽撫要求王爵朝議久不決粵師慶國公陳邦傅先聞高李諸將入粵慮不相容欲結可望以自固乃遣其私人胡執恭僞造金印勅書

矯封可望爲秦王可望得封大悅後雖知其僞而竟假其名以威衆廷臣知執恭所爲出郊傳意交章參劾時執恭在滇不敢歸可望必欲求實封廷議難之會朝廷遣使勞軍以問公公上疏曰孫可望父子久已割據四川今滇黔盡爲所有何能禁其不自王今可望尚知請命意猶可取當卽降勅封之使彼縛胡執恭歸朝正其罪而誅之則賞罰之權庶不倒置云云首輔嚴起恒戸部尚書吳貞毓兵部侍郎楊鼎和給事中劉克珍吳霖金堡張載述等堅持不可公又密疏曰朝議謂異姓封王非祖制持論固正然不可爲今日言也可望已自稱爲東平王卽其黨李定國艾能奇劉文秀三人亦稱王設封以公爵必非所欲萬一不受封因而反爲逆謂皇上威靈何謂天下事勢何若謂欲收其用而先失國體適啟邪心非策之善則臣竊有說於此謹按開國功臣六王皆追封也而何言洛誥曰記功宗以功作元祀蓋古人臣有大功常以元祀慰勵之今或卽封可望爲二字王卽於勅書内詳載舊例明示破格而勉之以中山開平之功則可望必感激用命於祖制亦不爲背謬矣

疏奏朝廷因命可望爲平遼王差僉院趙昱賫往昱恐可望不悅一見卽叩首稱臣可望乃拜受封策予昱千金戒勿言平遼之封而外稱秦王如故吳貞毓字天聲宜興人位至大學士謚文忠辛卯冬可望據黔謀篡殺安龍十八忠臣吳貞毓其首也

十一月師次潯州行疾　公以歷年征調勞苦憂猝往往扼腕吐血又連喪子姪益黯然神傷值李元允用事每有奏請輒爲掣肘諸營多觀望不進展布益難遂發憤成疾吐血不止駐兵於潯之長生寺元允爲惠國公李成棟義子挺父餘威把持朝政少詹劉湘客等五人附之朝中謂之五虎其餘依附甚衆總謂之東人云

二十六日拜遺疏卒於軍　公病革强起具衣冠望闕再拜上遺疏畧曰臣受命以來罪大孽重不復自量擬再合餘燼少收桑榆不料調兵則一營不發若曰堵督臣而有兵是豐其羽翼也索餉則一毫不與若曰堵督臣而有餉是資其號令也致臣如窮山獨夫坐視疆場孔急嘔血拊心畧無展布昨上西山橫邑感厲太重一病不起遂快羣腹臣亦何恨但以萬死不死之身不能爲皇上畢命疆場而死於枕席是乃恨也臣死之後伏乞皇上揀任老成用圖恢復若國家大事惟聽馬吉翔

李元允等五人爲股肱心腹成敗可慮臣死矣不勝欽恨拜疏訖又南拜父母曰兒死不獲生還邱壟矣復懸在三圖命左右環跪勉以忠義爲訣别及將絶呼筆自題其像曰有明堵子生而精敏遭家不造誠身事親遭時多難誠身事君四十九年孤兒逋臣而今而後浩然蒼旻遂卒十一月二十六日丑時也三軍號慟如喪考妣時隨公親屬僅有族世芳（字清元）族姪武鼎（字贊侯）及江右知交數人卒之前一夕親吏歐陽典夢公乘牛騰空而去次日以語人左右夢皆同嗚呼公生以辛丑捷以

丁丑卒以己丑丑之生固屬牛也茅峯之禱感於前潯陽之夢徵於後牧遊公之生之卒豈偶然哉

閏十一月賜葬于潯州之西山　朝廷聞公卒泣涕減膳輟朝五日贈公上柱國中極殿大學士太傅兼太子太師鎮國公謚文襄蔭一子錦衣衛指揮同知世襲予祭九壇遣禮部官致祭賜塋潯陽之西山以閏十一月十九日葬子世明祔鄉人聞訃亦爲位發喪遠近奔哭公一子先卒乙未年陳淑人血抱族姪閎政之子廷紹使承世明爲嗣孫己亥年復告親戚付手囑復立從弟寅恭之子景源爲次子命公甥殷百華同入楚迎柩（先是故人徐一鶚在粤西督臺幕茶陵門人尹惟日爲廣東和平令謀發柩送歸宜而一鶚惟日相繼而死尹封翁乃載公柩停茶陵及壬寅族姪武鼎自潯陽挈家寓衡陽因至茶陵移柩停衡陽雁峯寺寓書至宜而武鼎復故乙巳四月景源伯華始得至楚入衡而柩已爲人舁去丙午二月廼得於黄梅縣驛城寨騎龍菴中具兒當日起柩鐫文所經過關津批劄菴僧六歷年神靈顯異景源伯華奉父子柩并招正明魂置木主以歸是年十二月二十七日葬於虞山祖壟之次公文集未刊所著亦多散佚以俟後之知公者粤西實録云）

己丑九月公納浙紹葉氏女公卒時有三月孕因屬故將黄萬善善待之後生而不育葉氏亦遇難於南甯府（毛郭菴曰部將常萬善非黄也後竟負託及孫可望至粤迎駕執常數曰堵制臺何人僃奴敢爲此態耶鞭之至百而遺孕子得不死今尚在滇中云）

己丑秋溧陽有史主政死於粤中

遺二子公撫之以其長嗣正明名金官次嗣世明名式官蜀友蔣清元課之

世明妻洑溪徐氏苦節十六年庚子以疾卒正明生母錢氏三十而寡撫孤長成及乙酉子正明入楚媳方橋沈氏年二十生女僅月餘奉姑守節與陳淑人及徐氏相悲復相慰也女長適迎家子張祖厚依傍以居云潘詰妻洴澼蔣氏祝髮寄居尼菴砥操苦節三十餘年鄉人莫不憐之己未秋卒

歐陽典楚人有粤西實錄一卷述公之事蹟典爲親吏隨侍五年在潯送終其卷末自敘云典感知遇之恩結廬墓下思服心喪因時播遷未終所願云

邑後學周恭壽伯匡重校

書後

吾邑前以氣節殉封疆者爲晉周孝侯至今廟祀赫然負乎莫之繼矣於明季得兩人焉一曰忠烈盧公一曰文襄堵公皆以少年名進士起家精於吏治遭時艱屯遂以身殉封疆氣節直上與孝侯埒嗚呼何其偉歟然史載孝侯少年横暴至爲父老所患苦折節向學蓋以晚蓋者也若盧公雄畧偉節彪炳天壤其家書遺訓固粹然儒者之言及讀堵公年史觀其立心制行於君臣父子兄弟夫婦朋友之際何其仁至義盡一本於誠哉古今不相及吾不知

其與孝侯盧公竟何如也濂溪周子云誠者聖人之本堵公之學篤志力行最與曾閔相近設使堵公得聖人爲之依歸其碩德懿行詎出諸賢下哉又使遭時清明輔理承化其所樹立豈無可表見者哉然則堵公之身殉封疆以氣節與前人爭烈特堵公之不幸而已矣後之讀是書者謂理學精言與六經相表裏是則知堵公之深者也若徒與慷慨殉義者同類而並觀之則淺之乎視堵公矣予是以既錄其書又集其傳以俟夫後之秉史筆者俾知堵公之所重不在乎氣節也同里後學湖南主人識

堵胤錫年譜

（民國）王在民 編

《堵胤錫年譜》一卷，（民國）王在民編，民國三十二年（一九四三）稿本。

譜主堵胤錫（一六〇一——一六四九），字仲緘，一字牧子，號牧遊。宜興人。二十歲至無錫，後師從馬世奇。以無錫籍登崇禎十年（一六三七）進士，官至長沙知府。當時山賊蕭相宇作亂，數敗官兵。堵胤錫率鄉兵破賊，殺賊魁，遂以知兵出名。福王時，歷湖廣參政，攝湖北巡撫事。行事『苟利國家，我則專之』。唐王立，任右副都御史。李自成死，衆立其侄錦爲主，擁兵三十萬，驟至澧州。胤錫議撫，躬入其營，慰諭歸附。王大喜，加封兵部右侍郎兼右僉都御史，總制其軍。遂與錦等深相結，倚以自强。永明王時，任兵部尚書，封光化伯。在湖南、江西、貴州、廣東、廣西等地進行反清活動。遭瞿式耜、李元胤之猜忌。堵胤錫等人主張聯合大順軍和大西軍，何騰蛟、瞿式耜則排斥農民軍。瞿式耜之同黨丁時魁、金堡等上疏劾奏他在湖南『喪師失地之罪』。病卒於潯州，謚文襄，後改忠襄，《明史》又作文忠。著有《堵文忠公集》。

王在民，廣東東莞人。南明史學者，著有《南明史料考》若干種。

本譜叙事起自萬曆二十九年（一六〇一），止於順治六年（一六四九）。編寫所據，首徵譜主本集，次墓志，次任源祥《堵文忠公傳》，次《明史》列傳，次諸家史乘，仍互參周恭壽譜，闕者補之，略者詳之，錯者訂正之，亂者條理之。

本書據民國三十二年（一九四三）稿本影印。

（朱　剛）

堵胤錫年譜

王在民著

自序

壬午春，作客衡陽，以勤於蒐集南明史料故，偶得堵文忠公集，集中輯公之遺著甚備。文忠，堵公胤錫之謚也。忠臣孝子手澤之燼餘，得存於今垂三百餘載，此非南明史之一大資料耶。

明社將屋之際，四方勤王併起，與異族爭存亡，其艱難困頓，派忠竟節而不減於史公可法者，予於大江南北得二人焉：一曰何公騰蛟，一曰堵公胤錫。何、堵二公以封疆重臣，不避艱危，身入虎穴，先後招降闖賊之餘孽，劉體仁、郝搖旗、李錦、高一功等數十萬眾，作湘粵桂之屏障者幾十年，此二公者，誠可謂南天之砥柱、民族之英雄矣。

考堵公之遺集原有二本，一為道光原刻本，刻於道光戊申，同里潘世超之手，以經匪亂，板毀，碩果現存者為光緒丁亥重刊本，亦為同里人所刻。全集十卷，凡奏議二卷，書啟論著傳誌序文雜章各一卷，詩二卷，附錄年譜一卷，不著名號，惟署周氏合輯。譜中例言謂公之年譜原有四編：

一自編　公之自記，載筆於崇禎辛未，追譜從前而迄於甲申六月。

二續增　起於公十一歲，沖宇公卒，至四十九歲寄故人書而止，其文由公自記者居半。

三續編　任源祥派公之絕筆，續以終公之世也。

四張編　張夏編，以自記之事證公之手編。

張縉秋（張夏之字）與堵公同時，為公之十世明之友，見聞親接，四編之作，自以紹秋的譜為最完備矣。周譜亦謂「近世以張編為定本」，現在集中尚有紹秋之序亦曰「幸出先生未遂有先生之手澤在，猶能一一譜之」之語。潘卓齋（士超字子逸）刻公集時，謂「合訂三編，半增而減其文」，似未及於張譜，豈其時張譜已不存於世耶？光緒重刊時，周氏又謂「原書之存僅得奏議，澤憫公之著作遂湮，因合乾坤正氣集中所載，并採堵氏家譜，旁搜散佚而輯之，前以自編為宗，後以續編為宗，其續增與張編所增，皆按年參入」（年譜例言）。然則現存之譜，既非「近世以張編為定本」之本，更非潘刻之本來面目矣。故譜中列公生平之年事，有錯續增續編張編之同，散亂雜出，顛倒訛誤，湊附之跡，隨處可見，甚至如堵公之父去世年月亦歸倒錯，不一而足，異哉！

漢族在中原建國，迭受異族之侵凌，以明為最酷。漢人與異族爭民族之光榮，亦以明為最慘。儒生小臣憤其義勇，殺身行陣，備首城池者，不知凡幾。現在世人莫不知有史公可法，其實繼史公之後者何可勝數。若萊陽左公懋第、常熟瞿公式耜、江陵張公同敞、鎮海黃公道周、黎平何公騰蛟，以及宜興堵公，指不勝屈，豈真「地上反奄奄，地下多生氣」乎（何和尚詩）？堵公之忠貞固凜烈萬古存矣，然堵公生平行事之年月，可無一信譜以資世之治南明史者稽按耶？先正典型俱在，予故不揣淺陋，謹按公之手澤，綜合諸譜之異同，訂其訛誤，暢其條理，比年考事，重寫新譜一卷。不足者則摭集諸家史乘，參伍鉤稽，整齊補苴，年經事緯，一歸於至當，庶幾先正光榮之歷史，重新彪炳於人寰。惟惜客中無書，謬誤仍在不免，希 明達政之。

民國三十二年四月四日寫於天壤室。

堵胤錫年譜

凡例

一

堵文忠公年譜原有四編：一曰自編；一曰續增；一曰續編；一曰張編，皆予匪乱燬版。現存之光緒周氏譜，顛倒錯雜，不足以為考證。本譜改編所據首徵堵公本集，次墓誌，次任源祥堵文忠公傳，次明史列傳，次其他，仍互參周譜，闕者補之，略者詳之，錯者訂正之，亂者條理之。

二

公傳凡三，墓誌一，明史列傳厚誣失實，且多訛誤，又多忌諱，最不可信。任源祥堵文忠傳又過于簡略，且徵者寡。宜興縣志忠義傳出任源祥，又晚簡略相同。惟墓誌為猿洞所撰，係為堵公同年，患難相同，見聞親接，載事尤詳，寔堪珍貴，故本譜依據獨多。

三

周譜于甲申以前則冠年號干支，甲申而後第冠干支，忌諱也。本譜時代不同，俱行補入。先朝代後帝王年號、干支，附註公之年數，并將明代弘光、隆武、永歷三朝帝王年號先列，然後列及于清，分清華夷之別。

四

堵公自編增之譜，以本人自記生平，原屬最為翔實可靠，周譜雖言亦多採錄，惟絕筆于四十九歲寄故人書時，止四十九歲。前後為堵公最艱苦之遭遇，公一生史蹟自以此數年為獨多，後人作譜，自不能不于此數年更多詳載，故本譜所據，除上述諸傳外，旁參諸家史乘，廣收博蓄，茲列各參考書名于下：

明史
明朝紀事本末
續明朝紀事本末
明季南略
明季北略
小腆紀年
南明野史
弘光實錄鈔
行在陽秋
烈皇小識
聖安本紀
幸存錄
續幸存錄
粵游見聞
延平王臺灣海國紀
小腆紀傳

堵胤錫年譜

目錄

己未 四十七年 —— 一六一九 —— 十九歲
庚申 四十八年 泰昌元年 —— 一六二〇 —— 二十歲
辛酉 天啟元年 —— 一六二一 —— 二十一歲
壬戌 二年 —— 一六二二 —— 二十二歲
癸亥 三年 —— 一六二三 —— 二十三歲
甲子 四年 —— 一六二四 —— 二十四歲
乙丑 五年 —— 一六二五 —— 二十五歲
丙寅 六年 —— 一六二六 —— 二十六歲
丁卯 七年 —— 一六二七 —— 二十七歲
戊辰 崇禎元年 —— 一六二八 —— 二十八歲
己巳 二年 —— 一六二九 —— 二十九歲
庚午 三年 —— 一六三〇 —— 三十歲
辛未 四年 —— 一六三一 —— 三十一歲
壬申 五年 —— 一六三二 —— 三十二歲
癸酉 六年 —— 一六三三 —— 三十三歲
甲戌 七年 —— 一六三四 —— 三十四歲
乙亥 八年 —— 一六三五 —— 三十五歲
丙子 九年 —— 一六三六 —— 三十六歲
丁丑 十年 —— 一六三七 —— 三十七歲
戊寅 十一年 —— 一六三八 —— 三十八歲

己卯 十二年 —— 一六三九 —— 三十九歲
庚辰 十三年 —— 一六四〇 —— 四十歲
辛巳 十四年 —— 一六四一 —— 四十一歲
壬午 十五年 —— 一六四二 —— 四十二歲
癸未 十六年 —— 一六四三 —— 四十三歲
甲申 十七年 清順治元年 —— 一六四四 —— 四十四歲
乙酉 明弘光元年 順治二年 —— 一六四五 —— 四十五歲
丙戌 弘光二年 順治三年 隆武元年 —— 一六四六 —— 四十六歲
丁亥 隆武二年 順治四年 永曆元年 —— 一六四七 —— 四十七歲
戊子 永曆二年 順治五年 —— 一六四八 —— 四十八歲
己丑 永曆三年 順治六年 —— 一六四九 —— 四十九歲卒

明史列傳

堵胤錫，字仲緘，無錫人。崇禎十年進士，歷官長沙知府。山賊掠安化、寧鄉，官兵數敗，胤錫督鄉兵破滅之。又殺醴陵賊魁，遂以知兵名。十六年八月，賊陷長沙，胤錫朝覲還，賊已退。明年六月，福王命為湖廣參政，分守武昌、黃州、漢陽。左良玉稱兵，總督何騰蛟奔長沙，命攝湖北巡撫事，駐常德。唐王立，拜右副都御史，實授巡撫。李自成死，衆擁其兄子錦為主，奉自成妻高氏及高氏弟一功驟至澧州，擁衆三十萬，言乞降，遠近大震。胤錫議撫之，騰蛟亦馳檄至，乃躬入其營，開誠慰諭，稱詔賜高氏命服，一功、錦金銀器，犒其軍，皆踴躍拜謝。乃即軍中宴之，導以忠孝大義，數千言。明日高氏出拜，謂錦曰：堵公天人也，汝不可負。別部田見秀、劉汝魁等亦來歸，唐王大喜，加胤錫兵部右侍郎，一功右軍並掛龍虎將軍印，封列侯，賜錦名赤心，一功名必正，他部賞賚有差，旌其營曰忠貞，封高氏貞義夫人，賜珠冠綵幣，命有司建坊，題曰淑贊中興。胤錫遂與赤心等深相結，倚以自強。然赤心書疏猶稱自成先帝，稱高氏太后云。已而袁宗第、劉體仁諸營先歸騰蛟者亦引與赤心合，衆益熾。胤錫以糧難繼，令散處江北就食。明年正月，騰蛟大舉，期諸軍盡會岳州，獨赤心先至，餘逗遛卒不進。永明王立，進胤錫兵部尚書，總制如故。順治四年永明王令赤心等攻荊州，月餘，大清兵援荊州，赤心等大敗，步走入蜀，數日不得食，乃散入施州衛，再言就食湖南。時王在武岡，劉承胤懼為赤心所併，計非胤錫不能禦，乃加胤錫東閣大學士，封光化伯，賜劍便宜從事。胤錫疏請得給空敕，鑄印頒賜秦中舉兵者，時頗議其專。承胤欲殺騰蛟，胤錫劾其罪。八月，大兵破武岡及寶慶、常德，承胤、胤錫走永順土司，尋赴貴陽，抵遵義，乞師于皮熊、王祥。又入施州，請忠貞營軍，會楚宗人朱容藩偽稱監國，天下兵馬副元帥，擅居夔州，御史錢邦芑傳檄討之。五年正月，胤錫見容藩，責以大義，曉譬利害，散其黨。未幾，金聲桓、李成棟叛大清，以江西、廣東附永明王，于是馬進忠、王進才、曹志建、李赤心、高必正等乘間取常德、桃源、澧州、臨武、藍山、道州、靖州、荊門、宜城諸州縣。進忠、赤心、必正皆封公，胤錫與進忠有隙，令赤心、必正爭進忠所取常德，進忠盡焚廬舍而去，赤心等棄空城引而東，所至守將皆燒營棄城走，湖南已復州縣為一空。胤錫乃率赤心等入湘潭，與騰蛟會。騰蛟令胤錫向江西，而自率進忠等向長沙。六年正月兵方逼長沙，騰蛟在湘潭被執，諸軍盡潰。赤心等走廣西，緣道掠衡、永、郴、桂，胤錫與胡一清守衡州，戰敗，走桂陽。初，赤心等入廣西，龍虎關守將曹志建惡其淫掠，並惡胤錫，胤錫不知也。或說志建胤錫將召忠貞營圖志建，志建夜發兵圍胤錫，殺從卒千餘，胤錫攻汁逃入富川猺峒。志建索之急，猺潛送胤錫于監軍僉事何圖復，間關達梧州。會王遣大臣嚴起恒、劉湘客安輯忠貞營，至梧，而赤心等已走潯、橫二州，乃載胤錫詣王于肇慶。志建遂怒圖，誘殺之，闔門俱盡。胤錫至肇慶，時馬吉翔及李元胤、袁彭年等皆專柄，各樹黨，胤錫乃結歡于吉翔，檄赤心等東來，與元胤為難，移書瞿式耜，欲間元胤，訖言互有密救，令已與式耜圖元胤。王聞不悅，元胤黨丁時魁、金堡又論其喪師失地，乃令總統兵馬移駐梧州，胤錫以赤心等不足恃，欲遂結孫可望爲援，矯王命封爲平遼王。胤錫尋至潯州，自恨發病，十一月卒。王贈胤錫潯國公，謚文忠。

堵胤錫年譜

堵氏十世世系表

通五 — 達之 鞠楙 生三子

伯子 宗 樸菴

信 拙誠

安 業耕 官鎮江衛指揮僉事 生五子

仲子 霽 味閒 官南京兵馬使副指揮 生八子

伯子 順 覺菴 生四子

叔子 佳 月川 生六子

維富 坤宇 胡氏 陶氏 — 胤錫

維倫

維紀

維巍

維善

維叙

堵胤錫年譜

堵公諱胤錫，字錫君，更字仲緘，一字牧子，號牧遊，宜興人。生于萬曆二十九年辛丑，卒于永曆三年己丑，年四十九歲。其先本淮陰人，系出河南鄭三良堵叔之後，始祖逋五公于元至正二年由淮渡江，徙居宜興前亭里，傳十世而至于胤錫。

祖諱佳，号月川，以諸叔爭産，悉讓田宅于諸父，挈身徙于武進之夾山外家王氏別墅，後遂家于夾山。

父維萱，号沖宇，邑諸生，元配胡氏，繼配陶氏，堵公陶氏所出也。

公六歲喪母，十一歲喪父，十二歲依于岳丈陳娛濱家，二十遊于無錫，定交族兄知白，受業于馬文忠，因遍籍于無錫。二十二歲補郡諸生，二十五歲歲試五等，三十三歲舉于鄉，三十七歲成進士。崇禎十二年授南京戶部主事，繼陞長沙知府，楚督學副使，左僉都御史，巡撫湖廣。永曆立，晉中陞公兵部左侍郎，總督恢剿軍務，加陞總督直省軍務，特賜龍旂、上方劍，少傅兼太子太師，文淵閣大學士，吏部尚書兼兵部尚書。卒于潯州，贈上柱國、中極殿大學士，太傅兼太子太師，鎮國公，謚文襄（明史作潯國公，謚文忠）。

明神宗萬曆二十九年辛丑（一六〇一）生。

十二月初八日酉時，公生于武進夾山之麓十房街村。

自譜：「十二月八日辛未酉刻，不孝生于夾山之麓，村名十房街。」

孫撰墓誌：「萬曆辛丑十二月之八日生公。」

明季南略：「萬曆二十九年辛丑十二月初八日酉時，母陶氏誕生公于武進之夾山村。」

沖宇公年四十再娶陶氏，艱於嗣，禱於句曲三茅峯而生公。

自撰先考沖宇府君暨前妣胡孺人、生妣陶孺人行略：「不孝之生，大人已四十齡矣。……初配胡母，慎擧止，精刺繡工，翰墨與大人靜好，極和。……胡母二十而嫁，……以懷甲致疾，奄然逝矣。則自于歸以及病革，十年間茹荼蓼者居九。」

自譜：「時大人年幾四十，再娶而艱於嗣，禱於句曲之峰，夢神語曰：『汝積醇，恨汝祿薄無子，惟壽則上算耳。』大人泣曰：『願以壽易。』出遇一道士，手招一牧童至，垂雙辮，首擔鼻，指謂大人曰：『是而兒也。』遂寤，是不孝生。」

公生時，母夢一牧童入懷，一牛突入闥，陶氏於地，驚寤，遂生公，故名公曰授，誌為神所授也。

先考沖宇府君暨前妣胡孺人、生妣陶孺人行略：「初大人艱於子，每春初涓潔步禱於茅峯，歷辛丑歲凡七往。是夕夢一青衣召至王者前，諭之曰：『昨真府牒文云汝凡七來，甚專誠，及考汝積備醇善，然汝祿薄，無子，惟壽得上算耳。』大人泣曰：『無子而壽，曷若如之願以壽易。』王者曰：『減汝一紀，與而鈍兒。』大人復泣曰：『奚貴有子而鈍也。』王者曰：『奈何重念而嗣，而稍慧者，然壽當再減也。』大人叩謝曰：『所甘心焉。』出遇一道士，手招一牧童至，垂雙辮，首擔鼻，指謂大人曰：『是而兒也。』牧下牛鞭，笛迎大人而笑，遂寤。是歲十有二月不孝生。先一夕，母夢一牧童笑擲于懷，遂鳴鳴，母悟之，寤既一牛突入，毛角猙獰，觸母於地，母警，腹遂宛轉，備諸楚劇。時大人設塾百里外，先一夕亦於夢醒間聞繞室而呼曰：「至矣至矣！」同塾者或聞其聲震屋，大人心異之。晨起急歸，才入閫而不孝已墮地，乃命不孝名授，謂靈之所授，誌夙夢也。

自譜：先慈懷孕，夢收螢笑入懷中，既一牛突入，屯角猙獰，觸慈於地，慈驚寤，腹遂楚痛，坼副幾絕。因名不孝曰授，志神授也。

陶氏産後因是成疾不起。

常考沖宇府君暨前妣胡孺人生妣陶孺人行略：母体素羸，又以積憊之餘，遂成疾。

自譜：慈因是成疾不起。

倪元璐九歲。

瞿式耜十三歲。

是年春，皇長子常洛移居迎禧宮，十月立為太子。

萬曆三十年壬寅（一六〇二），二歲。

公母陶氏以艱生致疾，十日五在牀，乏乳，覓乳媪於里中。里媪潔者公則迎之，躍笑啖乳；否則雖誘多方弗受也。

自譜：先慈以艱生致疾，十日五在牀，時不孝乏乳，乃覓乳里巷閒。里婦潔者迎之，躍笑啖其乳；否則雖誘多方弗受也。

史可法生（據商務印書館楊晋年譜）。

萬曆三十一年癸卯（一六〇三），三歲。

公母病在床，一日公苦啼，母怒擲之於地，公仰牽母衣，彷彿識母之面貌服飾，自謂兒時風景多不記憶，惟此一段光景若了了若不了了，耿耿心目云。

自譜：不孝苦啼，先慈擲之於地，仰牽其衣，彷彿識慈之面貌服飾，心竊計曰：奈何不撫摩予而使困抑乃尔乎？啼益急，不能自已。

萬曆三十二年甲辰（一六〇四），四歲。

暑月，沖宇公偶袒卧，公置米於沖宇公之喉坎間為倉，以兩肩之坎為別儲，與同儕約，先啖東西儲之米而後及倉，戒勿轉側，少狼籍則須沖宇公自拾之。後提攜儕，以此為最樂。

自譜：暑月，大人袒卧，錫置所啖米於大人喉坎間為倉，以兩肩之坎為別儲，與同儕約，先啖東西儲而後及倉，戒勿轉側，少狼籍須大人自拾。

萬曆三十三年乙巳（一六〇五），五歲。

公偶侍父母於舫中，舫幡高多礙，白母命脫之於河，公偽為不解，伺隙急擲之。母愀然曰：「是兒悍足殺人。」父笑曰：「無憂，其狡足自脫也。」

自譜：大人與慈同舫，錫侍，幡高多碍，慈諭曰可脫之於河，錫偽不解，伺隙遽擲之。慈愀然曰：其悍足以殺人。大人笑曰：無憂，其狡足以自脫。

萬曆三十四年丙午（一六〇六），六歲。

冬十月初十日，母陶氏卒。

自譜：冬十月初十日，先慈陶氏卒於走馬塘徐氏之家。

續增譜：疾革之夕，舉不孝屬大人訣……時殘燈明滅，窗户閴然，不孝睡夢中聞語，自擲床下，旁洄不已。比明，見以帛覆慈之首，不孝呼曰：奚為帛覆吾母？若何飲食？殮之夕，不孝大慟，持不肯下，有徐婦欺曰：醫云如是畫夜毋乃愈，不孝信之歟，朝夕必環呼曰：病愈乎？思飲食乎？欲坐立乎？且使匠而繪而視焉。及葬，命不孝衰絰，則以爲服而敬也；命拜，則以爲拜而敬也。設奠，則以爲奠而敬也；出門，則以爲至敬所也；跪而隨，則以爲趨敬所也。大將覆，乃驚投幾絶。

萬曆三十五年丁未（一六〇七），七歲。

公隨沖宇公讀於南宅黄氏，始句讀。

自譜：隨大人塾於南宅黄氏。

續增譜：始句讀。

沖宇公命公名曰靈搜，沖宇公每口授公讀，公覺舌端隨過，了無詰齵。偶於枕上聽沖宇公誦施會元《鳳采之畫藝》，入耳會心，似有所解。及沖宇公寢，公已能成誦，沖宇公甚嘉之，見客輒舉以矜詡。

續增譜：命名曰靈搜。大人口授，不孝覺舌端隨過，無詰齵態。偶於枕上聞大人諷誦施會元《夕鳳采君子之仕也》二句墨藝，殊入耳會心，若有所解。及大人寢，已成誦。大人曰：「稍讀之歟？」對曰：「未也，聊識之耳。」大人甚喜，見客輒以矜翊。

三月，爲公聘婦於陳氏，岳父字娛菊，諱大懋，沖宇公之門下士也，居震澤湖之官瀆。

自譜：三月，爲不孝聘婦於陳氏。

續增譜：岳父娛菊，諱大懋，故大人門下士也，居震澤湖之官瀆。大人攜不孝至其家，面相，遂納聘。

萬曆三十六年戊申（一六〇八），八歲。

續編譜：時婦歲許，以丙午十二月初六日生。

公隨父讀於下坊錢氏。

續編譜：隨塾於下坊錢氏。

張譜：隨塾於下坊劉氏。

七月，公漸治毛詩。十一月，公痘。

自譜：家人將禱錫山（營）神，欲毀其像，曰：「大人救兒。」曰：「某之禱，久矣。」逾越月，而痘始愈。

萬曆三十七年己酉（一六〇九），九歲。

公隨父塾讀於毘陵劉氏。

按：張譜作下坊劉氏。

九月，公試筆作文，援筆成篇。

自譜：題目「豈丈夫豪傑之士」二句，不孝援筆成篇，有「豪傑者使人待哉，豈哉待人」之句，座客驚嘗。

續增譜：時大人落鄉闈，怏怏不樂，見此文，乃稍稍色動。

萬曆三十八年庚戌（一六一〇），十歲。

公仍隨父塾，讀於毘陵。

按：張譜作下坊。

公於痘後成瘠，且苦瘧，體甚枯槁。

萬曆三十九年辛亥（一六一一），十一歲。

公隨父塾讀於夾山三橋周家，三月授讀左傳。

張譜：大父嘗曰：士子以經世爲務，猶五采之壁飾也，授兒睛慧，其課以左國，書使知古今成敗得失之由。至是日讀數冊，大人爲之口解指畫，亹亹忘倦。

清明節，沖宇公治裝將歸省，忽疽發於背，公隨侍入郡就醫於舅陶氏。

自譜：先禁烟節，大人治裝將歸省，晨呼不孝曰：膀後纍纍如有所患。至是成疽，隨入郡就醫於舅陶氏。

先考沖宇府君暨前妣胡氏孺人生妣陶氏孺人行略：辛亥疽發背，卒時不孝隨大人塾於三橋周氏，屆清明節，治裝將歸，夙與撫不孝曰：予膀後患一癤。不孝睡夢中聞語，刿然驚悚……至是成疽，隨入郡就醫於舅氏。

數日，沖宇公疽潰，公之諸父問後事。沖宇公曰：予不祿，天降之凶，先予二老長逝，罪孽已極，予死惟敝甑敗葦淨土不封，使速朽，以彰不孝之罪。

先考沖宇府君暨前妣胡孺人生妣陶孺人行略：數日疽潰，諸父問後事，曰：……而先涼德，天降之凶，使先二老而逝，此身罪孽更有何言。……我死敝甑敗葦淨土不封，使速朽，以彰不孝之罪可也。

三月初一日子刻，沖宇公卒。

先考沖宇府君行略：大人……忽嘔血數升，昏暈而絕，時三月一日子刻也。

按周譜誤作三月十五日，此從公之先考沖宇府君暨前妣胡氏孺人生妣陶氏孺人行略改正。

沖宇公臨終遺囑，命公須讀書，無廢世業，曰：敬身行己之道，莫切於禮，毋讀禮言，當如耳聞。命公具衣冠，擧笥出經，肅手以授。

沖宇府君行略：從容呼不孝曰：授兒，我死之後，爾將何爲？泣曰：讀書。曰：世守也，無廢業。讀書何爲？曰：做好人。曰：好人不易也，爾知如何是好人？對曰：掇巍科，戴朱紫者是好人。斥不孝曰：去，更思之。是嘗人非好人，嘗人恒有，好人不恒有。不孝懼，跪而請曰：夫子有言，必孝親忠君者是乎？大人頷之曰：是也。然爾抑又知若何而孝親，若何而忠君乎？對曰：顯親揚名，致主安身。大人有間曰：噫，猶夫掇巍科、戴朱紫者也。飯蔬飲水，非孝乎？草莽垠肆，無忠乎？無念弗愛，孝也；本之臨淵履薄以來，無行弗謹，忠也。根之曾影盟衾，而達乎日者，盡志盡力，以迄肫肫相視，示於爾一念之萌、一動之微，莫不以此相質答，誠以吾儒一生事業文章有待，惟此忠孝兩者無待。有待者有時或輟，無待者無念可寬。誠能當下猛提，終身不悔，裕之有素，用之不窮。他日顯揚委致，取諸懷耳。爾力体此訓，則予一生心蹟，死且如生……所遺爾者，獨此永訣數語耳。不孝伏床下悲不自勝，大人正色曰：爾將以佩服爲孝乎，號泣爲孝乎？今予啟手足之時，正而思忠思孝之日也，奈何作此兒女小態，徒亂我中。命援筆書之，訖，命不孝覆誦，有晌，復起改正數字。既又曰：敬身行己之道，莫切於禮，吾欲授而未果，以爾賦資佻怠，躁而寡恒，其能管束身心者，此經是也。每讀禮言當如耳聞必訓，命具衣冠，舉笥出經，肅手授不奪。

四月，公寄讀於鄉城丁師之館。

七月，公之大父月川公卒。

王考月川府君行略：王父生於嘉靖十七年戊戌六月十八日，卒於萬曆三十九年辛亥七月初七日，享年七十有四。

萬曆四十年壬子（一六一二），十二歲。

沖宇公生時，以兩配早逝，誓不復娶，僅納一妾，以奉父母甘旨。堵家自連治喪事後，破產，妾不甘食貧，竟嫁去，公彷徨無依。岳丈陳娛賓聞之，太息曰：吾師僅此遺孤耳。三月，遂攜公歸家，延師教之。公岳父貧而好義，毅然以父兄之責自任，岳母許氏卿翼公尤切，公雖失怙恃，不至於無依者，皆陳氏力也。

張譜：初大人以兩配早世，誓不復婚，以供甘旨故，置一妾治兩喪。興八有力焉，至是不相安而嫁，予彷徨無依。陳公娛賓聞之，太息曰：吾師乎，僅此孤也。乃載予歸，延師錢德真教之。

萬曆四十一年癸丑（一六一三），十三歲。

公依於陳家，正月，附讀於里中周氏沈以初師之塾。既為遺棄，四月，改附讀於里中李氏之塾。

十二月二十二日，公之祖母卒。

王考月川府君行略：王母生於嘉靖十七年戊戌九月十一日，卒於萬曆四十一年癸丑十二月二十三日，享年七十有六。

公於隆冬衣單無緼露肘，伺日讀左傳，不覺移午，俺卷起立，手足拘曲，殭仆於地，岳母抱置敗絮中，移晷始愈。

自譜：隆冬無緼，露肘伺日披讀左傳，不覺移午，掩卷起，忽手足拘曲不可屈伸，仆地而呼，岳母許氏抱置敗絮中，逾刻而復。

三仲父維紀卒。

萬曆四十二年甲寅（一六一四），十四歲。

公附塾於宜興蔣師之家，蔣名中美。窗友有許某者毒侮於公，師不能禁也。

自譜：附塾於宜興蔣師家，窗友許某毒侮錫，師不能禁。

公恣力言詩。

詩集自序：予十四五時，率恣力言詩。

金堡生。

萬曆四十三年乙卯（一六一五），十五歲。

公附讀於溧陽弋旗里周君陳之塾，陳後為名宦。

自譜：附塾於溧陽弋旗里周氏。

萬曆四十四年丙辰（一六一六），十六歲。

公復歸讀於岳家，岳翁仍延師錢德真教之。

自譜：復歸塾於岳婦家，仍延師錢德真。

瞿式耜成進士。

是年正月，滿洲努尔哈赤即汗位，建元天命，國号金。

萬曆四十五年丁巳（一六一七），十七歲。

公之岳家貧甚，不能為公設塾，公念沖宇公殁時遺命，裹糧往讀於伯舅氏之塾。

自譜：「時岳家貧甚，不能設塾，念大人殁時語，裹糧往伯舅塾。」

公以少年落魄，坎坷無賴，往往縱酒不檢細行，嘗範白金鑄一蹈鸘盃，容酒一升許，出入攜持作飲器，刻其頂曰：「雪山煮酒夜談兵」七字（邵長蘅書牧子先生遺事作「若要賊滅，除非增藏」六字）。一日，偶縱飲，舅鍵之於室，命讀，及啟户，則公已踰垣出，飲于隣肆中，指揮叱咤，持盃顧座客曰：「我盃不大似尔輩蹈鸘耶！」座客為之驚散。舅怒，覈其所讀書，又不遺一字，深奇之，然終屢惡遣逐以隸。

張譜：公依舅氏，恐其縱酒不自檢，每鍵之一室，命讀書，及啟户，已踰垣出，坐隣肆中，指揮叱咤，持蹈鸘盃（滿酌），一吸而盡，擲盃呼座客曰：「若輩看我杯，不大似若輩蹈鸘耶！」座客驚散，舅益恐之，然覈所讀書不遺一字，亦以是奇之。」

墓誌：「范白金鑄蹈鸘杯，容一升許，出入攜持為飲器，銘曰：『若要賊滅，除非增藏』，人傳而壯之。」

十一月就武進試錄。十二月府試黜。

蔡道憲生。

萬歷四十六年戊午（一六一八），十八歲。

公留塾於戴圻黄氏，與宛白咸卿（按宛咸二人姓未詳）共筆硯。

公於一身之外，惟存先人之遺經一筐，手錄數千篇，平日行止相隨。

十二月，偶寄榻於郡中薛家，詎薛家遭火，被焚，沖宇公之手澤至是悉為灰燼矣。

自譜：「予身之外，惟先人遺經一筐，及手錄數千篇，皆平日誦習者，予行止相隨，每恃以為標準。偶榻於郡中薛氏，火發被災。」

萬歷四十七年己未（一六一九），十九歲。

公為飢寒所迫，設塾訓蒙童於岳父之家，所授蒙童僅四人，尚不足以餬口，年終所獲，得四金而已。公於夏則懸被以為帳，入則汗蒸，出則蚊嚼，達旦不寐。冬則破襦作褌，以麻代絮繫，若纔之欲曉，出則露足踏歌雪中。或良月靜夜，則散坐古橋湖畔，行遊達旦，日以為常。顧俯首挾冊為童子師，非其志也。一日，大書於壁曰：「素富貴行乎富貴，安牛羊則牧牛羊。」聞者嗤笑，共目為癡，同志者僅蔣沖之、吳枘侯、史吾往、周汗廷四人，為友耳。

張譜：公少落魄，嗜酒，好大言，知天下將亂，慷慨思奮功名，俯首挾冊為童子師，非所好也。大書於壁曰：「素富貴行乎富貴，安牛羊則牧牛羊。」嘗攜一蹈鸘杯，刻其頂曰：「雪山煮酒夜談兵」。一玉印，篆「三不要癡男子」字，謂不要錢，不要官，不要命也。嘗率群少年列隊伍，執器械，已將之，魯劉為偏將，具有紀律。既而投戈歎曰：「丈夫當提三尺劍橫掃不平，安能日作小兒戲耶！」

是年六月，熊廷弼為遼東經略使，逮楊鎬下獄。

萬歷四十八年庚申（一六二〇）八月為光宗泰昌元年，二十歲。

公依於岳家，是歲大饑，米價湧貴，岳家十餘口懸釜嗷嗷，公知不可留，思出蘇淅以謀自立之道，因變姓名於里中以拆字代人卜禍福。旬日得錢二千文，於是以半贍衣，以半為遊資，七月往遊於無錫。

自譜：「歲飢，米價湧貴，婦家十數口懸釜嗷嗷，予卜遊得吉，擬抵蘇淅間傭筆為活，苦無衣糧，乃變姓名於里鎮中以拆字相人禍福，忽奇中，旬日得二千餘錢，以半贍衣，以半為資。」

公過毘陵，遇友臧瑞徵，相與縱飲甚懽，乘醉步至五牧鎮，日暮，飢疲，值雨，探囊僅餘二錢。時有徐文思設館於此，公詭姓名入，告徐，徐感動，為介於主人薛君齊，薛留之信宿，而公忽患癘，薛資助遣之。公至無錫，止於崇安寺，病不能起，削肌秃髮，無復生理。又為寺僧所逐，彷徨市中，遇族兄若沖之門，告之，囑若沖留公，資醫藥，又轉告於族兄知白。知白名大建，擅文名，喜結納，與公一見知為大器，悉力延醫，慰勉備至，載與俱歸。越數月，公病乃愈，遂留不去。

自譜：「知白四兄一見相許，悉力推解，慰勉曲至，載與俱歸。又越數月，病乃復。……是役也，窮途，剝病，跋涉風雨，困苦之狀，求為傭亦不可得，微知白四兄傾蓋於患難之際，拘色於飢瘠之餘，其不以先人之身行殆者幾希矣。」

任源祥《堵文忠傳》：「萬曆庚申歲飢，欲往蘇淅間傭書，中途飢困，病於無錫，為寺僧所逐，彷徨市中，遇族兄之居無錫者曰知白，一見知其大器，厚待之，遂留不去。」

十月，公就無錫縣試，拔錄，公後遂通籍於無錫。

明季南略：「二十歲，七月，遊于無錫，依四兄知白讀書，因通籍於無錫。」

十一月，府試，錄。十二月，院試，被黜。

是年秋七月，神宗崩，光宗立，甫一月又崩。朝議欲以明年為泰昌元年，左光斗請以七月以前為萬曆四十八年，八月以後為泰昌元年，從之。皇長子熹宗嗣位，賜太監魏忠賢世廕，錄熊廷弼，以袁應泰經略遼東。

熹宗天啟元年辛酉（一六二一）二十一歲。

公依於四兄知白之家，二月，知白更為公具脯餼，受業於馬素修。

自譜：「自此三歲，知白兄更具脯餼，遣予就學於馬師。師諱世奇，字君常，時方為諸生，負盛名，設教西溪。見予院試落卷而奇之，因執弟子之禮往師之，多所資益，與滚甫居會課，屢在前列，講論甚相得也。予一生學問功業，得力在此三年中。」

張譜：「馬師無錫人，登崇禎辛未進士，官至春坊左諭德。嘗曰：『遇事宜存生機，勿存殺機；處世宜早退步，勿爭進步。』甲申之變，沐浴更衣……同妾朱氏、李氏闔室自縊死，後謚文忠。」

三月，公就婚於岳家。其先公之生活既依人，妻父又饔飧不繼，合卺之夕，謀一布衣被亦不可得，聊煮棓塗縕以充礼。嘉之色，婦亦泰然，以居不少歉沮，相對敬勉，有梁孟之風焉。

續編譜：「公依陳為俗子所惡，譖諸翁，遂見棄，從過門，陳不加礼，公乃大書屏曰：『庭來黃鳥當知客，戶有青山亦可人。』遂去。翁見而異之，追至，延以成婚。」

七月，公冠。

續增譜：予憤蹟未有成，冠孺民之服以自愧。

時邊事方急，詔募才智之士以備邊。公少有大志，慷慨發憤，上萬言書於何郡侯自鷹（應瑞），邊才欲詣熊廷弼幕，大言於郡侯曰：熊公雖知兵，非我助之，事且敗。郡侯笑為狂生，受其策而不許入募。

任源祥堵文忠傳：辛酉，朝廷用兵，募士以策干知府何應瑞。問曰：汝何能？曰：無所不能。曰：能弓馬乎？曰：不能。曰：能占候乎？曰：不能。然則奚謂無所不能？曰：不能人之所能，而能人之所不能，變化生心，決勝帷幄。曰：信非凡士，然何有以行伍進，乃受策而不許入募。

除夕，公無以卒歲，徘徊於城隅，將不作人間之想。值一卜士亦以困來自經，公與之相與語，忽怡然解。卜士揆公之運，許曰：君豈久居林下哉，遇將至矣。余數當厄，遇貴人星可解，蓋驗於君矣！因共止宿，越明年，公果捷云。

何騰蛟舉於鄉。

是年三月，清陷瀋陽，經略袁應泰殉之，仍起熊廷弼為經略。

天啟二年壬戌（一六二二）二十二歲。

公依於婦家。五月，補府學弟子員。

任源祥堵文忠傳：壬戌以錫籍補郡諸生。

墓誌：學使毛公儼大收五郡五義，拔置四府第一，以錫籍進。

明季南略：二十二歲補郡諸生。

八月初六日，仲父某卒，仲父子女俱殤。

十二月，知白招公挈家於無錫之中橋莊。莊為成弘間詩人施漸子羽之舊居，名武陵莊，地俱湖山之勝。後歸詩人蔡鴻生學士，知白為學士之婿，故至是莊。

自譜：十二月徙居無錫，四兄知白之中橋莊。

是年清陷平西堡，以毛文龍為平遼總兵官。

天啟三年癸亥（一六二三）二十三歲。

公居於中橋莊。四月，府試被錄，科試被黜。

五月，公訟蔣定於縣。蔣定者，公之仲父某公女婿也。仲父有女嫁同里蔣定，定無賴，蕩其家，挈妻逃於江北，旋棄妻歸。五月初三日，公遇之於途，憤甚，訟而執之於獄。越月，定脫獄逃，捕之不獲。公與伯兄過江禰訪，不得，不勝悲痛。

自譜：仲父有女嫁里人蔣定，無賴，蕩家，挈妻逃江北，旋棄之昧。適遇於道，憤甚，訟之府，執禁獄。越月，定脫獄而逃，捕之不獲。後同伯兄越江禰訪，無可蹤跡。噫，至戚艱零，不知存歿，念之嗚咽。

是年十二月，魏忠賢提督東廠，括天下富藏輸京師。

天啟四年甲子（一六二四）二十四歲。

正月，公設塾於無錫。五日，長女生。六月，公因避役者之讒，別知白，棄無錫，挈婦將雛，復徙肆於婦家。

自譜：知白兄重予學行，悉力解推，忌者讒，侮交作。四兄欲與為難，予以辣不聞觀，諫四兄乃止。惡役計得，乃揚言刃予，予懼害，告四兄，求復肆於婦家。兄不得已從之。別時相泣失聲，予同妻女坐一小舟，忽大風拔木，雨如泉注，咫尺不得依岸，幾覆者再。三百里行數日，忍飢署月，至東殫失色。人事天行交相虐，復誇語四達，誠無喙可辯，此有生之一大厄也。古云：止謗莫如自修，予素皎皎自好，若此時小不忍，幾何不為溝瀆之匹夫？予忍包詬愧，中夜憤勵，幸能砥立，恩撫正姪並姪女，相依十載，如己出，以報四兄夙昔之德，前此之謗不辯冰消。由是觀之，彼忠徒纖其身力善，未始無獲，予與四兄之謂也，古人之言豈欺我哉。止

七月錄遺，被黜。八月出遊中都，逾月而還。

天啓五年乙丑（一六二五），二十五歲。

公設塾於南圻，主人蔣氏力耕樸檄，稱長者。公時方跌宕自喜，多不相合，後亦釋然。因得與宋北翔、魯桐聲、蔣沖之相交，往來甚密，人皆嗤之，公不之顧也。

十月，公歲試五等，黜青。

明季南略：歲試五等。止

是年七月楊漣、左光斗等死於獄，八月袁化中、周朝瑞等死於獄，九月顧大章自縊，六君子俱盡。十月孫承宗罷，以高第為遼東經略。

天啓六年丙寅（一六二六），二十六歲。

公設塾於婦家，擔徒以餬口。二月，公之長女殤。

武進自天啓四年大水，五年大旱，斗米二百餘錢，公之妻女啼飢號寒，身無完縷，夜擁敝絮，少轉側則纍纍然脫出，宵露肘。少寐則夢身落水中，惕然驚覺。陳夫人日勤針紡以佐食，凍瘡裂甚，十指如椎，日得一斂便相慶幸。公偶入內，陳夫人私泣，恐為公見，強作歡笑，公亦不忍詰也，惟夫妻各怪

日瘦而已。公作儆裘賦曰：

予歲裘儆來歸，其況蘇子之所不及，兼以沉疴，僅能餘喘，貧病賤亦士子之常耳。然予每見古人名哲，或遁當心樂事，無不形之歌詠以忘，不忘人生能有幾昔樂，可使悠悠與歲月俱逝。復自念天之通人不苟，則其窮人亦不苟。某眇少小子，獨費天心如許珍重，誠可僥倖，困恣筆盡言得二百言。聊見病貧賤不肯負予者，予亦不負貧病賤也。

歸家裘儆惡，一步一停泊；躑躅悽風中，色塵不見卻；落況以路途長，兼之筋力薄；身僵流汗果，無見不驚愕；謂當得憩息，新何客中來；解囊淹運前，稚子趨而踏；擲足忽失笑，天性多徘徊；厲親問我來，相呼出空房；親知聞我來，躞蹀歡中堂；朱衣何無擄，柳尔命不康。宋里有才人，文學世無雙；親得薦南都，佩履相翱翔；西里有少年，才名亦獨爾；聞榜乃得甲，羅樽列賓齒；相諾各出門，聞言乃不嗔，嗔極乃復戚；氣咽色若奔，進門走榻卧；掣落榻頭塵，前妻不敢問；小背頻掩巾，掩巾巾漸溼；滴淚淚漸急，嗚嗚如有聲；聞聲復吃吃，今初得昧；奈妾心中廻，冷煖妾骨肉；艱楚妾朝夕，可憐妾孽兒；無知但哭泣，孽兒啼苦啼飢；妾骨苦飢，妾飢妾薄祿；忍飢入空幃，辛苦看君面；君面今如灰，聞言崩五中；覆面如覆鐘，覆鐘懸心簷；面覆不可容，容面非面；大羞慚徒惺惚，有耳不欲聞；置之鐺兩傍，有口不欲言；默黽斯張，忍淚苦忍；珠淚洒恐以滂，竊目視細君；裾面灰衣裳，猶佯不肯去；乃復倚我床，曲膝枕稚兒；慰誘相扶將，懋為起一笑；人生那在飽，天有不翻星；地有空腹草，朱門有勾罘；積於島；

爲致三千石，使爾錦綺繞；朱門有黃金，積珠如積囷；閃爍玳瑁光，熠燿羅綺叢；爲爾致之歸，使爾多儀容；朱門多粱粟，玉李金爲櫺；置兒滿襟袖，使兒無哭泣；富我囊橐物，頗惠富相逼；出門周四望，悵何所從？叔兮豈不富，砰砰無所答；伯兮財帛多，願以阿堵雄；擔水注頑石，那得其意通；自豫遂自難，憑此三寸功；行行叩主人，出迎逢門閽；無衷詞，相顧神色慵；俯首自躊躇，欲言還囁嚅；如畏如有思，頻蹙與疏；阿仲良大難，能伯近何如；主人得聞之，不言心自恐；兮那得古人，彼時此一時；況前此須意，豈敢不敬與。遭此欺，殺戚緊，我亦無有詆；兮何勞勞，輒復爲遊婦；竊得汗歸，事與心相非；阿婦見顏色，含笑問所謂；朱門好賓客，晏笑多贈遺；聞我東角門，恐有朱門奚賤，安有營耀；椒餕兮，斯香晨來，初出炊皎潔皦灩光；君飲朱門膏，得未曾有嘗；不出遊賤妾意，聊以供君吹；聞言喜踰望，感爾區區腸；療我旦夕飢，永佩以弗忘；甑乃出甑糟，雜以不酓糠；藜藿之無名，草煮此天然湯；一咽滿嚥喉，再嚥如鐵芒；稚兒唇若蕪，眈目紅兩眶；阿婦背面坐，自語私自傷；昔有花似蕊，三載二尺長；秀慧貌無比，每食居我傍；稍知此食艱，先我歸北邙；此兒孽深重，安此風世殃；君是美丈夫，慷慨坐龍䶮；那處不適意，乃復戀妾學；秋風聲蕭颯，漸覺肌生栗；晨起四周望，楓紫衰柳白；簷前雪似肱，卑彩垂以結；室有執箒豪，兒面如兒逃；張目瞪於虎，撒唇胱若橡；話以腑腹情，猶以水沃焦；絡繹織我前，校上吟風嘮；連夜漫敗屋，狂飆吹腐舟；浮沈半生事，激烈一身愁；我心匪金石，剌以萬柄矛；懸以斯斧鹿，澆以百沸油；敗絮擁惡寒，惴惴如獮猴；命繫風中絲，聲聚波上鷗（漚）；昏瞶一無聞，惟聞兒女啾；雞肯立若柴，蝟髮枯於艸；中夜念先人，式我以穀似；讀我聖賢書，明目而聰耳；貽我嘉兒婦，寧非冥所恃；慷慨命男兒，三十無成矣；着我亂腦巾，懸我鵝甲衣；佛我生時弧，京以雌坎我旁；丈夫寧虎瘠，奚惜羊而肥；出門酒仰笑，戟戟掀鬚眉；囑妾姑勉旃，無使稚兒啼。」

冒，公於科試得標。

自譜：「縣尹駱天顯偕學博馬禎岱共賞錫卷，爾泉之雋，與有力焉。以隅年爲等，拔冠一軍，破格之知也。」

十一月科試一等，復附學，仍爲周邦基。十二月十二日公之長子騏生於外家。

是年三月高第遊，以王之臣督師（時經略已改爲督師）、袁崇煥巡撫遼東。

四月，逮高攀龍、周順昌等下獄，高自沉於池，餘皆被戮。十月，進魏忠賢爵，建忠賢生祠，天下效尤。滿洲努爾哈赤卒，子皇太極立，是爲太宗，以明年改元天聰。

公於濟寧成嘩濟夜雨詩：「兩岸作蒼煙，當秋況漲蓼，鷺浮過爲萍舟楫，征斷鴻哀入塞，海雲陰雨氣東流，門象酬我三更酒，伏夢縱不千里遊，不圖天涯爲說劍，夜闌猶是壯於胸。」

天啟七年丁卯（一六二七），二十七歲。

公之叔祖心蓴公任山東觀城縣令，聘公從行。正月，發棹渡京口，歷淮陽，入宿，邳河，抵濟寧舟，陸行由嘉祥、鄆城至縣，凡千八百里，於二月至署。

自譜：「心蓴叔祖將至任，謂予曰：汝科舉已定，盍從我行。」予欣然從之。正月發棹渡京口，歷淮陽，入宿，邳河，抵濟寧舟，陸行由嘉祥、鄆城至縣，凡千八百里，以二月入署。」

公於觀城聞新學使葉臨覆科試，六月，公（兼程）程返里，已不及矣。

七月，公以之觀城任不及赴覆試，許之於學使，學使弛弛不受，公戇忿激，不能為屈媚之語，拂衣而出，親知尤之，公笑曰：「丈夫屈伸固自難揣，如終屈也，屈我者寧終一學使，如不終屈，予亦何求於學使。」故覆科試終不與，除科舉錄遺，復黜焉。

張譜：「公以之任不及赴覆，許之學使，弛弛不受，公戇激，不能為屈媚之語，拂衣出，親知尤之。」

是年八月，熹宗崩，遺詔以皇五弟由檢嗣位。十一月魏忠賢崔呈秀伏誅。

思宗崇禎元年戊辰（一六二八），二十八歲。

正月，公之四仲父維魏卒，卒時年六十一歲。維魏公無子，居於無錫，病重時，公侍湯藥，衣不解帶者數十日。維魏公薄有田產，臨終欲以遺公，公辭曰不受，轉讓於五仲父及其伯兄，仍甘句讀以自活。

自譜：「四仲父……病劇呼予，予侍湯藥，衣不解帶數十日。四仲父稍有貲產，欲遺予，辭曰：『姪雖窮，猶堪句讀自活，五仲父老而孤，伯兄儒而病，宜授之，姪分毫不敢望也。』」

公之仲舅二季甯夫慎夫行束脩之禮於公，公勉為之設塾於滆西，因又得與臧瑞徵朝夕往還。

史可法成進士。

是年四月，以袁崇煥督師薊遼。陝西大饑，流賊四起，馬賊高迎祥自称闖王，迎祥李自成之舅也。

崇禎二年己巳（一六二九），二十九歲。

公仍就滆西之塾，塾況以歲之豐凶為收入之標準，公於是歲耕而不獲，又復困甚，以陳夫人一首飾求貿斗米於里人，李兒許矣，比明，公倩力往，陳夫人汲水熱釜以待，公出入望後者數十次，迨力回，則猶空橐也，釜水沸不已，公大笑曰：「此時且浴，不暇為炊。」聞者捧腹。

自譜：「以內子一首飾求貿斗米於里家，李兒許矣，比明，倩力往，內子汲水熱釜以待，予出入望候數十次，力回則猶夫空橐也。釜水沸不可已，予笑曰：『此時且浴，未暇為炊。』聞者捧腹。」

四月，公歲試三等。

是年六月，袁崇煥殺毛文龍於雙島。十一月清兵大舉入寇，臨遵化。十二月袁崇禎下獄。

崇禎三年庚午（一六三〇），三十歲。

正月，公設館於夫椒張氏，張延公訓其二子，公渡湖而往，及二子試不利，遂輟席。

自譜：「張氏延訓其二子，渡湖而往，及二子試不利，遂輟席。」

三月，公作誓肇文。四月，公府試被錄。閏四月科試三等。七月錄遺，以之學師倒餽，不與焉。

續譜：「七月錄遺不與，以之學師倒餽也。」

公以被遺無賴，友人宋北翔亦以鄉童子試遂偕至浦莊龔之家，故浪於湖山為樂，每酒酣興發，執裸裼狂叫，辯論蜂起，或危坐促膝耳語嗚嗚，久之又相抱大哭，如是者半月。至八月，始意盡言殊，殊即病瘧。

公病瘧踰月，友人宋北翔亡卒，公未之知也。九月，強起，始得噩耗，公過郡哭之，為文徧告戚友以助其葬。時陳夫人臨蓐，素以產厄為患，而公滯留郡中，九月十日次女已生於家。

自記：「病瘧踰月，友宋北翔卒，不知也。九月強起，過郡哭之慟，為文徧告於親友以助其葬。時以予臨蓐，素以產厄為患，而予滯郡中，或勸予歸，謂然曰：『生者猶可延，死者不可復，必也勉事畢而歸耳。』淹留月餘，次女生於家。」

崇禎四年辛未（一六三一）三十一歲

是年六月，流賊王嘉胤死陽府谷，張獻忠歸從應之。八月，殺袁崇煥。

公就沙灘吳氏之塾。四月，公由夾山復徙歸於前亭里。

自譜：「先時大父以家難故，自前亭里徙居夾山幾六十年。大父歿，遺命歸里。」

續增：「曰予孫如孝成立，其歸守邱墓，無忘溱洹。諸仲父益貧析，予復躑躅於武宣錫間，靡有定處，因攀旋還至前亭，泫然為桑梓之感，乃挈婦來歸。數指之外，一貧而已。族祖會之假以二椽，族弟協之同居留左右焉。協之名寅恭。」

五月，公迎五仲父維善夫妻歸養於前亭里。

自譜：「大人雁行六，二仲父早夭，三仲父遺一子二女，四仲父無子，予太息曰：家世不造，諸父凋零，存殁之責，皆予責也。且予每以二人早逝，不獲一日菽水，為終身憾，今仲父母猶父母也，孝養在志，奚有間乎？遂迎之。」

七月，臧瑞徵卒，公過郡哭之。

自譜：「臧子與予總角交，情最婉篤，為之心震若喪弟而無服。」

八月，公作月川公、沖宇公行畧，求狀於叔祖心瞻，越月，心瞻以狀來歸之。

自譜：「作兩世行略，先求狀於叔祖心瞻，越月心瞻以狀來歸。」

九月，公之長子驥就外傅。

自譜：「九月，長子就外傅。」

十月，公動筆自編年譜，追記從前，迄於甲申二月。

自譜：「十月，始編年史。」

十二月，公著禮經繹書成。

自譜：「十二月，著禮經繹書成。」

公生朝作自壽文。

按周譜誤作公於己巳年作自壽文，據本集自壽文曰：「辛未五月之酉，是為予之誕期，於時生三十一年矣。」茲故改正。

是年闖賊聚二十餘萬人嘯聚於山西，李自成自延綏往依之，號闖將。

崇禎五年壬申（一六三二）三十二歲

公仍就吳氏之塾。二月，公之五仲父維善卒。

自譜：「諸父中五仲以忱誠篤，大人歿後，予依於其家，猶子之愛，恍如一體。晉年困於飢寒，不免朝夕，使稍歡載，睹予身列賢書，得以從容晚景，似亦非大難得之事，乃天不祿善，俾以終身，痛哉！」

張譜：「頻年飢困，至是肇耕所獲，僅儲担石，叔姪歡聚，方以為幸，乃仲父病革，不起，醫藥殯殮之費，蹐於所入，四衢復見蕭然之景。」

大兄若沖又卒。九月，知白亦卒，公未之知也。

十一月，公院試二等。

續增：「試之日雨，靖江童生亞子甫生，即以參藥餉予，求不躓意。予以士有同情，弗咎也。日未逾午，予真草二藝已畢，童據於予曰：『大兄能以餘及我，俾進，掘賜兼金。』先以辭餽為壽。予柳戲之，既嘻然曰：『造物之巧，有恨予今者，志在功名，復思射利，不祥。且予三十載負笈，每一介自砥，豈可為曖昧所惑，以犯陰陽之忌，志毀不可復完。』峻拒之。」

十二月，公應建寧知府周紉為之聘。

續增：「紉為名昌儒，崇禎戊辰進士，時官建寧府知府。」

是年流賊張獻忠寇山西。

崇禎六年癸酉（一六三三），三十三歲。

公聞知白之喪。

自譜：「兄為人誠懇、耿介，家稍溫，後以鄭子攖，不事家產，遂中落。至丙寅年始得雄。及壬申九月兄卒，至是始知，悲慟數日。」

續增譜：「予與兄相遇於窮途，周旋於風塵，不暇問飽，雖為饘口所傷，兩心共白，無有間言。比歲一晤，輒唏噓勉勵，聞予顛倒失志，惻惻不啻身受。誠予一身鮑子，族制有相服，為之心惡數月。」

六月，公自建寧遂家。七月，公讀書於滿西。

八月初，公應天鄉試，胃笈至南都，寓於方觀虞之家。試畢甫畢，資斧已盡，聞蔣沖之徒步歸，復積勞發病，喘息委頓，至溧水，囊空乏食，以惟子平得識一沙灘楊姓之友，雇一舵，並載後車，乃達滁上。

九月鄉試，公中式十六名。公謁房師徐松濤於姑熟。

續增譜：「大主考丁進，副主考蔣德璟，房考官徐養心，同榜王行檢、董復、薛靖、蔣思宸、蕭光緒。」

明季南略：「癸酉三十三歲，舉鄉試十六名。」

徐松濤因重公之學問，以子旭安業於公。

徐楣撰墓誌：「癸酉鄉試，本房徐公松濤喜得公卷，首薦之魁南闈，因重公學識，命其子旭安業焉。」

十月，公從從兄伯緘歸於前亭里。

續增譜：「諸父中三仲父母最貧，伯兄又多病，不能耕作，飢困益甚，子居腹墅，乃從之隸，為僦屋以居，稅畝以食焉。」

十一月，公葬知白夫婦於無錫北山。十二月，公會試北行。

續增譜：「時四嫂復卒，止姪甫九齡，一庶母，一生母，俱蓉無識，予義不忍辭，責為造公車數日，護路氏嫂柩，合葬無錫之北山。」

蔡道憲補弟子員。

是年十一月，賊盜河南，自成始別為一軍。十二月，逼湖廣。

崇禎七年甲戌（一六三四），三十四歲。

三月，公會試下第歸。五月，應路修期金華，附之聘，路名進，崇禎戊辰進士。公赴金華，路過江西清江，留長已訂盟矣，忽為陳大人所知，迫令遣去，公勉情遣之作詩十二首以遺之曰：

繡幕簾前一笑緣，柔腸許共話羅幃；老人明月為花簿，錯註緋桃碧樹邊。

巢成已許借它鳩，鸚鵡籠深枝不自繇；怪殺鶺鴒能解語，只聽依去不聽留。

學繡鴛鴦便繡雙，繡成雙翼不雙腔；誰憐已繡雙心並，不許雙棲傍瑣窗。

惱人情是為情多，簡短離情半寄過；情發已然憎不韻，喬枝羅緋奈情何。

蓁蓁光澤照人明，徹底天成是麗卿；未得成恩先薄倖，無端識面一書生。

桑間佳人貌已非，春明妝罷試新衣；曲池寄語鶼鶼鳥，莫羨堂前燕子飛。

綠香紅皺疊成綢，映水枝枝似好逑；道是名花偏愛蒔，可憐三匝錦纏頭。

還復非庭獨自陰，深閨長恩此時心；料應舊事應含怨，紙薄姻情怨莫深。

浦珠解贈客途慚，怕煞惺惺細語喃；義重百年輕一諾，探梅庶士可憐之。

香薰綵枕為誰來，秋水空庭月色淒；姬美佳人能如夢，今宵好夢許應不？

七七佳期盼已諧，渡河人到鵲橋迴；含情呆煞天孫巧，猶是停梭着意猜。

今生如夢再生賒，不感東風不戀花；但願同心且有惜，好藏金屋貯人家。

節有還蹤是珮聲，可將掌上步盈盈；楚雲已謝淒巫峽，猶有襄王暮暮情。

九月，公從金華旋里，三女生於家。十月，公迎知白之子天正及其二母一妹睞家，命天正就塾，與子驥及宋北之子魁共讀，延師王元衡教之。

續增譜：宋北翊没，托孤於王含仲，依之數載。

是年賊陷鳳陽，六月賊復走陝西，七月賊復東犯，十一月陷陝西，攻洛陽。

崇禎八年乙亥（一六三五）三十五歲。

公應房師太平府推官徐松濤之聘，赴太平府。

四月，公著詩經澤書成。五月，從太平府歸里。七月，次兒生。八月，公為長子驥納聘於徐氏。

續增譜：親翁士望，故贈公次子也。

又受三女楊氏之聘。

續增譜：西岸楊氏，世家戚也。

崇禎九年丙子（一六三六）三十六歲。

二月，公入南都學。

自譜云：相制，舉廉下第，即入監讀書，試𣪘繙，方咨送礼部。試贖學，有罰。國初胄子之教，宜有加也。今日遂為濁流所居，至於舉廉坐監，尤極簡脫，不過謁見領文書而已，予於初月循例一往。止

續增譜云：時大司成張印若名四知。止

三月，公岳父陳娛窗卒。

公復赴金華，路修期延，公入闈閱科録試卷。首事畢，歸，路公贈遺頗豐，公於七月朔自金華發棹，同舟者有徽友汪千仲、濮與史學主僕五六人，公有僕孔隨，素狡悍，覘公橐裝豐潤，買毒謀闇相害。七月初六日公舟自蘭溪順流至嚴州，日且暮，具晚餐，方舉，危忽昏瞶，嘔吐，不能語，幾瀕於死。幸爵舟中生荳汁始愈。捜孔隨裝中得老砒霜，遂縶孔隨於獄，孔隨後竟瘐死獄中。

續增譜云：初，癸酉年於錫邑買一豎，自隨，名曰孔隨，素狡猾不法，予督之嚴，在署行窃事發，敗露，懼予鞭之。復覘橐裝豐潤，乃買毒謀闇。時有徽州友汪千仲之僕汪學、汪礼、濮典、史之僕某，及予五六人同一舟。隨行窃汪學，覺，其半恨之。七月六日自蘭溪順流至嚴，日且暮，具晚供，一樽一殺，方舉一卮，嚼一臠，覺刺刺喉間，予曰：出三日矣。旋命徹，隨吶吶似有俯餡語，遂引滿卮。何汪學復以半與濮使，汪礼以病臥不興。晚涼初爽，露坐舟中，汪酒深，即嘔，濮使繼之，予乃悟隨之置毒也。已而予竟昏瞶，不能語，念惟得痛嘔可以少甦，伏見舟縫中有生荳，匀而嚼之，荳腥入胃，氣以逆行，吐甚。吐之復瀉，一刻數十過，嬈斃几枕，汗下如雨，幾絕者再。子半陽迴，氣稍復，乃呼舟師曰：中毒矣，吾繫此奴。隨崛強，予搜其囊中，尚得餘藥，大抵老砒霜而加烈者。縶孔隨於獄，數月瘐死。止

公之長子二母患瘧，俱苦，次子患瘧殤。

九月，公會試北行，與王鷴亭同舟，由小路進京。時寇警方熾，羽檄縱橫，調發之兵絡繹於道。公行及淮工閘，漕艘為阻，僅符充午同行之舟，盡皆回帆。公此時行色益壯，前至宿遷，附蒼嶼大舟而行，安瀾無恙。十一月杪入都，寓落因明寺中，與鷴亭篝灯相課，甚勤，公自謂明年之中皆此數月之功也。

自譜云：入都，寓因明寺中，與王子寒篝灯相課，……明年之捷，數月之功也。止

公於北行舟中成史綱二卷。

自譜云：纂洪武至天啟十四朝事蹟，以綱目書法書之，具綱而未及目，故曰史綱。止

張譜云：其於太祖凡四紀元，謂始生元年，起兵元年，吳元年，洪武元年也。止

公於十二月初八日生朝，作後自壽文。

本集後自壽文云：丙子季冬八日客居長安，適逢誕辰，止

是年五月，滿洲改國號曰清，改元崇德。七月大清入寇。七月陝西巡撫孫傳庭擊高迎祥於盩厔，擒之，送京師，伏誅。賊黨推李自成為闖王。八月以

盧象昇總督宣大山西軍務。

崇禎十年丁丑（一六三七）三十七歲。

公在都中寓第寅恭書曰：

驥兒今讀書卷帙問天正，鶯兒今早起夜眠，勿嬉惰。魁郎、鶯兒今好學識時務。三姪、蛩三樣教法：驥兒純而弱，天正諄而躁，魁郎純而苦。弱者鼓之，躁者束之，鈍者通之，因人施教，最難最難。須細細與元履兄言，即以此字與看亦無不可也。

二月，公會試中式，殿試同升榜進士一百第八名，主考張惠松、至發、孔玉横，自運房師陳本生昊發。與蔡道憲、章曠同榜。

明季南略：丁丑三十七歲，登進士一百零八名。止

自譜：臨場數日病甚，至初八日已不定瞠，三晝夜尚於城垣，識不得入闈，燥敵構義，氣如懸絲，殊不滿志，而得售，良可愧也。止

三月殿試二甲第四十八名。其時閹勢熾，新進士殿試唱臚，謝恩必至閹家，肴點息具茶飯。初躁進之士因爭結納，且有以居停得援者。公於公事之日已禱告祖宗，成名立朝，誓不識一閹，至是觀望不往。閹初甚怪之，及後詬責，厚嫉甚，至毆及班役失冠，公亦不顧，惟急行蹁蹁以避，終不易其志。

自譜：新進士殿試唱臚謝恩必至閹家，資甜息具茶飯。初閹不過弋取小利，近來勢熾，日甚，閹因事結納，躁進之士且有以居停得援者。予公車之日禱於木主曰：祝此行幸成名立朝，誓不識一閹。至是執不往。初而怪，再而詬，三而毆及班役失冠，余蹁蹁急行弗顧也。止

公在都又寄弟寅恭書曰：

我今在都中一定無措，只耐定儉樸二字，豈不欲如他人鮮衣怒馬哉！恐一念放開，後至大壞極弊耳。得馳祥大哥書，知次兒又殤，不勝惋歎。祖宗一脈，重如懸髮，宜修德立誠，書云人道以逆天福，無聽旁人誇妄之說，可與汝嫂說，凡事寬厚，檢樸待婢，須加意守魁郎。天正當好己乎，做好人，自有稱述，不在吃著受用也。大抵貪污狼藉之事，俱在不儉好奢而起。

四月十五日公入大理寺觀政。是時，朝例所謂觀政者，初不過到任書卯，卿以故事視之，繼後則寂寂無一至者。公則無日不往，班役皆呶之為獃爺。

自譜：例觀政者不過到任書卯，卿以故事視之，繼則寂寂無一至者，予無日不往焉。班役呶之曰獃爺。止

又觀政舊例，須輪日接本，侯於內朝，晨奮而往，夜分無旨始退。班役多為公憂之，公是日負胡床裹糧而往，守於垣壁間，班役匿不敢近，閹至公瞑目假寐危坐，終日揶揄詐詈之態，旁者不能堪，而公怡然自若也。

續譜：觀政例輪日接本，侯於內朝，晨奮而往，夜分無旨而退，班役為公憂之。公曰：無庸。是日負胡床裹餱糧，守於垣壁間，班役皆匿不敢侍，閹黃至，公輒瞑目假寐，危坐終日，揶揄詐詈之態，旁覌不堪，公怡然自若。止

五月公乞假歸省，六月旋里。

自譜：觀政三月，舉選期後者，例得乞假歸省。止

七月，公以亡友毛怡如之子成臧瑞徵之子履科隸塾，為延師方睿韶教之。

九月，公廬墓於邑山之南虞山。

張譜云：予痛念幼而哀涕，長而飄泊，生無以養，死無以葬，歲時不能以祭，鮮民之疚，抱以終天。策名通籍，宛轉卯墓間，惻從中來，遂不能去。訃予假，擇選期，有期年之便，乃結廬墓側，苫塊寢粥，朝夕展拜……凡月朔至墓，明年六月晦日辭墓，為期二百七十日，當喪制三之一。

公又於墓側追立木主，自曾祖考妣以下凡十二主，合龕而祀之。

續增譜云：家世替衰，先人罕遊，諸父留所，予與伯兄耕讀久不逢年，叢書之義缺焉不講，乃於塋右追立木主，自曾祖考妣以下凡十有二主，合龕而祀之，作告主文。

又于虞山自四世祖考妣以下諸塋築土培之。

張譜云：虞山之墓，自右至左共六百五十畝，四世祖妣邵母為主穴，先考妣塋在祖墉北，大人葬先慈，棺而不槨，大人因之土封而已……乃築土培之。

十二月，公述大父月川公父沖宇公之狀略成，求銘於刑部侍郎嚴雲岑、大理寺卿張二無二人，倩副使蔣如奇書丹，立碑於墓。

張譜云：嚴諱一鵬，月川公世交，贈尚書，無錫人。張諱瑋，謚清惠，武進人。

為伯兄伯臧娶婦於前溪張氏，先婚後越歲生子。

張譜云：伯兄留不能娶，予為之聘於前溪張氏，至是于歸，越歲生子。諸父六房，衍為之後者惟予與伯兄，伯兄甫生子及襁兒，亦止兩人，伶仃之苦，每為太息。

崇禎十一年戊寅（一六三八）三十八歲。

元旦，公於廬次作詩，一時名賢錢公和者百餘人。四月，公之祖塋上有枯梧桐，枝間蛛網，成春穿桐復栽，花公作桐華篇以紀之曰：

壟上有枯桐，先曜已久，忽滋春雨，旋復新芽，於抱莢中，陰森獨茂。已傾而栽，有培無覆，元功之澤，比我無疆，感而成句。

孤根摧也隕而重，分葉嚴霜栗栗風，詎意天心憐篤物，不偏春氣到枯桐。十年計樹先人澤，一旦回榮孰昔功，好護新枝勤自溉，彩雲留待碧雲封。

黃道周作禮問贈公於廬次曰：

或問於史周曰：堵子之追服居廬，禮歟？曰：是禮所由制，何直禮也。古者哭父母無時，雖百年猶可以期禪相起，記曰：舞斯慍，慍斯戚，戚斯嘆，嘆斯辟，辟斯踊矣。堵子之昆弟，堵子之舞也；堵子之首削，堵子之踊也。譬禮其猶錦欤，錦生於帛，帛生於絲，絲生於繭，堵子之所謂禮繭也。從是繅之，称論於天下。或曰：前此有之乎？曰：何必其有之也。檀弓兩卷皆言物始，何例之有。曰：然則諸先生所稱劉瑜、法宗、王文殊、梁文貞、沈崇整皆幼孤，長始追服，則是古人常行之也。曰：舉其人則固多有之矣，或起於亂離哀鉅創深，或漸於風教矯俗遊志，范叔矩將客種收斛胥之後，乃自追衰服，袁本初自持母喪，禫除之外，復廬父墓，二人者亦傑也。（宜以）楊引追刺於墓垣，徐肅負土於汲郡，皆起自單門，霜風可悲。王臻兄弟以名孝廉，延叔東海，因此泣此，緣梓竹桑，皆名著於當皇帝表於閭巷。或持此終身，或相延於五六年之以必若蔣公所云云：「南稱釋褐，旋服終衣，以彼初喪，寢茲新達，則未有如堵子之覺覺者也。」或曰：「堵子既感屬纊之言，克承厥志，進於祿養，則立行蹈揚，列鼎前後，足以為禮，何必啜蔬苫塊，復修鞠凶之儀乎？」曰：「嗚呼！以列鼎揚旃為足以榮其親，此道所以絕於世也。古孝子之為哀也，始於為彈，為彈不足，而後為桐，為桐不足，而後服取麻枲而裂之，披之，蓬蓬然，若將委於蓁草之中，蓬蒿之下，如曰：『父母之意，以畫以繡，則是苴削之乖崖，不如錦繡之為志乎也。』」或曰：「堵子感於世俗釋褐之後，車過里門，長者走匿，降者持皂刺侯門不見，尖頭鵲呼，如此皇尸，以是大愧而為之，至如苫塊自將以愧夫世之鮮車怒馬者。」曰：「何為其然也？彼衰絰者志不在於梁肉，決瘢痏者目不見乎飛鳥，方堵子登第而肆循其階，瞰其旁，見其詩書匯筐無一而非祖考若妣者，又無一可遏其祖考若妣，奄忽一二十載，則於之剪蓍也。其祭蓼蓼，一一苑結，發聲哀跳，禮邀以起。方是時，有雷霆鐘鼓，堵子不知，而謂鄉里之內，怒馬鮮車者，堵子容知之乎？堵子所謂不以愧人而已，愧己也。」或曰：「堵子既感乃考屬纊之言，以忠以孝，思志思事，無取涕泣以為假服，則當闔而下，樂正子春而上，旦暮思之，何取，而王臻楊引之徒一節自靖者，硜然爭名。」曰：「未是何名之有？以季札子產之孝而不以孝名，王祥劉殷行通於神明，聲施於竹帛，而出處徒求，多不可觀，若無至性，又委靡墮於流俗。范宣沈麟士判手見血，懷悼不自勝，方其細下淚出之時，亦豈為名乎？江漢之波，出於溜丸，及其匯流而後方舟。道德忠孝洽於懷抱，猶乳洽酒也。昔子由觀於衛，告孺子踊者，告子夏曰：吾始以踊為可以已也。」或曰：「然則仲尼不為之何也？吾父之殯既合於防，猶是少孤也，墓雨泫然，則不更築身為攝相，亦不加戚焉，何也？」曰：「是聖人也，其手之所倚，足之所履，無少而長，皆至矣。予與堵子則於五十而冀孺子之孝者也。」曰：「然則堵子之為，而即以是著於天下，不亦可乎？」曰：「堵子何著之有？月出而有輝，霜明而有光，月不以為藻，霜不以為鑑，使堵子而終於草莽，則亦自春掩淚，與襄賢汲郡諸賢者沒身焉已矣。堵子既冠，帶笠章，道德仁義振刷於天下，情至者創，義至者起，特立獨行，不闚不懼，以殺亦救，諸老者亦何遽不可乎？」曰：「然則夫子之不為之何也？」曰：「周也，則所謂樸樕之人也，何足以語禮。周之喪父也，已冠，喪母也，已仕矣，爲群索居，無書史之陳，師徒之屬，綺衣而負土，元裳而啜泣，嗥然而鳴，嗷然而呼，不知時日，若鳥獸之決驟，識邱壑焉爾。彼皆之不知，則可以已矣，而猶且不已，若斷麋之繢纓也，夫周也，則何足以語禮也。」

六月初一日壬辰，公作告王文公於盧汝微世僕蔣四於法。

續增語：初，津宇公貽世僕蔣四於縣，止斷二膳，免其服程，後益教焉。二子淳洵及堂弟達父子皆思妄堂構中服，儼然泰封。予歸前亭，從望予崖岸嚴峻，稍知簡忌，比聞予登第，錄淳方僨，以失著謀，所以抵之。適其家有被出之女欲嫁者，以少艾奮飾，惑予族叔啟明者，而婚焉，乃揚言於里堵，吊予家世構，茲復新構，釋冰在遊也。予在庐，次聞之於窘卒，但啟明不可得，乃出詞訟淳，淘而不及達，以達之父誠故分授別房也。淳詢相繼服罪，予釋之，念蔣女已告絕，從其母之請，降為啟明側室，名以正，事已解矣，達不自安，亦來叩首於墓，所以予譜之編摔諸塋，諭善事如平，遂謝以去。為史姓所構，遂粘黃謗予，予不得已，復鳴之兵使，達父子拒捕而逃，投於靈侯府中，予乃粘示於壁，明大義，語至情，以感之。達感悟，痴首歸罪，二年來謝，請輟構者，以贖。予曰："介輸誠悔禍，吾與介主僕如初，無生枝節也。"以薄罰示懲結案。

六月三十日辛酉，公父作告主文辭墓。七月，公赴都謁選，時清兵窺關甚急，齊魯告急，兵賊縱橫於道，公於途中不能進退，遂寄寓於淮。越月至濟寧，遇兵變，倉皇而返。

十月，公北上至豐縣，聞里人盧象昇與清兵戰於賈家莊，殉難於鉅鹿，公結壇於野為位而哭之，成哭盧司馬詩三首：

天成許國欲從戎，豈羨書生萬里功；養士百年今一戰，懷戎三策遂全忠；燕頷已矣猶徒壯，馬革嗟哉論孰公；望將軍酣戰處，淒風颯颯眾人雄。

叩馬書生策畢躬，貔貅來將相不備良；暫飛鐵騎將軍血，肯受金牌廷尉牢；賊破國空今追召魂，樹臍誰謂說馮唐；長城已壞胡兒喜，飲馬天河碧落傍。

公成一死覆三齊，重惜公生輕死非；誰為聖人歌采芑，空今戰士賦無衣；中原白骨應留恨，一代清流幸有歸；公遂得名胡得志，欃槍知避將星輝。

是年九月，滿洲入塞，燕京戒嚴，陷畿輔城四十八，盧象昇戰死於鉅鹿，時年三十九歲。

崇禎十二年己卯（一六三九），三十九歲。

正月，清兵入陷濟南，大運勢復熾，道路梗塞，公聞關而走，至三月杪乃得達京師。途中得供壯士余師自備行，得壯士左右之力甚多也。

四月，公除授南京戶部河南清吏司主事。時國家多故，凡授職銜者例得改北，或勸公更計，公以為臣南北皆為君所命，名次居南則南，不肯擇地而南，以違初心也。

自譜：國家多故，凡受銜者例得改北，友勸余更計，予曰："臣子南北惟君所命，予名次居南即南耳，擇之而北，非所以盟初心也。"乃安斯職。

三月，朝廷以上皇太后徽號，加恩京職，公以道阻後期，至不得贈考妣。五月上疏乞恩典，奉旨不准。

續增譜：三月以上聖母徽號，加恩京職，予以道梗後期，不得贈考妣，悔甚，點服自罰，乃糾同選葉士彥等請之，竟不可得。

七月，公蒞南京清吏司主事任，改署後燕居軒聞人謝二亮留句"瑞墻蕭清齋"之額，曰"當軒古柏欲參天"二句為"瑞墻蕭齋宜靜日"，並作詩以紀之。

自譜：南户既係閒曹，主政無差，猶屬散職，隨班畫卯之外，飲酒賦詩而已。

張譜：「署後有燕居軒、閣二，先謝公題云：『環堵清閒齋』。度曰：『當留古柏欲參天。』予驟然曰：『何巧合也！先賢留句待我矣。』然署曰『蕭閒』亦宜。」度因改為「環堵蕭齋」，宜靜日作二詠以紀之。

九月，公蒞水兑二差分司任，革除茶果陋規，吏治為之澄清。

自譜：「部有倉，有兑，倉儲米以待之，兑則收外解之，至計數給軍，司官董之，胥偷弊滋，奸胥營窟，甚至解户公行賄遺，名曰茶果，官享其一，吏享其十。解户既病，米益糠粃，且斗斛低昂，操縱在手，軍解俱病，盡為中飽。予初至任，胥以例進，予笑受之，明晨大集軍解於前，出例而置胥於法，胥顱首流血，觀者如堵，軍解哀泣求釋而後已。乃革之陋規，庶乎少洗焉。」

十一月初三日，公兼攝江北浦差分司。

續增譜：「江北浦口城，留都外藩也。祖制立三倉於此，收滁、和之屯以給衛，歲計司官董之。時比歲凶饑，且有流寇，每視為畏途，有缺不即補。水西門設税差分司，舊亦稱逸，語次應屬李主政可植，李寄勞營，不能得，為司所哀憐，兆浙攫，公不平，與李諍於堂曰：『官有常職，不相侵也，豈十三司之濟濟，無足當堂之指使，至借之於部所乎？』當事銜之，然理直，不能奪也，卒改委。因生李浦差，李悔曰：『予果以直道黜也夫！』予與李有淵源誼，且侶前諍，內自不安，復言於堂曰：『莫非皇上安在，税樂而浦苦，今當之役某爾代往。』乃兼攝浦差，渡江蒞任，一以先治治之，榜於署曰：『盡革陋規，如法飭勵。』月餘外解關集而不擾。」

十二月二十四日，公從浦倉正差至得交代，寓南都。

是年清兵入濟南，執德王由樞去，縱橫於齊燕之間，至二月始北退。

崇禎十三年庚辰（一六四〇），四十歲。

二月，公蒞北新鈔關分司之任。

自譜：「部堂仇公維禎以北新鈔關屬予，予力辭，仇公曰：『資例有定，辭者之嫌，適成爭者之紛。釋潔在心，寧飭泉之妨哉！』飲予勿受例。」內使崔璘方在浙督察鹽漕糧餉諸役，關使進謁，例用銜帖，公初用侍生，不受，須改官銜。公簡劄作欽差户部督理北新鈔分關十八字以進，璘復不受，以嫌字太高為辭。公以欽差二字不可書下，官有內外，較無尊卑，不敢辱君命也，終不改。璘無如之何。每交際則以兩帖隨，璘終不受，公終不易，璘來騎從直至堂署，公往亦如之，璘為之氣沮。

自譜：「內使崔璘在浙督察鹽漕糧餉諸役，關使謁之例用銜帖，予初用侍生，璘不肯受，曰：『須改官銜。』予曰：『是奚難？但屈遏倨不堪耳。』援筆簡類作欽差户部督理北新鈔關分司十八字，璘嫌字太高，不受。予曰：『欽差二字可書下乎？官有內外，較無尊卑，予不敢辱君命也。』璘無如何。相見而不受帖，每交際則以兩帖隨，璘終不受，予終不易。」

二月，公於關上申明課則，革長單，撤巡欄，定漏税罰則，定小税免例。三月，設七務税欄，定布價免例，卻督察茶鹽內監崔璘索茶餉。

續增譜：「初浙茶餉三千金，中官督之後撤，肆於關，崔監至，索雖甚，與大獄，前使不得已借退以饜之。至是崔復授意於運使張某微語動予，且曰：「茶鹽俱若我也。」予曰：「誣陷屬彼，彼以文來，此以批往。」張曰：「彼欲乞斷以之奏文焉。」予笑曰：「諭國諫以行媚，非君子所以愛人也。」張拂衣起，語曰：「白簡且及，尔尚迂語。」家為予危之。予曰：「語堵某以逆璫失官，不較榮於司榷乎？」榷未幾撤，得免。」

五月，增設捕防廳，使客將余師貞統所挑募之中首壯丁巡守關外。七月，公以奏請革除關上長单事，奉旨回話。

續增譜曰：「初屆靜原由關使改撥南省，因陳關弊，其一曰：『長单勿革而旋復也。』意謂革之難，恐其奉溫旨以垂久遠。票旨者誤認勿為忽，奉旨『長单已革，如何旋復，著該關主事堵胤錫回話來。』」

公免米商紅料，以蘇民困，存活無算，一時政聲遠播，其師馬素修聞之，寫書嘉之，有『杭城萬井人僑更生』之句。

張譜曰：「時淫雨連日，米價湧貴，南舡不至，公免舡料以招之，旬日舳艫漸集。」

八月，公姪知白之子孫正補無錫縣弟子員。

自譜曰：「改天正名孫正，孫依世系，正從父命也。戊寅，叔時年十五。」

張譜曰：「孫正與同人接見，恂恂文弱，獨挾壯勇膽略，能投石超距，善餘法，能騰身取樑上燕擲之……以勇聞。與同里張夏最友善，以古義相勖，一見即訂終身之交。」

九月，公拜回話疏，併陳榷關一革稅所；二重權務；三立軍防；四禁饋遺之四弊，及倉場一除保歇；二撤節夫；三省号件；四裁司差；五禁需索；六革陋規之六弊，於秋季附解齎奏晉京。奉旨准撤稅所，榷關四弊，部覆可行者三，倉場六弊可行者四，公皆勒石立碑於關前，以垂永久。一時商旅歌謠，羣頌德政。

十一月，公於關上捐俸以課士，拔選優才以結同社，以朔望為會，得士三十餘人。

續增譜曰：「捐俸銘以課士，拔其尤者結同社，朔望為會，得張埼等士三十餘人。」

十二月，公賑飢於梅持寺，捐俸為倡，募紳縉為助，煮粥散米於寺中。是歲杭州大飢，公賑自十二月之朔迄三月晦止，存活之衆十萬人。

自譜曰：「是歲杭大飢，捐俸為倡……初煮粥僧寺中，來領者益衆，不能徧給，易以米半升。自臘月朔起，迄三月晦止，給過米二千餘石，得給者十萬人。」

是年九月，張獻忠陷劍州，官兵大敗李闖於巫谷，闖賊奔漢南。

金堡士成進士。

崇禎十四年辛巳（一六四一），四十一歲。

二月，公卸北新鈔關分司之任，以新歲商怨重徵，榷司張羅者計四十八日，彌虧三千有奇，侵漁掛欠又及千餘，公營貸以償之，與陳治紀主政交代解任。

自譜曰：「予與陳主政治紀交代。」

三月，部假歸里。公於任司榷時，以司榷收稅約有四萬餘金，歸家，竹李蕭然，戚黨失望，公反慰之，揭二聯於壁曰：「不忘溝壑終吾志，未滅匈奴莫問家。」「幼為孤子長為寒儒，此是本來寶際；即今覺已富已榮，壯為廉吏，老為山農，此見向後虛期，再可使復昔復踐。

自譜曰：雖及耗，約省商四萬餘金，比縣行李蕭然，戚里失望，予慰之曰：「某三十年老句讀也，設一旦驟而黃白滿箱，轉適當年不祥。吾自適吾分，非矯也。」

公於去年奉旨回籍，疏上，票旨着由護前非，不加細勘，奉旨嚮亂錫既稱一百多萬，如何此葉凡十八萬，明係洪忍，該部議處。部覆罰俸六個月。

一月六日召至告太學周延儒於家，延儒宜與人，與公同里，謁者無虛日，公獨不往，延儒使人要之，及見，無一語。徐曰：「仲緘亦有所囑乎？」公曰：「某今何求，但求一至危至險之地，以報效朝廷，可以畢命，報君守土足矣。」延儒默然，公退乃上書切規之曰：

恭惟師相大人，以聖明久注之躬，正蒼山望命之日，出處既重，安危所關，時事如此大難，治平於焉有望。今庸庸碌碌，奔走於師相之側者，不過以師相受眷特隆，再登揆席，不工為諛附之言，即陰為身家之託，從無人論事圖要獻，鄭人偶得之戀，佐時相匡時之略者。若之古人布衣猶得奏記於廟堂，今乃擁位要然，畫諾具世，風日降，竊用愧之。亂錫不敏，幼讀父書，長蒙君禄，夙荷師相之獎成，敢附古人之大義，謬以目前所急，條為數款，不識忌諱，為師相約略言之。仰惟盛瀚不遺流壤，賜之採納，望上英武聞世，勵精邁古，而謀臣日削，未奏膚功者，其故有三：一求治太急；一執念太堅；一進退人材太輕。求治太急，則熟籌時事之緩急重輕，慎揣其安，以徐俟其定，而一切功利操切之說得以中之。執念太堅，則未暇為害。東遼鑑，投水辦圖，懸過施非分之福，輕加不測之威，而千條詭僻之說得以伺之。進退人才太輕，則昔進而不知其難，今亡而不知其忽。揆簡之地，登席者幾五六十人；方台之官，建牙者方百數十輩。片言而升樞秘，一旦而罷桁楊。天地之生才有數，豈其今不逮古？所用非所求，所舍非所棄，而僥倖苟且之徒，並起而嘗試。決裂之，凡此三者，皆君心之未靖，以致國運之日靡。古云：「君心即天心也。」或者天心悔禍，啟我皇衷，師相一出而圖吾君，則啟沃之功，其首務矣。京師天下之元首，東南天下之腸腹，齊豫天下之咽喉，秦晉天下之肩背，楚蜀天下之股肱。今敵扼吾首，寇蹶吾股，肩漸及咽項，東南杼柚日絀，腸腹已空，齊魯飢荒，盜起咽喉，道梗。揣今所急，寇不過志圖剽掠，數番得志之後，氣急意盈，盤結險阻，苟偷安逸，數月之內，未即鴟張。敵覬覦叵測，日伺我隙，一年蟄伏，必且狼奔，鳴鏑之聲，已在門庭肘腋，一旦毀邊南下，扼臨德，劫晉趙，掠兗豫，據要阻援，京師受困，竊恐彼處風土相習，無俟秋高，此中情形已窺，未即飽去。天下之禍，未知終始。譬如久羸之人，當此急病，既欲治標，又欲固本，太急則虛弱不能支，太緩則怯懦不能救。為今之計，莫若姑省楚蜀秦豫宿股之力，整飭燕齊以遏咽項也。田訓武，招窩集亡，先宿重兵以壯京衛，以防敵衝，無事則居重足以馭輕，既可辦賊，有事則先備可以無患，人能卻敵。此為上策。若夫老師宿糧以從事於方張之寇，寇則出沒盤踞，既非歲月可了，敵即大舉，元首已虛，咽喉梗絕，肩股外裂，腸腹內潰，雖有扁盧，無所施其術矣。

古者南方叔北治狄，南治蠻，不過二三元老，今敵橫寇跳，何以異是，而建牙雖旋者多至四五十輩，一革九牧，權分力輕，於以卻敵滅寇，必不然之數也。
以錫之愚，慮莫如歸併一路，責專各府，九邊止設九督，一應兵馬錢糧戰守機宜，
悉委之，許以便宜行事，將添設守監各員盡數撤回，不分任，不遥制，專以屯
牧訓練，卻敵靖邊，率勵諸帥，則無諉卸掣肘之患矣。沿邊州府，俱選才武甲榜，
優以道銜，使領府事，一應該付兵馬錢糧戰守機宜，悉以委之府，總其成，
府亶其事，無事則畫地而守，有事則首尾互援，為以一境之屯牧訓練，卻敵
靖邊，課其殿最。如是則無觀望委卸之患矣。又於陵寢京師左右特設督
臣二員，訓兵屯田，招流輯亡，無事則壯威輔之威，有事則備援勦之用，九邊
如九牧，二督為二伯，周之制也。蓋今之弊，莫甚於只知重邊，不知重腹。夫所
重在邊，不過一邊之用也，弊在尾大，唐以之亂亡。所重在腹，則兵相四應，不徒
一邊而九邊之用也，利在本强，周以之長祚。譬如十萬人，分十則弱，合一則强，
倚邊則室居中，則四兵法所謂善守者無所不守，名似簡而勢益增者，
此之謂也。以之滅寇，亦然。錄重誅撫，責成各州，密佈置，謹偵邏，散其黨，與
窩其腹心，朝廷簡名將，發三萬人，費二月糧，而賊寇亡矣。故辨敵在戰，
務以守為戰，辨賊在撫，胥以勦為撫，然而一事權，明地利，輯重心，其首務也。
練兵之術，莫如抽練乎？足餉之術，莫如屯田乎？人盡能言，而行無其效者，
上下狃於姑息，憚於更張也。人以姑息為老成，更張為喜事，而不知際今之大
壞極弊，不刻意勵發，一創永安，則恐修舉終無期也。沿邊將帥，果能同
心張膽，告以禍福，訓以忠義，感以至誠，抽精健使戰，汰老弱使屯，甘苦喇痛
以身親之，亦何慮屯田之無成緒。至京師抽練，尤為吃緊。漢武之滅胡也，以良

家三鄙；句踐之破吳也，以君子六千，味良家，若於學義，定非今日之鹵莽
無賴，誠務須妙選天下豪傑有身家知禮義者，郡縣數人，得六千人，
分為二營，優其禮貌，資給，授以空銜，告身，擇才武重臣為之將帥，日夕
與之起居講習，訓之有勇，導之知方，旬月而用之，寬功名之途以勉
之，嚴督率之方以繩之，何謂不人人而為干城貔虎，以節制忠義之士出而
滅敵滅寇，可以極捷矣。

江南人滿，江北土滿，以江南而慮，豐歲值大稔，畝收十鍾，不能遍給，如
是而欲無飢，不可得也。以江北而慮，荒曠之土，游以凶飢，溝壑四方，靡有
孑遺，如是雖有豐年沃土，無人可耕，雖欲無亂，不可得也。古者募兵罰
塞，抽徙郡國之今，至今日不可不亟講矣。說者以時艱民窮，憚於更張，不
敢任事，不知衰益者天之道，補救者人之功，果其懲惰民，蒸武士，給以
牛種，寬以征徭，招之有道，撫之有術，以漸相繼，不求急功，講溝洫之
利，以資灌溉，以慎隄防，以通漕輸，以節河患，則江南之民何戀此飢
瘠之土，而不樂遷樂國。將十年之內，悉化此閭游手以為彼閒腴膏，有
人有土，寖以富强，此本計也。不然，江北之禍已著，見者不具論，江南以農夫
一，養游士百人，卒既困，天行加譴，人滿天概，不大亂則大疲，且大兵禍患
不可言矣。

天下之患至今日極矣，君猶盜賊闖寺凶荒，凡此者得一足以致亂，
而今皆兼而有之。然此猶有形之患也，無形之患莫大乎士氣衰弱，風
俗益偷，君子寡廉恥之圖，小人無畏安之志。夫國家所由共治者賢士

大夫也。太上尊學術，其次尚氣節，其不重功名，若至相率為富貴之謀，則營便行險，無所不至矣。試問今日當事君子，其幼學壯行，父課師勉，大廷所爲，清夜所慮，有一不犯此二字否？用是封疆無死義之臣，朝廷乏犯顏之士，直諒之友見斥於時，流俗纏之風不慊於世，法幸虛清議，則爲怡堂；一旦有急，則爲靡草。如是而欲整頓人物，匡濟時艱，必不可得也。農桑者天下之本也。故古者寓秀於農，肯重孝弟力田之科，明有本也。今者奢靡之極，末巧是競，以粗朴為俗具，以胼胝為野人，强梁者目為雄長，恭儉者賤為寒陋，褐布不給，而紈綺盈市；米穀薄甞，而笙歌充耳。民盡獸斂不啻肉几，以獻猾奸，民游手膏梁，動散斬竿而語難。如是而欲正變風俗，富民復古，必不可得也。爲天下求才，必思所以養之惜之；爲天下生財，必計所以裕之節之。古者致治，教養為先，以今急圖富安，是策必先知其無形者，而後有形之患可以次舉，請釋也。

與我共此民者，其為良二千石乎？漢之所以致治最富且强者，率此道也。故程李，漢之飛將也，而皆為太守；黃趙，漢之良相也，而始於京兆。由漢時視太守最重，其用之也專，其任之也久，故一時人士皆懋勉於功名，名賢將相多從此出。今但反是，以太守為鈍曹，所居苟且，拙劣者始不得已為之，而又事權不屬，動制掣於司道，碌碌數年，及瓜而遷，有如傳舍，功名之途不屬，利病之説不親，日為治偷，以致極敝。夫人才今猶古也，重用之則重，薄用之則薄，苟能慎重其選，不以苟畀，得人而授，則一切境內錢穀兵馬，革廢置用人，行法，一以委之，不使旁掣，三年課其最治行著聞者，一優以道銜，再優以院職，三優以京秩，使數十年長此土，如唐節度故事，有專制之利，無承襲之敝。如是則人勸於功名，不自菲薄，盡力圖治，各展其能，上下相安，莫敢苟且，復漢之盛，有唐之强，無宋之弱，十年而後，敵寇屏息矣。

以上七款，語甚淺陋，措用頗宜，以革弊似為應時，以圖治則能復古，惟師相採酌，神而明之，未必無小補也。不揣愚鄙，用為芻蕘之獻，脫有可採，容圖侍對，以悉其詳。

自譜：「相國周延儒字玉繩，宜興人，崇禎二年晉東閣大學士，罷歸，至是得再召。謁者無虛日，予獨不往。相國雅重予，屢使人要之，及見予無一語，相國徐謂曰：『仲誠，爾有所囑乎？』予曰：『某今亦何求，但求一至危至險之地，以報効朝廷，可以畢命朝夕者，予願足矣。』相國默然，予退，乃上書切規之。」

列皇小識：「宜興再召……時為崇禎十四年二月六日。」

公纂堵氏族譜成，刻鏑於通族。

續增譜：「堵氏先有心譜、我如二譜，皆未竟之書，予纂輯逾年，至是成，刻鏑於通俗。」

公又葺虞山祖塋之享堂為雲山祠，劃腴田二百五十畝入長發祠，五十畝入雲山祠，備春秋祭薦及養老贍貧恤孤卹寡之用。

續增譜：「墓多在虞山，墓右舊有享堂，葺而新之，即為雲山祠。」

續編譜：「劃腴田二百五十畝入長發祠，五十畝入雲山祠。」

五月，公於長發祠迎四世祖以下諸考妣凡十主歸祀於虞山祠。

續增譜：「合族鼓樂迎之，分日設祭，子姪以序拜謁，遊行燕勝，衣冠者計一百三十八人，成禮而還。」

六月，戶部尚書張慎言特疏薦公陞南京戶部山東司郎中。七月又薦兼攝總巡廳，均未赴任。

自譜：「戶部尚書張公慎言特薦予餉司，意欲久任……所總理一部之務，為部股肱，司總核一部之餉，為部心腹，皆張公所特委也。未至，而有長沙之命。」

八月，公陞湖廣長沙府知府。

自譜：「八月陞湖廣長沙府知府，」明季南略作六月，誤。

辭部過里，九月啟行，十月至長沙蒞任。

自譜：「司李蔡道憲攝府篆，於是月二十九日交代。」

公蒞任未數日，有餉科黃雲師過府，官差噪於堂，公晉謁，甫定，黃即厲聲曰：「貴府逋多，無逃白簡！」公以奉事未久對，黃又曰：「如某以未任被譴，何言暫也。」踞而右顧。公曰：「足下必以簡書從事，當今主憂臣辱，笞鉞允宜，某無所辭罪！」遂長揖而退。

自譜：「餉科黃雲師過府，官差噪於堂，未有以應，予前謁，晉接甫定，黃即厲聲曰：『貴府逋多，無逃白簡！』予以奉事未久對，黃又曰：『如某某以未任被譴，何言暫也。』踞而右顧。予曰：『足下必以簡書從事，當今主憂臣辱，笞鉞允宜，某無所辭罪。』遂長揖出。」

十一月，公榜示於署，誓不為承差轉牌下縣。

自譜：「舊例，上臺文移止行於府，府行於縣。後檄使紛沓，府無以應，即以原文合下縣催提，謂之轉牌，府卸擔而移之縣。予撫然曰：『太守一方師帥，已之不欲，而謂以加之彼乎？』榜於門曰：『誓不為承差轉牌下縣。』各承差意沮，由是讒言交作。」

是年正月，李自成陷河南，殺福王常洵。張獻忠陷襄陽，殺襄王翊銘。十一月李自成陷南陽，殺唐王[illegible]鍵。

崇禎十五年壬午（一六四二）四十二歲。

正月，餉科黃雲師劾公於朝，奉旨該撫院申斥。

自譜：「劾語云：『長沙府知府堵胤錫倨傲鮮典，恥事催科，臣不得已提其經承，則曰我即是經承，任憑參處者。』」

二月，公於任與司李蔡道憲相倚重，遇事相咨以行，時賊勢日熾，湖南恃江湖之險，有司日惟泄泄，霧堂公與蔡公私憂之，作星沙城守議：

古人之守以戰，今人之守匿焉而已。古人之守守在四封，今人之守一壁焉而已。正月初四日，控馬登陴，熟視形勢，自正南王道門循東角稍折而北，二里許為瀏陽門，皆倚山為築，外有層岡疊峯，環城峙伏，以古法觀之，守南城莫若守山。吳固壘於山巔，出奇四伏，草木塚澗，俱當樓櫓之用。艤舟於江，水陸出沒，共東南設險扼敵之上策也。出城揚數武，有醴陵坡，高至城身，下臨溝澗。對坡有崇岡，自南遶東，環帶如郭。岡南為中湘路，岡坡之間為瀏陽路，瀕江之居民皆負岡以為背，若於坡端築一壘，則當揚敵，而城隅固。若對岡復築一壘，則當東敵，而坡壘固。若依江為守，於岡面再築一壘，則盡東南之敵，而居民南城俱固矣。楊而東，下臨大濠，過劉陽門以北，循五六里，達湘春門，俱可恃塹為安。獨城內居民甚少，多町洛地，備疏備略，皆不可恐。當於城足掘內濠，以守一患敵人之夜踰，一沮守人之私脫也。湘春當敵北來之路，為衝衢，去城十許里有撈塘河，河自劉西折三百里而達於江，急流洪濤，若得戰卒五百人守此，則舳艫不敢揚帆而南，步騎不敢投流而濟，此東南設險扼敵之上策也。循西而南折，則草場、潮宗、通貨、德潤四門矣。城西逼江，立地窪下，創斯築者又過恃千百年太平之盛，基土之廣僅數尺，梢土之高不盈丈，臨其上不可以旋步，一旦有事，馬馳卒奔，未交敵，先自仆矣。且星沙襟水為國，睥睨者無不灘帆乘流，朝至而夕設其篙，出於城西，伺形便，賊且不支，何以禦寇？全城之尤可慮者莫大於此。誠能守層岡，不守撈河，則敵亦未能越險從牢。然戰守無形，事變呼吸，脫賊恃衆深入，直薄闉闍，智力不及首尾，不掉何以禦之？江有中洲，延亘恰與城等，若於江上下連鐵鏁為三浮橋，中藏戰艦，多備火炮，以備衝擊，沿江設首尾腹三敵樓，也戰卒五百人在敵，既不能絕流而濟，又不能舍舟而登。在我若敵遠，則以洲為外拒；若敵入，則以洲為夾擊藩籬，固門户可以無虞也。此西南設險扼敵之上策也。今度未能若坏土以厚其基，增壘以益其固，當此凶歉，官民交困，應非歲月之功，莫如先備懸樓數百座，以資一旦之用。每座桁柱盾蓋，均工費五金，隔三十垛為一座，百座足三千垛之用，則內足以臨城矣。城之外郭居民附城之地為欄牆，掘土築之，牆築而溝成，度矢鏃之力，以為遠近，多守突門以應援。牆外築敵臺五座，甚臺衛牆，身牆衛城，足進足以戰，退足以守。如是則江地益逼，城地益寬，敵無所展其兵，而舟亦不敢近泊，即泊亦不敢久馳，是亦一時便宜之小利也。大抵迫郡形勢，負山面江，有險足恃，上策以戰為守。守南山而敵人不敢踰險，守撈河而敵人不敢越渡，守江洲而敵人不敢犧岸，樵採不竭，闤闠不壞，氣展力餘，居中四應，十萬之敵不能攻也，屹然百二之雄矣。其次以守為守，南守岡，東守坡，東北守濠，西守岸，資高下山澤之勢以為屏蔽，可進可退，立於無畏。養銳蓄力，伺隙而動，官民一心，財用不匱，一可當十，足支數歲。秋堅城焉，其不則依垣自匿矣。增修女牆，多設窩鋪，編民而立，負戶而饋，繕器備用，閉門自畫，以當數千烏合之衆，數月之守亦可堪。

任源祥《堵文忠傳》：守長沙，察山川形勝，作《星沙城守議》。

湖南巡撫宋一鶴移檄至府，措餉五千，採買軍米。公以未測意旨所屬，具呈遵依稟院，檄令要挾不已，又援額句事，公大怒曰：吾寧此二月將坤修候，閫之外未有別函，子一么麼操人短長乎！吾以子稟諸院主也。令為之氣塞，出語於人曰：堵知府之清，恐不如吾舌之長捷也。未幾，一弁以令箭至，公曰：此行閫之物，吾受命守土，軍容不入國也。令俱以告宋撫，於是差官以救書至，檄曰：官參參吏，斬載在簡書，參不足道也，若斬令則行之泰感矣。同官冤之皆失色，公不為動，越日，公自費救往謝，會所採之米已輸畢，宋亦無以難之。

張譜：撫院宋一鶴移檄至府，措餉五千，採買軍米。公止具遵依，（未測）莫院意指所屬，檄令要挾無已，又援額句事，公勃然曰：吾寧此兩月矣，循坤修候之外，未有別出乎一么麼操人短長乎，吾以予稟諸院至也」。舍氣塞，出語人曰：「彼清恐不如吾舌之撓且長也」。未幾，一牙以令箭至，示曰：「以閻行物，吾受命守土，軍容不入國也」。舍又以告於是，差官以教書至，且為檄曰：「官參史斬，載在爵書，參不足道也，若斬令則行之孝感矣。「同官見之失色，予不為動，越日，自齎救枉謝，會所採之米已畢輸，宋亦無以難」。

二月，漕科陳泰來督漕於楚，陳之科舍夏某殺劉陽簿樊翔楨，公手縛夏置於獄，触陳之怒，各臺俱為公危，勸公往謝，公以無罪而殺士，則大夫可以去之義，堅持不屈。漕道張一鳳為牌提夏，既之，而三院俱不直陳，曲解而事寢。

續增譜曰：漕科陳泰來督漕於楚，會檄舍紛擾，瀏陽簿樊翔楨部漕舟至撈塘，過科舍夏姓者銷而出諸市，既入舟飲其酒，狂叫終夜，晨又曳之。樊以監生受職，不勝其忿，乘間推於水，湘流湍急，不及施救。夏方盼々然譏曰：「官死辭存，父死子存」。速為我覆科主。謀索如故，予聞之，髮上指，手縛夏置之獄，詳之三院，并陳於陳。陳震怒曰：「吾令甫及長邈，為堵守所阨，吾何以竣事乎！吾徽教以保命也」。時撫教方至，而漕勒復行，各臺俱為予危之，勸予往謝，予憤曰：「無罪而殺士，則大夫可以去，予何用一官為。渠舍殺吾簿而欲吾屈謝，有持吾頭往耳」。漕道張一鳳為牌提夏，既之時，三院俱不直陳，曲解而事寢。

三月，劉賊廿名楊許廷褒作乱，湘北震動，公督兵壯巡行境上，警戒嚴防。

自譜曰：劉賊廿名楊許廷褒聚衆山峒，陷平鄉，殺官兵，湘北震動，予督兵壯巡行境上。

公得子條驥入泮，以家報作字說及詩以勉之，有「爾讀書能苦，予為官日貧」之句。

四月，臨藍賊蕭相宇、廖二慶等犯寧鄉，公督兵救之，賊宵遁。五月，殲之，客將余師貞戰死。

自譜曰：劉賊蕭相宇、廖二慶等中原潰卒、粵西生猺、各峒散賊、各鎮老馬子合隊，自黔陽拘官兵過安化嶺，一路焚劫，疾如風雨，四月二十八日入寧鄉界，离城尚百里。寧令朱署從歷不知所為，賊一夜兼馳至城下，朱始飛檄告急。予於晦日戌刻聞報，即率炬發兵，五月朔晨濟湘江。初府設鎮南營，有兵百人，營帥缺未補，予又挑衙役之壯者百三十人，授以兵，為府牙營，初立未勝行伍，渡江，營帥合得百五十人，適客將余師貞從先選兩營之驍卒三十人，給以馬，命之統，以為前驅，予率步兵居後，時傳賊鋒甚銳，圍帥數重，兵馬使馮及衛使俱以合剿甘許，醒瀏邑予派事同列，謂宜中途觀變，予慨然曰：「赴急當如救焚，豈得需次。度賊非有成謀，不過乘不備以掩寧耳，聞吾救速，必疑大軍至，當疾走不可次也」。馳七十里始傳餐，賊棄寧及鄉，守牌者不支，城垂陷。賊聞府救至，懼然曰：「何撻也」。救營適前驅尾之，獲七級。五月初三日追及於大虎坪，敗之，賊其賊渠，客將余師貞戰死。

續增譜曰：初三日辰刻，及於大虎坪，御向寧壯士何鳳先登，一發殪其魁，賊往山谷，廖二慶殿後，師貞馘其首，又進，斬數十級，賊棄騾馬滿山谷，須臾掠取之賊登高望見，慨而中者止三十餘人，餘皆寬博徒手也，復噪其徒先俺，掠者皆反走，不可止，遂揮各股為長圍，裹我軍，師自衛之格殺過當，馬前行急陷泥中，遂遇害。」

《張譜》：「師自字雲條，號雲岫，衢州人，崇禎初以武舉從征海寇，立殊功，署守備，……值公權關，請為捕防所，與困至絶粒，不漁一錢，或詰之，曰：『吾不敢玷吾主政清白也。』至是陣殁，公悲慟如失左右手。」

是月，吉藩承奉司黄鳴治之腹校劉國名糾合巨盗作乱於百家山、瀏陽，令捕之，國名率衆圍殺，斃數十人，擒數十人，縛以金錢贖放，公俟國名入城，捕之，發兵剿其黨，山賊以平。

《張譜》：「吉藩承奉司黄鳴治有腹校劉國名糾巨盗萬大第二猺賊洞丁遊僧千人立寨百家山，殺掠瀏陽，令捕之，國名率衆圍殺，斃數十人，擒數十人，縛以金錢贖放，公不勝憤，俟國名入城，縛之獄，發兵剿其黨，山賊以平。」

六月，剖定欽案。

《自譜》：「科臣史可鏡紳衿一案，各樹黨攻訐，焚殺日尋，當事慮紛囂難制，獄數年不決，予慨然曰：『鋤奸止囂，此太守事，忍使一方鼎沸坐置不問乎？』……擒一二人寘之法，市閭闃然聽之……於諸史中撤其悍横者，諸衿中摘其豪猾者，其田宅子女侵奪者還之，契價明白者給之，誣累逋逃者豁之，株連者釋之，凡決三百餘詞，犯證在門者數千人，一旦而畢，無敢譁者。」

榜銷十三年以前積案三千餘件。

《自譜》：「湘俗喜訟，案牘如山，上下書胥相比，每以催提為奇貨，則訟之探者益遲，弱者益困，予知其弊，簡十三年前案，徹底詳銷，列榜於通衢，凡三千餘件。」

修《長沙府志》，徵郡中文士共事蒐討，公手自裁定。

七月，善化縣民與吉藩爭田，譁變揭幟，榜吉藩王罪，宗使閹校四出撲殺。初三日黄昏，善化民聚南倉，將焚藩邸，公單騎馳解，反其辭以告藩，謝不能立枉，執法者以白解。未幾，長沙之民又譁於北郭，民益怒，公復諭散之。事定，給藩之使黄明湛、劉國名，故怨公，深日夕譖於王，謂府與所盟，以此為難，府鳩民於郭而歛詞於堂也，王惑之，由此與公積不相善。

《自譜》：「長善之田投入吉藩者十之五，逋糧卸役，郡縣苦之。郡丞王秉乾署善邑事，目擊不平，遂以啟吉王，王不懌，又縛其逋餉者於獄。有善民與郡宗爭田，訟於丞，丞以田給主者，宗乃嘩，予諭之，僅唯唯。翼日，善民揭幟於衢，盡榜王平日之所為，王不勝憤，嗾宗使譁閹校四出，捶善民之溫者，指曰：『此幟首也。』旦入而夕無噍類。初三日酉刻，善民聚於南倉，一呼而應者三四千人，將夜踰城焚藩，哭聲振野。予聞之，叱御不及，單騎而往，千縱雄者不可告語，乃為八殊字以徇曰：『受冤者皆安，動者斬。』呼兩營來會，而軍令曰：『有揭竿出會者第勿鬬。』民稍定。黎明，復同兵馬使馮往諾之，民鬨曰：『吾民之苦藩也，自祖而父而身而子孫，四五世矣。』予曰：『然則爾之苦此已久，何至是而始譁也？』曰：『小民繫命於官長，前之官於此者率藩命是從，將何隅得何泣焉。今天衰此一方民，上而道府，下而州縣，皆卹吾民，不以此時告語吏，待何時。」予曰：「前此之官從藩不從民，則爾民與藩相安；今此之官從民不從藩，則爾民與藩不相安，為爾官者不亦難乎！」民泣，予亦泣，千夫震動，予知其可以情感，乃呼渠而語之曰：「今日之役，可以釋爾苦，白爾冤，民享其利，而官受其福，其悉具詞於予，予為爾理之。」民唯唯。予謁王曰：「潭州王湯沐邑，受之天子者也。無民則無依，奈何使怨怒至此。」王謝不敏，立摘亂法者數人，杖之百，以自解。予乃令於衆曰：「後去者誅。」未幾，長邑之民復嘩於北郭，民益怒，予復驅馬往，以諭善者諭之，長民咸服。……事既定，吉藩承奉使黄明治、劉國名故忿予深，日夕譖於王曰：「府與研盟，以此難為也。」又曰：「府媿民於郭，而歛詞於堂也。」王惑之，後遂被劫。」

八月，臨藍賊又聚燕子窩嘯亂，公發兵剿平之。

續增譜：「臨藍賊嘯燕子窩，官兵援不能入，其餘黨遁入沫谷，捕之不獲，里邑糾諸亡命及餘賊共五百人，為掠於醴陵，醴告急，公悉發道府兵，剿之，賊讋公威名，兵至鳥獸。」

九月，吉藩上疏劾公於朝，（奉旨着察覈奏，）長沙之民叩闕為公訟冤，旨下撫按察奏，罰俸一年。

張譜：「吉藩劾疏上，奉旨：『即着察覈具奏，不得徇隱取咎。』長善民叩閽訟冤，公拜自陳顛末疏，旨下撫按察奏，罰俸一年。」

十月，建余師母之廟，成，公作文祭之。各臺以藩劾故，遍請公入覲。十一月公入覲，啟行之日，居民送者夾江而行，艤於湘陰，旬日不去。

自譜：「各臺以藩劾故，遍予入覲，既而悔之，欲留之，則予已登舟矣。居民送者夾江而行，艤湘陰，旬日欲禁之弗止也。」

會蔡道憲有事於會，公以覲行，過蔡小樓，秉燭而語，蔡謂公曰：「子烏得去乎？去，是無星沙也。」公亦曰：「子速歸署，死而後語，吾子勉之！」自此兩人別去。

明季北略：「壬午十月，公（蔡道憲）有事於會，堵以覲行，過公小樓，秉燭而語，公謂堵曰：『子烏得去乎？去是無星沙也。』堵亦曰：『子速歸署，死而後已，吾子勉之。』自此兩人別去。」

公自洞庭沿流而下，至十二月始達京口，已聞邊警，再至淮安，羈旅半月，報益急，乃再還京口。

續增譜：「時薊門被屠，京城戒嚴，而河間、清流、兗州、東平、汶沂、淮徐俱為殘破，至明年五月警始息。」

是年二月，滿洲陷松山，洪承疇、祖大壽叛降，遂陷錦州。五月，張獻忠陷廬州。九月，李自成陷開封。十一月，滿洲陷薊州，遂陷畿南山東州縣，魯王以派自殺。

崇禎十六年癸未（一六四三），四十三歲。

正月，公在鎮江。二月渡淮北行，四月十八日始達京師，寓於族兄士騰之家。

續增譜：「自二月末旬聞邊騎漸遠，乃合隊而行，趨避於津涂間，久之始達京城，尚未解嚴，驗之散髮而入，予喟然曰：『此一門者，華夷之界也，當今安有九邊，獨有聖上九門耳，為臣子者能不愧死耶！』」

大計，公覲計典畢，舉廉卓，賜宴禮部。

自譜：「共三十人，予列其中。」

明季南略云：癸未四月至京，舉廉卓，賜宴禮部。止

東閣大學士吳甡奉命督師江南，以監軍請公，公將隨行，會吏部尚書鄭三俊於五月初二日奏陞公為湖廣分守長寶道副使，特旨復任。

自譜云：閣輔吳公甡奉命督師江南，召予計事，兼以監軍丞予，將從行，初一日例過吏部，冢宰鄭公三俊偶於班中識之，即於次日首有是擢。奉聖旨：太守吏民之本，不可數易，以後非年俸滿，不許先擢，如有真正卓異，俱加銜。該部知道。既而吳閣輔亦不行。止

五月二十日辭朝赴任，二十一日先領給水程，限八月初八日到任。

續增譜云：廿一日先領給水程，限八月初八日到任。止

明季南略云：五月，辭朝復任。止

張獻忠陷武昌，巡撫率兵千人走長沙，長沙亂，推官蔡道憲以一身支撐其間。

明季北略云：崇禎十五年冬，賊襲荊州，鎮臣率兵擁惠王走長沙。明年癸未，武昌陷，巡撫亦率兵千人走長沙，長沙亂，推官蔡道憲以一身經理支撐其間。止

六月，公抵鎮江，便道過家。七月，公訂本族祠規，告官頒行於族，列舉祖宗祠田賦役之定額，呈於當道，以為世守，立碑於祠。

自譜云：予以宗約廢缺，助耕讀，講仁愛，不可無規，乃分存第耕讀廩饒，慈睦數款，及定冠昏喪祭之禮，勒為壹書，呈成告官頒行。予又念祠田賦役當有定額，使可世守，舉呈當道，定户立碑。止

八月，公登舟赴任，至燕湖遇盜，再旋里，又為盜所劫，墮水瀕幾死，脫走草野，由東壩小路稱貸室家，重整行李。

自譜云：八月復旋里。止

辭岳父母於湛濱。

自譜云：予念外父母之德，憲四月多難，從王之躬，待暇無幾，過十餘於湛濱，有記文，勒於石。止

張獻忠陷岳州，鎮臣孔希貴亦率兵萬人走長沙，郡中惟撫道憲誓報國守，躬自持金甌，出眾餉兵。八月二十二日，獻賊至城下，希貴走，李乾德奉吉王惠王走衡州，賊至城下，呼推官曰：吾軍中皆知公名，何速降，無自苦。止道憲發弩射之，獻賊怒，攻三日夜，廿五日賊渡水陸州，自瀏陽門入，蔡督戰不支，乃下馬，釋戎服，整衣冠，北向拜泣曰：臣不能以死謝至尊。止遂被執。留討誘降不屈，置小樓中，凡念有四日，淬不聽，罵不絕口，賊大怒，寸磔之。道憲從容受戮，長嘯一聲，風雨驟至，頭顱已斷。

明季北略云：七月，岳州陷，一時名藩重臣大帥勁卒俱潰於長，莫能自固，有潢鎮，尹先民者，夙稱驍猛，公結以衛。時民已大奔，一城內外皆絳衣游悍，且掠且市……道憲被執，百計誘降，不屈……從容受戮……時為十一月，道憲年纔二十九。止

明季南略云：七月，破岳州，戍岳兵四五萬人，聞賊至即潰而走，縱掠村郭，雖犬無遺。賊遂於八月廿五日渡水陸州，自瀏陽門入，焚毀三日，兵民死者數萬人。止

公將復任，始聞獻賊破武昌，大江路絕，假道浙，會召募丁男始行。

九月，户部尚書倪元璐奏參崇文門督税主事朱從羲，因陳各關諸弊，云：
「自臣所見，能不爲此者，惟長沙太守堵胤錫爲司關第一，斯人不可多得。」公奉
旨加陞二級。
自譜云：「九月，奉旨加陞二級。」
十月，公行至蘭溪，聞賊陷長沙，屬邑多陷，賊設僞官，立營休馬，盤據其
中。衡、永之間，望風皆潰，吉藩出走，按臣劉熙祚、推官蔡道憲皆遇害。公中
途聞報，痛哭，作《哀湘南》詩以紀其事，詩今佚。
明季南略云：「十月，行至蘭溪，聞寇陷長沙而還。」公自撰年譜，記赴
任路阻，遂還家，爲十一月，今從公之自譜改正。
十一月，公自蘭溪進至□□龍游，張家埠遇長沙吴令，長寶道馮某，自
楚奔至，勸公觀望不前。公切責之，而二人反以縣印道印付公徑去。公益憤
激，前行至玉山，將抵江西乞師於呂督院，思出奇以復楚。十一月中，進至廣信
府，而城門晝閉，士女逃潰，所在俘掠，與賊莫辨。公念地方已陷，趨死無由，
不得已退寓衢州，以伺機而發。及水陸俱絶，始大哭而還家。
自譜云：「十一月，進至江西廣信府，水陸俱絶，大哭而還。」
十二月，賊訊益急，公復自錢塘渡五湖，寓於毗陵。
自譜云：「十二月，自錢塘還寓毗陵。」
公上《復任路阻疏》，地方十弊疏，時事二十款疏，遣僕沈時雷送入京。歲
除，公以羈旅之臣，不安於家，往寓山守墓。
自譜云：「時已逼歲，羈旅之臣不安於家，乃之寓山守墓。」
翌年正月，李闖陷承天府，五月，張獻忠連陷蘄、黄、武昌，僭号西王，以僅與沈
楚王華奎於東湖。十二月，周延儒以罪賜死。
崇禎十七年甲申（一六四四），四十四歲。
正月，公之僕沈時雷奏至京，御史徐養心以時事已裂，阻不上。
自譜云：「遣僕沈時雷入明年正月達京師。」按此事，公自記於癸未年之
下，今改記於甲申年，以正体例。
公至南都，謁大司馬史公可法及督師袁公繼咸，二公共以國士見許，委爲長沙
監軍，公慨然接淅而行。
自譜云：「正月至南都，謁大司馬史可法、督師袁繼咸，二公皆海内宗
人也。」
二月，公就長沙監軍，同策僉憲出師復楚。
公自記之年譜，絶筆於二月，此後爲公之邑人任源祥（号王谷）所續編。
三月，賊已退長沙，公復任，修城濬濠，飾櫓樓，集士民共守之。作《哭江行》以哭殉
難諸臣曰：
江水湯湯江渺渺，黄使君三渡哭湘江；初哭江流水欲竭，再哭江流水盡赤，脉
城萬里揚孤帆，三哭湘江三斷腸。長沙漫兮歸墳墳，爲鳥從頭仔細哭，有
客有客余將軍，張弓逐賊大虎坪；手刃七賊身劈刃，裂山頭白□，催嘉稽戕
友戕友江門子，黑鬚碩身好司李，三年冰雪府琴堂，嘔盡心肝民屋裏；
一朝遇賊和江吞，十萬戶家魚蝦羹。南朝侍御惟一蔡，北面兜鍪重見
人，口嘴罵賊，賊不了，賊不殺公公獨怨；千秋正氣生蜂筵，五丈原頭星照草。

劉公劉公爛綉衣，月暈滌城雞夜啼；𤟠剩陣前馬脚失，落牙枝上鳥腸飢；
灑血視筆々不語，萬段肝腸數行字，惶恐零丁灘與洋，再拜君恩臣萬
死。三復馮君辭祖篇，兩耳不全兩者全，生歸拜母死罵賊，死々生々作孝
廉。西寧郎今死不變，麝鬼塚邊燐夜青；三十六灣楊令衷，汨江千載江重
開。李幕吳倅今已矣，一名完真一士，義名從父命，士從君，舍身成名君碩
人節。然亦情者誰乎？半日堤塗扶不起。更有闊心全化賊，肉食賊儲君前獻
食。樓天江水奔滔滔，盡日陰風長怒號，作書筆力愧南史，欲斬書生無寶刀。
吁嗟乎！長江流兮清復渾，清者似君濁者腥，江流萬古同清濁，哭斷歸來
兮誰醉醒。

自譜：三月復任。止

續增譜：蔡公之死於江南也，予馳驅往來，洄溯中流，如見其人，烏得不
哭，兼哭一時同死之列公馮子、余子、楊令郎、令李幕吳倅七人，哭聲與江
聲俱永也。作哭江行。止

四月，公聞京師三月十九日之變，慟哭幾絕，作墜龍吟五章：

龍墜天兮噫，血其元些；蛇鼎歸兮噫，淚其漣些；匪兕虎兮噫，率荒原些；
狱猶虎兮噫，步躑躅些。

天寧潵兮噫，龍不升些；林兮燎兮噫，蛇底伸些；陸何沉兮噫，神州崩些；
慘何黯兮噫，雲霾昏些。

龍有神兮噫，去不歸些；蛇有胃兮噫，死不底些；神不歸兮噫，停雲回些；
魂不灰兮噫，闌火衰些。

升彼岡兮噫，山宛佷些；涉彼江兮噫，水蜿長些；龍不歸兮噫，百靈竭些；
蛇曲屈兮噫，中道僵些。

龍何在兮噫，天之北些；蛇何求兮噫，不越屋些；北有墟兮噫，盤我角
些；屋有轅兮噫，柱我腹些。

自譜：四月，聞京師三月十九之變。止

五月朔日，公哭大行皇帝於府堂。福王即位於南都。

張譜：福王名由崧，神宗孫，以初四日監國，十五日即位。止

明季南略：二十九日淮上始傳京師陷，四月二十七日百司公啟迎王於儀真，
三十日南京諸臣迎王於舟次。五月初二日，百官朝服，王行告天禮。十五日王即位
於武英殿，詔以明年為弘光元年。止

詔至湖廣，時何公騰蛟拜右僉都御史，代王聚奎巡撫湖廣。左良玉大軍屯於武
昌，軍兵驕橫，何公刻意與左交歡，得相安。左部下有言不開詔者，何公諍曰：社
稷興亡繫此一舉，倘不開詔，吾以死殉。止 至漢陽，欲謁左，力爭而左已聽其正
官紀，軍盧鼎之勸，已開讀如禮，事乃定。

明季南略：左帥三十六營散處江漢間，咆哮之狀不可嚮邇……公推轂
懷待，控御有體，又時以忠義激勵左大帥，以故兵犹戢。止

小腆紀年：福王之立也，詔至良玉部下，有異議。騰蛟乃以劍自隨，曰：社
稷安危繫此一舉，倘不奉詔，當以此身付三尺劍耳。會江督袁繼咸暨
良玉所真正紀官盧鼎請開讀如禮，事乃定。止

公與何公合疏上福王，迎立。陞公分巡武漢黃兵備道、湖廣布政司參政兼按察司

僉事。

任譜云：福王即位於南都，陞分巡武漢黃兵備道、湖廣布政、兼按察司僉事。

公葬殉難蔡道憲於長沙城南。

六月，公上分巡道之任，駐節於黃州，日肆兵事，屬士巡城，晝夜不息。

七月，有偽漢陳友諒遺裔陳柯五族嘯聚於瑞昌與國山間作亂，烽及黃州，公檄毛、劉二協搗其巢，五族悍服，相率詣軍門降，江楚寧靜。

任譜云：七月，平陳柯五族之亂。

八月，覃恩授公階中大夫，誥贈祖父、父皆中大夫，祖母、母皆淑人，封妻淑人。

合訂詩集，分耐可、只可兩吟二篇，自序而梓之。公將身親戰陣，製所穿甲一襲，作縫甲泣二首：

莫縫甲，縫甲賊識我，勁鏃長穿不得躲。莫縫甲，縫甲身避賊，生吞死嚙桐逆念。何年洗甲瀚海邊，先銷為日重開煙。臣生不逢滂淚漣，臣生有骨骨如鐵，生耐金革尖踏雪霜寒，不耐綺羅着身兒女熱。泣復泣兮縫復縫，半夜長歌起北風。

九月二十三日，改官按察司副使，加一級，提督湖廣省通學政。

明季南略云：九月，按提督學副使。

十月，駐試武昌，明倫堂集諸生，諭以復仇雪恥之義。上福王請頒敕諭疏，奉旨准給敕書。

續編譜云：清察學宮，遴舉奇行舉人、貢士暫補學官，察其人才可大用者薦之。

又上及時修復學宮疏，註卧碑以訓諸生，立儒學於漢陽，榜諭荊襄、承德陷賊諸生自賊中歸來者一體科舉。

任譜云：立儒學於漢陽，流寓附籍。

頒行三約：一講學習射以端士尚；二月試季試以課士行；三修廟學以尊聖教。頒行欽定敕諭，申明學政，示懸痛絕倖竇示。

張譜云：示內曾云生童有一卷不觀閱僥有從人者，天剜其目；聽人囑託，致抑孤寒，天剜其耳；官清行濁，始治卒亂，怵戚嗜利，存內解修，天剜其心。

是年正月朔，李自成僭稱王於西安，國號順，改元永昌。張獻忠陷四川重慶。

二月，自成陷太原，陷寧武關。三月，李自成陷北京，十九日崇禎帝自縊於萬壽山，太監王承恩從死。四月，吳三桂乞降於滿州，破自成於山海關，自成走永平。五月，自成挾太子定王、永王西走，清兵入北京。五月朔，馬士英等迎立福王由崧於南都，仍稱崇禎十七年，以明年乙酉為弘光元年。

弘光元年、隆武元年、清順治二年乙酉（一六四五），四十五歲。

正月，公講學於武昌縣學宮，諭諸生以義利死生之說。

三月，巡試湖南，中途遇盜，公從容諭之，賊皆避道，且衛公行。

三月二十五日，左良玉舉兵，以奉太子密旨誅奸臣馬士英為名，兵發武昌東下，自漢口達蘄州，火光接天者二百餘里，逼巡撫何公騰蛟共事，何公知左反側，誓死不從。左挾何公至舟，以副將四人守之，舟次漢陽門，何公乘間躍入江，四人懼誅，亦赴水。何公

漂十餘里至竹篺門，漁舟救之起，則漢前將軍關壯繆廟，冢中懷印者亦至，
相視大驚，竟漁舟不見，遂謂何公得神佑，軍益集，遂取道湖南而去。
小腆紀年云 是日楚、武昌兵不自漢口達戰州……故巡撫何騰蛟與俱，
罾之，則舟次漢陽門，乘間躍入江，……漂十餘里至竹篺門，漁舟救之起，
則漢前將軍關壯繆廟也。家人懷印者亦至，相視大驚，竟漁舟忽不見，遂
返謂騰蛟得神佑，益歸心焉。止
明季南略云 左夢庚破武漢，趨江南，以討君側為名，逼何共事，何知左反側，誓死
不從。躍與至舟，即投江，被兵救之起，委於岸。左舟發，民萬餘問何在，簇
擁之與至通山，取道湖南而去。止
四月，何公從寧州轄瀏陽抵長沙，集諸屬吏堵胤錫、傅上瑞、嚴起恒、章曠及公等痛
哭盟誓。公與何公相見，抱頭大哭，徐揮涕進策曰："不措餉，能輯兵乎？不招降，能
振楚乎？"撫膺鼓掌不作瑣瑣。何公深然之。
張譜云 何公……時以總督五省軍務駐節長沙，公謁之，進策曰："不措餉，
能輯兵乎？不招降，能振楚乎？"撫膺鼓掌不作瑣瑣態。何公深器之，自
是公措置轉運，資何公不絕。止
明季南略云 乙酉四月，督師何騰蛟抵長沙，相見抱頭大哭，徐揮涕
進策曰云 "楚囚泣無為也，不措餉，能輯兵乎？不招降，能振楚乎？"何公然
之。
於是分士馬舟艦糗糧各任其一，合公攝湖北巡撫，上瑞攝湖南巡撫，章曠為總督
監軍，起恒故為衡永道，即督二郡軍食，晉公以長沙推官攝郴桂道事，駐節常德。

小腆紀傳云 騰蛟……集諸屬吏堵胤錫、傅上瑞、嚴起恒、章曠……等痛哭
盟誓，分士馬舟艦糗糧各任其一，令胤錫攝湖北巡撫，上瑞攝湖南巡撫，曠為
總督監軍，起恒故為衡永道，即督二郡軍食，晉錫以長沙推官攝郴桂道
事。止
四月二十五日，清兵攻陷揚州，史公可法殉國。
小腆紀年云 丁丑，我大清兵克揚州，明督師太傅兵部尚書建極殿大學
士史可法等死之。止
明季南略云 二十五日丁丑，大清兵攻陷揚州，督師史可法死之。止
五月初九日清兵渡江，十五日南都陷，清酋豫王入城，王鐸、趙之龍、錢謙益等迎
降，清酋執福王及北來太子、太后等北去。
小腆紀年云 己丑(初八)夜大霧，清兵渡江。止
明季南略云 初九庚寅，豫王渡江，……十五丙申豫王入城，趙之龍……等出
降。止
南都失守之報至，公痛哭流涕，與何公騰蛟倡義勤王，檄告天下。何公專任
湖南之事，公專任湖北之事，同舉事者有文臣章曠，武臣楊培東等。公設
三科以募士，凡有一能足效者，悉加錄用之。
續增譜云 五月，南都失守，報至，公痛哭起義兵。
六月，公立君子營。
續增譜云 嘗曰："用兵不如用新，用多不如用寡。"故有應募者，公觀
察士著，慎相法，驗膽氣臂力，共得三千人，分為十營。取越王勾踐君子

三十之義，男爲君子營。止

明季南略：五月南都失守，檄至，傳告天下勤王，設三科以募士。止

六月二十七日寄子孫驥書曰：

世界至此，國破家亡，吾再有何言？鞠躬盡瘁，危難待命，急以身安於封，暇則梁懸一索，尚無愧爲祖宗父母之身，斯已矣。邇遣書與吾己置之度外，吾兒可勿慮也。爲爾慮者，只有逃與匿兩字。逃要相機，匿要深晦，念三百年宗族，卯登一旦淪亡，尚何忍言。吾兒若一篋卧月，終身農畝，春秋不乏祀火，傳之子孫，永不出仕。二姪便吾不失忠，爾不失孝矣。言至此，淚如雨下。爾母幼令勿戚。四十仳離，苦不忍也。一切家務吾悉置不言，只爾自強爲善，守身弗辱，便瞑吾目。後音難繼，書此絶詞，兒可牢識。

魯王以海避難台州，張國維、熊汝霖、陳遵謙等於六月廿七日擁戴魯王監國，即日移駐紹興。

明季南略：魯王諱以海，高帝十世孫，父壽鏞，世封於魯。止

閏六月十五日乙未，張肯堂、鄭芝龍等擁立唐王聿鍵於福州，改元隆武。

明季南略：王諱聿鍵，太祖九世孫……於閏六月十五日乙未奉王即位於福州。止

按南略、臺灣外紀皆作十五日乙未，南疆繹史、小腆紀年皆作閏六月二十七日丁未，今從南略。

王君南陽時，即知何公騰蛟賢，及即位，委任何公備至。李自成斃於九宮山，其部將劉體仁、郝搖旗等以衆無主，議歸何公，率四五萬人入湘陰，距長沙百餘里，城中人不知來意，懼甚。傅上瑞請何公出避，何公曰：「死於左，死於賊，一也，何避焉。」止長沙知府周二南請往偵之，以千人行，賊謂其迎敵也，射殺之，從者盡死。城中益懼，士女悉竄，何公與章曠謀，遣部將黄大鵬等往撫，賊見只二騎，迎入演武場飲酒，二人不交一言，痛飲。既賊問來意，答言督師以湘陰褊小不足容大軍，請即移長沙，因致何公手書召之曰：「公等歸朝，誓永保富貴。」郝等大喜，與大鵬至長沙，何公開誠撫慰，宴飲盡歡，旂等招其黨袁宗第、王進才等皆來歸，驟增兵十餘萬，聲勢大振。尋拜東閣大學士兼兵部尚書，封定興伯，仍督師。

小腆紀年：李自成既死，劉体仁、郝搖旂等以衆無主，議歸騰蛟，衆四五萬，驟入湘陰，距長沙百餘里，城中人不知其來也，懼甚。攝湖南巡撫傅上瑞請騰蛟出避，騰蛟曰：「死於左，死於賊，一也，何避焉。」長沙知府周二南請往偵之……賊謂其迎敵也，射殺之，從者盡死，城中益洶洶。監軍章曠請於騰蛟，遣部將萬大鵬等二人往撫之，賊見止二騎，迎入演武場飲之酒，二人不交一言，相向痛飲。既賊問來意，二人曰：「督師以湘陰褊小不足以容大軍，請即移長沙。」因致騰蛟手書招之曰：「公等歸朝，永保富貴。」搖旂喜，隨二人至，騰蛟開誠撫慰，宴飲盡歡，牛酒犒其從者，命大將張先璧、養成、王進才等皆來歸，驟增兵十萬，聲威大振。止

八月，何公騰蛟薦公才可重任，於隆武，陞公爲都察院右僉都御史，巡撫湖廣，駐節辰谿。懸異格以羅奇才，諸生趙振芳上謁，公問曰：「國家多難，主辱臣死，本院倡率天下義士即日東下勤王，以何道而必濟？」止振芳因使相東下勤王，未必不濟，豈不聞川陝爲天下肩背，荊襄爲天下要樞，控制上游，實爲恢復

根本，若捨此東下，使敵騎長驅，荆襄以南不復為國家有。是公以現在之封疆委之於人，蛍赴死金陵，亦何益！」遂首肯，留致幕下，遂洪意經理荆襄，以窺中原，題請以振芳為荆州府推官。

張譜：「八月陞都察院右僉都御史，巡撫湖廣。」

宜興縣志忠義傳：「時騰蛟督兵駐武昌，凡機務多就咨訪，特奏胤錫攝湖北巡撫事，駐常德。八月唐王立，拜右副都御史，實授巡撫。」

任源祥文忠傳：「八月隆武詔命撫湖廣。」

墓誌：「明(乙酉)年，巡試岳州及長衡、永寶、辰常諸郡事，竣，加陞太僕寺卿銜。公文武兼資，任事慷慨，何公駐武昌，凡機務悉就諮度，奏陞公為楚撫，駐常德。七月詔除都察院右副都御史，巡撫湖廣。」

明季南略：「張芳，別字皆山，浙江上虞人，在松江從師十年，學易，刻易講甚多。後清兵至，降，為福建延平府同知。」

公拜命於楚，事決裂時，外偪内潰，兵單餉乏，嘯以茂先武庫，將弛老甲兵，乃出檄勤王，調前護藩總兵楊國棟募兵於麻陽鎮，得五千人，與何公會稿拜恢復十急務疏(已佚)，遣常德李廉傳作霖賫入閩，請隆武移蹕於楚。

墓誌：「調前護藩總兵楊國棟募兵於麻陽鎮，得五千人，與何公會稿拜疏，遣常李廉傳作霖賫入閩，請移蹕楚。」

張譜：「作霖字潤生，為九峻最為公所器重，後歷官兵部右侍郎，死於武岡之變。」

按周譜堵公遺傳九峻詣行在之時月作九月，事在招撫李錦之後。孫順撰墓誌則作八月，事在撫李之前。孫為堵公之同年，現聞目較諸家可靠，茲從孫誌改正。

九月，李自成既死，其義兒李錦為一功，擁十八部，号三十萬眾，自川陝出當陽，戰敗而來，剽掠荆襄間，倡言約清兵會獵湖南。何公騰蛟既已招撫李闖餘孽劉體仁、郝搖旗之衆，遂命公招撫李、高。公亦念湖南兵糧百不能支，廉知李錦者闖賊之姪，号一隻虎，李其母高氏，高氏有智術，軍事皆取決，而高氏弟一功最驍勇，顧可以義動。密令人具冠帔諸飾以從，集麾下謂曰：「成敗只在今日，吾誓一死，特赤手往為國家收數十萬殺戮，報朝廷祖宗地下，無任士民奔竄。」遂率帳下百人出武陵，過澧水，達草坪。賊初見公馳驅不已，禁未至百里，拒不許前，積骨縱橫，閭舍蕩然，止公於空城中。翼日忽見戈矛塵烟塞野蔽天，從者皆泣，公獨謂曰：「若等自當生還，無怯！吾死則收吾骸骨而已。」頃之，賊遣部下至曰：「知公高義，獨俯臨營中。」又有部將數十輩踵至，擁入營。公以大義諭錦曰：「若輩皆可大用，才如此而陷不義，亦當事者之過。但我朝三百年來，若祖世食其德，一旦以烏合之衆，碎金甌，滅宗稷，俾人收利，自居賊名，汝習為此何利。今若能改行反正，戮力同心以立功，勛吾當與汝曹共之。」錦及一功等素服公忠義，見公慷慨激烈，皆曰：「誠如公言，錦等初念不及此，今公以忠義指示，敢不唯命是聽。」即欲羅拜定盟，公又曰：「姑徐之，吾既相約報國，便為兄弟，當效古人登堂拜母之儀，請先見太夫人，然後行礼。」錦引母出拜，公見之，上冠帔曰：「封命在頃，備以獻。」高氏喜，即呼錦跪堂下，成之曰：「使爾輩贖前罪，洗惡名者，堵公之賜也。爾當終始勉之，勿生二心！」公因為之洒酒立誓，錦等願以死效。及留宴，奏宮中女樂，自燕京掠來者，公方素服聽經，卻坐不顧，痛哭言曰：「兩京未得，萬姓倒懸，胤錫求死無所，何心聽樂。」錦等即撤去，益歎服不置。其所掠百姓，不下數萬，公俱令釋之，且給糧糗以行。

公返之日，民呼拜道旁，徧數百里。於是李錦、高一功、田虎、張能、劉體純、藍意、宗第、塔天保、黨守素、李來泰、馬世耀等三十萬衆，皆就撫，聽公節制，楚中號十家軍。

小腆紀傳：自成姪李錦、高一功擁衆數十萬，逼常德，騰蛟令胤錫撫降之。

小腆紀年：自成後妻高氏與其弟一功，從子李錦擁衆數十萬逼常德，胤錫議撫之，會騰蛟馳檄至，乃躬入其營，稱詔賜高氏命服，錦、一功蟒玉金銀器，皆踴躍拜謝。乃即軍中宴之，導以忠孝大義，高氏諭錦曰：「爾稱為無賴賊，抑願為大將耶？」錦曰：「何謂也？」曰：「為賊無論，既以身許國，當受主將節制，有死無二，吾所願也。」騰蛟偶過其營，請見高氏，再拜執禮恭，高氏大悅，復語錦曰：「汝不可負何堵二公也。」別部田見秀、劉汝魁等亦來歸。

公自收高、李後，兵勢且張，得專力守禦，屢有戰功，乃為李錦等上請封降將疏。

按閻譜作「遣武陵樊人傅作霖齎疏詣行在」，誤。

十一月，請封疏達行在，內閣蔣德璟、路振飛、林增志持議，謂李賊破北京，罪在不赦，其黨安得封拜。御史錢邦芑獨持異議，疏言：「方今國家新造，兵勢單弱，高、李諸賊擁三十萬衆於楚中，若不以高爵招之，彼必不肯為我用，全楚非我有也。今出空疏於朝廷之上，一日而得三十萬之兵，免全楚生靈之塗炭，孰得孰失？即昔漢高王韓信於齊，豈得已哉？今當權宜委以封號。」會何公騰蛟亦以此事奏聞，王大喜，乃賜高、李諸營為忠貞營，封高氏為英淑夫人，李錦左軍侯，賜名赤心，高一功右軍侯，賜名必正，諸將爵秩有差。特命兵科龔善選至楚封之，而別降勅獎公忠勤，拜何公騰蛟東閣大學士兼兵部尚書，封定興伯，仍督楚師。

閻譜：十月，蒙勅獎諭。

小腆紀年：騰蛟以聞，王大喜，拜騰蛟東閣大學士兼兵部尚書，封定興侯，仍督楚師。

是年五月南都陷，靖虜伯鄭鴻逵等奉唐王聿鍵如閩，稱監國。閏六月十五日即位於福州，改元隆武。張國維等奉魯王以海監國於紹興，潞王常淓又被擁立於杭州，旋即出降。

隆武二年，清順治三年丙戌（一六四六），四十六歲。

正月下旬，公渡澧水，督忠貞營往荊州，以下荊南副使燕如、荊州推官趙振芳監其軍，措糧儲，運大器。自二月朔渡江攻城，凡六晝夜，大小神器如轟雷不絕。闔數十里雲車礮石，百道齊攻。清酋鄭四維堅守，城崩數十處，皆隨方拒戰。振芳獻策曰：「荊城夾蜀漢二江之間，水高於城者數丈，昔人築堤為長圍，使水入江，安流赴海。若決二堤，則兩江之水建瓴而下，荊襄一帶，望風賦附，恢復之机在

此一舉。」公曰：「我為朝廷復疆土，當以人民為本，若此則生民胥溺，我得空城，
何益！」忠貞諸將聞，亦遣人來會商，一面下令禁兵各備鍬鋤以待。往返
商權，稽遲二日，而省兵救至，與戰，大敗。劃諸將逸遺，公墮馬傷（公乘馬麾兵勿退，為驕兵亂，不得督戰）[illegible]斫右肱，往返[illegible]
武陵，憂憤嘔血幾絕。
仕源梓堵文忠傳：「丙戌春，調兵攻荊州不克，還次武陵。」
宜興縣志忠義傳：「丙戌，李師攻荊州，久不下。推官趙振芳曰：『降將
新附，軍糧不繼，恐有貳心，且彼援師將至，今惟決水灌城，可速下。』瀧
錫曰：『我何忍民之魚乎！』卅聽，會援兵至，有田倘者漏師潰圍，赤心等
大敗，瀧錫驚憤墮馬，嘔血幾死。」
墓誌：「二月督忠貞營攻荊州，旬日將拔之，以田倘漏師，卒潰圍，公
驚憤墮馬，嘔血數升，瀕死者再。」
周譜：「二月，率師圍荊州不克，四月，退至武陵。」
乃由澧水退駐武陵，過新化驛題詩曰：
不眠燈火暗孤幃，風雨蕭蕭雜夜魂；鬼定有知号漢闕，家於何處
吊荒原；三更鳥化千年血，萬里人悲一旦恩；北望諸陵迷野渡，鍾山
腸盡可憐猿。
短策回瞻城曲陰，劍声猶吼不平心；孤軍雨裏暮奇死，斷水橋邊
馬影沉；南北試看誰世界，死生此刻辨人禽；倒翻卅一所前史，正氣千
秋歌到今。
三月，公歸常武，勉勵文武，於是公安、松滋、枝江沿江一帶各設兵將，為守禦
計。發張光萃守澧州，楊國棟守回子河，袁宗第守新安，李赤心、高必正守彝陵。
墓誌：「回常軍，心震怖，乃力疾視師，發光萃守澧州，國棟守回子河，袁宗第守新安，赤心、必正守彝陵。」
四月，[illegible]（有僧自稱弘光帝者，自思州歷）平溪、來湘，據沅陵道署為行宮，張官設
衛。辰沅道副使徐偉馳文報公，公聞即曰：「此必假託者，奈何不詳張如？」乃命監紀官
某往辨之，諭以果偽即擒付有司。監紀至沅，見兵道徐偉及李若星皆以為無可
擬議，將若星監軍鄭逢元統兵二十萬，又為之擬衛儀，然皇帝制，適有朱壽圖以
勤王道出沅州，故侍御舊臣也，監紀遂約逢元叩之，因相與謀詰朝見，預戒甲士
環集門外，止携親隨以進，為名襄中藏刃而入。其僧朱衣幅巾，僅出半面。壽
圖拜階下畢，即啟曰：「侍衛退，臣有密語，請得上殿面奏。」左右侍衛環呼無
旨不得上殿。壽圖等疾趨直上，出不意，手揭幅巾，大呼非是，親隨即挈刃上
殿，傳呼門外甲士各露刃彎弓，奔力爭前，擒妖僧，衣領而下，衛送沅州司李
戴口刑鞫，具吐妖狀，即沅州人，姓名查綱仁。先是餉部喻思恂等誤以為真，飛章
奏聞，廷臣莫能決議，差官採問，未及行。至是，公乃具疏陳本末，請旨斬之。
明季南略：「四月，擒沅州妖僧，付有司，請旨斬之。」
公并奏言：「諸文武官為所覆者，宜置不問。」
公既撤荊州之圍，清軍躡其後，公以其逸也，激厲將士開城出戰於草坪，敗之。
周譜：「五月，又與荊州師戰於草坪，大捷。」
宜興縣志忠義傳：「五月，荊師壓境，出新安兵擊之，大敗荊師於
草坪。」

墓誌：「五月，荆師壓境，出新安兵擊之，大敗荆師於草坪，点級行賞，以獎戰士之拿死敵者。

乙酉，以兵事倥偬，鄉試未舉行，至是巡按楊喬然方補行，設闈於衡州，題湖北道。孫循監試，事咨於公，公以軍餉不繫，務非所急，慨然曰：『此披荊棘而後植桃李，其若之何。』阻不應。楚人争言之，公乃請督師何公具疏，依例舉行，公以軍旅辭監臨之任。」

墓誌：「巡按楊喬然方補行鄉試（本集漏鄉試二字），設闈衡州，題湖北道孫循監試，事咨於公，公以軍餉不繫，務非所急，慨然曰：『此披荊棘而後植桃李，其若之何。』阻不應。」

周譜：「乙酉科秋鄉試，省邑楚人學叩告之，公合督師何公上補行鄉試疏，依例舉行，公以軍旅辭監臨之任。」

公子孫冀、姪孫正自家間關至楚軍中，公見子姪俱至，大喜，因改子名世明，姪名正明，以示不忘本朝也。

周譜：「先是，子與姪從鄉人盧家觀保匿山澤間，屢臨死地，後乃決意入楚。孫璜年十九，方新婚，孫正年二十，生女稱月，皆棄不顧，泣告於母，拜別而行，商友潘哲亦同往，皆不薙髮，取道山谷間，由浙西歷江右間關數月至楚。公見子姪至，不勝喜，改子為世名，姪為正明，示不忘本朝也。」

六月，督師何公騰蛟約期會議，公因往長沙。

明季南略：「六月，督師何騰蛟約期會議，公因往長沙。」

七月，公駐長沙。何公邀與隆武議出關，為鄭氏所阻，至是疏請幸贛州，協力以取江西，合郝永忠將精騎五千奉迎。

小腆紀年：「秋七月，總督何騰蛟遣兵勤王。」

八月，公為子世明別娶湘潭諸生唐鶴翥之女，正明亦納陸氏女。

周譜：「公念兩世單傳，世明歲尚未有孫，更值兵革，存亡不測，聞湘潭諸生唐鶴翥有女，及笄，為世明求之，東李鄭二生轉告以至情，倘皇路清平，東西二館古亦有之之意，唐慨允，遂成婚，正明亦納陸氏。」

是月，清兵陷仙霞關嶺，隆武帝奔汀州。

延平王臺灣海國紀：「清兵既陷仙霞嶺，帝倉卒自延平走汀州。」

九月，公得浙閩兵潰之報。十月初十日兩廣總督丁魁楚、廣西巡撫瞿式耜、廣東巡撫王化澄、肇慶知府朱治憪擁永明王由榔監國於肇慶，十四日即皇帝位，仍稱隆武二年，以明年改元永曆。公與何公騰蛟奉表至粵勸進。

周譜：「九月，聞浙閩兵潰之變。」

延平王臺灣海國紀：「福京不守，兩廣總督丁魁楚、廣西巡撫瞿式耜等……以永明王……監國於肇慶。」

小腆紀年：「十月壬辰，明湖廣督師何騰蛟、巡撫堵胤錫奉表桂王勸進。」

明季南略：「永明王諱由榔，桂恭王之少子。」

是年六月，隆武駐延平，八月福京陷，帝奔汀州。十月十四日兩廣總督丁魁楚等擁永明王由榔監國於肇慶，以明年改元永曆。十一月朔，大學士蘇觀生又立隆武弟聿鐭於廣州，改元紹武。十二月十五日清叛將李成棟陷廣州，殺紹武。

永曆元年，清順治四年丁亥（一六四七），四十七歲。

正月朔，永歷在梧州，十六日叛將李成棟陷肇慶，兵部主事陳邦彥招降甘竹灘余龍等襲清艘百餘於東莞，直逼廣州，成棟還兵救，永歷遂得由平樂走桂林。二十一日駕幸桂林，二十五（九）日成棟陷梧州。

行在陽秋云：丁亥春正月癸卯朔，駕在梧州，十六日，成棟陷肇慶，駕幸桂林，兵部主事陳邦彥招降甘竹灘余龍等水師襲清艘百餘於東莞，直抵廣州境，成棟返救，遂乘輿得達桂林。止

小腆紀年云：癸亥（廿日）明桂王由平樂如桂林，……辛未（廿九日）清兵取梧州。止

二月望永歷幸全州，瞿式耜疏止之，弗聽。二十五日清兵陷長沙，二十四日陷湘陰，王進才大掠而遁，督師何騰蛟單騎走衡州，檄張先璧、黃朝宣等援長沙，俱不至，朝宣走衡州。

行在陽秋云：十五日丙戌駕幸全州（上幸桂林），復謀移蹕，大學士瞿式耜力爭，弗聽，竟出全陽。丙申（望）清陷長沙，……丁酉（二十四日）清陷湘陰。止

小腆紀年云：丙申清兵取長沙，明何騰蛟走衡州，大清兵取湘陰，明守將王進才大掠而遁，督師何騰蛟檄諸鎮援長沙，不至，黃朝宣走衡州。止

三月初七日劉陽伯董英以城降於清，十四日清兵自平樂薄桂林，乘虛衝入文昌門，時瞿公出守文昌門，調度自如，而何公騰蛟老將重兵悉屯湖北，聲援不及，瞿公毅然督戰嬰城，而走覘帥大將焦璉掩其不給，大敗之。二十二日何公破清兵於辰州。

行在陽秋云：三月戊申劉陽伯董英降於清。……癸亥（二十二日）督師何騰蛟破清兵於辰州。止

小腆紀年云：乙卯（十四日）王師從平樂長驅入桂林，盡銳中兵，式耜檄召焦璉於黃沙鎮，璉率騎三百人赴之。止

四月初二日（癸酉）清兵陷衡山，初四日劉承胤挾永歷如武岡，承胤掌兵事政，而忠貞十家兵（營）頗強，聲言入湘南就糧，承胤懼為所併，以為非我莫制，特疏加公兵部右侍郎，總督恢復軍務，令督兵出江楚。初八日（己卯）清陷寶安州，初十日（辛巳）叛將孔有德、耿仲明、尚可喜分道犯湖廣，十二日（癸未）清兵入衡州，殺黃朝宣。十三日（甲申）清兵陷永州，守將盧鼎走道州，何公駐白牙市。

行在陽秋云：癸酉清陷衡山，……劉承胤挾上如武岡。止

周譜云：四月陞公兵部左侍郎，總督恢復軍務。止

明季南略云：帝駕桂林幸武岡，劉承胤掌兵事政，而忠貞十家軍（營）頗強，聲言入湘南就糧，承胤懼為所併，以為非公莫制，於是加公銜，敕督兵出江楚。止

小腆紀年云：己卯……清兵克寶安……辛巳我大清命降將孔有德、耿仲明、尚可喜分道取湖廣。……甲申……明督師何騰蛟退駐白牙市，右侍郎章曠駐寶安。止

五月十四日改武岡為奉天府，劉承胤入直。二十四日（甲子）清陷常德。

小腆紀年云：甲寅明改武岡州為奉天府，以周鼎瀚為東閣大學士，劉承胤入直。……甲子我大清取明常德。止

六月朔，督師何公騰蛟朝行在，帝慰勞之，命滇將趙印選、胡一清統兵從何公歸守白牙市，勅諸鎮扼守寶慶、辰、永。命何公駐衡州，晉世侯爵，加公東閣大學士，賜尚方劍，總督江楚，駐長沙。

行在陽秋：督師何騰蛟朝行在，上慰勞之，命滇將趙印選、胡一清統兵數千人從騰蛟歸守白牙，勅諸鎮扼守寶慶、辰、永。晉騰蛟世侯爵，駐衡州；堵胤錫世伯爵，駐長沙。

小腆紀年：騰蛟入謁，王及太妃皆召見，慰勞再三。初，騰蛟薦劉承胤，由小校至大將，稱門生，已漸倔肆。騰蛟在長沙時，以藤溪之捷奏加張先璧援剿右將軍、御承忠援剿左將軍。承胤怨，䶵入黎平，執騰蛟子，索餉數萬。騰蛟度不能制，乃為之請，得封定蠻伯，且為姻。既入衛全州，爵安國公，勛上柱國，賜上方劍，翻嫌騰蛟出己上，自請為戶部尚書專領餉務，且以長沙失守奏解騰蛟兵柄，王弗許，遣中使密召騰蛟為計。然騰蛟固無如何，且無兵，命以雲南援將趙印選、胡一青兵隸之，守白牙市。

七月，劉承胤驕肆日甚，忌何公權出己上，請為戶部尚書專理糧餉，不聽。及何公辭朝歸，陛辭奉旨郊餞，何公託病駐城外荒寺，不言行期，以防承胤。承胤果伏千騎於道中，欲害何公。時趙印選領鎮兵五百隨何公，皆捍卒，中道伏兵起，印選率部盡殲之。承胤諱而不言。公因上疏劾承胤專權擅兵，恣行不法，戕殺督師重臣，謀危社稷，大逆不道，請正典型。承胤見公疏，始知懼。

周譜：七月，上請誅劉承胤疏。

八月初五日（壬辰），劉承胤以奉天府降清，駕踉蹌走慶遠，傳幸廣西。公以常德既陷，率諸部將馬進忠、王進才、張光萃、牛萬才等駐紮永州、保靖二土司界上，待時規復。

周譜：八月，常德陷，率諸將守永定衛。

九月，武岡之變，消息傳至楚中，諸臣不知乘輿所在，公與諸將謀，請榮王監國，王固辭。既而知永歷無恙，乃止，惟傳令諸營戒嚴。

周譜：九月，武岡兵潰，傳令戒嚴。

小腆紀年：武岡之變，楚中諸臣不知乘輿所在，督師堵胤錫與巡撫御史熊麟議立榮王於辰州，寓書於前閣臣熊開元，以中興元輔相期。開元答曰：今日所急在戰守，不在立君。乘輿所向未卜，萬一或有差參，魯、唐近轍，何可再尋。乃止。

明季南略：報至，公與諸將謀，請榮王監國，冀奠方今，以鎮撫人心。乃於舟次啟王，王固不肯。既而知車駕無恙，遂中止。

明史：榮惠王由楧薨，子慈炤嗣。獻賊入湖南，王奉太妃走辰溪。

九月二十五日，清陷沅州，傅上瑞叛降清，駕幸沙坭潭。

行在陽秋：清陷沅州，巡撫傅上瑞降於清……駕幸沙坭潭。

十月，駕幸柳州，督師何公騰蛟來朝。

行在陽秋：駕在沙坭潭，督師何騰蛟率鎮兵來會，遂從駕至柳州。

十二月，公率忠武營兵復常德，進復辰州。公自退保土司以來，采薇茹蕨，淹及半載。公憤不能恢復，乃刺血書二祖列宗之牌位，慟哭欲自殺，諸將感動，三軍皆哭，哭聲震山岳。馬進忠、王進才等輒奪兵而出，公親甲冑督陣，率姪正明血戰三日,遂復常辰,俘獲甚多。事聞,諸將各陞敘有差,於是乘勝圖下江漢,軍聲復振。

周譜云:十一月,李忠營兵復常德,進復辰州。止

是年正月,駕在梧州,徽臨肇慶,駕移桂林。二月晉封劉承胤安國公,曹志建永國公,焦璉新興侯。駕幸全州。四月,劉承胤挾永曆至武岡。五月改武岡為奉天府。八月,劉承胤叛降於清,永曆踉蹌走慶遠。九月駕在沙琥潭,十月駕幸桂林,十一月幸象州,欲往南寧,為焦璉亂兵所阻,仍還桂林。

永曆二年,清順治五年,戊子(一六四八),四十八歲。

正月,公遊岳州天門山,成遊天門山詩:

亂岩香花試一臨,廿年零落又春深。鄉花盡入兵戈眼,溪澗爭鳴虜雨心。野鳥何晴三月麗,峰巒愁絕暮山陰。天涯即事渾傷舊,馬背鞭眉自戲吟。

[redacted]

六月,公駐中渡,袁宗第駐松滋金家場。

行在陽秋云:督師堵胤錫駐中渡。止

三月,檄忠武營諸將與忠貞營諸將合營同駐常德,公慮馬進才等派軍雜支,更調高李等諸部為犄角為勝,東下計,諸將皆應命。有奸人鄭古著業由嗟構,諸將感之,始各懷異志。

周譜云:三月,檄忠武營諸將與忠武營諸將合營同駐常德。止

江西提督金聲桓與總兵王得仁以南昌九御州縣反正永曆,從桂林駕發南寧。

行在陽秋云:清江西提督金聲桓以南昌內附,……孫可望請駕幸南寧,許之。止

四月,駐武昌,清尚使公之鄉人吳達以書招公,公峻拒之。

周譜:四月,北師以書至,拒之。止

五月,時有倡和議者,公上疏痛陳其不可,其議遂寢。

周譜云:五月,上絕口勿談款議疏。止

二十七日,督師何公騰蛟復全陽。

行在陽秋云:騰蛟奏捷疏,歸之留守,曰:為皇上以信臣用臣,當式耜一人也。止

六月,李成棟以肇慶反正,降表至行在,舉朝歡呼。公引兵入常德、辰沅,永曆駕發南寧,幸潯州。

行在陽秋云:六月朔,遣刑部侍郎劉遠生入粵勞師,……是月,駕發南寧,幸潯州。止

小腆紀年云:時李成棟歸明,於是馬進忠、王進才、李赤心、高必正等乘閣復湖南郡縣。止

七月,楚宗朱容藩在川自稱楚王,世子監國,天下兵馬副元帥,自鑄金印,川中將士競趨之,有自帝意。四川巡撫錢邦芑傳檄楚督何公騰蛟與公及堵胤錫乾

德等各大鎮，期合兵共討。公得書，以方統兵欲東，恐變起旦夕，即乘舟入四川，會容藩，正式責之曰：「爾以文應安命非分，欲竊名號，籠絡天下文武乎？」容藩曰：「聖駕播遷，川東不知順逆，聊假名號彈壓之耳。」公詞之曰：「爾身自為逆，何能服人，今義旗所向而來，直摧朽拉枯耳，能保首不斬，爾首獻功耶！」容藩不能答。時文附容藩者張經程正典、朱運久為首，公一一陳大義切責之，川東文武始知容藩本末，悉其名號之偽，各思解散，以聽朝廷命。未幾，容藩為李占春所殺，王光興于大海、李占春各營請歸命，封其軍於為忠開營。

《周譜》：「七月至夔州，責楚宗朱容藩不當僭國（監）之號，遂散其黨。」

《明季南略》：「郛芑乃封疏檄文達書於堵胤錫，期合兵共討，胤錫率馬進忠駐施州衛，得書即入川會容藩，正色責之。容藩曰：『聖駕播遷，川中不知順逆，聊假名號彈壓之耳。』胤錫詞之曰：『公身自為逆，何能服叛逆乎！錢代有檄會兵，若爾不悛，錢公率兵南下，吾截其後，川將皆朝廷臣子，誰為公作賊者。』時文臣附容藩者止張經、程正典、朱運久三人，胤錫一一陳大義切責之，川東文武始知容藩名號之偽，各各解散。」

八月，公自夔州遂至湘南，馬進忠與李赤心不合，恐其相圖，遂掠常德移營湖南矣。公乃調護諸將，鼓厲士卒，躬率高李兵出征，先復湘潭，次復衡州、郴州，既而進兵江右，所過郡邑多下，師次吉安。

《周譜》：「八月還自夔州，督忠貞營諸將收衡湘，進至江右，所向克克。」

十月，公得金聲桓、王得仁反正之報，乃回茶陵。會金王之反正，以江右鄉音應將趙南京，恐贛州未下，議其後，留攻贛，以牛酒犒公之師，請獨任江事。公欲與何公騰蛟定謀，合兵出江漢，以窺兗豫。

《周譜》：「十月得故軍將歸正之報，率師還駐茶陵。」

十一月，陞公兵部尚書，賜上方劍，便宜行事，專督諸營恢剿。

十二月，何公自粵西遣使致書於公（周聽細言）曰：「晨附八行，奉候台端，不十得達記室否？騰蛟煢煢孤身，戰於嚴關日月橋，三王卻走，進圍零陵，指日可下。各御邑盡入掌中，聞忠貞諸營駐節中州，分取衡陽，則功又有所屬矣。近王、馬諸勳，舉動甚是乖張，騰蛟已有檄諭之矣。諒此輩必不負騰蛟也。」

公得書，語樞蔵毛爵登曰：「我等封疆之臣，罪且難贖，何公尚欲言功耶？」至是，金王諸將為清兵所困，何公調忠貞營往援，公即率諸將赴之。

《周譜》：「督師援南昌。」

公在軍中五載，著《春秋說義》五卷，凡萬五千言，每師行命幌世明馬前負之，公自裝筆墨，箋釋不輟，至是成編。

《周譜》：「論《春秋說義》成，傳聞是歲於習營中失之。」

是年正月，永歷在桂林，二月清降嶺東，提督李成棟反正，三月清兵犯桂林，何騰蛟擊走之。五月清兵援江西，金王兵敗，守章江。八月永歷駕遂肇慶。十二月李成棟出兵南雄，何騰蛟復安化、醴陵、益陽、湘鄉、攸縣。

永歷三年，清順治六年己丑（一六四九），四十九歲。

正月，公師次衡州。二十一日，清兵再陷湘潭，督師何公騰蛟被執，不屈死。

周譜曰：正月，師次衡州。

張譜曰：督師大學士何公騰蛟駐湘潭，遣諸將悉力攻長沙，將拔之，北師驟至湘潭，何公死之。

行在陽秋曰：二十一日，清再陷湘潭，督師定興侯何騰蛟被獲，不屈，死之。

小腆紀年曰：騰蛟駐衡州，聞李赤心棄常德東走也，大駭，檄馬進忠由益陽至長沙，與諸將會師進取，而親詣忠貞營，邀赤心入衡州。部下諸將慮爲赤心所襲，不護行，止携吏卒三十人往。赤心已東，尾之行。進忠方奉檄進發，聞督師輕身往，大駭，遣部將宣威伯楊某追護之。騰蛟至湘潭，則赤心已不宿去矣，湘潭空城也。降將徐勇輕騎偵知督師一人在焉，率兵逕入。勇舊隸騰蛟麾下，卒敎羅拜勸降，騰蛟大罵，遂擁之去。

明季南略曰：己丑，堵駐長沙，何麾下諸將喜長沙貨物輻輳，拜其居室，時一隻虎已署爲忠貞營，在長常界，堵引兵就之。十月，大清盛兵上湖南，沿湖搜哨，發兵抵長沙，長沙城下無人知者，何倉皇命出師，竟敗走，有卒數十人擁何出城，何怒叱之曰：若輩不應命出師，安之？吾今而得死所矣。以是時衣冠衣之，執危坐沙灘上，大兵至，自言何督師。執送古廟中，不食數日死。

小腆紀傳曰：騰蛟乘馬欲登舟，爲追兵所執，大呼曰：我何督師也，當明白死，奴輩勿狗陵我！因下馬步至城南佛庵。徐勇故騰蛟部將，率其士卒羅拜勸降，騰蛟大叱之。清帥遣人勸降至再三，騰蛟不應，唯舉手拍手呼「可惜可惜！」兩掌皆碎，水漿不入口。清帥知其終不屈，乃殺之。

二月，公聞湘潭之變，引兵赴救，與敵鏖戰，時忠貞營與何公標下不協，遂駐衣常界上。公乃率滇將胡一清等扎營於衡陽，悉力拒守。

周譜曰：二月，率師救湘潭，不及，還守衡州。

明季南略曰：公聞變，師還衡州，時忠貞營與何標下不協，遂駐衣常界上，公乃率滇將胡一清等紮營衡陽，悉力拒守。

小腆紀年曰：明堵胤錫以胡一清、趙印選兵守衡州。

金王之兵又敗於南昌，王得仁自殺，金聲桓赴水死。

明季南略曰：金聲桓據南昌，大清兵晝夜攻擊之，王得仁自殺，聲桓赴水死。

公過安仁道次，成《過安仁道次》詩：

終年馬背隨風雨，蓋日刀尖度死生。全副骨頭當累赤，一雙眼角老難青。才淹騷賦非傷志，學窮春秋未解兵。四十八年心事在，敢云多難秋精神。

并集軍中所賦詩，名曰《馬革集》，今佚。

周譜曰：公嘗裒軍中所賦詩，名曰《馬革集》，今佚。

四月，公麾兵與清軍大戰於衡陽之草橋，公自執桴鼓，諸將身前搏戰，白衣至西，斬代相當，清兵以輕兵截出陣後，遂敗。乃退劄耒陽，而老營駐於永興，相去百五十里。初五日，永興陷，姪正明死之，眷屬皆自焚死。

周譜：「胃陳於衡之草橋，不利，遂駐耒陽。」

張譜：「正明屯永興，初營於河右，審悉形勢，忽奉中軍令，移於河左，有婦人引兵從間道衝突，皆背鐵騎，分馳而一軍已亂，正明急趨上馬奮突而出，呼部下死戰。已分為數處，圍兵數十重，正明身被重傷，猶手殺數將。及於城濠，銃箭蝟集，遂遇害，時年二十四。參謀潘哲、邵巖正皆不屈死。公繼室唐氏、世明室唐氏、正明室陸氏及諸眷屬在城中，閉塞闔門，縱火自焚死。」

小腆紀年：「胤錫陣於草橋，自辰至酉，斬殺相當，忽王師以輕兵截出陣後，衆遂潰，胤錫退至耒陽。旋復永興，陷，姪子正明死之，全家遇害。」

清師鄭王得公之戚唐鵬翥，厚遇之，誘以官賞，使為書以招公，委曲諭以天時人事之說，公哭而拒之。

周譜：「北師以書至，拒之。」

五月，清兵日逼境，約日出戰，公刺血書疏，籲神，納刀靴中，謂諸將士曰：「兵凶戰危，此行脫不利，吾惟一死以報國。」將士感激，戰於麻河，大捷。

周譜：「戰於麻河，大捷。」

公自永興陷後，知不可進，率子世明及帳下將士退入龍虎關，暫依保昌侯曹志建。志建素驕橫，縱兵掠永郴界上，坐視不為救援，屢被公詞責，方慚愧不自安。至是見公兵敗，遂欲乘機害公，夜坑殺公從兵千餘人，及旦而公覺，乃入猺峒之何家寨。志建追至何園，復率衆力圍之。志建怒屠何寨。公得走粵西之賀縣，沿途招集散亡，揔兵復振。

周譜：「自耒陽入龍虎關，從猺峒趨粵。」

小腆紀年：「乃以數千騎退入龍虎關，依守將曹志建。宗室朱謀烈構之於志建曰：『堵公將不利於公也。』志建夜發兵圍之，殺從卒千餘人，胤錫及子逃入富川猺峒，匿監軍僉事何圖復家，閒道走梧州。」

公以將入朝面君，討兵偏將復入楚，謀大舉，先遣子世明賫奏詣行在自陳，並為死事諸臣請卹典。五月二十八日，行至廣東之陽山縣，以病卒。公聞訃，顧謂左右曰：「此天命也，吾何以子為哉！」意氣慷慨自若。

周譜：「五月，遣子世明賫奏詣肇慶行在，以病卒於道。初，公謂世明曰：『爾書生，在軍中無益，今事不可知，若父殉封疆，子延宗祀，亦各得之道也。』遂託於長沙門人李先登，令匿之山中，出衣資遣之。世明泣對曰：『欲兒何往耶？不若父子兄弟死生同一處也。』因慟哭，固不肯去。」

六月，永曆在肇慶，十五日，公至肇慶，十六日朝於行在。朝廷先遣官迎公於富川之野，比十五晚至肇慶，晤閣臣嚴起恒敘故舊誼，明旦相引陛見。朝廷親勞之，面命入閣辦事，賜宴，禮意有加，然旁觀已有側目者。十九日，公疏請出師，朝廷召對，奉命安撫諸營。時李、高尚有兵卅營，十餘萬人，分道從郴州入梧州，既而移屯德慶州，客兵猝至，粵西震恐，又有言公將統兵入衛清君側者，疑益危之。朝廷乃命公度地方安插之，人心始安。加陞公總督直省軍務，兼理糧餉，特賜龍旂、尚方劍，便宜行事，少傅兼太子太師、文淵閣大學士，吏部尚書兼兵部尚書，敕忠貞、忠武、忠開諸營悉聽節制。忠貞即高李十家，忠武即馬進忠、王進才、張光萃、牛萬才等，忠開即于大海、李占春、袁韜、武大定、王光興、王友進、王昌、王祥等。

周譜：六月，入朝，奉命安撫諸營，加陞直省督師，特賜龍旂、尚方劍，便宜行事，總理軍餉糧儲，少傅兼太子太師、文淵閣大學士、吏部尚書兵部尚書，出師以圖江楚。

小腆紀年：亂錫時在梧州，適王遣嚴起恒、劉湘客安輯忠貞營，至梧，而赤心等已入賓橫二州，及載亂錫回肇慶，十六日朝於行在。

七月，公上急措兵餉以求招集賞功疏，凡五上，議於學道衙門支撥事例三千兩以給之。已留至寓，忽為李元胤攫去，僅領布繪龍旂二面以壯軍容而已。公含淚辭朝，七月初二日師次梧州，朝廷念公勤勞，因降敕封為先化伯，給誥券。

周譜：七月，師次平梧。

小腆紀年：亂錫疏請措餉，元胤不與，惟布旂二事而已。王以亂錫素得忠貞諸營心，降敕封先化伯。

公作書寄吳中故人曰：

不肖甲申以來，戮力疆埸，然心盡力瘁，不堪復振。然一息尚在，敢不勉旃。倘邀宗社之福，收合餘燼，迅掃狂氛，捲土重來，揚帆直下，得展先陵，歸老桑梓，所厚望也。若天不降佑，師徒失律，大勢日非，則錫七尺朽軀久不作人間想矣。（吳日荊溪之濱，故人有知錫者，於清風月白之夜，聞有悲淒叫呼者，必亂錫也。）瀝酒奠酹，錫且不朽。念錫一生，剛不有家，貧不棄捐，不復更適。止有堂兄亂樅、姪子昌明，為先人祖父一脈之遺，煢弱可傷，倘親友嘵而衣食之，使不致溝壑，則錫之生死感也。

公自記之稿，增年譜絕筆於此。

本集例言：塘增者起於公十一歲，沖守公卒至四十九歲寄故人書而止。

八月，有土寇徐彪聚眾數萬人，四出剽掠，官兵不能制。公念內難未靖，何以敵寇？師往平之，擒彪斬於市。

張譜：八月，討土寇徐彪，殺之。

公疏廷臣各立門戶，御旅嚼齕，無成功，惟當任罪，何敢冒恩，上疏辭先化伯之爵。朝廷特賜四代誥命以獎之。

周譜：上辭伯爵疏，奉旨給四代誥命。

小腆紀年：敕封先化伯，亂錫疏辭，乃賜四代誥命以獎之。

孫可望據滇中，脅封，陳邦傅私鑄秦王金印，遣胡執恭偽敕封之，朝議哄動。定掌參劾，會朝臣遣使勞軍，以問公，公上疏曰：

臣竊謂可望父子久已割據西川，今滇黔盡為所有，固能自立，豈能禁其不自王？今可望尚知請命，其意猶可取。我不能禁其不王而欲制之，勢將僨決，當即降敕封之，使恩出朝廷，乃可得其用。今彼縛胡執恭歸朝正法，誅之則是賞罰之權，庶不倒置。不然，是驅之為變也。

首輔嚴起恒、戶部尚書吳貞毓、兵部侍郎楊鼎和、給事劉堯珍、吳霖、張戩等，堅持不可。公又密疏曰：

廷臣謂異姓封王非祖制，不當自可望發亂，始持論良正。然不為今日言。可望固逆獻養子，凡逆獻滔天之惡，與有力焉。今姑取其歸正一念，冀收其將來之用，安可坭頒爵之常法哉。且可望已自稱平東王，一旦封以公爵，彼必不樂受，因而為逆，謂天下威靈何，謂事勢何。若欲收其用而反褻國體，非良策也。臣竊有一說於此，臣謹按開國功臣徐達、常遇春等俱食太廟，稱六王，皆追封也。伏乞皇上乾斷，量封可望為二字王，即於敕書中詳載高制，明示破格殊恩，而勉之以中山、開平之功，如此可望必能感激用命，於之祖制，亦不為背謬。國家今日於可望，善收之則復有滇黔，不善收之則增一敵國，利害無兩立，得失不再圖，不可不熟慮也。

疏入，朝廷制曰：可命鑄印封可望平遼王，差僉院趙昱賫往。

周譜：疏論條可望封爵事。

墓誌：有詔使問孫可望要求王爵之事，疏論不能禁其不王，而欲絕之，勢將僨決。又密疏請量封二字王，要使恩出自上。

小腆紀年：可望乃遣畏知（楊畏知）及故兵部郎中龔彝赴肇慶進表，請王封，給事中金堡七疏爭之，謂三百年來無異姓封王例，祖宗定制不可壞。嚴起恒以安之皆主之。畏知疏曰："國事危矣，不及此時以虛名為招徠，而竟自樹強敵乎？且可望固盜之渠也，鄉者屠毒海內，蹂躪社稷，今一旦投誠，何義豈朝廷威德所能制。蓋列聖神靈陰以啟之也。倘因其來而明示以異等之恩，彼必踴躍聽命，庶幾收用於萬一。奈何信及一二（儒）腐，坐失大計。夫法有因革，勢有變（通）。今土宇非昔，百務俱隳，而獨於區區封議，必欲執舊法以繩之耶？"宗室朱議滰劾堡把持誤國，畏知又曰："朱君亦謬矣，給事以祖制爭之，使滇知朝廷有人；皇上破格封之，使滇知為朝廷特恩，畏威懷德，不更兩得乎。"

十一月，公師次漵州，以歷年征調勞苦，憂悴，往往扼腕吐血，又連喪子姪，益黯然神傷。值李元胤用事，每有奏請，輒為掣肘，諸營多觀望不進，展布益難，遂發憤成疾，吐血不止，駐兵於漵之長生寺。

周譜：十一月，師次漵州，有疾。

任源祥堵文忠傳：十一月，師次漵州。自衡陽之敗，親兵殘破，攻奉命出師，軍無饋餉，李元胤用事，每有奏請，輒為掣肘，諸營多觀望不進，遂發憤成疾。

其時袁彭年、劉湘客、丁時魁、金堡、蒙正發等五人附李元胤，為五虎，蟠據言路，顛倒是非，其餘依附者甚衆，總謂之吳人，公甚嫉之。十五日於病革中強起具衣冠，望闕再拜，上遺疏曰：

臣受命以來，雖大孽重，不復自量，擬再合餘燼，少收桑榆，不料請兵則一營不發，若曰堵督臣而有兵，則豈其羽翼也；索餉則一毫不與，若曰堵督臣而有餉，則資其號召也。致臣如窮山獨夫，坐視疆埸孔亟，嘔血拊心，略無展布。昨西上橫邑，感厲太重，一病不起，遂快群腹。臣亦何恨，但恨以萬死不死之身，不能為皇上畢命疆埸，而死於枕席，是乃恨也。臣死之後，伏乞皇上揀任老成，用圖恢復。若國家大事，惟聽馬吉翔、李元胤、劉湘客、袁彭年、金堡、蒙正發、丁時魁等，任皇上心腹股肱，成敗可虞。祖宗有靈，實鑒臨之。臣死矣，不勝餘憾。

公拜疏訖，又南拜父母曰：兒死不獲生還卬寵矣！復懸在三圖，命左右環跪，勉以忠義，爲訣別。及將絕，呼筆自題其像曰：有明堵子，生而精敏，遭家不造，誠身事親。遭時多難，誠身事君。四十三年，孤兒遁臣，而今而後，浩然蒼旻。遂於十一月二十六日丑時卒。

周譜：二十五日拜遺疏卒於軍。

墓誌：踰刻遂長逝，仲冬之二十六日也。

任源祥堵文忠傳：二十六日拜遺疏卒於軍。

宜興縣志忠義傳：卒時十一月二十六日也。

三軍哭慟，如喪考妣。時隨公親屬，僅有將世芳、族姪武鼎，及江右知交數人。卒之前一夕，親吏歐陽與夢公乘騰空而去，次日以語人，左右夢皆同。

任源祥堵文忠傳：三軍號慟，如喪考妣，百姓遠近奔哭。

明季南略：卒前一夕，親吏歐陽和夢公騎牛升天去，次日語人，左右皆同。

張譜：公生以辛丑，提以丁丑，卒以己丑，丑之生固屬牛也。第峯之禱感於前，潯陽之夢徵於後，牧遊公之生之卒，豈偶然哉。

行在陽秋：五月，堵督師胤錫辭朝，旋病卒於潯州。按此作五月，實誤。

小腆紀年：十一月辛巳（二十六日），明督師大學士堵胤錫卒於潯州。

閏十一月，朝廷聞公卒，涕泣減膳，輟朝五日，贈公上柱國中極殿大學士，太傅兼太子太師，鎮國公，謚文襄。蔭一子錦衣衛指揮同知世襲，予祭九壇，遣禮部官致祭，賜塋潯陽之西山，以閏十一月十九日葬，子世明祔。

任源祥堵文忠傳：上爲涕泣，輟朝五日，贈太傅、鎮國公，謚文襄，蔭一子錦衣衛指揮同知世襲，予祭九壇。

宜興縣志忠義傳：王聞之震悼，輟朝五日，諭祭九壇，贈上柱國中極殿大學士、太傅兼太子太師、鎮國公，謚文襄（明史作潯國公，謚文忠）。正明、世明以從軍死，皆予卹。

周譜：閏十一月，賜葬於潯州之西山。

乙未年（永曆九年，清順治十二年，公元一六五五年），陳淑人抱族姪聞政之子延紹，使承世明爲嗣孫。己亥（清順治十六年，公元一六五九年）年，復告親友，付手囑，復立從弟寅恭之子景源爲次子，命公之甥殷百華同入楚迎柩。

墓誌：胤若景源，孑身間關，覓櫬於楚粵間。

公卒後，故人徐一鶚在粵西督臺幕，茶陵門人尹惟日爲廣東和平令，謀發柩送歸宜興，而一鶚、惟日相繼卒。惟日之父乃載公柩停茶陵。及壬寅（順治十九年，公元一六六二年），族姪武鼎自潯陽挈家寓衡陽，因至茶陵，移柩停衡陽雁峯寺，寄留至宜興，而武鼎復故。丙午（清順治二十三年，公元一六六六年）二月乃得於黄梅縣驅城寨騎龍菴中，與見當日起柩鐫文所經過關津批劄，菴僧云歷年神靈顯異。景源伯舉奉公父子之柩，并招正明魂，買木全以歸。是年十二月二十七日葬公於虞山祖壟。

墓誌云：公姪武鼎在潯，因公故人徐一鸛謀至茶陵門人尹惟日任所，敬學督馬洽照程歸櫬故里。尹時為和平令，措百金，遣役李選偕武鼎如潯迎柩。惟日忽病故，將革時囑其父羽侯云：「堵師柩未歸，切切以兒先入土，使兒不得見先師於地下。」閱兩月，李選返，羽侯得公父子柩及惟日之喪，自和抵茶，武鼎患疾淹潯，越四年至茶，以尹君不獲葬也，乃移公柩於衡陽雁峯之麓而家焉。踰月，武鼎亦病故。興化李君磐石過雁峯，見公旅櫬，不禁歔欷，設奠以告，復移公柩自衡歷漢津，過黃梅，驅城寨騎龍菴內。初家未之知也，景源經年尋訪始得之，且見敬柩，鐫文關津批帖，俾先骸卒返故里，與祖禰同壟。止

漁父府君家乘紀略稿

（清）楊守約 編

《漁父府君家乘紀略稿》一卷，（清）楊守約編，清光緒十七年（一八九一）楊松源鈔本。

譜主楊思九（一六三一—一六九九），字惟三，晚號漁父，無錫江陂橋人。少貧，耕漁自給，勤於力田。穀稍餘，輒別貯之，大署其廪曰賑，謂異日施濟當如是。後會歲饑，邑縉紳詣鄉勸賑，叩數富室，皆辭以他事。因共過思九，具言來故。思九即踴躍曰：『計吾家所食，餘悉以賑。』諸富家聞之，乃更出粟。於善事知無不爲。及卒，割田三頃以贍族，以六頃公爲施濟費，命世守之。楊守約（一六八二—一七三〇），字以博，號南村，無錫人，譜主長孫，顧貞觀孫婿。康熙五十二年（一七一三）舉人，經魁，考授内閣中書。著有《五經文長編》。

本譜叙事起自崇禎四年（一六三一），止於康熙三十九年（一七〇〇）。譜前有郭仁撰《明處士大川公暨配郭孺人合葬墓志銘》、楊守約撰《家乘紀略》、顧貞觀撰《太學生考授別駕漁父楊公墓志銘》、顧棟高撰《考授州佐太學生漁父楊公傳》等，譜後有蘇宗慎跋。附《金匱縣志》傳、《無錫縣志》傳、《新建家祠記》、申頒匾額具批、《先大人親筆遺囑訓戒》、嘉慶四年敕命等。

本書據清光緒十七年（一八九一）楊松源鈔本影印。

（朱　剛）

高祖漁父公考授州佐生於崇禎辛未四年正月二十七日戌
時卒於康熙三十八年正月十一日卯時享年六十九歲墓
在天授鄉古庄白羌橋之傍寅山申向兼艮坤三分
高祖母范太安人生於崇禎丁丑九月二十三日戌時卒於康
熙甲戌七月初七日巳時享年五十八歲
側室蔣太孺人
曾祖純若公考授州同知生於康熙三年二月十八日卯時卒
於雍正八年四月二十四日寅時享年六十七歲墓在蘇
慶灣主穴龍甲山庚向兼卯酉三分庚寅庚申分金
曾祖母元配倪太安人生於康熙五年十二月初一日卒於康
熙三十六年八月初九日子時享年三十七歲
曾祖母繼配沈太安人生於康熙十年六月初二日子時卒於
乾隆四年九月二十三日卯時享年六十九歲
曾祖母張太孺人生於康熙二十年八月二十日卯時卒於雍
正七年十二月十九日寅時享年四十九歲
祖善長公太學生生於康熙己丑年三月初四日卯時卒於

乾隆庚午年十一月十九日享年四十二歲墓在北延
鄉壽山坟華氏墓後身懷字號主穴龍乾山巽向
祖母蔡太孺人生於康熙四十五年三月十三日卒於乾隆
十一年三月十七日寅時享年五十二歲
祖母薛太孺人生於康熙五十年二月二十日卯時卒於乾
隆十五年十月初七日申時享年四十歲
父親春江公敕授廣東肇慶府德慶州悅城鄉巡檢司
生於乾隆戊辰十三年十二月十五日卒於嘉慶甲戌
十九年正月初二日申時享年六十七歲墓在蘇慶灣
母親傅太孺人生於乾隆辛卯三十六年三月十七日丑時
卒於道光丁亥七年十月十三日巳時享年五十七
歲與春江公合葬於蘇慶灣曾祖純若公墓旁昭穴
甲山庚向兼卯酉三分庚寅庚申分金

敦培識
二十二世裔孫松源書

明處士大川公暨配郭孺人合葬墓誌銘

故處士無錫大川楊翁暨配郭孺人既卜葬得吉其從子鄉進士敬涵公紹程以狀來徵銘且曰以翁與孺人生平則銘不可廢以知翁與孺人則莫如子親也詳嗚呼孺人親則余從祖姑也與翁以德相尚以敬勤相待有成猶在余耳目也余雖不文烏敢辭按狀楊之先自宋龜山先生講學於常孫航遂家於錫歷元世孫枝日蕃多登仕籍其不仕而有聞者曰祥二當國朝初實始居邑伯瀆之間橋田廬大啓啓又三傳曰霖傍伯瀆之江陂橋則又大啓於江陂橋霖生菊莊公景昭景昭生如月公鑑如月公朴茂淳易鄉所謂古君子也娶於宋村朱氏而生翁諱溎字子清大川則其別號孺人諱淑字以貞余曾叔祖泉州倅裕庵公女也吾鄉自宋拾民提舉公來世居吳城西之半塘以德義望于鄉邦孺人歸翁蓋兩族交擇德也翁性愿祥務勤履約少讀書觀大略而已獨好記誦古人忠孝節義事欣欣嚮慕庶幾見之躬行焉比壯祇服父勞田牧徭賦細大之任往往鷄鳴而起夜分不寐曰不如是何以承先嗣業乎是故二親安其養而業日以宏則由翁之能子也孺人夙嫻家訓通曉禮文言動無所妄其既歸也奉舅姑歡接先後和其事蠶績女紅即寒暑罔間勤翁于養親于克家蓋多賴其助云翁喪親號踴晝夜無絕幾不勝孺人時時慰解之然其為哀毀猶踰禮也嘉靖甲辰乙巳歲洊飢米價騰湧流離載道公用父命為糜以食之孺人亦從中勸之竟月無倦色鄉人多所全活翁夫婦仁孝則天性也翁晚歲遭倭變苦繇徭又頻掌鄉賦賦多代敝民輸通孺人三脫簪珥以佐之家坐是少替矣翁與孺人乃相戒節嗇自養至其奉賓祭時婚配恤宗黨延師塾竟亦無所廢禮翁初年恒以仁懦見侮于鄉人而無所較季年人翁然歸德不忍復有侮焉家居暇日每夫婦相對稱述先世創守之規庭闈親睦之素及世務艱難稼穡辛苦以示子孫子孫是以罔不若德也翁雖家食終身抑豈所謂克施有政者哉翁生正德丁卯八月二十日卒隆慶戊辰七月二十二日享年六十有二孺人生於正德辛未四月初十日卒於萬曆庚辰六月二十一日享年七十子男二永年娶鴻臚寺序班長洲鳳山顧君女有年娶庠生晋齋華君女孫男二名達聘庠生紹南倪君女永年出名著未聘有年出孫女七永年出者一字華鳴盛一字嵇伯通一字顧士寔有年出者一適姑蘇朱壽昌一字談聖道一適華鳴珂其季未字葬以萬曆壬午十一月十八日壬申地在伯瀆十字河其祖塋銘曰

仁維德基潤以孝愿規也婦隨是曰咸宜孰是人斯祿弗於靡天其爾遺子孫其有之

賜進士出身光祿寺少卿前廣西道監察御史眷姪郭仁撰

約按郭公號子靜嘉靖丁酉舉人　進士官至光祿寺少卿詩文散見劉子威王鳳洲集中劉鳳集有郭園記郭池記郭子靜詩集序

敬涵公諱紹程大川公從子也萬曆丙子科應天鄉試中式第一百十四名武進縣學附學生習詩經由湖廣廣東濟令陞雲南楚雄府通判

黃棣之顧其舊吳顧榮之裔胄也世以貲衡賦于里曰峘者嘗為嶺南從事喜為儒談經術者延致于家郡子弟教之若瞿公景淳徐公楨少皆學焉尤目異之謂當顯其施與非有冀望故身雖不遂達而報乃在其後孫九思方以直誠位貴近 見劉鳳續吳錄

顧公九思字與睿號聾所長洲人隆慶辛未進士歷官右通政嘗為兵科給事中時皇貴妃鄭氏生子傳陞供事員役與皇長子等而妃父鄭承憲陞都督同知公疏言元嗣主鬯承祧與諸子別不宜踰分昔孝恪篤生穆考慈聖太后誕育聖躬而皇親杜繼宗不過指揮僉事俾不過都督同知今貴妃所生者皇子耳承憲安得與二國戚比恩數濫施禮無隆殺非所以秉法示訓也疏入眾為公危而上知公意在皇嗣不之罪疏遂留中一時服公之忠言云 見張萱西園見錄建言條內

家乘紀略

孫男守約編 填諱

公諱恩九字惟三別號漁父吾楊氏譜相傳自宋文靖龜山公講學毘陵孫航遂家於錫歷元世孫枝日蕃當湖甲午孝廉武階大兄嘗語約曰江浙無二楊皆南渡裔也然歟否歟 因遭亂譜失去其可考者自元徵仕郎與一公始居伯瀆之間橋距今十七世矣子祥二公生彥容彥容生文舉文舉生祐始遷和安橋即今江溪橋也之西祐生俊俊生霖以經明行修著霖生菊莊公諱昭昭生如月公諱鑑如月公懷素抱朴卓然有古君子風娶於宋村朱氏而生大川公諱涇字子清配郭孺人淑字以貞明泉州倅裕菴公女公性孝友倜儻負氣前明光祿寺卿郭子靜先生誌其墓所謂天性仁孝克施有政者也晚歲因踐吏之役苦繇徭產中落生小川公諱永年字德卿公高祖也配黃埭顧氏鴻臚寺序班鳳山公女又自橋之西而遷於東復以貲雄里閈富而好行其德子吴凡公諱名達字維城為河南陝州州幕公曾祖也孝友獨行鄉里稱之配堠里倪氏紹南倪公女即康侯建侯姑也子七次脩予公諱日新字克明公祖也世業耕讀入國學鄉學者甚眾公性謹厚端愨推鄉祭酒早卒配鴻山陳氏苦節八旬學憲高公贈匾以旌其節是生公父江望公諱廷瑺字瑞伯元配斗山陸氏完白陸公長女繼配今 誥旌節母侯氏常熟耀宇侯公女公性至孝忠信直亮豪邁不羈與人交慷慨尚義傾財結客家坐是日替矣子三人長南侯公諱芳菲太倉州學增廣生次即公也陸孺人出又次紫葊公諱蒼祚由邑庠肄入太學入貲授文林郎侯孺人出謹按家世大概列之簡端而公之生平因得次第略述後世子孫或可從是以想見公之為人詩曰毋念爾祖聿脩厥德尚敬之哉

七

太學生考授別駕漁父楊公墓誌銘

楊為吾邑著姓其世居江陂曰漁父君者樂善好施稱于時
余素聞其梗概比兩家締姻好益習君為人生平志操及範
家敦族事多可傳而君顧不願有傳也捐館之日誡諸子勿
具行狀乞時名人誌吾墓蓋始終以隱德自勉焉越歲庚辰
長君成志等將葬君於白土之新阡惴惴焉懼先懿之湮沒
介予從子肯堂匍匐詣予問何以不朽若翁嗟乎君自為不
朽耳即今余有言曾何足以重君且非君意敢辭既而自念
攜撒獲落非嗷名公諛墓者比竊竊牽雅知君追憶君生時
所告語暨余平日所見聞約略大都而書其隊中之石亦猶
隱德之弗耀也又奚辭因許為誌按楊之先自宋文靖公龜
山先生注來毘陵梁溪之間講學東林孫航遂家于錫後日蕃
衍多聞人列仕籍明初有祥二公者始居伯瀆之閭橋田廬
大啓數傳諱霖以經明行脩著徙江陂橋則又大啓于江
陂橋君曾祖吳凡公諱名達任河南陝州幕祖脩予公諱日
新父瑞伯諱廷璠元配陸氏繼常熟侯氏子男三人君行二
陸孺人出幼孤產中落弱冠贅甘城范氏久之歸里先業晰
義利信然諾盡恢其替日之田廬且日廓而大之當辟立時
早發願施予至是願果遂暍以茶寒以絮病者以藥死者以
櫬櫬暇即周行村落中營衢造梁及諸焚券已責事更僕難
具書其大者嘗捐貲濬伯瀆河溉數千畝旱潦蓄洩一方賴
之己未庚申間歲大無君捐囷以賑所全活者甚衆西門橋
為邑孔道脩葺費三百金君獨任之藩長存仁胡公聞而歎
曰此邦之儀型也為遺額以致嘉獎一日飲余山齋偶話北
里放生池傾圮有年君立棹小舟親往相度鳩工庀財澤及
魚鳥甫落成而
聖駕南巡幸池工賜
御書名慈雲寺殆君利濟一念所感通有不可思議者歟君志
卓而操堅尤能專壹務本事繼母以順處兄弟以和建宗祠
設家塾歲時畢集長幼諄諄以禮義相勸勉家居自奉菲薄
而以其羸餘置田三頃贍族黨之貧乏者為衣食延師婚葬
之資嗚呼可謂賢矣因歎余家義莊百年以來興廢倏忽遂
為邑衆所遺蓋極服君此舉而重自媿也君性嗜書常丙夜
篝燈手鈔課諸孫較課諸子益切今英英鶚起行掇取科第
慰君九泉君雖未獲身致通顯可以無憾君諱思九字惟三
由太學生例授州倅非其意也故自號曰漁父云生辛未正
月二十七日卒康熙己卯正月十一日享年六十有九配范
氏勤儉孝謹先君卒葬蘇慶灣今將遷柩與君合側室蔣氏
祔子男六人范出者五成志庚午舉人娶范希仁邑庠生娶
倪氏繼娶沈宏度恩貢生娶顧余姪婿也式高娶華成曾娶
朱蔣出者一式閎聘倪女一人婿顧塾孫男十人長守約余
孫婿也邑庠生次守默守忠守身守仁守義守道守德守經
守典孫女六人語云德以號章美以述顯余無足為君不朽
而天之報施其後必昌斯言也足以誌矣并系以銘
銘曰道南脉遠源流長派衍伯瀆詒嘉祥是生厚德表于鄉
君名似晦實則彰古云積善家餘慶厥施未竟奚足傷嶔上
峩峩魄所藏宜爾子孫熾而昌我銘非諛闡幽光刻以貞珉

垂無疆

敕賜文林郎原內國史院典籍加一級管理
制敕章奏充纂修
實錄收掌官前內秘書院中書舍人加一級年家眷姻弟顧貞
觀頓首拜撰文
年家眷教弟胡曾來頓首拜書丹

九

考授州佐太學生漁父楊公傳

周禮大司徒以鄉三物教萬民而賓興之一曰六行孝友睦婣任恤所以範民于善於以敦教化而媺風俗厥意良厚後世教化衰而六行微亡之能率由聖人之教者鮮矣若我太學生漁父楊公殆其人歟公姓楊氏諱思九字惟三漁父其自號先世自宋文靖公倡道東南徙來毘陵梁溪間孫航遂家無錫代有聞人至明初有諱寀者以經明行脩著稱邑之江陰橋公曾祖諱名達任河南陝州幕父諱廷璠生子三人公其仲也先世以貲雄鄉里至公少時產已罄又連遭父母喪依祖母陳以居值明季歲荒穀貴土寇刼掠公兄弟孑孑無寧宇每日啜粥二盂隆冬無被起而遶室疾走以為常年二十一贅甘露鎮范氏去所居六十里念祖母陳繼母侯之弗獲躬養也嘗徒步歸省除夕天大雪風寒裂面公行至中途且前且仆行舟往來如織呼附舟莫有應者公輾然自笑曰吾他日當廣設慈航以利人公性強力能自刻苦遇人雖下賤必與均適棄舉子業戮力治生范孺人佐之課僮僕服田力穡躬親勞勤又以其餘糴賤販貴售輒數倍每自謂有天牟性嗜書能強記左國史漢諸籍無不該覽尤熟通鑑綱目慨然慕范文正公之為人常曰積財而不能散守錢虜耳積貯二十年家用大起乃贍族昆弟之貧者稟孤嫠不能自存者賻喪之淹久不葬者歷世祖墓蒸嘗久廢公脩展祭之禮更樹松楸數千株暍則以茶寒則以絮病者予葯死者予棺己未庚申間歲大祲公出粟賑飢者再又命長子成志煮粥于祇陀寺全活者無算縣令儒需公如公左右手其尤者捐貲濬伯瀆河溉田數千畝西門橋為水陸孔道歲久圮壞君脩葺費鏹三百金橋成翼如至今利賴其餘焚券已責及甃道造梁等事不勝書嗚呼公起孤貧生平自奉至儉一飯脫粟絺綌三十年不易而見義勇為若此公之為人可知矣公性尤篤孝友十歲喪母獨奉祖母者三十餘年不以煩諸叔父時方壁立脫范孺人簪珥為祖母買婢見者嘆異兄南侯教授自給脩脯所入公為經紀之積產與公均異母弟鼎

十

葬喪父時年纔四歲公撫育之至于成人後入貲謁選得雲南縣令皆公力也公年六十九而卒有子六人孫曾輩四十餘人為明經孝廉者踵相繼皆醇謹守公家法祈嚮日特置義田六頃又分授內外家祭祀田各二十畝臨歿手書戒子孫以敦倫飭檢餘無一語嗚呼公之于六行可謂兼之矣自後世教養道廢士有志好施者顧愧于力之未能雖然亦視其志何如耳如公當貧無立錐時即慨然以施濟為己任卒苦自立卒償其願此其所抱負豈小哉豈與夫瘠人自肥斤斤較一錢者所可同日語哉論者謂
朝廷當錫珠獎以風勵當世而僅以州佐老以為斯世憾而在公生平固可以無憾也已是為傳

顧子曰余讀東漢書樊重傳稱其營理產業物無所棄賑贍宗族恩加鄉閭嘗欲作器物先種梓漆人共咲之後卒皆得其用范史贊之曰假人不德不責食人不使不役親戚愛之眾人善之其斯為君子之富乎余觀太學公所事蓋可無愧因公之子姓來請余作傳為論述之如此

賜進士出身徵仕郎內閣中書舍人內務府教習年家眷姪顧棟高頓首拜撰

是編成於倉卒語無倫次掛漏良多先王父嘉言懿行美不勝書今止就見聞所及者略舉以蔵諸家塾備他日之遺忘非敢僭踰作年譜也

十一

漁父府君家乘紀略藁

孫男守約編

塡諱

前明崇正四年辛未正月二十七日戌時府君生於江陂世善堂祖居 辛未 庚寅 辛丑 戊戌

附記 曾祖江望公時年二十五歲曾祖母陸孺人時年二十三歲

江望公生於萬歷丁未八月二十二日卒於順治丁亥十二月十一日享年四十一歲

孺人為斗山完白陸公長女年十七歸江望公十八歲生伯祖南侯公二十三歲生先王父女一適鴻山浦氏

崇正五年壬申年二歲

崇正六年癸酉年三歲

崇正七年甲戌年四歲

崇正八年乙亥年五歲

崇正九年丙子年六歲

崇正十年丁丑年七歲就塾受書

公幼岐嶷不凡讀書尤穎慧過人五六過成誦江望公愛而異之日他日能恢大前業者必此子也

崇正十一年戊寅年八歲

十二

崇正十二年己卯年九歲曾祖江望公名公曰貢金九 後改諱思

崇正十三年庚辰年十歲正月十七日曾祖母陸孺人卒享年三十二歲擗踊哭泣如成人

春母喪退學至夏復入塾 時年甫十齡蘐闈棄世公日夜哀號晝則祖母引携晚隨父兄同寢又歲早穀不登日止食粥糜二盂未嘗飽

附記 伯祖南侯公時年十五祖姑時年十二

崇正十四年辛巳年十一歲居母喪哀慕如成人

附記是年秋大旱

崇正十五年壬午年十二歲江望公續娶琴川侯氏時年二十二歲公事繼母甚謹

附記 侯孺人生於天啓元年辛酉九月初三日

崇正十六年癸未年十三歲

時連歲飢荒米貴騰湧土寇焚掠里中無旦夕寧公新遭母喪煢煢在疚隆冬無纊踵決屨穿備極艱苦

崇正十七年甲申年十四歲五月二十九日叔祖和齋公生繼曾祖母侯孺人出

附記 和齋公諱蒼祚字紫葉初名豫遊武庠後改入太學入貲考選縣令

大清順治二年乙酉年十五歲江望公嫁公姊於鴻山浦氏

十三

附記　時祖姑年十七適前澗浦
順治三年丙戌年十六歲　月公妹生侯孺人出
附記　適鄒庄華氏
月伯祖南侯公娶伯祖母錢係馬橋錢氏
順治四年丁亥年十七歲十二月十一日曾祖江望公卒享
年四十八歲公哀毀骨立苫塊中偕伯兄經理喪事井井不
亂
江望公之歿也公擗踴哀號及其斂也附身附棺必誠必敬
勿之有悔焉
順治五年戊子年十八歲〻大無居父喪家益落依祖母陳
孺人
公嘗語子孫云幼時椿萱早背門祚衰落伯兄居城吾煢〻
孑立形影相弔家貧衣食不周藜藿充腸而已日則提襟見
肘夜無衾苦寒則起而遶室疾走賴祖母陳孺人時恤吾飢
寒而保護之令伯陳情之痛吾生平之所極不忘者也
附記　是歲祖姑浦丈避盜亂僦居世善堂之側
順治六年己丑年十九歲春正月陳孺人六十悅辰　十月伯
祖南侯公遷居於城
時連遭大變伯祖南侯公見家事日落避入城中硯田為活
公益伶仃孤苦矣

十四

公少有大志嘗冬月宿舊蒼頭家嚴霜冰雪體栗手龜僕具
俗公却之曰吾豈因人熱者絕床艸藉忍凍就寢既而嘆曰
彼人奴也衣食之外尚有餘資我獨何人而立錐無地至此
不思自奮以為承先啟後計乎終夕躊躇竟不成寐
蓋其少時已自命不凡矣
順治七年庚寅年二十歲三月服除　設帳於里中從弟心元
等來受業
時室如懸磬乃聚徒以糊口從祖心元等甫發蒙己丑庚寅
兩年公為授四書　附錄心元字宗文廩貢生
順治八年辛卯年二十一歲閏二月娶孺人范氏即贅居甘城
孺人為文正公後裔仲先范公女勤儉刻苦與公略同公喜
曰吾得此賢配可無內顧憂矣孺人時年十五歲
公雖在甥館凡家中歲時伏臘親戚婚喪慶弔必躬必親甘
城去江陂幾五六十里偶一思繼母侯祖母陳雖烈風猛雨
不為阻公嘗自言除夕冒雪自蕩口徒步而歸於時凍雲四
合朔風怒號六花飛舞歲暮天寒且前且却行丹甚多乞附
舟莫有應者轃然嘆曰吾他日當廣設慈航濟人利涉後卒
償所願
閒失足樗蒲戲及博奕局戲少負多勝意氣豪舉至歸家後
一切棄去視同鴆毒且痛戒子孫不許習焉
偶閱岐黃書有悟外王母有疾公為診脉投藥服之輒愈姻
黨互相延治每多應手而除者
順治九年壬辰年二十二歲八月二十一日戌時吾父生于甘
城外家
先府君諱成志字汝晶號澹溪行一康熙庚午舉人卒于雍
正甲辰又四月二十三日未時享年七十三歲

順治十年癸巳年二十三歲四月自甘城偕孺人歸江陂

公贅甘城二載忽喟然嘆曰人貴自立耳安能鬱鬱久居此哉遂謀於孺人吾故鄉里雖陋尚有薄田可耕且寡母在堂久失定省祖母年高頻牽魂夢吾與若襆被歸耳孺人欣然從之歸之日大風雨孺人入門則破屋荒村家徒壁立謁姑後即布衣椎髻躬操井臼了無怨色晝則爨飪夜則紡績歲以為常

公性至儉寸絲尺帛不加於身孺人偶憐公衣敝檢篋中紬衣改領袖以服公公卻弗御曰吾何用新衣為我先府君易時或遺以綵履公見之不悅曰物雖微奢之漸也立毀之厥後叔父輩俱不敢服紈綺焉

公念外家息後外王母吳氏疾革貧無以殮公為治附身之具無以葬為營窀穸且為置祭掃田二十畝以奉其烝嘗仍歲時脩祭祀沒身不衰

公自記云吾幼失怙恃遭家多難衣食祖母漂泊無依年二十餘贅于甘城范氏二年而歸者即此時也

順治十一年甲午年二十四歲冬伯祖南侯公補博士弟子員

公喜曰吾兒進身有階矣

順治十年石仲生太史視學江南南侯公就澄江試不錄寄籍太倉州謂之吳孟子題拔冠一軍試艸傳誦一時庠姓葉名芳菲石公諱申

順治十二年乙未年二十五歲

時公棄舉子業專意治生力田數畝禾輒倍收性復嗜書朝畊暮讀莊騷左國史記無不該覽成誦荷鋤之暇吟誦不絕尤喜談忠孝節義事時時為人講說腹笥便便雖宿儒無以難云

順治十三年丙申年二十六歲　長姑生後殤　始掃祖墓樹松楸焉

先是閶橋祖塋為九世祖諱霖墓小十字河主穴為八世祖菊莊公諱昭墓昭穴為七世祖如月公諱鑑墓次昭為高高祖大川公諱涇墓碑亭已傾圮惟墓道巋然獨存崢嶸濠主昭兩穴則公高祖小川公暨公曾祖吳凡公墓在焉冷瀆河主穴則公祖脩予公墓在焉時子姓寥落孫枝日衰雖有後人宗祀久缺祭掃之典闕如公慨然嘆息獨捐紙帛遍謁先塋展掃而歸自後歲以為常春秋二祭永不復廢閶橋祖塋及小十字河墓近在咫尺每入城出入必由之喬木欝然松楸盤蔭蔽百年以來砍伐殆盡公獨仗大義于兩處祖塋各樹松柏幾千株四十年來稍稍可觀矣近又被不肖子孫剝伐殆盡不復舊觀　河北祖塋向存喬松四株亭然特立忽為族中一不肖子盜去一株公呼至以大義責之仍栽小松數十獨任其事嗚呼公之報本追遠可謂至矣

公嘗欲於小十字塋立守墳之户以護松阡於河北祖塋構享堂一所有志未能以為恨事

歲時祭祀祖先必誠必敬肅具衣冠獻酒饌虔若事生每訓子若孫曰祭先須要盡如在之誠不求脩物雖三牲五鼎而跛倚以臨祖先其享之哉

每當江望公及陸孺人忌辰必懸遺像展拜終日素服未嘗作言笑愴然風木之悲

生平當母難之日未嘗慶賀作湯餅會每慘然斂容曰此母氏劬勞之日也為子者當茹素斷葷尚敢食肉飲酒以為樂乎　是時世善堂中停柩累累諸從伯叔祖貧無以葬公以大義責之為次第窀穸焉

順治十四年丁酉年二十七歲

時公祖母陳太孺人已六十有八年高無人侍養公叔父仲倫叔華兩君在前公弗以奉養事相讓太孺人臥病公偕范

十七

孺人侍奉湯藥弗離左右踰月稍痊公謀於先孺人曰太婆春秋高矣二孀多許語不能色養母親雖耆孝有家事累旨早晚無人扶掖奈何孺人曰吾媵婢桂先年少不諳事曷買婢子一人専充太婆使喚不亦可乎公欣然曰吾意正復爾爾時盎無儲粟衍無懸衣多方脱孺人笥中簪珥覓女奴一人以任祖母使令見者咸嘆異之

順治十五年戊戌年二十八歳

順治十六年己亥年二十九歳春正月為陳太孺人稱七袠觴

陳孺人壽居古稀公時尚在貪賀即首出金為諸叔倡備卮酒以介眉壽孺人顧而樂之

順治十七年庚子年三十歳　二姑生 再殤

順治十八年辛丑年三十一歳

是歳又七月二十一日外祖母吳氏歿公為經理其後事

康熙元年壬寅年三十二歳分祖遺産

公分得屋八楹

康熙二年癸卯年三十三歳　為叔祖紫華公娶陳氏

附記　叔祖母係嵊山陳氏時年十九卒於康熙丁酉二月初七日

康熙三年甲辰年三十四歳二月十八日三叔父紱若公生

甲辰　丁卯　辛亥　辛卯

三叔父諱希仁字紱若邑庠生今改太學考授州同知

七月先孺人大病幾危閲月而愈 三叔父失乳育於靳媼家

十八

是歳妹七月二叔父先殤年三歳次二姑殤年七歳次大姑殤年十歳孺人病中因連喪子女三人悲悼驚憂病遂大劇公與先府君涕泣將辦後事延名醫調治始得痊焉

康熙四年乙巳年三十五歳　六月十五日四叔父憲友公生

乙巳　壬午　庚午

四叔父諱宏度字憲友恩貢生

月二祖姑出嫁於華公為治奩務從厚焉

附記　公妹也節母佚孺人出

是時所遺祖産俱年遠朽腐隘宇蹶椽井廁庖湢聚於一處暑苦烟翳寒苦雪穿上漏下濕不堪甚苦是年十二月始廓曾叔祖君任小廳三楹稍有寧居矣

康熙五年丙午年三十六歳

是歳有大量之役

康熙六年丁未年三十七歳

公既棄舉子業者治生與孺人課童僕服田力穡本富寡饒舊僕之颺去者亦稍稍來矣公益率之以勤先之以儉雞鳴而起夜分而寢以為常每戒子孫曰一日之計在於寅昔人有言寸陰是競晏錫其章日惜陰居恒食無兼味常以脂和醬熬而食之每語人曰菜羹麦飯滋味深長所服衣服布衣補綴重重如懸鶉一羊裘三十年未之易也蓋其天性如此

康熙七年戊申年三十八歳　六月六日五叔父厚餘公生

戊申　己未　癸酉

五叔父諱式高字厚餘太學生

二月四日鴻山祖姑卒公往哭之盡哀經理其喪事而後返

鴻山祖姑為公胞姊十二歳喪母十七歳歸前澗浦氏生子

十九

三人年四十而亡公撫諸甥如己子有缺乏恒周給繼又喪
父諸甥益孤弱無倚公撫之有加語伯祖南僕公曰自今教
養術九兄弟皆吾輩分内事矣即而翼之迄有成立三十年
如一日也

康熙八年己酉年三十九歲春正月為陳太孺人稱八袠觴
公祖母陳太孺人八十悅辰公捧觴上壽如七袠時太孺人
鶴髮髟髟扶鳩杖而臨之甚歡也

康熙九年庚戌年四十歲
歲大水大無麥禾

四月為吾父滄溪公娶先妣范氏
先妣范孺人為文正公後裔即吾祖母姪女也生于順治壬
辰五月五日午時卒于康熙癸酉八月十九日享年四十二
歲 年十九歸吾父滄溪公子五人守約康熙癸巳舉人守
忠俱孺人出逢源蘇郡庠生守身康熙庚子武舉人守正俱
庶母冷氏出女二長適顧紹鏞次適談桂

康熙十年辛亥年四十一歲力耕節用數年家漸起
躬耕幾二十年經營拮据家稍稍豐裕矣始開質庫以濟人
緩急然諾不欺不屑較瑣瑣雖持籌握算權子母以公平自
持人亦以此不忍負公兼殫心于計然之術糶賤販貴隨手
所置息常數倍自謂有天幸焉即發願施予曰吾豈致守財
虜哉吾他日當積而能散耳聞者莫喻其指蓋公之立志固
有在矣
公訓子孫曰做人切忌驕奢一驕奢身家便不可保汝等不見七房
之後乎鮮食美衣良田廣宅歌童舞袖自謂可以安享終身
曾幾何時而向之鮮美衣食者今且朝不謀夕裋褐不完矣
向之良田廣宅今且悉屬他人矣向之歌童舞袖今且風流

十

雲散矣殷鑒不遠切宜戒之

冬叔父其遠公採芹公喜曰吾兄繼起有人家門之幸也
先叔父諱宏字其遠伯祖南僕公長子也美丰姿眉目如畫
手爪長五寸許幼敏慧善屬文弱冠受知三韓吳留村司馬
司馬時宰吾邑拔冠童試遂補博士弟子員名噪黌宮司馬
以遠大期之厥後開府八閩擢兩廣制臺隨入幕讀書士林
以為榮焉 附記 其遠公配過氏太學裔僕公女順治乙
未進士侌期公孫女苦節七旬現奉
題旌節母

康熙十一年壬子年四十二歲 四月叔父諱五福尋
殤 殤年七歲眉目姣好公所鍾愛每抱以誇客後忽夭折公
深痛之

康熙十二年癸丑年四十三歲 孫男梅生滄溪公出後殤

始置恒產
公訓子孫云官糧須要早辦諺云若要寬先辦官縣符纔援
胥吏到門追呼迫急有何好處奏銷案起不知拖累多少人
家汝等以為深戒父叔遵守遺訓至今不受彙欠之苦

康熙十三年甲寅年四十四歲正月初九節母陳太孺人卒享
年八十五歲
陳太孺人高祖脩予公配也三旬外早寡撫孤守節茹荼含
蓼壽踰八旬至是病篤公旦夕焦勞奉侍惟謹公生平不信醫
禱獨祖母寢疾則延醫多方調治親侍湯藥節母屬纊之際
遺命曰長房孫事吾孝謹願生賢子孫以昌大吾門公哀毀

盡禮凡含殮附身之具務從其厚焉

附記　是歲大潦田禾俱没

六月十七日六叔父魯傳公生甲寅辛未庚辰乙酉

六叔父諱成魯字魯傳太學生考授州佐

康熙十四年乙卯年四十五歲

渇明光祿卿鄭公撰大川公暨配鄭孺人合葬墓銘命珍藏焉

大川公諱湮字子清鄭孺人諱淑字以貞前泉州倅裕菴公女合葬小十字祖塋乙前進士光祿寺少卿鄭子静先生誌其墓鄭公諱仁孺人從姪孫也世遠年湮子孫鮮有知之者公忽從湧湯廢簏中檢得之不勝驚喜命裝潢珍藏焉　勒石原文載前

康熙十五年丙辰年四十六歲

公性喜讀書暇即開卷丙夜篝燈額誦忘倦尤好閲通鑑綱目古今成敗爛熟胸中時時爲子弟講説古忠孝節義事亹亹忘倦格言名論常置座右晉範身敎行之書雖舟行必手一卷自隨未嘗廢也

是歲畫小影

公嘗曰昔歸震川太僕云典籍天下之神物人日與之居其性靈必有能自開發者故公壯歲時究心典籍落筆簡勁書法顔魯公嘗對客揮毫洒洒滿紙見者靡不爲之心折

是年溪大水年飢益甚　朝廷以軍興匱乏加業戸錢若干稅門攤錢若干

康熙十六年丁巳年四十七歲　滄溪公入武庠肄業

附記　是歲江南有造船之役

康熙十七年戊午年四十八歲　春有武林之行訪顧止菴先生也

止菴時爲杭州守

其遠叔父赴閩遊吴大中丞幕中公送之至虎邱而返

附記　時吴留村陞福建撫軍千里外屢寄人参及朱提數笏爲膏火資且以書招之因讀書福州使院中歸謂公曰此行渇飽啖荔枝平生之願足矣

康熙十八年己未年四十九歲　九月初七日幼姑生後適顧敬

歲大旱公出粟賑飢者再

是歲大飢公首出粟煮糜景雲鄉所全活者甚衆時邑宰拔富勸捐之令下堠里建侯倪公推邑中素封衲有難色或舉公以諷倪氏閒言色動曰見義勇爲吾不及也亦出粟以賑飢民焉

康熙十九年庚申年五十歲春正月爲節母侯孺人稱六十觴

公事繼母侯太孺人晨昏定省求甘脆以供膳靡有闕乏之時歲大飢未嘗以歉歲廢禮

歲復告潦公奉縣檄命吾父滄溪公煮糜於祇陀寺

歲當大祲衆口嗷嗷餓夫載道邑令聘公主賑公領官米煮糜于本啚命大人煮糜于祇陀寺戒之曰任公事以慎以勤

廿三

能盡心做公事即已亦載一半功德尤不可獨顯才能汝切記之大人謹受命即率家僮往司其役夜半而起散給均平務必精潔寢食俱廢凡閱月公聞之而喜

始置南畝

吾家産半多倪氏業而倪氏産故多公五世祖小川公舊業也是時諸倪苦通粮為累蕪飢饉游臻多鬻産以償者公平價以得之曰吾楊氏産歸倪氏今倪氏復歸楊氏何常之有公生平最恤佃農每曰佃農者猶吾子女也農夫沾體塗足終歲勤勞以從事于南畝為業主者可苛取乎痛戒童僕不許踢斛淋尖不許漉狼滌籍果係田瘠佃貧者立為免其租樣篩斛脚隨規至今革去佃農無不感頌云

康熙二十年辛酉年五十一歲　四月為三叔父諱希仁公娶

嬸倪氏

太學生聖武公女太學生贈文林郎康侯公孫女年二十七歲而亡止生一妹適鮑濟乾今孀居

月幼姑痘幾危家人請禱公不可

公一生不信禱神每謂死生有命必死之疕禱亦無用如非死疕不禱亦痊

公痛惡三姑六婆俱不許入内曰凡脫漏誆騙及引誘婦女為不美之事皆此等人也

月其遠叔父夭亡公撫哭盡哀

其遠公自閩歸越　年患瘍疾遂不起公嘆曰姪美秀而文吾家千里駒也使天假以年必不以青矜終而乃早夭豈不痛哉

廿四

康熙二十一年壬戌年五十二歲　二月初十日孫男守約生吾父澹溪公出

守約字以博號南村行一康熙癸巳舉人娶顧氏太學生考授通判施湄公女丙午解元内院典籍梁汾公孫女子二女五約生壬戌二月初十日巳時雙産也同産妹殤

四月為叔父憲友公娶嬸顧氏

涇白公後裔文學斯旦公女端莊柔順勤儉持家賢聲懋著

康熙二十二年癸亥年五十三歲　五月初七日丑時七叔父雨亭公生蔣孺人出　癸亥　丁巳　乙巳　丁丑

七叔父諱雲龍字闇若號雨亭康熙辛卯舉人娶倪氏太學亦凡公女相夫宜家克持中饋

冬四叔父憲友公補邑弟子員

公義方之訓甚嚴鷄鳴而起屏擋家事夜則篝燈檢視諸叔父館課必熟背方許就寢公亦觀書待之嘗燈殘月落咿唔聲未嘗輟也

康熙二十三年甲子年五十四歲　春北遊四叔父從

弟運生四叔父出

考授別駕而還

十一月邑侯徐公孝思贈匾以致嘉奬

廿五

盛世圭璋　徐侯諱永言

康熙二十四年乙丑年五十五歲　三叔父純若公遊武庠

是歲ㄟ朝立春

十月十二日四房妹生四叔父出今適太學生施履吉封文林郎元升公子

十二月初九日三妹生吾父澹溪公出適太學生談桂文學雲昭公子

康熙二十五年丙寅年五十六歲

十一月買西關堰橋施氏宅

公以鄉居狹隘冀得一椽于城以為析箸之計每嘆吾祖宗便民橋及南下塘舊業悉屬他人無從取贖曾從祖敬涵公廟前大宅亦已化為烏有乃卜居西關之堰橋用價三伯餘金買施氏宅一所即舊宅而更新之

康熙二十六年丁卯年五十七歲

四月二十六日為五叔父娶婿華氏

庠彥禹滋公女己亥榜眼内宏文院侍讀學士贅常公孫女

命四叔父遷居于城

脩葺城中寓既成令四叔父居焉戒之曰五畝之宅半鄉半城古制也治生須在鄉讀書須在城四叔父謹受命四十餘年來和睦鄉里曾無間言皆遵公之教也

公性既嗜書手不釋卷每謂開卷便有益也遂顏城宅曰開益堂乞顧公渠汾書之

廿六

冬始析箸

公以食指漸繁議析箸諭大人及諸叔父曰義門曠舉千古高風汝兄弟一母同胞同居共炊諒亦無妨但鄉城另宅勢難画一權分飯米田聽爾各便可也

外家陸氏撥祭掃田二十畝　内家范氏撥祭掃田二十畝

康熙二十七年戊辰年五十八歲

命五叔父遷居于城今仍居于鄉

五月二十四日大房孫逢源生吾父澹溪公出

字理宜行二蘇郡庠生娶倪氏文學廷如公女

七月初六日四房孫起鳳生四叔父出

字元亮行一太學生娶秦氏姑丈庠彥天馭公女廩彥南洲公孫女

康熙二十八年己巳年五十九歲

自號曰漁父

公嘗語人曰吾少孤貧幸生太平之世服田力穡衣食饒足得優游隴畝暇則青蒻綠蓑作溪邊一釣客何幸如之因自號漁父

公少多病常患吐紅遺精之疮偶闡性命圭旨遵生八牋及養生家言行導引之法久ㄟ行之沉疴霍然而愈記幼時隨大父寢每至五更則起端坐嚥津浴面鳴鼓運肩開弓擦脊

廿七

暝目叩齒之類次第行之後返觀危坐辨色而興率以為常故晚年精神健覺强健

公御下至寬恤其勤苦時其飲食每冬月早起命煮糜一大鍋先分給諸童僕然後自用曰必腹煖禦寒方可任使令也童子二十歲外願留者為娶妻以供服役不願留則聽其別尋生理不追身價至今仍之

正月二十六日弟守烈生五叔父出

字閎中行一娶倪氏太學生子愛公女

十二月二十九日弟守忠生吾父澹溪公出

守忠字臣良行三聘孫氏太學生遵五公女〻殤後娶孫氏遵五公次女

四房蓮弟殤

是年烁旱有虫灾禾穀不登　朝廷有蠲荒之令

康熙二十九年庚午年六十歲春正月為母侯太孺人稱七秩觴冬十月澹溪公鄉試中式第五十六名捷音至公始一開顏

附記　大主考安徽巡撫江公諱　房考嚴州同知曹公諱貞吉

學憲高公贈節孝嗣嚴匾旌陳太孺人侯太孺人兩世苦節也

康熙三十年辛未年六十一歲

春正月命澹溪公往新安謁本房曹寔庵先生

廿八

三月二十五日三房妹生三叔父出適鮑濟乾太學生李公公子今孀居

九月十五日五房妹生五叔父出今適呂靖然

烁七月澹溪公〻車北上公送之至洛社

康熙三十一年壬申年六十二歲

三月初七日子時孀倪孺人卒年二十七歲

附記　先孀姓倪氏太學贈文林郎康侯公孫女太學聖武公女也康侯公貲雄一邑聖武公傾財給客園亭池館極一時之勝孺人年十六歸三叔父純若公家故素封入門後即椎髻操作服粗茹淡無幾微怨色先王母性嚴重孺人周旋左右婉婉將順備極苦心事夫子敬戒無違生平未嘗有詬誶聲

寫大像公貌清癯而目光映射瞻視有威子孫輩望之凜然

十一月初四日弟守身生澹溪公出

字為大行四康熙庚子武舉人娶周氏庠彥遜脩公女

冬十一月為六叔父娶嬸朱氏

太學生考授州佐尓愷公女太學生伯英公孫女賢明逮下宗黨稱之

大作利濟諸善事

公生平甚慕范文正公少孤貧晚年稍有贏餘即慨然曰天道惡盈羆滿必衆人心怨利物聚即消莫謂善小不為所慮惟日不足于是義租義塾津梁燕道煮糜衡衣贈藥收觜給槥姜茶放生諸善事無不踴躍為之其它濟困扶危解衣

廿九

推食焚券已責事不可枚舉蓋鰥寡孤獨及宗族貧寒待以
舉火者數百家寡孀華氏貧廩之三十年外王父母沒祀之
四十載三喪待舉不難贈以麥舟纏服捐貲曾不問其姓氏
而於裝金塑佛造殿營齋之費從不被其蠱惑爲嗚呼公治
產力耕極經營撙撙之勞得之不謂不艱而能忼慨好施如
此蓋其識量有大過人者矣
捐貲濬伯瀆河溉數千畝
脩西門橋捐貲五伯餘金
西門橋商賈要津往來孔道歲久傾圮公獨任其事奔走累
月費五百金始得告成邑侯孝思徐公悚然起敬方伯存仁
胡公贈邦之儀型匾以旌其好義焉
三務堂落成　今三叔父六叔父居之
康熙三十二年癸酉年六十三歲　春正月伯祖南侯公卒
公哭之慟爲經理其喪事
公與南侯公雖鄉城異居依倚如左右手白頭相好無尤至
是患疔瘡不起享年六十八歲叔父其遠公早亡致遠公尚
幼凡含殮窀穸及喪中一切事務俱先王父代爲經理
正月初一日戌時弟守義生四叔父出
字方臣行三娶陳氏　欽賜進士震先公女
附記　是歲五六月大旱　詔蠲漕粮三分之一
八月十九日先妣范孺人卒享年四十二歲公泫然淚下謂
先王母曰吾門失一賢媳婦矣

卅

九月初十日酉時葬伯祖南侯公於濱祖塋叔父其遠公柩
祔焉　堪輿過爲章
康熙三十三年甲戌年六十四歲
二月十七日弟守典生五叔父出
行二娶沈氏庚午舉人慎存公女弟殤
三月命五叔父仍居于鄉
五月再撥田爲析箸計
時六卅父畢姻二載亦令分炊
七月初七日先王母范孺人卒享年五十八歲
七月患中風竟尔不起
四叔父祖和齋公將入貲謁選公阻之不聽公曰不用吾言
後悔無及矣
四叔父祖諱蒼祚初遊武庠後改太學入貲謁選公力止之曰
仕宦人之羅網也吾與若俱少貧苦拮据成家惟當兢業自
守切勿再生妄想棒檄娛親吾豈不願但恐不易耳卒不聽
公曰不用吾言後必有悔厥後四叔祖捐牒謁選需次京華
十餘載不得官至丙戌年
朝廷有邊缺之選着候選人員就四川省巡撫挨次補用撥發
雲南邊缺酒暑中馳歸省墓哭公私謂吾父及諸叔父曰汝
四叔面上無官且氣色遭滯此行恐不返也時年踰耳順間

閱萬里瘴雨蠻烟不堪勞苦竟以是年十月初十日卒于滇南官舍遺孤善繼年幼扶櫬回里以康熙五十八年六月夭亾年僅二十五歲無子血祀竟斬哀哉

康熙三十四年乙亥年六十五歲

月幼姑出嫁於顧適太學生顧諱敬字儼斯太學生叙侯公子己卯孝廉諱陛肜弟

吾邑親迎之夕婿家例有司閽席儀諸費公悉却之

秋七月卧病自題木主預書遺囑尋愈

時感寒疾卧病幾殆請延醫調治不可惟絶粒啜苦茗而已淹煎累月几至不起舉家憂悶無計公怡然曰脩短自有定數人非金石誰能逃淂大限答元亮著自祭之文東皋誌生前之墓達觀高識吾識甚慕之遂命作木主自書其上曰

皇清從事　郎楊漁父之神主閱三日稍進糜又閱数日霍然而愈

康熙三十五年丙子年六十六歲　歲朝立春

諺云百年難遇歲朝春却兩度矣

正月入山經營生壙

公性愛佳山水至是因先祖妣之喪欲卜吉壤偕二三地師攀岩泛艇往来灵岩鄧尉者累旬然竟不可淂偶於嶂峒山之蘇慶灣淂方寸地遂築壽壙奉孺人之柩権厝焉

三月初四日葬孺人於蘇慶灣

夏復授田

授田竟語大人及諸叔父曰禍福之机相為倚伏有田之利即有田之害農人力而耕之吾輩坐而收之盜賊所不能取回禄所不能灾此田之利也賦税之繇徭役之重水旱凶荒之虞此田之害也惟當寛以取之儉以用之早完官税差可保守

七月十五日酉時四房孫守道生四叔父出　丙子丙申己巳癸酉

字遵王行四娶顧氏太學生三槐公女継娶顧氏太學生儼斯公女

八月二十四日為守約聘涇里顧氏

太學生随征授通判珊公公女丙午觧元内院典籍梁汾公孫女前明辛酉經元壬戌甲戌會副封内翰崇祀郡邑鄉賢庸庵公曾孫女康熙丙戌進士現任山西澤州府同知復齋公侄女

脩龍滙橋

望亭龍滙橋係蘇松常三府之門户在吾郡尤有賴焉具見常州府志歲久傾圮胡存仁方伯黄一洳顧止庵秦鄴對岩三先生倡議捐助估費千金設簿公募而以督理工役見委公廢寢食往来奔走凡二年而竣

康熙三十六年丁丑年六十七歲

時匪人誣累鼠雀擾擾懼而後免

正月二十七日姊出嫁於顧滄溪公出　適太學生顧紹鏞

正月攜守約謁顧止庵先生

丁丑春公攜約入城訪顧止庵先生時先生方園居倒屣出迎叩以近課先王父請出題面試即索紙筆命二題先王大稱賞評語有筆氣清剛説理沉摯居然名手它日功名有望之語因呼酒擊鮮談論甚悵且語先王父曰此子當興吾家

鳳毛競爽然宜令入城讀書取友不宜浮沉鄉里鳳毛蓋指元凱士行敬與昆仲也嗚呼先生之獎惜後進可謂至矣約髫稚時即蒙先生延譽回想前言宛然如昨今先生墓木已拱文孫輩聯翩鵲起取科第如拾芥今且官仲翰列台班擢僉憲功名未可限量而約竟以老孝廉終身瓠落坎坷無一善狀有負知己之期許能不慚愧面汗哉附識于此

造顯應橋

泰大千先生以書來云老親臺寔心行善脩造橋梁較之蔡忠惠公洵堪並隆千古矣客冬諸同人以龍湄橋奉叩已蒙發心將來落成有日但顯應橋工以係水道之關鎖下以便土人之利涉一舉兩得似不容緩伏望留意于此爲之經營倘斯橋告竣則願力圓滿功德靡涯云云

膠山安孟公先生亦贈詩云一塢寒雲界艸堂幅巾布衲坐相忘闡道先生多隱德斷人行處即津梁爲孟絹以贈

夏作勉孫說

吾聞日中必熭操刀必割難得而易失者時也古聖尚惜寸陰況凡人乎汝青年學業如太陽初起宜勵志下帷以期上進切勿悠悠忽忽貽失時之悔也丁丑夏月以目睐睐書以勉孫

搆小樓於三務堂之北凡三層焉

公性好樓居乃于三務堂之旁搆小樓三層可供遠眺移居其中素讀黄庭內經及尹真人性命圭旨嘗獨坐搘頤行十段錦復于第三層上供梓橦神及關壯繆像每日焚香禮拜焉

葺北里於放生池

池爲邑鄒氏香火歲久蕪廢公與客泛舟芙蓉湖偶至放生池見其傾圮慨然動念會山主黎眉先生以書來邀捐貲脩葺規模一新甫落成而

聖駕南巡三幸池上

賜

御書名慈雲寺迄今鄒氏昆仲猶頌公不置云

公晚年行善益力常手書爲善最樂四字粘于壁間時時省覽復述蓮池大師放生文云買物放命小慈耳救災恤患利用厚生自有大爲者天地之大德曰生務須隨事寬和隨物方便常使胷中生意油然斯善矣此是格言

康熙三十七年戊寅年六十八歲

春種松于蘇慶灣

八月送守約就郡試

時守約赴試毘陵公以家務紛雜送之至郡舟中訓之曰士先器識而後文藝品行爲重而學問次之經濟爲重而章句次之道德爲重而功名次之即以讀書論亦須無所不知經史子集詩古文詞固無論矣他如琴弈書畫堪輿星緯以及醫卜星相諸書件件究心方謂通儒汝資稟愚鈍固無望此然此種學問不可不略知也嗚呼先王父之望約甚深期約甚至而約顓蒙不肖至今猶一無所就言猶在耳能不痛心

冬爲倪燕超頌事有京口之行

十一月公有疾

公適疾病甚危先府君暨諸叔父等力請延醫服藥公不可曰天地一蘧廬也光陰一過客也死生命也壽夭數也吾年近古稀筋衰力憊豈藥餌所能愈哉世風不古常見兄弟鬩牆累累其原多起于家財或父母太偏向汝輩衣食粗足

芸

可無此患但吾暮年行善日不暇給恐吾生前所行諸善事一旦廢而不舉吾甚慮之吾歿後須存公田六頃以為贍族濟貧之用世々子孫永遠勿替汝輩當體吾此意

康熙三十八年己卯年六十九歲

病篤正月初六日伏枕書遺囑

書遺囑諄々訓子孫以敦天倫飭行檢親賢師慎交遊節浮費戒賭博存好心做好人勿與戶外勿近匪人勿絕書種勿斷善根

正月十一日　時公終於江陂橋之正寢享年六十有九歲

時公病甚危自知不起呼子孫環立訓誡曰吾病在膏肓恐大限將至吾生前有志未遂者汝等當竭力為之其餘身後之事悉依吾遺囑可也先府君等痛哭公曰死生聚散如宵旦然何慼々為哉初九日病益篤孫男守約侍立榻前公呼諭之曰務須真實讀書切勿習于下流記着有頃復瞪目直視曰書香不可絕勉之約泣受命初十日強起沐浴々竟熟寐一覺語多唵囈至十一日屬纊之際先府君等環泣公揮手使勿哭頃之低聲曰汝等勿亂吾心須使一點靈氣還之太虛方好語畢恬然而逝神氣朗然胸臆溫和眉目輪頭角徹々含咲嗚呼非所謂生順沒寧者歟

病中遺囑

吾幼失怙恃遺家多難衣食祖母漂泊無依年二十餘贅于甘城范氏二年而歸躬耕江陂倫嘗艱苦垂三十年稍成家業生汝子女七人今花甲已過老矣到此死亦無恨若汝兄弟齊心妯娌和睦教子讀書廓大前業吾之至願也

遺命置義田六百畝永為作善利濟之用

芸

遺囑云吾死後欲將田三百畝以百畝租稅為宗族貧寒廢疾者衣食婚葬之用以百畝租稅給親戚故舊中不能婚葬者以百畝租稅給鰥寡孤獨廢疾貧苦無告者如向以橫逆加于吾祖吾父者當以直待之不必報復亦不必再加恩惠以德報怨聖人所不取也再將田三百畝以為造橋開河施棺施藥棉衣茶湯放生惜字凡百善事之用吾生前之所行者悉行倘不敷支用諸子中能以己資佐之即為真孝子天地必福之　祖宗必福之日久與生子孫不肖或貧寒必致侵蝕倡議欲廢其事者　天地祖宗高遠難訴責在子孫中賢能者主持之不論房分尊卑也

約按義田之設其最著者惟宋范文正公及明顧端文公蔡洨濱先生華補庵先生千古高風後人欽仰先王父一生勤儉卒苦洪節衣縮食之餘得有薄產居恆志意潤大雅慕先正遺風晚年力行善事猶恐不能垂諸永久授田後僅存租千石召先府君及諸叔父曰汝兄弟各能自經其生此公田六頃留以存吾生前未竟之志可也且曰倘不敷支用諸子中能捐己廩以佐之即為真孝子先府君等跽受命比先王父即世己卯庚辰二年經營喪葬未遑及此至康熙四十年春將所遺田分授七叔父外存六百畝以為贍族濟貧之用遵遺命也

預辦身後事

遺囑云吾有病時親戚來候問者并服役諸人俱要寂靜腳步咳嗽雞犬寔禁悉皆無聲至將易簀之際切不可哭泣要忍着眼淚候吾氣息視吾面顏摸吾冷熱尤不可叫喚使吾一點靈氣還之造化無所倚着無所罣礙方好鼻息一絕頭工不動心工不暖即要先取大浴盆一隻傾入淨水將卧具一々折洗不可燒化次用極淨熱水洗屍先頭面頸項次胸腹兩臂再次下部洗完點視衣服多少即將淨布拭乾停屍板上棺內實乾土乾石灰鋪褥鋪卑如此而已次用石灰袋數十箇大小相雜兩邊襯緊方好

約附識云　人皆有死總跳不出這箇範圍大限到來賢愚

廿七

同盡但世人畏死者多惟達觀者超然于死生之際是以淵
明自祭預製挽歌趙嘉樹碑先營壽藏劉伯倫攜壺荷鍤隨
地堪埋司空圖生葬造壙故人共酹達人高致識見卓然先
王父一生心地光明胷襟開拓于世俗一切紛華富貴澹然
漠然絕無幾微罣礙故能與昔賢千古同轍非數十年清心
寡欲明理養氣之功詎易幾此哉
遺囑云不得延僧道作佛事齋醮不得還受生經昔賢治喪
不用浮屠也即以輪迴因果論吾生平雖無善行可登天堂
亦不至墮入地獄切不可效世俗之所為也戒之戒之
不得用紙錢金銀錠燒化一日用香觔許不拘黃熟芸香速
香蒼朮皆可每日須令童子熱火添香揩拭靈几不放一點
塵埃堆積方好
奠儀不必多止素食二味一茶一酒一飯三叩首三獻禮畢
即徹去盃盂碗箸等物俱要潔淨
出殯不必拘定日期今日天雨就是明日亦可惟擇天氣晴
明之日客來弔唁不要哭要號不得倩人代哭木主吾生前
已自題即供之家祠可也乘山轝殯尤妙

庚辰春乞誌銘於顧梁汾先生胡公志沂書

先王父之沒也先府君日夜涕泣殮含喪具必誠必信勿
之有悔焉至是既卜地得吉將經營窀穸亟亟焉謀所以不
朽先人者因集諸叔父而告之曰勿乞名公墓志父命也雖
然吾父生平行誼卓然可傳彰彰在人耳目非諛非誣可不
巧宋工一言以光泉壤以傳之子孫乎顧梁汾先生姻家也
且閑居林下非顯要赫奕者以請為誌焉諒不重違先人意
也諸叔父曰善遂求銘焉

康熙三十九年庚辰三月十三日丙午葬公於天授鄉白
兎橋之新阡

廿六

祔嶧峒山蘇慶灣之葬也形家或言水泉不利先王父因語
先府君曰崇山茂林之麓舊阡新冢纍纍者幾無完土百年
後荆榛灌莽孫曾多有不識其處者我死不葬我于靈岩鄧
尉之間即田塋亦可臨終之前一年復誡曰倘得吉壤必改
葬汝母焉至是捐館先府君奉遺命日夕以為憂居喪次
即翻閱青烏家言潛心體究恍然有悟于是偕地師徐君尒
泰攀若泛艇歷墟野窮丘壑撥河搜穴以求龍穴所在一日
太城北二十里循八字河而上得地于天授鄉古庄白兎橋
之側清流縈繞中有高原土脉自西北隱隆豐起蜿蜒逶迤
結為平疇廣陌四圍墩阜若星羅而碁置焉地師曰吉壤在
是矣蓋己卯八月也明年春遂營窀穸卜吉于庚辰三月十
三日丙午扶柩安葬復自嶧峒灣遷先王母范孺人柩暨蔣
孺人柩合焉寅山申向兼艮坤三分惟三叔父倪孺人柩猶
在蘇慶灣

卌九

跋

右楊氏家乘載梁汾漫衫兩顧先生之傳誌銘所述州仔漁父楊公生平懿行甚詳然皆余之所素知者其事聞于人人可徵信也昔曾子固寄歐陽舍人書以謂人之子孫者一欲褒揚其親而不本乎理故雖惡人皆務勒銘以誇後世立言者既莫之拒而不為又以其子孫之所請也書其惡焉則人情之所不得于是乎銘始不實王體中臨卒命其子曰吾見世之為誌銘者率以美行飭其人顧亦何當而使死者長愧于地下嗟呼乎兩公之論則然矣顧如公者寧有是焉公赵孤貧以施濟為己任其大者己未庚申間出粟賑飢全活者無算濬伯瀆河溉田數千畝脩西門橋水陸孔道又以其贏餘置義田六頃蓋不惟利被一方而并有以垂之無窮古之所謂鄉先生沒而可祭于社者公固無愧焉嗟乎世之以貲雄鄉里者多矣纖啬之過至不肯捐其毫毛及其既沒無一善可稱而其子孫亦未必能守不轉盼間而産已蕩矣如公好行其德愈熾而昌有子六人孫曾輩六十餘人為明經孝廉者踵相接皆醇謹守公家法于此知天之報施不爽而有貲者之不能及時為善可惜也余少時則聞公之為人每為之望風起敬近歲公之孫太學君元亮昆季延余為其子授經于家因得讀公家乘見兩顧先生之論次其文洵美矣要之皆事實無夸毗者竊不自揆跋諸末簡云

雍正十年十一月既望同里蘇宗眷跋

卌

附金匱縣志傳 潛德諸賢下卷

楊思九字惟三邑之江陂橋人少孤貧以耕漁自給晚自號漁父性好施予錢家或不能償輒焚券後請貸復予之終不能償又焚券以為常信義著鄉里里人相詬多不之官之思九年六十九卒遺命以田六百畝公為施葯櫘死諸費語其子曰我年二十許請日食止粥一盂夏無帳冬無被嘗績屋瘐走郤蚊取煖既贅甘露范氏除夜命還省祖母繼母風雪打面六十里身衣氷如甲胄呼附舟莫應者夫施不必多期于當阨慎無令陶朱公咲人也嘗造西門橋費白鏹五百金兄南侯以館穀致富異母弟子偉入貲為雲南縣令皆思九有力焉同時為善者推杜芳潘志道暨思九而三云

附江陂橋邑志 南為學士橋相去一箭許至城十里北至東亭五里橋東堍有閔公閣可以眺遠鎮形如曲尺背水面平疇楊氏居之富而好行其德以儉始今則第宅聯里許矣

附東亭江陂坊前泰伯梅村版村總論

舊德先疇高曾規矩東亭尚矣江陂倫啬相承店面鋪張不過聊以點綴村居岑寂耳坊前梅村地瘠民貧狙詐健訟而樂闘勳至德之遺風邈矣何以使雀角無墉花村有犬耶是在長民者

無錫縣志

楊思九字維三少貧勤于力田穀稍餘輒別貯之大署其廩曰賑謂異日施濟當如是後會歲飢邑縉紳詣鄉勸賑叩數富室皆辭以他事固共過思九具言來故思九即踴躍曰計吾家所食餘悉以賑諸富家聞之乃更出粟于善事知無不為及卒割田三頃以贍族以三頃公為施濟費命世守之子宏度篤寔醇行敦好善有貧人除夕匹明方元旦不敢告人或為計曰獨有吉楊翁耳因注語之宏度遽起入内或蹴踖曰果悉其不詳也良久挾故衣一束出慨然曰吾金不足以濟與此衣佐之可乎竟不為怪

四八〇

四十一

新建家祠記

嘗讀家禮一書首重建祠上而祖宗有所憑依下而子孫知所法守詳哉其言之矣按十六世祖興一公始居閶橋厥後遷於河西俱未複建祠嗣高高祖小川公自西而遷于東即今里也老年崇佛于內地側屋中置佛座并奉神主焉至康熙初年坍倒不堪矣吾父漁父公目擊心傷慨然有振興之志商于叔祖簡如公計其所存之料無幾意欲即是地而脩舉之又念房分已多出入于一家之內庭實未易便是時本分內世善堂之左尚有隙地不計工料一力肩之不特祖宗神位得以稍安而各房木主俱得附列閱二十年子孫蕃衍而頋為脩葺者概無其人且長房不能管攝啟閉無人以至墻垣傾圯上漏下濕豈可以靈爽憑依聽其荒廢因於世善堂之右擇屋三間奉本支神主另列一堂終限地基淺隘殊不遂意嘗語不肖等曰祠堂為根本重地今苟如此原未成局倘有得地建二三進者當竭力為之不幸己卯謝世而此事未遂嗚呼天道無親常與善人以吾父一生之行誼合邑稱為善人而頋使有未竟之志抱憾

四十二

于九京耶適丙戌初表親顧氏裔遷于城其屋已虛其地原係曾祖脩予公舊業也兩相交易卜造祠屋五進不數月告成豈非天與善人之報誠不爽哉撫斯堂也原以體吾親報本之心也但宗子之法非世曾孫不敢以祭曾祖吾曾祖係次房也非世長孫不敢以祭其祖吾父又次房也如大宗世數已滿原有另立小宗之制西龕三處不借不濫焉後樓照舊供設以俟世數未滿者崇禮之不肖兄弟六人各分昭穆庶幾隆禮有加尊卑不紊是役也磚瓦木石概置以新挑工選料悉圖堅緻雖曰費用浩繁而舉族無公分可集兄弟亦未有私財添補種種脩辦悉出公田非敢曰光大其志式廓其模原以此盡報本之心而已又閱一年起後屋三層側屋四帶以為收貯公祖及堆積公料之所每年經管務勤脩葺庶不虛創造者經營苦心寧補其所不足勿廢其成功是有望于克類之子孫基業得以不朽也夫故為記

一基址

一 字號

一 契價

一 料用

康熙歲次　　　　男　　　　等立石

常州府無錫縣武舉人楊成志、雲龍具

呈為叩　憲恩垂一筆以光俎豆事蓋脩齊為賢聖之原而
憲錄為激揚之地故父思九稟性慈祥天然孝友扶危濟困樂
善好施如捨棺木以掩骼造橋梁以利涉凡宗族之不能自給
者助婚助葬而外終身給以衣食無使之一邑稱為善士三黨
曾無間言曾蒙前　藩憲胡嘆為此邦儀型遺額加奬迄今小
祠粗就而祖德未揚不經仁聖品題終成湮沒
憲天為文章領袖懲勸總樞叩敕霜毫申頒匾額懸奉家祠以
垂不朽使幽光頓闡廟貌聿新則祖宗賴以重光而
憲恩流于萬禩楊氏子孫世世頌明德于無涯矣上呈
巡撫江寧等處都察院大人　臺下

康熙五十三年三月　　日具

撫院大人批　　候訪查

常州府無錫縣廪增附生員鄭宗泌碩棟高徐有容施鋐高華
文亮薛鏊楊張遠奇華璋張寅孫泰振標等具
呈為積德可稽公論難泯懇賜勘結詳　憲給匾旌揚以彰潛
德以振頹風事竊惟表墓式廬
聖朝之盛事闡幽彰往賢達之高風苟懿德未遠夫表揚將末俗
奚由其激勸邑有已故太學生候選州佐楊諱思九勵志冰霜
禔躬圭璧淵源理學箕裘衍河洛之真傳規矩先型忠厚接崔
環之世澤殫終身之孺慕奉養盡親極畢世之孔懷加恩棣
蕚根心孝友錫類仁聽邑中口碑傳之耳熟濬河渠以防旱潦
施藥餌以起疾疴歲祲無飢瞻足頻高指囷賑捐有餘賡施奚
止脫驂捨䋍而挾纊息同建橋而褰裳怨息義開鄉塾負耒
不釋詩書脩葺慈雲游魚亦沾汪濊置公田以周族黨婚喪衣
食有資較文藝而課兒曹擊水摶風已見毋為王君矜矩鄉里
敬其剛方此乃鄭公之鄉異類閒而默化孳孳為善既矢志于
終身凛凛不忘自遵循于後嗣古心古貌鄉邦咸仰古人定行
寔脩光童悉稱長者無意近名有餘積慶是以子成志宏度
雲龍兩登鶚薦一列明經孫守約榮登
萬壽魏科五經魁選莫非積善之餘益信潛修之報古大賢道範
久則彌光鄉祭酒遺風沒而可敬今成志兄弟家祠崇奉潛德
未揚非經　仁憲之品題奚垂懿媺于坊表伏思
撫憲大老爺文章領袖揚激樞公懇
師臺俯從輿論詳候　憲裁勅頒匾額懸奉家祠以垂不朽
庶春秋祭享褒既往而勵將來德行表揚正人心而維世道士
民幸甚風化幸甚為此公同擬寔連名具呈
無錫縣儒學正堂老師臺　施行
康熙五十三年四月　日具
一詳縣
一詳學院
結狀
里隣張廷若　浦昌侯　黃元工　蔣岳北

四七

親族楊南文　楊爾華　楊致遠　楊伯嘉

計抄粘實蹟

一公多孤産日中落事祖母陳氏繼母侯氏菽水言歡委曲承順素以孝稱後拮据經營恢宏先業待兄弟田盡友于咸謂田荆姜被不是過云

一家居自奉菲薄節衣縮食以所餘得田三頃贍族中之貧之者為衣食延師婚葬之費援之范氏義田古今一轍

一復置公田三頃以所入專為施予貴病者給藥死者施棺歲以為常易簀時囑後人行之弗替今仰承先志兄弟輪管

公田經理其事

一設家塾捐脩脯款請名師凡里中子弟無力就學者使之自笈多有就造

一康熙乙未年大旱伯瀆河淤塞公獨力捐貲疏濬渴溉田數千畝旱澇蓄洩迄今一方利賴

一西門吊橋為往來要道歲久傾圮捐貲三百金脩葺繼

四八

望亭龍湮橋棄廢廿年勉力落成及村鎮小橋即脩里理建造至今不替

一北門外放生池傾圮已久無復興者親往相度鳩工庀材澤及魚鳥甫落成而

聖駕南巡幸池上

御書慈雲寺相謂利濟之念感通所致云

一乙未庚申間歲大祲　縣父母韓令勸賑公即發粟賑濟為邑人倡遠近全活甚衆

一冬夏于通衢孔道廣施茶湯渴者得飲于沍寒時多製綿衣施給寒者得衣

一生平力學嗜書較諸子課藝暮年猶丙夜篝燈手抄課諸孫不倦致子成志宏度雲龍兩登科目一選明經孫守約青年博學

萬壽科中五經魁英英鶚薦咸謂積德慶流

甲午四月二十一日儒學批　准牒縣轉詳

呈九

二十二日儒學李看語

楊思九裔出龜山學宗洙水登三舍之選名類何蕃捧一命之榮喜同毛義承歡藉養志堂萱賴以忘憂翦友因心庭樹因而再茂解推恐後三黨之教養兼施任卹維勤百里之飢寒特起恩枯朽功在川梁真見義而必為直終身而不厭譽髦之呈允愜旌揚之典宜加

無錫縣正堂涂看語

典型足式懿德可風孝友篤于家庭惠澤周乎閭里噓枯振槁誠哉夏蔭冬曦言矩行規允矣金相玉質施教養既族黨沾恩起飢寒則桑梓頌德拯危濟困事事存心好善樂施疊疊不倦昔燕翼以貽子孫桂香蘭馥今象賢而繩祖武鶴起蟬聯既孚月旦之評應錫旌揚之典

甲午四月二十七日批

呆一

巡撫江寧等處地方都察院張看語

據詳已故太學生楊思九孝友性成清白之家風不墜桑梓念切宗黨之惠澤常周誠哉　盛世典型允矣人倫師表輿情既洽潛德宜彰仰　候給匾表揚繳冊結存

甲午四月二十九日詳到

五月十九日到縣

江寧巡撫都察院張　為飭行事票仰無錫縣官吏即將發來積德流芳四字製造匾額紅地金書前列本部院全銜後書年月為故太學生楊思九字樣製完之日備具鼓樂彩亭送至本生祠內懸掛具文呈覆毋違須票

康熙五十三年六月初九日

巡撫都察院行

治下庚午武舉楊成志歲貢生楊宏度辛卯武舉楊雲龍具
呈為憲錫恩隆額　臺攄情上達恭謝事竊惟成志等裔出
道南家傳清白雖倖邀鄉薦深愧才庸故父太學生候選州佐
楊思九生前懿行已較著于曩時沒後芳名頗流傳于邑類
志等情深毛裏觀几筵而腸斷春怵念切顯揚痛桮棬而淚零
霜露有懷莫罄欲報無由恭遇　撫憲大老爺張大梁間氣河
洛菁英白雪文章梁苑郊枚辟易青山理性中原濂洛重光聲
名久著于西清雨露徧沾乎南國清如氷雪盛世無双皎若日
星熙朝第一甄陶俊乂洵哉理學儒宗扶植綱常允矣人倫師
表經綸光宇宙已銘韓范之勳劍履近星纏行晉夔龍之座身
父一生乾惕固理覺盱共推廿載脩為寔士林之足式通庠斯
士公叩　憲轅蒙金批訪查更具呈　臺下以及兩學各衆勘
結申詳寵頒積德流芳匾額覽沐　臺仁恪遵　憲諭製送家
祠曷勝華衮之榮恍若珠璣之燦啣環結草猶難報德靡涯
刻骨鏤心寔乃感恩無既但雲泥路隔犬馬情深伏籲
父母師臺俯諒愚衷攄情申謝則帡幪之德與日月而俱長寵
錫之嘉等金石而不朽為此激切上呈
康熙五十三年九月　日具

謹錄

先大人親筆遺囑

吾幼而失怙依

祖母繼母居遭家多難伶仃孤苦年二十餘贅于甘城范氏二年而歸 江陂倫嘗辛苦垂三十年稍成家業今有瘠田幾及三千畝積粟三千肩生汝子女七人今花甲已周老矣至此亦何恨若汝兄弟協力同心妯娌和睦教子讀書廓大前業吾之至願也 吾身後將田三百畝以百畝之租稅為宗族貧寒廢疾者衣食教養婚葬之用 以百畝租稅為親戚朋友不能衣食者 以百畝租稅給鰥寡孤獨廢疾貧苦無告者如向以橫逆加于吾 祖吾父兄當以直待之不必報復亦不必再加恩惠以德報怨孔子所不取也惟廢疾及鰥寡孤獨之貧寒無告者當終其身給之如可以自給即不必付 再將田三百畝租稅以為造橋開河施棺施藥施棉衣茶湯及凡百善事之用吾生前所行者悉行之倘不敷支用諸子中能以己資少佐即為真孝子 天地必福之

祖宗亦福之有存以倫害公荒蕪存儘做亦可日久奠生子孫有貧寒不肖聽信奸惡教唆必致侵蝕欲廢其事者

天地祖宗高遠難訴責在子孫中賢能者主持之勿替吾業務全吾志不論房分尊卑善繼者真吾子孫也 吾有病時來問候者并服役之人俱要肅靜腳步咳嗽慌張悉皆無聲至將易簀時切不可哭泣要忍著眼淚候吾氣息視吾面顏摸吾冷熱尤不可呼喚使吾乘一點靈氣還之造化往來太虛無所倚著無所罣礙方好 鼻息一絕額上不動心上亦不煖即于無油膩鍋內先燒兩鍋熱水隨取大浴盆潔淨提桶兩隻即忙提水不要極熱下得手方好即將吾身用長板放盆上自上至下諸子親自楷洗潔淨然後安臥牀上候潮氣乾方可穿衣棺木亦要諸子親手抹淨不可草率其含殮衣服之類吾已自備停妥不可增益更換棺中惟用乾石灰乾土泥二件不必餘物 常服及病中之衣分與衆人倘有穢氣燒蒼木以辟之 仍令心腹親知覺察內外門戶火燭照常小心鎖鑰更須嚴密使奸匪偷竊諸人不得乘一時匆

七十七

遽致生覲覦　汝輩在苦塊之中須請讀禮明師講習礼法舍館清潔敬恭款待三年之內凡有節序皆請而後可　不許做齋醮還受生經僧道中賢愚不一不可聽信汝輩讀書知禮當以此為家法勿惑于女子小人之見而動搖其說也柩前不許燒化紙錢金銀錠不必日裡點燭一日用香數兩不拘黃熟速香蒼朮之類命一童子在旁不住添香爇火靈几上勿令一點塵侵　薦羹不必多止許二味用素一茶一酒一飯三叩首三獻礼畢即收隨常不可放碗箸于柩前所所用器皿俱要揩抹潔淨　不許送報帖及辦開喪礼儀葬如之不可必過信堪輿以羈時日　點主一事甚無謂最不可行　吾有嘉言善人自傳述不必自說是無好處又何必諛墓誌亦不可有　吾年六旬始持齋每恨已往傷生衆多嗣後喪事祭礼一槩用素不可殺生以增罪孽　放生善果也北塘有池創自邹氏因歲久傾圮余目擊惻然適邹黎眉先生率諸子姪暨合邑先達公書勗余脩葺余勉力仔肩另立山門移建西山殼塘築墻建梁蓋殿補其朩脩葺其已壞

七十八

規模復新嗣後吾子孫宜量力以無廢放生善果　汝等欲盡孝敬于我第一要讀書登第忠君愛民顯耀門閭以光泉壤其次廓大前業見義勇為凶荒卹賑其次謹守田廬悉心誦讀恂恂儒雅稱為善人是皆謂真孝　汝等欲盡財帛之敬于我第一莫若軫恤佃户收租時斛內置一木墩仍分三限以墩大小遞易果係貧苦免其逋欠至于一切差役不可籐丈如諸子必欲從厚各出湊出財物貯于公所以周貧乏倘有餘貲買物放生是皆謂真敬若世俗之所謂孝敬吾存日聞之尚欲吐嘔汝等欲加我于身後難矣哉

另有訓戒十四則

吾生六子不能成一進士替國家出力深可痛恨異日子孫有餘工進成吾志者務為期勉為廉吏勿墜吾宗清白家聲便是顯親揚名第一義　父子有親君臣有義夫婦有別長幼有序朋友有信這五事人都視為老生常談不去身體立行不知做人離此五事便不成人矣譬如造屋石脚磉柱朽屋便倒了吾願子孫日日將此五事体驗務求無愧于心

九十七

莫道吾已曉得便了　讀書之暇兼宜究心醫理范文正云
不為宰相即為良醫惟此二者可以救人士子不可不存
此志　戒拖欠錢粮急公乃百姓分内事諺云若要寬先辦
官一開新歲務先打算錢粮出于何項一至開徵即爭先完
足便是國家良民亦是作家第一要著　戒托人完賦折乾
漕米及懶于登記遺失印串　戒脫略禮節異日子孫衆多
必生來以礼則不敢褻狎嫌隙無自而生　戒晏起善卧者
必昏惰而無成　戒嫖賭喪德敗家傷生二者為甚　戒酗
酒酒狂藥也況酣于酒何所不至致古聖賢無不以酒為戒
　戒自奉奢侈衣服鮮麗作家須量入為出以有限之生息
供無窮之衣食必敗之道矣故守成良法寧儉毋奢　戒多
營造大廈千間容膝一屋好興土木多致傾財不智之甚
戒禱神孔子云敬鬼神而遠之又云丘之禱久矣可見其無
益愚人信之往往破家　戒儆會親友斷絕只因財帛往來
為好反成不美若有干求即小贈之可也　戒怒時酒後鞭
撻奴僕奴僕亦人子也小懲之則可怒時酒後多失手切宜

九十八

慎之　戒看戲人生一日即有一日所當為不此之務而戲
是好吾恐其流于游惰矣　戒濫交朋友為五倫之一必須
慎擇良友方有益于身心若比暱匪人其算計我者無所不
至其引誘我者亦無所不至吾方甘墜其術中至終身受累
而不悟可畏哉　凡前數條止就切近事宜約略言之未能
全備惟大賢朱夫子家訓于立身行己之要無不周悉昔鬼
谷先生有言人生至樂莫如讀書至要莫如教子養子如
芝蘭既學以培植之又積德以滋潤之為子孫者時舉昔聖
昔賢之格言與吾訓戒十四則而讀而精思之庶不負吾一
生之期望也歟

附刻

嗚呼痛哉吾
父棄不肖忽焉七七矣不肖兄弟六人苦次流迷未經提及公
家事然痛念吾父勞苦萬端為公事計為子孫計此志殆
無虛日泣覩父親手遺義田產業悉屬心血苦掙苟或廢
墜是誰之過為子孫者不可無以處之不可無以持之成頎

五九

兄弟自今以往如吾 父生前恪守成規一毫怠惰不得一
毫沾染不得嗚呼慎之哉一人存私五人攻擊吾
父其靈照鑑不忒遵行永久慶幸無極略以記之為後規則
康熙三十八年三月
長男成志仝弟 希仁 成曾 宏度 式高 雲龍 百拜敬識

附刻

五公議兄弟成志希仁宏度式高成曾雲龍向
父存日痛恨祖塋葬亂皆係不肖子孫聽信堪輿以致穴傷前
後左右有礙先靈今于康熙三十九年置得斗山白塊橋新
塋一塊安葬 父親母親及庶母一塚三棺雖月濱内尚可
昭穆兩穴因兄弟繁多各遵 父志情愿各自另覓日後子
孫不得年遠覬覦侵犯其坟上一切事宜公家支用各頭非
逼欲後有違五此公議一樣六紙各執一紙為照
康熙四十年四月

附刻

六十

嗚呼吾
父歿時 雲龍 纔十七歲耳一生嘉言懿行不能表揚萬一迄今
五十年諸兄皆作 雲龍 亦已老矣恐懼遺訓之湮沒而後世子
孫無所遵守也謹録數則勒石家祠慎勿視為具文若罔
聞知也吾 父之靈爽寔式憑焉回憶易簀時為康熙三十
八年正月十一日先一日示疾〻中惟焚香啜茗手書遺訓
數百言授諸子弟初十日夜漏病漸劇長兄含參以進輒吐
去張目視曰去來定數豈參力所能挽回哉彌留時猶模糊
呼七郎婦竟夜不輟蓋以 雲龍 獨未畢姻為耿〻焉言念及
此不知涕之何從也十一日五鼓而瞑天方曙已有僧踵門
則北里放生池住持來問安云五更時吾師夢老檀公辭訣
逐去二童持幡前導西行故急遣訊而 父果以是刻溘逝
又三年而表伯倪公卓令伊子附寓信至公卓娠暘里誠寔
人也年八十餘而吾 父為老友死三日而蘇冥中遇吾
父持杖督理橋工見倪驚曰若未宜來此可速去為吾寄語
諸兒吾生所行一切事宜慎勿廢弛引手一推而蘇嗚呼世

人碌々日苦形勞神于名利場中智慮昏矣精神散矣一旦
二豎纏綿々瞀亂不省至于形消影歇靈响無聞奚能為
子孫丁寧告誡豈若吾　父立志行善翼子貽孫一靈炯然
始終不可得而渝幽明不可得而間所謂生而正直沒而神
靈吾豈虛語哉肯任夫為子孫者敗名裂檢置遺訓于罔聞
哉則睹斯訓也如耳提之如面明命服膺在躬世々守之庶
吾　父在天之靈其永無怨恫也已
乾隆十四年歲在己巳七月之望　幼男雲龍仝子姪百拜敬勒

年通家眷世晚生邰之鵬頓首拜書

漁父先生白手創業立仁人之心多豪傑之舉生平善行
傳誌之已詳茲讀其遺囑及訓戒十四則皆切于彝常日
用不獨一家之典型寔天下凡為人子為人孫者之懿規
也今嗣君雨亭先生恐其久而曾元將有所不知也特屬
書而勒之石樹之家祠以垂不朽時歲己巳秋七月之既
望邰之鵬又識

敕命附錄

奉
天承運
皇帝制曰設官分職昭罷使之無遺錫類施仁喜
蒙恩於伊始爾楊守誠乃廣東肇慶府德慶
州悅城鄉巡檢楊迪光之父秉心醇樸飭行端
方教誨懷式穀之勤政事本詒謀之善茲以覃
恩貤贈爾為登仕佐郎錫之敕命於戲一命
得以逮親遂膺曠典庶政期於稱職允荷榮
光
制曰登皇路以馳驅忠原本孝入庭闈而侍奉
嚴必兼慈爾蔡氏乃廣東肇慶府德慶州
悅城鄉巡檢楊迪光之嫡母性本和柔飭衿
聲於閫內教惟勤慎紆章服於庭前茲以
覃恩貤贈爾為九品孺人於戲所親邀優渥
之恩勉圖懋績有子效靖共之誼允表芳型

制曰出從王事庶司並重得人入奉母儀餘祉
尤隆生我爾薛氏乃廣東肇慶府德慶州悅
城鄉巡檢楊廸光之生母賦姿温惠秉性幽
貞閨範賴其贊襄母德表其慈愛茲以覃
恩貤贈爾爲九品孺人於戲寵命非常廣
沛推恩之典榮施有自允昭錫類之仁

嘉慶四年四月初八日

光緒拾柒年中秋佳節　二十二世裔孫　松源書

自述略

（清）華希閔 自編

《自述略》一卷，（清）華希閔自編，清乾隆刻本。

譜主華希閔（一六七二——一七五一），字豫原，號劍光，無錫人。康熙三十年（一六九一）副貢，官涇縣訓導，五十九年（一七二〇）舉人。乾隆元年（一七三六），以博學鴻詞薦，不赴。十六年（一七五一），高宗南巡，以八十之齡恭迎聖駕於惠山孝子祠，賜知縣職銜，尋卒。篤嗜儒書，雅好修先賢古迹，如復邵文莊墓、築高子水居、重建松滋王侯祠，皆鉅舉也。嘗埋父遺金於地，撫幼弟希閎成立而予之。平生慷慨尚氣節，張鵬翮審噶禮與張伯行互揭一案，歸罪伯行，希閔不平，上書斥之，以此得直聲。鄉里公益事，如修學校、架橋、疏浚河塘，無不力爲之。嗜學通經義，亦善詩古文，勤於著述，有《金匱縣志》、《無錫縣志》、《華氏宗譜》、《廣事類賦》、《延緑閣集》等存世。又刻有《南軒先生文集》、《元遺山先生集》、《高子全書》等。

本譜叙事起自康熙十一年（一六七二），前述譜主先世，止於乾隆十六年（一七五一）。譜前有顧棟高撰《皇清欽賜知縣陞銜前詔徵博學鴻儒涇縣學博庚子科舉人劍光華公墓志銘》，譜後有譜主子華纓、華紘題識。

本書據清乾隆刻本影印。

（朱　剛）

皇清欽賜知縣陞銜前
詔徵博學鴻儒涇縣學博庚子科舉人劍光華公墓
誌銘
老友華劍光先生年八十八月癸亥以疾卒於家余往哭之諸孤纓紱擗踊稽顙出先生自譜乞余誌其墓嗚呼余與先生交五十年又同舉賢書凡先生學問出處之大余知之爲深先生嘗屬余作生傳因循未果今不幸謝世而泚筆書其墓中之石余奚敢辭先生姓華氏諱希閔字豫原裔出南齊孝子後家世詳自譜中所居劍光閣學者因稱劍光先生云先生〻有夙慧六歲從師習句讀問先生讀書何爲曰取科第耳先生不甚省異日讀論語問何謂學曰讀書讀文章學也温理勿使遺忘時習也先生曰恐聖人意不止此師大奇之年十二補博士弟子負歲庚午二場初用性理命題先生得性理大全手鈔口誦幾忘寢食二十二謁毘陵金闇齋先生於共學山居時闇齋倡高子主靜之學余

墓誌銘　一

宗人俟齋恒惺俱從之遊闇齋特訂同人爲靜坐會俟齋問曰人性云何答曰仁恒惺問人心云何答曰靈又問聖人何故以爲危曰惟靈故危微二字都藏裏許闇齋深契之授以念臺先生證人譜及紀過法先生爲學不爲空言務實致於用尤以利濟民物爲己任家本素封以是得行其志甲申歲贈公卒羣憸齮齕者衆先生鎮定處之外搘柱門户内不廢朋友講習旁及三黨親族屹然倚以爲重無敢有以非理相加者先生有幼弟希閎年小於纓紱贈公命列爲昆弟行比贈公謝世而閎年纔九歲庶母過氏已前卒幼妹僅十二齡先生命奉孺人時其服食寒煖於閫則爲延師授室至外侮之事則以一身任之而閎不知至先生卒時而閎年已五十六歲早登賢書歷膴仕產逾先生幾倍先生之力也庚寅儀封張公撫吳詣東林謁道南祠先生以諸生侍坐儀封語次頗與忠憲復七規相枘鑿先生爲舉延平觀未發氣象及朱子半

墓誌銘　二

日靜坐半日讀書語相督公亦不為忤及登舟
索先生著述先生進性理輯釋及劉念臺人譜
公稱善嗣是遂訂文字交辛卯赴涇縣訓導之
任謁張公問諸生謁校官例有贄儀却與受孰
宜公曰却之是然難乎其繼通以原思九百之
義可也先生謹受教終涇縣任兩年所得贄儀
悉舉以贈諸生之貧者葺書院之廢墜者而俸
薪三十餘金則分贈諸姊妹昆弟絲毫不以入
己槖張公兩遭大獄初則與制府噶公禮互訐

墓誌銘　三

繼則劾布政司牟公欽元俱解任候訊危如累
卵先生則上書安溪武進兩公達輿情後以牟
事看守京江神廟先生往候守者拒弗納先生
坐不退卒得見公信宿而返時牟寓居錫城與
先生寮通葺小至造作陰事以中傷先生先生
夷然處之卒無恙先生貌不踰中人而精神揮
霍有餘出身任事其天性為諸生三十餘年邑
中有大利害非先生莫決大吏咸致書通問凡
丙申乙榜至庚子與余同登賢書先生年四十

九矣而人各言其志余答先生多外事先生曰
孟子言伯夷聖之清伊尹聖之任不必聖人吾
儕亦有之子居其清我居其任可也先生兩試
南宮弗售即絕意進取自是以後纂江南通志
一分校浙江鄉闈一修漕運議單一最後與余
等四人同修無錫縣志此外聘書院山長弗赴
詔徵博學鴻儒弗赴而出身任事益力前後以公事
而與縣大夫觸忤至幾成大獄踰年而後定而
先生不悔也先生築西城樓儲書百萬卷凡先

墓誌銘　四

賢遺蹟林泉勝概靡不興舉或倡或獨動輒數
十百金槧板之富甲天下所輯廣事類賦流傳
及海外歲辛未
聖駕南巡駐蹕錫山先生嘗集宗人築忠孝節義坊
是日俯伏迎謁道左
皇上顧問云這一家好問姓名年紀先生具對臣某
科舉人年八十候選知縣
天顔大喜著即以知縣用後以年老賞給知縣陞銜
并

賜貉皮宮緞時先生已病噎膈兩年而神明不衰邁
走如少壯對客娓娓不倦病中輯自譜七月朔
黎明拜別　至聖先師自是不復能執筆矣易
簀前三日猶手數金付余族弟長元令修葺共
學山居命諸子集分作修葺髙子水居之費嗚
呼真所謂任重道遠死而後已者歟廼綴緝遺
事而為之銘銘曰
仲尼之門列四科冉有子貢稱成德政事言語
各擅長名埒顔閔是其匹世唉儒者為無用俯

墓誌銘　五

首低眉供戚羙先生丰采與世殊訏謨碩畫邱
山重鄉邦倚賴四十年一朝溘逝歸重泉我作
銘詩揭新阡後有過者式前賢

賜進士出身
欽授國子監司業前
詔徵博學鴻儒景山教習內閣撰文中書舍人年眷
同學弟顧棟髙拜撰

賜進士第
誥授通議大夫宗人府府丞前吏部右侍郎大理寺
少卿庚午
欽命湖南鄉試正主考兵部左侍郎丁卯甲子兩科
欽命浙江正主考內閣學士兼禮部侍郎充
明史館纂修大總裁詹事府少詹事翰林院侍
讀學士
乾清宮
御試

墓誌銘　六

欽定一等第一翰林院編修充
日講官起居注辛酉順天鄉試仝考官翰林院庶吉
士受業王會汾頓首拜書丹

賜進士第通奉大夫
欽命提督順天全省學政加三級禮部右侍郎前內
閣學士兼禮部侍郎戊辰充
殿試讀卷官都察院右僉都御史

日講官起居注右春坊右中允翰林院侍讀翰林院
編修翰林院庶吉士内閣中書舍人年愚表姪
張泰開頓首拜篆額

七

墓誌銘

自述畧

按春秋傳世本微子封宋十傳至戴公生考父食邑於華因以爲氏此華氏之始也歷漢魏晉代有聞人南齊旌孝子諱寶史載無錫人此爲無錫華氏之始歷千餘年譜牒失傳潛德不耀至宋承事郎諱原泉居隆亭爲今譜第一世祖六傳至十通五奇通八提舉府君諱琳乃閩之十五世祖也又五傳至樂耕府君諱景安與王舍人紱王學士達稱石交蔚然負東南開望又三傳爲邑廪生坦菴府君封驃騎將軍錦衣衛僉事諱棟自隆亭遷城南生封戶部郎中海月府君諱麟祥海月生封御史次菴府君諱露次菴生邑庠改太學生完素府君諱玄禧完素生郡庠生訒齋府君諱從允訒齋生郡庠生鄉飲賓今貤　贈文林郎静友府君諱國球則閩之大父也自南塘遷居城内圖南里生吾父理奇府君諱汝修　勅贈文林郎吾父配黃孺人康熙十一年壬子十二月十二日生希閔於圖南里之樂善堂

一

癸丑二歲

二月痘後浴痂大父静友公大母顧孺人臨視之適先公江陰入泮信至喜以兩事並告先祠

甲寅三歲
乙卯四歲
丙辰五歲
丁巳六歲
借兄魯聞公諱希曾同受業令儀孫先生習句讀暇時問先生讀書何爲先生曰取科第光大門閭余若不甚契異日讀論語問何爲學曰讀書讀文章學也溫理勿使遺忘時習也余又若不甚契師詰曰汝意云何答曰恐聖人意不止此耳師述其語告先君子曰郎君有夙慧似不僅以科第爲顯揚者
戊午七歲
五月朔日祖妣顧孺人卒父母哭泣盡哀余亦擗踴
己未八歲
庚申九歲
從顧舜逸先生受尚書夏日先生他出余問兄曰世間皆人也何道可以出人頭地稱爲不凡兄未及答師自外入聞之又喜而述之先君子
辛酉十歲

二

壬戌十一歲
學爲制舉文
癸亥十二歲
院試入泮學使趙公名崙山東人首題似不能言者至便便言次題頌其詩讀其書
甲子十三歲
春大父靜育公舉郡鄉飲介　四月十四日兄魯聞公卒兄長余一歲視日不瞬姿敏而性友愛祖父極愛之而以腹疾卒余不食累日
乙丑十四歲
歲試列三等
丙寅十五歲
秋月病痢歷冬不止勉進錄科列二等
丁卯十六歲
入鄉闈
戊辰十七歲
歲試列二等　十一月初十日娶婦秦氏
己巳十八歲
科試列二等
庚午十九歲

三

舊例二塲試論用孝經命題是科始用性理余得
性理大全手抄口誦晨夕不捨試事直度外視之
師徐胎仙以爲難　鄉試薦而不售主考王誠居
先生評曰文清泚策空疎先君呼而命之曰空疎
見誚不亦愧乎余大踧踖　十二月二十九日長
男綬生
辛未二十歲
從陳體乾先生學先生規言矩行教弟子必先根
柢諄諄以太極西銘之說誨人余亦舉所得往復
互証先生喜曰此等見地未易得之弱冠　是年
八月廿五大父静育公卒病中隨先君子進湯藥
歿後伴先君子宿苫塊暇即以濂洛書手批口誦
先君子命之曰汝讀高子遺書乎對曰未也曰桑
梓先賢流風猶在讀其書興起尤易小子謹受教
是年開生員捐貢例　閏需次儒學訓導
壬申二十一歲
二月十九日次男紘生　是年讀滿園先生集門
人取斯樓課藝招余與課時同研席者皆夙儒陳
體乾呂遂躬兩先生最長其次張君元明諸君卜
臣國書輩凡十四人其最幼者胡君元方然亦長

四

余一歲先君呼而命之曰諸先生皆爾父師行小
子廁其末毋得多言毋得並行余受教循後進禮
惟謹　舉業之暇喜讀先儒書爰購得自宋及明
諸大儒文集數十種朝夕雒誦悉心體味有未明
了者輒窮日夜以思之故余於道學源流畧有所
曉
癸酉二十二歲
十月朔謁金闇齋先生於共學山居時秋期復七
巳過金先生特訂同志數人静坐七日顧盼滋先
生問曰人性云何答曰仁恒惺問曰人心云何答
曰靈又問聖人以爲危何也答曰惟靈故危微二
字都藏裡許闇齋先生稱善授余劉念臺先生人
譜及紀過法歸呈先君子先君子喜曰小子從此
可獲親師取友之益矣　是秋長姊丈秦君暇臣
病卒秦君篤行好學可望有立而遽此天閼姊年
才二十五先君先孺人痛甚余哭之哀次姊丈胡
君宗傳亦來會哭喟然曰觀暇臣令人百念氷冷
可以一事不作余曰愚意不然年華有限視此尤
不可一息懈怠也　秋入棘闈先君先孺人望之
頗切後聞落卷被承繼四點耳餘未寓目冬月讀

五

唐宋八家文頗曉其佳處時時效其體有作　是
年先君葺南塘祖祠春秋祭享儀文命余考朱子
家禮及家徵君慮得集規條酌其繁簡之中以期
可久稿成先君子復酌定之
甲戌二十三歲
與殷君公貳同學殷君名弘寅長余二歲縣考院
考皆第一入邑庠苦志下帷時與余精研書旨取
大全及蒙存淺說諸書析其同異於毫芒疑似間
先玩經文次閱朱註又次始採衆說高忠憲公嘗
言孔孟程朱所言蒙晦於講義者不少乃知積習

六

相沿明季已爾非自今始也余於書旨畧有窺尋
始此
乙亥二十四歲
仍與殷君公貳同學
丙子二十五歲
取斯積重訂文祖增入秦君大來曹君孝則秦君
式度學伊師石二南昆仲數人　是夏庭中盆蓮
有一莖兩華之瑞十二月四日弟希閔生
丁丑二十六歲
自覺年長親老矣思闈中一當以慰親心初得汪

氏武曹正味集讀之其徑路頗與時刻闈墨背馳
始而怪之繼而大好之往往夢寐中猶吟哦有聲
先君子命註感應篇心解纂先正格言俱付刻
戊寅二十七歲
購得艾千子文定文待韓求仲文在文閒馬君常
文韻陳百史四十大家鄭恭陽五十大家諸本硃
批墨注探其源流又購得湯霍林墨選讀之知爲
在開薪傳所自竊嘆先輩於此備極苦心不比近
時鹵莽而千子獨闢蠶叢厥功不小本朝呂晚村
祖述定待汪鈍翁祖述在閒而餘波衍於武曹屺

七

瞻荆山諸君町畦雖別脈絡可尋
己卯二十八歲
闈試仍不售　輯薛文清讀書錄節要十四卷
庚辰二十九歲
纂性理註釋　太極圖說通書西銘俱朱子有註
而正蒙獨無爰取高忠憲公集註又博採先儒諸
說釋之
辛巳三十歲
性理註釋成并刻劉念臺人譜及紀過法
壬午三十一歲

正月五日第三子緑生　是春余病似瘧寒熱㳺作至夏末始安　秋闈仍薦而不售　冬先君子命作廣事類賦宋博士渤海吳淑有事類賦百篇先六世祖游月公序刻之板貯崇正書院先君子以其未備命廣之是冬先君子病矣入侍湯藥出支撑家事以暇纂事類賦

癸未三十二歲

十月十九日第四子紳生

甲申三十三歲

八月廿四日丑時先公卒　是秋重葬菰川庄孝子別祠此舉創自葵儀姪以費無所出商之余余曰君任其勞我任其費可也時正值先公病未暇

八

同與經畫其設補菴問齋二祖配享非余意也顧有其舉之莫敢輕廢遷延至今有記載集中

乙酉三十四歲

四月長姊之子秦堯民卒姊丈秦嘏臣止此一子締姻胡氏年十八畢姻有期矣遽此夭亡嘏臣弟亮臣有子堯章按律應嗣而堯章無弟于是秦氏有一子不得出嗣之説將立其再從弟子某爲嗣余姊不欲也命據禮律辨之因作置後辨秦氏有答辨復有或問之作載集中　六月初九日第五子綬生　是秋邑中有齮齕余姊丈胡宗傳者訶連余家邑令李公不爲決余爲訴之郡侯學憲而定

丙戌三十五歲

三月初三日先母黃孺人卒所遺笥篋衣飾悉以授姊妹三分之余諭婦秦氏曰兒與媳承父業矣母氏衣飾授姑姊妹爲宜也婦亦夷然無忤　讀禮餘研求四子書愈覺有味　刻張南軒先生集

丁亥三十六歲

有志作宋史詳節繼呂東萊十七史後　刻元遺山文集詩集　是年大旱河流涸余浚城東弓河借工作賑同里

九

戊子三十七歲

與黃子瑋伍鄒子泰和金肆業共學山居　是夏大水秋禾被渰冬奉

旨賑飢當事以青城大墩一廠屬之余賑例於來春二月終止麥未登場貧民待賑猶迫余與同事劉封君台衡等集同人私賑一月竣事　是年第四妹年十七病卒先君曾授妹田二十畝作奩資余商之閎弟以半授長姊秦半授三妹曹各予租十石而四妹所遺衣飾則付未嫁之第五妹焉

己丑三十八歲
坊人請選己丑科小題得黃鄒二君之助爲多坊人又請選歷科墨卷前集始順治丙戌迄康熙癸丑以呂晩村氏觀畧爲主而稍有增削乙卯以後始自成書亦得黃鄒二君之助　是年滦園秦先生倡修學宫訂十八共事余與焉
庚寅三十九歲
是秋儀封張公撫吳諸東林道南祠余以諸生侍坐公語次頗與忠憲高公復七規柄鑿余爲溯延平觀未發氣象及朱子半日靜坐半日讀書語相質公亦不以爲忤及登舟傳邑令李公名繼善索余平日著述李取讀書節錄性理輯釋及劉念臺人譜進公稱善延余至吳門與嘉定張丈樸村本城李綱文錦李鼎臣文鋭宋謹涵照蒋惟御恭棐同纂禮記集説　是秋邑西水仙廟有巫者詭傳神言禍福舉國信之奔走若狂余諗邑尊杖而戢之
辛卯四十歲
二月部選寧國府涇縣訓導至七月赴任往辭儀封張公公爲先公撰家傳勸勉備至余請曰諸生

十

謁校官例有贄儀却與受孰宜公曰却之是雖然難乎其繼也通以原恩九百之義何如余敬佩勿忘七月十九日涖涇謁　聖畢詣水西書院集諸生講太極圖說諸生陪侍者咸聳然動聽旋赴郷試有涇庠諸生來謁者或持贄儀三五星進余却不受曰就試資斧有限無暇藉此儀文交接也試畢旋里榜發名列副榜第三親友慶賀者咸寓嗟惜之詞余曰科名得失命也知巳之感正副榜同耳訪知房考爲當塗令程公繞道謁謝而後赴涇公名璞大名人康熙庚辰科進士　九月下浣至涇有胡生者酒後開罪邑簿顏君顏訴之令將詳究懲之余適至告令曰法宜執也而酒後情可原也率胡負荆於顏復命於令寢其事仍集諸生至明倫堂講畏天命懷德懷刑二章飭令悛改諸生多感激　十月學憲張公名元臣按臨旌德補撤寧兩府科試試案出新生中有貧甚者歸不能質蹇驢適有一生補廪循例餽余四金余以分贈新生七人　張學憲待余加禮試竣以旌德罰項三十金檄余脩葺水西書院余曰葺書院校官能辦之無庸借資隣邑也捐俸葺之而以罰項返學憲

十一

十二月假歸　是冬儀封張公以科場事與總
督噶公互參奏
旨解任候訊羣情大沸然慮其孤危無可奈何余爲上
書安溪武進兩公達輿情書稿刻集中
壬辰四十一歲
二月爲弟希閔畢姻　四月葬先公先孺人於南
塘祖塋　五月復赴涇具文辭訓導職　新例副
榜教習三年滿選教諭余援例請縣府司院遞轉
至冬始得報允十二月旋里積兩年贄儀六十餘
金授涇邑長者趙君名淳以製絮衣贈儒生之貧
者而所得俸薪三十餘金則攜歸分贈姊妹昆弟
及三黨姻戚曰茸宿雖寒亦天祿也宜與骨肉共
之　時儀封張公奉
旨褒爲天下第一清官仍撫江蘇余於旋里之次日赴
蘇謁晤主賓相對秉燭談經一如曩日
癸巳四十二歲
修學事歷三年未畢工余語漆園先生曰願與長
者分任竣事何如先生任儀門余任櫺垣時虞山
將中丞以百金寄施省園先生葺大奎閣費不敷
余復佐成之　受業者雲集贖崇正書院集諸生

十二

課文講經有記載集中　是春萬壽恩科拆號副
榜第三仍予也監臨儀封張公笑曰渠已貢矣再
此稠疊得他人功名何爲與主司商酌易之
甲午四十三歲
寓蘇州蕭寺卒業禮經　秋闈病不終場
乙未四十四歲
是秋張公解任公劾布政司牟名欽元奉
旨命大臣會審奉差者阿張二公皆右牟欲力以公候
參請
旨革職看守公京江神廟余馳往候則守者拒弗納余
坐卧不退卒得見公談經信宿而返　是年牟公
寓居錫城或疑其以儀封故不悅余將有以中之
宵小至造作陰事以爲媚而牟公不之信得無恙
丙申四十五歲
築高忠憲公水居基址　刻事類賦廣事類賦告
祀先公
丁酉四十六歲
四月赴京兆試　是秋闈試正主考卽儀封張公
副主考爲三韓鄂公名爾奇房考編修喬公學尹
吏科吳公廷掞余仍列副榜第五名然五策爲各房

十三

傳誦鄂師兄相國公爾泰見其卷謂弟曰子爲副司而失錫山華子毋乃有五色目迷之嘆乎相國時爲部郎賞余於牝牡驪黃之外如此　榜後與金壇王丈虛舟定交

戊戌四十七歲

四月南歸刪節宋史

己亥四十八歲

刪節宋史　是年紘見入邑庠

庚子四十九歲

都門友人多勸余仍就北闈余曰中額有寬窄命

十四

則一也吾從其逸耳　八月闈試中式第二十四名正主考閣學魏公名廷珍副主考檢討陳公名會房考來安令和公名文瀚　十二月北上正月至京應酬繁多寓内城不交一客

辛丑五十歲

會試不售歸仍事宋史　是冬座主魏景州先生督兩淮鹽政專使邀余九月杪赴儀眞鹾署逾冬歷春

聖祖登遐先生改湖北巡撫　是年開浚城河自南水關起至宅基止

癸卯五十二歲

景州先生赴湖撫任仍邀同行以疾辭　是春奉

特旨各省主考撤簾後偕督撫驗看歷科舉人有奇材者薦之次選縣令年老者就教兩主考吳隆元李周及督撫屬意於余與太湖胥之貞兩人擬連銜章奏余不知也藩伯鄂西林先生舟過梁溪命郡縣大夫趣裝親朋俱詫爲意外奇遇四月北上則各省無薦人者吳李兩公亦中止八月循例赴南宫余卷不得入主考之目自分年逾五十矣非科名中人營營於此而悮其讀書之功無爲也自此畏足

十五

春明

甲辰五十三歲

春奉憲賓賑余任懷仁廠官賑畢仍集米加賑一月如戊子青城　九世祖友琴公墓牆爲不肖某所斵余糾宗族鳴官復之　是年再浚城東弓河

乙巳五十四歲

藩伯鄂西林先生大會江左人士於春風亭制義題已欲立而立人二句所以動心忍性二句古作二首擬加禮部尚書張伯行宮保制誥擬賜安南國王詔刻西林先生南邦黎獻集中　公卽席贈余七律一首　夏四月庚子房考壽陽祁公

補任江陰延余閱季試文生童兩批首各於本科
中式（本庠張君霖丙午登賢書丁未聯捷 童生繆君錦本冬進學丙午鄉舉）祁公訝
余文鑒
丙午五十五歲
刻宋史質疑　整葺元人十集集係汲古閣刻本
歲久殘缺余重整之
丁未五十六歲
奉憲煮賑余復主青城大墩廠憲諭賑粥而民情
以給米爲便余集同人議用番賑之法分廠民爲
十分十日一番給以一日粥九日米第十一日復

十六

如前周而復始自此民止一日奔走道途而十日
得無饑煮粥之薪亦省其十九於是不逆上官之
指而官民兩安（同事爲黃𢢶齋薛二陶）三月官賑畢又集資
私賑半月如曩時　是年割田完黃君璋伍尊人
墳塋黃塋在冷瀆造字圩甚窄而冇背皆倪氏產
不能得也倪墳後有田則余產而倪欲之余乃割
田授倪而以倪田予黃一舉兩得親朋共以爲快
壻丁（鶴起）爲陳留簿八月送三女至其署便道
爲秦南沙贖書三千本（南沙有書八櫥付舟人帶歸舟阻東呂質於李典歷五年不可得贖矣囑余爲謀訪舟子淮安人也其務故在余與金總道東呂謁典主贖書而還之南

沙

戊申五十七歲
是年幾爲邑令江公日容所陷江由湖廣益陽令
卓異以知州銜宰無錫初到謁縉紳虛心請教余
爲言符檄判行一字一句皆當致慎否則吏胥舞
文百弊叢生爲歷指其可據者以告時書吏畢從
聞皆愕眙衆憾萃焉思有以中傷之會江令以滚
单法催糧本戶雖完訖仍着催下戶時逼夏至不
准停忙三木夢頭者數十人皆完戶非逋戶羣情
大擾又值富安鄉稍旱遽集男婦若千人執香籲

十七

官所甬官不時出則毀門戟手罵詈江遣健吏縶
其殿末一二人訊知主謀某某即夕詳憲執法嚴
究集役飛拏鄉民遽張燈鳴金拒之役傷船燬莫
敢攖其鋒於是胥吏協謀曰此可以牽累華某矣
江先遣縣尉某繼遣丞某詰余曰但得爲首一二
人強拉余往鄉入城覆江江不發一言則密稟各
上官言亂民之首華希閔也擒希閔則衆犯嗹手
伏矣中丞張公疑之轉詢常守包公包爲白其事
繼張撫吳者尹公繼善爲下其事金匱二犯相繼

伏辛而余家得無恙是役也徽尹公……
家廩粹矣惟口興戎吏胥毒螫可畏如……
於家後葺草堂數間爲讀書計南野草堂記□李堤記載集中
己酉五十八歲
築高忠憲公水居成有秦道然記　夏重建孝子
祠□樓成□□見集中有成志樓記　秋分看闈　登鄉薦　時奉
旨清查民欠錫邑江令涤查民荒一項示諭里民數十
年來浩　恩蠲減者皆冒濫非真荒也田所蠲者
免其罪遲則詳憲究懲罪不赦里民驚駭自首者
數十百人輸銀者三日內數至一千九百餘兩余
靜聽其所爲江則於公所揚言欲甘心焉會中丞
尹公訪得其實檄示各屬稱數十年後清查數十
年前田畝已無從指實其荒與不荒又何從核其
冒與不冒滋事厲民莫此爲甚其所收自首輸公
銀兩不便　題達又不便給還里民存司庫仍聽
支撥可也檄到歡聲如雷而余家尤如震風凌雨
之得大廈
庚戌五十九歲
築西郊堤有呈有記載集中　整葺錫山龍光塔
有記載集中　偕子弘姪葺宗譜有序載集中

冬建抱義堂
辛亥六十歲
浚惺惺泉有記載集中　秋制府高公巡撫尹公
聘纂江南通志九月廿二日入館十二月望假歸
壬子六十一歲
江寧修志　七月浙江鄉闈聘同考十五日從志
館道蘇赴浙王考禮部左侍郎張公名廷璐副考
刑科王公名璣余於房考中年最長初六日入闈
初七日焚香告天其誓文命余秉筆再拜朗誦詞
韵鏗然同人頗以爲年衰神旺余房得士七人正六副一
十月仍赴志館十二月解館歸
癸丑六十二歲
春佐兩邑會賑荒至三月竣　去秋颶風傷禾稼
蘇松兩郡被災尤劇流民結隊而來吾鄉不聊生
者與相隨逐村里苦之邑會集議安輯之法余曰
其病在主客溷淆耳若各里一廠本里之貧戶賑
本里之饑寒苟非真饑寒者不肯就食其流民聽
官長遣
旨撫卹還鄉爲力尤易邑會然之予係倡議之人偏册
周行郊野頗勞瘁　二月修葺寶善橋　四月赴

志館屆秋事畢制府尹公欲增撫史一門獨以命
余余以館中書少請即家撰次公允之至冬竣事
是年季兒紳入邑庠
甲寅六十三歲
秋同弟希閔買地聖堂橋河右建小宗祠　尹公
於去秋奉
旨移督雲貴至是走書幣延余作五華書院山長　醒
院尹公會亦延余作安定書院山長皆辭不赴而
五華則轉薦浦君起龍顧君起倫代行滇藩陳公
札謝云浦君文學之師顧君經書績學得此二美
楷模多士不負制府求賢雅意矣
乙卯六十四歲
二月新祠落成敬顏曰華氏小宗祠擇日移五世
祖次菴公東面以高祖太學完素公高叔祖御史
本素公左右祔六世祖海月公六世祖妣張安人
六世生祖母薛孺人則另建寢室奉祀有記載集
中　四月漕督顧用方先生請纂漕運議單赴之
九月仲兒紘捷南闈增周金紳捷北闈　金邑
令王公允謙舉余名應博學鴻詞之詔辭不赴有
呈載集中　是年患臂痛自春徂夏歷秋愈劇就

針於蘇醫袁朝初往返頗動然舟中讀書未嘗廢
也　祁師寄居吾邑既有家累而在官交代之事
亦多未清因憂成疾疽發肩背間幾殆余列門牆
不忍漠視爲劃產集會以畢其事　十二月爲孤
甥祝亦堂畢姻余次姊適太學胡宗傳生二男一
子孤女字祝向高而宗傳貧甚力不能具裝余撫
而嫁之未幾夫婦俱亡遺孤二亦堂其長也早與
王氏訂姻而不能行禮余以次姊遺體止此一綫
無可漠視乃爲具六禮畢其志明年復爲謀畫生
計胡娣行醫焉　顧贍廬學士倡修學宫需費六百金乃
議糾十人爲率人各任六十金學士總其成年餘
而事集內秘文敏公獨任百金陶封君慕集七十餘金
丙辰六十五歲
學宫事竣有徐琴宣者願捐田五十畝屋十間歸
學爲每年修葺學宫之費邑尊許憲獎之後伊母
舅駱仁瑞告爭許訟藩憲張批徐琴宣所捐實係
瘠田頹屋應令照價歸銀使金錫練達紳衿另置
腴田歲修　文廟毋任教官書門侵蝕署縣傅交
出價銀一百六十五兩余與顧學士爲置弗克等
號田租二十四石一斗零　刻從叔父在升公用
藥心法傷寒醫指付從弟希仲校二書行術四方
借雨亭楊君建尤村渡大橋　是年祁師事畢

引
見補潞安府教諭遣送其妾之官門下士之責庶稍盡
焉　制臺趙公專檄徵宏博辭不赴有呈載集中
借杜雲川潘讓邨陸卷阿三君重葺吏巷至德
廟費則余任之廟粮舊一畝八分爲某零星割賣
鄰居者三之二矣至此邑令王公始以存剩六分
有零另立至德廟户名辦粮　醮院尹公會一復
走書幣訂明年安定書院山長辭不赴
丁巳六十六歲
正月尹公復以梅花書院講席來請再作札謝之
圭
少司馬歸安吴公名應棻特奏薦鴻博部檄下
郡邑吏趣裝甚勤余力辭仍札謝吴公呈稿㪽稿
載集中　同陶未堂大叅葺復邵二泉先生墳塋
先生墳塋久爲後人鬻去無知者大叅爲先人相
地得先生碑碣告之余且云需費六十金可以珠
還合浦余與闞弟任其半大叅昆仲任其半築墻
還舊勒石紀之　重葺崇正書院
戊午六十七歲
二月長孫延相入泮
己未六十八歲
女夫周金紳捷南宫　女夫丁鴻超冒籍溧留縣
致書勉以臨民大義毋爲習俗所移　冬倡建揚
名大橋橋跨巨川爲揚名新安開化三鄉要道
庚申六十九歲
刻高子全書　揚名大橋工竣　邑尊溧澤王公
刻金匱志成屬余作序不敢居辭　又六月初四
日宗人泰氏下　冬重建揚名小橋
辛酉七十歲
闗廟寢樓成　闗廟奉
旨建造邑侯吴公名興祠成之而未有寢殿無以妥五
圭
王神位至是余得黄氏樓房而更新焉復建牆於
河以屏内外　建古崇安坊坊在崇安寺前里民
出入之衢歲久爲里民侵占不能容寸武頗不便
會余市房一所不戒於火讓出還其舊潘果爲記
大姊卒先是大姊病癱瘓飲食七箸以及卧起
枕席不能自勝維持衣廪皆余任也四歷寒暑至
是疾卒值余七旬生辰親友欲爲余稱觴以姊喪
辭
壬戌七十一歲
刻朱子節要二程節錄　贊成顧振川安鄉倉有

艸載集中

癸亥七十二歲

重建北橋

甲子七十三歲

重建前明令松滋王公祠有鄒乾樞記

乙丑七十四歲

援例請父母贈典以本身夫婦　封典貤　贈大父靜育公大母顧孺人　刻玩辭初筆學詩隨筆

五月大雨櫺星門前石岸坍卸邑衿士公請以徐琴宣所捐田租撥修余因與顧學士清理其租而歷年訓導經收者勢難復問金邑尊鄭因令吳訓導將田交出遵憲原批舉殷實生監薛日孜顧錫良高鑑等輪值收租繳縣修學薛日孜秉公遵收除完漕外餘米二十二石零册報金匱縣查估

三四

文廟前傾圮石岸濬支修築公舉余與顧學士董其事因嚴寒水凍工未起

丙寅七十五歲

吳訓導以學租事詳各憲歷年所收之租皆修時兩齋非侵蝕也而學田五十畝爲顧華翻奪止存二十四石今又盡爲奪去遂奉嚴批飭革經管生監衣頂而吳亦以大計去官隨有貢監生員周秉貞等以叩究學宮大弊事控憲各憲批府兩齋爲訓導私室吳某動修不合但已詳參免究餘人從寬止斥生員某及余子監生華綬二人結案督院尹持之不下卒得無革田不准易仍將徐琴宣所捐田五十畝屋十間歸學永作歲修　文廟之費嗟乎是役也經營拮据十年訐訟一年然緣是得以五十畝之田勒成鐵案　文廟得以歲歲增修不至如前日之傾圮大壞致煩當事府衙入告撥帑興築則余七十年爲諸生之責庶乎少盡焉

九月念五日綬兒死　刻大學約言

三五

丁卯七十六歲

濬城河自倉橋至南市橋又自虹橋至西門濬南塘後河自日暉橋至鴨子灘

是夏米貴湧貴至每石三金余偕弟閎揭囷粟自門首減值平糶邑尊倣以爲則勸有粟者皆然

刻中庸剩語　倡宗人於孝祖祠前建忠孝節義坊有宗人蓼亭記　五月念三日紳兒死　十月塟亡室秦氏

戊辰七十七歲

刻論孟講義

己巳七十八歲
刻知非錄　錫金先賢祠宇乾隆十一年奉　部
檄查春秋祭祀之費一體均頒時値邑尊新舊交
代報册遺漏甚多余倡同人籲憲復其舊有呈有
碑記載集中　四月爲舊令姜公集資助行以彰
公好余出三十金倡之有啓稿載集中
庚午七十九歲
刻知非續錄　葺慧山孝子祠　重建明吏部鳳
超公祠　邑令王公名鎬聘修無錫志同事顧司業棟高浦
教授起龍顧進士奎光連余四人襄事者許獻黄卬華玉淳三人
辛未八十歲
正月十二日孫見死　二月在慧山祖祠前恭迎
聖駕
問年紀履歷謹奏八十歲候選知縣
上云年雖八十容顏甚後生
賜對袋
問姓名奏對訖明日奉
旨華希閔年逾八十着賞給知縣職銜加級一疋三月
十九日
回鑾次望亭恭謝
天恩呈獻事類賦逕志錄經史質疑各一帙
賜紫貂二宮緞二明晨在慧山祖祠旁叩謝
上望見獎賞并顧祖祠
上云有這一家好四字敬立
帝錫德音匾額以紀盛遇
是夏米直騰貴一如丁卯年余借弟閔仍出粟減
值以糶同志頗有倣而行之者所以吾邑米價較
隣邑稍平　六月第十八孫兆林入泮　七月病
劇朔日詣　文廟拜別　至聖先師與兩學師論
徐琴宣捐上字田租五十石作歲修　文廟之用
新志學校內必當增紀　次日又作札與顧復初
先生論其事　七夕作札兩學師囑其清理　尊
經閣書籍
嗚呼此吾父七月中絕筆也吾父病中日食粥
一盂而趨走不異少壯對客談論娓娓踰時七
月中旬力疾書此吾父孝友出於天性利濟民
物之思老而不倦閱此可見一班至八月初坐
卧床褥間不復能執筆矣猶日就正寢料理諸
事精神烱烱不亂易簀前三日手數金付顧君
長元令修葺其學山居高君朝民來議集會作

修葺高子水居爲後之計吾父大喜命不孝綬
紘與焉每會歲捐銀一兩凡五年而卒事而此
兩事病中不及書嗚呼吾父有子五人歿時已
亡其半綬紘苦塊荒迷無能闡揚先德而吾父
遺命身後無得更撰行述第自紀生平大畧以
示子孫今亦何敢妄有增加然即此兩事亦足
以見吾父一生於邑中學脉之絕續先賢之遺
緒惓惓致意垂老不忘而臨終鎮定所經營籌
畫者不爲一身一家私計庶幾曾子所云仁以
爲已任一息不容少懈者何忍没而不載謹輟
　　　　　　　　　　　　　　　天
　[redacted]
恸續書於後惟冀
當代立言君子賜之採擇則綬紘世世子孫戴德無
涯矣
　　　　不孝孤哀子華綬紘泣血稽顙拜

樂泉老人年譜

（清）張泰開　自編

《樂泉老人年譜》一卷，（清）張泰開自編，清乾隆三十九年（一七七四）刻本。

譜主張泰開（一六九〇—一七七四），字履安，號有堂，晚號樂泉居士，無錫人。雍正十三年（一七三五）舉人，乾隆七年（一七四二）進士，改庶吉士，命上書房行走。旋自編修五遷禮部侍郎。十九年（一七五四），國子監學録缺員，泰開舉同部侍郎鄒一桂子志伊。上責其瞻徇，部議奪職，予編修，仍在上書房行走。二十年（一七五五），内閣學士胡中藻爲詩謗朝政，坐誅，泰開爲詩序，授刻，部議奪官治罪，上特宥之，仍在上書房行走。尋復授編修。二十二年（一七五七），擢通政使。三遷左都御史。三十一年（一七六六），授禮部尚書。三十二年（一七六七），復授左都御史。三十三年（一七六八），以老乞休。上獎其勤慎，加太子少傅，賦詩餞其行。三十九年（一七七四），卒，年八十六，謚文恪。

本譜叙事起自康熙二十八年十二月初十（一六九〇年一月十九日），止於乾隆三十九年（一七七四）。譜前有羅暹春序，譜後有譜主子張中題識。所叙除家事外，記未第前教讀、作幕及入仕後經歷，尤詳於宦海浮沉之情與科舉之辛苦及當時考場制度狀况，另譜主以胡中藻詩案獲罪，譜内乾隆二十年（一七五五）條所記前後情形較詳，頗可參考。

本書據清乾隆三十九年（一七七四）刻本影印。

（朱　剛）

樂泉老人年譜序

樂泉老人

予告還金匱余送之邸寓語余以其生平及於
令先公則淚落余不忍竟聞其語問所紀載則
曰有自譜其年者在且曰余所自譜即以譜我
先公而於我先公則有未盡也我先公少貧而
力學冬夜讀書無爐火衣單而寒則起立遶案
走取煖復讀寒則復走如是者三四乃寢夏無

辟蚊艾火輒跣足入小甕以褌籠甕口晝竭輟
讀以為常此則人子心所痛酸未能筆之於譜
者也言已淚如雨余終不忍竟聞其語亟受老
人年譜而歸讀之卒業自其初生至於今春秋
八十本末較然不禁喟然嘆曰老人者勞人也
信人也忠孝人也而天篤之親怙之
君成之此老人之福也老人以晚歲入翰林侍
皇子講席凡二十餘年自非病非銜

命他往未嘗一日曠直垂老以事被逮要其勿欺之
誠夙為
聖主所知故躓而復起
眷顧日隆而永言孝思八十而慕則又非出於至誠
不及此豈非資於事父以事
君有始有卒忠孝之士哉然則信乎朋友者可知已
豈徒效於顧氏之慕終始者耶然而勞矣自就
外傅以至通顯而老而告問老人有一日之休

暇無有也予手拮据予口卒瘏豈為老人咏耶
是天下之勞人也其事具在老人不自諱且以
傳示後人無窮已也然而其告也
晉太子少傅
上之恩老人者至矣其行也兒孫三世繞膝下雖老
病而神明未衰歸而樂志林泉期頤可期天之
報老人者又其至矣是又天下厚福人也推原
毓翼所從來遠矣老人與余同進士出身經今

二十有七年知老人深者惟余故欲得余言以
爲別余謂之時方治秋讞未有以贈於老人旣
發乃序其年譜而歸之老人體貌淸癯修髯盈
尺雙瞳星炯於人無疾言失色即遇家人不易
爲喜怒處患難如尋常當貧賤亦如之讀年譜者
當自得老人於言語文字之外云爾
乾隆三十三年九月九日吉水羅進泰謹序

序　三

鄉泉老人年譜
己巳康熙二十八年一歲
是歲十二月初十日亥時泰開生干支曰己巳丁丑
壬申辛亥
誥贈光祿大夫先公若寰府君配我母
誥贈一品夫人顧太夫人年三十餘不震以康熙二十七
年我生母
誥贈一品夫人林太夫人來侍期年有身生泰開忽夕
先太夫人館於城南祖姑丈王時聚先生家夢神抱兒

年譜　四

登樓曰來送子覺而喜曰此驗子必貴遽歸而泰
開果生泰開生而不啼　顧太夫人皇遽撚紙漬油
然之炙臍帶至九節乃啼時　先大人年三十六矣
庚午康熙二十九年二歲
八月痘甚稀已能扶墻走　林太夫人弱乳不充乞
諸鄰不繼又家貧不能畜乳母佐以飯湯調粉糕爲
哺間就乳於鄰家吳元士先生之夫人　太夫人時爲
念及之
辛未康熙三十年三歲

壬申康熙三十一年四歲

是歲女弟生後五年而殤

癸酉康熙三十二年五歲

三月某日夜半東鄰繆不戒於火　顧太夫人挈予立院落中戒家人勿出必火及乃出火亦不及時

先大人館城北徐必先先生家

甲戌康熙三十三年六歲

是歲四世父昌侯公移居惺来草堂冬某月日　先大夫往太伯鄉日暮登舟行至新安蔡家墳風作舟

年譜　五

覆入水若有人掖之登岸者借宿荒村中假農家衣衣之侵晨歸叩門家人皆驚語之故皆喜以為神

乙亥康熙三十四年七歲

始就傅受業於族叔代瞻先生即惺来草堂之前為書屋同肄業者為余從兄宏義魯璵晉書秋某月日

弟　生就乳於複城內李大娘家後三歲痘殤

丙子康熙三十五年八歲

是歲從事鮑昭侯先生宏義魯璵兩兄已習舉子業

予即私效作破承題祕不示人八月鄉試　先大夫

至江寧病瘧未入試而歸

丁丑康熙三十六年九歲

仍受業鮑先生

戊寅康熙三十七年十歲

是歲　先大夫辭徐氏館即家教授子姪冬予讀五經竟

己卯康熙三十八年十一歲

二月　先大夫以事父母能竭其力命作破題云能竭力則子道盡事親之誠也時丹勤顧先生館於晉

年譜　六

揚過丈家每日必晤　先大夫出以視之先生圈點加批云大有作性嗣作破承起講十餘則三月完篇

題為學也祿在其中矣　先大夫以童子於虛字無甚背謬亦優獎之

庚辰康熙三十九年十二歲

是歲　先大夫為予聘舅氏顧纘三公女即　先太夫人堂姪女也

辛巳康熙四十年十三歲

是歲所作制藝稍有文理　先大夫不使應試曰事

貴務實毋令稚子得虚名也

壬午康熙四十一年十四歲

十月二十三日生母林太夫人歿　先大夫以硯田為活家祇一媪一婢　太夫人親操井臼辛苦備至春時已患勞怯而猶事作苦不自調攝藥餌又復不繼淹淹期月卒至不起年僅三十有九　顧太夫人哭之痛而予年已十四喪葬未能盡禮抱恨何窮今老矣每一念及淚輒涔涔下也

癸未康熙四十二年十五歲

甲申康熙四十三年十六歲

乙酉康熙四十四年十七歲

二月服闋八月娶顧夫人

丙戌康熙四十五年十八歲

始就小試二月至三月每夜必作文一篇兩月餘以患怔忡而止而生平得力在此

丁亥康熙四十六年十九歲

冬十一月長女生後適戴汝琳為同學戴苍鳴球次子

戊子康熙四十七年二十歲

己丑康熙四十八年二十一歲

先大夫授讀於家從遊日衆而諸同學俱虚心聽受且視予如貳師焉每予一藝成往往傳抄三復余且愧且勵亦深受朋友切磋之益云

庚寅康熙四十九年二十二歲

辛卯康熙五十年二十三歲

五月科試補博士弟子員受知於貴州銅仁張懋齋先生六月某日送學使者夜過雙河口雲飛如龍風雨雷電交至岸有白鬚老人急呼進港舟幾覆矣進及半舟人皆入水推挽久之乃進聞有人語舟中有貴人若出自空中云同舟者為鄒小山秦中御王在中王建倸及予後鄒為侍郎秦為主事予不語怪神子特不語耳然則非神怪之無也其夕港外大小船漂没甚多八月　先大夫挈予鄉試不售

壬辰康熙五十一年二十四歲

癸巳康熙五十二年二十五歲

六月男壽朋生後改名中　先大夫少無遺産之授

積館金買正宅之後屋改造廳事三間今樂全堂是也正月為　先大夫稱六十壽觴於樂全堂秋侍　先大夫應

萬壽恩科不售

甲午康熙五十三年二十六歲

正月　先大夫偶患左臂痛尚教授生徒嗣肝氣不平時發時止體漸羸五月增劇六月就醫吳門醫士汪贊功云此是老年怯症秋冬之交不可為矣於時又當鄉試　先大夫命予獨往以侍疾辭　先大夫

不許謂苟醫言而驗猶及見我矧未必驗耶乃去而試試草艸既罷遄歸而　先大夫病真不可為矣以九月初三日即世呼天搶地不知所為蓋予既鮮兄弟卒當大事深念不僉其親而無財者物不及儀即以稱家有無為解而抱恨者有終窮乎嗚呼痛矣

乙未康熙五十四年二十七歲

侍　顧太夫人讀禮授學於家

丙申康熙五十五年二十八歲

授學如故十二月服闋是歲建滙龍菴文昌閣成

丁酉康熙五十六年二十九歲

學使者鄭魚門先生科試置余二等二名題為子謂公冶長兩節卷中抹出疵句三處發案時授之以卷使知抑置之由而獎勵諄摯於今不忘秋闈不售冬與兄魯璵操選政九月　顧太夫人患禁口痢滴水不入醫皆歛手已二十日矣得方以東瓜煎湯和黝醋銅勺進之得下咽久之能飲米湯越月乃愈

戊戌康熙五十七年三十歲

選六科小題文成

己亥康熙五十八年三十一歲

與兄魯璵選六科考卷

庚子康熙五十九年三十二歲

六科考卷成春時患心冲氣促之症文字一不寓目秋試後愈榜發不售

辛丑康熙六十年三十三歲

壬寅康熙六十一年三十四歲

癸卯雍正元年三十五歲

是年偕姪介于發若讀書於荷花橋楊氏之共學山

居省試不售為兒中聘顧稼軒第二女稼軒名贇

甲辰 雍正二年三十六歲

科試一等八名補增廣生是科鄉試薦而不售

乙巳 雍正三年三十七歲

歲試舉優生學使者為鄧東長先生

丙午 雍正四年三十八歲

選六科墨卷鄉試不售

丁未 雍正五年三十九歲

六科墨卷成

戊申 雍正六年四十歲

四月初一日 顧太夫人歿先是康熙四十一年林太夫人去世後 先大夫屢覓葬地不得五十三年余遭 先大夫之變時以解館之暇同形家登山涉水求之買得山地一方復置平地一區人皆以為非佳則棄之乃至遷延十有餘載兩棺未葬至是深自痛悔私念入土即安得無水嚙崖崩之患可矣安用形家者言且以為兒孫福利哉於是早出暮歸以已意相之即漆塘山祖塋相近得隙壤三畝許營之

本月二十八日遂合葬焉後二十年余乞假歸展墓凡形家與非形家者來相地則皆曰此真佳城也其術豈有效哉秋初刊墓志傳銘行略成八月顧稼軒補授山東糧道以書來招就之十一月至德州官署

己酉 雍正七年四十一歲

二月五月同稼軒兩次抵通六月回署八月稼軒提調科場余亦同在鎖院事竣余得遍遊華鵲二山大明湖趵突泉諸名勝重九回署十二月稼軒以本籍清查積欠事被議革職回籍聽質

庚戌 雍正八年四十二歲

正月出署二月交代清卽同稼軒回籍凡與稼軒往來於蘇州常州者半年事得白稼軒以失察降二級調用是年七月 顧太夫人服除

辛亥 雍正九年四十三歲

九月為兒中完婚十一月二十一日復同稼軒入都僑寓濟南者十日除夕抵都居停稼軒之兄內閣中書士瀛邸寓士瀛為余同歲入庠友也

壬子 雍正十年四十四歲

止月稼軒賃居米市衚衕有屋八間余居於北廂就窓明也廂深廣不及丈厨竈相隣比後屋瓦破露天光每雨夜必漏輒起移木床而前晴則復移後臨窓僅置一小几又破損余安之日夕誦讀不輟自雍正六年至於此歲不復理舊業者四載五六月始覺思路復通得文八十餘首六月稼軒除四川重慶府乞假省親先期囑余於場後即往長葛延幕客李山若赴川且曰君中式自河南返京師便不爾偕山若自河南入川便余曰諾八月至河南九月赴重慶先是

欲入國子監無資閏五月間有布客王姓代余加納因得入試後友人寄到落卷知為戴章甫先生所薦且中式矣以主司搜得鄉秉綱卷作南元額溢故擯令戴君為科道余忝掌院事功名得失豈可意料哉

癸丑 雍正十一年四十五歲

在重慶府署稼軒家計官物俱以屬予經理不一過問其信予之深如此

甲寅 雍正十二年四十六歲

八月稼軒除四川鹽驛道九月蒞任當是時 果親王有事西藏泰寧寺稼軒即往視棧道還而迎 王即護 王入藏又自藏齎達賴喇嘛 貢物入成都再赴藏余因念 先高祖上台公於明崇正間曾任雅州滎經縣令而滎經為入藏必由之路遂與稼軒同行至滎經稼軒前往予留一日訪得上台公所輯滎經縣志讀之如見先人手澤志載重建景行樓與竹亭已不可識惟堂前夾道古栢及内署鏤花大石缸尚存時縣令胡天文貴筑縣舉人臘月二十後方回成都

乙卯 雍正十三年四十七歲

自壬子歲落解後又兩年餘不復為舉子業矣獻歲後日作文一首凡得十首再四省覽慨然曰猶可試也二月十二日乃自成都由水程至重慶易鰍船三月抵漢口易箬蓬船四月二十日到家甫欲治裝入都忽患瘧半月小愈尋復偶發親友勸勿行予決意北上買小舟於六月十一日行家人王升扶掖登舟至淮上附馬溜船抵臺兒庄雇蹇驢三頭時入伏秋天氣酷暑午餘西日灼背皮膚欲焦一日早起將至

腰跕從驢背墮地地有碎磁右手適按之劃開寸許血流不止傅以灰策蹇復行至德州又趂小舟抵天津關口徒步十餘里至小店覓小車一輛兩日到京時已七月十二矣假館栢樹衚衕顧士瀛兄家囊中僅存白金五星而已從同鄉鮑君假十金方得入監録科至二十五日移入內城小寓自家門力疾起程在路日受炎蒸水陸皆病至八月初三日身發熱頭幾幾痛飲食不進初八日唱名入闈同寓諸友為代負考具而入受卷視之得才字五號才字號適在西

北隅蓬廠內狼奢彳亍而入酉刻大雨蓬席皆漏佩卷於胸鞠躬護之幸雨即止而水已浸地地盡濕以油單布濕地而臥昏昏不知人明日黎明得題即迅草首篇脫稿讀之平平無氣色即茶竈焚之別搆一首薄暮三藝了夜三鼓經藝成時通體如火炙不復計工拙展卷疾書不復省脫誤以為此來聊復塞白安問中式投卷而出到寓即臥二場三場皆如之中秋月夜出闈熱愈熾比曉汗出如漿汗漸止身漸凉腹漸飢啜米湯一盂病始退凡病幾半月而愈自來

衣食於奔走每嘆行路難未有難而狼狽至於斯役之極也自來貧未有貧而至於此極也自來病自來困場屋未有病而困出於一時委頓至此極也孟子曰苦其心志勞其筋骨餓其體膚空乏其身行拂亂其所為益備嘗之矣車驅之車驅之茫茫無所托足有蘇州族弟集成寓盆兒衚衕玉皇廟中招余為侶就之揭曉報集成中式報余亦中式余信集成不自信也久之得實乃喜乃嘆自我 先公績學一生教授勤苦屢試不售屬望後人而我小子又復淹蹇無

成至於年四十有七經十試始獲一舉豈天哀其窮而賜之通耶抑我 先公之教之貽耶不然何病而無意於文而且舉也我 先公已不及見矣豈不悲哉集成與余同出陳秋崖先生之門座主為工部侍郎顧 先生學士戴 先生凡酬應資斧皆集成為我籌之不啻同懷也是歲五月孫男鳳枝生

丙辰 乾隆元年四十八歲

會試被放別族弟集成而歸時已先得顧夫人病信且以予客蜀久家鄉連年旱澇衆口嗷嗷顧夫人日

夕焦勞遂成虚怯比余歸乃偕往滁州就醫治漸可
而日費不貲並償積逋有田八十畝皆典去真家徒
四壁立矣

丁巳乾隆二年四十九歲

正月二十日赴禮部試又被放五月考取内閣中書
第十五名不即官適鄒小山先生督學貴州專人敦
聘為貴山書院山長應之還家赴黔十月至貴陽當
事咸優禮焉

戊午乾隆三年五十歲

在貴山書院肄業諸生四十餘人是科中式者四人
後與余同成進士者二人其一曰馮子式一曰王世
仕先是未入書院布政司馮公以前所録書院諸生
課藝送閲有童子卷王宗舜者文義頗通順而肄業
生中有王宗堯意是兄弟比宗堯來學問之果同懷
弟也曾入書院一年家貧不能卒業已别營生計此
卷其十四歲所作也予聞而惋惜之寄音使來資之
膏火既來教之一年大有領悟明年余去貴山宗堯
兄弟亦不復通聞問後辛酉觧元名王世仕者初不

知其何許人比成進士來謁則宗舜也與同入翰林
為替善尋復除檢討典試福建又用為知縣同知雲
南某府以運軍需入木邦觸瘴卒年僅四十有六馮
生子式亦前卒宗堯為教諭中乙酉舉人為余庚辰
會試門生李孔陽所拔淵源師友士林以為美談

己未乾隆四年五十一歲

會試不第七月補授内閣中書舍人

庚申乾隆五年五十二歲

眷屬附漕艘入都十月在軍機處行走

辛酉乾隆六年五十三歲

六月男中寄籍順天昌平州學入泮鄉試報罷後改
歸本籍金匱學是年仍在軍機處行走其時同事者
為大將軍兆公河南巡撫阿公湖廣總督定公直隸
總督方公河南巡撫胡公少京兆馬公

壬戌乾隆七年五十四歲

會試中式第七十五名朝考
欽取第五名
殿試二甲二名改翰林院庶吉士總裁為大學士鄂西

林先生刑部尚書劉平田先生吏部尚書汪謹堂先
生副都御史仲　先生
癸亥乾隆八年五十五歲
是年春夏間成胸滿之症葢自四方奔走以来飽餓
不時脾胃大傷至是膈如塊食幾不進者累月門弟
子徐伯瑰從户曹洪君文瀾得膏藥三紙傅之七日
一易凡再易而愈初傅怦怦動久之氣行又久之而
通今老亦不復發矣問其藥以鱉之重三觔者入莧
菜若干雜他藥煉之後余試為之以治人輒驗

甲子乾隆九年五十六歲
上書房擇傅鄂西林相國以泰關名上六月初一日引
見有
旨在阿哥書房行走同侍講席者為任釣臺鄂虚亭秦味
經三先生書房師傅序不以官以齒予序在釣臺先
生之次十月
賜貂裘十二月
賜御書福字
乙丑乾隆十年五十七歲

五月散館一等授職編修九月除右春坊右中允十
月遷翰林院侍讀
丙寅乾隆十一年五十八歲
八月充
日講起居注官
丁卯乾隆十二年五十九歲
正月遷都察院左僉都御史十一月遷内閣學士為
長孫鳳枝聘丁聞菴四女時聞菴為陳留令
戊辰乾隆十三年六十歲
正月兒中媳顧為予夫婦稱六十壽觴

五月充
殿試讀卷官擬梁公國治為榜首
七月十一日顧夫人去世夫人體素弱不善飯春時
得氣喘之症醫藥無效纏綿床第病及半載而歿八
月乞假修墓便道送柩歸塟有
旨不必開缺於十二月八日抵家停夫人柩於惠山貞節
祠作夫人行略付梓倩逸泉吴生繪樂全圖行樂卷
己巳乾隆十四年六十一歲

春初治　先大夫及　先太夫人塋事竣偕吳逸泉
重繪　先像四月由水程入都六月初五日面
聖奏對移時入直
上書房
庚午乾隆十五年六十二歲
五月授禮部右侍郎八月奉
命視學畿輔九月任事
辛未乾隆十六年六十三歲
是年春

皇上巡幸江浙正月按考保定三月按考正定四月往德
州迎
鑾賜克食召對復賞緞四端
命竣試事按考廣平調工部侍郎十一月恭逢
皇太后萬壽恩詔加一級誥授光祿大夫贈三世皆如恭開
官明年三月舉行
萬壽恩科是冬在京錄遺度歲
壬申乾隆十七年六十四歲
正月出都按考各府歲暮回京刻諭文約旨考卷復

雅錄頒行各學刊家譜小序鈐以學使關防
癸酉乾隆十八年六十五歲
正月長孫鳳枝入贅丁氏四月挈婦來京諏吉廟見
二月初按考大名歷深州冀州河間科試事竣五月
回京考通州八旗七月錄遺送鄉試是年舉行選拔
得薄鳳以下如千士貢禮部九月差滿內閣學士徐
公以烜來替仍調禮部侍郎十月遣兒中捧　三代
誥命回籍掃墓焚黃
甲戌乾隆十九年六十六歲

二月知貢舉以保舉國子監助教余所舉為鄉小山
子志伊以同官同鄉故奉
嚴旨部議革職已買舟於四月十六日起程回籍先三日
有
旨賞給翰林院編修仍在
上書房行走五月扈
蹕木蘭九月回京
乙亥乾隆二十年六十七歲
三月六日塋磨生事發奉

旨革職拏問看守步軍統領衙門內大臣五福檢勘邸寓營兵邏守之堅磨生者乾隆七年分校禮闈余成進士出其門以余視學畿輔時堅磨生屬余捐資鏤其詩集詩中小序皆堅磨生手筆而以余名余不知省也比發故被逮初九日送慎刑司明日　履親王莊親王大學士來公史公刑部尚書汪公會鞫十三日　王大臣迎

鑾南海子乙夜復鞫明日又鞫余無異詞又明日軍機大臣會訊乃止十六日移禁刑部獄十八日刑部尚書阿公入衙宣

旨張泰開年老着釋刑具隨向

闕叩頭謝

恩四月八日軍機處來傳知堅磨生自南昌逮至凡九卿翰詹科道官俱會　朝房審鞫者屢日矣明日質予子見堅磨生起居如平時詞如前堅磨生皆曰諾乃守余四旗朝房又明日書吏持所錄供詞來畫押詞頃易不為予申一語予援筆立畫付之持去因仰天而嘆私心竊念

皇上聖明天日燭照生我殺我羣公於我何有也又明日

奏入堅磨生擬以大逆凌遲以余為從擬斬立決是日

皇上召見　王大臣以下至科道等官

聖諭移時改堅磨生斬釋予不殺仍在

上書房行走大學士史公至朝房傳

旨訖云汝本擬立斬

皇上天恩不但不殺汝還令汝在

上書房行走効力贖罪汝夢想得到麽予失聲痛哭伏地叩頭不能起朝退諸公為余驚喜見於形色異口同聲仰頌

聖明是為四月十一時余一無家人在側兒孫方在市守哭待余入市獄吏禁卒為覓車送還邸寓比至西單牌樓兒孫始聞信來迎相抱哭邸寓在珠巢街經繩匠衚衕隣家擁觀歡嘆如雷抵寓家人賀生還者皆以哭余亦哭曰此生固不料復見汝曹面也哭定家人乃賀問何賀賀曾孫生生何日生此日又先五日次孫鳳翬生先號後笑時皆傳為異事即日出郊繕摺於十二日泥首謝

恩許入直
上書房
皇子環相慰勞同直官握手為慶自被逮至復入直凡
三十有六日在刑部獄者二十有二日獄中日永得
王阮亭精華錄丹黃之獄墻外有柳一株用秋柳詩
韻詠之無縲絏繫得安枕午夜聞禁中鈴柝聲頗警
動漸亦如忘其事本末如此紀
天恩也七月扈
蹕木蘭八月朔日奉

恩旨賞給翰林院編修於是益三為編修矣
丙子乾隆二十一年六十八歲
三月充
日講起居注官是年長孫鳳枝始應順天鄉試報罷
丁丑乾隆二十二年六十九歲
正月第二曾孫生十月遷通政使司通政使
命為上書房總師傅先是講席並無專師至是
上命
皇子皇孫各派一人專侍講讀而令大學士劉都御史

觀侍郎介並泰開四人總其成凡師傅更替派列名
次俱由總師傅會同閣臣入
告遂著為令
戊寅乾隆二十三年七十歲
正月兒孫為舉七十壽觴
果親王
諸皇子賦詩稱祝並贈表裏荷包有自壽詩四首七月
扈
蹕木蘭九月回京十月遷都察院左副都御史

己卯乾隆二十四年七十一歲
六月在澄懷園直廬闢地得泉覆以亭顏其室曰樂
泉精舍遂自號樂泉老人九月長孫鳳枝鄉試薦而
不售十月典試順天武鄉試
庚辰乾隆二十五年七十二歲
三月充會試副總裁官在鎖院偕同考官張鏡壑繪
樂泉精舍圖同人題詠四月十一日榜發得東魯王
中孚以下一百七十八人復
命名

對移時八月恭逢
皇上五十萬壽恩詔加一級賜豐貂表裏九月長孫鳳枝
鄉試報罷十月充武
殿試讀卷官
辛巳乾隆二十六年七十三歲
五月初三日再奉
恩命視學畿輔次日繕摺請
訓名
對良久命即視事按試八旗後歷永平宣化正定趙州十

年譜　二十七

一月恭逢
聖母皇太后七旬萬壽恩加一級命與王公大臣香山九老
之會泰開齒在第七十一月初四日回京面
聖初六日在
養心殿圖形九老十四日
皇上賜靈芝杖如意荷包表裏
御製香山九老詩石刻十五日
皇上奉
皇太后由萬壽山進京九老扶杖捧如意恭迎道左

皇太后賜朝珠手爐牙牌洋盤茶壺豐貂表裏越日
賜九老宴於香山命內大臣陪遊香山諸名勝十二月晉
刑部侍郎按考通州回京度歲
壬午乾隆二十七年七十四歲
正月初二日第三曾孫生十六日出都科試永平宣
化各府六月回京考八旗七月錄遺送文武鄉試事
竣九月長孫鳳枝鄉試被黜在京度歲入直
上書房
癸未乾隆二十八年七十五歲

年譜　二十八

正月
皇上巡幸江浙送
駕後於二十一日按考保定定州四月迴
鑾德州面
聖復調禮部侍郎回深州試畢將按冀州時已奉
恩旨除都察院左都御史而接任程海嵩且行咨於七月
十五日按冀州遂待之十六日交印訖即詣熱河八
月朔日面
聖問近畿年歲及間有蝗蝻地方皆以所見告得

旨回京供職予歷僉副憲至是凡三入南臺矣先於七月
二十五日長孫婦丁氏歿命鳳枝送柩回南十月充
武會試正主考
甲申乾隆二十九年七十六歲
七月扈
駕木蘭九月回京充
經筵講官
乙酉乾隆三十年七十七歲
為長孫鳳枝續聘杜君實蒙女五月杜君送女入都

完婚是科鄉試鳳枝復薦被黜
丙戌乾隆三十一年七十八歲
正月初六日
賜宴和詩
賜御題元人王孟端山水手卷宋坑端研尋除禮部尚書
兼都察院左都御史事十二月朔日
賜紫禁城騎馬
皇四子贈馬
皇子皇孫賦詩致賀

丁亥乾隆三十二年七十九歲
十月長孫鳳枝揀發貴州通判鳳枝自丙子至乙酉
五試北闈四薦被黜始援例入官十一月自京赴黔
十二月二十六日蒙
恩賜御書福字自乾隆七年入直
上書房每年冬季必邀
恩賜福至是凡二十有五洵異數也
戊子乾隆三十三年八十歲
正月初三日

賜宴和詩
御賜明人錢穀山水條幅初六日兒中媳顧率孫曾輩為
舉八十壽觴得自壽詩四首有
旨於今冬生日加恩賜慶三月三日入直
賜春園
奏事退班乘馬過橋馬驚失足墮河余據鞍馬上未至
沉溺從人赴救得出衣履沾濡回至
圓明園直廬更衣步履如常午飯飲火酒兩杯肩輿回京
途中神思恍惚痰火上升不省人事抵寓手足不能

動履有類風中初四日乞假調治蒙
恩俞允齎問病勢數四
皇子皇孫遣内侍省視無虛日四月初十日
皇子皇孫為余壽遣内侍送圍屏一架屏書
皇子皇孫和余八十自壽詩
皇六子作山水花卉竝如意荷包表裏貂裘椁席至邸
寓余扶病叩謝五月病仍未愈復請展假六月陳疏
乞休奉
旨晉太子少傅禮部尚書

予告回籍
皇上遣侍衛賞
御製七言律詩一首賜餞詩中比之二疏歸老云恭和
御製元韻紀
恩詩繕冊進
呈七月遣子中賫摺謝
恩陛辭
皇子皇孫均有贈行之什兼致送行之禮至優渥也八
月十九日出都由水程回籍門生故舊祖餞頗多十

一月初六日抵家即展拜家廟因舊居湫隘僑寓吳
門就醫是歲五月長孫鳳枝補遵義府仁懷通判十
二月自貴州銅仁縣遣僕歸省為余舉八十壽觴以
十二月初十生日故家書詳述署銅仁令時訪得余
受知學使張懋齋先生子孫貧困周邺之為之色喜
作書奬許以勵其餘

己丑乾隆三十四年八十一歲
是歲春間仍寓吳門因家祠在錫朔望未能展拜寸
衷耿耿於四月杪賃居城南大井頭華宅循先賢故
事為九老會鄒學士一桂鄒封君捷顧封君建元華

大尹西植施大尹禹言華舍人希閔顧學博遷曹堂
府之琰與余而成九老歲時伏臘讌集於九峯鶯脰
間皤皤黃髮洵可追美香山盛事十二月孫媳杜氏
挈曾孫曾範曾源赴仁懷廳任曾模留侍

庚寅乾隆三十五年八十二歲
二月為曾孫曾模聘汪簡菴第四女簡菴名翼江陰
縣人七月移居承賢橋新開河周氏宅余病蹇三年
矣所居後有小園雖荒蕪而花木繁蔭尚可消遣日

命兒孫輩掖余坐小輿週行抱徑是以
皇子詩有日日蔡湖駕小車之句是年命次孫鳳翼曾
孫曾模應童子試不售
辛卯乾隆三十六年八十三歲
皇子皇孫遠致寄懷詩依韻報和長孫鳳枝委運京鉛
十月為曾孫曾模娶婦
壬辰乾隆三十七年八十四歲
三月刻
御賜詩
皇子皇孫詩成是年兒中媳顧俱六十歲六月長孫鳳
枝遣媳杜氏挈兩曾孫歸省並舉六十壽觴
癸巳乾隆三十八年八十五歲
正月七日元孫瑞芝生生十有三日而曾孫婦汪氏
歿未生之前一夕鄉人有夢已故金總憲德瑛來謁
余者余亦夢家人持金刺來會覺而元孫適誕遂名
夢瑛字成德至是五代一堂戚黨傳為盛事長孫鳳
枝運鉛抵京家書適至
上書房師傅金海住倪敬堂兩同年均有賀詩以是得

聞於
内廷
皇子皇孫交寄匾額賀章有壽芝五葉之額因繪壽芝
圖圖中長孫鳳枝抱元孫侍
皇六子詩云朱顏宗伯祖稱祖黑髮郡丞孫抱孫一時
膾炙人口先於三十六年恭逢
皇太后八旬萬壽恩詔兒中媳顧均受封贈如鳳枝官茲差
竣歸省捧　誥命回中秋日兒孫夫婦設香案望
闕叩頭謝
恩訖率曾元孫次第捧觴為余壽老人顏而色喜焉月杪
率兒孫展墓次孫鳳翼曾孫曾模應童子試不售九
月鳳枝挈眷赴黔十月遣次孫鳳翼赴山西就婚先
是庚辰湯君序東來京赴選為次孫聘其四女今湯
君官山西之盂縣尉因往贅焉湯君尊人西亭與余
莫逆交令子入都應試常主余第執弟子之禮甚恭
追念舊好遂締婚姻
甲午乾隆三十九年八十六歲
正月長孫鳳枝奏署石阡府篆四月次孫鳳翼同孫

媳歸自山西六月長孫鳳枝調補黎平府下江通判

甲午七月樂泉老人自譜

先公以今甲午年八月初一日辭世壽終於成賢橋宅

正寢享年八十有六不孝痛念　先公畢生懿行筆

不勝書茍塊昏迷未能纘述謹以晚歲自編年譜校

録付梓其未第時棘闈蹭蹬通籍後

聖眷優隆俱詳譜中無庸更贅至自詞臣洊歷烏臺一切

奏牘手自削稿今亦無從追録伏望

當代大人先生俯賜誌銘表傳以光泉壤不孝子孫世

世啣感死且不朽

年譜　三十五

不孝孤哀子張中泣血稽顙

期服孫鳳枝鳳翼校字

曾孫曾範曾樸源沐手敬録

元孫瑞芝侍録

復齋公自述

（清）錢曜 自編

《復齋公自述》一卷，（清）錢曜自編，清末錦樹堂木活字《錢氏世譜》本。

譜主錢曜（一七一七—一七九三），字震暘，號復齋，無錫人，屬湖頭錢氏分馬橋支裔孫。乾隆十七年（一七五二）舉人，屢上春官不第。三十四年（一七六九），署寧波府同知。同年八月，改天台知縣。三十七年（一七七二），移象山知縣。三十八年（一七七三），因事罷官。其人胸無城府，爲政廉而愛民如子。既罷歸，仍教授鄉里以自給，讀書課子，足不入城市。彌留之際，猶告誡子孫『居官以廉，處家以儉，持己以敬，與人以誠』。著有《復齋遺稿》。

本譜叙事起自康熙五十六年（一七一七），止於乾隆五十八年（一七九三），譜後有譜主子錢文炳、錢文鈉題識。錢文炳（一七五〇—一八一七），字虎侯，一字繡峰，號星槎。乾隆四十八年（一七八三）舉人，揀選知縣。著有《承恩堂詩文稿》。

本書據清末錦樹堂木活字《錢氏世譜》本影印。

（朱　剛）

復齋公自述

余自幼孤露備歷艱辛每一回首潛然淚下今老矣聊述一二以示子孫

康熙五十六年丁酉十月初五日申時余始生先

先

贈君年三十九先

贈母年四十

五十七年戊戌二歲先

贈君始遊庠

贈君一生積學博極羣書爲文一稟先正無時下習氣故見知也晚

五十八年己亥三歲

五十九年庚子四歲

六十年辛丑五歲三月余始出痘至五月又出蓋前此所出非眞痘也緣是毒氣未盡自夏徂秋患瘡特甚

六十一年壬寅六歲

雍正元年癸卯七歲始入塾讀書業師御天姪孫

二年甲辰八歲先

贈君授徒在家余與先兄俱在塾

三年乙巳九歲七月二十九日先

贈君卒享年四十有七

贈君一生喜茗爲濕氣所中因此漸成疾遂致不起是年余就周尊姪受業

四年丙午十歲仍就周尊姪受業

五年丁未十一歲仍就周尊姪受業

六年戊申十有二歲春始讀史漢業師成九姪九

月十一日先兄亦文卒存年一十九歲十二月初八日生大母祝太孺人卒享年八十有三七年己酉十三歲始習舉子業業師昆垂姪孫八年庚戌十四歲就岐陽姪受業十二月十三日舉先大母殯暨

贈君先伯父與先

贈君先兄之柩俱祔葬於祖塋之西原凡營葬之費以

祖遺房屋典於姪孫繩武僅得價七十金不能成禮草草而已

九年辛亥十五歲就介吉姪孫受業余自先
贈君見背後祖遺田一十三畝早已蕩然連年讀書之
費俱自先
贈母紡績中來也
十年壬子十六歲就姪孫左言受業時束修雖薄
家不能具賴世兄黃君綱言世伯秦君田來分任
之七月二十九日
贈孺人先伯母卒於南塘伯姊丈華肯堂家伯姊伯母
出也時余經理殯葬頗竭蹷先是兄亦文嗣先伯
父後不幸於雍正六年早亡至是余遂以小宗後
大宗承兩祧焉
十一年癸丑十七歲授徒於葛家橋蔣氏奉先
贈母同往蔣氏故農家屋宇淺隘書堂房室井竈共聚
一室童子六七人又一無善狀勉强捱至十月遂
辭歸
十二年甲辰十八歲鈞軒趙先生招余至家讀書
并不計修脯朝夕訓誨學問頗有進益蓋鈞軒先
生爲先伯父高弟推及師恩爰有是舉實今人所

難也
十三年乙卯十九歲授徒於跨丈涇蔡氏始就試
蓋余自九歲以後連年在側不獲與故也
乾隆元年丙辰二十歲仍授徒於蔡氏
二年丁巳二十一歲仍授徒於蔡氏逸帆姪孫亦
授徒於鄰近鄒家每課徒之暇即聚首同席拈題
作文文成就正於姪孫學林自是文章稍爲一變
三年戊午二十二歲仍授徒於蔡氏二月就院試
首題霜露所隊至淵淵其淵次題仲子所居之室
余以第十一名入泮是秋鄉試首題行之以忠次
題相在爾室一節三題五畝之宅至不負戴於道
路矣余卷爲備卷本房有三藝俱穩當老成之評
十二月十二日娶妻華氏
四年己未二十三歲仍授徒於蔡氏
五年庚申二十四歲授徒於跨丈涇鄒氏七月二
十二日先
贈母許太孺人卒享年六十有三
六年辛酉二十五歲仍授徒於鄒氏二月長女生

七年壬戌二十六歲授徒於蘇州觀瀾姪家
八年癸亥二十七歲仍授徒於觀瀾姪家
九月甲子二十八歲授徒於句容沈廣文署中時句容前縣令周庶常覊留在縣庶常諱應宿浙江山陰人學問宏深文章以奇闢爲主時至學署與余論詩談文間亦講究經義深得其秘要是秋鄉試薦而未售首題樂則韶舞次題果能此道矣一節三題人知之亦囂囂四節房師爲霍山縣李公
十年乙丑二十九歲授徒於蘇州顧氏九月十一日長子生

十一年丙寅三十歲仍授徒於顧氏
十二年丁卯三十一歲仍授徒於顧氏鄉試首題巧笑倩兮一章余文無甚作意房考亦以少作意三字了之
十三年戊辰三十二歲仍授徒於顧氏
十四年己巳三十三歲仍授徒於顧氏秋間瘟疫大作族中有一家死至七八口者孺人華氏亦大病幾危幸子逼曹先生在鄉延之醫治方愈

十五年庚午三十四歲仍授徒於顧氏四月十七日長子殤是科鄉試首題致遠恐泥二句次題淡而不厭三題拱把之桐梓全章於文未經房薦主司郝批領會獨深四字殆搜閱落卷爲主司所賞而仍未得售諒落卷中佳作多也十月十一日次子文炳生
十六年辛未三十五歲授徒於嘯傲涇姪孫衛封家
十七年壬申三十六歲是年爲

皇太后六十萬壽奉
旨於二月中特設
恩科首題可與言而不與之言全章次題地道敏樹三題大匠誨人必以規矩余文以四十八名獲售大座師叔度裘公諱曰修副座師賞郵邵公諱樹本房師滿洲聖公諱寶五月計偕北上至九月下辭不第南歸仍授徒於衛封家
十八年癸酉三十七歲仍授徒於衛封家
十九年甲戌三十八歲正月仍上春官不第五月

南歸仍授徒於衛封家中秋後得三日瘧病至來
年方愈
二十年乙亥三十九歲仍授徒於衛封家
二十一年丙子四十歲仍授徒於衛封家八月七
日次子文鈉生
二十二年丁丑四十一歲仍授徒於衛封家久瘧
方痊未能北上冬間贖回所典之屋
二十三年戊寅四十二歲仍授徒於衛封家
二十四年己卯四十三歲仍授徒於衛封家十二

月二十四日長女出嫁於吳
二十五年庚辰四十四歲正月再上春官不第因
來春
皇太后七十萬壽特開
恩科留京未歸居停於同年薛璞菴庶常寓後又移至
同年顧晴沙戸部寓至九月授徒於部郎皁公家
八月五日次女生
二十六年辛巳四十五歲再試禮闈仍不第八月
南歸授徒於楓橋程氏

二十七年壬午四十六歲仍授徒於程氏秋間孺
人華氏得肝氣病服藥載餘得少痊嗣後時發時
愈
二十八年癸未四十七歲正月再上春官仍不第
南歸十月二十九日舉先
贈母許太孺人殯與先
贈君合葬於祖塋之西原
二十九年甲申四十八歲復授徒於衛封家
三十年乙酉四十九歲仍授徒於衛封家

三十一年丙戌五十歲再上春官不第榜後旋奉
恩旨挑選余列一等四月十九日引
見余以知縣試用籤掣浙江五月南歸六月二十日
到浙八月奉委監督慈谿城工十一月工竣回省
是時同班至浙者先後共六十人
聖恩浩蕩千載一時然而挨科題補竟有數年未得缺
者余之休
恩深矣
三十二年丁亥五十一歲二月二十一日家眷來

浙三月湖守甘太尊以德清城工艱鉅監督難得
其人謬以余力請於大吏余因奉委監督旋即委
署縣篆四月二十九日到任德清故劇邑漕政中
積弊尤多其間侵蝕過多者書役十居八九前令
范公以此去官余爲清理其弊置之法者二十四
人八月二十五日卸任仍留監督城工是時先後
交代幾至束手待斃蓋前令老而黠缺交數至四
千後令刻而精絲毫不容短少宦途之苦已於此
見一斑矣

三十三年戊子五十二歲正月上澣工竣回省旋
奉委催辦湖州合屬緊要案件逗留湖州半月適
接　部議降一級調用緣德清任內有差役蔡某
者催糧誤犯命案擬軍　大部爰有是議八月二
十七日督撫給咨赴部家眷亦於是日回籍十月
十五日引
見特蒙
恩旨幸免降調十二月七日到浙即日委署甯波府同
知篆

三十四年己丑五十三歲正月望後家眷復來浙
二月三日之甯波同知任是時同城者提督段公
秀林參政潘公恂郡守王公緬曾縣令商公皓學
博齊公世南余以閒散之員與諸公或角射或飲
酒或賦詩追陪讌會幾無虛日余在宦海數年此
正風恬浪靜時也八月三日卸同知事之天台任
天台在萬山中地瘠民貧撫綏未易余下車首先
革去衙蠹羅某次又訪得訟棍袁某積窩袁某俱
置之法其餘大概以撫循爲主終余任民皆悅服

焉十一月娶長媳楊氏三十五年庚寅五十四歲
八月以
皇太后八十萬壽特設
恩科余奉聘入闈拈得易二房得士十六人魯蒖馮元王
官任啟宇趙瑽俞嵕又副車一人吳桂先也三十
六年辛卯五十五歲是年春申詳齊侍郎入官房
屋改作書院顏之曰文明每朔望扃諸生於其中
倣科場例試之余爲親定其甲乙是秋鄉試獲雋
者有三人一爲陳君錫洛一爲潘君肇疆一爲徐

君公鐧六七兩月大旱余自七月一日起遍城內
外沿途拜禱至十五日親往瓊臺下龍潭取水設
案焚香虔誠禱告是時遂得微雨及回縣廿霖大
沛仍獲有年九月長孫女生
三十七年壬辰五十六歲是年春以前歲
皇太后萬壽覃恩余例得
敕贈一代
敕命二軸不敢忘生我之恩以小宗後大宗之故申部
得

贈先伯父二范公文林郎天台縣知縣先伯母華太君
孺人
貤贈先府君二妻公文林郎天台縣知縣先母許太君
孺人謝
恩以後乃以子文炳嗣兄亦文後承先伯父之祧以子
文鈉爲余後承先府君之祧二月二十一日次女
亡三月二十六日量移象山士民遮道攀留者數
十里絡繹不絕十月初一日娶次媳吳氏
三十八年癸巳五十七歲八月二十六日罷官先

是於五月下澣出借常平倉穀有鄉民張某者與
倉書繆某爭鬧相扭喊稟越三日張某死張之親
戚隸副將麾下因謀之副將副將唆使上控後又
於委員檢驗時暗爲中傷倉書繆某遂罹重典余
亦因此被議十二月次孫女生文鈉出
三十九年甲午五十八歲正月自象山歸里
四十年乙未五十九歲二月余因老屋數間不蔽
風雨兼無墻垣稍爲葺治名其堂曰承恩蓋誌所
自也余自入泮即蒙

恩廣額嗣後登賢書登仕版以及入闈校士皆出自
格外之恩又恭遇
覃恩榮及先世一生閱歷俱在
湛恩汪濊之中故不可以不誌十二月七日長孫又唐
生文鈉出
四十一年丙申六十歲在家塾課子
四十二年丁酉六十一歲授徒於楓橋艾氏三月
長子文炳入泮
四十三年戊戌六十二歲四月五日例

封孺人華氏卒享年六十有二孺人性甘淡泊躬習勤苦卽隨任數年一如在家凡署中日用大小俱親爲經理而於余涖事時有加刑者退堂後尤必苦口勸之蓋內助之賢者也十一月十八日長女産亡年三十有八噫數月之間母女相繼而歿老淚能無滂滂下耶

四十四年己亥六十三歲授徒於楓橋陳氏

四十五年庚子六十四歲在家塾課子三月二十二日第二孫又起生文炳出

四十六年辛丑六十五歲在家塾課子二月偕族人修葺　祖祠至五月工竣

四十七年壬寅六十六歲在家塾課子

四十八年癸卯六十七歲在家修輯宗譜吾族自進宗公遷錫後瓜瓞綿衍支派日繁譜經數輯至是公舉族弟來章任修輯事馬橋一支余據再姪宗啟所輯譜增訂之九月長子文炳江寗鄉試中式十二月偕計北上

四十九年甲辰六十八歲三月得脾洩疾越二年始愈四月文炳下第歸八月馬橋支宗譜稿成十一月開雕

五十年乙巳六十九歲在家塾課子長孫女許字於華

五十一年丙午七十歲四月次媳吳氏卒五月次子文鈉入泮六月壻吳中立卒中立性剛介少時從余受業讀書通曉大義余遊宦數載佐理頗藉其力卒時年僅四十有八實深悼之

五十二年丁未七十一歲爲次兒文鈉續娶於陳

長孫又唐聘王氏女正月文炳赴春官試五月下第歸六月十二日第三孫女生文炳出

五十三年戊申七十二歲十月初八日三孫又瑋生文鈉出

五十四年己酉七十三歲正月文炳赴春官試緣明歲庚戌恭逢

皇上八旬萬壽特開

恩科故是歲頂舉正科也文炳仍不售留京就館於憲副哈介亭家

五十五年庚戌七十四歲四月文炳錄取內閣中書先是中書員缺　禮部奏准於會試遺卷內錄取炳名幸列榜末旋奉
諭旨中書歸甲班選用榜遂懸而復撤六月文炳歸八月次孫又起聘陳氏女十二月第四孫女生文鈉出
五十六年辛亥七十五歲二月次孫女出嫁於華孫壻太學生日燦
五十七年壬子七十六歲七月十三日第四孫又讓生文鈉出八月二十八日第五孫又禴生文炳出九月置再姪越千舊屋三間余因高祖楚山公未有妥靈之地與再姪賓日兄弟謀立小祠以安神主前歲已置宅西老屋二間規模太隘故復置此是秋病噎冬至後就醫於江陰王道南服藥十餘劑少愈
五十八年癸丑七十七歲正月文炳應上春官以余病未痊遲回不發十五日命之束裝至二十二日始起身北上

嗚呼此府君自述而未竟者自文炳北上以後府君起居如故二月二十七日致祭　始遷馬橋祖祠登降拜跪如常儀猶不藉人扶掖二十八日再姪宗敬屬跋先伯祖蓉峯公自述卷府君援筆立就灑灑數百言文不加點不孝鈉侍立硯旁竊幸府君心神未衰也三月初一後日惟進粥三四甌不能强飯不孝鈉延醫調治至初五夜府君起如厠者再自是氣體疲倦日進米飲一甌參飲杯許然神思清澈顏色溫愉猶冀日漸就痊詎料延至初十日戌時頓焉怛化也彌留之際府君顧不孝鈉而言曰居官以廉處家以儉持己以敬與人以誠吾生平兢兢勿諼者在此汝曹所服膺弗失者亦惟此矣言已瞑目而逝時不孝鈉因試事羈京至四月十二日聞訃即日奔馳回籍音容如在色笑何承不孝之罪萬死奚贖哉府君諱曜字震暘號復齋姓錢氏系出唐代吳越武肅王諱鏐後六傳至宋承奉郎進宗公諱進又十八傳至存素公諱

翊配黃孺人繼施孺人是爲府君曾祖考妣
生
例贈文林郎後素公諱之任配
例贈孺人朱孺人副祝孺人是爲府君祖考妣生
敕贈文林郎天台縣知縣長洲學廩膳生二范公諱
琰配
敕贈孺人華孺人是爲府君考妣
貤贈文林郎天台縣知縣邑庠生二妻公諱玉山配
貤贈孺人許孺人則府君本生考妣也嗚呼府君一

生梗概畧具是編即臨終數語可以想見府君
之生平也敬錄呈
當代大人君子　不孝文炳文銧泣血稽顙謹識
賜進士出身
誥授中憲大夫原任甘肅甘涼兵備道署四川按察使
司前工科給事中浙江道監察御史兼戶部郎中
上行走年眷弟顧光旭頓首拜填諱

響泉年譜

（清）顧光旭 自編

《響泉年譜》一卷，（清）顧光旭自編，清光緒二十三年（一八九七）木活字本。

譜主顧光旭（一七三一——一七九七），字華陽（華暘），號晴沙，又號響泉，無錫人。乾隆十七年（一七五二）進士，歷官户部主事、户部員外郎、監察御史，出爲寧夏知府、四川按察使等職。光旭係『錫谷四諫』之首洞陽先生顧可久八世孫，以直節傳家，爲官有政聲。壯年告病回鄉，主講東林書院，修葺縣學孔廟、惠山二泉書院、洞陽祖祠、拜石山房、松風閣等，籌畫地方慈善。其傑出貢獻，是潛心搜羅收録歷代無錫人的詩作，約一千一百餘人，七八千首，刊刻成《梁溪詩鈔》五十八卷傳世，地方志書稱其是東漢至清代乾隆年間的一部無錫詩歌總集。嘉慶初，在錫山築『詩冢』，埋《梁溪詩鈔》編餘詩稿，並寫有《詩冢歌》記其事。另著有《響泉集》。

本譜叙事起自雍正九年（一七三一），止於乾隆六十年（一七九五），譜後有譜主來孫顧森書跋，稱是書係譜主平素所記自述，生前存稿，秘而不宣。光緒丁酉（一八九七），顧氏續修宗譜時，搜羅得之，奉爲至寶，遂由族孫顧森書校勘而付印成書，原稿敗黦殘損處均以方空代之。該譜缺漏譜主去世前二年内容，雖非全璧，却幸歷劫而存世，尚能窺譜主身世之大概。且譜主經歷豐富，於地方人文風物頗有作爲，在《響泉年譜》中均有較詳記叙，内容都是譜主本人的親身經歷，其真實可靠性，有其獨到處，是瞭解和研究川陜時情、無錫地情的一部重要文獻。

本書據清光緒二十三年（一八九七）木活字本影印。

（龔近賢）

響泉年譜　　金匱顧光旭自述

雍正九年辛亥一歲

九月初七日生齠齔無知不足記述

乾隆五年庚申十歲

夜聞琢石聲早起視庭中見碎石問於母過太恭人曰汝父以家中斗稱非準夜不能寐眛爽而起碎之小子識之若恍然有悟者漸知勤學矣然記誦之資極鈍必以百徧爲率且讀且忘故是時四子書尚未讀竟十二讀禮記十三讀周禮十四讀詩書皆白文十五讀古文左氏傳雖選本亦未能盡

乾隆十一年丙寅十六歲

□□□□□□□□首題曰事君能致其身□□□□□□□□□□□□□□□□□悟資大勝誦資□□□□□娶華氏□□司教女也

乾隆十二年丁卯十七歲

五日同人觀水嬉私作絕句一首先人忽見之末二句云八面船窗兩枝艣並頭搖過藕花風先人大怒幾受杖謂學者第一要戒淫今汝未能作文先作淫詞是終身無進步也自是偶有所作亦不敢涉豔詞綺語是年從陸丙西先生學文時蒙獎借作仲尼之徒題同學百二十八無合作師閱余文則呼諸弟子曰景星卿雲爾輩皆當知之解一之字便如此推拔出色可以觀其志之所存其冬居惠山貫華閣讀書有詩三首響泉集始於此矣

乾隆十三年戊辰十八歲

是年延請胡濬園先生至家與八季父同塾自春徂秋文思拙澀至七月中師與季父皆他出有題不能成文飯後乃取讀本中儲中子文獻不足二句文讀之閉戶朗誦輕重疾徐至於手舞足蹈讀之五十徧至燈下仍取午前不能成之文

另作伸紙直書更許已畢明早呈於師師心賞之而以爲非己作也已而數課皆立就皆佳曰始吾疑非己作今信矣所謂豁然貫通者耶自此至冬作文甚易有作師亦必賞之

乾隆十四年己巳十九歲

是年二月三日始試筆久不讀矣筆又苦澀既而讀之痛讀之亦不能如上年之得益師曰是亦進步也然行文之樂乃終身無如戊秋者

乾隆十五年庚午二十歲

是年春季父赴京兆試余獨居抑抑時則仰天而悲讀離騷

時文則讀王蒻林句心集

乾隆十六年辛未二十一歲

二月應金匱縣歲試第一邑侯浙水羅奇□□□□□□□浙中名士閱卷謂□□□□□□□□□□□□□次卷亦十年□□□□□□□□□者華士衡閱□□□□□□□□□□□□郡試時郡教授琴川趙諱𡿺先生見余作大賞之評□□□□□□□名世先聲薦於太守□中□□□先生方嚴人也謂未試而已有薦者必浮囂之士抑之置第九五月試於院第五批曰天骨峻整想見他日立朝風度學院番禺莊子布先生

乾隆十七年壬申二十二歲

二月應江甯鄉試以春秋中六十八名座主南昌裘文達公諱曰修仁和邵費村先生諱樹本房師孝感蕭諱惟煜初余未讀麟經臨場一月窮晝夜之功讀經并胡傳强記之四月十五日長男永之生廿五由水路進京會試六月初二抵張家灣八月會試中式第三十八名總裁海甯陳文勤公諱世倌滿洲嵩侍郎諱壽錫山鄒小山先生諱一桂房師高密李御史諱師中自春初讀麟經胡傳猶能記也在京則未暇理

矣九月殿試第二甲七十名引見以部屬用十月赴吏部掣籤得戶部入山東司額外主事上學習行走至冬底分飦食與上科觀政之譚公尙忠等其時掌印郎中云譚公得此當其値顧公則不値同寅有曰國家儲才盥責效於一兩之間乎然余殊自赧也幸與周捧齋師同部有所疑則問之不敢隕越耳

乾隆十八年癸酉二十三歲

是年春從兄雙溪需次京師始以所作詩質之兄亦以柳枝竹枝無題等爲不必作八季父與南華兄同與京兆試余充外簾收掌官見南華兄文決其必雋果雋而季父落有寄雙溪詩在闈中讀易

乾隆十九年甲戌二十四歲

是年同司譚中丞尙忠以憂去余主司中稾件掌印君春日開宴召客他席有妓余席無或□□謂妓曰是少年道學如能進酒□□□妓起攜壺執杯至余席□□□□□□□□□余曰人無論男□□□□□□□□欲存之連叱之曰□□□□□□□起如厠明日至署印君曰昨日之事君

何太殺風景余曰□□□□□□□□請君戲當就道□如貽
□□憂何自是余在京廿年此風遂絕印君亦遂差赴甯古
塔署印者顧君名珽漕督琮弟也時有山東咨請開銷煮賑
柴炭一案吏具駁稿余准之吏乃唆使顧公言宜駁余曰無
柴炭何以煮賑於理當准吏曰無例余曰江南浙江皆有煮
賑之例可查吏曰山東司無此例余曰車書一統奚別焉顧
公怒曰汝不知一司有一司之例乎且我掌印尚不敢專汝
一小主事何得自專余曰小主事能廣
皇仁恤災民之命奚不敢且乾隆十三年

皇上東巡親見災黎之苦即有
旨不拘陳例有濟於民俱准開銷非山東司例乎今不准柴炭是
違
旨吏曰煮賑在未奉
諭旨之前余曰地方官能合
上意便是賢有司顧公曰然則汝准我不准余曰汝今年五十餘
尚無子駁此一稿能使山東官員從此不復煮賑一遇凶歲
災民乏食皆部駁之所致也亦何忍哉會天晚各散明早入
署顧公亦隨至向余座揖曰我一夜不寐思汝言信有理幾
爲猾吏所誤乃准而行之嗣是凢余言顧公深見信

乾隆二十年乙亥二十五歲

山東司辦天下鹽政兩淮以補平一案咨請豁免余曰該鹽
政每年解鹽課果否短平當問銀庫庫上支吾其說余白大
司農曰若果短平當令解官補足則當時不能補下年帶交
何至年年虛掛年年率覆以至盈千累萬徒勞案牘可謂不
成事體尚書蔣公曰當告傳忠勇公裁定以告忠勇忠勇乃
與尚書議曰銀庫以部發庫平之外每千加銀十五兩已免
收□□□掛批且年年所掛相等而鹽政從無補交空文率

覆是徒滋吏胥□□□□□□會計當而已矣准如所咨豁
免冬十月余以學習三年報滿忽患□□□□□□愈歲底引
見准留戶部以主事用是年二月十一日次兒湛之生

乾隆二十一年丙子二十六歲

春兼戶部現審處行走是時現審掌印郎中則英中堂廉同
事共八人漢官則惟余與何少宰逢禧其事則皆八旗田產
房屋戶口之類旗人爭訟牽涉民人往往數年不結有姪控
其胞叔佐領強佔其田者佐領既管一旗之事印在其手執
印契爲姪自賣憑據又有該佐領下領催人等爲之硬證而

姪實孤貧無助其案五年莫結適先一日傳人聽審至期同
賣皆赴宴會獨余留辦其案可以盡心研鞫於是將各犯隔
別研究問其賣契爲何人所書寫賣契在何處其處向南向
北室中共幾人是日佐領在家否叔姪見面否寫契後即交
銀否全交否分作幾次否其銀成色何等衆詞舛錯乃令衆
對質面面相覷各無言說惟磕頭而已余思謀奪孤姪財產
天理不容然以是而去其世職於心尚覺不安因問佐領曰
其契到底是誰寫誰交與汝其銀到底是誰交與姪佐領乃
曰是老家人送契來即令老家人送銀與姪佐領疎忽實未
覿面交付質之老家人一一承認其姪實未賣田領價也此
案始結是秋扈
蹕木蘭有詩在集中

乾隆二十二年丁丑二十七歲

春南華兄成進士現審處有重疊盜賣房屋者原買之人控
於部而盜買之家與吉少司農有親誼欲斷歸盜買之家余
不畫押吉大怒將大農顧謂余曰此稿如何不畫余曰以情
違例故不畫大農曰我先畫汝隨我畫有處分不及汝其後
原買之人果控刑部吉自彌縫之異日吉謂余曰山東司管

鹽務我有問汝能記否余曰大人若問大事或准或駁皆能
記若問數目年月皆不能記吉曰然則主事主何事乎曰主
當准當駁曰數目年月誰記者曰書吏柴姓者能記然則柴
豈不能主准駁乎曰准駁雖大人亦不能主況吏乎曰我堂
官虛設矣曰堂官口司官手古語非大人固不可以勢相凌
於是吉大恚抑余數年不補幸兩大農持之不能下石耳其
後吉以罪逮
詔獄三年放出余既爲御史仍兼戶部吉乃單車過謝曰我不
讀書不識人兒道長奏議深悔從前也

乾隆二十三年戊寅二十八歲

題補山東主事秋七月隨
駕幸木蘭九月回至熱河苦熱食西瓜而成痢匝月未愈日晡忽
有筆帖式來云忠勇公請有急事毋遲束帶上馬入熱河
行宮則忠勇在軍機立待云吉侍郎在廣東疏至
上以其所奏非是內一款云巡查私鹽每日必要拏獲二人又以
廣東鹽務有零碎羡餘如子鹽京鹽蒲包羡餘等項皆歸正
額配引行鹽均應痛駁汝即駁之明日五更到奏事處遞摺
候

旨下再將稿送來畫領出至戶部帳房立就一稿即繕摺具駁得
旨依議速行并令吉慶回至廣東另辦欽此將稿送忠勇畫忠勇
握筆久之曰汝不怕吉大人耶余曰公中堂傳
旨飭駁敢不謹遵越日有
旨吉慶如已入直隸境可令至熱河回奏越數日吉至熱河瞋目
曰譚司官隨余出差一年祗得十年汝等辦何事耶余曰日
行事件耳吉入
見口奏其所以日擎私鹽二人之故美餘皆歸正項之故得
旨允行戶部行文時於美餘歸正一欵發明現已交冬令自明年

爲始用紅紙標出請堂官定至歲底忽奉忠勇傳諭誰將吉
大人摺內美餘歸正改作明年爲始查明參奏蔣大農而語
忠勇曰其稿內發明請示蔣溥畫稿與司官何涉若參奏只
參蔣溥就是蔣溥不諳鹽務
上素所知也此事遂寢
乾隆二十四年己卯二十九歲
春二月考試差二等有客在朝房以一紙納入荷包中歸視
之闈節也焚之及秋奉
命充順天鄉試同考官分易四房得粟元等十四人余每日閱卷

有批皆載入冊每晚進房翻閱數過一卷批云無浮氣亦無
精采自訟曰既無浮氣安有無精采者明日登堂開卷籍取
此卷再閱曰此批不可易也置之飯後又念之再閱曰此必
老貢生也揣摩之功深矣鄰房張愷似曰云何老貢生借觀
之不言而歸之余自念吾少而弋獲人老而不得一科姑薦
之主考觀補亭先生置乙榜既而以棄好擢置正榜及榜發
果爲松江老貢生王永祺丙辰舉博學年六十四矣秋題壁
貴州司員外郎
乾隆二十五年庚辰三十歲

三月
欽點會試同考官大總裁蔣文恪溥秦文恭蕙田介墅園福張文
恪泰開秦張皆同鄉登聚奎堂秦曰吾邑三人惟張大人夙
學若吾兩人皆少年得第者今取士將放高眼界以先輩爲
宗無以昔日逢時之技自畫也余作而對曰光旭不敢論文
然既蒙訓誨不敢不罄其誠以求教今之學先輩者少眞知
先輩者亦難貌似者誠不足取竊以爲惟其是而已矣眞神
脉眞理路經籍之光爛然雖非先輩體裁而自合清眞雅正
之旨如大人昔日墨卷膾炙人口亦豈易得且士三年苦工

而閲者以非先輩棄之亦殊抱遺珠之憾而未竟文恭揖曰
受益良多矣文恭分山東福建河南三省所薦者僅遺一卷
未中至寫榜日忽謂貴房所薦中者多矣意謂遺一卷以見
去取今校南卷中又要更動則不得不盡中矣非吾之厚於
同鄉也是科得王中孚等二十□人蔣文恪揚言於衆曰今
年房考東顧西吉蓋余分易二房列於東吉□崖分禮記列
於西文恭公私語曰一榜佳卷乃盡出貴房余曰心無他用
只憑文耳文恭點頭闔事畢擢雲南司郎中是冬李侍堯丁
外艱還京代其父元亮署戶部尚書適有

旨命各堂官密摺保奏司官之優者李初到部取其父摺稿具奏
余與馬先是余夢至
乾清宮窗下內傳
旨命拜老師及拜乃李尚書元亮至是而驗豈此等亦有定數耶
乾隆二十六年辛巳三十一歲
春京師平糶李尚書巡查各廠派赴南城監糶斗級用殘缺
板斗量出較他斗少半升余怒碎其斗而枷責之曰尚書曰
碎斗仍可配合若大人要較則湊合之若但如此發落已會
同城上御史枷責矣尚書曰且俟廠務畢總覈之廠務竟無

弊夏兼浙江司事是冬京察一等
乾隆二十七年壬午三十二歲
春改浙江道監察御史仍兼戶部行走同官何逢禧述忠勇
語曰何竟不一至吾門余曰無事搖尾乞憐人必賤之終不
往秋冬讀易
乾隆二十八年癸未三十三歲
春正月京師多逃荒者齋戒草疏奏請酌給口糧牛具籽種
併請治該督撫之罪奉
旨該部速議具奏會祭祈穀壇余站班

上行禮畢將登輦一回顧入
宮後即有
旨命往畿輔查辦水利賑務二月十二日由禮部具領
欽差關防赴文安大成一帶至灤州等處巡查文安縣城內積水
數尺急爲宣洩又萬里長隄一帶傾圮奉
命發帑脩築沿途州縣煮賑粥廠逐一經理豐潤一帶製車戽出
隨時具奏俱奉
硃批好至樂亭尖處已有數千人圍繞乞賑及晚抵樂亭入公館
住宿將上燈忽有游擊某闖然入門伏地不起云求救則問

外邊沸然喧嚷之聲問以故則云民情洶洶羣欲打官官已逃避又欲打死衙役王姓者此時已擠入公館頭門矣余曰令百姓如此則地方官之責非余事也然既擠入公館來則余自當出爲訊問遂令衙役傳令毋得喧嚷然此時喊聲震地言語不通大聲呼之始稍定乃令傳諭曰人多只許老人上前跪稟餘人亦跪余於二門下置一座數千人環繞十數老人近案桌乃問曰汝等是各有事情的多是求賑的衆曰多是求賑的余曰吃過幾次賑了衆曰一次余曰我

皇上爲你們百姓差本院出來賑恤你們你們何不靜候你們曉得

皇上深仁厚澤麼衆曰曉得的本縣只報得五分災所以沾不著

皇恩了余曰五分災也有撫恤一月口糧何謂沾不著衆曰一月口糧濟得甚事百姓已餓了半年了余曰你們不曉得去年五月中雨多

皇上在深宮中念你百姓恐不能插蒔

命地方官查報七月初淫雨

皇上恐低處被淹又

命地方官查報到今年又因去秋被災恐百姓凍餓

命地方官盡心賑恤這樣

皇仁浩大千古沒有的你們這裏到底被災有幾分地方官如何不報衆曰去年五月的雨水沒踝七月底雨水沒腰種得不過一半又全湮沒了當湮沒之時小的們告訴保長他説雨止方好進城又連下不止到得雨住了又不肯進城及至報入縣中縣太爺要踏勘再定今日不勘明日不勘小的們遞呈催勘幾次方勘勘時水已退了地上焦乾只算五分災所以小的們想要打官他使我百姓餓死了多少又有王頭兒霸估衙門縣官事事要問他我們所以要打殺他他的兒子多□了學如今不知躲在那里去了余曉之曰

皇上一心爲民民間尚有凍餓事算起來也全是天你們休要怨天你們平日不能孝順父母尊敬長上天所以降這災殃鄉保也是百姓遠者七八十里近亦五六十三四十里到縣報災也要花錢報得遲了縣官本有公事一處報了災還要待他處到得四鄉全行報時方纔踏勘勘時水已退完了勘不成災了如今青黄不接你們嗷嗷待哺是眞的即如今日早起出門家中或有父母妻子倚門而懸釜待炊直到只時候還不回家説到此百姓同聲大哭余亦下淚吩咐星子不必

收若要補賑呈子亦不可爲憑要另查方准然而紛紛擠擁若不收呈死也不散只得姑收分令衙役到頭門口着第一班跪下的人先起先退挨次十數層到近案桌的老者逐一退出余入後堂用晚膳三下鼓矣人靜後想此番數千人哀告不可不

上聞乃夜具疏五鼓喚武弁一人遞摺進京而余赴昌黎一帶至永平詎意總督方觀承適在京余摺到時同軍機進

見奏云補賑斷不可行若一處補賑通省豈能全補其事遂爲所沮而令地方官嚴治具呈人等不相關白也先是余夢入神

廟瞻仰金容曰廓然天帝之容而外報傳公爺將至余入後殿見同年蔣相國而傳至矣下輪進香余爲焚香手執絳燭安插似閤所祝云有田一種應否買之祝罷登輿而去余至樂亭公館盡東嶽廟也仰見神像即夢中所見蓋傅公亦爲方觀承所誤也余至四月初始回京三月中疫氣盛行而余徧行村落窮民牀席間無不到一無所染亦邀天之幸矣至京時京師正望雨

上宿黑龍潭齋宮召對曰汝何不參官對曰救災本無奇術臣但見其各盡心力爲之則交相勉勵而已仰荷

皇上培養人才臣何敢刻薄從事具對各處民情甚悉

上温語曰此次辦事甚好督撫亦安能親到各處即令汝做督撫亦必不能如是你做府道亦不能也令且回衙門辦事欽遵而退

乾隆二十九年甲申三十四歲

春同寅秦旦初曰看君今年愈窘若有緩急儘好通融余曰且耐看六月奉差戶部坐糧廳先去其京寓得五百金充然矣是秋遣人回南迎二親到潞二親以繼祖母喪未滿云俟明年定局

乾隆三十年乙酉三十五歲

三月二親抵潞河長子永之余自壬申進京此子鞠育於吾母至是年十三齡坐糧廳於夏間出巡驗糧艘米色冉到處常有爭訟者二人撲水喊稟索債其後一人即欠債者余曰汝欠某銀應還否曰應還余曰因何不還曰窮不能還余曰欠債還錢不還當比不許訛詐弟兄曰堂兄余曰堂兄豈可詐乎只許自還不許訛詐於是二人廢然而返或問曰何以知其訛詐弟兄余曰索債者在前欠債者應逃之孔𨗴今相隨撲水是同謀也必有借力於官以勒令代償者矣至親莫

若弟兄故聊及之詎意其果爲堂兄耶有糧船水手呌冤被盜者余曰汝水手也盜從船頭來船後來曰船梢盜去何物曰鋪蓋幾人曰三人余曰連汝是四個先責三十其人曰不拏盜先打被盜人余曰先責賭博曰實係被盜余曰盜不從前艙來而進後艙不取他物而僅取鋪蓋分明是四人聚賭汝輸了不還故同賭人取汝鋪蓋語次聞外邊呌靑天傳進曰小的與他同賭是實搶他鋪蓋抵賭賬是實乃發衙官發落其秋有吏被人在提督衙門控告余同滿洲舒同寅入見傳公公曰汝兩人何不自領去辦理省得此間提卷發審遂同具領回署審辦是冬京察一等

乾隆三十一年丙戌三十六歲

六月坐糧廳差滿進京仍以御史兼戶部時當引見放台灣差先府君曰獨子渡海遂引疾不與

乾隆三十二年丁亥三十七歲

夏轉工科給事中五月初十季子葆之生是日余瘍發痛甚經年不痊至冬思奉二親以歸總憲張有堂先生不可謂壯年當努力上進我當時正做秀才未博一第也載枉言於先府君乃已然疾甚不堪間兩三日始一進科戶部或經月不進也

乾隆三十三年戊子三十八歲

春正月爲二親稱六十觴同官同鄉皆到開宴數日二月奉旨甯夏府知府著顧光旭補授見忠勇公行外官例公曰你在衙門十餘年我豈不知你的爲人辦事但此時出爲府兩司卽是你上司須要還他規矩總之和而不流就罷了余曰規矩是曉得底做科道時不敢壞科道規矩做知府豈敢不循外官規矩總之一切謹遵會典不敢妄行公曰是蓋京師爾時之風六部兩衙門見忠勇無不叩頭余平時只遵會典故言及之而余以正對二親卽出水路回南余挈眷由草地入隴至甯夏三月中也人有云先須見過制臺再到任者余曰余過甯夏而不到任可乎踰月始至省制臺吳公達善一見甚喜卽欲調蘭州首府余謂藩臺曰外府尚恐不勝況爲首府乎願辭藩臺曰無難勝任渾而已余曰卑府正坐不會渾故出耳今初出就要渾斷不勝任矣藩臺曰若是則我必爲君辭遂回至甯夏甯夏要務第一是渠工然有水利廳專管道核之余曰民命所關詎宜極吾誠親歷工所一

切核實百弊盡除是年渠水稍通利其秋起銀川書院課士每月與山長分課之本道與總鎮不和曲爲解之文武同城無異詞始郡中一切取於民魚米柴炭茶鹽皮氊馬羸等物文武官吏相沿爲例余至一事一告示官吏照時價不買民用以刻碑有鑄鐵碑者其地不知有勸農實興之典余次第行之農歌於野士樂於庠不知古先王起化之時何如景象也是時總督吳達善藩司蔡鴻業臬司宋弼甯夏道千從濂皆當世之賢故能如此冬始見白鬚

乾隆三十四年己丑三十九歲

春濬渠至三月上省見制府明山明故甯夏道有故吏醉余曾責之以訴於明明一見即云官聲甚好有故吏言之甚詳余曰吏之言恐不實卑府曾責之恐其招搖也戒之明曰我知之欲太守看顧之耳三月回衆脩理禮拜祠鄰民惡其高門且矗立念佛臺具控余親履踏勘語於回衆曰回教之門當低於明倫堂之門令諸生等先量明倫堂之門量訖報曰禮拜門低尺餘念佛臺當低於尊經閣復令量之曰念佛臺高回衆曰念佛臺乾隆三年地陷欲塌傾圮歪斜今但扶直之耳余曰向使乾隆初年本府見此必毁之矣天下有何處

可高於聖廟者於是兩造皆服凡回教合於禮者准行不合禮者不准不論舊教新教衆回服余過固原山水陸發衆回浮水至云吾等願作大老爺坐騎數十人取行李隨從人亦騎其項背而過旣渡水婦子具壺漿於道送出境乃止由此觀之回亦易治何至犯上作亂乎夏調任平涼府民皆赴省乞留制府曰已奏調矣不能復留六月至平涼學使劉墫以平涼無書院爲言余曰此守土者責也乃築柳湖書院匝月而求考取秀民實之給膏火立掌教其地在郡城西明藩王府有水一區二十餘畝老柳三百餘樹環之名其講堂曰觀海堂後爲深柳讀書堂堂之旁曰響鶴山房崆峒有老鶴時見於郡之遠近故名又有飲水亭與學舍共百餘間太守出入聞書聲輒心喜督以四更開讀書聲加生徒膏火多士咸奮新秋早霜損禾黍有詩見集中藩臺以甯夏交代令余親赴甯治新太守胡瑗以余革去郡中出息欲拏之余曰雞肋不當尊拳甯章還請率由吾視千金敝帚君亦豈享千秋其人蓋鄙夫也不足較回至勝金關候館壁間刻余舊題士人所爲也爲之刻入集中

乾隆三十五年庚寅四十歲

舊臘大熱如暑雷乃發聲春大風雪嚴寒桃李花皆不實夏旱六月元霜余入省過六盤山上下蕎麥田一夕而萎告於藩司云邊地六月常雪況霜乎余曰李忠定有詩云只恐入言不是災卑府甚恐至八月杪以災告告之三三拒之余曰災孔急矣大人獨不念民命乎藩司曰當有

欽差來余曰

欽差來民得生矣問揑災請懸光旭頭於臯蘭門上若問匿災亦必有當之者藩司怒甚余曰卑府爲民請命不避斧鉞藩司曰邑有流亡愧俸錢余曰

朝廷百姓奚取大人俸錢求牧與芻是牧民之責也立而視其死此則距心之罪也不聽余乃拂袖而起揚言曰余此去親歷州縣村莊查明災地極貧次貧大口小口具冊一面開倉庫發賑一面具詳大人若不准莫怪直揭部科

欽差來也是時畢尚書爲鞏秦階道起而攔曰海剛峰不過一個何必乃爾余曰命且不顧豈欲沽名徑出官廳上馬去至靜甯固原等處親查月餘攜冊上省十月矣行至猪嘴途次前遇李半仙亟下馬而前曰恭喜藩司昨晚丁艱矣余曰何喜曰太守志行生民有命盍不喜乎問誰替者曰胡臬臺余至臬司開門出接曰辛苦我知君必攜賑冊來但須加結余曰每戶一結先印一萬張可乎臬司曰以一當萬既具即至藩司探喪秦旦初亦在坐藩司問曰君辦賑幾何余不禁放聲大哭藩司復問余曰大人此時何心復問此耶秦握余手偕行至外曰何至此余曰此余查災之餘淚正如萬斛泉源耳有青嵐山詩在集中曰産破妻孥賤腸枯草木甘畢秋帆曰十字千古

乾隆三十六年辛卯四十一歲

自去年至今年三月廿八日傍晚大雨制府明至郡巡邊余迎於靜甯界上制府遂謂曰雨中請便余曰今日雖溼透千層願也既抵公館制府曰今日途中見路斃一人余請罪制府曰是縣官之咎余曰卑府之罪大矣必先下禮然後敢言制府曰坐請言之余曰道殣相望大人見者一卑府見者十知縣見者百佐貳及鄉約保長見者且百且千不見者盍有數耶所謂轉乎溝壑者也散之四方者在外故卑府之罪重也且卑府所轄州縣爲粥厰煮賑者十二每日每厰多者四萬人少者二萬人以此二十萬人相聚而餓將來作何景象

今日雖得雨而二十萬人之田無一人種者是去年天荒今年人荒連年凶荒誰能堪此制府曰然則如之奈何余曰卑府日夜焦思鬚髮驟白計無所出惟求大人制府曰計將安出余曰卑府已於各廠造册十二本細開其姓名鄉貫住址人口各州縣備車輛乾糧送之歸其費出於粥廠約以粥廠兩日之用爲行路一日之資但送到各該處須各該州縣安插之借之以口糧籽種牛具是所求於大人者也制府曰太守須自作稟稟藩司余亦作書一如太守之言與藩臺商之此法可行也藩司楊景素以爲然於是蘭州鞏昌西甯慶陽

平涼涼州六郡之窮民皆歸焉余適奉

命擢涼莊兵備道五月明制府奉

命西行文制府來甘署總督事余在蘭州省城忽一日六百里飛遞文書至則文制府於平涼一帶見荒象調余至前途商辦災務見於安定公館文制府曰我在陝西素聞淸名今甘肅之荒如此人民食草而疫氣盛行我已具疏奏

聞計惟道臺一人實力爲之方可實惠及民余曰甘省道路遼濶非一人所能周且州縣官吏相習成風牢不可破恐不能勝制府曰當仁不讓何讓焉蘭鞏平慶西涼六郡盡屬君矣固辭乃分西涼二郡於西甯黃太守蘭鞏平慶四府屬則斷不能辭也然非本屬終恐呼應不靈制府曰我先飭知各府聽憑調度并行兩司凡有災務已調之人不得以他事調回致滋掣肘余曰錢糧恐不湊手制府曰我亦行知兩司各道各府聽汝沿途截留提取應用余乃不敢辭夙夜之勤竭平生之力以赴之有弊必革有利必興當此之時但恨平日不能多讀書不能延攬俊彥爲用之則行地耳至秋收登場而男婦老幼皆新衣迎拜於道余曰此皆

皇恩憲德余何有焉始信吏治不難肅淸倒懸不難救解也

乾隆三十七年壬辰四十二歲

余駐蘭州入經費局辦事通省疑難案件賊盜案件皆歸焉自審案供詳以至奏章刻無甯晷繼且藩司有難辦者臬司有難辦者相雜而來各府州縣請教者沓至始信劉穆之才不易及而理繁治劇之不能勝也夏六月文制府奏

命調任四川總督督辦軍需糧餉司道進見制府有憂色兩司曰大人非以軍務爲憂難得人助理乎曰是也兩司曰是非顧道臺不可制府不言兩司復曰大人意中若有他屬宜敢言矣制府曰安常處順而忽置之戎馬倥偬之地豈余所宜定

者余曰大人爲
國馳驅本道亦分當効力惟大人裁奪制府起曰明日行矣非
我相强君自願也雖然且各回衙門再商之余曰行則行耳
何須再商送出曰果定也明晩當出城頃之臯蘭縣至余寓
出制府奏稿見示帶余入蜀請
旨加按察使銜余曰道豈不足爲
國家効力者請删之既而臯蘭縣再至述制府語曰加銜若出
道臺意固不可今出我意我不薦賢矣不可余曰愚意此即
是要君制府帶余入蜀一切將參未議當自此稿始矣不然

又焉用之删去乃行初余在平凉時屢乞移疾以二十年不
歸二親漸老也爲楊藩司苦留而止至是於路嘗與制府共
談通鑑至晉温太眞事余曰温太眞亦不甚光於晉室而老
母牽衣決然舍去甚難言之制府曰汝悔耶余曰此行若得
紅旗到手求大人
奏請歸養是余志也制府曰諾兼程抵蜀七月中也卽星馳至
達武軍營會同阿將軍審辦前任阿爾泰遺誤軍需事余以
不諳刑名律例讓諸王蘭泉昶主稿隨回至西路軍營制府
駐雜谷腦衙門余駐副將衙門十月初十有鵲數千趕一鷹

牛天皆黑俄而鷹銜錦雞置余坐榻之上羣鵲皆散鷹回翔
三匝而去蓋李贊皇籌邊樓之傍也熊耳峯豎於前次日見
制府問昨日得錦雞安在對曰家人以擲諸野制府曰天之
所與何可棄也後數日得家信長孫生遂名之曰錦誌其地
也有擒禽行載集中回至成都前在達武發摺得
旨叫自回奏以阿爾泰楠木案未及併案核定之故此案先於赴
達武途次雅州得
廷寄制府先到已拆及余至公館請於制府曰
廷寄所言何事及晩將退余曰蒙大人不以本道不才

廷寄而不得與聞是本道亦不必相隨道路也敢辭制府笑曰此
事我不能辦汝要看何妨始出以相示余看畢問曰如何不
辦制府曰此大役也方今軍興用人之際徒使人心惶惶無
濟公事余曰然則何以回
奏帶來蜀今有
奏制府曰姑置之次日余復以爲請制府曰未得端倪煩難著
手訊究至清溪縣臬司李世傑來見制府與坐談頗久至晩
而退余入制府曰頃見李臬臺其人甚滑所言皆牽空不可
捉摸汝試爲我言之李頃所言何不作一稟與我卽將零紙

寫一張與我我亦好我健忘耳余出而李已在余寓云欲要赴
軍營不敢停留余告以制府語云制府問我楠木一案此事
承辦者甚衆我亦記憶不清其中又更數手總之其事難辦
亦非盡阿前督之咎也此言如何寫得稟帖且幕友又未隨
來我是佐雜出身在貴鄉做主簿不會提筆君當知之實不
能奉命上燈初留至五下鼓支吾不肯寫一字而去以復制
府制府曰一味油滑何足與言問之他人皆非經手者直至
軍營王蘭泉稿已定制府亦欲從寬也即書奏余在旁曰楠
木案須覆制府怒於色曰汝爲之余私作一片請夾入云某

日於某處奉到
廷寄阿某承辦楠木一案軍中無承辦之員未便草率完結容臣
到省後清查案卷逐一根究得其實在再行具
奏制府去之曰空覆無益至成都又何以辦之至是有
嚴旨責問藩司錢鋆以藩庫冊中有阿前督多支養廉三年具稟
知係劉益任內之事因併劉益參出此外如楠木案中實無
得賄情事此時制府刻刻有欲落之勢而李臬在軍營辦理
糧餉陳臬之人制府乃以余奏代之余辭之力制府曰道臺
隨余來川若無官守余卸事之後將安歸余乃以十二月初

三日任臬事是日有民婦在路喊冤無呈詞而背書黄布一
方書外甥孫古牛借伊銀五十兩三十餘年本利不還孫古
牛倚仗身爲按察司頭役以致各處控告皆不理孤寡凍餓
無處伸冤等情問隨身衙役孫古牛於上年退役此婦向有
瘋疾十三年上傅公爺到川也喊過不准的各上司到無不
叫喊余曰孫古牛現在何處曰即在衙門前開鞋鋪令即喚
到著婦等候至即問其此是汝何人曰姨娘汝借銀何以不
還曰寃枉余曰想汝多年衙蠹不夾如何肯招取夾棍未夾
願還限三日還一本一利清還銷票川大枷枷號示衆民大

悅示於門曰凡一切禮物不論乾濕至大門而不辭入二門
責大門守者入二門不辭至宅門責二門大門各三十不貸
余在隴時亦然適有同年友沈清任爲四川候補同知送佛
手柑一盤二門大門各責三十板革役沈銜之有以告者余
曰借以立法好同年豈不解此耶沈乃釋然越數日文制府
赴西路軍營隨帶雙流縣王鳳儀余所薦也奉
旨放劉秉恬總督四川廿五日兩湖制府富勒渾帶知府姚棻至
署總督事定前督阿爾泰案奉
旨賜阿爾泰帛以文殺官官相護惡習革職入軍營効力欽此

乾隆三十八年癸巳四十三歲

元旦出衙門見道路皆設桌聚賭四面填塞罔知顧忌問衙役云每年習以爲常余大聲叱禁至三日鐵拏三十餘人中有十餘人是嘓嚕子頭以重枷枷之餘人用稍輕者巴中嘓匪爲害最大其人居則聚賭出則橫行各持庫刀一把沿途斬竹七八尺許爲柄逢村逢集肆無忌憚不論晝夜刼搶採花聚衆或數十或數百殺人放火殘害平民無不至余至嚴拏殺其犯罪重大者三月始定余願以言忤富制府一日富制府曰汝誠不怕死耶余曰大人來川是奉

旨的署司來川是文制府奏帶來的甘肅安而川中危甘肅逸而川中勞舍逸就勞舍安就危似不怕死者然使大人掘一坑欲坑之則何爲死乎必得死所乃可四月余以緝拏蔣正□中等逆詞一案赴酆都縣六月溫將軍兵潰於木果木成都民情洶洶多逃入川避難有縉紳向余請示余曰金川人余恨其不肯來耳若來而放走一箇余見不得成都百姓縉紳曰何以禦之余曰各處要隘設兵俟其來避之俟其進口截之設有動靜百姓見余旗號每戶只出一人助我可得十萬人擒之矣縉紳曰恐未能也余曰彼實不過三千人留一半

響泉年譜

自守計可出者千餘人耳又無奇才異能知兵者生長於層巖峭壁之中所能者越山耳故以自守則有餘成都平原曠野之地正可用兵彼兵日少我兵日多卽虎入市立見其斃我將食其肉而寢處其皮矣况狐兎之屬乎或曰然則何以守成都者一失險則不可保曰此先失人心耳今民皆爲我用我衆彼寡我强彼弱我以逸待勞以十敵一操勝算仗

國家全盛之勢取此猶囊中物耳何慮哉或曰然則我軍於此何以五年不見制勝耶曰所謂地利也且我師旣老彼擲片石於萬仞之上而我千人臨不測之淵雖韓信用兵亦難必勝故將軍持重以待其自斃雖非上策亦中策也果不至此時富制府在軍營文制府尚未回省尋奉

恩旨復任四川總督成都人心已定矣十月慰忠祠落成在草堂寺之右祀殉木果木之難者文官二十六人余實倡之祠成王蘭泉作記余書之碑石祠中惟溫將軍不入

乾隆三十九年甲午四十四歲

春楊笠湖以鄂西林中堂詩稿商定爲之刪而次第之退食之暇時與學使吳白華松茂道查儉堂潼川守沈莘田農部曹秋漁刺史楊笠湖爲詩酒之會時有上舍陸赤南刻蜀游

草以余冠其首余甚愧焉秋奉

恩命代制府入闈行監臨事制府以其輿衛送之入迎之歸非分之榮也謝之制府曰膺此

命用此物舊典也我何與焉余曰何莫非大人之賜乎在闈中有

恭和

御製至公堂詩四首有傳入京華者英中堂見之曰余不知其功力如此向在戶部失之蓋失之者不獨此矣冬十月以瓜菜餽征西將軍將軍甚喜謂不知此味久矣乃今而知蔬水之樂也是月也余治總督衙門聚賭者三十餘人蓋皆督標以

下人也制府手書爲解之至於再至於三歲底矣枷號三月將滿制府怒曰余三札豈未之見耶對曰署司恩之耳川中嘓匪之害甚矣有黑線紅線之分而其根則在於各衙門蓋衙役爲首也一線各有數千人散布於外而爲首之人第一是臬司衙門其二則總督衙門其三則藩司衙門其四則將軍衙門五以下則各道府廳州縣之衙蠹也故署司自任臬事即治此今將兩年而總督衙門之人未敢及也日夜思所以報効大人以爲惟此最大兩金川跳梁負嵎而已嘓匪爲患則肘腋之間大人當軍務倥偬之日未暇理此故前者面稟及之大人吩咐曰汝自辦之出而語之中軍又以諭巡捕冀其改也則亦已耳自未入闈之先欲辦之乃出闈後尤甚則必思所以辦之然而辦之匪易也大人衙門人役既恐其不遜又指東則逸於西指西則逸於東左右角門上皆其黨也於是慎選幹役先守定左右角門兩重不得稍有聲息然後一人執籤直入官廳云按察司拏賭親身到門矣雖中軍巡捕不敢攔阻不敢喧譁衆犯逸出左右角門者縶之而逸出亦多矣雜入宅門內者多矣獲三十餘人而治之但枷號不用文書以全中軍體面也此亦何等費心費力而大人曰

宥之所謂宥之三者也在大人必以中軍之求以爲小事署司則以爲所關甚大宥則廢法將何以治故願受方命之愆不敢蹈廢法之罪制府乃釋然然是夕痁氣大發明早制府家人來告曰大人舊有此疾久不發矣實因大老爺之言致此奈何余曰天寒耳當即平復大人之體平四川全省平復矣滿日發落各回故業自是而嘓匪之害除

乾隆四十年乙未四十五歲

嘓匪雖匿跡然須時時留心有則重懲之亦不必殺是年春夏間凡理訟皆不數言而決蓋民信矣六月富制府在軍營

奏叅站員通判冀國勳侵冒錢糧奏
旨交文綏審辦文制府令藩臬會同軍需局審辦以其總計之亦
無甚侵漁而賬目紛亂有供用至數倍者據供雨雪載塗之
時軍營催糧至急恐誤糧餉不得不倍價雇夫之類文制府
核奏宮制府與將軍復叅承審不實再三往復至九月中
欽差袁守侗阿揚阿隨帶司官姜晟奇豐額至蜀審辦其案照舊
定罪而謂算賬不清以坐原審官之罪
欽差問於余曰此案誰當其咎者余曰刑名臬司主之不敢辭也
日取供單來余具供單曰須問文制府方定制府添數語曰
司道等七人公同審擬既審供請制府定案畫制府引咎也
欽差定稿後繕摺頃出拜客至晚而回曰出語須再商蜀人言省
中惟臬臺一人清正廉明生民所賴今稿上側重臬司大失
民望又改之此案余得革職處分俟差竣送部引
見其時查儉堂赴軍營行李被刼富制府曰使顧臬司不去任必
無是也人心事後始平往往如此李撫軍湖時以藩司銜在
蜀銷算軍需各案見文制府曰世人皆欲殺吾意獨憐才竊
見顧臬司矯矯如雲中之鶴制府曰余將爲築放鶴亭耳冬
至月委赴雅州辦軍餉

乾隆四十一年丙申四十六歲
春正月大功告成紅旗報捷二月余自雅州回成都蜀人攀
轅卧轍焚香滿路萬民傘萬民衣獻酒脱鞋自雙流至成都
制府衙門沿門結綵鼓吹喧填男女雜沓約三萬餘人八九
十老人以爲生平未見是日余於輿中每進一杯畧沾唇至
省城城中百姓曰大老爺醉了我等不敢獻酒獻茶一杯則
醉卧輿中矣次日仍至卧龍關部署一切回兵送京兵進京
關外一夕大雪余朝不能起四肢麻木矣十日方稍稍能舉
動三月回省告病制府親驗乃具摺
奏請奉
旨准其回籍調理欽此四月買錦江之棹赴嘉定於路作一對曰
真好水真好山片席之間幾般樂事不爲名不爲利四海之
內一箇閒人遂登峩眉山伏虎寺住五月廿八日登其頂夜
宿所謂金殿者有覩光臺放歌詩七月廿六日挈眷登舟東
歸自四月至十月凡待部文至始得行也十月十六日抵家
登岸畫所作詩曰峩眉小稿吳船小稿云蓋自壬申計偕北
上至是始歸二十五年於外矣
乾隆四十二年丁酉四十七歲

是時吾父先大夫與吾母過太恭人居錦樹里園衕舊宅慈
高年頤養於是爲適余得晨昏定省節候無疏天倫之樂於
斯而備春擴舊里居之南闢一徑於師古河上爲承歡杖履
地先大夫命余書其榜曰忠愛堂是秋長子永之捷北闈次
婿平湖張誠亦獲雋先大夫既喜而懼曰吾何德以堪之乃
未幾發大瘧三日一作後又間日一作方冀爲稱七十觴淹
忽至小除夕而先大夫竟棄世矣

乾隆四十三年戊戌四十八歲

讀禮家居爲先大夫營喪葬事乞墓銘於彭芝庭先生以先
生耆德碩望與先大夫道義相契爲最深也初先大夫嘗自
營壽藏於嶂㟼灣而形家以爲不可用於是棄而舍之與地
師經營相度遂定墓於菰川莊右其哀痛餘音誌之曰吾廬
漫稿

乾隆四十四年己亥四十九歲

春東林山長周君曰萬卒當事者延余主之余以前明顧高
兩先生講學之地欲私淑其流風不敢固辭也時錫邑令爲
西庄俞公鎬釜邑令爲錦城何公世珩俱加意振興培養樂
育每至課期必詣講堂與諸生講論不倦余亦偶拈題時作

課義相與砥礪切磋是秋　恩科兩邑中式四人書院肄業
者二人一從孫鈺一族姪亮朗安瀹占吉周懷西鎬亦余及
門也

乾隆四十五年庚子五十歲

恭逢
皇上聖駕五次南巡時先大夫之服已闋光旭於東林開館畢即
恭詣淮浦迎
鑾舟次有與族姪星橋中翰宗泰唱和詩四首歸仍主書院講席
呈請終養於巡撫奉
旨該部知道欽此其夏邑中諸紳士俱以先大夫一生尊祖敬宗
仁民愛物樂善不倦宜入鄉賢祠呈請當道時上官以先大
夫無大制作未允予遂於惠山洞陽公祖祠西偏廓堂三楹
以奉神龕七月送主入祠先秦贈公溪隱春田先生嘗經理
道南祠釋菜祭田時就養山在蓉莊震鈞太守之署以其田
授余余思既主道南皇比則釋菜固燕居廟祝史事也義不
容辭因受而奉行之不敢怠冬同邑華君天和等重葺
聖廟予循先大夫故事亦任啟聖殿明倫堂進賢亭爲之施其丹
雘新其匾額

乾隆四十六年辛丑五十一歲

先是過枕鶴嘗捐貲建普濟堂於北塘之陰北里祝氏捐田三百畝以助迄二十年未舉其事是春楊笠湖九兄自蜀中歸攜舟拉余訪之時枕鶴已病不能起身謂予曰忍死待君普濟堂一事非君莫屬予以博施濟眾堯舜猶病小子亦何能爲辭笠湖又勸予曰人忍死以義舉相屬而不肯任之非一齊提起之本來面目也蓋笠湖好禪學嘗謂予曰余從今一切放下予應之曰君自一切放下我則一齊提起故以此諷余余遂勉諾因集同人於堂之東軒謀所以爲倡始時軒

無額命之曰懷鶴有懷過枕鶴詩

乾隆四十七年壬寅五十二歲

乾隆己亥之冬惠山竹鑪詩卷燬於火明年

聖駕巡幸江浙於

行在發王紱溪山漁隱長卷補其缺是春正月十日復

頒到

御筆竹爐畫卷並

皇六子暨宗室弘旿侍郎董誥所畫爲四軸舊卷中詩文悉錄於後甚盛典也無錫縣知縣臣邱漣會邑中縉紳齋至聽松菴珍藏臣光旭謹依

御題原韻恭和四首臘月夢人授余青鏤筆管管端刻松風閣三字翼日薛生湘以邵文莊公松風閣詩眞蹟示余余初不知有松風閣者及讀容春堂集始知邵文莊公少時讀書於百瀆港之保安寺名曹東林後予告在籍嘗築點易臺松風閣於聽松菴後今廢久矣蓋公固承楊龜山先生之道脈而開顧高之先聲者也典型不遠竊以自勵故是後所作詩集俱號松風閣稿云

乾隆四十八年癸卯五十三歲

予時主講東林已五年矣仲春課期忽覩五色文彩隱現於依庸堂階下撥草探之獲靈芝數莖山陰胡一亭適同在書院閱之再拜爲予賀予曰此

聖世風教之所致也臣何力之有焉魏塘曹慈山先生聞之嘗繪靈芝圖以紀其事予遂於書院諸生中錄其課藝之清眞雅正者選刻數十篇題曰道南近課先是從兄諤齋會有梁溪詩選之輯南塘黄可亭亦有梁溪詩滙二君但序時代尚未按甲科以編定前後其人不見於史乘者俱無傳而其稿則於乾隆丙申之冬盡歸於予時予以初歸人未暇理至是秋

得亡友吳糲仙詩集而校定之予之刻梁溪詩鈔始此

乾隆四十九年甲辰五十四歲

二月廿一日予至揚州同年吳涵齋太史家見有所爲六客詩者時盧抱經學士錢擇石宗伯先後南歸舟至邗上適吉渭厓京兆蔣春農中翰館於揚而秦西巖觀察張松坪太史與吳皆門閭相望以同年好友一時宴集予念同榜三十年中俯仰今昔不勝聚散之感矣遂題詩於冊後呈諸同年夏五月驚聞前制府文公之訃嗚呼自辛卯六盤相遇直至丙申奏病回籍言無不聽計無不行畢生第一知己也哲人云

亡能不悲哉因於九龍峰設奠以哭之復爲長歌以紀之七月四兒葆之遊泮九月形家謂書院巽氣不通科名未能鵲起因於再得草廬之前另闢一門以通出入名之曰崇德廣業十一月常郡太守金公蒔庭有王拱辰罰鍰二千金予與商之移於書院廣內課額一十八名外課額三十六名

乾隆五十年乙巳五十五歲

春沈濟園解組南歸見過雙橋草堂爲予寫墨梅四幅及山水長卷是時四淸無恙舊雨重逢爲友朋至樂乃入夏卽患暵乾自予歸家後戊戌已亥旱而乙巳爲尤甚至黃埠墩下涸出南北石街爲前古紀載所未及者至秋則野無靑草矣予思救荒無奇策先將已之所有冬租概行蠲免支捐書院束脩半年然後與衆紳士商議四門設廠煮賑當事謬推予分領靜慧寺總局事內則勸諭各戶實力輸捐外則料理分應各廠經費出入周旋刻無寧晷時兩邑令出示諭凡有販戶囤積盡行封貯平糶然從中舞弊以多爲少以有爲無者亦不免而予之意則在各廠省浮費以益實用各行重糶價以絕漏卮故或人以爲勞而不自爲勞人以爲怨而不自爲怨其出納銀數錢數以及柴數米數麥數各有戶書之簿可

核要歸於無侵吞無隱匿而止而其時從予在總局登記者則嵇生導昆承濬華生開遠維新也

乾隆五十一年丙午五十六歲

自乙巳四月無雨至丙午正月廿三始得雨赤土沾潤品彙漸蘇作喜雨詩四首然煮賑已及兩月行鋪麥米寥寥朝夕勢將不給而四廠疫氣流行城外之道殣已相望也予實無可奈何只得再支捐束脩半年與衆主廠再爲設法於各廠廣賑數日一面商議置藥備棺以待疾病幸邑中諸善士有給米錢者有施餅餌者甚有變產作會以爲善舉者於是貧

民雖芟夷過半而元氣不至大傷復念米珠薪桂文士之失館者甚多於是集其餘貲以爲助能含蓄取無恆產而有恆心者惟士爲能也令書院諸生各舉所知隨其人品之高下家口之多寡定其輕重每月朔望於　關帝廟發給自三月行至十二月相循不廢是年秋南闈鄉科爲最盛邑中中式者共十有餘人而書院得其過半嗣後科名亦連綿不絕

乾隆五十二年丁未五十七歲

春從姪孫鈺會試禮部中式會元併入翰林雙溪兒姪敏恆亦成進士予爲喜之甚乃未幾而沈濟園凶問至矣予爲哭之慟憶去秋予至杭城訪濟園濟園已成病乃八月廿一日偕濟園訪曹秋漁於東園中晝夜劇談至二十七日濟園畫墨梅十二屏每畫一屏余題詩一首畫竟盆梅忽放一枝豈非文章有神交有道哉濟園笑謂予曰予病竟去八九矣時予又題秋漁照秋漁欲留予與濟園再作十日談予以吾母過太恭人在堂未敢久留也乃予先一日解維濟園後一日歸至冬竟遊世自是而四清少一人矣知交零落何能爲懷

五月長子永之

恩挑一等奉

旨簡發河南以知縣用予以咨追所未了懇當事移咨中州藩府於永兒任內扣俸除之自辛丑有甘肅虧帑攤賠至甲辰又有四川軍需報銷之項前後總計約有萬餘予罄家產不能償三分之一賴有制府文公及查君榕巢王君瀋淵德君潤圃爲余設措西蜀之民愛予尤厚踴躍捐助代償其逋後德君轉運浙江復爲予料理積累一清其移咨於永之任者特微末耳至此益歎先大夫於潞河署中有詩曰世間惟有清官好其遺愛光旭者爲至深也秋陳青柯歿予亦作詩以哭之因劍素心晨夕之三友倩華烜而寫爲圖三友者予與秦君岵齋王君夔公也是年兒葆之考列一等食餼

乾隆五十三年戊申五十八歲

吾母過太恭人八十新春同年老友遠近親朋暨及門弟子無不爲吾母稱觥捧觴咸謂予曰以五十八歲之子猶侍八旬老壽之親洵爲人生難得予亦萊衣夫婦怡怡愉愉一堂聚順自忘其齒危髮秃也二月送楊笠湖九兒就養其子浙右太平官署其年亦已七十九矣五月予偕普濟堂大招其禍先是予以諾過二枕鶴之屬歷與諸紳士商議開堂設法施捐漸有成緒因念此係地方公事必宜經理得人以故掄

擇董事慎之又慎而毋勇過仙谷七叔父南一公其爲人誠實不苟是予素所深信者因屬代爲辦之舅氏叔父爲之收養老幼廢疾共若干人施藥施衣不遺餘力其規模亦已楚楚乃北塘祝氏必欲自利其有百計攘奪予亦自恨積不能平乃其後竟出最下之策白日聚衆三五百人執梃潑穢袒裼裸裎至家嚷突叫囂無所不至地方官亦畏避之予視此輩何足與校而私心竊惴惴者惟恐傷老母之懷爲懼矣此事商於七年失於一旦而代友招怨予亦何辭綜計一生閱歷委曲受侮惟此實多而歷久無利己之思纖毫無染指之

念則此心可對天地可質鬼神耳幸邑令已爲予報銷郎府道藩臬亦累次駁核並無貽誤迄今久矣結案四月長孫壽成婚八月笠湖卒於太平署九月歸櫬於惠山祠之春草軒予哭之曰四清圖裏看今古一半松濤落九泉蓋傷之矣十一月又至杭州與曹秋漁送沈濟圓之喪

乾隆五十四年己酉五十九歲

予婦華恭人長予一歲年正六十予以侍吾母過太恭人不稱慶也去冬予以忝主東林講席已閱十年吾母亦以予年近六旬心力就衰不願予再膺此席適闔同邑有欲起而相代者予故不俟終日決意堅辭爲作閒居詩以見志而是時來主講者則毘陵莊中允濟迂通敏也中允本以經學傳家既開館亦有唱和之詠其投贈之章曰文傳西漢專家法句壓東陽麗日詩予固不敢當也是秋省十世之祖墓予念子孫欲知木本水源須在敬宗尊祖而妥神靈者在於祠安魄體者在於墓曾子曰慎終追遠民德歸厚矣爲作十墓詩以示子孫

乾隆五十五年庚戌六十歲

春予六十亦不敢慶王涵齋來詩有響泉翁何予爲辭翁八

叠韻詩以謝之正月望日山陰胡一亭來得拜贈至聖先師孔子遺像作詩恭紀四月書院諸子刻予時文課藝成時及門欲爲予祝釐而不得故相與校訂付梓名之曰響泉課藝自去年六月初二日得夢見邵二泉先生至是始有事於惠山邵文莊公祠公於先代理學爲吾邑第一人而至今則遺像遺祠竟不可得即其墓道及點易臺海天亭亦埋沒於荒煙蔓草間無從識辨此固後死者之責也其何敢辭因即超然堂舊址以築之至八月上戊告竣濬其泉植其竹而顏之曰君子堂蓋誌高山景行之志也其詳備載於貢葺邵

文莊公祠碑記勒石併得所爲七賢像讚及海天亭詩超然堂記諸舊碣俱措諸壁十三日爲

聖天子八旬萬壽臣光旭恭寫山林祝

聖圖十月前四川舊同寅敬齋福公中丞奉

命移節江蘇知予在家即率郡守邑令聘請重入東林予欲卻之中丞手書曰近在桑梓承歡無缺久聞諸生心悅誠服願君其無辭也吾母過太恭人又勸之曰中丞詞嚴義正且汝以節脩刻梁溪詩功尚未竟安可蹈不恭之轍因不得已而受之然究非予之本願矣十二月庭中梅花大放予忽發狂興

窮五日之力作梅花紀年五律一百首而精神乃由是大損中旬遂得心氣怔忡之證吾母動色相誡再三諭不許作詩直至除夕不能脫體

乾隆五十六年辛亥六十一歲

新春病不能起直至二月初二日始得拄杖散步鄰曲偶閱查儉堂詩集得其見贈之作曾未奉酬時予奉母命固不敢作詩而念死生之契闊有不能釋然者因次其原韻以私和之初八日書院開館予與諸生講行己有恥章而中氣尚虛未能暢所欲言也入夏雨勢浸淫水漲瀰漫吾爲作苦雨謠

七月長孫籌遊庠九月伯姊楊節母沒吾母以哭之痛不能寫細字慨予無兄弟所爲手足惟姊與妹姊歸楊君宗沂妹適楊君簣谷而姊之境遇爲獨艱自守節以來其養姑撫孤有爲人所難能者予爲哭以詩示其兩甥恭骨肉之彫殘始此矣其冬吾母過太恭人以前歲冬底嚴寒貧人擁敗絮者幾不能存活邑中素有棉衣會太恭人命予與諸善士再議廣捐或布或花或錢或衣約計共有千五百餘件而命從姪太翁晴岡堂姪念劬等董其役每歲共置棉衣若干件胎衣若干件又製新衣若干件冬至後擇日於　文昌宮查戶按

簿以發給之名之曰禦寒會事畢後取其出入之數核實總計而刻之名之曰徵信錄

乾隆五十七年壬子六十二歲

予自壬申通籍至是四十年矣三月過琴川訪趙者庭者庭即前常郡教授賞予文爲名世先聲謹比先師子也予曾爲作文毅公兒餽歸趙歌者庭留飲得觀兒餽歸趙詩卷明日遊虞山拜文毅公墓用翁覃溪閣學韻作詩四首三月蘇郡學博姪敏恆卒於任其兄弟承雙溪兄家學俱有雋才而天皆不永其壽甚可惜也予爲哭之以詩四月永兒作宰新鄭

葺子產廟作詩寄之六月重葺錫山文昌閣成昔先大夫嘗手葺龍光塔真武殿其後以

翠華廵幸江尖鄒氏亦嘗脩之歷十餘年而飄瓦摧榱風雨久不蔽矣是役也予欲獨任之而力不能堪適西郭有章志者感

帝夢而解囊以助之俾蔵其事□□□□□□□□□□□□崇安寺文昌殿□□□□□□□□□□□□爲之添新換舊而□□□□□□□□□□其後則供奉魁星像於其隙地添築一亭結三楹以爲休息之所復爲鑿池種樹疊石蒔花蒼翠四圍頗有映帶之趣予又名其軒曰天香□號其亭曰雲外暇則與二三同好觴詠其中迥之爲清時宴樂十二月立春祝晨夕素心之友王錫公七十

乾隆五十八年癸丑六十三歲

吾母過太恭人八十五歲自先大夫見背侍母至是十有七年吾母耳目聰明髮短不白無病而胃弱乃自三月後飲食漸減四月得豫中信子永之得孫於陽武署中人謂可勿藥有喜兩江制使書公麟又給以五世一堂之額賀者盈門乃五月十六病轉劇延至十九日溘然長逝嗚呼痛忍言哉吾母畢生相吾父力行善而其所尤注意者莫如恤節會恤節會者先大夫同善會之支流也太恭人撙節愛養豁其家用之餘以哀鰥寡卹孤獨其錢米出入別有所貯纖毫不與己產溷即糠粃升合不假借雖或移用應急亦必取其契劵首飾相質如期取還以倭邑中窮嫠踵門而給之共二十餘年孳孳不倦念吾母春秋高心力交瘁乃請撥數人每月望於崇安寺文昌宮司發放不假手僕厮□□□□□吾母歿同邑之哭吾母者不啻喪其母及吾母殯嫠婦執香前導不約而會者不下數百人嗚呼太恭人之遺澤在人者如是而敢怠廢乎惟實力奉行以至沒身而已自予歸養後無日不有詩至是追念吾母相誡之言三年不忍作

乾隆五十九年甲寅六十四歲

去冬曹秋漁又歿復即爲送其喪是時四清已去其三獨立蒼茫惟予一人而已還過惠山吟風閣揖笠湖之靈而告之是春卽營吾母之葬事作書至陽武命子永之乞傳於濵南尹公壯圖閣學執訊來往遲至半年始得以其稿歸後復至錢唐求書於老同年梁同書侍講遂以刻石六月次孫策遊庠　查策是癸丑遊庠疑是癸丑六十三歲事

乾隆六十年乙卯年六十五歲

予於惠山洞陽公祠後得隙地築樓五楹祀洞陽公以上列祖洞陽以下諸孫之賢者附之又於樓上置一龕祀洞陽公妣李太恭人侍以高祖母孫恭人母過恭人洞陽公竹素故園有巨石移置樓下顔於樓曰雲根再於東作三楹曰拜石山房西作三楹曰松風閣諸宗人出資相助重新寳忠之堂夏樓成次爲池次拜石山房

五世族祖廉使響泉公當乾隆朝以少年科第敭歷中外碩德宏謨朋彪之聲襮著年四十六自西蜀引退居家養親不再出主講東林十數稔紹端文公科教以道範人而義行繁興於其間鄉國承學之士百年來矜式罔替況其在本族後嗣耶公學術之藴發爲古文辭如詩文集清溪樂府梁谿詩鈔皆刊行於世更粤寇亂版燬而猶有傳本惟年譜一編未開鏤刻疑逐飛灰冷煙無迹可尋矣今歲吾宗續輯家牒乃蒐羅得之皆喜躍以爲至寳議亟壽諸梨棗以校勘屬森書按公墓志卒嘉慶丁巳年六十七是編止於六十五歲已非完璧而前後數帙又有敗黦殘損循逸周書穆天子傳槩本闕字作方空不敢以意逆也嘗覽古今巨人長德年譜由後人編次者未必無溢美之辭此爲公自道生平靡不碻實綜觀出處之際發言行政持己接人粹然一出於正大至如治部務振年饑捕民患屢次而折長官卒能行其志而服彼之心不惟孝敬之誠高劭之量由性然也然則是編歷劫不磨入他人之手久而復歸吾宗用永其傳豈非公之靈爽實呵護之哉宗之人誦遺言景往行當不第曰數典弗忘已也其必有感發興起奉爲繩纍而摯歛以成才者歟光緒丁酉仲秋族來孫森書謹跋

芙蓉山館自訂年譜

（清）楊芳燦 自編

《芙蓉山館自訂年譜》一卷，（清）楊芳燦自編，稿本。

譜主楊芳燦（一七五四—一八一六），字才叔，號蓉裳，無錫人，楊潮觀之侄，楊掄、楊揩、楊揆、楊英燦皆其兄弟行。乾隆四十二年（一七七七）拔貢生，朝考一等，以知縣用，補甘肅伏羌，值回民田五爲亂，平之。擢靈州知府，會仲弟揆授甘肅布政使，例回避，顧不樂外吏，入貲爲户部員外郎，與修會典。公餘擁書縱讀，益務記覽。旋丁母憂，貧甚，鬻書以歸。嘗主講衢杭、關中、錦江三書院，入蜀修《四川通志》，卒於川。楊氏父子兄弟叔侄，才華斐美，一門風雅。芳燦好爲詩，取法於工部、玉溪，洪亮吉《北江詩話》稱其詩『如金碧池臺，炫人心目』，舒位《乾嘉詩壇點將録》以『撲天雕』稱之。填詞亦兼有夢窗、竹山之妙，陳廷焯、葉恭綽俱稱其工，兼擅散曲。尤工駢體，法式善《梧門詩話》謂其『駢體之文，上掩徐、庾。其詩錯采鏤金，驚才絶豔』。著有《真率齋初稿》、《芙蓉山館全集》、《芙蓉山館尺牘》等，又輯其親友之作爲《荆圃唱和集》。

本譜叙事起自乾隆十八年十二月十八（一七五四年一月十日），止於嘉慶十三年（一八〇八），又别紙三頁爲嘉慶十六年（一八一一）、十七年（一八一二）二年事迹。譜後有楊承憲（夔生）《先考蓉裳府君行狀略》、張惟驤跋及另紙粘貼徐熊飛《芙蓉山館文鈔》跋。

本書據稿本影印。

（朱　剛）

芙蓉山館自訂年譜

毋系名字詳家譜及　鸞溪府君　顧太
夫人家乘紀實中

乾隆十八年癸酉十二月十八日巳未時生于無錫縣
天授鄉章基里北門下塘祖宅
宅有雙梧樹枝葉扶疏爲　毋父笠湖公
手植者余生之前一夕　顧太夫人夢見有
五色雀翔集雙樹間以告　端揉公及　大毋
倪太夫人至未時余生　端揉公曰此唐崔信明
之祥也此兒長成當有文名惟崔形既小爵
位不甚顯耳　十二月嘉平月名之曰嘉郎　端揉公
余生七月即能言　端揉公愛之指楹帖字
令識一過即記因手書唐人詩句作碗大字
徧粘屋壁晨夕指而教之存之堂集中句云
嬉戲皆詩書文字滿墻壁也　存之堂公集名　端揉

乾隆十九年甲戌二歲

是年　端揉公以通鑑及二十一史事爲四言
名曰史略授余讀自製小序云涑
水資治紫陽綱目原原本本罔可不讀全
書具在此始引端年行稍長記取繼觀子
記我録我録子記自口相延老弱一氣云云
序凡三百餘言惜不能全憶矣

乾隆二十年乙亥三歲

端揉公授以四子書歲暮讀至子路自書
唐人律詩絶句教之讀三遍輒能記

乾隆二十一年丙子四歲

是年讀四子書竟每日讀四書畢後授
以唐人古詩長篇如石鼓歌琵琶行長恨
歌北征三别三吏諸篇俱能成誦三年中古唐
詩背誦精熟者計有八百餘篇矣　余初時讀經書須十餘徧後能背誦至唐人詩不過兩三遍即記不忘四歲時　端揉公教之作字解作擘窠大書並授以懸臂之觀者以爲高自長成至今字畫拙劣可反此理誠不可解也　九月長妹生

乾隆二十二年丁丑五歲
讀詩經至小雅　端揉公患淋症入秋病
漸劇未能背課　鸞溪公名以何奉湯
藥不遑與顧　叢慶日多至十二月　端揉
公疾革謂　鸞溪公曰嘉郎廢學久
矣我死後爾如不能親教務延名師課
之因口占詩云皆前忌灌溉蘭芷化為
茅刈是荊初苗如何便悍勞　鸞溪
公溯注不能仰視　勞瘵扶床之亦注不止
也十二月初二日　端揉公卒

乾隆二十三年戊寅六歲
是年余多病疝瘤殊甚　鸞溪公居
憂在家授徒　倪太夫人憐余弱不令就
塾惟命　顧太夫人取　端揉公所授詩書
隨時溫習十二月出痘疹甚劇瀕死者屢
矣　倪太夫人同　鸞溪公　顧太夫人哀
籲痘神百方醫療僅乃獲濟而神思憒亂
經月猶不甚省人事也

乾隆二十四年己卯七歲
是年痘疹滿百日尚未離床褥余本弱
手行步四歲能循墻行並須人扶掖五
歲始能離人移步至是弱足無力不能履
地而手不拘攣飲食猶　顧太夫人哺飼
冬月始下牀而神識昏瞀不以六歲前
所讀之書漫不省記也

乾隆二十五年庚辰八歲
鸞溪公在家授徒正月弟揆生余入塾
偕諸童讀書唐詩史略歲讀記十之五六
四子書詩經則盡遺忘矣　鸞溪公令仍
從學庸讀起每日不過五六行然五六十遍不
能背誦八月中添至八九行　鸞溪公憂
之謂　顧太夫人曰嘉郎痘後竟換一人矣

奈何是年 鷺溪公應江寧鄉試薦而
未售九月十八日 俔太夫人舉十一月次妹
生（庶母盛孺人出）

乾隆二十六年辛巳九歲
鷺溪公疊遭大故家日益落授徒不足
以給薪水時舅氏健溪先生為瀘溪
令因橐筆往依之得與瀘浦令陶公
金谐宮交延主盧峰書院余從隣塾華
先生（名榕邑庠生）是年讀四子書詩經卒業（陶公沛滄齋江西南城人名進士也著述甚富今其孫選拔貢生名本忠者曾從余遊亦負隽才）

乾隆二十七年壬午十歲
從隣塾顧先生（名錦章邑諸生）授書經時學徒皆
習專經所謂本經也 鷺溪公在楚南道
遠音信間隔家貧甚 太夫人紡織自
給旺里老屋對樣僅蔽風雨日暮挾書歸
太夫人篝燈夜織余就燈讀至夜分始
寢以為常

乾隆二十八年癸未十一歲
外祖母黃太宜人自瀘溪歸見芳燦絶
憐愛之 太夫人時携之歸寧舅氏謁
齋先生工詩文癖嗜吟咏教余為詩多
作近體時得佳句後漸能作歌行三四百
言謁齋先生喜謂 太夫人曰嘉甥下
筆不凡吾妹有子矣是年仍從顧先
生受經讀小戴礼左氏傳竟（族叔祖清華先生名德沖憐余幼慧時相指授是夏隨謁齋舅氏集芙園亭荷花盛開池中蓮蓮有先涸取之則小嶰也族祖命作夜明蝸賦抱為贊賞今存文鈔中）

乾隆二十九年甲申十二歲
外兄顧立方（敏恒）自楚南歸時偕鷺溪舅氏
調任桑植令道外兄歸省黃太宜人也外
兄長余五歲性沈靜工詩古文辭與余一見
如舊相識談詩論文亹亹不倦 黃太宜人

命余與外兄俱從諤齋先生習舉子業。閒作。詩。賦。筆力馳騁。相上下。舅氏每曰。阿士。阿咸皆興。和。也。

乾隆三十年乙酉十三歲

應童子試。邑令青田韓公名錫胙蔵之，有神童之目。是年雙溪舅氏卒于官。舅母黃太孺人挈諸外弟扶櫬歸。鸞溪公亦相隨歸里

乾隆三十一年丙戌十四歲

應提學試不售。仍從諤齋先生受業，宿於外氏。三月三妹生。國孺人出

乾隆三十二年丁亥十五歲

讀書外氏。與外兄弟立方學和數愉、斐瞻敬恂、傳炅叔憲及黃正暘晨、朱振基岳青同習舉業。並習經解、史論、詞賦。杜門累月不出。親戚有慶弔事皆不往，人皆以為專愚也。余讀書之外，如書畫、圍棊、弈雜藝，一無所解，又懶于酬接。立方兄弟亦性拙，同有專愚之目

乾隆三十三年戊子十六歲

世父笠湖公為四川邛州牧。鸞溪公于四月赴川省視。余仍讀書外氏。六月三弟英燦生

乾隆三十四年己丑十七歲

邑中有文望者，岵齋秦公朝釪、半谷鄒公方錡、吳蒴仙先生峻，暇日過從談藝。詠。和。倡和。忘年。齒。以相。契也。鸞溪公自邛州歸

乾隆三十五年庚寅十八歲

以詩文寄蜀中。笠湖公大喜，作書寄曰：鸞溪公有吾家千里之譽。鸞泉舅氏諱光旭，時任四川觀察，見余詩，寄三絕句云：少年誰似馬雲卿。子卿文肅公之孫。碧海長鯨噴日紅。只有吾家天石老。龍門相對接[illegible]

桐一面桃花一徑深人間難得有知音兩疆
園後傻溪去惆悵聊為擁鼻吟鏗如其
舅更何輕嘆絕無梁縣裏詩以寄錦江
天妙流來酬吟到月斜時溧陽彭貢園先生
光斗年六十餘矣見余詩寄詞二闋云錦瑟
新詞寶劍篇文人俠骨美人禪翩翩白袷正
華年名重留如泉第二才雄推擅賦盈千
阿誰載酒草亭邊我愛梁溪水竹清松風
月朗浪詞亦聲揭來卅載夢猶縈頭白還
希陶謝隱眼明初見庾蘭成剪燈吟罷
最為情浣溪紗調也

乾隆三十六年辛卯十九歲

補博士弟子員學使為長白景公福余與之
方分試無錫金匱兩縣試文出諸齋舅氏
暨老輩謂二人必皆第一發案果然秋應
江寧鄉試時文令常公[redacted]養蒙甘肅寧夏人得余
文力薦之主司大主考為文勤彭公以余首
藝只精實薦之是年世父笠湖公運川
木入都道經江寧為延譽于袁隨園師
余因以詩卷為贄師為署其卷尾曰昔元
微之年十九作秋夕清都詩當時稱為才子
作者今年十九而能拮華萬言獵取百家其
才直在元相之上所謂生有自來者也吾愛
之重之因與之方同受業焉余年少時作
詩喜與子三謝及青蓮未免內摹字儆師謂
曰昔王朗欲學華子魚惟其似之太過所以去
之愈遠勤筆讀書時要與知人合勤筆時
要與知人離也余于是始悔作詩法作文喜
任沈徐庾師每日立方學八家之文茂裳學
六朝之文吾門得此可稱雙璧絕其賞愛如
此庚寅秋鸞溪公偕諸圃[redacted]朝赤舅氏赴
直隸南宮縣丞是冬抱疾歸醫者以為鼓脹

勢極危篤忽遇異僧授以方劑而愈（僧號映洲）余賦以詩（存初集中）

乾隆三十七年壬辰　二十歲

侍　鷺溪公于里門同里劉杲溪先生諱寅賓延至其家授諸孫經（即今國子生嗣富、編修肅庵嗣俊）也相得懽甚並得交其長君重熙（沚嵒）次君古三（沚蕃）俱以博學高才肩聞于時課徒之暇以文藝相切劘是年詩文頗進夏應試于澄江學使為彭文勤公取余古學第一文名列一等復試古學題為制鐘無聲賦公讀竟擊節曰槃○音○切○響○蘭○成之遺○也近今所○有○也○因延入書室示以近著淳化閣帖賦萬福慶成頌從容問日來文藝頗佳何以秋試未中余以直對○公瞿然曰黜○落○此○者我○耶○意○頗○悵○者○久○之在澄江與邵星城（名炯）儲玉琴（名閏書）孫渊如（名星衍）呂映薇（名坦）定交

是冬徐宜人來歸

乾隆三十八年癸巳　二十一歲

館劉氏脩脯所入僅供饔飧　鷺溪公舊疷雖愈而精神未復夏秋間疾復作藥餌之費　太夫人典鬻應之秋赴澄江應科試古學經解時文俱第一賦題為調水符中有云候吏歸來覓漓于畫之水先生睡穩夢酣一榻之烟又竭來分法海之波到日啓琳宮之鐍仗血節之僮之淺斂珠之顆之等句文勤公深為激賞知顧之重倍于曩年矣（復試賦題為神女不過淮揚今詩賦俱為同學携去篋中並無存稿約略記之云如此）歲之九月黃仲則（景仁）洪稚存（亮吉）趙味辛（懷玉）過訪定交而去十月　鷺溪公病甚醫藥禱百方不效于二十二日子時遽逝時家無隔宿儲含殮棺衾凡附身之具賴族戚維持僅不失禮哀慟慘剝靦顔苟活無以為人矣（族叔祖清華公

族姊贊石先生名埁表伯王雲峰先生名嶅皆敦古道傾助多方並無德色今俱先後逝世[redacted]心余舊恩未日斯忘也

乾隆三十九年甲午二十二歲

居憂仍館劉氏杲溪先生相待益厚嗣館邑
李文華穎秀異常俱嶄然見頭角矣秋試
人歸隨園師以書慰問情款綢悉且云五十
無車不能越疆而弔尤抱不安也文勤公學使
任滿九月以書相招至澄江話別至日西宿衙
齋云此時試事全畢無煩粹矣問余家事
甚悉曰已婚否余答以已婚弟兄幾人余答以
三人問二弟年若干歲余答以十五歲曰習文藝
否余以文筆清穎尚堪造就對公曰爾亟回家
偕之來並偕顧生來因出朱提二十金相贈余
初未識公意也回錫偕外兄立方及二弟至使
署公一見曰風采秀重令器也因謂二弟曰余
將面試汝因命題為南容三復白圭詩題為蘭
有秀兮菊有芳令余與立方就別館曰無擾
文思抵暮文成公閱之甚喜設酒果延三人入
座謂立方曰吾倩汝為媒吾先兄有孫女就
梅于吾今某文頗佳可期遠到吾願與之
締姻余起以家世寒微遜謝公艴然曰吾豈
以家貧寸心為定見矣但汝弟須隨余往京
邸讀書庶有成就未識太夫人意肯否次
日歸告知　太夫人曰學使愛才如此豈可拂
其意又謂擇日婚姻功名汝終身大事吾雖
不忍離汝亦不能阻汝也遂擇吉行聘十月文勤
公先入都余送至江干公曰爾弟于明春偕吾
眷屬來京爾服闋後當應選拔試吾已面囑
金圃矣（時接任為謝金圃師）但得選拔後不願爾作知縣
耳是年從兄榆捷京兆試[redacted]長女德芸生

乾隆四十年乙未二十三歲

館劉氏二弟于正月抄隨文勤公眷屬入都
泊舟蕩湖余得見師母趙太夫人慈祥藹

吉享厚福人也。弟兄言别，涕泣沾襟。歸後惘惘如有所失。秋初赴金陵，立方為余攝館事。謁隨園師，小住綠淨軒（園中書室名）兩月。因与何南園（士永）、陳古漁（毅）、蔡芷衫（元春）、方子雲（正澍）、李婧人（芝）、丁星墅（拱）定交，詩詞倡酬，極一時之盛。並謁江安觀察錢南浦先生（名金殿），訂于明春西署授其子詩古文辭。臘月除服。

乾隆四十一年丙申二十四歲

春初，南浦先生丁本生父艱回籍，即延余嘉善。其長公子（清傾）、次公子（清豫）皆資質穎秀，時授舉業者為呂香圃孝廉，人亦温雅，余授以詩古文辭，昆季皆能領解。嘉善古魏塘地，人風清美，書屋數楹，下臨官河，榆柳蕭疏，饒有勝致，朋友夜靜，猶聞欸乃聲。錢翁山（楷）太常時年僅弱冠，南浦先生族孫也，家秀水，距魏塘不百里，時相過從，與余為文字莫逆交。是年乃請最多。臘月歸家，長妹適外氏。

乾隆四十二年丁酉二十五歲

春赴澄江應科試古學經解及文，俱第一（古學題為賦，賦春雨；經解四迷考）。旋督學謝金圃先生以余充賦試拔，仍赴南浦先生之招。時先生治兵一年，服闋，篤江寧，赴京謁選，得江西南贛觀察。夏五月，挈家赴任，余隨往。隨園以詩秋試時與南園（子雲、古漁）諸君結文社隨園師弟只甲乙，秋試者接踵至。黃左田（戊）、吳竹橋（蔚光）俱入社。余秋試被落，謁文勤公于杭州（時公以主試旋，奉）視學之命，邀留余在署閱試文，因得與黃小鶴領解定交。二弟在京北試報罷回家，臘月來杭署偕歸度歲。

乾隆四十三年戊戌二十六歲

春和時入都奉廷對。文勤公與之書聯以寶，答書云：新正惟福門

多祉矣
御考出第逯入仕途則此所歌頌也四月十六日偕從
兄掄(北山)三月翔於京大廷尉王述菴先生在寓
中見余詩文激賞之玉亭相見惟是留住京
齋數日適江西揭桐舫(懋功)進士充四庫全書
館總校延余教勤書嚴與黃仲則(注)劍潭
端木施雪颿(名書)余十雲(鵬翀)同寓張葦樓(形)
寓述菴先生宅趙渭川(希璜)帝夔山(佩玉)時相
過從詩詞倡和或隸事屬對篝燈盡若
每至夜分不倦也五月
廷試日余字畫拙劣不望入等而
欽命詩題為詩書敦夙好余第四聯云雅嗜名
同蘭臭移情不獨琴主試程文恭公(景伊)錢籜
石先生(載)以為佳句列入進呈
呈覽日
欽取一等第三名舊例選拔貢生入一二等者

欽派王大臣挑驗引
見以知縣用教職用是科拔有(以七品小京官分部)
者蓋異數也(蔣減以為定制)余挑取引
見奉
旨以知縣用時吾鄉在都諸公均以為宜具呈
改教職述菴先生曰不然擇官而仕古人所非
且命中應作縣令既未進士入翰林亦不能免
也余遂謁吏部掣籤分發甘肅是年從兄
掄成進士歸班銓選余在部請急七月買舟
偕歸八月初向扶家謁文勤公書云青袍留
墨浸南陽衣滿之門足為健羨但以燕許大
筆句稽朱墨不能無悵怏耳昔函捧書感
愧次月春仲二弟赴南昌就婚先一日哲嫂
歸家五月次妹適張氏臘月葬先大夫富溪
公于嶂嶺灣之祖塋事後偕二弟謁文勤公
于衙署全時踴躍無地自容公慰之曰人生通

全爲也知縣任亦匪躬努力爲之而耳留署
數日歲事已逼遂灑淚而別
乾隆二十四年己亥二十七歲
正月望程赴甘肅二月抵関中時畢弇山先生
爲陝西巡撫修刻書局並四詩文爲賀大相
賞鑒留住十餘日與嚴侍讀長明張
瘦桐中翰塤集終南山館爲詩酒之會指畫
擊鉢不知身之在風塵也冒寒至蘭州
七月署西和縣事遣家人回錫接 太夫人安
輿及春眉赴甘是年謁隨園師札云畢秋
帆中丞書來以足下宦業蒸蒸才能出
自僕門下而外將來爲識曲之長官世不易得
詠惕羨憐湯之義者偏不是堂上諸猪含
柯
乾隆四十五年庚子二十八歲
高宗純皇帝五巡江浙冒第撰進獻詩冊江寧

行在召試
欽取一等第四名
恩賜舉人內閣中書 太夫人欣然異常冒自錫
望程赴甘深冒入借不弟孫華隨侍韓婚歌
學初借行閱河陰阻惹館無恙時余署慶
陽府環縣事 太夫人于六月抵署九月檄補
鞏昌府伏羌縣並遷奉 太夫人安輿並挈
眷口赴任 [illegible] [illegible] [illegible]
乾隆四十六年辛丑二十九歲
春伏羌冒月河州循化逆回蘇四十三爭教事
起蘭州知府楊公士璣往諭之遇害逆回
河州戕害官兵勢甚猖獗先是安定逆回
馬明心者倡立新教回民稱爲四聯四聯者
華言聖人也從其教者甚衆至尊與老教
構衅遂起事布政使王公廷贊先誘馬明
心而執之逆回等以索教主爲名進攻蘭州省

城王公傳函明心然之城上蓬田懷帷恙力攻圍
里公率兵民晝夜抵禦城幾陷者數矣賴英
勇阿公嘉勇福公先後率兵至屢戰皆捷
賊退據獅龍尾山環攻百餘日始就殲滅
當函明心与老教構釁時伏羌民有函得
達等十六家歛銀為訟費事平後獄詞連及
臬使福公寧馳驛來縣執函得達等二十餘
人嚴加鞠訊俱枷號鄰塌殺函寶源蓮蜜不
知也時二十餘人家屬不下數百人偏城皆哭[illegible]
勢甚洶洶余竊計量從末減具稟旋得制府
陝甘英勇公撤云函得達等號送鄰兩在籍
四十三年起事以前究与從逆者有間罪止其身
免其緣坐于是臬使止將函得達等解省論
以法闔城帖然而函得達等之子孫奴函映誌
函宦元等頗讒道猥論余不得已之苦衷感
念不[illegible]置蓮明甫平而有抒捐冒賑之案事具

廋書茲不詳述函道府以下伏法者不下百人余
以頑愚僅從薄譴 余以抒捐不及十分之一幸免者革職留任八年余遇有准開復
深感
皇上天恩 祖宗福佑而目擊情形心膽俱裂矣
是年[illegible]長子秀崧生九月長孫婿傾秊於病
殁于官舍 夫人甚痛之余作蘇韵老文集中
乾隆四十七年壬寅 三十歲
在伏羌時有賊獄竟制府闕西以清釐各屬
倉庫六月中本府張公燮以余虧短倉糧一萬
六百石聞於令有嚴事且不測合家惶惑而制
府批牘尾云伏羌縣虧短倉糧一萬餘石不過
令接自前任係向來積習固無足怪但倉糧豈
可虛懸應勒令賠補着道府督同採買勒
限于歲底具報通完余之接伏羌也前任尤令
承 永清 虧短倉糧實有八千餘石尤令已遣戍
項歸無着上年軍需墊用不準報銷之款亦

有一千餘石不待勸求即踴洞鑒公向有嚴刻
名余不知何以得此于公也是冬年穀大熟民情
踴躍俱補今黃公家駒來縣採買余與贊
可貸得七千金而蒿石倉糧止有盈無缺矣贊
猪陶公午莊廷珍來署宇交有偶和詩存卷
中年落 午莊為皇村先生孫名元藻長子梧登工部主事以舉人大挑來甘補秦州州同卒于任

乾隆四十八年癸卯 三十一歲

在伏羌修朱園書院 漢平襄侯姜公祠前
書院拓近年失傾圮因修葺之為主碑記 碑記余存
文鈔中復二首按其標目九伐共有兵平隴常寓目為瞻三分曆重寓寸心不負臥龍心人傳誦之
修縣城十月充武闈同考官

乾隆四十九年甲辰 三十二歲

在伏羌自辛丑年蘇四十三作逆雖旋即蕩
平而逆回之習新教者萌蘗其間陰圖根
復伏羌訛言日起石鼓鳴 邑西南天門山有石鼓相傳鳴則兵起
民家豕生象 四月南城民家豕生象甫生即屠之未獻鼻甚長皮黃黑色居然象也 余心
竊憂之上年已修築縣城三月請大加減糶
以備庫貯 後蒙畢公據以入奏奉旨諭允令他州縣仿行之詳見年譜紀略中公表 五四月
而田五起事伏羌向未設兵名募鄉勇修守禦
具設之雖未每日所費不下數百緡或日賊勢
為遠於民靡費其如齡也何余日齡與事豈
所所者惟某一[illegible]頭耳較之一城生靈全家性命
孰輕而孰重耶未幾而賊掠園原攻靖遠擾
安定勢漸猖獗而城中馬稼驥等約為內應
五月十四日馬映龍馬宏元等以逆謀首告十
七日偵知通渭城已陷又獲賊營奸細丁再
鶴訊出與馬稼驥等通信之大眾明日即至
屠其城接應民壯因召集民壯鄉勇于十八日
原刻擒捕馬稼驥等持械抗拒當時格殺
四人餘皆就縛正兇稟請兵並聲明擒獲內
應而賊已大至郭外民居焚燒殆遍火光燭天
時城上民役只有四千餘人伏羌舊有獵戶

鳥鎗不禁例余已調得三十餘名每發必中中
軸洞胸達腋賊甚畏之惟惜其少耳余懷印
佩劍率同馬映龍馬安元等白中緯武舉
魏輔吳上城督禦馬映龍等分守一門余同
馬安元守北門為賊匪出沒要處也賊百方
攻圍鎗箭雨集城上石矢石交下斃賊百餘人
相持五晝夜而援兵不至二十二日午刻登城
樓見有騎步自東北而來擾擾無數至二十餘
里外頓兵不進是夜賊攻圍益急衆心驚
疑以為賊黨偽至也余以為隊伍整肅必係
官兵雖好言撫慰而心亦憂懼私往偵探而
難其人因念獄中有積匪李五者其人可使
也遂役脫其械呼之來謂曰官兵已至弟未
知領兵為何人爾能于二十里鋪探一實信即
免爾行竊之罪並拔爾為頭役即以印稟付
之李五欣然縋城而下時天尚未黑至日出
時李五回並攜撫之上見其胸懸銀牌心
竊喜詢之曰領兵者係謹大人也授余印
喚入帳中問城未破否爾本官在城上否
即命賞銀牌付文書令速回城云今日即
與賊接仗矣傳諭爾本官小心守禦毋以
兵已至稍有疏忽探悉出文書果制府印
信也因批稟之銀牌十兩所批即係十八日摘
拿因所復請兵之稟曰危城困守烟火連
天不意書生竟能任捍保全實堪嘉
尚所有馬林驃等持械抗拒其為賊匪無
疑即于城内正法不必解送大營致滋疎悮
馬映龍白中緯等協力守禦實屬知義
之人先給五銀牌該令並給花紅以示獎勵
不日當賞之以武弁劄付也余即以銀牌分
給馬映龍等以批稟傳示四城歡聲如雷
即令典史葛崇仁將獄中内應各犯斬

訖以木匣封貯首級以備查驗午刻官兵
與賊接仗互有傷損二十三日復接仗殺賊
五百餘人賊匪膽落是夜不復攻城先是
賊東西于天門山連營如積雪每夜下攻
城輒無燈火星夜忽列炬數千條晨即
遁矣二十四日制府至城下余縋城出見慰
問之餘相視隕涕問需兵若余曰大營正當
剿賊之時豈能多分兵乃得烏鎮兵五十
名弓箭手五十名協同壯勇團守足矣馬映龍
等亦出見制府慰諭之賞給手摺把摺劄
付弓箭命涼州朱都閫率兵百名入城分
守四門是日賊走秦安制府次日拔營前進
是日余縋四署即見太夫人舉家感泣謂迺
神明　祖宗之佑幸獲再生也嗣後搜捕
餘匪查殺雜傷亡之户殊少踰日賊黨據
石峰堡龍西公以通渭失守事逮問英勇

阿公督師勦逆嘉勇福公為陝甘制府七月初
五日石峰堡蕆事伏羌紳衿守城兵民朱都
閫辭去先是捕得賊首張文慶之子張太解
送靜寧大營張太解以舉發因應憾馬映
龍甚因稱圍伏羌時馬映龍與伊父通信約
五日後獻城因官兵速至未果岩李元梅逮
馬映龍至靜寧質訊全獄言詞耳無虞
也比行余為介借至靜寧求見英勇公首
勛名守城者四民馬映龍即其人詐也吾後
即獻城矣余曰前首舉內應者馬映龍也
後果引獻城將約為犯叛何肯舉發且賊
城必于五日後者係守者力盡也伏羌向不設
一兵其又係書生民者皆烏合之眾賊至即就
耳何必五日英勇公意解又曰彼馬得逞之
子也其父以新教伏法其子安肯助必余曰
彼固感

天恩乃公恩也公矍然曰吾有何恩余曰四十六
年馬同建之案吏議已照叛逆律具牘
公以其隗送馬明心銀兩在籍四十三未起
事之前與從逆者有間入奏免其緣坐
馬映龍與某言及時之感涕形得一當以
報公且雪其父形教之恥耳公曰其人來
否余曰已交靜寧州[redacted]叔葉[redacted]待訊矣公曰尔
願保之乎余曰如惟某願保之伏羌同守
城者均願保之時自中標親輔吳俱在靜寧
即投具保狀公喜曰我固將張太之誣陷也立命
出之獄與余偕歸一事後余常謂人曰昔陳
卧子先生招降許公子而不能免其死常
以為恨然許都固身為叛逆者也馬映龍
助余守城首發回應而以誣枉死余如坐
視不救何面目見隴西人士乎是秋從兄棋
以時疾卒于官舍　太夫人抱病甚危

以後變於寫
奏摺三條
知兵之吳者才把百里
命寄百里儒官能應
變者惟半讀書十年
養氣十年

得良醫而愈歲暮誠分時有訛火緣兵亂
之後人心未定故也是年余伯伏羌紀事詩五述唐師李之同作者閒牛莊家
青山之顛事已紀于詩往中及
石羊堡紀其首不詳载五千言尤命題總帖去軍於壽
乾隆五十年乙巳三十三歲
甲辰七月軍務告竣余以守城功經制府福
嘉勇公保奏奉
旨送部引
見伏羌受代肴日矣二弟在京邸聞伏羌被
回驚悸成疾事平後遣家人至署問　太夫
人起居　太夫人念念之不置形往來邸肴視
徐宜人父母偽居沛南亦形順道歸寧遂
於正月十二日挈幼弱草自伏羌啓程以為余
即入都引
見後或得遷擢即偕至任所也不意余為蜚語所
中謂余冒銷軍餉摊厚貲是以眷屬先
行矣制府于是百端翻齕所報軍需以守

民夫等十八案並不苛駁甚至以濫應七千
金劾奏勒令追賠事
聖明洞鑒
硃批知道了不必深求急掃數得分限八年完
頒 三月戍刻西城樓火時本府遇公昌在縣
相戒勿妄動城樓屋宇不致延燒民家遣
役拘東漳回民人不必往救恐黨夜或生
他變也余隨遇公堅坐待之而回更火熄熄
次日上城相視館燒見西墻有刹刀一挾口灰繩
長五丈許垂在城外 時所用物 伊繩字城 因令幹役密
捕得奸民王錫余隨遇公訊之云伊與革役
王宗田俱係回民婦西余謝歸其夫伊
與王宗田俱被枷責因懷怨恨同謀于城樓
縱火俟一城火人亂即搶官庫掠且誘罪于
回民之漢反也急捕王宗田已逃去遇公將王
錫具文解省余追役四出捕緝兩月絕無

蹤跡四月北鄉里長報崖下有屍余往驗面
目已腐爛其役田此王宗田也因申請本府並
拘伊家屬細驗衣履及足底斑痕 其妻云王宗田平時嘗言腳底有紅如火者 相符即申詳甚府王錫伏
法案始結而制府撫藩不釋不令交卸
環鈞諭令名孫被劾復以余曾借環鈎令
分賠欝損署中搜索一其自入官以來因
頓煩寬其近此年者而 太夫人入都資
斧之外未攜一錢二弟來官本貧一載支持
亦已典質殆盡追負亦力是余始無奈補
令沈公 名維基 字琢香 接署余于臘月十九日卸代差
事是年次女德媛生于肅寧寓舍
乾隆五十一年丙午 三十四歲
正月赴蘭州時已卸事兩載累已多署任
不能結報時述菴師為西安廉使因遣人往
陝西告貸咸寧令莊虛菴 炘 臨潼令 蔣玉

予䁥舄皆舊交也俱分俸相助得二千餘金
在蘭州假貸又得二千餘金交沈公歸款
得給捐請諮資時已五月杪矣復攝播私
累于七月中旬啓程赴上省垣時篋中止餘
十金耳西安述菴師因河南伊陽民變
赴陝州防堵賴諸同好饮助九月至汴渠謁
中丞畢秋帆師留住節署時洪稚存錢獻
之坫徐友竹堅方子雲俱在署主秋帆復以
縣丞攝鄢陵篆其時至省吳竹嶼先生太守主大
梁講席抽日為文酒之會而余心悴之不忘
余聊述作何狀月杪中丞賻以五百金為輿
馬之費十月初旬自汴北行是歲天氣早寒
冰雪塞道過西鄉見張氏妹復小住五日偕
妹婿名湜字澄予同行至居鄉二弟來迎詢余寓光
景窘甚知徐宜人已挈幼弱來余家鄉親
友以余有還歸之信接踵而至寓中食指

浩繁而恢大往之節絕問三弟何以不來日彼
人口一衣一食出三弟所助湯相錯起也到寓
叩見 太夫人怒喜交集橐中書攜二百
餘金積為部署已投咨文未及引
見而嘉勇公志田甘肅入
覲余迎至涿州于行館晉謁日余書未引
見邸扣秋颿謂余山師書來余不忘余之貧宦一至
于此也余誤聽人言未因向家事甚悉公
嗟嘆久之曰令弟中輸累余久聞其名蓋奉
山師亦為延譽故耳十一月引
見奉
旨仍回甘肅以知州題補嘉勇公賻以三百金令即
奉 太夫人回甘余至邸第謁謝慰諭甚至
次日二弟于直廬見公傾襟共語謂他日功名
必能遠大京居清貧何不乞假赴甘臘月十九
日三弟偕張妹婿奉 太夫人安輿先行至西

縣度歲余偕二弟于小除夕出都眷屬仍留
京邸　是年顧立方孫淵如舉于鄉。孫計偕得隨同師書云
接手織并伏羌紀事詩，青亭立讚表夫讀之喜而
不寐，昔鄧[illegible]齋師嘗云吾門下有一文一武為阿廣庭中堂，今即某
也，所謂文武者係二人，今萃於一身，尤可欣感哉

乾隆五十二年丁未　三十五歲

正月至許梁偕二弟謁弇山師于節署時
淵如來許允在高讌妙選佳伶演沈桐威
起鳳　才人福新劇本竹嶼先生稚存欽之
秋塍子雲諸君俱在座詩篇酬和極一時
之盛弇山師選刻吳會英才集二月稚存淵
如北上應禮部試余偕二弟亦別弇山師
西行至盧縣小住旬日奉　太夫人啓程四月
抵甘境三妹情極客園　承裕　署會寧尉
太夫人在會寧暫住徐宜人亦出都至會
寧署初十日偕二弟赴蘭州二弟以嘉勇公
延入幕府余回伏羌任即題補雲州六月
太夫人率徐宜人兒女輩來署署任既

以患疥疾七月殁于寓余以經紀其喪所斟
以項二子餅金為榜銀弥補族弟良玉
送[redacted]回淵八月次子承惠生是年臺
灣林爽文作逆嘉勇公奉
命督師進剿二弟于九月來署十四日　太夫人
壽辰稱觴上壽十月奉准題補雲州郡
覆二弟赴方伯福公寧之招同詣省垣十
一月初十日抵雲州任事　太夫人同眷屬于
二十六日到署　顧立方成進士孫淵如以第二人及第
附錄吳會英才集小序云楊州牧鶚才絕
藍世謂盈川渡生博貫羣書屬辭比絲方
之近代則梅村迦陵不足擬其華贍表簡
齋太史論詩所云毘陵星象聚文昌洪顧
孫楊各擅場者也年來及壯著集褎然
以里選上計出宰伏羌值回氛肆逼攖城
守禦指揮殺賊一軍皆驚王述菴廉使

統師長武嘉其偉節賦詩二律兆達園城
州牧即有和章並自著伏羌紀事詩一卷
又何暇競以殊功特擢可謂千人之壽遇

乾隆五十三年戊申　三十六歲

在靈州四月奎文書院落成前任廣公玉
創有基址余踵修之有詩云後來却占
設經地類事無忘種樹人並著碑記勒
石書院中　二弟入制府勒公幕　九月三弟
回無錫就婚　二弟自蘭州來署　靈署西偏
書室數楹歲久傾圮余修葺之植紫荆十
數株二弟額之曰荊園　是年旅編偶和集訪
蔣卷師常公逝世久矣家甚貧二子錦鈞皆
業儒余州試拔錦第一鈞第三（次年皆游泮）
令入書院肄業時周給之

乾隆五十四年己酉　三十七歲

在靈州五月三弟偕弟婦吳孺人至署一
堂侍母妯娌敦睦意頗大悦　十月二弟回京
秦晴承帶來署就婚

乾隆五十五年庚戌　三十八歲

在靈州賀蘭升到署主講奎文書院　六月
長女出嫁（以署東稿公館為青廬秦晴備儀注親迎如家御禮滿月回署）　七月二弟補
授內閣中書旋入軍機處行走　纂修
萬壽盛典

乾隆五十六年辛亥　三十九歲

在靈州三月三女德華生　賀蘭升南歸　延蘭
州秦曉峰太史（維嶽）主奎文講席　是年廓
爾喀侵擾衛藏　大將軍嘉勇公奉
命督師進剿取道由甘肅湟中入後藏　畀公奏
請軍機人員隨行　二弟領馬十一月接邸
報並二弟書余即束裝馳赴蘭州在道
奉制府檄令稽查西寧一帶塘站于安定
途次謁見嘉勇公偕二弟同至省垣大將軍

駐師五日即拔營前進時陰雨寒冱崙以西層峰
冰阻塞道路險絕余送至西寧之丹噶爾執
手欷歔而別
乾隆五十七年壬子四十歲
在靈州三月三弟入都應試並為二弟照料
家事五月遣家人余忠往役石中丞由川進
藏八月抵帕朗古大營見二弟時廓爾喀
酋長畏懼乞降大將軍 據情入奏班師有
日矣二弟以軍功陞授內閣侍讀 賞戴
花翎十月余充武闈同考官外兄顧立方卒于
蘊州教授任余為位哭之慟時聽傳爰
皆殁矣為輯其生平遺稿得十卷名辟疆園遺集
乾隆五十八年癸丑四十一歲
在靈州五月大將軍嘉勇公自廓爾喀班師
七月回京二弟奏對稱
旨即補內閣侍讀未及旬日
簡放四川川北道三弟回錫接長妹赴川北署
二弟於十二月抵任
乾隆五十九年甲寅四十二歲
在靈州是年 太夫人六十壽家鄉俗例
凡遇五十至百歲正壽俱於元旦稱觴因
太夫人是年秋移赴川北任于元旦預慶靈
州士民均製錦稱祝款額甚喜三月三
弟至署省 太夫人安輿赴蜀以天氣漸
暑俟秋涼時就道訊吉于七月二十六日 太
夫人自署起程三弟暨吳孺人隨侍偕行
八月初一日至同心城靈州所屬離城已五百里灑涕拜別
乾隆六十年乙卯四十三歲
在靈州是年湖南乾州苗匪石柳鄧等
搆逆二弟隨和制府軍營前赴苗疆福
嘉勇公亦自滇黔合兵進勦湖北教匪滋
事陷當陽縣時秦曉峰太史入都延淙

州郭雪莊進士楷主講席雪莊博學工詩文書院諸生每月課文二次時旨閒令事余偕雪莊及俟生士驥同生為濂陸生芝田兒子燮生逢諸生課期即至書院分題作詩俱編入偶和集中是年隨園師八旬壽書來示以自壽詩十章余如数和之寄江寧

嘉慶元年丙辰四十四歲

在靈州二弟以軍功陞授四川按察使達州教匪滋事破東鄉縣陝西鄉紫陽等縣教匪亦白結起事制府宜公綿平兵進剿署平涼令裕容園隨營赴陝

嘉慶二年丁巳四十五歲

在靈州歲饑州屬同心城有搶奪之案里長張良具報云鋪市俱閉合署驚惶余日此飢民無慮也即單車馳往慰撫之具禀請借口粮一両即開倉散給並設立粥廠將搶奪為首者械示數人民情帖然时省中已有所聞大府遣人密访乃余禀乃安是年苗疆軍務告竣二弟李

旨加布政使銜賞二品俸旋授甘肅布政使而達州教匪勢益猖獗總統宜公奏留二弟在四川總理粮餉奏請承常以州同銜投効入川十月軍機處寄信

旨飭查古長城遺址大府檄余同武威教授張君分途查勘編經固原花馬池寧夏平番諸處繪圖貼說進

呈余因作長城考是年三弟北田剝辟雕園遺集成余作序二弟作小傳三弟作後序

嘉慶三年戊午四十六歲

在靈州三月奏署平涼府知府即赴省城于六月初六日抵郡任事奏請以擬効来雁自蜀回甘徐宜人挈兒女輩于九月来郡先是

秘密園。姊情署平凉知事旋赴軍營三學
在平凉僦屋居住余以本任眷属在署大
令徐君演劉余祖賃民舍與三妹連墻而
居闢一小门通往来暑日歡聚每日惟聞
笑語聲也冬杪密園自達州軍營歸是年閏隨
園師补在瓶湛寺为位而哭

嘉慶四年己未四十七歲

正月初三日
高宗純皇帝升遐
皇上親政二弟在軍營奉
旨着回甘肅本任余于春初卸平凉府事即委
署寧夏水利同知四月二弟到平凉在寓
留住七月時余尚在寧夏也遵迴避例于二
十七日交篆起程記余于己亥年四月廿七
日到蘭州今于己未年四月廿六日卸事二十年
月日相符亦有定數焉五月抵省見二弟于
藩署記湟中别後又八易寒暑其間經歷
危险備嘗辛苦握手淚潸潸不能止藩署有
梓峯書屋戊申丁未間二弟入福方伯幕
時所居也弾指十年密竟為主改署扁欵為桐
華吟館（是歲以蘭錦編集甘藩以大篆書之）東偏有射圃戲名芸蕪二弟修
葺之額曰藝香園中另闢亭憶鷗小艇花
木蒼缺頗饒雅致暇時觴詠于此請遠舍
黄藥林先生二弟受業師也名以例應迴
避卸事来署周生为淳陸生豐田偕兒子燮堂
在署讀書甘藩事簡午後二弟綍衫樓
儗偕玉藝香園讀詩門茗為樂九月菊
花盛開日有詩酒之會小春雪後一鐙相
對吟詩至粗分不寐是冬編倡和集成付梓
余兄弟均作序韋友山洪稚存先後遣
戍出關二弟贈之和韻余至河橋送之臘月上
旨調任四川即卸篆啟程除夕到平凉度歲旅

濺起燈燭兒女青紅兩別緒如江淹離為悵矣。是年八月，次女德娟許字蘭州太守龔海峯先生之子瑞穀（閬縣人）（海峯名景瀚）。

嘉慶五年庚申　四十八歲

正月初四日，二弟生辰，余為設讌，平涼僚屬均來稱祝。初五日啓程赴川，余送至白水驛。接制軍札（時制府為松筠公），云教匪竄擾鞏秦階一帶，令二弟率兵前往堵勦。即日仍回平涼，調固原各標兵，于初八日統兵赴秦州。駐軍伏羌，寄余詩云：「青陽山勢聳崔嵬，莽莽風沙望眼開。誰信書生十年後，總軍親領萬人來。阿兄昔歲捍孤城，萬里登陴一膽并。今日嚴城聽鼓角，賢勞條約為分明。白眉兄弟本超群，爭備旌門向使君。手捧壺漿還下淚，陣雲深處憶燕雲。」謂岳映龍、岳光先兄弟也。三月，送丞宸南歸就婚德清沈氏（其婦翁名翔，字秀峯，浙人，由甘肅秦安知縣仇糴有吏才，余之執友也。今任南河山安同知）。四月，賊匪竄四川境，二弟仍赴川蒲任。五月，余赴省（已遵例服滿候補外郎），請咨北上，由平涼挈眷房至青門。關中久旱，天氣酷暑，不能前進，因僦屋暫居。方伯台公（名斐英阿，甘肅舊交也）贈以路費。于七月二十五日起程，過咸陽、渭川，佃住數日。錢生（清膝）署湯陰令，亦來謁晤，剪燭話舊，悅悅如夢。九月至保定省城，時秦惰署經歷事。眷屬在省小住，余入都。十月抄，戩仍（戶部分廣東司行走）候官人，于十一月來京，寓居官菜園上街。京華親舊，如馬秋藥光祿（履泰）、盛甫山典籍（惇大）、張船山檢討（問陶）、汪劍潭助教（端光）、趙舍人（懷玉）及諸同鄉在京者，時相過從。劍潭令子竹海（全泰）、竹素（全湜）俱負奇才，余贈以詞，訂紀羣之交。吳穀人庶子（錫麒）、法時帆學士（式善）、李舍人

易之名過訪寓交

嘉慶六年辛酉四十九歲

在京師与袁人时帆諸公為詩文會一月一集或于崇效寺或于陶然亭或于館舍錢局隻寓齋集每論文角藝為竟日之樂六月朔京師大雨水注三日夜不止肅乱河竟成巨浸都城外及近畿州縣民居漂没淹斃者不可數計

聖心焦勞遣官四出拯溺振災躬詣三壇祈禱七月天始霽會中雨时作时止余終日晴霽者甫見省寓雲起而屋傾而下城中官民房屋頹塌大半余房賤隘时有震壓之患林屋漏者不可言張船山檢討紀雨詩云屋積林影外屋上浪花中蓋紀實也余和之詩存集中是年秋試因貢院積水號舍傾頹改期于九月舉行京師老輩錯寒錯

夏向有雅集余与陳石士庶常用光 王方上鄉沛祖 姚公子春木椿 周生為澤为延秋會彩人时帆諸公皆与焉以迓新涼且賞霽也 石士工詩古文辭今官編修 石谱賦寓与余京邸文玉方……

九月吳鼒人先生乞養回浙余有長律送之存集中十一月大司農朱石君先生舉余為會典館纂修十二月兼陝西司坐办司事

嘉慶七年壬戌五十歲

在京師二月移寓虎坊橋二十日會典館開館 東華门國史館之右 二十四日翰林人賀五月莫韻亭侍郎 瞻菉 李資平京兆 鋻 粲 墨莊船山諸同好共五十餘人以余与法梧門學士賀老齋侍御 賀志 祁觀阜郎中 韻士 謝薌泉儀部 振宁 俱五十初度余觴于正乙祠程彭和謹進竟日薌泉有自壽詩余和之存集中涂雪墅 莊作五君詠六月移寓觀冊橋

胡同蓮舫大兄掄來京，留住寓齋。閲別二十餘年矣，共話離悰，然喜文集尤著。有春草軒詩詞集，余爲編校作序。七月，兄因選期尚早，買舟回錫。是月，相國長白慶公、富陽董公暨兩總裁奏以學士汪公滋畹及余爲會典館總纂修官，因具呈請代奏，于賢良門謝恩。自是余偕汪公到館，辰入申出，以爲常。按月進書。校勘事繁，不能兼顧部事，辭陝西司坐辦。汪公號薰亭，今官内閣學士、禮部侍郎，年已六十，猶精神十許人，聰強敏達，于朝章國典尤所諳悉。而余爲丁酉同年誼，投譜焉，有古人風。九月，沈華坊以河工投效入都，引見，留住寓齋。十月，承憲攜婦來署。十一月，龔海峯以蘭州守來京，引見，痰疾暴發，卒于邸舍，余哭之哀。海峯深于經術，詩古文氣力雄厚，乃韓歐家法。在川陝軍營屢著勞績，其堅壁清野議尤爲卓識。余題其遺像云：君負堅壁出奇謀，小試經綸纔未竟。千秋志業我恨君，山孤鳳鳴完娉像，更誰同五岳邀。未竟千秋，云者以其説經詩書而未卒業故也。

嘉慶八年癸亥五十一歲

在京師，晨起詣館，日映始回。是秋，總裁以進呈書冊日多，奏添總纂修官二員：一爲禮部員外郎銳齋汪公德鉞，一爲内閣中書雲素葉公繼雯。二公俱博聞多識，著作宏富，勘書之暇，各以所業相質，余雖奔隨，得超聞多矣。是月，蘭邨自江寧來京，隨園師長君也。孫淵如、劉松嵐大觀繼至，余約詩同社于陶然亭，雅集者二十餘人。余有詩。蘭邨駢儷、集才、詩詞工雅，余深喜爲師得起者人，勝于歐陽珠鄉、蘇珠堂也。自是過從甚密。九月，彭文勤公卒于邸第，余哭之慟，傷知己之不再也。是冬，偕蘭邨、錢謝菴吏部枚、程春廬駕部同文、吴蘭圃大令自求、陳雲伯孝廉文述、郎蘭風上舍廣銓爲詞社，分題擬譜，月凡三集。謝菴之子廷烺暨龔觀志典為臘月謝蒼恵時疾卒此會遂罷其徹諸詞余為作序廷焯刻以行世蘭坡編選市聯吟集成陸夕佳蔡浣霞儀部奎楊程春廬陳雲伯戴春溪孝廉景恒為祭詩之會是年王述菴先生刻湖海詩傳成郵寄來京

附錄蒲褐山房詩話云蓉裳驚才絶艷綴玉編聯珠騈驪之工截于上摘溫邢下倚盧駱而詩則取法於工部玉溪間填詞亦清妍婉麗兼有夢窗竹山之妙乃僅以拔萃科選為伏羌縣令既而逆回搆亂烽火連天蓉裳嚴守孤城援孑傳覺獨當豕突乎時立鶚師猶兵諸衆草檄飛書往來詢其意氣自如嘯歌不輟和其他能辦賊事平後久之乃量授雲南又僅遷十餘年始為農部雖兼會典館纂修而終不獲與於承明著作之林殊為缺事往聞京師盟敦之盟必以君為赤幟蓋先輩固不能掩也

節錄福嘉勇公奏摺云賊首張文慶率衆於四月十九日撲攻伏羌縣城該縣向無額設弁兵知縣楊芳燦於四月初間聞賊匪攻通渭即僱覓壯健民夫並挑選漢回紳士之能事者上城防守偵知城中有回民馬積驃馬元驃馬中驃等欲為內應並阻守城回民監生馬映龍出首該縣率領典史萬崇仁壯役馬國壽等合力擒拿該犯等持械抗拒當時中鎗身死者馬積驃等四名其餘蘇玉奇等十四名全行就獲審明正法並搜出刀矛火藥等物迨十九日賊至城下圍攻四晝夜該縣督率民丁及回民鄉約白中偉等竭力抵禦鎗石擊斃賊多人至二十二日李侍堯劉墉等率兵到境連次打仗勦賊匪

於二十四日始行竄逸
又奏云，伏羌縣拜從馬明心為師之馬得
建等七名，於四十六年剿滅賊匪後，經大
學士公阿桂等派按察使福寧前往按名
拏獲，解至省城審明，各該逆犯等與撒拉
爾逆回住房遙遠，向不認識蘇四十三，實無
從逆情事，但既拜從馬明心為師，其心嘗
存，即與逆黨無異，業將馬得建等於省
城正法。因各該犯附從馬明心，在蘇四十三未
起事之前，尚無通賊實跡，是以免其緣坐。
此次賊匪起事攻擾伏羌，臣恐各該犯子嗣
內有乘機勾合以圖報復者，並飭該縣密
加訪察，嗣據稟稱各該犯家屬尚知儆懼
畏法，並無從賊之人，而馬得建之子馬映就
於賊匪來攻城之先，出首賊中內應馬中驥、
蘇玉奇等十四名，幫同該縣楊芳燦竭力

捦拏正法，追賊匪攻城，回回民鄉約白中偉
分駐守禦，最為出力，經前督臣李侍堯
奏明賞給千總職銜，以示鼓勵。
又奏，據伏羌縣知縣楊芳燦稟報，五月十六日
賊匪攻城，焚掠四廂鄉間，粮石不能進城，
必須官糧糶賣以資接濟，該縣一面詳明，
一面開倉照市價一兩一錢二分二釐之數，尤
加酌減，以每石九錢出糶，於賊退之日停止，計
共糶過倉斗小麥一千四百餘石，經藩司
查係實在情形，詳請准其以每石九錢
報糶，並請行屬內如靜寧、隆德等州縣，
有必須開倉平糶以濟民食者，由該管道
府確核情形，據實報明，一體辦理。奉
上諭：向聞回匪因甘省逆回不法擾害地方，曾
降旨令福康安查明被難百民，酌量拯卹，並
將該省本年應徵錢糧概行蠲免，本日據

福康安奏現在該省市集糧價較昂其伏羌一帶已據該撫開倉減價出糶其餘靜寧隆德等州縣並經飭令過處所亦應一律核實酌減出糶等語向來出糶倉穀每以年成中歉照市價量為酌減今該省因賊人滋擾小民糧食維艱安可復拘常例著福康安即將應行出糶各地方一律核查照例價大加酌減出糶期于民食有濟該部知道

嘉慶九年甲子五十二歲

在京師二月表蘭邨南歸五月姪慧錫顧翁自四川藩署來應京兆試同二弟書知疫飲舊疾是年頓劇右手風痺不能握管弟向與余信雖草務從必手書是年忽倩人代寫紙尾或親書數行模糊不能成字余心竊憂之既又念錫猶能遠來應試第自量精力尚可支持耶藥調治可望痊愈也六月朔日錫猶赴監考到回寓出

問息至驚慟摧剝不知所為五人合　堂上高年邁悲悰變不知何以為懷茅盛文縈寸腸欲裂即為位于壽佛寺率孫猶慧暨兒女及錫華成服如禮京華親友俱來弔唁有相對嗚咽失聲者陳笠颿觀察頓輓聯云可惜斯人未竟其用一時朋舊皆哭之亦紀實也法時帆馬秋藥陳雲伯諸君皆有輓詩均極哀惋制府奏到

聖心軫念隨征勞績着照軍營病故例
賜䘏
贈太常寺卿廕一子知縣
諭賜祭葬余詣館陳請告歸總裁以會典將
次告成不准乞假十月孤姪慧偕甥顧翁
南歸時已捐川省知縣九月下旬三弟季
太夫人及春廬於二弟雲樵浙江南下二
弟殁後回故鄉葺一椽于毘陵西方篠
岩中丞為買宅于江寧之帝府街姪慧
華先回江寧守候余移寓保安寺街
嘉慶十年乙丑五十三歲
在京師三月遣兒子承憲回江寧省覲太夫
人四月進呈書冊因錯寫
對邊廷英均奪
世宗憲皇帝廟號總纂汪德鉞纂修楊鍔基校
旨革職各總裁俱革職留任又奪

諭館書不可草率當悉心編纂每月進十五冊程
春廬同文補總纂修及余偕汪公供職如
故閏六月移寓兵馬司前街七月蘇山三兄
偕江西先方伯來京相聚因日為序其僎
移相館詩集八月大兄來京引選十一月選
得浙江台州府天台縣大兄無子余以次子
承惠繼先後世父笠湖公係大宗不可缺冢
孫也有先大父家譜中秦小峴先生以浙江方伯入覲改
官京卿相見歡甚互以詩文相質証臘月十九
日在小峴寓齋為蘇文忠公壽讌同人並集於
首詩二十三日承寅自江寧回京大兄暨承惠于
二十四日南歸赴任是年十月二弟雲樵回錫以
山向未利厝華峪廖祖塋之側
嘉慶十一年丙寅五十四歲
在京師自二弟殁後京寓窘甚饔飧或至
不給逋負盈千衣裘俱付質庫典琴書

敍眷齒日汲汲不暇又念　太夫人年高不能侍养心輒驚悸不寧每日入館修書意緒煩亂恐有脱誤時深惴惴同人咸怪余舉止之失常也六月得三弟書知太夫人五月初旬然嘔吐脾胃作痛病勢甚劇余益憂懼每聞人大言疾步則驚氣震怖心趯趯不能止七月二十一日復得書云　太夫人病稍間能進糜飲醫藥調治可冀就痊余憂疑不釋決計告歸將架上所貯太平御覽文苑英華冊府元龜十三經廿一史諸書盾于查小山比部有哲得三百金為舟車費諸逋未能償令變兒暫眷口暫留邸寓俟　太夫人病體康復仍來京也次日得浙中承恵末信連跌大兄以六月朔日病歿省寓身後積逋纍纍旅櫬未能旋里驚悼欲絶于張

相公廟為位而毁翻後心事益加煩懣而合家均欲南歸矣八月料理逋負尚缺端備九月初五日凶訃旬至　太夫人已於八月初四日棄养呼搶哀號肝心摧裂三日設靈成服在都親友均來弔唁賴汪蕙亭秦小峴錢裴山陳石士陶琴塢章湍臨諸同好厚加賻贈於十月十二日挈眷出都京師初八日大雨雪後途路崎嶇行二十餘日始達兗州兩盤費已罄幸陳笠颿觀察助以百金觀察親至城外唁慰情誼拳拳送遣役護與送至道家也始得前進行至中山店復遇大雪車膠馬蹶每日只行四五十里而苦不可言矣冬月初旬至臺兒莊買舟南下運河水涸糧艘阻塞泊舟岸側二十餘日至冬月杪尾糧艘而進每日亦只行四五十里臘月初至青江浦沈莘塘陳雲伯陳司馬梅岑名熙隨園同門生時為蕭碭同知均來舟唁慰各有賻助莘塘

留住數日舟抵揚州謁政顏公伊墨卿太守
秉綬趙味辛司馬時主講在揚州俱來唁余渡江由陸
路至江寧闈圍入門哀號幾絕一棺在堂音
容莫覩痛哉三弟大妹暨外甥輩聞余至
一時奔集滿側[illegible]承惠亦自錫來寧再月矣相
持慟哭不能仰視時已逼歲暮修帷鐙顯
慈雲杳然與弟妹相對述老人病時事言
之不能不淚泗橫流也是年二弟
論瑩歿于十二月安葬余到時諸姪皆在錫次日五
姪慧之姪承穗婦大姪承懋以瑩前主碑種
樹石工未竣留錫度歲

嘉慶十二年丁卯五十五歲

正月偕三弟暨承惠回錫十七日辰刻抵家
眷屬住先世父望湖公營橋舊宅計余離
家已二十九年矣先宅全北里舊居雙梧樹
久經摧折無存門徑亦稍改此屋赴甘肅後

蘊山三兄居馬三兄時客江右其寡媳暨
姪女出拜俱不相識至營橋宅見二嫂暨吳
氏姊容鬢俱改相視驚疑四五日內親友
陸續來視余惟外兄邵柏庭昆季年七十
餘矣見面尚能認識其餘則問名始知耳
見周氏顧氏兩姑母、先大夫鸞溪公胞姊也
俱年逾八十白髮垂、細詢舊事嗚咽隕
涕二月朔偕三弟大姪承懋承憲承惠兩兒
至嶂峒灣
祖塋 先大夫墓松楸鬱然堂谷如故瞻拜
馬鬣伏地悲慟是日請地師周視兆域言
今歲山向大利擇于臘月十九日巳時為
太夫人奉安窀穸次日至馬鞍塢繡嶂
街
祖塋又次日至二弟楊溪
論瑩距嶂峒灣祖塋四里許平隴縱廣可二

十畝前臨大河坊表穹崇墓前翁仲羊
虎森列氣象宏敞洵吉壤也
天恩高厚九原啣感矣惟念當日與弟倡和
有卜宅蓉湖繞綠楊之句又詞云屋住東西
山大小此時心早向嘗初諾何此言未踐
先我而歸黃土也爲之一慟弟又有句云吴儂生愛沿溪住只買
平田不買山此地名楊淸竟成詩讖三月伊墨卿趙味辛過訪四月偕
三弟回江寧訪隨園师墓蘭村邀至隨園
記少時遊歷之處山水亭榭依然而哲人
其萎人事遷變感愴無已幸蘭村酷嗜
風雅克振家聲君師所云園林有主水
雲安也四月至維揚訪阮芸臺中丞時居憂在家
墨卿太守因晤儲玉琴吊友山樂蓮裳
孝廉蓮裳名鈞工詩文余從之于東卿亦復晤于揚上與吴白庵名照南城人陶適庵
先生弟子也江鄭堂名藩江都人湛深經術博學多聞定交月杪仍回
江寧姚春木偕其弟達木名椿少年儁才也自蜀來寧

應秋試延余至五松園淵如觀察舊居春木借寓共數晨夕
商搉文藝試畢春木回松江姪承樾兄弟
于八月廿六日北上謝
恩謁選余移寓常府街宅三弟于八月初旬
赴錫料理 太夫人靈櫬旋里諸事九月十
二日回江寧十月二十二日先僱就江船三號奉
太夫人靈柩于午刻登舟三弟同眷口亦相
隨回錫在下關停泊一日二十四日燕子磯渡江
風帆安穩緩程而行于十一月初二日到錫停舟鎮
溪菴親戚俱來吊奠初七日辰刻扶 太夫人
靈柩自舟登岸安奉惠山家祠成禮是日
天氣晴和族戚咸集守靈七日三弟僦斜橋
河秦氏故宅挈眷回家余仍回營橋故宅十八
日同顧蘭塘赴杭州謁見清平階中丞爲荐
衢州講席訪吴穀人先生相留信宿出詩文
相質証晤華秋槎表兄名瑞潢原任臨海縣令罷官後寄居西湖之德生菴泛舟

湖上至蘊石祠䓁林園話經精舍茗話竟日十
二月初三日同蘭塘回錫　太夫人窆期已近同
三弟料理受吊發喪諸事[illegible]十六日在營橋
故宅領帖十七日至嶂㟁灣敬啓　先大夫鷺
溪府君之兆修理　太夫人壽壙十八日全家俱
在惠山家祠守靈十九日卯時發引夜有微雪
辰刻陰雲解駮午時下窆晴日當空天氣和
煥知為吉徵也是夜卧墓側苫廬夢　先大夫
顏色笑語如平生命一旁大儒冠者素不相
識作詩示余云丹旐先催叢穸車早戒窆百年
晨露頃同穴北山陽祖塋爲壬山丙向但使廉泉在無憂孝
水枯高門有餘慶列柏又棲鳥醒時記憶一字不遺
因呼三弟誌之相對嗟異益深悲慟矣時蓮趺大
兄及三嫂侯宜人隨　太夫人同日舉殯至
祖塋三嫂以二十三日下窆蓮趺大兄因本年山向不利
且須還葬過橋人擇於明歲二月初七日下窆三
朝祭畢余與三弟同回家度歲

嘉慶十三年戊辰五十六歲

正月初四日。清平階中丞自浙調撫中州。道出無
錫。冒雨過訪。同遊惠山。至竹鑪山房。閱畫卷。
過寄暢園。茗話而別。二十六日游鄧尉山。看梅。二
月初七日。還葬蓮趺大兄嫂于祖塋之左。將
赴衢州講席。六日同顧雲坪買舟起程。時蔓
兒在德清歸家。過杭挈之而行。渡錢塘江。
經富陽桐廬。上七里瀨。山光純黛。水影深碧。
岩嶺合沓。風煙共色。幽花半開。異鳥相語。
日在圖畫中行也。謁子陵祠。上釣臺。尋謝皋
羽汐社遺跡。登西臺。自瀨至上灘。數如吼。舟
人邪許聲相應。至衢州二月初二日。晤舒觀察慶雲。太
守那英。延入正誼書院。傍山結屋。堂曰遜敏。前有
方池。花木蓊鬱。可置几硯。其旁一鑑亭。集
益軒。惟梯雲閣最勝。登閣遠眺。數水柳山俱

在楮頋士風淳茂，能研經義，生徒中如孔毓
芝、范崇模、鄭桂金，皆雋才也。往來匝月，遂
芸臺中丞遊浙，作札相招，買舟赴省，灘勢湍
急，舟行甚駛，不及領略江山奇勝矣。到杭見（四月朔日）
中丞，延主詁經精舍。西湖背山，廊廡曲折，中奉
許、鄭、司農栗主，歲時祀焉。精舍創自中
丞，東西浙高才生説經、著書之所。登第一樓
俯瞰，目全湖如鏡，四山蒼翠，欲滴青靄，
畫船絡繹如織，真湖山勝處也。洪稚存（亮吉）
招邀同往郭頻伽（麐）家賞山茶，寓馬坡閘，
剪燭蟬聯情話，晨刻棹小舟至淨慈寺
遊觀，小有天園諸處，信意所之，興盡而返。
時相過從者，如吳縠人（錫麒）、李松雲（堯棟）、石琢堂（韞玉）、許小（耀）、花農（石遠）
范修門、畢仲項秋子、許周生（宗彥）、陳桂堂（達慶）、胡秋白（元杲）
何蔓華（元錫）、范小湖（崇階）、錢又積堂、宋小茗（三慶）、汪選樓（家禧）、嚴
九能（元照）、屠[illegible]民（杰）、倪米樓（稻孫）、趙晉門（春沂）、孫興人（同元）諸兄，華

秋樵寓德生菴，往來尤數。梁山舟先生年八
十有六矣，精神矍鑠，別業在葛林園，距精舍
甚近，偶至湖上，輒來相訪，談論偶偶，無倦色也。
芸臺先生臨時携酒肴，邀至蘇公祠，同諸君
少飲。先生飲酒，肴饌不過數簋，論文談藝，
猶見儒素風味。浙省五月若梅，閏五月大雨如
注，十日不止，西湖漫溢，嘉禾諸郡稻田淹沒。
時芸臺先生巡閱海上，歸城中，諸兄杜門
不出。桂堂已回吳淞，松雲去主蕺山書院，惟
與華秋樵冒雨往返，無復文酒之樂矣。初
冒雨方蘇宕中丞壽，延主閩中講席，遣李
君（思敬）來迎，并具長途資斧，緣不卻之。秋間有書
相訂，今春李松雲又有書推轂[illegible]，蓋也。浙中諸
友俱欲挽留，余以有人遠來，誼無可卻。初日
芸臺中丞自海上歸，余告以故，云天氣溽暑，
且俟秋涼成行。地主拳拳，眼儔惜別，山色湖

湖上至蕅公祠葛林園詁經精舍茗話竟日十
二月初三日同蘭塘回錫　太夫人窆期已近同
三弟料理受吊發喪諸事[illegible]十六日在鶯橋
故宅領帖十七日至嶂岍灣敬啓　先大夫鶯
溪府君之兆修理　太夫人壽壙十八日全家俱
在惠山家祠守靈十九日卯時發引夜有微雪
辰刻陰雲解駮午時下窆晴日當空天氣和
煥知為吉徵也是夜卧墓側苫廬夢　先大夫
顏色笑語如平生命一旁人以儒冠者素不相
識作詩示余云丹旐先催裝安車早戒塗百年
晨露頃同穴此山隅（祖塋為壬山丙向）但使廉泉在無憂孝
水枯高門有餘慶列柏又棲烏醒時記憶一字不遺
因呼三弟誌之相對嗟異益深悲慟矣時蓮趺大
兄及三嫂俟宜人隨　太夫人同日舉殯至
祖塋三嫂以二十三日下窆蓮趺大兄因本年山向不利
且須遷葬過孺人擇於明歲二月初七日下窆三

朝祭畢余與三弟同回家度歲

嘉慶十三年戊辰五十六歲

正月初四日清平階中丞自浙調撫中州道出無
錫同雨過訪同遊惠山至竹鑪山房閱畫卷
過寄暢園茗話而別二十六日游鄧尉山看梅二
月初七日還葬蓮趺大兄嫂于祖塋之左將
赴衢州講席十六日同顧雲坪買舟赴程時夔
兒在德清歸家過杭挈之而行渡錢塘江
經富陽桐廬上七里瀨山光純黛水影深碧
岩嶺合奇風煙共色幽花串開異鳥相語
日在圖畫中行也謁子陵祠上釣臺尋謝皋
羽汐社遺跡登西臺自瀨而上灘聲如吼舟
人邪許聲相應（二月廿三日）到衢州晤舒觀察慶雲太
守（那英）延入正誼書院傍山結屋堂曰遂敏前有
方池二花木蓊鬱可置几硯其旁一鑑亭集
益軒惟梯雲閣最勝登閣遠眺數水柳山俱

在楷頤士風淳茂能研經義生徒中如孔毓
芝、范崇模、鄭桂金皆隽才也住未匝月遠
芸臺中丞游浙作札相招買舟赴省灘勢湍
急舟行甚駛不及領略江山奇勝矣到杭兒（四月朔）
中丞延主詁經精舍面湖背山廊廡曲折中奉
許洨長鄭司農栗主歲時祀焉精舍創自中
丞為兩浙高才生説經著書之所登第一樓
俯瞰目全湖如鏡四山蒼翠欲滴青靄
畫舫絡繹如織真湖山勝處也洪稚存（亮吉）來
招邀同住郭頻伽（麐）家賛山（顧）亦來寓焉後闌
翦燭蟬聯情話晨刻棹小舟至淨慈春
思觀小有天園諸處信意所之興盡即返
時相過從者如吳穀人（錫麒）李松雲（堯棟）石琢堂（韞玉）瞿花農（應逵）
范學歐范修門昆仲項秋子許周生（宗彥）陳桂堂（延慶）胡秋白（元杲）
何夢華（元錫）范小湖（崇階）吳積堂（三慶）宋小茗（咸熙）汪選樓（家禧）嚴
九能（元照）孝廉倪米樓（稻孫）趙晉門（春沂）孫興人（同元）諸兄華

秋槎寓德生庵往來尤數梁山舟先生年八
十有六矣精神矍鑠別業在葛林園距精舍
甚近偶至湖上輒來相訪談論娓娓無倦色也
芸臺先生臨時携酒肴邀至蘇公祠同諸君
小飲先生宋飲酒肴饌不過數簋論文談藝
猶是儒生風味浙省五月苦旱閏五月大雨如
注十日不止西湖漫溢嘉禾諸郡稻田淹沒
時芸臺先生巡閱海上未歸城中諸兄杜門
不出桂堂已回吳松雲去主蕺山書院惟
與華秋槎冒雨往返無復文酒之樂矣初
冒乃方葆岩中丞書延主閩中講席遣李
弁（思敬）來迎并具長途資斧緣丁卯之秋曾有書
相訂今春李松雲又有書推轂故也浙中諸
友俱欲挽留余以旁人遠來諒無可卻擬白
芸臺中丞自海上歸余告以故云天氣溽暑
且俟秋涼成行地主拳拳眼傳惜別山色湖

嘉慶十六年辛未五十九歲

在江油署過上元節，同大姊、約甥慶生于二
十二日赴省，住城北金沙菴，以[illegible]謁見制府
常公暨有堂方伯、常史園廉使、[illegible]太
守，頗襟延接，神意有加。嚴資亭三兄卸
永寧觀察，予進省，[illegible]撫今念昔，殊
深感慨。在省時，張勝湖、師范、雍禮卿、景儀宗
舍義、潤曹(?)堂、[illegible]臺、古山先宗、沈頻兵、棠(?)
王聊軒、[illegible]沈琢九時相往還，文酒之會
無虛日。[illegible]有堂方伯面訂修志之約。三弟卸
江油事進省，余于三月二十一日起身旋陝，孫甥
欲赴閩中書院讀書，偕慶生隨卿閩。三月
十四日抵陝，慶生因長孫衍慶殤，即回平
涼。書院于四月朔日開館。觀[illegible]稿中丞、
舟方伯、[illegible]岩觀察、裕綺堂學、李秋雲先生
詞選綽雅，洲太宗過陝，[illegible]縣。五月有董方伯自
[illegible]回川過陝，至書院[illegible]談，遂定修志之局云。
五基近

奏[illegible]
回任後，函請制府入
秋冬間即遣人相迎。是月次孫祥麟生。九月
制府方伯諸公遣蕭升來陝，余擇于十月
初旬赴川，慶生自平涼偕伊內弟劉趙送行。
至武功，令回平涼，余因約甥雲坪入棧。十
一月初十日抵安署，小住數日，即赴省城。時
[illegible]譚子受別駕在局中經理一切，皆余
舊好也。二十五日制府方伯諸公設席延請
進局，先定條例，徵取各府廳州縣志乘。余
於臘月卸回安署度歲。是年十月奉旨升補
涿州知州

嘉慶十七年壬申六十歲

正月自安赴程赴省，局中延請分纂諸
君，如譚靜山太史、王東山明經、昌年汪
[illegible]大令、[illegible]孝廉、[illegible]約甥晨夕共事，
編纂之暇，談詩論史，頗有友朋之樂。局在藩
署後衙，庭宇闊敞，花竹蕭疏，亦饒雅趣。
三月中大府諸公修少陵草堂落成，疏池
築[illegible]，徹[illegible]植[illegible]，種茶[illegible]，[illegible]。

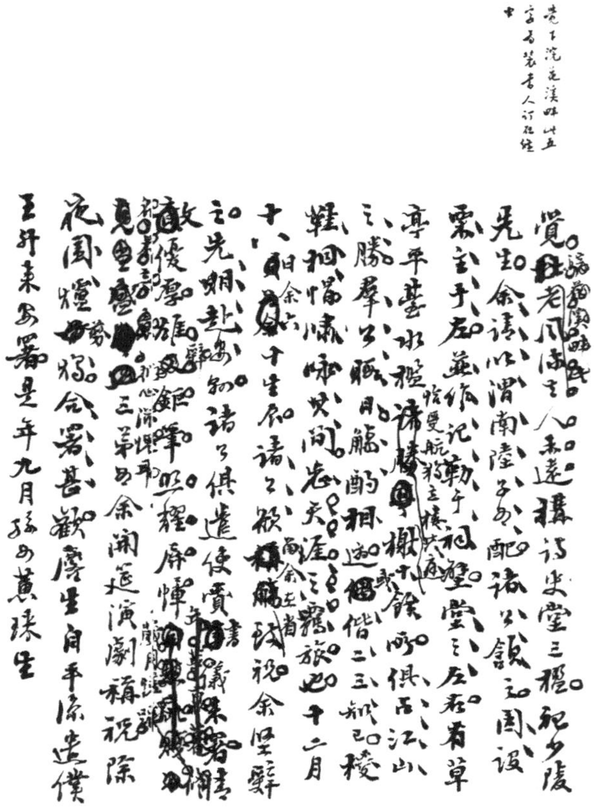
覺。[illegible]老風流之人。未遂攜詩史堂三楹。祀少陵
先生。余請以渭南陸子配。諸公飲之，因設
處士于左。並作記，勒于祠壁。堂之左右有草
亭、平臺、水榭、[illegible]樹十餘所。俱占江山
之勝，群公賦詩觴詠，相邀[illegible]皆二三知己，樓
觀相[illegible]，情懷[illegible]間，[illegible]天涯之羈旅也。十二月
十八日，[illegible]余六十生辰，諸公欲[illegible]祝，余堅辭
之。先期赴[illegible]知。諸公俱遣使賚書[illegible]
[illegible]
[illegible]三弟[illegible]余闌延演劇稱祝，際
花園[illegible]，合署甚歡。[illegible]生自平原，遣僕
壬午來蜀署。是年九月孫兒萬琛生

光、鍰、月、皆攢、雜、繡。六月初六日，辭芸臺中丞及
諸同好回無錫。十日抵家，料理行裝。擇于十七
月初八日啟程。次兒慶生赴甘肅就姻，擴之同行。
前宦甘肅與趙公賁（？）訂婚姻之約，趙今任平涼知府。偕雲伴六行，借往廳（？）娶。釋
辭祠墓，別諸親友。傍晚登舟，過常州，見朱霆
舟方伯，暨洪稚存、趙味辛、蔣玉予諸君，款留
竟日。次早解纜，至丹、京口、寒風，三日渡江，至金
陵。在常府街宅留住半月。五哥慧以銓選
赴京，約同起身，至河南分路。時秋試期近，陳
竹士（基）、袁相灊（棠）、趙甲甫、李湘（晉函）、並姜瑋堂（元塏）、施建木（延祺）暨
顧莆堧（補蘭陔珊）、畢仲均集金陵，寓作水閣，為余
餞行。八月初百挈兒抵渡江，兩岳偕竹士諸人
冒雨至石城橋送別。是晚抵浦口。次日雨霽，
霧雇六輿，為長行。十六日至汴梁，住伯初八弟
寓宅。時龍煦瑞堂以河工知丞需次，二女德
圖源暨外孫均在省寓。廿一日，弟、侄宅、候近。

見兩世喜交集。慶生在途患病，在伊姊處
調理，行人六多，有病者五人。於二十日渡河
北上。余在汴梁，晤鞠小雅、兒法平階中丞，
錢裴山方伯，孔東山、李藜洲兩太守，情誼肫摯。
閱邸報，知三弟以馬邊廳實授，奏留川省，服闋
以知府補用。時陳石士太史典試中州，撤棘後
相見。衛林侶、滕紡、衛春朋、聚芸之、朱伯
初八弟。濶別十餘年，夜闌剪燭，回憶前
塵，悵然久之。胡涉知令戚寉泉（學標）二十年
前舊友也，罷官在省，著作極富，今亦出所業
見示，相質証。其餘同好如吳晉載（堂）、令蔣青照（程書山）、
畢仲余（懷清）、王夫孝廉。時（桐石譚遜）九月廿四日
旅行起程，兩上十月，十六日抵固、中書、陽。
次日見舊岩年丞，待紅圖、盧、盛三四
石巖觀察、莊惠菴丈，請陛續來，謁中丞。
擇于十六日開館，月內諸公俱來，禮意周

遠肄業者二百餘人，住院者五十餘人。書院
室廡宏敞，樹樓栖皆千百年物。諸生訪問
質難，潛心向學，古稱鄒魯，人士雅節氣節者有
遺風焉。周生為漢傳，女元鍾畫心如，傳居書門，適
遭母喪，前往吊唁，相對嗚咽。沈小宛欽韓孝廉
長洲人，負異才，詩、文、字畫，余夙耳其名，容盛
觀察幕府，將入都春試，定交而別。十一月二十日，
糜生趨程赴京，就姻二十八日，姚春木座主
北試報罷，因蜀道，此信宿而別。十二月初四日，
移書院設祭除服，不勝悲感。十五日夜坐有
詩云：邊風吹雪下平蕪，入夜青燈照影孤。故
里未歸佛有難關年，怕兒換桃符，枕魚書冷
懷，鯽鱠獨身心情，祇鶺鴒，知撫祥琴，餘涕淚
明朝。君說是，無狐謂十八日，余自生辰也。

留任數日舟抵揚州晤政顧公伊墨卿太守
東緩趙味辛司馬時以主講在揚州俱來唁余渡江由陸
路至江寧聞闔門哀號計絕一棺在堂音
容莫覩痛哉三弟大妹暨外甥輩聞余至
一時奔集滿側小承惠亦自錫來寧兩月矣相
持慟哭不能仰視時已逼歲暮繐帷鐙影
慘靈杳然與弟妹相對述老人病時事言
日不覺涕泗橫流也是年二弟

諭塋成于十二日安葬余到時諸姪皆在錫次日至
姪慧亦姪承總歸大姪承懋以塋前立碑種
樹若干未竣回錫度歲

嘉慶十二年丁卯五十五歲

正月偕三弟暨承惠回錫十七日辰刻抵家
眷屬住先世父笠湖公營橋舊宅計余離
家已二十九年矣先宅至北里舊居雙梧樹
久經摧折無存門徑亦稍改此屋赴甘肅後

蘊山三兄居焉三兄時客江右其寡媳暨
姪女出拜俱不相識至營橋宅見二嫂暨吳
氏姊容鬢俱改相視驚疑四五日間親友
陸續來視余惟外兄邵柏庭昆季年七十
餘矣見面尚能認識其餘則問名始知耳
見周氏顧氏兩姑母、先大夫鸞溪公胞姊也
俱年逾八十白髮垂垂、細詢舊事嗚咽隕
涕二月朔偕三弟大姪承懋承憲承惠兩兒

至嶂剎灣
祖塋 先大夫墓松楸鬱然無恙如故瞻拜
馬鬣伏地悲慟是日請地師周視兆域言
今歲山向大利擇于臘月十九日巳時為
太夫人奉安窀穸次日至馬鞍塢繡嶂
街
祖塋又次日至二弟楊溪
諭塋距嶂剎灣祖塋四里許平曠縱廣可二

十畝前臨大河坊表穹崇墓前翁仲羊
虎森列氣象宏敞洵吉壤也
天恩高厚九原啣感矣惟念嘗日與弟倡和
有卜宅蓉湖繞綠楊之句又詞云屋住東西
山大小此時心早向嘗初諾何此言未踐
先我而歸黃土也爲之一慟（弟又有句云吳儂生愛沿溪住只買
平田不買山此地名楊溪竟成詩讖）三月伊墨卿趙味辛過訪四月偕
三弟回江寧拜隨園師墓蘭村邀至隨園
記少時遊歷之處山水亭榭依然而昔人
其萎人事遷變感愴無已幸蘭村酷嗜
風雅克振家聲吾師所云園林有主水
雲安也四月至維揚訪阮芸臺中丞（時居喪在家）
墨卿太守因晤儲玉琴吊友山樂蓮裳
孝廉（蓮裳名鈞工詩文余識之于京邸亦復晤于邗上）與吳白庵（名坦南城人陶通斋
先生弟子也）江鄭堂（名藩江都人湛深經術博學多聞）定交月杪仍回
江寧姚春木偕其弟達木（名樾皆少年雋才也）自蜀來寧
應秋試延余至四松園（淵如觀察舊居春木借寓）共數晨夕
商略文藝試畢春木回松江姪承樾兄弟
于八月廿六日北上謝
恩謁選余移寓常府街宅三弟于八月初旬
赴錫料理　太夫人靈櫬旋里諸事九月十
二日回江寧十月二十二日先僱就江船三號奉
太夫人靈柩于午刻登舟三弟同眷口亦相
隨回錫在下關停泊一日二十四日燕子磯渡江
風帆安穩緩程而行于十一月初二日到錫停舟鎮
溪菴親戚俱來弔奠初七日辰刻扶　太夫人
靈柩自舟登岸安奉惠山家祠成禮是日
天氣晴和族戚咸集守靈七日三弟僦斜橋
河秦氏故宅挈眷回家余仍回營橋故宅十八
日同顧蘭塘赴杭州謁見清平階中丞爲薦
衢州講席訪吳穀人先生相留信宿出詩文
相質訪晤華秋槎表兄（名瑞潢原任臨海縣令罷官後寄居西湖之德生菴）泛舟

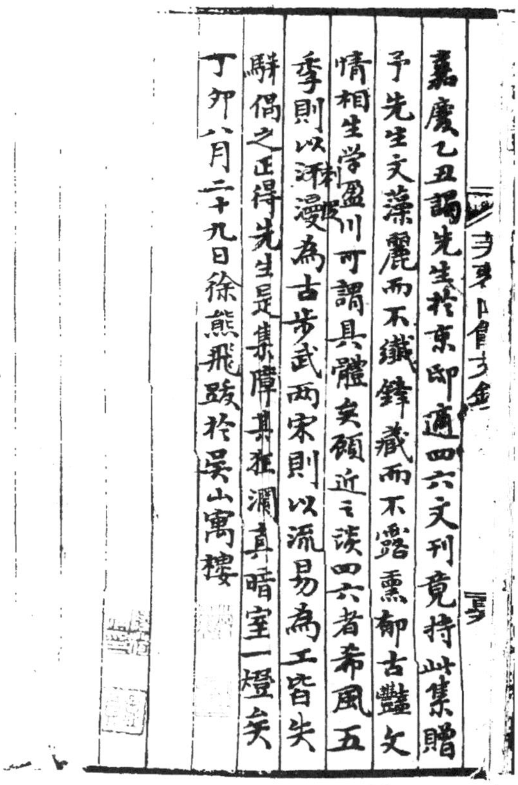
嘉慶乙丑謁先生於京邸適四六文刊竟持此集贈
予先生文藻麗而不纖鋒藏而不露熏郁古豔文
情相生學盈川可謂具體實頗近之談四六者希風五
季則以剽悅為古步武兩宋則以流易為工皆失
駢偶之正得先生是集障其狂瀾真暗室一燈矣
丁卯八月二十九日徐熊飛跋於吳山寓樓

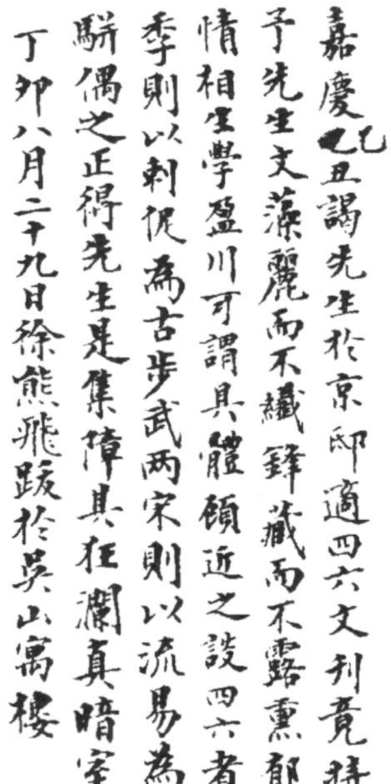
嘉慶乙丑謁先生於京邸適四六文刊竟持此集贈
予先生文藻麗而不纖鋒藏而不露熏郁古豔文
情相生學盈川可謂具體頗近之談四六者希風五
季則以剽悅為古步武兩宋則以流易為工皆失
駢偶之正得先生是集障其狂瀾真暗室一燈矣
丁卯八月二十九日徐熊飛跋於吳山寓樓

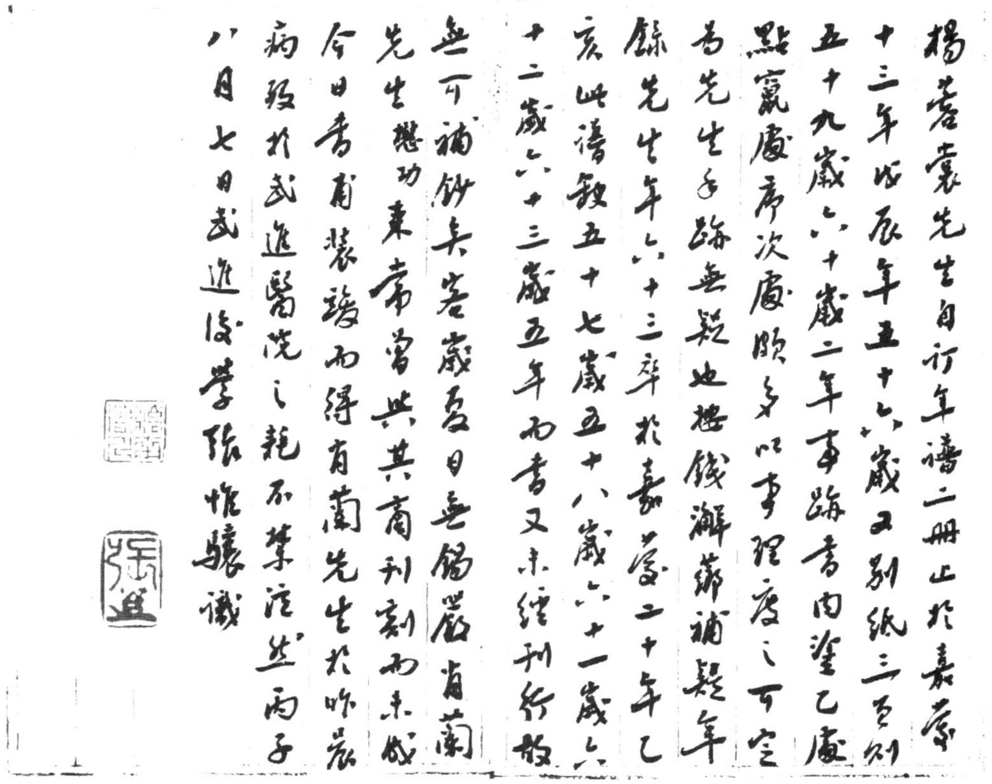
楊蓉裳先生自訂年譜二冊止於嘉慶
十三年戊辰年五十六歲又別紙三頁列
五十九歲六十歲二年事蹟皆由塗乙處
點竄處序次處順多以事理度之可定
為先生手跡無疑也瀞錢溉亭補疑年
錄先生年六十三卒於嘉慶二十年乙
亥此譜敘五十七歲五十八歲六十一歲六
十二歲六十三歲五年而書又未經刊行故
無可補鈔矣若歲夏日無錫嚴肖蘭
先生懋功來常曾與其裔刊刻而未成
今日書肆裝璜而得肖蘭先生於昨歲
病殁於武進醫院之耗不禁泫然丙子
八月七日武進後學張惟驤識

戶部廣東司行走員外郎楊芳燦江蘇常州府金匱縣
人現年五十四歲乾隆丁酉科拔貢
朝考一等第三名挑取引
見奉
旨以知縣試用簽掣甘肅四十四年到省試用歷署西和環縣
印務四十五年補鞏昌府伏羌縣知縣四十九年逆回滋事
四五張大慶攻擾伏羌因先事籌辦保守城池經　總督
福保奏送部引
見奉
旨着回甘肅以知縣州題補五十二年補授寧夏府靈州知州
嘉慶三年奏署平涼府知府四年因胞弟揆陞授甘肅
布政使迴避卸事遵川楚例报捐員外郎五年六月到部
籤分廣東司行走三年學習期滿奏留本部以員外郎
補用兼陝西司行走七年七月奉
旨着充會典館纂修官十一年九月初五日在任聞訃丁
憂十月十二月出京回籍須至履歷者

先考蓉裳府君行狀畧
府君姓楊氏字才叔號蓉裳系出閩西會甞先
世播遷日多譜牒散佚自八世祖華麓公以上
世次無可考三傳而生聲瓶公宗濂聲瓶公生
端揆公孝元端揆公生鷺溪公鴻觀自聲瓶公
以下先以府君官貴貤而封叢公官布政使累
贈至通奉大夫鷺溪公生子三長即府君次荔
裳公揆次蘿裳公英燦府君生於乾隆癸酉年
十二月十八日生之前一夕祖母顧太夫人夢
五色雀翔集庭樹間曾祖端揆公曰此庄信
明之祥也長成當有文名生七月即能識楹帖
字四歲讀四子書先能背誦唐人古今體詩八
百餘首逮端揆公歿先祖鷺溪公居憂家甚貧
授徒不能給薪水時外祖顧雙溪先生為江西
瀘溪令寄峯往依之顧太夫人紡織自給[illegible]
[illegible]庭數椽府君甫十歲就傅鄰塾日暮挾書歸
顧太夫人篝燈夜織令就燈讀至夜分始寢以
為常府君與顧三方先生[illegible]中表行[illegible]

齋故名宿府君稍長偶從之遊習舉子業間作歌詩筆力相抗衡謙齋先生每曰阿士阿咸皆異才也年十九補博士弟子員試江寧見詩文見賞於袁大令簡齋數與毘陵黃仲則洪稚存孫淵如呂叔訥趙味辛顧立方諸先生齊名簡齋論詩所謂毘陵星宿聚文昌洪顧孫楊多是年孝廉陽湖人未仕擅場者也時南昌彭文勤公視學江蘇每試輒冠其曹旋遭大父奮溪公喪免喪爲丁酉選拔貢生　廷試一等以知縣用發甘肅文勤聞之致書□百云足下青袍北去望從南歸衣繡之行識者健羨但以遊許手筆句稽朱墨不能無怏怏悵平府君凡二攝書獻忽忽若有所失已春出甘肅於西河環縣旋補伏羌乾隆四十六年四月河州循化廳逆回蘇四十三爭教事起攻陷河州狄道宣回回馬明心倡之新教謀言領寇至是與老教構釁起事甫臨王通讀明心執之犀以禁者至爲名進攻蘭州會英勇阿桂公奉勇福康安公徵師平賊於翦滅皆

兩黨構釁伏羌回馬得建等十六家欽銀爲給費事平後獄詞連及府保馳驛至嚴鞫之責家屬數百人滿城嚇哭勢洶洶府君以得達欽銀在蘇四十三起事前與逆回有間乃爲申辯逆祇論諸逮者無貸株連閤城帖然以貝眠修朱園書院並留約祠明年甘西蘭州入門四石謁息鳴相付鳴以至岳府君遂修築城隍諸撫難以備倉儲未幾回匪由五泉犯於省垣伏羌向未設兵府君召募鄉勇設立碉卡日夜教練我回賊氣爲之奪如此時廉貴家對只何府君同對只不過死我耳與一城生靈全家性命孰輕重耶既而賊擾固原攻靖遠據安定狗中馬祿寶寺爲內應獲其奸細書其賊之蹤僞亟捕祿鞭嚴訊拷械抗拒鄉勇攢戕格殺數人餘悉就縛方欲請兵賊已大至焚燒郭外民居火光燭天時守城民勇雖寡而紀精銳諸軍犄户鳥鎗每發必中逆得三十餘名以資捍禦賊猶畏之府君則懷印佩刀登陴周守賊鎗著兩足踝

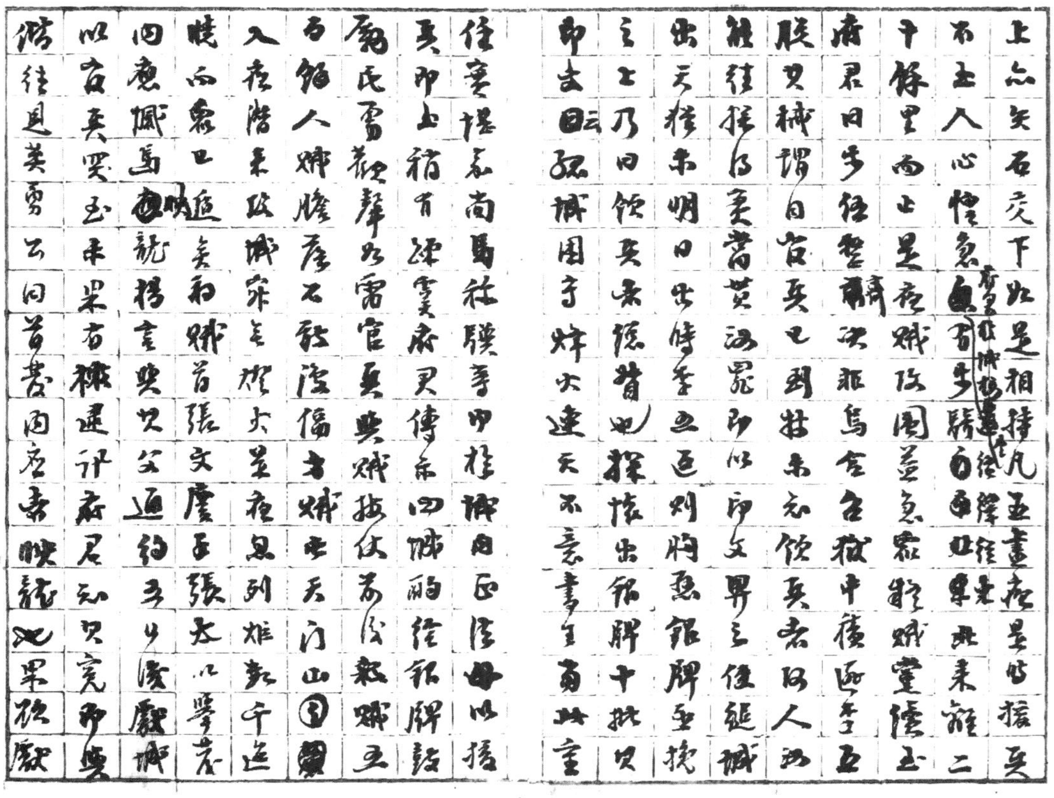

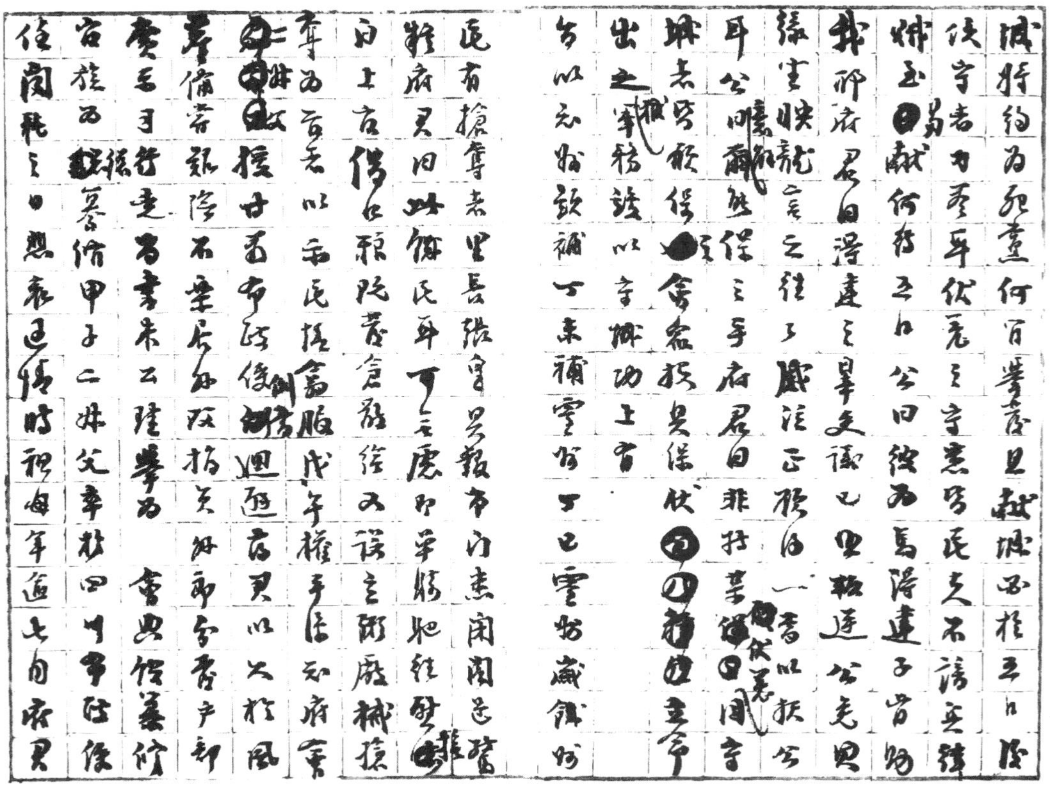

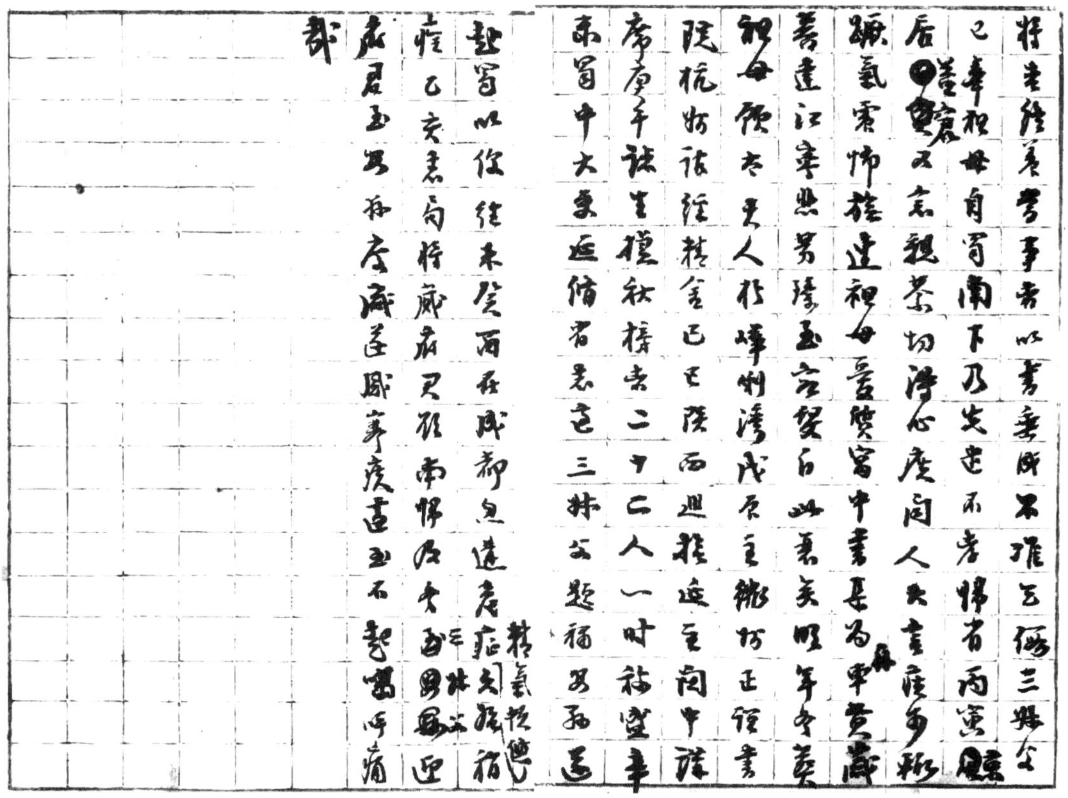
將來經營事者以書無成不能已倘三點公
已卒祖母自蜀南下乃失望不孝歸省丙寅[illegible]
居[illegible]又宗親茶切淨心度閩人大言症多稱
願氣虛怫懌遂祖母壹贖宮中書長為軍費藏
善遠江寧與男陸孟宗賢自此甚矣明年冬葵
祖母領老夫人於峰州濱氏原主鄉村正經書
院杭州誠經精金已已陸而迴旋遊至閩中諸
席庚午試生擢秋榜貴二十二人一時祥瑩年
東留中大丈夫延僧當惠邑三林公題福安孫送
精氣怫鬱
赴寓以從往來癸酉在成都忽遘唐症久疾稍
症乙亥春自將藏病只能南歸乃幸西湖三林之迎
病君孟四孫季藏遂賦寡處書孟石鄙書呼痛
哉

梅溪先生年譜

（清）佚名編

錢泳校訂

《梅溪先生年譜》一卷，（清）佚名編，錢泳校訂，稿本。

譜主錢泳（一七五九—一八四四），初名鶴，字立群，號梅溪，無錫人，錢氏三十世裔孫，屬堠山支。國子生，候選布政司經歷。科舉失利，歷遊楚、豫、浙、閩、齊、魯、燕、趙之間，爲畢沅、秦震鈞、張井等大吏上客二十餘年。客京師，爲成親王永瑆所知。交遊甚廣，與王昶、翁方綱、章學誠、洪亮吉、孫星衍、包世臣等學者均有往還。喜金石文字，工書善畫，一生以訪碑、刻帖、著述爲事。手書碑版幾遍江浙，後又傳向朝鮮、日本、琉球等鄰近各國。至晚年，除對碑帖書畫樂而不倦之外，還開始關注農田水利，不僅刻印《三吴水利條議》、編寫《水學贅言》，還親身參與、襄贊河督治水。八十高齡猶向朝廷呈請『速修三吴水利，以盈國賦，以益民田』。錢泳著作閎富，有《履園叢話》、《熙朝新語》、《錫山補志》、《守望新書》、《鳳仙花譜》、《吴越錢氏傳芳集》、《述德編》、《登樓雜記》、《梅花溪詩草》、《履園文集》等數十種存世。

本譜叙事起自乾隆二十四年（一七五九），前述譜主先世，止於乾隆五十四年（一七八九）八月十四。該書爲譜主自校訂之稿本，記家事、求學、開館、訪碑、刻石、交遊等，並詳録詩作。惜爲殘本，僅只三十一年之事。

本書據稿本影印。

（朱　剛）

梅溪先生年譜

先生姓錢氏名泳字立羣初名鶴改今名金匱泰伯鄉人吴越武肅王三十世孫也梁史記吴泰伯世家注正義曰泰伯居梅里在常州府無錫縣東南三十里後漢書郡國志注皇覽曰泰伯塚在梅里鄉地名句吴泰伯始居之地今尚名泰伯鄉先生所居即此武肅王生三十子其第六子曰元璙第七子曰元瓘功最多武肅將薨謂諸將曰宜自擇主諸將僉以為元瓘賢乃立之是為文穆王文穆王有子十八世子傳早卒文穆薨立次子佐是為忠獻王忠獻王立八年薨年甫弱冠再立其弟倧纔八月為大將胡進思所廢迎其弟台州刺史俶而立之是為忠懿王起復為安時鎮國崇文耀武宣德守道中正功臣天下兵馬大元帥吴越國王當是時漢已滅周太祖稱帝天下擾亂各據偏方惟吴越安處東南兵强國富而不以中原易姓廢事大之禮迨宋隆興貢獻九謹太祖嘉之至太宗太平興國三年三月王入覲京師四月拜表請以吴越國土歸于有司倣後漢平陵竇融故事表三上詔可於是所部十三州八十六縣五十五萬七百戶一十三萬五千兵暨民籍倉庫盡

一　述祖德堂

歸于朝廷太宗親建禮賢宅以居是以錢氏合族三千人俱歸汴京忠懿王入朝十一年薨年六十改封秦國王諡端拱元年也以明年正月敕葬于西京洛陽縣賢相里陶公原夫人孫氏先卒有詔特封順德恭穆吴越國王妃子八人俱授官爵其第七子曰惟演字希聖祥符元年校尚書司封郎中知制誥除翰林學士遷工部侍郎天禧五年擢工部尚書仁宗嗣位遷兵部尚書授鎮國軍節度觀察留後旋改保大軍節度使使持節鄜州諸軍事行鄜州刺史上柱國彭城郡開國公二年拜開府儀同三司檢校太傅同中書門下平章事景祐元年七月薨封英國公謚文僖所著有典懿集三十卷擁旄集五卷漢川集五卷伊川集三卷公於書無所不讀翰墨文章一時無比而風雅樂善出于天性尤喜獎勸後進嘗于賜第建樓聚書所藏侔于秘府晚年以使相留守西京如謝絳尹洙歐陽修梅堯臣俱在幕下唱酬吟詠無虛日時人咸為歎羨文僖公生台州刺史暄贈太師冀國公暄生會稽郡王景臻熙寧七年賜同進士出身尚仁宗第十女秦魯國賢穆明懿大長公主賜玉帶拜金紫光祿大夫上柱國駙馬都尉其明年公主下降改光州團練使自此累遷節鉞晉封康國公加食邑

二　述祖德堂

萬戶以少師致仕深仁厚德終身富貴與宰輔同恩禮
靖康元年十月六日薨於汴京賜第未幾金人入汴二
帝北巡高宗即位于南都建炎二年五月駙馬長子榮
國公忱奉靈輿至江南權厝於潤州丹徒縣之南山遂
奉公主渡錢塘避地蕭山縣之湘湖尋徙台州紹興十
二年十一月公主薨有詔旨遣駙馬靈輴自丹徒至浙
以十四年九月十三日與公主合葬于天台縣永保鄉
十四五都鳳皇山之原追封德陽郡王贈太師彭城郡
王累贈會稽郡王駙馬公生四子長曰忱瀘州軍節度
使晉榮國公次曰愕武當軍節度使晉越國公次曰恤

德慶軍節度使晉秦國公咸寧郡王次曰愷安慶軍節
度使晉吳興郡公愷生江南東路轉運使端瑀端瑀生
筠筠生顯祖顯祖生迪三世俱以世蔭補承事郎迪字
尚父以理宗寶慶元年由台州遷吳興未幾又遷無錫
梅里鄉之緱山是為無錫始遷祖迪生江東節幹使致
讓致讓生伯一伯二生金孚易象元至元間新恩舉膠
庠進士官江西鉛山州學正世稱易象先生者也易象
生均輔均輔生祐祐生謙字安素明洪武中累薦以人
才科將校官以疾引退耕鑿自娛安素生綱字樂閑正
統十二年丁卯科貢士選授河南偃師縣知縣有政聲

詳邑志樂闓生時高字古山古山生鍾秀字伯英伯英
生起元字尊古為邑諸生尊古字信之信之生良字易
直嘉靖中由城贅於泰伯鄉之浦家巷為遷鄉第一代
祖也易直生三子長曰木次曰林次曰森森字茂盛生
少巖公燁繼巖公炳少巖公生耕麓公安國耕麓公廷
明季擾攘之際會文少巖公殁嘗焚券棄家攜一子集
選亾入陽山中陽山在滸墅南十里又名秦餘杭山一
名四飛山奇石長松如隔人世時吳郡韓貞文馨避難
徐莊徐侯齋孝廉枋避笠隝而耕麓公與諸君子布衣
草履日相往來山中人莫識也

國朝順治三年與其子集選始還故居優游終老年六十
一葬西莊橋新阡集選字奉麓居浦家巷數年又遷于
巷東數百步曰西莊橋築遺安堂以自居以守先人之
墓又于橋之西偏築歸鶴巷賦詩二章云
一巢重結古荊蠻真似蘇耽化鶴還忍棄先人棲隱
處故教門對四飛山
烽火驚心事已非翻身雲外作孤飛故園猶有前朝
樹留得清陰待我歸
康熙十七年三藩為亂
朝廷出師征之江浙人民皆為震恐而盜賊時時竊發鄉

閭閭是時奉麓公家頗饒裕守益力戒益嚴卒然遇盜幾死盜手病劇者數年卒不治臨殁時猶歎曰吾所以不散家財將有為也先人雖葬而未有封樹祠堂未建居宅未安子幼未教之數事者吾遺恨也有子名成基字紹美方七齡母夫人張氏教育之比長好道術喜擊劍嘗孤坐一室讀黃庭經宴如也紹美公生四子長曰鉦字桂山有文名早卒次曰鉉字來山次曰鎂字鳴山次曰鉞字錦山即先生父也

乾隆二十四年歲在己卯正月二十八日寅時先生誕生是夕啼哭不止母夫人華氏憐之謂曰汝豈投錯人身耶何哭之悲也言訖啼遂止而曰阿母宛如答語聞者異之二十五年庚辰先生二歲錦山公愛之時抱置於懷堂上故有楹帖為王虛舟吏部書北海樂交天下士東山笑讀古人書一聯指而教之不半日而背誦如流三四歲聞人言輒了了五歲正月見隣家子上學堂者羨之錦山公以其少也曰且待明年先生又大哭不止不得已姊氏抱持之入內室以毛詩為訓朗朗上口未札月已識三千餘字國風亦誦畢矣其年四月錦山公偶他出先生忽援几而坐持筆作十餘字如素習者中有和字書為咊錦山公見而益奇之曰和字古體本

可作咊也遂自訓焉

乾隆三十四年己丑先生年十一歲五經四子書皆畢遂讀左氏傳其明年春忽病劇數月不能痊先生嘗獨坐一室中習書法日數十紙錦山公笑曰韓昌黎有詩所謂阿買不識字頗知書八分是也十三歲始學為時藝潛取唐人詩誦之為五七言詩錦山公不知也十四歲正月乃赴縣試寓城西門丁氏丁氏堂上有仁壽堂三字是鄉先達秦道然八分書先生見之大喜仿其形似書不釋手錦山公乃曰汝好八分耶吾鄉鄭板橋南有吳氏者泰伯之苗裔前明有吳憲之字起讓工於八分嘗寫韻集八分變體刻石其墨蹟尚存可往觀也越二月考試畢乃携先生至吳氏觀竟日大喜倩工搨其文朝夕臨模是先生學漢隸之始也其年秋偶遊虎邱見碑帖舖久視不去購得漢魏碑十三通乃歎曰向所見吳起讓書者是明人故習了無漢法不可學也錦山公不事生產而好著作尤明于易理嘗著三墳解五篇時先生年十五已工小楷錦山公每脫藁必命書之終日數千言不倦錦山公有小齋自題曰養竹山房取白香山養竹記而名之忽有蟻數十萬從牆外枯樹上來浸延文案竟日不去先生曰勿傷也為作驅蟻檄典雅

可觀次日竟去不復來此先生作古文之始也錦山公
笑之曰汝時文尚未工乃作古文耶一日課期命題菉
竹猗猗先生素不喜為時藝終日不成一字錦山公索
之急惟有一詩云

渭川千畝碧無涯篩影搖風隔絳紗託體重雲惟自
喜蟠根介石不開花擬隨杖屨稱君子為報平安寄
阿爺誦到衛風淇澳句沉吟閒坐夕陽斜

錦山公見之大怒痛杖之適中表母舅葛上舍炳宗來
問其故公持詩示之上舍歎曰詩文一理能用意如此
詩作文正未可量也一笑而罷

乾隆四十年乙未先生年十七又赴縣試至六月察院
考又不售表兄周杏山文鐘入學錦山公羨之乃携先
生之吳門將負笈于搢紳家而未有間也忽有鄉先生
前任貴州按察使金公祖靜遊虎邱與錦山公相遇于
悟石精舍選見先生狀貌皙白眉目如畫乃問曰此生
能文乎謝曰未成也曰能書乎先生起揖曰頗能之金
公遂命書數字先生乃持筆大書凌雲志氣四字金公
喜慶目之曰此生英發吾當收為弟子校其筆法可乎
錦山公大悅即命先生跪拜于軒下擇日負笈時八月
十二日也遂與諸公子同學誦讀甚勤金公嘗命諸公
子賦瓶菊詩先生分得堂字詩有句云寄人籬下非長
策喜帶新霜入畫堂金公見之嘆賞不置謂諸公子曰
此生出筆頗有作意將來必能自立者以是益器重之
是年冬始為先生聯姻小西莊華氏其外舅曰逸民翁
舊族也

乾隆四十一年丙申正月錦山公率長子涵號柏溪與
先生同遊鄧尉山看梅花忽聞
皇太后升遐及歸家聞金公即于
詔書到日壽終公是年已八十一矣先生纔得遇合而失所
師悲不自勝錦山公不得已遂命蒙館于金閶門外之
咸寧街潘氏本舊戚也

乾隆四十二年丁酉先生年十九寓范莊前姚氏書樓
自為呫嗶遇鹿爽道士黃君始學琴是年始得與吳門
諸君子工于書法者七八遊如韓梅坡啟吳秋村三錫
蔣香涇毛意香愷闞過庭爵沈星槎敏來顧少卿
輩往來無間稱莫逆交而鐫碑刻帖雙鈎響搨臨模
諸事一見了然如戴安道總角刻碑似有來因也是歲
十月廿五日為母夫人華安人六十稱觴

乾隆四十三年戊戌先生年二十二月十九日畢姻是
年館于碧城坊巷張德基家張甚器重之是時先生家

雜償每歲所得館穀數十金足以奉養課徒之外惟有讀書臨帖彈琴詠歌而已

乾隆四十四年己亥先生年二十一寓申衙前石榴亭同寓者為顧君西軒同邑東湖蕩人能詩見先生無館深為憂慮時周急之是年秋適辦

皇差有

御屏上欲寫隸書數千字又有刻于玉山玉屏以為陳設者謀于先生遂為模刻兩月之間得潤筆百餘金自是益肆力於隸書之學遂搨顧南原隸辨深考並收羅漢魏諸碑頗多是冬十二月華夫人生一女名之曰如玉

九　述祖德堂

乾隆四十五年庚子先生年二十二館于元妙觀前張誠一上舍家訓其子家騶二月二十三日

高宗皇帝車駕抵蘇先生由常州無錫以至吳縣各山頭遊

覽

行宮錦亭諸名勝者十餘日蘇松太倉兩府一州之民歡忻歌舞一時齊集迎

鑾者三十餘萬人食物為之頓貴迨

車駕回京後始進館舍是歲冬十月有吳縣老諸生顧君公燮者老而好學一見先生大重之遂引薦于雙林巷郭氏其東人曰匏雅先生順天孝廉官國子監學政

乾隆四十六年辛丑先生年二十三正月十六日至雙林巷開館時孝廉試禮部未歸學生有兄曰梅亭工於六法深相企合討尋書畫是年族兄榮號湘船中會狀竟得三元九月十八日為錦山公六十稱觴

乾隆四十七年壬寅先生年二十四仍館郭氏孝廉已歸一見如故每日課罷進館坐談常至二更是年內閣協辦侍讀潘榕臯先生奉諱出京聞先生名屢來館中噱談風雅視先生有國士之目

乾隆四十八年癸卯先生年二十五仍館郭氏吳門諸搢紳先生若韓旭亭贈公蔣香洲刺史彭尺木進士陸

十　述祖德堂

謹庭孝廉亦時來館中是年始作詩存藁

我生未弱冠委懷弄琴書澹然閱年歲自比羲皇初
朴真竊所慕智巧誠可袪漫言窮與達且息南山廬

其二

錄錄苦終歲烏兔東西馳去者長已矣來者猶可追
讀書掩蓬戶古人以為師高山未能至我心嚮往之

其三

力田冀豐年力學冀聖賢苟不存此心耕讀俱徒然
嗟嗟利名客甘受世網牽一朝赴邱壟千載誰悲憐

其四

寄形大塊閱萬事何時已凍蠅觸窗鳴鬧蛾撲燈死
知進不知退自古皆爾〻所以賢達人守身若處子
先生館于郭氏者凡三載同里陸端夫上舍聞而慕之
是年先令其三子益齋受業于先生之門
乾隆四十九年先生年二十六遷館于蒲林巷口之春
暉堂陸氏端夫上舍有兄曰允康貫夫兩先生皆宿學
精于賞鑒圖書金石羅列滿前每得一碑一帖一書一
畫必與先生同參真僞以爲樂時歙縣鮑廷博烏程陳
無軒海鹽張芑堂海昌吴槎客輩每至吴門必來視先
生訂忘年交也是歲春
高宗皇帝第六次南巡其燈綵之華美車馬之衆多尤盛于
四十五年真太平景象也
乾隆五十年乙巳先生年二十七仍館于春暉堂是年
大旱米價每石至五千三百文七月錦山公患病先生
星夜歸侍奉月餘始就痊八月二十日偶荅一友人步
至元妙觀前見書肆中有明板管子十五卷批點甚精
購以歸次日披閱書中有
國初徐樹丕印記其零星片紙上皆漢隸雙鈎再三尋繹
知是熹平石經殘字喜不自勝因取洪景伯隸釋考之
皆與符合凡得尚書洪範篇七十八字君奭篇十一字

十一 述祖德堂

魯詩魏風七十三字唐風三十一字儀禮大射儀三十
七字聘禮二十八字公羊隱公四年傳十八字論語微
子篇百七十字堯曰篇三十九字又蓋毛包周有無不
同之說及博士左立姓名十八字合五百餘字課徒之
暇親自刻石三月始成遂搨數百本散布通經之士從
此流傳海內後北平翁覃溪閣學重摹于南昌府學長
白李曉園太守重摹于紹興府學王蘭泉司寇收入金
石萃編而如皋姜氏吴門劉氏亦有摹本皆從先生初
本重摹按徐樹丕字武子長洲人少補諸生姚希孟器
重之妻以女善楷書工八分明鼎革後隱居不出自號
墻東老人順治初年尚存見蘇州府志則是雙鈎實武
子物也是時
高宗純皇帝稽古尊經崇尚文學將建
辟雍宮而立石經以
教誨多士海內諸儒亦羣然嚮風惟熹平石經僅餘殘字
鮮有見者故士大夫每得先生所摹珍如球璧莫不知
其姓名爲博雅好古之士也
乾隆五十一年丙午先生年二十八仍館陸氏是年秋
淮水汎溢漂没民田數萬頃盧壽各州縣難民載道
上命河南巡撫畢沅沿之赴桐柏山探淮源具圖覆奏

十二 述祖德堂

御製淮源記一篇以
賜畢公公遂以端硯一方用蠅頭小八分書刻于硯腹以為
貢先生所書也迨
奏進稱
旨公喜素知先生名將欲辟為掌書計先生以父母年高猶
豫未決
乾隆五十二年丁未先生年二十九上年冬先君子後
堂公已聘先生館于舍下授頲毛民詩先兄頲是年十
有五欲請先生教之彈琴兼學書又延汪孝廉元亮授
先兄作時文是以兩先生與先君子同集于海棠巢朝
夕相叙把酒論文怡然樂也不數月而畢公聘書至先
生始辭館欲赴汴梁適山陰蔣交陳君默齋欲省其父
岸亭明府于蕪湖任遂與偕行九月十七日自丹陽出
京口賦詩云
扶檣發丹陽兩岸多荒草江近秋水濁路迥寒風早
鄉國豈不念所喜良朋好夢溪何處尋俯仰傷懷抱
其二
懷抱何時開遊歷從茲始觸首道路長蕩蕩白雲裏
江國秋風多征帆疾如駛天空海氣白日暮山光紫
風景殊異觀那似故園美坐卧心若失感歎中夜起

十三　述祖德堂

其三
夜起何所爲仰觀明月孤哀鴻隐蘆葦霜氣侵肌膚
平生愛清曠行役非良圖顧影空悲涼即景聊自娛
忽聽潮聲來舟師各驚呼
其四
驚呼動我神推篷問前路漁火浮遠波白煙斷江樹
秋高風正悲客船莫敢渡維纜欲沽酒荒城滿霜露
還坐殘燈前中懷亦難訴堪笑人去來不及沙上鷺
十八日過燕子磯大順風又作順風歌一首是晚至蕪
湖留十餘日遂渡江出東關抵巢縣始循東經芍陂拜
孫叔敖廟下過壽州渡淮水賦詩云
淮瀆滔滔控數州東馳千里未能休屢看禱廟尋三
井誰復探源尊上流秋潦漲時成竄鼠阪田沒處有
浮鷗我來問渡斜陽晚白草黃沙漫野愁
十月十五日由八里垛易舟至潁州過如皋林鐵簫遂
入河南境賦詩云
潁水流不息楓林落日黃扁舟獨西走孤雁向南翔
兄弟經年别關河去路長蓬窗無限意還見野鴛鴦
（相逢愁夜甚多）
其二

十四　述祖德堂

幕寒泊郵店沽酒指青旗犬吠隣門早樵歸生月遲
喜聞鄉國信況有故人期相對挑鐙坐舉杯聊酌之
二十　日由陳州驛馬到開封始至巡撫節署著樂圃
小志二卷呈于畢公樂圃者宋朱長文得吳越廣陵王
金谷園舊趾以名其圃也元時為張適所居有明中葉
為杜東原得之既又歸申文定公畢公出處與文定畧
相似文定園宅又為畢公所有故作此為贄也公讀之
甚喜時同在幕中者則有吳竹嶼泰來孫淵如星衍洪
稚存亮吉章碩齋學誠馮魚山敏昌方子雲正澍凌仲
子廷堪徐閬齋嵩皆一時名宿也十二月十九日畢公
為蘇文忠作生日會於嵩陽吟館懸明人陳洪綬所畫
文忠小像于堂上命伶人吹玉簫鐵笛自製迎神送神
之曲而公領幕中諸名士暨屬吏門生衣冠趨拜為文
忠公壽拜罷張燕設樂即席賦詩先生與焉亦有詩紀
其事

眉山鍾靈蘇氏出一時父子三峰立奇才卓犖推長
公文字光芒造雲日中丞雅望輝後先特立柱石當
中天年豐人樂慶無事為公誕日張華筵前庭列兵
衛後庭肅冠裳惠有既蒸酒既揚玉斝金爵交明光
門生屬吏多文章趨拜遺像堂中央簫鼓作兮殷如

雷美人和兮舞徘徊不知東闌殘月起宮梅欺雪爭
初開雲中車馬何有哉焚香上接金銀臺燭光搖搖
風瑟瑟屛氣恍惚靈之來吁嗟乎元祐至今七百年
讀史想見公生前自是君身有仙骨用少陵句何妨萬里
投蠻烟天子當時既相識禁中對泣何漣漣乃知不
相亦有命後人尚論猶為憐嗚呼使公際遇如中丞
立功立德當比嵩高平

其明年戊申春三月先生將遊洛陽尋忠懿王及文僖
公諸墓以雨阻不能行日坐一室中校勘畢公所著中
州金石記而已七月初一日午刻繁城驛有飛書來云
於六月廿四日夜湖北荊州府江水暴漲潰決隄塍合
境被淹畢公聞之亟命藩庫撥銀四十萬兩星夜解荊
賑濟其奏書即先生筆也是時
高宗皇帝以湖廣諸事廢弛遂有
旨擢畢公為兩湖總督即日啟行前往八月初一日到任先
生獨留署中檢點書畫文籍金石碑版者十餘日而諸
名宿亦有行有止一時散去即于是月由黑岡口乘黃
河船而東下凡六舟以黃流迅急船皆倒行如六鷁之
退飛也有詩云

鞭馬出東門秋風開素襟感彼芳草路感我白雲心

木落知時節，城荒自古今。據鞍重問訊，容與綠楊林。

其二

忽訝河流白，聲喧落日中。帆飛皆退鷁，天遠正來鴻。劃破塵蒙界，飄疑造化空。太行何處是，蕭瑟起邊風。

過徐州，泊河清門外，登黃樓，游戲馬臺，謁亞父墓，上雲龍山，俱有詩

彭城自昔起英雄，指點青山說沛公。百戰龍蛇原有別，千年湯沐亦成空。草生廢壘寒雲黑，河繞孤城落日紅。夜聽黃流眠不得，聲聲猶似泣重瞳。

昔人鶴去不知歸，留得孤亭伴夕暉。四面青山圍作郭，滿城紅樹繡如幃。雲深徑滑難扶杖，葉落風清好試衣。我憶蘇耽舊時蹟，不堪惆悵數鴻飛。

十七　述祖德堂

九月廿三日，始抵畢公蘇州金閶門內中衙前私第。先是先生在汴梁時，公命先生選刻晉唐宋元諸墨蹟為經訓堂帖，將欲上石，公已往楚北矣，先生因館于樂圃中治其事。

乾隆五十四年己酉，先生年三十一，仍館畢公家。二月十六日，公在湖北有書見招，先生遂收行李書籍等，以三月十九日啟行，廿二日至丹徒閘，以運船擁塞不得行，遂游焦山，有詩六首

散步來方道，春風霽色開。半生空夢想，今始涉江來。樓閣連雲合，波濤作雪堆。古今尋隱客，何必到蓬萊。

其二

僧舍有十六，徑曲白雲深。不識焦公洞，誰知隱士心。千年留勝蹟，三詔貴招尋。今日懸崖上，還多息影禽。

其三

我更樞衣上，言尋瘞鶴銘。雷轟殘石黑，雨剝蘚苔青。椎搨生寒霧，摩挲看曉星。紛紛好事者，猶為擬全形。

其四

覽古分周漢，題名讀宋元。銅顏何載造，崖缺幾人存。幽鳥鳴山曲，小桃臥竹根。當前真骨董，人盡不能言。

十八　述祖德堂

其五

絕頂一亭立，飛帆四面浮。烏雲吞落日，白浪擁層樓。勢壓千峯壯，門迎萬里流。恍疑天路近，更欲上攀遊。

其六

徑險蒼苔滑，山僧傍我身。鷹飛如送客，潮上欲留人。指點尋歸路，蒼茫更問津。挂帆趁漁舫，載得一江春。

廿九日，泊和州之梁山下，即天門山，李青蓮所稱天設之險也。先生著屐登山，造其絕頂。山下設遊擊一員以備守禦。四月初一至蕪湖，與舊友陳默齋晤敘片時，初

三日過銅陵青陽二縣境望見九華山奇峯林立青矗
天表初七日過太子磯候風作四絶句
祈神禱慆雨無功日日磯邊候轉風若肯回頭輕撥
棹一帆直到海門東
去秋東下江南路千里黄流一日分順逆總憑旂脚
轉人生須早得風雲
十四日朝過湖口至九江遥望廬山青蒼不斷先生欲
遊不果僅賦二詩云
朝發潯陽江遥望香爐峯百里連青蒼千巖勢龍嵸
境幽罕人接雲迷訝天通奔悅未能往亦足蕩我胸

十九

述祖德堂

其二
嘗讀石門詩渺若登靈闕想見諸道人拂衣步空碧
此事千餘年仙雲久隔絶惟有鮑參軍凌風幾探閟
宋鮑明遠集有登廬山及香爐峯詩
十七日順風行百八十里過黄州月色甚明因泊舟城
下弔東坡先生云
東山初上月江水自中流赤壁固無恙雪堂猶在否
孤舟留枕席人世總浮游兩賦傳千古光芒射斗牛
十八日始抵武昌省城計自吴門至此凡二千二百餘
里是時剿州紮㳂之役尚未竣工而皇木案發督撫

兩司皆驚惶無措連接奉
廷寄十六次臬司李天培已定罪發新疆皆和相一人之力
也事既平適值和相于八月間四十生辰畢公始備禮
物而賦壽詩十首序一篇將寄京為相國壽因命先生
繕小册先生笑曰公豈欲以是册載于冰山録中耶公
默不語乃笑曰予言是也即焚其詩先生在武昌百餘
日旋以事返吴門經理刻帖之事八月十日先生將回
江南方子雲洪稚存徐朗齋諸君餞于黄鶴樓吹笛賦
詩月出而罷
倚樓横笛未成音雲影飛來似有心黄鶴不歸雲不

二十

述祖德堂

去一詩傳誦到如今
晴川閣上月初瓌鸚鵡洲邊對別顔惟有大江流日
夜不知何處是鄉關
是歲五月廿九日先生長子曰奇生八月初九日午中
先生拜别畢公出文昌門登舟有署中輕薄少年約遊
漢口暢飲于青樓家者先生遂開帆而行不過也初十
日晨過陽羅未一時而至黄州遥望東坡所遊赤壁遺
趾惟存荒亭竹木而已十三日早飯罷過九江關行二
十里以風阻不得行天氣甚熱泊新港十四日四更起
大東北風舟師驚呼天明益急而鄰舟數十有下鄱陽

原書缺葉

梅溪先生年譜

（清）胡源 褚逢春 編

《梅溪先生年譜》一卷，（清）胡源、褚逢春編，清道光刻本。

譜主錢泳（一七五九—一八四四），初名鶴，字立群，號梅溪，無錫人，錢氏三十世裔孫，屬堠山支。國子生，候選布政司經歷。科舉失利，歷游楚、豫、浙、閩、齊、魯、燕、趙之間，爲畢沅、秦震鈞、張井等大吏上客二十餘年。客京師，爲成親王永瑆所知。交遊甚廣，與王昶、翁方綱、章學誠、洪亮吉、孫星衍、包世臣等學者均有往還。喜金石文字，工書善畫，一生以訪碑、刻帖、著述爲事。手書碑版幾遍江浙，後又傳向朝鮮、日本、琉球等鄰近各國。至晚年，除對碑帖書畫樂而不倦之外，還開始關注農田水利。不僅刻印《三吴水利條議》、編寫《水學贅言》，還親身參與、襄贊河督治水。八十高齡猶向朝廷呈請『速修三吴水利，以盈國賦，以益民田』。錢泳著作閎富，有《履園叢話》、《熙朝新語》、《錫山補志》、《守望新書》、《鳳仙花譜》、《吴越錢氏傳芳集》、《述德編》、《登樓雜記》、《梅花溪詩草》、《履園文集》等數十種存世。

胡源，字左君，安徽蕪湖人。錢泳弟子。

褚逢春（一七八七—？），字錫庚，又字仙根，江蘇長洲人。貢生，錢泳弟子。工詩古文辭，隸楷並渾厚秀潤。性介，律己甚嚴，而不露圭角。著有《行素齋集》、《清籟閣集》、《煙草録》等。

本譜叙事起自乾隆二十四年（一七五九），前述譜主先世，止於道光二十四年（一八四四）。該書爲譜主弟子所編，記譜主交遊、刻石、訪碑等，尤詳於著述。譜後有譜主之孫錢榮慶題識，補記譜主晚年情況。

本書據清道光刻本影印。

（朱　剛）

梅溪先生年譜

受業門人 蕪湖胡 源 同訂
長洲褚逢春

先生姓錢氏名泳字立羣號梅溪初名鶴改今名金匱泰伯鄉人吳越武肅王三十世孫也武肅王有子三十八人其第七子曰元瓘功最多諸將以爲賢立之是爲文穆王文穆王有子十八人世子傳早卒次子佐立是爲忠獻王立八年薨再立其弟倧爲大將胡進思所廢迎立其弟台州刺史俶是爲忠懿王起復爲安時鎮國崇文耀武宣德守道中正功臣天下兵馬大元帥吳越國王宋太宗太平興國三年王入覲京師請歸國土詔可於是所部十三州八十六縣五十五萬七百戶一十三萬五千兵暨民籍倉庫盡歸朝廷而錢氏合族三千人亦歸汴京忠懿王入朝十一年薨改封秦國王子八人其第七子曰惟演祥符天禧間累官至開府儀同三司檢校太傅同中書門下平章事景祐元年薨封英國公謚文禧文禧公生台州刺史暄贈太師冀國公暄生駙馬都尉景臻贈太

師彭城郡王果贈會稽郡王駙馬公生德慶軍節度使愐晉秦國公咸寧郡王隨宋南渡避地台州愐生江南東路轉運使端瑪端瑪生筠筠生顯祖顯祖生迪三世俱以世蔭迪字尙父以理宗寶慶元年由台州遷吳興未幾又遷無錫梅里鄉之緱山是爲無錫始遷祖迪生江東節幹使致謙致謙生伯乙伯乙生缶缶生均輔均輔生祐祐生謙謙生時高時高生鍾秀鍾秀生起元起元生尊古尊古生艮艮字易直嘉靖初由城贅於泰伯鄉之浦家巷爲遷鄉第一代祖易直生森森生爊爊生安國安國生集選集選生成基成基生四子次曰鉞字錦山卽先生父也

乾隆二十四年己卯先生一歲

乾隆二十五年庚辰先生二歲

乾隆二十六年辛巳先生三歲

乾隆二十七年壬午先生四歲

乾隆二十八年癸未先生五歲姊氏敎之未匝月已識三千餘字誦國風一卷是年四月錦山先生偶他出先生忽據几而坐持筆作十餘字如素習者中有和字

書爲咊錦山先生見而奇之曰和字古體本可作咊
也遂自訓焉
乾隆二十九年甲申先生六歲
乾隆三十年乙酉先生七歲
乾隆三十一年丙戌先生八歲
乾隆三十二年丁亥先生九歲
乾隆三十三年戊子先生十歲
乾隆三十四年己丑先生十一歲五經四子書讀畢習書
法日數十紙旁及篆隸兼好寫生

乾隆三十五年庚寅先生十二歲
乾隆三十六年辛卯先生十三歲始學爲時藝及五七言
詩
乾隆三十七年壬辰先生十四歲始應縣府試其年秋遊
虎邱得漢魏碑十三通朝夕臨模遂工漢隸
乾隆三十八年癸巳先生十五歲作驅蟻檄典雅可觀
乾隆三十九年甲午先生十六歲
乾隆四十年乙未先生十七歲又赴縣府試六月赴院試
不售先生自五齡入塾十有餘年皆錦山先生自課

未嘗出就外傅其年秋始遇鄉先生前任貴州按察
使金公祖靜於虎邱之悟石精舍愛先生英發收爲
弟子與諸公子同塾金公嘗命諸公子賦瓶菊詩先
生分得堂字韻有句云寄人籬下非長策喜帶新霜
入畫堂爲金公所賞是年冬錦山先生爲先生聯姻
小西莊華氏舊族也
乾隆四十一年丙申先生十八歲是年金公卒先生始館
蘇城閶門外之咸寧街潘氏本舊戚也
乾隆四十二年丁酉先生十九歲寓蘇城范莊前姚氏書

樓與韓梅坡敏吳秋村三錫蔣香涇 毛意香懷
聞過庭詩沈星槎敏來顧少卿曾七人相往來遇鹿
裘道士黃君學琴是歲十月二十五日爲母夫人華
太安人六十稱觴
乾隆四十三年戊戌先生二十歲館蘇城碧城坊巷張氏
是年二月十九日錦山先生爲先生授室
乾隆四十四年己亥先生二十一歲寓蘇城申衙前石榴
亭益肆力于隸古之學遂將顧南原隸辨深考並收
羅漢魏諸碑頗多是年十二月華夫人生一女名之

日如玉

乾隆四十五年庚子先生二十二歲館蘇城元妙觀前張氏

乾隆四十六年辛丑先生二十三歲館蘇城雙林巷郭氏

是年九月十八日爲錦山先生六十稱觴

乾隆四十七年壬寅先生二十四歲仍館郭氏始與內閣協辦侍讀潘榕皐奕雋定交

乾隆四十八年癸卯先生二十五歲仍館郭氏始與韓旭亭贍公是升蔣香洲刺史耀宗彭尺木進士紹升陸謹庭孝廉恭定交是年作詩始存稿

乾隆四十九年甲辰先生二十六歲館蘇城蒲林巷陸氏

時歙縣鮑綠飲廷博烏程陳無軒焯海鹽張芑堂海昌吳槎客騫至吳門皆與先生爲忘年交

乾隆五十年乙巳先生二十七歲仍館陸氏是年八月先生偶于無意中得

國初徐武子雙鉤熹平石經殘字於古書中計五百餘字親自刻石三月而成遂搨數百本散布通經之士後北平翁覃溪閣學方綱重摹于南昌府學長白李曉園太守亨特重摹于紹興府學王蘭泉司寇昶收入金石萃編而如皐姜氏吳門劉氏亦有模本皆從先生初本重摹從此流傳海內海內士大夫見者莫不知先生名欽爲博雅好古之士也

乾隆五十一年丙午先生二十八歲仍館陸氏是年秋爲河南巡撫畢公沅用蠅頭小八分書

御製淮源記一篇刻于端硯之腹以爲貢進

奏進稱

旨公喜欲辟先生爲掌書記先生以父母年高不果行

乾隆五十二年丁未先生二十九歲館蘇城臥龍街徐氏

始與汪竹香孝廉元亮定交不數月而畢公聘書至先生始辭館赴汴梁九月啓行十月到開封至巡撫節署時同在幕中者爲吳竹嶼泰來孫淵如星衍洪稚存亮吉章碩齋學誠馮魚山敏昌方子雲正澍凌仲子廷堪徐閬齋嵩皆一時名宿也

乾隆五十三年戊申先生三十歲在河南巡撫幕中爲畢公校勘所著中州金石記七月畢公擢兩湖總督卯日啓行先生獨留署中檢點書畫文籍金石碑版者

十餘日八月由黑岡口乘黃河船而東下過徐州游戲馬臺謁亞父墓上雲龍山九月抵吳門爲畢公選刻晉唐宋元諸墨跡署曰經訓堂帖

乾隆五十四年己酉先生三十一歲二月畢公在湖北有書至先生即于三月啓行至丹徒遊焦山過和州登天門山造其絕頂四月抵武昌省城是年八月適值和相四十生辰畢公賦壽詩十首序一篇將寄京師爲相國壽命先生繕小冊先生笑曰公豈欲以是冊入冰山錄中耶公默不語乃笑曰子言是也即焚其

年譜　七

詩先生在武昌百餘日旋以事返吳門八月十日方子雲洪稚存徐朗齋諸君餞於黃鶴樓吹笛賦詩月出而罷十六日至湖口縣謁陶桓公祠登嵩壽山入竹林菴下山換小舟遊石鐘山登觀音崖探黃龍洞登舟更游普陀菴登懷蘇亭讀東坡石鐘山記壁上題名甚多其王文成一題在白雲洞之上文云正德庚辰三月丁未都御史陽明王守仁獻俘白南都而還登此叅政徐蓮同行凡四行又有五言詩一首讀畢而下仍乘小舟循石壁行其石秀削如鐫夾一小閣奇險欲絕先生嘆爲觀止二十二日至蕪湖遊陳岸亭明府　長春園坐剝蕉亭聽西賓汪藹之彈琴二十四日泊烏江謁項王廟三十日至京口登金山寺入裴公洞汲中泠泉從玉帶橋而返九月六日回抵吳門是年閏五月二十三日先生長子　日奇生

乾隆五十五年庚戌先生三十二歲往來吳門二月十四日偕王夢樓文治潘榕皋暨其弟雲浦奕基張芝原復純遊畢秋帆尚書靈巖山館修禊日又同彭尺木

年譜　八

潘榕皋張東畬　郭菀雅鐵圻陸謹庭集秋帆尚書樂圃觀所藏法書名畫彈琴賦詩暢飲終日

乾隆五十六年辛亥先生三十三歲二月初五日啓行將由金陵而至蕪湖初十日到金陵謁袁簡齋先生枚於小倉山房十九日至蕪湖寓岸亭明府長春園觀所藏金塗塔搨其文以歸加之考訂輯成一冊八月應紹興府知府李公亨特之聘修郡志

乾隆五十七年壬子先生三十四歲在志局補秦始皇會稽石刻又據洪氏隸釋補漢熹平石經模本並置郡

學宮之尊經閣下至上望坊謁武肅王廟見其殿庭
摧敗謀諸太守李公得銀二千七百兩有奇興工重
建四月自紹興歸帥有都門之遊過濟寧謁黃小松
司馬易于運河廳署見蓬萊閣本石經殘碑及舊搨
漢涼州刺史魏元丕幽州刺史朱龜廬江太守范式
三碑皆海內罕有至濟寧州學觀漢碑碑在戟門內
兩側忠惠父魯君北海相景君尉氏令鄭季宣三碑
西向立執金吾丞武榮郎中令鄭固廬江太守范式
三碑東向立又進明倫堂觀鄭固碑下截殘字及孔
子見老子畫像旋登太白樓遊南池訪浣筆泉至濟
南遊大明湖觀趵突泉試茶謁翁覃溪閣學於貢院
觀元四家天冠山墨蹟並新得山左諸碑約數十種
六月抵京同孫淵如遊陶然亭尋遼壽昌二年石幢
同滄州張桂巖　遊
圓明園至虎圈觀虎至象房觀象十月出京十一月回
抵錫山

乾隆五十八年癸丑先生三十五歲前任紹興府知府李
公調任杭州有書相招遂至杭州遊西湖謁文穆王

忠獻王墓已為郡人吳江兩姓所佔白諸太守立石
而去時先生將為象山之遊遂渡錢塘過曹娥至餘
姚登歸勝山謁王陽明祠由陝山渡海而抵象山謁
象山有前明刑部尚書錢公塘其子孫至今蕃盛先
生投刺訪之自此往來無虛日遊石屋為題八景刻
諸崖石是年四月錢倉地方守卒報有巨船三隻停
泊大洋時海盜未滅恐是蔡牽之舟一時象城文武
官屬並至海上果見三船遂乘小艇下海查詢始知
是西洋暎咭唎國入貢船到矣其船凡三十六丈寬
八九丈船頭有大銅炮三座兩旁有小銅炮七十二
座帆檣九株每船計坐二百餘人其正貢使一人曰
嗎嘎嘛呢副貢使一人曰嘶噹嗹總兵官一人曰本
生又副使子一人曰哆嗎嘶噹嗹其餘隨從三人共
計五十八人而水手雜作不與焉所貢禮物計十九
件及閱其表文貢單俱俚鄙不堪卒讀也秋自象山
歸里病者累月九月二十九日先生次子日祥生

乾隆五十九年甲寅先生三十六歲正月吳江兩姓子孫
訟于官欲毀所立石先生告之布政使田公文龍巡

撫吉公慶委錢塘縣知縣鄧雲龍入山往勘久不決
會西湖表忠觀擢額先生又呈之當事並札致諸宗
人因得藩運二庫贏餘銀二千兩宗人福建按察使
壽椿助銀一千兩俱交杭州府知府李公監其工四
月工始興李公即命先生理其事先生以正殿不甚
軒敞升高三尺重搆
御書樓三楹堂前兩側添建碑房六間其左取紹興間所刻
之蘇文忠大字表忠觀碑重立之其右列明嘉靖間
太守陳柯重模本殿之兩旁增設畫廊三十六間工
既成至八月二十四日乃邀諸宗人設奠行禮撫軍
方伯都轉太守畢集惟是祠工既竣而歲修乏費先
生又謀諸撫軍於掩骼埋胔項內酌撥銀六百兩發
商生息每年按春秋二季交錢氏子孫自行修理是
年浙江鄉試三場策問問及鐵券金塗塔通場鮮有
對者先生爲輯鐵券考二卷金塗塔考二卷北平翁
覃溪先生南康謝蘊山先生啓昆序之十月有福州
之行一路山川奇詭頗爲暢遊十二月抵福州遊九
仙山烏石山訪野意亭丹井醉石杏壇諸勝皆無有

存者
乾隆六十年乙卯先生三十七歲在福州三月浴于溫泉
謁瑯琊郡王王審知廟重遊烏石山觀唐李少溫篆
書般若臺三大字進石塔寺上堅牢塔觀僞閩王延
禧宮嬪眷屬題名四月返杭州五月爲浙中諸宗人
修譜兼尋先世墳墓六月譜刻成遂歸錫山八月二
十四日先生父錦山先生壽終年七十四歲
嘉慶元年丙辰先生三十八歲館杭州督糧道張公映璣
署中至杭州府學觀宋高宗御書石經已不全僅存
八十七石先生嘗立志仿漢熹平石經體寫孝經論
語大學中庸刻石
孔陵卽於是時始也
嘉慶二年丁巳先生三十九歲館兩浙轉運使秦公震鈞
署中
嘉慶三年戊午先生四十歲仍館兩浙轉運使署中三月
將赴京師至淸江聞太安人病先生星夜回家奉侍
一月而愈九月聞阮雲臺閣學元已擢禮部侍郎將
還京師先生遂于十月初旬到揚結伴同行十一月

抵京
嘉慶四年己未先生四十一歲在京師有禮親王鄭親王
成親王皆能詩好文墨聞先生名介法時帆祭酒 式善
召先生及汪劍潭 端光 王惕甫 芑孫 集于惠園惠
園者鄭邸也先生在惠園盤桓三月同時有貝郡王
亦邀先生至西府與吳門舊友蔣香度 廷恩 同在府
中相聚數日餞王南下舟中無事以蠅頭小楷縮臨
有唐一代之碑分爲十卷是年正月初三日辰初驚
聞

太上皇帝賓天之信初八日先生偕陳雲伯 文述 詣庶常館
拜同鄉蔡公 維鈺 兼至高麗館看朝鮮貢使車行過
刑部衙門但見人民擁擠約有數千回顧西長安門
外步軍統領白袍鵠立挂刀佩劍者亦數百人不知
何事僉云和中堂福六大人有
旨俱交刑部矣十八日先生獨僱一小車出宣武門則馳道
肅清居有頃行人如故則聞和相
賜帛獄中矣
嘉慶五年庚申先生四十二歲正月初八日恭迎華太安
人從金匱泰伯鄉舊居遷于常熟釣渚渡之新居三
月從水路入京師五月抵京晉謁諸王相得甚歡留
一月而歸
嘉慶六年辛酉先生四十三歲在家奉母閒至揚州是年
二月先生長女歸于蕩口鎮國學生華 禮達 子 培基
嘉慶七年壬戌先生四十四歲在家奉母是年八月泰伯
鄉有賊丐華林小朱等七人爲頭目結黨橫行居民
受其荼毒先生告之金匱縣知縣張某久之不報時
前任杭州府知府李公已擢江蘇按察司使先生因

上書狀其事批發常州府知府聽某提訊得實兼供
有殺死人命等案遂定華林斬小朱絞餘黨分別治
罪一方稱快
嘉慶八年癸亥先生四十五歲在家奉母
嘉慶九年甲子先生四十六歲在家奉母
嘉慶十年乙丑先生四十七歲先是九年八月成親王奉
旨刻詒晉齋帖至是復欲續刻京師故人咸薦先生先生遂
于二月間束裝北上三月抵京爲成親王雙鉤詒晉
齋帖十六卷巾箱帖四卷又有戶部右侍郎劉公 鐶

之亦奉

旨刻劉文清公清愛堂帖先生又爲雙鈎幾至日無餘暇八月始回南命工勒石

嘉慶十一年丙寅先生四十八歲在家奉母兼命工勒詒晉齋清愛堂帖至八九月間始告成是時海內工書者莫不以成王爲正宗購之如獲至寶而文清公帖亦流播藝林自此書學大興至於朝鮮日本琉球諸國亦欲得片縑以爲重也

嘉慶十二年丁卯先生四十九歲在家奉母是年十月二十五日爲母夫人華太安人九十稱觴即于前一日爲長子日奇娶婦李氏太學生端本女也

嘉慶十三年戊辰先生五十歲在家奉母二月奉母命往杭州天竺進香謁文穆王墓爲作石冢以垂永久九月北遊至山東于費縣二門得唐天寶年古井記爲山左金石記所不載又爲題寫季桓子井及曾哲墓碑渡泗水謁孔陵至曲阜進西華門拜謁孔子殿庭觀夫子手植古檜至同文門觀漢魏六朝唐宋諸碑十月入京與諸故人相聚十數日即出京

嘉慶十四年己巳先生五十一歲在家奉母二月有京師故人相招遂于三月啓行四月抵京寓齋適與翁覃溪家相近朝夕往來談論金石圖書之學或不能時見則以書札問答至數十函之多七月移寓澄懷園之近光樓爲英煦齋相國和鈎模松雪齋帖六卷先生在園盤桓二十餘日即束裝南下八月回抵虞山是年十二月十日爲次子日祥娶婦席氏太學生甫女也

嘉慶十五年庚午先生五十二歲在家奉母先生有族弟名鋒號槃溪居郡城之閶邱坊有小園曰息園案府志舊有吳越武肅王第六子廣陵郡王祠今已廢槃溪欲爲廣陵立廟而先生以爲宜立武肅王祠以廣陵父子配享蓋廣陵有子曰文奉冀鎮吳中有功德于民者也槃溪然之遂具呈于布政司使慶保詳之巡撫下蘇州府知府治其事是年六月二十八日華太安人壽終年九十三歲十二月先生奉太安人靈柩與先生父錦山先生合葬于西莊橋之祖塋

嘉慶十六年辛未先生五十三歲祠工既興而槃溪往太原先生爲監理先是廣陵郡王有墓在吳縣之南橫山爲廣東嘉應州軍犯張姓所佔王嫡支子孫遠居浙江之象山縣鞭長不及先生奮然呈諸當事命張押遷重築冢封且爲表著著山中實相寺僧看守而祠工亦落成八月先生長孫女生九月長孫慶棨生

嘉慶十七年壬申先生五十四歲爲宗人修譜始著吳越新書

嘉慶十八年癸酉先生五十五歲先是先生隸書孝經論

語大學中庸各爲刻石因論語字多未完至是阮雲臺侍郎爲漕運總督設法致銀四百兩刻成之暫置揚州府學明倫堂四月從釣渚渡還于常熟翁家莊之新居相傳爲

國初翁司寇叔元之別墅也九月至吳興尋墨妙亭無片石存者

嘉慶十九年甲戌先生五十六歲二月高郵州知州馮公馨聘修州志十一月志書成返櫂遇故人福建巡撫王公紹蘭于秦郵同舟渡楊子江遊焦山時先生新得宋徐鼎臣所臨秦碣石門刻石舉視王公王公欣然重模於焦山之海西菴金石家傳爲盛事是年五月先生次孫慶榴生

嘉慶二十年乙亥先生五十七歲來往吳門

嘉慶二十一年丙子先生五十八歲來往吳門五月故人海州知州師公亮采約爲雲臺之遊遂由淮陰渡黃河而至朐山七月同唐陶山觀察仲冕陳雨峯黎將階平王仲瞿良士許石華喬林兩孝廉連袂入山略觀大意九月別師公復入山暢遊宿鬱林觀登東巖

觀唐人崔　石刻記搨其文以歸至三元宮觀明慈聖太后所賜繡幡玉帶并墨敕金像登清風頂看臥松沿海探漁灣隔峯諸勝至孫家山訪蕭望之釣臺觀隋開皇間人題名渡海至鷹遊島宿鎮海寺者二日仍渡海而回所至皆刻題名于石壁以紀勝遊是年十一月先生三孫慶椿生

嘉慶二十二年丁丑先生五十九歲來往吳門爲齊梅麓明府彥槐刻松雪齋續帖六卷三月至吳興探峴山道場歸雲諸勝刻吳興帖四月先生次孫慶榴殤

嘉慶二十三年戊寅先生六十歲正月二十八日丙子日
奇日祥 爲先生稱觴先生作感懷詩十首和者數十
家
嘉慶二十四年己卯先生六十一歲江蘇糧儲道斌公良
延先生入署縱觀商周鼎彝及宋元名人書畫囑先
生聚集趙董兩家墨蹟爲抱沖齋帖十二卷時揚州
鮑讓齋觀察崇城亦以先生所臨縮本唐碑入石是
年十二月先生次孫女生
嘉慶二十五年庚辰先生六十二歲二月初六日丙子日
奇日祥 爲華夫人六秩稱觴四月初六日華夫人卒
八月納妾史氏
道光元年辛巳先生六十三歲往來揚州始將所刻孝經
論語大學中庸共計一百二十八石從揚州移置蘇
州郡學立于明倫堂後敬一亭揚州阮相國南城會
中丞煥皆有題記是年五月先生四孫慶端生
道光二年壬午先生六十四歲二月將至揚州聞京口運
船擁塞遂從福山渡海至通州遊狼山及珠媚園至
如皋遊汪氏文園遂抵揚州時鮑氏刻縮本唐碑尚

未竣先生時爲檢點遊平山堂訪桃花菴與主人丁
百川小敘至儀徵有巴氏昆弟築墓廬曰樸園樸臺
池館秀甲淮南請先生往遊並求題署因於諸名士
未經品題外又得十六景名系一詩刻石園中九月
至金陵旋返是年冬縮本唐碑告成凡三十二冊京
師諸公聞之莫不欲先覩爲快一時爲之紙貴是年
刻枕中帖七月先生五孫慶相生
道光三年癸未先生六十五歲將爲天台之遊二月初六
日啓行至杭州拜表忠觀渡錢塘江至蕭山訪前任
福建巡撫王公紹蘭於私第至紹興登臥龍山觀唐
人題名移舟至觀巷訪青藤書屋遂遊蘭亭十六日
與祭上望坊武肅王祠是日爲王誕辰也渡曹娥江
泛剡溪抵嵊縣至新昌之南明山謁寶相寺讀文禧
公所撰寶相寺碑文至護國寺命一僧導至鳳皇山
會稽郡王墓下越日命山僧備祭禮拜於墓下尋桃
源洞遊方廣寺看石橋瀑布至桐栢宮訪司馬子微
故蹟上華頂留宿拜經臺次日下山至國淸寺遂由
淸溪出山二十九日至白雲山拜會稽郡王祠三十

日至白石山下先生宗人永興家觀唐昭宗賜鐵券并五王遺像忠懿王墨蹟遂返嵊縣至紹興同宗人雲亭 匊之輩入山尋忠遜王墓移舟謁禹陵南鎭渡錢塘仍至表忠觀拂拭殿庭檢點祭器錢塘諸故人聞之咸來相問遂往餘杭遊洞霄宮求唐宋諸賢碑刻皆不可得遂取路過大竹嶺至臨安拜武肅王墓墓在縣治之左後坐安國山今名太廟山前對功臣山上有一塔爲文筆峯錦溪環其前苕溪繞其後衆水環流萬山朝拱左右有龍虎兩沙儼然一大地也遂回杭州由西湖過慈雲嶺拜文穆王墓觀後晉天福間所立神道碑碑已傾側先生欲爲重樹作護碑圖以自寄遂從清波門以歸計自蘇啓行轆轆于道途者四十餘日先生嘆曰先武肅王以布衣提三尺劍鎭十四州保民立國傳子及孫至忠懿王順天納土澤及雲礽功德著于史冊自古莫有倫比故國家有祀祭之典官吏有防護之冊爲之子孫者豈忍聽其蕪廢不治漠然置諸不問耶乃歸家商于諸宗人皆曰唯唯顧是年三吳大水農田不登其冬復大

飢餓莩載道顧望嗟吁因而中止閒居無事搆得族祖庸亭太史三吳水利條議一卷刻之自序其上又翻閱前人著述有條議所未盡者輒錄數則彙于一帙分十二篇名曰水學贅言呈之當事識者韙之是年四月先生自營生壙于宛山

道光四年甲申先生六十六歲往來吳門八月重遊靈巖山館至明瑟園拜畢秋帆尚書墓

道光五年乙酉先生六十七歲八月有南潯宗人名濬者聞先生有志修天台祖墓先以八十金爲倡爰是族中亦踴躍勷助共得二百金先生又自措百餘金至天台護國寺經營工作翦荆棘闢草萊石室墓門次第修整其郡王以下凡六七世皆葬天台據寶通族譜所載有三十六家大半湮沒僅就所知者而修治之如瀘州軍節度使榮國公忱德慶軍節度使咸寧郡王恤資政殿大學士忠肅公端禮浙西安撫使鄭國公箭觀文殿大學士忠靖公象祖諸墓亦立碑表志高其冢封凡四十餘日而還是年重建西莊橋落成詩以志喜并記

道光六年丙戌先生六十八歲在家輯履園叢話二十四卷是年十月往嘉善爲周又山觀察（以煇）選刻其尊甫山茨先生手書諸帖署曰仁本堂帖繞道嘉興訪先生宗人恬齋方伯（昌齡）於里門是年七月先生三孫女生

道光七年丁亥先生六十九歲九月病外症飲食不進者二十餘日枕上賦詩有庸醫未必皆三折厲鬼何煩載一車之句遂不藥而愈十二月十九日韓桂舲尙書爲蘇文忠公作生日會同座者十二人即席賦詩傳爲韻事

年譜

道光八年戊子先生七十歲正月二十八日丙子（日奇日祥）爲先生稱觴先生效文待詔八十稱觴故事悉以舊時臨模諸帖裝成卷册分贈親友二月與祭惠山宗祠宗人得祠前餘地欲重建祠門先生爲募諸忠獻忠懿兩支子孫之居錫山者得千金不半月而竣事先是有南河河督張公（井）素重先生名屢書招致先生乃于是年三月赴淸江節署張公館先生於署西偏之澹園花石盈庭池臺競勝暇輒與幕中諸公探討河務先生以爲河之入淮始于漢元光中至太平興國咸平天禧熙寧之間而益甚然皆由澶濮曹鄆以入淮泗至金之明昌五年河決陽武亦由濮范鄆城至張秋南北分流入海其後又由蘭陽曹單蕭碭以入淮元明以漕運故漸引河而南今則河淮相連黃强淮弱輒爲倒灌倒灌旣久湖身日高湖身日高湖水日益汎濫故築高家堰以禦之而高堰地勢實高于運河一丈二三尺故不得不開五壩以蓄洩之五壩旣開則高寶諸河汎濫必至漂没田廬又不

年譜

得不開高郵以下南關車邏昭關諸壩放入下河使由泰興興化鹽城阜下之區以入于海而下河又受其害矣此河淮爲患之大略也蓋治河固難治淮亦難河淮並治而兼之濟運尤難之難者也古之治水者河是河淮是淮濟運是濟運未嘗並行故自元明以前河淮皆無大患今則不然譬諸兩客强項同居一室勢必咆哮攘臂累及主人若不早使分開必至釀成大案欲求不決豈可得乎前人或論河決之患患在築隄而防之此說良是蓋古之治水不過疏瀹

決排今之治水全仗修防堵築疏瀹決排順水性也修防堵築逆水性也故防之而愈決然則不修防不堵築而河淮遂不決乎曰不能也自漢塞宣房賈讓三策已開其端至元明而其弊日積日深日防日壞今之所謂隄埽謂減水謂禦黃謂引河謂放汚謂倒塘者皆一時權宜之計並非千年鞏固之法如欲千年鞏固必使黃河由（此處遺失草稿一頁無從臆度承重孫慶榮識）以九河故道而言適符古舜禹厔隆之治以

本朝形勢而論實固我

國家畿輔之嚴從此乾坤定位河海安瀾三省之民均滋樂利雖一夫千慮之愚衷而實萬世無疆之休福也是年刻學古齋四體帖又爲張公（井）刻澄鑑堂帖秋重修歸鶴菴落成有記

道光九年己丑先生七十一歲二月自清江回抵虞山有鄉人涉訟累及先生訟延半載八月乃結先生戲作涉訟詩六首一時傳爲佳話旋至清江留節署度歲是年三月先生長孫女于歸常熟候選布政司理問驄王南溪（錫光）子國學生秉成八月先生四孫女生

道光十年庚寅先生七十二歲在清江節署閏四月返櫂虞山五月至虎邱謁道輪上人始見所謂虎邱古鼎者先生搨其銘文以歸加之考訂定爲吳王時物一時名宿皆有詩八月又至清江十二月回虞山度歲

道光十一年辛卯先生七十三歲二月同族弟（懋溪）往杭州閒表忠觀新修落成十六日與祭遂省文穆王墓於龍山之陽至臨安省武肅王墓適逢春祭遂與諸宗人小敘亨堂談及縣工房張姓盜伐墳樹事遂與（懋溪）在墓前相度形勢慨然有修墓之志四月仍至

清江八月返櫂虞山十月爲長孫（慶榮）娶婦華氏國子生（國輿）女也是月先生第三子（日壽）生十二月仍至清江留節署度歲

道光十二年壬辰先生七十四歲二月自清江返櫂虞山四月往嘉善是年吳越新書始脫稿始將履園叢話發刻九月先生三孫（慶椿）亡

道光十三年癸巳先生七十五歲二月與祭惠山宗祠與諸宗人議及重修臨安武肅王墓事遂與族弟（懋溪）輩往浙江諸宗人家勸捐旋返虞山八月與祭惠山

宗祠九月至臨安武肅王墓估工旋返十一月以修
墓事又至杭州十二月回抵虞山度歲是年三月先
生曾孫邦寶生十二月先生六孫慶錩生
道光十四年甲午先生七十六歲三月先生將往臨安先
至杭州拜表忠觀四月初七日到臨安武肅王墓即
于次日動工監督工程築牆立碑凡六十餘日始畢
事遂回表忠觀時先生家中以久不得信息長君日奇
已尋至平望幸與先生相遇遂同歸虞山消夏八
月與祭惠山宗祠又與祭郡城息園宗祠

年譜　毛

道光十五年乙未先生七十七歲二月偕族弟懋溪雲槎
姪佩之芳杜暨長子日奇等往臨安省墓兼重立五
王栗主以正舊時之謬十五日到墓致祭是日飯罷
出南薰門過錦溪謁開化寺即武肅王誕生處也寺
後有山曰功臣山山頂有功臣塔爲武肅王還鄉時
與諸將論功大享里中父老之處遂觀婆留井由干
人溝取路西行至淨度寺摩挲普光禪師碑登石鏡
山以歸是年八月先生又以錢塘臨安紹興三處墳
墓事致書浙江布政司使錢公寶琛錢公答書云昨
奉到手書曷勝欣慰承諭云云正皆琛應辦之事乃
蒙獎飾過分祇誦之下感愧難名謹將來示揭諸座
右視乎力之所及次第修舉以冀補苴幸何如也是
年冬即有
欽差都察院左都御史總理海塘事務吳公椿工竣還
朝臨行時指庫款銀百兩留交錢公而去于是巡撫烏
公捐紋百兩按察使劉公捐紋六十兩兩浙鹽運使
王公捐紋八十兩糧儲道桂公捐紋六十兩杭嘉湖
道寶公捐紋八十兩寧紹台道周公捐紋五十兩金

年譜　弍

衢嚴道德公捐紋五十兩以上共合洋銀七百三十
圓又山陰縣知縣朱公捐洋銀五百元而錢公爲吳
越後裔獨捐洋銀六百四十圓計共洋銀壹千八百
五十三元錢公即將所指之項移修紹興上望坊武
肅王祠而將臨安之墓另委知縣馮雲祥辦理
道光十六年丙申先生七十八歲正月至臨安省武肅王
墓墓門之東爲臨安縣知縣馮公捐資又添一門東
西並列所有甬道瓦礫如山仍未去也遂渡錢塘江
至紹興府城之上望坊觀武肅王祠雖已修整而工

程不能堅固遂訪諸宗人細詢之知爲山陰縣知縣宋公寅誤委已革庫書王耀如所辦爲悵然者久之及入山至石傘峯瞻忠遜王墓地已清出四至界牌亦經釘定惟所立之碑不在墓前偏于東側不知何意而墓前叢冢壘若貫珠此四十年前所無也即換船出東郭門過繞門山至吼山一覽石簣之奇是夕即宿陶望齡讀書樓下夜半聽水中巨魚擊浪其聲訇然爲之不寐遂由曹娥過江而至上虞訪宗人前任湖北荆宜施道駿道光元年保舉孝廉方正玫一

敘親親之誼二君者深悉府城上望坊祠工爲宋公委託非人之故有札致先生云駿頓首梅溪二兄執事敬啓者昨日在話雨軒一晤諸聆教益所詢府城脩祠一事緣有他客在座未敢盡言玆特將原委一一爲二兄言之道光八九年間是祠已傾頹不堪至頭門二門兩廡大殿後殿俱經坍塌即武肅五王神像亦毀裂無餘郡紳丁方軒都轉見之爲之浩歎以爲先武肅王保障豐功不可泯滅緣此廟向係官辦並無歲脩銀兩亦無司事之人都轉先請前任廣東

按察使李君鐵橋作募緣啓慨然以千金爲倡擇日興工先將大殿建造左右兩廡亦陸續完備吾族中諸公聞之亦欣然捐助以佐都轉如吾虞邑各房計捐二百十六千文現有賬簿可據而諸暨江灶各房獨捐頭門木料工作嵊縣長樂各房亦捐一百五十千文後復捐二百千文買木料送祠中而郡城一支繼昌繼道兄弟等又捐造後殿兩廊并塐五王像所欠者二門之五間未起然木料已端正矣通盤計算不過再添三四百圓便可告竣不料都轉于十年九

月初十日仙逝家事紛紜遂停工作見者莫不傷懷去年冬聞本家藩憲以千金發與山陰宋公續辦宋公遂命已革庫書王耀如并長隨胡四主司其事因陋就簡不日成之而大殿兩廡儀門諸處至今尚是泥地未鋪磚也不特此也即所造之二門未打石腳庭柱四根已陷下四五寸許不日就坍可發一笑今春有人持來碑刻一紙是各大憲捐輸工料之數竟有一千八百五十三圓之多似除去續修數目外尚餘一千三四百餘圓竊念王耀如胡四等已將餘剩

銀兩倖吞不知宋公作何報消之法宋公旣獨自居
功而又將丁方軒都轉及本家各房所捐銀兩木料
一切抹殺以報藩憲是何心哉是以郡中人士咸爲
不平或擬上控撫憲或欲告之方伯洶洶之勢莫可
名言弟嘗與族人公議只要宋公分付王耀如將所
餘之一千三四百餘圓生出存典生息以作歲修不
特爲宋公解紛而是祠亦可垂久遠不知二兄以爲
何如耳專泐順候早安諸惟垂察不備驟頓首再拜

道光十七年丁酉先生七十九歲將遊天目又至臨安尋

海會寺已無存者入山過玉泉亭自欄干嶺至琅壁
橋望九仙靈瓏諸山過護龍嶺朱陀嶺遂至雨華亭
下再遊禪源寺宿焉越日至西方菴時先生年開八
秩步履如飛爲後生少年所不及顧猶以未上金仙
絕頂不能一覽仙人解石之奇爲之悵悵五月遊惠
山適張中丞諱巡廟許太守諱遠祠落成先生爲撰
楹聯碧井記八月重模漢四老神坐題字是年正月
先生次孫女于歸吳門曹州府濮州吏目雷蕉園燮
琛子邑庠生淩七月先生六孫慶錩殤

道光十八年戊戌先生八十歲正月二十八日丙子日奇
川祥爲先生稱觴先生有自壽詩二月至杭州遊西
湖七月刑部右侍郎浙江提督學院姚公元之還
朝路過錫山先生以舊交晉謁于皇甫墩遂謂之曰閣
下三十年來皆爲文學侍從之臣今作言事大臣矣
泳有一稟敬呈尙乞留神爲天下蒼生之福也其稟
呈曰

候選布政司經歷錢泳謹稟爲叩恩請
旨速修三吳水利以盈

國賦以益民田事竊職員生長田間深悉治水治田之
法今大江以南蘇松常鎭太四府一州及浙江杭嘉
湖三府之水全賴太湖蓄洩以灌民田而輸
國賦查太湖瀵港旣淤而三江之道亦壅僅留幹河枝
河爲利而亦日漸日塞蓄洩基難如在風調雨順之
年自不覺其爲害若一遇水旱便束手無策旱則赤
地千里水則大浸滔天不僅穀麥不登而桑麻花豆
亦由而減是以七府一州之民不能不仰望
聖躬籌畫疏瀹決排以期虞夏商周之治謹查道光四年

會經給事中朱爲弼御史郎葆辰程邦憲等先後奏
聞四月初五日欽奉
上諭給事中朱爲弼奏海口下淤壅塞請擇要修浚一摺上年江浙兩省夏秋雨水較多浙江之杭嘉湖江蘇之蘇松太倉均被水患據該給事中奏稱江蘇海口壅塞以致浙江上游均受其困現在劉河三泖俱已淤墊蘇松之水横趨泖澱浙西下流之水口爲先江蘇省各水所占遂至潰決四出田廬被淹嘉湖二府受患尤甚請趁水潦未降之時於劉河吳淞及附近太湖一帶確勘

情形大加疏浚爲一勞永逸之計事關兩省水道農田前據孫玉庭等奏籌措經費次第興辦經朕飭令查勘妥議具奏迄今未據奏到著孫玉庭韓文綺迅派幹練大員前往海口下游將何處急宜疏治何處可緩施工分段估計擇要疏挑其應如何籌款妥辦之處據實具奏欽此四月初六日又奉
上諭御史郎葆辰奏請修太湖漊港一摺浙江湖州七十二漊港引苕溪雪溪諸水入湖下游以達於海浙西三郡民田舍廬藉以常無水患據該御史奏稱漊港在烏程縣者三十八在長興縣者三十四近年以來流通者止十有二三淤塞者已十有七八如果港脈悉皆壅塞自應相度興修爲一勞永逸之計着交帥承瀛派委幹練大員勘估情形是否亟宜擇要酌修據實奏明辦理以疏壅滯而衛民生欽此四月二十二日又奉
上諭御史程邦憲奏請濬治太湖洩水要道一摺前據給事中朱爲弼奏請濬海口下游當經降旨飭孫玉庭等派員擇要疏濬又據御史郎葆辰奏請修太湖漊港亦飭帥承瀛委員勘估酌修茲據該御史奏稱太湖匯吳

之水全賴入水之口與出水之口一律疏暢若致力於海口下游而不去太湖淤墊雨水過多横決四出蘇松嘉湖諸郡俱受其害若專治湖州漊港又挾天目諸山之水奔注東來吳江一帶要口仍任淤墊入海不能迅速則蘇松之患滋甚是專治上游專治下游均未見有利益惟擇太湖洩水最要處所如吳江隄之垂虹橋遺愛亭龐山湖及隄西等處疏剔沙淤剷除蕩田令太湖東注之水源流無滯蘇松嘉湖諸郡可免泛溢吳淞劉河諸下流亦得藉資刷沙不致旋濬旋淤事關兩省水

道農田自宜合兩省形勢通盤算畫爲一勞永逸之計著孫玉庭韓文綺迅派幹練大員會同浙省確實查勘擇要疏濬並嚴立科條禁止栽種茭蘆及絕除插斷壅積泥淤等弊如查有土棍勾串吏胥及生監把持包庇將應行剷除蕩田刁捎留難串通朦混卽行嚴拿懲辦欽此欽遵在案仰見

聖恩浩蕩洼念東南凡百士民無不鼓舞歡欣共戴

堯舜生成之德嗣後雖有督撫大吏督同地方官不時修治而其中輕重緩急尙未洞明原委隨地施工譬如

人身治病當先察其受病根源必使氣血流通不至壅滯方能有效且購料選工亦要斟酌盡善誠如

聖諭專治上游專治下游均未見其利益可以一勞永逸也兹逢

都憲大人往來江浙自能目擊情形伏望恪遵

上諭入奏

彤庭給帑設官亟加修治則民田日益

國賦日盈豈特活東南數百萬生靈之命抑亦培養

朝廷億萬年富庶之源也頂

德上稟是年秋刻古虞石室記五卷并將家刻漢唐諸碑移置石室偕菴有隱居之志焉是年五月先生第二曾孫邦琛生九月先生長子日奇歿于家

道光十九年己亥先生八十一歲遊東西洞庭兩山先至東山遊翠峯寺觀悟道泉登莫釐峯遂至西山遊石公禪院題名石壁並採歸雲夕光林屋諸洞以歸四月往松江謁陳雨峯將軍有七省海道全圖并晏海水師諸書攜以奉贈將軍極爲嘆賞留宿署中者二十餘日

道光二十年庚子先生八十二歲在鎭江爲支午亭觀察豐宜修家譜是年十月爲五孫慶相娶婦滕氏國學生渭清女也十二月四孫慶端服闋爲娶婦施氏江陰學增生環宿女也

道光二十一年辛丑先生八十三歲在家檢點書籍其已刻者有會稽祠堂志二卷鐵券考二卷金塗塔考二卷銀簡考一卷晉碑考一卷蘇碑考二卷錢氏傳芳集一卷傳芳後集五卷水學贅言一卷守望新書四卷勸學巽言一卷古虞石室記五卷梅花溪詩草四

卷梅花溪續草三卷梅花溪紀遊詩二卷履園叢話二十四卷吳越新書三十六卷吳越新書續編五卷鳳仙花譜五卷（俱先生著）熙朝新語十六卷（先生與吳郡徐錫齡著）三吳水利條議一卷（先生族祖庸亭太史著）三墳金玉三卷（先生父錦山先生著）海外新書五卷（日本國物茂卿著）其未刻者有吳越新書後編若干卷錦城譚苑若干卷錢氏傳芳續集二十卷履園金石目六卷虎邱雜志四卷登樓雜記十二卷識字貫珠一卷說文識小錄一卷古虞石室續記二卷履園題贈集二卷蘭林集八卷（俱先生著）安安

先生詩集二卷（安安先生著）其未定者梅溪文稿若干卷綠窗女史若干卷汴梁福州天台洞庭天目雲臺淮南京口惠山遊記若干卷（俱先生著）碑帖已刻者詳寫經樓金石目中刻而未完者有縮模漢碑若干冊（先生書）是年又以三吳水利事上書阮雲臺相國冀其入奏　冬十一月先生第四子曰富生

道光二十二年壬寅先生八十四歲來往鎮江始將吳越新書發刻正月先生曾孫邦和生

道光二十三年癸卯先生八十五歲始將履園金石目及安安先生詩集發刻秋遊金陵命次子曰祥同往與侯青甫（雲松）湯雨生（貽芬）包慎伯（世臣）輩相敘半月而回是年二月先生曾孫邦楨生四月曾孫邦琛殤

道光二十四年甲辰先生八十六歲五月賦辭世詩十二首是年韓城師禹門先生來虞山約先生爲九華之遊七月至金陵寓隨園舉老人會與會者二十三人

陳花農（九十歲）錢梅溪（八十六歲）崔春泉（八十四歲）王潛菴（八十三歲）

胡心齋（八十歲）侯青甫（八十歲）馬菊村（七十九歲）熊松樵（七十八歲）

張虎兒（七十八歲）盧芝泉（七十六歲）王蔭庭（七十六歲）師禹門（七十六歲）

李黼堂（七十五歲）劉焯齋（七十五歲）沈禮田（七十五歲）方雲室（七十二歲）

彭邈湄（七十歲）劉瀛客（六十九歲）湯雨生（六十七歲）汪鄴樓（六十七歲）

謝果堂（六十七歲）唐紫玖（六十六歲）秦遠亭（六十六歲）謁孝陵先生繪明太祖圖像并自書楹帖一聯句云一代英靈開上國千秋防護冠諸陵付陵戶守之

先大父梅溪公年譜一卷爲 大父高足蕪湖胡左
君太守長洲褚仙根明經所訂起乾隆二十四年己
卯一歲訖道光二十四年甲辰八月 先大父年逾
八旬耳目聰明齒牙無脫落者閒居無事惟以讀書
作字是務暇則登臨山水屐齒所經雖數十里不以
爲瘁年來往來揚州鎮江恆攜一僕自隨不肖慶棨
暨胞叔日祥等請隨侍輒止之不肖等方幸愛日舒
長期頤可致詎意今年八月自金陵返棹感冒暑邪
遂成痢疾不肖等延醫診候痢得稍止至八月下旬

年譜　完

飲食不進脈象空虛精神益形委頓不肖等惶遽無
措連請數醫僉云氣血兩虧非扶持正氣不可因謹
備參苓 大父輒揮去勿服遂至不起彌留之際惟
以 曾大父養竹公墳墓爲拳拳不肖等長跪榻
前敬謹受命 大父遂首肯無言溘然長逝時八月
三十日酉時也嗚呼痛哉此皆不肖等侍奉無狀罹
此鞠凶罪孽深重百身莫贖尙何言哉 先大父平
生著述等身大半已出而問世金石碑版半天下身
後之名當不慮其磨滅惟是 先大父生長田間深

明治水治田之法年來因三吳水旱頻仍壘將水利
要務上書
當代大人先生冀其入
奏
彤庭而
當代大人先生無一人應者臨危伏枕猶將三吳水利
條議水學贅言等書寄呈江蘇學政張公芾手戰不
能修稟僅口占七絕一首命不肖等書之詩云三國
旌旗化劫灰六朝舊事亦堪哀我今欲獻 昇平頌

年譜　畢

偏值秋風老病來嗚呼觀於此者亦可以知 先大
父之志矣不肖等愚魯無文於 先大父學問文章
未能仰窺萬一且年譜具在亦無俟不肖等詮述謹
郎濡淚和墨錄付梓人以備志乘之採擇並乞
當代立言君子錫以銘誄光賁泉壤則不肖等世世子
孫感且不朽
不肖承重孫錢慶棨泣血謹識
孤哀子 日壽 日祥 日富 泣血稽顙

齊衰期服孫慶端 慶相 抆淚稽首

齊衰五月曾孫邦楨 邦秀 邦寶 邦和 邦興 拭淚稽首拜

賜進士出身

誥授奉政大夫右春坊右贊善　上書房行走前翰林院

侍講涇縣朱珔頓首拜填諱

先文靖公年譜

（清）孫慧惇 孫慧翼 編

《先文靖公年譜》一卷，(清)孫慧惇、孫慧翼編，清光緒二十八年(一九〇二)木活字本。

譜主孫爾準(一七七〇—一八三二)，字萊甫，號平叔，一號戒庵，無錫人。七世祖孫繼皋，明萬曆狀元，官吏部侍郎。父孫永清，乾隆舉人，官廣西巡撫。爾準中式乾隆六十年(一七九五)顺天举人，嘉慶十年(一八〇五)成進士，選翰林院庶吉士，散馆授編修。歷官汀州知府、福建鹽法道、江西按察使、福建布政使、廣東布政使，安徽巡撫、福建巡撫，至閩浙總督，加太子少保銜。所至咨訪疾苦，前後修舉水利成膏腴數萬頃。以病乞休，卒贈太子太師，謚文靖。學問淹貫，兼工詩詞，雖兵事倥偬，仍不廢吟詠。著有《泰雲堂集》、《孫文靖公奏議》等。

孫慧惇(一七九〇—?)，號小平，孫爾準長子。道光十五年(一八三五)進士，官利津知縣。

孫慧翼(一七九三—?)，字子雲，孫爾準次子。官兵部郎中。有《豔秋閣印存》。

本譜叙事起自乾隆三十五年(一七七〇)，前述譜主先世，止於道光十二年(一八三二)。譜前有譜主遺像，孫慧惇、孫慧翼題識。譜後有《諭祭文》、《諭碑文》。該書爲譜主之子所編，記譜主家事、仕歷、交遊等。譜主乃清代名臣，故此譜關涉史事處較多。

本書據清光緒二十八年(一九〇二)木活字本影印。

(朱　剛)

先文靖公年譜

光緒壬寅夏
聚珍板排印

文靖公遺像

右　府君年譜一册不孝等學疎識闇於
府君立
朝行己功業文章不能仰窺萬一茲在苫凷之
中昏迷失措遺漏滋多惟習聞　府君有言
仰荷
聖主知遇之隆捐糜頂踵莫酬
高厚乃身後復蒙
優卹曠典亘古無倫不孝等頂戴
天恩難圖報稱念　府君生平事實例當上之

國史館以備採擇若使湮沒無傳則不孝等之
罪戾滋甚又不敢一字涉虛以蹈誣親之咎
謹就聞見所及泣血濡毫覼述梗概伏冀
當代立言君子錫之碑表銘誄以光泉壤則不
孝等世世子孫感且不朽
不孝孤子孫慧惇慧翼泣血稽顙謹編
賜進士出身
誥授資政大夫兵部侍郎兼都察院右副都御史
巡撫福建等處地方提督軍務兼理糧餉兼
署閩浙總督鹽政印務年家眷侍生魏元烺
頓首拜填諱

皇清誥授榮祿大夫　太子少保兵部尚書都察
院右都御史閩浙總督
賞戴花翎
晉贈太子太師
諭賜祭葬
予謚文靖
特旨入祀福建名宦祠崇祀鄉賢祠顯考平叔府
君年譜
府君姓孫氏諱爾準字萊甫號平叔一號戒
菴先世居無錫縣萬安鄉後徙雙河九世祖
明贈通議大夫守益公始居縣城　七世祖
諱繼皋　明萬歷甲戌科狀元歷官吏部左侍
郎兼翰林院侍讀學士贈禮部尚書崇祀鄉
賢　高祖諱仁傳
誥贈中憲大夫江南淮徐兵備道　曾祖諱代正
誥贈資政大夫兵部侍郎廣西巡撫　祖諱廷鏞
勅授儒林郎山東德州同知
誥贈資政大夫兵部侍郎廣西巡撫

晉贈振威將軍安徽巡撫提督軍門　父諱永清
乾隆戊子科舉人己丑科考取內閣中書軍
機處行走歷官內閣侍讀掌江西道監察御
史都察院左副都御史貴州布政使兵部侍
郎廣西巡撫
賞戴花翎崇祀鄉賢先代事實詳載明葉文忠公
向高所撰　宗伯公墓志王述菴司寇所撰
中丞公墓志
乾隆三十五年庚寅　府君一歲
先大父中丞公以己丑考取內閣中書旋乞
假歸　府君以是年閏五月二十二日未時
生於少宰第中　中丞公初娶　華太夫人
早卒未育繼娶　顧太夫人康熙戊戌進士
翰林院侍讀學士諱仔公孫女太學生諱維
鉎公女生子四長　先伯父惠韓公諱爾琦
三通館謄錄候選主簿次即　府君三　先
季父湘人公諱爾齡國子監典簿湖南衡州府
通判俱　顧太夫人出四　季父亦三公名

兩會長蘆候補鹽運司經歷係庶祖母吳安
人出
乾隆三十六年辛卯二歲
是年　中丞公補授內閣中書在軍機處行
走
乾隆三十七年壬辰三歲
是年　先祖妣顧太夫人挈　先伯父憲韓
公偕　府君至京師集內寄北望兄詩云而
我適京華襁褓離鄉縣指此也

乾隆三十八年癸巳四歲
乾隆三十九年甲午五歲
是年　中丞公遷內閣侍讀　府君始就外
傅從同邑湖先生奎章讀書一目十行背誦
如瀉水舉止端重器局閎遠人咸謂神似
宗伯公云
乾隆四十年乙未六歲
乾隆四十一年丙申七歲
乾隆四十二年丁酉八歲

是年阿文成公奉
命招撫緬夷　中丞公往參機密受降事竣回京
分校武闈七月季父　湘人公生
乾隆四十三年戊戌九歲
是年　府君從同邑鮑若洲先生受業若洲
老詩人著有讀畫樓稿　府君所撰迂松閣
詩序云少時學詩於鮑若洲先生
乾隆四十四年己亥十歲
是年　中丞公遷江西道監察御史

乾隆四十五年庚子十一歲
是年　中丞公扈從
南巡遷都察院左副都御史
乾隆四十六年辛丑十二歲
是年　府君女兄適同邑福建蓮河場鹽大
使華公光棡子諱亮　中丞公授貴州布政
使　府君侍　顧太夫人回里旋隨赴貴陽
任所過洞庭湖桃源道中飛雲洞翠屏山俱
有詩

乾隆四十七年壬寅十三歲
是年　府君受業於桐城孫先生艮慧孫爲
癸未進士官貴州同知
乾隆四十八年癸卯十四歲
府君有惠山雜憶詩六首所憶乃二泉若冰
洞聽松菴竹爐菴寄暢園冉井山房梅花也
時奇麗川中丞豐額爲廉訪張貯舫中丞誠
基爲觀察與　中丞公同譜舊雨一見　府
君獎識倍至　府君即席賦詩爲贈一座驚

異
乾隆四十九年甲辰十五歲
是年有懷顧晴芬表兄詩聞七巳詩
乾隆五十年乙巳十六歲
是年　中丞公擢授廣西巡撫三月　顧太
夫人自黔挈　府君回里病卒於長沙舟次
府君呼天號哭哀毀骨立　湘人公年才
九歲　府君攜以共被中夜對泣聞者悲之
乾隆五十一年丙午十七歲

是年　府君仍從鮑若舟先生受業有除夕
同伯兄拜　先慈像詩云想像音容當日近
弟兄涕淚此宵多失恃之痛終身永慕
乾隆五十二年丁未十八歲
是年　府君隨任桂林節署與施雪帆晉杜
用吉淇以古文詞相切劘有遊棲霞洞疊翠
巖諸詩是年編少作詩爲桂懷集
乾隆五十三年戊申十九歲
是年　季父亦三公生　府君之京師入監

應試有錄別詩云弧矢漫言行役始庭聞其
奈別離何秋試報罷有贈黃炳李詩云昨朝
銀榜揭天門姓名煩府知誰某男兒立身有
本末何物科名堪不朽
乾隆五十四年己酉二十歲
是年　中丞公以安南國阮氏納降功
賞戴花翎正月　府君就婚通州娶我母　劉夫
人爲己丑進士湖北督糧道四川學政河南
道監察御史翰林院編修涓齋公諱錫嘏女

遊寶幢寺聽雨樓時白小山尚書（鎔）爲孝廉
與　府君酬唱秋試報罷十二月（不孝慧信）
生
乾隆五十五年庚戌二十一歲
二月　府君入都從邵二雲學士（晉涵）受業
學士專研經史爲顓門之學著有爾雅正義
續資治通鑑舊五代史考證諸書　府君篤
信師說湛思力學學士稱爲入室弟子六月
聞　中丞公卒於桂林節署見星而奔雞斯

徒跣八月至丹徒與　先伯父憲韓公相遇
同扶中丞　公靈櫬回里
乾隆五十六年辛亥二十二歲
是年三月　府君客游粵東時福文襄公督
兩廣方伯許公（祖京）與　中丞公己丑同譜
皆以書來招六月抵廣州許公子周生樞部
（宗彥）博洽工文辭與　府君情若昆弟偕黎
簡民（簡）侯貞友（雲松）林哲侯（儁）輩墾經権史
互相砥礪周生贈詩云騷壇得平叔喜足張

吾軍展轉通繙紀職志推夫君簡民贈詩云
宋玉愁多秋送遠賈生年少古傷心其爲名
流推重如此
乾隆五十七年壬子二十三歲
春　府君自粵回里九月服闋
乾隆五十八年癸丑二十四歲
春奇公（豐額）爲江蘇巡撫以書招　府君往
與九二娛（維熊）酬唱八月（不孝慧翼）生
乾隆五十九年甲寅二十五歲

府君入都應京兆試從王述菴司寇（昶）問業
司寇宏通淹雅著述等身與　中丞公同官
軍機交誼敦篤一見　府君獎許倍至採
府君詩詞刊入湖海詩傳續詞綜中秋試報
罷
乾隆六十年乙卯二十六歲
是年　府君應順天鄉試中式第十一名座
主爲工部尚書贈協辦大學士南昌彭文勤
公兵部侍郎長白玉公（保）內閣學士兼禮部

侍郎後官協辦大學士無錫鄒公（炳泰）房師
爲内閣中書後官湖北武昌府知府介休劉
公（錫五） 府君不以時文名而所作經經緯
史不爲帖括之習至今膾炙人口
嘉慶元年丙辰二十七歲
春禮闈報罷回里偕金青僑（學蓮）鄭雨香（緒
鴻）酬唱
嘉慶二年丁巳二十八歲
是年 府君居里門

嘉慶三年戊午二十九歲
是年 府君居里門
嘉慶四年己未三十歲
府君試禮闈報罷五月作三十自壽詞云但
說文章拋報國恐蒼蒼未盡生才意識者決
爲大用之器六月回里八月 先伯父憲韓
公卒 府君哀慟欲絕令原之痛時不去懷
嘉慶五年庚申三十一歲
四月奉 中丞公 華太夫人 顧太夫人

靈匶合葬於金匱縣北湖埭新阡依遷葬禮
服緦先期乞王述菴司寇爲志銘楊蓉裳農
部（芳燦）爲神道碑文
嘉慶六年辛酉三十二歲
是年 府君試禮闈報罷有賀晴芬表兄廷
試第一詩
嘉慶七年壬戌三十三歲
是年 府君試禮闈報罷
嘉慶八年癸亥三十四歲

是年 府君來往姑蘇武林偕秦秋南（鴻儀）
爲倚聲之學作論詞絕句二十二首編少作
長短句爲雕雲詞
嘉慶九年甲子三十五歲
是年 府君自編戊申至今詩爲摩燕集
嘉慶十年乙丑三十六歲
是年 府君會試中式第七名座主爲大學
士大興朱文正公戶部尚書後官大學士大
庚戴文端公吏部侍郎蒙古恩公（普）戶部侍

郎後官協辦大學士長白英公和 房師爲翰
林院編修後官河南開封府知府諸城王公
鍾吉 覆試二等第一名 殿試二甲第五名
朝考
欽定第三名引
見奉
旨改翰林院庶吉士是年編詩爲芸館集八月乞
假省墓
嘉慶十一年丙寅三十七歲

是年 府君乞假在籍偕家子瀟 源湘 太史
唱和編詩爲假歸集 先中丞公入祠鄉賢
府君躬身扶轎親送入祠
嘉慶十二年丁卯三十八歲
府君入都寓崇文門外三眼井偕同年徐星
伯松 胡書農敬 姚伯昂元之 陳範川鴻墀 唱
酬編詩爲城南集充
武英殿協修文穎館協修
嘉慶十三年戊辰三十九歲

是年不孝慧惜 娶婦韓氏爲乾隆丙戌進士
廣東惠潮嘉道復堂公諱朝衡 孫女太學生
春泉公名蓉 女四月散館一等第五名引
見授職編修 府君紀
恩詩云宮餅分霑天上月彩毫難動日邊雲蓋是
日
上賜庶吉士月餅故有是作旋充
文穎館纂修官又充全唐文總纂官文穎續編
至庚午年編纂始竣全唐文一書直至癸酉

冬始得告成數年來同館各公皆先後奉差
出都 府君搜輯羣書創立體例實始終其
事凡唐文中唐人小傳皆 府君手訂十月
欽派武 殿試受卷官十一月我母 劉夫人挈
不孝等自里抵都移寓東安門內成侯大院
嘉慶十四年己巳四十歲
正月恭遇
覃恩加一級以本身應得儒林郎翰林院編修
封典貤封 先伯父憲韓公時大學士戴文端

公戶部侍郎後官協辦大學士英公爲掌院
學士　以府君才望夙著凡院中文章制誥
悉委手定五月充文穎館提調官又　奏充
教習庶吉士本衙門撰文補
武英殿纂修官
嘉慶十五年庚午四十一歲
是年纂修文穎告成奉
旨議敘加二級紀錄二次
欽派各省鄉試磨勘官　府君雖備位詞垣而究

心朝章國政務爲經世之學每遇各省朋舊
入都諮訪利病纖悉不遺
嘉慶十六年辛未四十二歲
是年纂修
西巡盛典告成奉
旨議敘加一級紀錄二次
欽派會試磨勘官
嘉慶十七年壬申四十三歲
二月大考翰詹　府君列二等四十一名奉

旨記名是年編戊辰至今詩爲聽鐘集
嘉慶十八年癸酉四十四歲
三月　京察由掌院學士今太傅大學士歙
縣曹公贈尙書覺羅桂文敏公保列一等引
見奉
旨記名以道府用旋　奏充教習庶吉士時　季
父湘人公以湖南通判督運來京計與　府
君相別十有三年矣瀕行揮涕送行詩云念
我十六爾九齡夜寒共被眠秋廳夢中見母

醒對泣平明出入影與形蓋篤於友愛如此
退食之暇端居靜坐取薛河津王陽明魏莊
渠顧端文高忠憲黃漳浦劉蕺山孫蘇門李
二曲黃梨洲諸家著述反覆熟讀求天人性
命修身立言之要
欽派各省鄉試磨勘官十月爲不孝善恩翼娶婦王
氏爲乾隆丙午舉人湖北候補知縣諱文然
公女十一月奉
旨補授福建漳州府遺缺知府十二月出都輦下

不孝慧翼隨侍鉅公及士大夫俱賦詩贈行
途中編甲子至今詞爲海棠巢樂府
嘉慶十九年甲戌四十五歲
正月抵家焚黃展墓　府君愴深風木涕泗
交流三月到閩時汀守李公賡芸調任漳州
府君奉
旨補授汀州府知府四月赴任兼攝汀軍同知篆
汀郡山邃嶮巇介於贛潮之間民情好訟姦
宄攘刼爲民害　府君治以嚴明親提各邑

要案坐堂皇審鞫無虛日民無驪訟增置龍
山書院士餼旬課以藝親爲評騭以漢儒許
鄭小學經解教之士篤於學諸生伊念曾李
家輝郭一鳴皆所識拔者李公湛深經術治
行廉明　府君素所推挹至是定交甯化縣
有無賴子意在得財糾人拜會大府檄　府
君往勘訪獲多人毫檄欲以叛逆論　府君
扃門研訊悉得其斂錢哄誘狀懲爲首數人
他無株連五月自甯化回郡會亢旱米價驟

貴貧民數千人遮輿求食　府君立即開倉
平糶市價頓平民情安戢翌日步行禱雨未
返署而大雨渥霈歲收得豐闔郡士民書南
天霖雨四字爲額上於大堂是年奉檄赴連
城抽查保甲赴建郡會勘香菰山赴武平履
勘彭藍圖所至勤求民隱剔弊釐奸當時有
三不欺之稱十月我母　劉夫人挈不孝慧
惟自京來汀署
嘉慶二十年乙亥四十六歲
七月奉檄護理汀漳龍兵備道不孝慧翼隨

侍取道上杭永定南靖赴任一路諮訪利病
悉心整飭漳俗獷悍睚眦小怨輒糾衆持械
互鬬多所殺傷　府君下車嚴立條約責成
族正族副約束講解鬬氛稍息時龍溪長泰
間巨盜林化古有拒捕傷兵之案漳鎮許君
松年方擁兵拏犯久未弋獲　府君勸令撤
兵而密偵暗訪不一月而罪人斯得十二月
回汀州任先是甯化民婦徐李氏控徐榮懸

謀殺幼孫一案　府君密訪係虎傷屬實面
徐李氏聽訟棍徐興幅主唆妄控都察院
欽派大臣來閩駐邵武府審訊虎傷情節顯著仍
如原擬復奏定案　府君亦以讞事至邵武
度歲
嘉慶二十一年丙子四十七歲
正月在邵武遊熙春山詩話樓諸勝有詩紀
之三月　大府以　府君鞫獄廉平檄調赴
省審理部駁連江縣民黃貞煌失竊致命一

案　府君見情節支離集犯証於貢院膈門
研訊悉得其情人犯俯在狡賴而密起贓物
一質而服據實定擬兩造驚以為神五月回
汀州任九月奉
旨補授福建鹽法道閩省鹺政自雍正年間近海
各屬聽肩漁客販赴場挑買按擔納課名曰
水販至乾隆七年即舉水販為商人創始之
初諸商本非殷實又因嘉慶初年洋匪不靖
海運阻滯風雨為灾存鹽漂沒商本日形困

乏倒能頻仍帮課未能充額　府君受篆周
咨博采洞澈産銷售源流釐剔積滯裁革
陋規商情感戴一洗逋課不前之積習自甲
戌至此編詩為把菴集
嘉慶二十二年丁丑四十八歲
正月閩省有方伯李公(賡芸)被誣自盡一案
初龍溪縣署令某不稱職李公為監司甄別
改教職某銜之因雜摭公私計帳為陋規誣
訐李公大府據以劾奏李公解任對簿不甘

摧辱憤激自經以歿士民萬輩走數百里號
哭於門數月不絕事聞
上命少宰熙公(昌)副憲王公(引之)理其獄
硃批褒李公為良吏閩人請建祠志遺愛得
旨允行今建於懷德坊者是也李公故廉吏身後
貧無以歛　府君料理喪殯糾集賻贈歸其
柩與孥阮芸臺尚書所撰良吏李公傳有云
鹽法道孫君與君善經紀其喪蓋紀實也時
因停止砠秤商力不支　府君具牘請於制

府董文恪公教增　奏請復舊商情大悅按
此事共陳三策一將赤杷等三場因其無事
係屬冗員裁去設立石瑪浦下西河三鉄一
分別商人出運遠近以定補鹽斤折耗一折
合鎣担
嘉慶二十三年戊寅四十九歲
府君在鹽道任先是光澤建甯二縣逼近江
西疆界混淆易滋侵越透私之弊　府君稔
知形勢具牒云江閩兩省畛域攸分按額銷

鹽各有引地其相離淮界三十里以內本屬
閩省引地今因杜絕漏私禁開鹽店惟鹽觔
爲日給所必需既未便令該處商民越境領
買淮鹽充銷閩額又未便以往返六十里之
遥咸令赴縣買食致手藝窮民廢時失業似
應准予按照戶口給發包鹽著地保承領限
定日期立時散買奉院批如議行咨部立案
商民至今德之　府君又以商人積久壅滯
致本年課運不前詳請自嘉慶十四年起至

二十一年止所欠正溢課尾銀三十二萬有
奇分限八年完繳以紓商力董文恪公入
奏報可八月監試文闈十月監試武闈編丁
戊兩年詩爲正莪集
嘉慶二十四年己卯五十歲
正月恭遇
覃恩加一級時董文恪公素重　府君遇有通省
重務虛己諮諏凡關於吏治得失民生利病
者無不剴切詳盡四月兼署福建按察使時

福清縣革生林爾高斂錢搆訟抗糧奪犯煽
惑鄉民聚衆滋事擒獲訊之狡不承認　府
君詰以現在糧戶抗不完納之故供云想因
革生被禁在監若釋回革生他們定必清完
等語　府君請於董文恪公曰是即號召鄉
里之資據援以定讞立置重辟民情翕然甫
一月而奏銷如數　奏入奉
旨所辦甚是五月兼署福建布政使八月監試文
闈九月奉

旨補授江西按察使旋奉
旨調補福建按察使拜摺懇請
陛見敢程北上十二月十一日抵京詣
宮門
召見三次奏對稱
旨十三日
陛辭出京行至東阿舊縣度歲有詩云度臘今年
清絕處孤燈風雪萬重山是年編詩爲朝天
集

嘉慶二十五年庚辰五十一歲
三月回閩受按察使篆甫五旬奉
旨補授福建布政使閩省庫欵最繁而武職各官
兵俸餉乾銀每年需一百餘萬兩案牘紛綸
皆當鈎摘稽考 府君昧爽而興至篝燈批
劄猶未竟也八月恭讀
仁宗睿皇帝哀詔 府君以詞垣舊史曾受
特達之知隨班哭臨淚如糜綆（不孝持志謹與） 蒙
恩承廕從二品廕生

道光元年辛巳五十二歲
先是緣革已故人員未完賠欵銀兩奉
恩旨概予豁免而司中不爲剔釐則仍阻遏 府
君悉心稽核逐案詳請豁免飭知本員勿使
其孥仍受追呼之累三月間省會因上年秋
收歉薄米價騰貴每有貧民什伯成羣環輿
號泣 府君出示召募商人給照分往浙省
臺郡販運米穀以濟民食檄閩侯兩縣開倉
平糶選公正紳士查核貧民戶口分別大口

七合小口三合造册分隸廠界不假吏胥之
手委閩縣令鄧君（傳安）總其成規條周密貧
民得沾實惠六月奉
旨調補廣東布政使旋奉
旨補授安徽巡撫拜摺奏請
陛見交篆北上九月行抵清江浦奉
旨調授廣東巡撫甫兩旬得
旨仍授安徽巡撫十月十一日抵京詣 宮門
召見四次奏對稱

旨二十日
陛辭出都十一月抵皖受廵撫提督兩篆皖省當
吳楚之衝水陸輻輳獄訟繁頤鳳潁兩郡民
風剽悍盜案最多尤爲難治是年宿州靈璧
鳳陽泗州被水成災　府君莅任時順道查
勘遴委盧鳳道戴觀察聰專司稽查計放宿
州靈璧泗州鳳陽四州縣正賑口糧銀十七
萬六千兩有奇又給懷遠五河鳳臺三縣冬
賞口糧五萬兩有奇又給南陵等縣撫邺銀

六千兩有奇戶口釐然毫無遺濫全活甚衆
冬十一月恭遇
覃恩　三代俱蒙
誥贈振威將軍　三代祖妣俱蒙
誥贈一品太夫人歲除領到
御書福字鹿肉麅肉不孝慧翼以廕生引
見奉
旨內用簽分光祿寺署正上學習行走
道光二年壬午五十三歲

二月赴各屬巡閲營伍先是
陛見面諭勤習技藝優恤士卒　府君定以一四
日習弓箭二五八日習鳥鎗三六九日習藤
牌其中亦有兼習刀矛雲梯雜技計一月之
中輪操九次演陣合操三次俾沿江綠營悉
成勁旅三月遵
旨辦理清查歷年虧欠　奏云從前五次清查僅
就各州縣報册查辦今欲清其源必先將司
中檔案與州縣册籍欠解銀數按款按任互

相鉤考如有參差遺漏即從此根究其掩飾
之故自然呈露如款數相符即確查實在民
欠有無捏混再將歷年歷任經征各款銀數
逐一清出除代解前任銀數及應領款項并
實係因公動墊可以追還之款此外尚有欠
交即係該員實虧確數數既確則現任無從
移動奉
硃批實心實力毋避嫌怨勉之七月赴江甯監臨
鄉試行至南陵途次接潁州府禀報有匪徒

百餘人豎立帥字白旗白衣白帽由豫省竄
入爲首邢名章習教惑衆聲言僞嘉慶二十
年已正法之教匪王百川報仇等語　府君
密投機宜飛檄惠廉訪顯馳赴潁州督率府
縣營員迅速剿辦一面具摺由驛　奏
聞隨接惠廉訪稟報業據潁州守劉瑚遊擊彭鎮
川率領兵勇圍剿岳家莊點放鳥鎗格殺首
逆邢名章僞元帥王興仁王興義等二十餘
人並生擒男婦七十餘名起獲經卷白衣帽

孫文靖年譜　三五

等件　奏奉
諭旨辦理尙爲妥速續獲教匪陳悅倪進等四十
餘名　奏奉
硃批此案逆匪起事河南竄入安省雖人數無多
朕深恐其隨處勾引脇逼或致蔓延所喜卿
等剿辦得宜先人致勝渠魁無一漏網而又
能閭閻安堵曷勝欣慰之至又因連日大雨
逆匪無從展其兇狡悉數殲擒此皆
天恩助順俾得相機蔵事綏靖地方足見卿等實

心實力黙昭
天佑彌深敬感也欽此　府君恐逆匪餘黨逃竄
分檄阜陽令孫靈府遊擊彭鎮川駐札驛口
橋亳州牧任壽世都司葉養福駐札雙溝口
宿州牧劉用錫都司額勒德理駐札永城交
界　奏奉
硃批所有分派官兵分路駐防查緝甚爲周密可
保無虞又於會同協辦大學士兩江總督孫
公　奏地方安靜摺內奉

孫文靖年譜　三六

硃批覽奏曷勝欣慰八月二十七日監臨鄉試事
畢　府君出闈拜摺即馳赴潁州勘辦逆匪
奉
硃批覽奏欣慰九月十三日抵潁州審勘邢教案
內逆匪朱鳳陽劉洪悰等三十四名分別定
擬正法事竣偕惠廉訪親歷潁州府界連豫
省處所審度形勢建設卡房以資防禦　奏
入報可　府君查辦潁州教匪時沿途查明
鳳陽靈璧懷遠潛山五河泗州因夏秋霪雨

山洪下注上游蕭境永堌等處隄埝漫決黃水盛漲田廬被淹霍邱縣蛟水驟發猝被淹浸俱係成災奏請分別蠲緩給賑賞給口糧

奉

上諭孫爾準奏查明被災各屬懇請分別蠲緩賑恤一摺安徽省宿州等處本年被水被旱前經該撫先後奏明動撥銀兩將情形較重之宿州及被蛟之霍邱縣先行撫恤茲據勘明各州縣被災情形分別具奏加恩著照所請

孫文靖年譜 卅五

宿州鳳陽靈璧鳳臺五河懷遠泗州等七州縣及屯坐各衛成災七八分極次貧各軍民均按成災分數照例分別給賑應領賑銀併作一次散給其坍塌瓦草房間照例給資修補泗州成災六分之三十四保例給極貧一賑惟該州連年被災民情拮据著將各該保無論極次貧均一體給與一月口糧其例不給賑成災五分之懷遠縣十七村保勘不成災之宿州十集鳳陽縣十四保靈璧縣二十

一里集盱眙縣除馬家堝三保另行緩征外其餘六十堡天長縣二十五鎮五河縣十二堡並屯坐各衛乏食貧民俱賞給一月口糧以資接濟所需賑賞銀兩准在司庫正項支給所有成災之宿州鳳陽靈璧鳳臺五河懷遠泗州等七州縣並屯坐各衛民屯田地及馬學四籍等田更名場租等項應征本年民衛丁田屯折本色米麥豆折等項錢糧著查明成災分數按分蠲免蠲剩銀米照例分年

孫文靖年譜 卅六

帶征其應征道光三年上忙民屯新糧等項同應征嘉慶二十三四五年及道光元年丁地屯衛米麥豆折借欠籽種口糧俸工驛站河帑等項均著照例緩至來年秋後各成災州縣內成熟村莊並著一體停緩至勘不成災田地同勘不成災之州縣內除懷甯一縣楊徐三橋沙橋等三保准緩征本年丁漕錢糧外其餘霍邱盱眙天長潛山壽州定遠等六州縣暨屯坐各衛本年應征新舊一切丁

地省外衛屯衛米麥豆折及災借籽種口糧驛站俸工學租河帑等項錢糧均著緩至來年秋成後啟征其勘不成災州縣衛境內未經被水被旱之成熟村莊應征本年新賦並嘉慶二十三四五年及道光元年舊欠各項錢糧仍照常征輸所有宿州鳳陽靈璧鳳臺五河懷遠泗州等七州縣並屯坐各衛應征本年漕糧漕項銀米准照地丁錢糧之例一律按分蠲免蠲剩銀米及帶征舊欠災緩之項分別緩帶其勘不成災之霍邱盱眙天長潛山壽州定遠等六州縣並屯坐各衛本年應征漕糧漕項銀米並帶征嘉慶二十三四五年及道光元年災緩銀米之項同懷甯縣被水之楊徐等三保應征本年漕南銀米均分別緩帶漕項銀兩緩至來年麥熟後啟徵漕糧緩至來年秋後啟徵與新漕一併搭運至成災及勘不成災各州縣衛屯運田地額征本年津貼銀兩同舊欠災緩津銀著緩至

來年麥熟後啟征亳州低田積水勘明已經涸復惟收成歉薄准其祇征本年新賦其帶征道光元年以前舊欠錢漕銀米及堤工銀兩著遞緩至來年秋後啟征又繁昌廬江無爲桐城建陽等州縣衛本年收成歉薄若將新舊錢漕銀米同時並征民力不免拮据亦著照所請繁昌縣准其祇征本年新賦其原緩嘉慶二十三四五年及道光元年丁漕蘆課屯津等項錢糧並嘉慶二十三五等年漕米著緩至來年秋後分限帶征廬江縣嘉慶二十五年分災田丁地錢糧漕月米石准予本年帶征其道光元年災緩銀米著展至道光三年秋後征收無爲州准將嘉慶二十五年並道光元年丁地蘆課漕糧漕項並省衛銀米緩至來年秋後帶征桐城縣准將嘉慶二十四五兩年災緩漕南米石緩至來年秋後帶征建陽衛坐落繁昌縣境內屯田本年應行帶征之嘉慶二十三五兩年屯漕錢糧

准其展至來年秋後帶征以紓民力該撫即
督飭所屬實心辦理務期實惠及民毋致一
夫失所用副朕軫念災黎至意該部知道欽
此　府君分派賢員按邑按村確查戶口親
為核定司事者咸憚　府君嚴明不敢稍
有朦混以銀易錢按口分給自初查以致
蕆事民無凍餒逃亡者歲除須到
御書福字鹿肉麅肉獐肉是年編詩為皖公山色
集

道光三年癸未五十四歲
先是言官條陳賑弊內稱嗣後放賑不得領
銀易錢　府君　奏曰查明安省放賑歷來
俱係易錢散給因災賑大口小口應領銀數
零星若瑣繁湊合折耗必多州縣不能逐一
較兌胥吏秤少分釐折錢計算已短十數文
稽查不便又鄉愚婦孺能識戥平銀色者甚
少迨歸家彈兌復求找換既難相信只分釐
高下亦非易辦恐轉生爭競至災戶急於售
食銀非易錢不便行用於窮黎殊無裨益應
請仍循舊章奉
旨依議上年十月奉
上諭安徽霍邱等十三州縣被蛟被淹已據該撫
奏明查勘亦著迅速辦理並將來春應否接濟
之處一併查明於封印前奏聞欽此正月　府
君查得貧民去冬賑卹口糧賴以甦活青黃
不接距麥秋尚遠亟須接濟　奏請
加恩賑賞一月口糧奉

旨如所議行遍貼謄黃曉諭男婦老幼懽呼感頌
正月奉
旨調補福建巡撫將賑卹事務添改穎州營制各
事宜移交升任皖撫陶公澍辦理拜摺籲請
陛見三月抵都詣
宮門
召見三次奏對稱
旨五月抵閩受巡撫篆七月　奏咨察地方情形
籌辦事宜一摺奉

硃批認眞察辦務要行之久遠得收實效斷不可
有名無實徒費周章也　府君稔知延建一帶
山徑叢雜匪徒易於藏匿刦案滋多實因懸
賞購線兵役飯食委員薪水經費無出以致
緝捕未有成效　奏請將鹽庫所貯息銀項
下每年撥銀一萬兩爲緝捕之費地方文武
更爲踴躍先後報獲匪首關春喬鄭思應老
張仔邱五妹藍思林等審明正法又飭各屬
力行聯甲之法每村舉甲首數人率領村衆

輪値守望一有盜警附近各村鬨聲同捕俾
宵小無存身駐足之地閭閻安枕至今著爲
令甲省會舊有鼇峯書院爲張淸恪公蔡文
勤公講學地　府君課諸生親加評隲訓以
經術一洗空疏之習又偕前制府趙文恪公
愼畛展拓鳳池書院學舍爲寒士增益膏火
歲除頒到
御書福字鹿肉麅肉是年編詩爲迴攜集
道光四年甲申五十五歲

正月奉
御賜大淸會典全部三月奉
御賜
御製養正書屋詩文集全部上年　府君
陛見奉
上諭臺灣道在海外最爲緊要今年且不必去或
明年或後年到任一二年後過去欽此正月拜
摺具　奏渡臺巡閱奉
硃批知道了五月抵臺途次奉

上諭前據御史余文銓奏閩省臺灣米多價賤請
官爲採買北運當交戶部議奏茲據稱由官採
買恐不免勒措需索諸弊請暫弛海禁於糖船
酌量裝載招募殷實商人領取官給販米數目
印票運至天津將米票赴口呈驗各自投行按
照時價糶濟民食各商免其納稅又可杜吏胥
勒索之累事屬可行惟該處可以運米若干必
須親歷其地方得確實情形現在該撫孫爾準
於四五月間巡臺即著察看該處地方如果米

多價賤應如何招商給照或糖船裝載或另船販運務期糖稅仍無偷漏米運並無留難並核計該處時價及運津水脚每石應得價銀若干分晰議定章程該撫一面據實奏聞一面即督飭迅速購運並知照直隸總督飭天津海口一體遵辦以平市價而裕民食欽此　府君查得臺地噶瑪蘭向無港道不通米穀淡水鳳山彰化嘉義四廳縣正值青黃不接上米每石價銀二兩七八錢不等較之平時已屬價昂

隨飭道府傳集商人諭以　畿輔偶值糧價增昂

聖天子軫念民艱暫弛海禁准各商運米赴津糶賣給照免稅在天津既裕民食在爾等亦獲厚利誠爲一舉兩得各商踴躍呈請運米十四萬石用糖船七十隻於六月十五六日放洋尅期到津糶濟民食奏

上諭此次運米原船帶回貨物官給印照所過關津一律免其納稅其臺灣商人急公應募遠歷重洋運米至十四萬石之多著該撫秉公查明擇其率領辦運資本最多尤爲出力者分別給予頂戴職銜以示鼓勵欽此臺地商民感戴

天恩懽聲載道端午拜藥錠之

賜六月訪得兵丁翁正幅等搶奪張瑞吉米船一案　奏明定擬正法奏

旨查辦甚好　府君隨赴北路閱兵并查察地方情形　奏曰臺地南北袤延一千餘里郡城設於臺灣縣者緣其初祇有鹿耳門一口可

通舟楫嗣添設鹿仔港八里坌兩口而鹿仔港口沙淤淺狹內山溪水奔滙入海別開一港在嘉彰之間曰五條港寬約數里巨舟通行無滯道府請將五條港開設正口則商賈稱便於配運官穀有益否則口廣水深不能禁其出入私渡難以防範又噶瑪蘭山峻路險負戴難行不通百貨該地並無出產取資外來其地有烏石港加禮遠港皆可通四五百石小舟亦須設爲正口以通貿易爲便稽

查送中生童來見叩其所學則如十三經注疏二十一史俱稱聞其名而未見其書擬於內地購置書籍分貯學宮書院俾得就讀番性蠢愚每爲漢奸所誘佃種其田欠租佔踞皆所不免查番丁田業免輸租賦不許漢人典買實

國家優恤番黎之至意豈容漢奸違例謀佔杜其衣食之源所關甚大嚴飭理番二廳一律將田追還管業并將謀佔者論如律臺地沙

土浮鬆不時地震城垣易於損壞向惟郡城嘉義設有磚城彰化縣甫於本年四月間捐建落成足資捍衛鳳山縣舊城在興隆里乾隆五十二年林爽文滋事焚燬移治埤頭栽竹爲城臣往兩處查勘埤頭地勢散漫全無形勝且有埤水穿城而過夏秋水潦衝溢城基斷難堅固興隆里舊城雖廢尚有基址地界龜蛇兩山之間龜山近臨雉堞俯瞰城中是以難於守禦若移城稍向東北則去蛇山較遠將龜山圍入城中居高臨下實據形勝俟再另籌興辦噶瑪蘭栽竹爲城業已周密竹內建有土牆成樓俱已建設濠溝亦頗深通屯餉一項散給屯弁屯丁支領之外向有贏餘嗣因水衝沙壓番丁不善經理多有荒廢臣查得屯餉埔地皆近山畸零之地非履勘丈量不能劃清經界應俟收穫之後方可履畝丈量諄飭理番二廳秉公勘辦　奏入報可七月十四日自滬尾登舟放洋十九日

由五虎門抵省是月奉

御賜春秋左傳讀本全部歲除頒到

御書福字鹿肉麅肉是年編詩爲溥婆洋集

道光五年乙酉五十六歲

三月接部咨本年京察奉

旨照舊供職具摺謝

恩五月據龍巖德化當洋三州縣稟報糧價增昂民食拮据請碾倉穀各二千石減價平糶以濟民食疏上報可端午拜藥錠之

賜閩省紳士呈稱明臣黃公道周行完忠孝學貫
天人著述本乎六經節義與乎百世其發明
聖學衛道宗經大旨與劉公宗周相近今劉
公既崇祀
文廟請并從祀等語　府君商諸制府趙文恪公
謂明史本傳贊稱其指陳深中時弊足爲萬
世龜鑑
御批通鑑輯覽紀其學行推重於天下乾隆四十
一年

特賜專謚忠端其生平著述尤富類皆闡明經旨
推究治道而尤湛深於易經孝經其講學浙
閩發端以格物致知物格知至爲第一要義
蓋劉公以誠意爲主而歸功於慎獨能闡王
文成之緒言而救其流弊黃公以致知爲宗
而止宿於至善確守朱子之道脉而獨遡宗
傳遂會疏　奏請從祀東廡奉
旨下部議行八月初一日准禮部咨添設牌位列
於東廡率屬致祭闔省紳士來從祭者數百

人扶翼名教時論稱之八月監臨鄉試文闈
九月奉
旨兼署閩海關印務又奉
旨補授閩浙總督具摺謝
恩內云臣釋褐甫及廿年外任僅逾十載猥以薄
植渥被
鴻慈疊邀揍次之遷除
特畀迪圻之重任撫躬循省感激涕零皆紀實也
十月主試武闈訪聞福州興化泉州漳州各

府有晚稻生蟲之事飛札地方官救治親赴
各神廟祈禱旋據各屬報稱九月二十八九
日連得大雨兼以西風禾內所生細蟲消除
淨盡歲收稍歉不至爲害十月得信不孝慧惜
中式順天鄉試第二十三名舉人具摺謝
恩二十六日受閩浙總督篆具摺謝
恩奉
硃批誠實克己公勤辦公毋負委任欽此　府君
服膺

聖訓時刻不忘時　府君辦理開闢噶瑪蘭未議
事宜摺款條陳一番社撥耕埔地分給民人
番民均屬稱便一田園租穀實難加征應請
仍照原議征收一地方肥瘠不齊應請減免
餘租以紓民力一地土瘠薄墾未成熟埔地
請緩報陞科一建築城垣署舍占用民人墾
熟田園店屋作爲地基撥給埔地請另列一
款征收以免淆混一歷年被水衝沙壓之田
園無征供耗餘租應請豁除一嘉慶二十二

年以前民欠錢糧應請補豁一　奏銷限期
應劃清年分更定　奏限以符例案一籌存
常平倉穀以資儲備一額編文武員弁廉俸
兵餉役食就廳所征供賦支給一裁移營制
新添官兵俸餉在於年征供耗餘租鹽課等
項支給一加留餘埔以資歸化社生番生計
一分別添設隘寮以防生番一編設保甲設
立族正以資稽查約束　奏入奉
旨下部議行十一月　府君知各屬米價每石需

錢四千文以上慮及明歲青黄不接非早爲
籌備必致貧戶哀嗷函商浙省大府復稱浙
米每石止二千文以上遂據實　奏請暫弛
海禁出示招募商人給照赴浙販米回閩糶
賣以濟民食奉
旨俞允即有好義商人領照赴浙販米十四五萬
石回閩接濟富戶知浙米將至價不得踊米
亦漸出自冬徂夏米之來自浙者舳艫相望
歲雖儉而民不饑皆賴　府君之預爲籌畫

也歲除頒到
御書福字鹿肉鹿肉是年編詩爲岐海集
道光六年丙戌五十七歲
三月永春州稟報上年晚收歉薄米價騰貴
請碾倉穀三千石減價平糶以資接濟具
奏報可　府君於甲申巡臺勘明五條港衛
刷深廣鳥石港加禮遠港可通小舟俱堪開
設正口曾經　奏明安商再　奏兹道府會
議五條港即海豐港距鹿仔港六十餘里向

屬彰化縣南投縣丞專管距五條港八十里稽察難周請改屬嘉義縣笨港縣丞管轄相距三十里可資彈壓配運事宜仍歸鹿港同知經理並請咨部改鑄笨港縣丞印信又查噶瑪蘭之烏石港係頭圍縣丞所轄加禮遠港係羅東巡檢所轄兩口相距十餘里凡船到加禮遠港者必由烏石港經過祇須將烏石港設爲正口其加禮遠港毋庸另設口岸統歸頭圍縣丞管轄如此變通辦理既可疏

通積穀又可便民貿易具 奏報可端午拜

藥錠之

賜五月十五日接臺灣鎮道警報彰化縣屬有賊匪李通等挾粵民黃文潤搜贓之嫌糾衆鬬搶洩忿格殺二賊附近匪徒造佈閩粵分類械鬬之言乘機焚搶數日之間沿及嘉義縣地方蔓延未熄時値水提督許君松年 赴臺巡閲 府君馳函囑其認眞勦捕又恐臺地南北袤長千有餘里提鎮重兵俱駐彰化南

界該匪勢必北竄淡水兵力未能策應檄調閩安副將邵永福 澎湖遊擊謝建雍 帶兵三百名出五虎門對渡八里坌疾趨艋舺以阻其北竄之路又調金門鎮總兵陳君化成 帶兵五百名斜渡鹿港圍捕使該匪不能逃遁入海由驛 奏

聞奉

硃批所辦甚合機宜二十六日撫軍韓公克均 到閩交御撫篆 府君即日馳赴廈門調度策

應又以山海交錯地曠路岐若非厚集兵力掩捕不能迅速惟向來辦理臺灣械鬬俱不調漳泉兵丁恐其心存左袒轉費防閑而汀邵各郡山程迂遠不能速集計檄候補副將崇福 帶省標兵三百名延平都司聶標文 帶兵二百名對渡八里坌興化協副將佟樞 帶兵五百名由蚶江對渡鹿港分赴彰化淡水搜山圍捕並以餘燼如未盡熄即日登舟徑渡親往臺灣督辦馳摺 奏

聞奏
硃批該督即駐廈門調度策應不必親往臺灣倘
提鎮辦理未協致有拖延該督必須渡臺督辦
亦著先行具奏候旨遵行由四百里傳諭知之
欽此比
命下而 府君先於六月十七日登舟放洋矣
府君之在廈門也偵知淡水所屬之竹塹中
港後壠等處亦有賊匪焚搶與嘉彰匪徒互
相煽誘且敢抗拒官兵致傷役勇必有造謀

為首之人時越數旬而臺地文報並未指出
首犯姓名提鎮殊無把握且念被焚村庄室
廬既毀無家可歸非轉於溝壑即流而為匪
相從擄搶苟延旦夕之命則賊勢益復猖獗
府君決計渡臺 奏請陸路提督馬公濟
勝移駐廈門調度策應自帶長福連羅等營
及水師兵一千名剋期逕渡奏
硃批汝去固善但內地不可無大員彈壓接濟倘
有必需該督親往之勢即行據實由驛速報候

旨遵行該提督在彼能否調遣得宜迅速蕆事抑
竟毫無把握著即據實 奏聞勿致徒延時日
也欽此 府君二十六日抵鹿港登岸駐彰化
城目擊被燬村莊情形悽慘彰化至淡水二
百里之間蹂躪尤甚察知提鎮副將辦理錯
謬以致蔓延據實劾 奏分別褫職奉
旨所辦甚是 府君持議訓提鎮集眾講和損威
失體匪徒益無忌憚然烏合之眾日聚日多
若以焚搶定重辟誅不勝誅且有玉石俱焚

之慮惟查明滋事根由實係造謠焚搶而非
反叛律當以強盜論凡平日曾犯搶刦有案
或係命案逋逃之犯此次隨眾焚搶者殺無
赦其素無犯案而此次實係殺人有據或淫
污婦女或抗拒官兵者亦論死如律其僅止
隨同焚搶者分別輕重擬以遣徒而淡水以
北造謠分類意在報復當以械鬬論凡官兵
圍拏豈無悞入網羅者事非指控豈無挾嫌
誣陷者每獲一犯明查暗訪實係曾經焚殺

確有證據者罪擬重辟其餘聾闒之犯分別
遣徙老弱單丁概從寬減而無知鄉愚附和
脅從隨時解散者　奏蒙
聖諭不必株連以除根荄而安良善是時全臺民
心皇皇謂總督帶兵渡臺必興大獄乃在彰
化第一起誅戮陳進洪泉等六名皆著名兇
盜人人所切齒者輿論爭傳謂總督止殺强
盜不殺良民十日之內人心大定以後辦理
迎刃而解　府君訪聞淡水一帶鬬氛未熄

奏請由大甲馳赴淡水查辦奉
硃批覽奏頗慰朕懷辦理亦屬妥協八月接
廷寄得悉
欽派山東巡撫武公隆阿來閩查辦臺事嗣又奉
旨以回疆事機緊要著武隆阿暫緩前往欽此
府君疊次　奏明北路焚搶止息各犯首夥
多名分別懲辦彰化難民全數歸莊搜捕餘
匪無須多用兵力以省糜費疊報義首將莊
內匪犯令其自行縛送用閩人捕閩粵人捕

粵之法以化其分類之見　奏奉
硃批辦理甚屬鎮靜　府君馳赴淡水查辦械鬬
事將竣而三灣番割事起漢奸能通番語與
生番貿易逃入內山誘娶番婦俗名番割有
黃斗乃黃武二鄒阿壬徐阿來溫阿𢿚等盤
踞三灣爲著名番割而黃斗乃黨羽衆多兇
暴尤甚此等奸徒往往散髮改裝帶引生番
潛出刦掠被害者既畏生番兇悍又慮番割
報復相率隱忍不敢控官此次淡水械鬬即

有粵人勾串番割率領生番出山助鬬戕殺
多人　府君立意翦除以爲地方袪害惟內
山地勢險阻草樹蒙密絕無蹊徑可尋　府
君相度形勢密授機宜檄令總兵陳君化成
參將黃其漢遊擊謝得彰由中路斗換坪而
入遊擊謝朝恩由南路南港而入遊擊謝建庸
由北路鹽水港而入時因連旬秋雨溪水
漲發不能架木匪徒竄匿後山峭壁懸崖路
更險峻泥滑如錫趾不容寸將領等率帶兵

勇擎葛附藤而上生擒黃斗乃黃武二等二
十一名審明正法人心大快　奏入奉
硃批所辦甚屬可嘉十月　府君由彰化至臺灣
郡督辦撫卹難民奏請賞給三月口糧籌辦
善後事宜以北路兵力單薄不敷防守　奏
請以南路遊擊一員移駐淡水以竹塹守備
一員移駐大甲聲勢可期聯絡奉
旨允行是役也　府君仰稟
聖謨力持定識決策渡海履險如夷不爲浮議所

勳舉重若輕保全甚大其處事也攝萬緒於
寸心應百變於一瞬左宜右有隨機合節置
身於簿牘桴鼓之間從容鎭靜毅然秩然行
帳中手持宋名臣言行錄朱子學的蕺山人
譜左傳經世說諸書諷玩勿輟時値酷暑行
館卑隘瘴毒鬱蒸籌疏草檄揮汗亡辦徹夜
紓籌鬢鬢爲之皤白僕從輩以愛惜精神之
說進者　府君曰我受
國恩此身豈尙爲我有耶部下文武屬官聞者泣

下是以衆志成城無不爭先效命十一月事
竣丙渡奉
旨賞加太子少保銜
賞戴花翎發出珊瑚豆黃辮大荷包一對小荷包
二個以示嘉獎　府君在廈門途次望
闕謝
恩感惕泚睫十二月十一日回省二十五日奉
御賜續纂大清通禮一部歲除頒到
御書福字壽字鹿肉鹿肉是年編詩爲臺陽籌筆

集

道光七年丁亥五十八歲

上年　府君自臺回省路過莆田縣順勘木
蘭陂水利情形亟籌修復緣木蘭陂匯永春
仙遊德化三州縣之水趨入大海宋熙甯間
侯官人李宏建陂截流分二派一流北洋一
流南洋灌溉民田凡十萬畝其瀕海東角遮
浪兩村向築石隄一千一百餘丈以禦海潮
蹠溝大小一百七十有八復設陸門涵洞以

時啟閉旱則豬之潦則泄之高低寬窄皆有
定則操縱在人水旱俱不足爲患自陂工傾
圮溪流爲海水倒灌膏腴變爲斥鹵頻歲歉
收　府君憂之商於撫軍韓公克均方伯吳
公榮光邀邑人陳進士池養董其役捐廉倡
始出示勸諭捐修　奏奉
硃批所辦甚屬有益殊堪嘉獎正月北上
陛見順道巡閱閩浙營伍三月抵京詣
宮門蒙

召見七次
垂詢海疆臺灣情形及外省吏治民風　府君悉
言無隱上契
宸衷奉
上諭孫爾準由福建巡撫擢授總督在任數載辦
事勤能上年臺灣彰化匪徒滋事該督渡臺督
辦迅速蕆功善後事宜亦俱籌畫周妥前已加
錫宮銜並賞戴花翎茲該督來京陛見著再賞
給緙絲蟒袍一件大卷庫緞四疋大卷江紬四

疋伊子廕生光祿寺候補署正孫慧翼著加恩
以主事即用以爲封疆大吏克勤厥職者勸欽
此是時疊奉
温綸褒獎
錫賚駢蕃九卿動色詫爲異數　府君自揣詞臣
榮遇得未曾有奉不孝慧翼泥首
宮門叩謝
天恩感深涕淚先是水師提督臺灣鎮總兵懸缺
請

旨簡放奉
上諭該督有素所深知結實可靠者不拘何省准
其保奏候簡　府君舉南澳鎮總兵劉公起龍
正定鎮總兵劉公廷斌奉
旨如所請又臺灣道府懸缺　府君遵
旨舉江西督糧道今江西按察使劉公重麟浙江
嘉興府知府今順天府尹徐公鏞俱奉
俞允　府君感荷
倚畀信任之隆實逾常格是以　奏對之頃據事

直陳不敢稍有欺飾
陛辭出都五月抵閩回任時值木蘭陂興築估需
經費十萬餘緡　府君倡捐千金撫軍倡司
道分廉捐助莆田士民輸貲踴躍壺公山澗
水衝刷沙土填滿下游各溝　府君諭於荷
包瀨築石壩三道以遏衝沙挑濬南洋各溝
一律深通適七月間颶風驟雨海潮噴湧東
角遮浪舊隄殘缺難禦波濤下游數十里田
廬勢極危險　府君委員馳赴召集人夫冒
險搶築得保平穩　府君稔知石隄為莆邑
之保障關係尤鉅恐司事者草率偷減不克
鞏固馳諭地方有司及委員仿照浙江海塘
式樣排釘木樁以植隄趾磨石纍砌以固隄
身合用灰漿以實隄腹尺寸加高於舊隄以
內鑲護土隄一道隄以外用碎石遮護隄根
以禦潮齧指授程式纖悉不遺逾年工竣
府君大書鎮海隄三字刻石立於隄側　奏
入奉

旨加一級紀錄一次至今莆田屢歲豐收利賴貽
世皆　府君之澤也十一月（不孝慧惇）以工
程議敘蒙
恩以內閣中書遇缺即補具摺謝
恩歲除頒到
御書福字壽字鹿肉鹿肉是年爲前方伯李公（賡
芸）刊稻香吟館集編詩爲拜　恩集
道光八年戊子五十九歲
正月　府君以臺灣向分閩籍粵籍閩籍生
員另編至字號每年中式舉人三名粵籍生
員則散入通省卷內又澎湖廳應試童生附
入臺灣縣學並未另設進額自道光四年巡
臺購道書籍分貯臺屬學宮書院士奮於學
人文蔚起自宜仰懇
恩澤廣其登進之階　奏請粵籍生員另編田字
號中額一名臺鳳嘉彰四縣各額進文童十
三名請每縣增廣二名澎湖廳文童請每考
取進二名奉

旨下部議行二月　京察屆期奉
上諭閩浙總督孫爾準於道光六年辦理臺灣滋
事匪徒遠涉重洋克臻妥速著交部議敘欽此
府君具摺謝
恩先是閩省貢院自乾隆初年前撫軍陳文恭公
修整之後幾及百年號舍僅有八千三百餘
間牆檐庳隘潦溢薰蒸士子咸以爲苦每逢
國恩擴額加錄遺才往往不敷坐號主司房考以
及外簾各所率皆湫隘逼仄難以防弊　府
君乙酉監臨事畢即思擴建逮丁亥展
覲回閩會同撫軍韓公捐廉倡始有在籍雲南
迤西道謝君寳道捐銀三千兩各屬士民咸
風踴躍委員遴選公正紳士購買民房展拓
地址集匠興工全行折造號舍則改五間爲
四巷道則併三條爲二圍牆夾牆一律增高
巷内巷外滿鋪石板增建號舍一千餘間其
餘官司辦公之所悉改爲巖密爽塏内牆外
舊有劍池廣數十畝年久淤塞大加濬治以

浚屏山之水共用銀十萬餘兩五月工竣
奏蒙
優旨官紳量予奬勵端午拜藥錠之
賜六月木蘭陂工竣　奏請將創陂首功宋治平
間長樂錢氏室女列入
祀典奉
旨每年於東作方興之時飭令地方官致祭一次
以慰輿情而昭祈報欽此十月奉
御賜受侼禮成詩墨刻一分歲除頒到
御書福字壽字鹿肉麅肉是年　府君編輯福建
鹽法志
道光九年己丑六十歲
二月　府君以漳浦黄忠端公所著經解九
種久經刊行文集亦經鄉人鄭玫編刻其餘
散見者如榕壇問業駢枝別集大滌函書輿
元紀畧明誠堂問業大滌山問業北山藏草
各種必需彙成全集校刊以垂久遠屬侼人
陳太史書祺輯爲六十六卷訂以年譜至是

始逡四月由興泉一帶巡閱營伍九月回省
適屆六十生辰　府君性甘淡泊扃門却埽
兩省屬吏素稔　府君清峻無敢以餽餹將
者端午拜藥錠之
賜七月奉
御賜
仁宗睿皇帝聖訓二十函又接邸抄知不孝慧翼
奉
旨補授兵部車駕司主事具摺謝

恩八月奉
諭旨停進滚浸務支　府君具摺復　奏福州小
西湖晉太康中郡守嚴高始鑿瀦蓄西北諸
山之水其利至溥自唐迄宋屢經濬治
國朝康熙至乾隆年間脩濬四次每屆四十餘
年一脩皆動帑辦理見於志乘碑記歷有成
案可稽乾隆五十四年前總督福文襄公前
撫軍徐公嗣曾浚治以來歷今四十餘載山
水衝激湖身淤墊旱則無從車戽澇則無地

宣洩民以為病　府君於戊子之冬查核歷
脩成案委福州府偕委員履勘丈量會同紳
士分段辦理計方挑土毫無浮費周圍俱築
石隄以清界址興挑及半適閩縣知縣張騰
蛟稟訐妄指為無關水利農田議者訿此
事即交兩司提問可以消弭而　府君毅然
奏請
欽派大臣來閩審辦嗣
欽差大宗伯湯公金釗少司寇鍾公昌來閩審訊

所訐毫無實據履勘小西湖實係有益農田
水利應修之工復　奏得
旨坐誣訐者如律小西湖工程接續修濬十月閒
季父湘人公卒於漢陽　府君哭之慟手
足之愛出於天性集中屢見憶弟詩至是悲
不自勝遣人護其喪歸里并迎眷屬來署十
一月奉
御賜巡幸盛京詩全册歲除頒到
御書福字壽字鹿肉麅肉是年編詩為蒐兵集

諭旨允准起例發凡分茅設蕝纂脩呈送稿本皆
府君手定二月　奏請閩浙各營添製抬
炮其畧曰營中操演鎗炮惟抬炮最爲靈便
前年西匪奏功卽得抬炮之力俗稱過山鳥
輕者一人可肩植立於前一人掃膛一人裝
藥一人在後點火又一人輪流肩換施放神
速洵爲利器營中允宜增設演習以壯軍威
閩省水陸各營應造三百四十一門奉
旨下部議行三月奉

御賜
御製詩初集二函四月　奏請於漳浦縣轄之赤
湖徑口佛曇橋三處議改文武駐札將漳州
左營守備移駐赤湖將車田縣丞移駐佛曇
橋奉
旨依議是年屆三年報政之期　府君　奏請展
覲奉
旨職守甚關緊要暫緩來京下屆再行奏請欽此
端午拜樂錠之

道光十年庚寅六十一歲
正月委員開濬福州東湖溝渠東湖在城外
東北爲宋蔡忠惠公五塘舊址久經湮塞腴
田變爲磽确鄉人呈請民捐民辦先濬鶴嶺
橋土塥口二處以疏水源三月而工竣　府
君又以莆田北洋溝洫淤淺亟須修濬捐番
銀一千圓委員前往勸輸辦理并濬興化郡
城之小西湖修築延壽陂在延壽溪上障
溪水下通溝洫爲北洋水利總匯十月而竣

府君以閩省通志自雍正九年乾隆三十
三年脩纂以來距今遠及百年近亦六十餘
載今昔情形不同地方文武官員駐劄均有
更易海口遷改設險列防營戍亦多移置亟
宜詳加纂正勒爲成書上年有修建貢院餘
貲一欵　府君謂係通省所捐應辦通省公
事委鹽法道王君懽辰爲提調官延陳太史
壽祺高中翰澍然馮明府登府沈孝廉學淵
設局纂修　奏奉

賜五月　奏續修小西湖工程奉
旨允行六月奉
諭旨停進鄭宅芽茶片茶　府君具摺復　奏七
月　奏明由福甯至浙省巡閱營伍會訪官
彈　奏浙省委員知縣查拏假照案內要犯
任松宇姿拏無辜凌逼斃命一案
上命　府君往鞫之九月駐杭州讞畢復　奏十
月回閩十一月委員開濬城內河渠俾西湖
清水穿城而過以流穢惡三月而竣歲除領

到
御書福字壽字鹿肉麂肉是年輯莆田水利志編
詩爲蒐兵續集
道光十一年辛卯六十二歲
正月　府君以省會西門外三十六灣上承
洪江之水下注會城趨南臺江流通舟楫支
渠石湖西禪大章鳳山西橋諸浦灌溉農田
四五萬畝湖汐往來久形淤墊親往履勘亟
須挑濬委員估計土方時以春雨難施畚臿

俟至冬令興工二月　京察屆期奉
上諭著照舊供職具摺謝
恩四月兼署福建巡撫端午拜藥錠之
賜本年恭遇
皇上五旬萬壽以　府君年逾六十蒙
特賜
御書錫美巖疆扁額一面
御書福字壽字各一方佛一尊紫檀嵌玉如意一柄
依達石朝珠一盤玉瓷銅陳設八件緙絲蟒

袍一件八絲緞四件江緞四件五絲緞四件
命次子兵部主事孫慧翼跪領恭賚到閩　府君
郊迎望
闕叩謝　府君念受
恩深重超出尋常誠千載所難遘惟朝夙夜勤瘁
庶幾可酬萬一此不孝等所耳熟者也　府
君念自道光七年展覲以來十年請覲奉
旨暫緩來京而依戀之誠寤寐未釋具摺籲請
陛見奉

硃批仍著暫緩前來下屆奏請六月 府君訪知
浙省杭嘉湖甯紹等府產穀不敷民食向籍
川楚商販接濟本年湖廣水災商販甚稀米
價騰貴會同浙江撫軍富公呢揚阿 奏請
暫定海禁招商赴臺販米接濟浙省民食奉
旨允准七月閩江南一帶被水災民播遷覓食已
至浙省人數甚多 府君札飭各屬預籌賑
卹章程災民到境賞給口糧妥爲安置遞回
原籍此次災民無失所滋事者 府君平日

孫文靖年譜 奎

身體強壯食啖兼人上年赴浙閱伍途中感
受寒濕兩足時患浮腫交春痊愈六月禱雨
過勞舊疾復發時適科場期屆監臨闈務力
疾辦公先經附片 奏明九月撫軍魏公自
京回閩交卸巡撫印務 奏請
賞假並將總督鹽政篆務交魏公兼署奉到
硃批著賞假兩月十月奉
御賜康熙字典全部
御製文初集全函十一月奉

上諭歷任內罰俸十二案俱著開復具摺謝
恩是月
賞假之期已滿 府君自忖氣力尙未復原兩腿
拜跪艱於起立醫用草藥敷治不能速效未
敢以病軀戀職致由貽悞具摺陳情 奏請
開缺奉
硃批著再賞假一月趕緊醫治以冀速痊 府君
望闕謝
恩感激

孫文靖年譜 奋

天恩伏地涕泣不能起立十二月醫治稍痊歲除
頒到
御書福字壽字鹿肉麅肉是年編詩爲退思無邪齋
集
道光十二年壬辰六十三歲
正月元旦黎明起肅衣冠恭設香案望
闕慶賀時雨水過多 府君以二麥爲慮並屢
詢三江兩湖災務消息形諸夢寐二十五日
五更不寐自書詩一首尾句云祇有

君恩猶未報自嗟筋力愧餘生　府君念念不忘
主恩於此可見二十八日加患泄瀉元氣大虧自
揣病將不起口授遺摺云竊臣於去歲因患
水症日久難痊懇請開缺荷蒙
溫諭著再賞假一月當於本年正月二十五日恭
摺叩謝
聖恩方冀醫治速痊回任供職詎料病勢忽然翻
覆加以泄瀉元氣大虧猝於二十八日痰喘
氣急一息奄奄自揣萬無生理伏念臣忝叨

世祿幸列清班通籍二十八年渥受
殊恩由知府洊膺封圻重寄前因剿撫臺灣事竣
賜加太子少保銜
賞戴花翎上年臣六十生辰復荷
優賚駢蕃
寵榮逾分沐
鴻施之高厚實夢想所難期正思殫竭血誠矜效
犬馬之報詎意禍簿災生病勢轉劇不能長
發

鴻恩臣未盡之緒雖有萬端而從此長辭
聖世永隔
宸顏戴
德如天銜悲入地肝腸寸斷涕淚交橫臣長子慧
惇由舉人報捐內閣中書先已赴京會試次
子慧翼由廕生現任兵部車駕司主事臣惟
有諭令力圖奮勉以抒臣未竟之志上報
國恩北望
丹墀神魂飛越謹磕頭具摺叩謝

天恩二十九日子時薨逝三月初六日奉到
上諭閩浙總督孫爾準由翰林出身出膺外任擢
授至閩浙總督宣力有年前此臺灣彰化匪徒
滋事迅速蕆功善後事宜亦俱籌畫周妥海疆
劇要正資倚畀上年因患病懇請開缺當經賞
假調理方冀醫治就痊不意遽爾溘逝殊深軫
惜孫爾準著晉贈太子太師銜照例賜卹任內
一切處分悉予開復應得卹典該衙門察例具
奏伊長子舉人孫慧惇著加恩賞給進士候服

闋後一體殿試次子兵部主事孫慧翼著加恩
俟服闋後以本部員外郎遇缺即補欽此四月
初三日奉到恭謝
天恩賞假一月摺內
硃批曷勝追悼之至欽此同日奉到謝
賞福字壽字鹿肉麅肉摺內
硃批已成夢幻矣欽此接禮部咨開具奏原任閩
浙總督孫爾準病故欽奉
諭旨晉贈太子太師照例賜卹應請照一品官例

給與全葬銀五百兩一次致祭銀二十五兩
遣官讀文致祭其應否與謚之處伏候
欽定恭候
命下臣部行文各該衙門遵照辦理爲此具奏請
旨二月三十日奉
旨准其與謚欽此接內閣咨謚法奉
硃筆圈出文靖欽此十二月初八日內閣奉
上諭原任閩浙總督孫爾準由翰林院外任道府
洊擢至閩浙總督辦事認眞不辭勞瘁上次台
灣匪徒滋事迅速蕆功善後事宜亦俱籌畫妥
速茲據魏元烺具題請將孫爾準崇祀名宦祠
孫爾準准其入祀名宦毋庸再交部議欽此

諭祭文

維道光十二年歲次壬辰八月乙亥朔越翼
日丁丑
皇帝遣江蘇常州府知府羅士菁
諭祭於晉贈太子太師原任閩浙總督孫爾準之
靈曰
蓋臣效職公忘私而國忘家盛代酬庸德懋懋官
而功懋賞悵賢良之殂謝頒綸綍以褒嘉聿考
彝章宜膺邺典爾晉贈太子太師原任閩浙總

督孫爾準品誼端方才猷敏達起家翰苑三考
書名作郡嚴疆一麾出守由監司而陳臬欽恤
民依迨屏翰以价藩肅清吏治爰畀封圻之任
益崇保障之勳開府粵江量移皖水駕輕就熟
旬宣再莅閩中遺大投艱節制遙馳海外迴憶
偏隅搆孽小醜跳梁爭先伸九伐之威善後裕
萬全之算受降島嶼恬鹿耳之波濤述職京師
沐螭頭之雨露特加宮保用勵畺臣耀翟羽以
揚輝覲龍光而引對去歲齡登周甲膂力方剛
先期命荷重申恩榮載錫甫越一年之候倏抱
沈痾特寬兩月之期俾資靜攝温言疊賁藥獲
安痊遺疏俄聞殊深悼惜贈師垣而銜晉席世
祿以寵延許長男射策於楓墀俾仲子選階於
蘭省於戲聲流蘋藻申奠醊以樊成勞膏澤黍
苗聽謳歌而思善政靈其來格歆此苾芬

諭碑文

晉贈太子太師原任閩浙總督謚文靖孫爾

準碑文

熊轓宣力式敷遠大之謨猷麟碣銘勲聿篤初終之典禮惟在位而忠勤備著斯酬庸而軫恤彌殷爾晉贈太子太師原任閩浙總督孫爾準澤衍革平聲蜚吳會早列金鼇之選職領瀛山俄分銅虎之符化澄汀水監司載擢讜議政以提綱廉訪晉除肅刑章而執法旣而藩宣洊歷節度旋膺皖番之繁劇皆勝閩越之情形尤悉爰即加以總制遂渥被夫殊施感奮旣深藎忱倍矢勤勞不勸才畧斯張鋤莠根於巨浸之中向前迅速運籌策於重洋之外善後周詳先賚翠翎投宮銜而優奬壽臻花甲錫宸翰以馳頒乃遘厲之俄聞俯俞休沐冀沈痾之立起佇獲安痊豈知倚畀方殷淪徂忽告實深悼惜宜荷褒嘉師垣旣示以尊崇世賞復邀夫稠疊眷猶周於厥子春榜名榮寵且逮於諸孤夏官秩晉

謚曰文靖表厥生平於戲賁丹綸之璀璨陳雕俎而用薦明禋傳青簡之芬芳峙螭碑而長留偉績昭兹來許勉爾後昆

後記

無錫是中國吴文化的發祥地。七千多年悠久歷史與文明，造就了『梁溪明秀之區，衣冠禮樂甲於江左』的城市人文傳統和深厚的歷史文化底蕴。數千年來，文脉綿延，永世流芳。邵寶在《錫山遺響》序中曾經這樣描述：『錫之爲邑，在三吴間。山水清麗豐曠，生其地者，多沉雅秀整，以文名家，代不乏人。』文化已經成爲這座城市最本色的氣質。爲傳承吴地文明，建設文化名城，進一步彰顯無錫城市内在精神特質，經過幾年的精心策劃，旨在全面整理地方文化典籍的《無錫文庫》編纂出版工作於二〇一〇年全面啓動，二〇一一年起陸續與讀者見面了。

無錫的城市文化曾經爲中華文化寶庫作出過巨大貢獻。顧愷之、倪瓚、王紱、鄒一桂、賀天健、徐悲鴻、錢松嵒、吴冠中，如松秀群嶺，在中國繪畫史上擁有很高的地位；華秋蘋、楊蔭瀏、劉天華、華彦鈞（阿炳），乃韵動天籟，對中國音樂發展發揮了重要作用；李紳、蔣防、尤袤、蔣捷、陳維崧、顧貞觀、嚴繩孫、周濟、劉半農，皆胸懷錦綉，在中國文學史上可謂各領風騷；計六奇、顧祖禹、顧棟高、秦蕙田、嵇璜、錢基博、錢穆、錢鍾書、錢海岳，可稱堂奥廣庭，學造淵源，在中國學術史上卓然大家；顧憲成、高攀龍之東林，唐文治之『國專』，徐霞客之游記，徐壽、華蘅芳之『格致之學』，陳翰笙、錢俊瑞、孫冶方、薛暮橋之經濟學，都堪稱中華文化史上的一座座高峰，至今閃耀着炫目的光芒。

深厚的歷史文化底蘊激發了無錫城市的文化自覺。市委、市政府滿懷對鄉土誠摯之情、對文化敬畏之感，以義不容辭的責任擔當，致力於文化强市建設，以科學的理念和方式對歷史文化遺産作全方位的觀照、深層次的發掘、系統性的保護，匯四海之智，舉全市之力，共襄文化建設盛舉。二〇〇六年十二月，無錫市成功申報國家歷史文化名城，標志着新一輪文化意識的覺醒，并迅速轉化爲文化自覺的實踐。近年來，我市全面啓動惠山、清名橋、小婁巷、榮巷、蕩口等五個歷史文化街區和十個古村落保護修復工程，『護其貌，顯其顔，鑄其魂，揚其韵』；鴻山遺址成功保護的經驗被國家文物局譽爲大遺址保護『無錫模式』，并被授予首批國家考古大遺址公園，闔閭城遺址考古發現則確立了歷史上無錫曾作爲吴王闔閭都城的地位；建成開放六十餘座博物館、名人故居和紀念館；對無錫的非物質文化遺産予以重點保護；每年春天舉辦的中國（無錫）吴文化節、中國文化遺産保護論壇成爲文化亮點，享譽海内外。這些舉措遵循規律，探索文化建設體制和機制的創新，形成了寶貴的『無錫經驗』，得到海内外學者、專家的一致肯定。

在注重保護歷史文化遺存的過程中，發掘、整理無錫歷史文獻著作，展示和弘揚無錫城市的思想精神世界，自然而然成爲大家關注的重點。二〇〇六年，市委宣傳部組織無錫文史專家、學者編撰的十七册三百萬字的《無錫文化叢書》正式出版，引起强烈反響，出版後供不應求，在二〇〇八年再版加印。《無錫文化叢書》集中反映了無錫城市文化精華，展示了無錫城市文化特質，彰顯了無錫歷史文化的厚重，同時也告訴人們，文化精神的傳遞是文化繁榮發展的重要内涵，一旦擦去歲月蒙塵，優秀的歷史文化就會轉化成爲取之不盡的精神財富。

爲了進一步彰顯城市歷史文化底藴，二〇〇七年，市委、市政府將全面系統整理無錫文化典籍擺上工作議事日程，明確提出編纂《無錫文庫》。由于無錫歷史文化底藴深厚，卷帙浩繁，内容豐富，編纂工作千頭萬緒，要想整理出一部簡明扼要而又内容翔實、主旨鮮明而又文質彬彬的文獻集成，難度遠大於預想。爲此，我們先後成立了《無錫文庫》工作委員會和編輯委員會，加强對編纂出版工作的組織領導與統籌協調，在尊重歷史、尊重規律、尊重科學、尊重專家的基礎上，積極推進文庫編纂工作。編輯委員會經過反復論證，明確原則，綱舉目張，有條不紊地開展工作。充分憑借地方文史專家的優勢，充分發揮高校人文學院、研究機構的作用，充分依靠出版機構的專業經驗，并邀請國内外著名文史專家指導、把關，形成了文庫編纂的工作合力。

在編輯過程中，我們力求使《無錫文庫》成爲經得起歷史考驗的鄉邦文獻集成。全面規劃又保持開放結構。面對豐富的歷史文化積澱，没有規劃就不可能形成清晰的編纂思路。在前期編纂工作中，編輯委員會經過二十餘次的論證會和專題研討會，形成并確定了《無錫文庫》總書目，明確了收録範圍和内容主體，立足無錫市區，兼顧江陰、宜興，主要體現無錫本土内容，突出人文科學，適當兼顧其他門類。據此，《無錫文庫》收録圖書五百五十餘種，分爲五輯：第一輯『官修舊志』，收編無錫地方志（含江陰、宜興）；第二輯『地方史料專著』，收編反映無錫地方史料的專著與筆記；第三輯『年譜家乘』，收編無錫（含江陰、宜興）地方名人年譜和望族的家譜；第四輯『無錫文存』，收編歷史上無錫作家詩文和專著的精華；第五輯『近現代名家名著存目』，編撰無錫近現代名家名著的書目提要。爲使文庫具有更大的開放度和包容量，《無錫文庫》注重整體設計，在框架分類上既注意整合，又突出重點，考慮到文庫的涵蓋面和系統性；在書目選擇上既注重經典性，又强調代表性，兼顧到圖書本身質量和作者特點；在出版方式上既總體規劃、循序推進，又采取較爲靈活的方式，成熟一批出版一批，不編序號，爲今後增補書目預留空間。

尊重歷史又反映時代特色。《無錫文庫》注重歷史性與時代性相結合，以嶄新的學術角度和現代學科理念對城市歷史文化進行整理和弘揚。編纂工作充分體現對歷史傳統的尊重，儘可能減少評述性成分，杜絶截割、改篡、增删圖書内容，對節選本祇采取作者的自選本。與此同時，以現代學術視野來看待傳統史料，增加收録有價值的歷史資料和文獻，如對民國時期的一些稿本、期刊、會刊、紀念册也予以應有的關注，收入了部分重要的民間史料。

保持原貌又便于讀者查閲。《無錫文庫》除第五輯外，全部采用原版影印方式，力争選擇最優版本作底本，保持文獻著作的歷史面目。爲了便於閲讀、查證、使用、研究，每一輯均撰寫編輯説明，每種書撰寫提要，并編撰《文庫》書目索引。通過這樣的方式，使《無錫文庫》兼具工具書檢索的作用，增强文化典籍整理的實用功能。

如期完成又精益求精。《無錫文庫》作爲一項重大文化工程，編纂工作面廣量大，必須集中力量，一鼓作氣。我們明確，從編纂工作全面啓動開始，花三年時間完成《無錫文庫》出版工作。《無錫文庫》總書目形成後，五輯的書目編纂工作同時開展、整體推進。我們要求，《無錫文庫》編纂出版工作要强化精品意識，力求思想精深、内容精彩、選編精當、學風精良、裝幀精美。文庫編纂出版的每個環節都反復論證推敲，確保經得起歷史檢驗。

《無錫文庫》的編纂出版工作，得到了鳳凰出版傳媒集團的大力支持，鳳凰出版社在版本選擇、編輯出版方面做了細緻的工作；由於《無錫文庫》收録的資料有三分之二散落在全國各圖書館中，中國國家圖書館、上海圖書館、南京圖書館等一批國内知名圖書館爲此提供了積極的幫助；應邀擔任《無錫文庫》學術顧問的專家，都是無錫籍的文化名人和國内一流的古籍研究專家，他們有的不顧年事已高，有的不顧自身工作繁忙，爲《無錫文庫》的編纂工作付出辛勤勞動；《無錫文庫》工作委員會和編輯委員會成員以及編務人員在文庫編纂出版過程中做了大量的工作。在此，謹向他們表示崇高的敬意和由衷的謝忱！

由於《無錫文庫》收録内容涉及範圍廣、時間跨度長，部分書目已經散佚，可利用資料受到限制，加之編輯委員會水平有限，《無錫文庫》的編纂工作難免會有一些疏漏和錯誤，不當之處敬請讀者指正。

王立人

二〇一一年一月